U0366515

卢浮宫私人词典

Dictionnaire amoureux du Louvre

〔法〕皮埃尔·罗森伯格 著

杨洁 赵佳妮 马学慧 廖菁 董赛金 译

华东师范大学出版社

华东师范大学出版社六点分社 策划

缘 起

倪为国

1

一个人就是一部词典。

至少，至少会有两个人阅读，父亲和母亲。

每个人都拥有一部属于自己的词典。

至少，至少会写两个字，生与死。

在每个人的词典里，有些词是必须的，永恒的，比如童年，比如爱情，再比如生老病死。每个人的成长和经历不同，词典里的词汇不同，词性不一。有些人喜欢"动"词，比如领袖；有些人喜好"名"词，比如精英；有些人则喜欢"形容"词，比如艺人。

在每个人的词典里，都有属于自己的"关键词"，甚至用一生书写：比如伟人马克思的词典里的"资本"一词；专家袁隆平的词典里的"水稻"一词；牛人乔布斯的词典里除了"创新"，还是"创新"一词。正是这些"关键词"构成了一个人的记忆、经历、经验和梦想，也构成了一个人的身份和履历。

每个人的一生都在书写和积累自己的词汇，直至他/她的墓志铭。

2

所谓私人词典，是主人把一生的时间和空间打破，以ABCD字母顺序排列，沉浸在惬意组合之中，把自己一生最重要的、最切深的、最独到的心得或洞察，行动或梦想，以最自由、最简约、最细致的文本，公开呈现给读者，使读者从中收获自己的理解、想象、知识和不经意间的一丝感动。

可以说，私人词典就是回忆录的另类表达，是对自己一生的行动和梦想作一次在"字母顺序"排列的舞台上的重新排练、表演和谢幕。

如果说回忆录是主人坐在历史长椅上，向我们讲述一个故事、披露一个内幕、揭示一种真相；私人词典则像主人拉着我们的手，游逛"迪斯尼"式主题乐园，且读，且小憩。

在这个世界上，有的人的词典，就是让人阅读的，哪怕他/她早已死去，仍然有人去翻阅。有的人的词典，是自己珍藏的。绝大多数人的私人词典的词汇是临摹、复制，甚至是抄袭的，错字别字一堆，我也不例外。

伟人和名人书写的词典的区别在于：前者是用来被人引用的，后者是用来被人摹仿的。君子的词典是自己珍藏的，小人的词典是自娱自乐的。

3

我们移译这套"私人词典"的旨趣有二：

一是倡导私人词典写作，因为这种文体不仅仅是让人了解知识，更重要的是知识裹藏着的情感，是一种与情感相关联的知识，是在阅读一个人，阅读一段历史，阅读我们曾丢失的时间和遗忘的空间，阅读这个世界。

二则鼓励中国的学人尝试书写自己的词典，尝试把自己的经历和情感、知识和趣味、理想与价值、博学与美文融为一体，书写出中国式的私人词典样式。这样的词典是一种镜中之镜，既梳妆自己，又养眼他人。

每个人都有权利从自己的词典挑选词汇，让读者分享你的私家心得，但这毕竟是一件"思想的事情"，可以公开让人阅读或值得阅读的私人词典永远是少数。我们期待与这样的"少数"相遇。

我们期待这套私人词典丛书，读者从中不仅仅收获知识，同时也可以爱上一个人，爱上一部电影，爱上一座城市、爱上一座博物馆，甚至爱上一片树叶；还可以爱上一种趣味，一种颜色，一种旋律，一种美食，甚至是一种生活方式。

4

末了，我想顺便一说，当一个人把自己的记忆、经历转化为文字时往往会失重（张志扬语），私人词典作为一种书写样式则可以为这种"失重"提供正当的庇护。因为私人词典不是百科全书，而是在自己的田地上打一口深井。

自网络的黑洞被发现，终于让每个人可以穿上"自媒体"的新衣，于是乎，许许多多人可以肆意公开自己词典的私人词汇，满足大众的好奇和彼此窥探的心理，有不计后果，一发不可收之势。殊不知，这个世界上绝大多数私人词典的词汇只能用来私人珍藏，只有上帝知道。我常想象这样的画面：一个人，在蒙昧时，会闭上眼睛，幻想自己的世界和未来；但一个人，被启蒙后，睁开了眼睛，同时那双启蒙的手，会给自己戴上一副有色眼镜，最终遮蔽了自己睁开的双眼。这个画面可称之："自媒体"如是说。

写下这些关于私人词典的絮絮语语，聊补自己私人词汇的干瘪，且提醒自己：有些人的词典很薄，但分量很重，让人终身受用。有些人的词典很厚，但却很轻。

是为序。

目　录

F

P

T

U

V

附　录

译后记 /

中文版前言

欢迎您,卢浮宫的中国参观者!

这本书并非卢浮宫参观指南,它的作者是一位热爱卢浮宫的人,他曾在卢浮宫工作过 40 余年,他非常乐意帮助您了解卢浮宫。

这本书无需像读小说那样从第一页读到最后一页,其结构是以首字母顺序排列的词条及其释语。打开这本书,可以查询某一具体信息,也可以获得一次偶遇体验。书中丰富的内容均与卢浮宫有着或远或近的瓜葛,这些内容兼具娱乐、趣味和教益几重特点。有些内容具有私人性,有些内容则具有信息的价值,甚至具有学术价值,但无论怎样,这些内容无不是活生生的。说它们充满活力,是因为与人们惯常的错误理解相反,任何一座博物馆都是充满活力的,是发展变化的。这部词典即是一个证据,它出版于 2007年,迄今已经 6 年。看看"伊斯兰"这个词条吧。6 年前,卢浮宫新设的伊斯兰展部,亦即卢浮宫的第 8 个展部(见词条"卢浮宫的 8个展部")的建设工地才刚刚动工,而 2012 年这个展部已经竣工并隆重开幕;在我编写这部词典的时候,承担着"卢浮宫管理委员会主席兼馆长"这个光荣使命的还是亨利·卢瓦莱特,他在卢浮宫工作了 12 年且无意更换工作,2013 年他还是被"希腊、伊特鲁利亚及罗马古文物部"(见 AGER)的负责人让-吕克·马尔迪内所接替(他们二人或许都会成为我新版词典中的词条)。令人难过的是,朗贝尔府邸(见该词条)新近被一场大火吞噬掉了一部分。我记得在我的词典中说过这样的话：1774年路易十六（参见"路易十六"）买下了朗贝尔府邸的大部分装饰品，尤其是"厄斯塔什·勒·叙厄尔（1617—1655）的漂亮画作"，这些画来自爱神厅和缪斯厅。有谁会想到，那次购买竟让这些画作躲过了一劫！还有些较为重要的变化本词典没有提及，可参见"朗斯卢浮宫"、"大画廊"或"约瑟夫·凡尔内"等词条。

在这部词典里可以找到实用的信息、博物馆开放时间表、咖啡座、免费参观规定以及大量历史资料。这些资料涉及法国大革命时期卢浮宫成为国家博物馆之前的皇宫、皇宫先后的所有者、皇宫从未间断的变化（变化远未结束，卢浮宫永远都会是一个工地，永远处于建设当中）。卢浮宫数世纪的收藏及藏品的历史，其主要作品，名作或鲜为人知的作品，以及卢浮宫收藏这些作品的故事，都在该词典中占有重要席位（见"耗资巨大的艺术品买进"、"捐赠者"、"以画抵债"、"卢浮宫之友"词条，还有供人消遣的"格朗岱-普莱塞特尔（索朗日）"词条，不要忘记"拉图尔（乔治）"及其作品《持矛的圣托马》"）。

这部书当然是一部词典，但它首先是一部与"爱"有关的词典，一部任由作者随心所欲的词典。打开这部词典吧，不要带有什么目的，任由自己随着书页的翻动从一条释语到另一条释语。你会读到"佩鲁贾（文森佐）"，这是一位意大利画家，正是他在1911年8月21日的早上盗窃了"全世界最著名"（它何以最为著名呢？）的《拉若孔德》，即《蒙娜丽莎》[①]；您当然还会读到"手"或者"G."这些词条（还是由您自己去发现惊喜吧）。

翻阅这部词典应该在参观卢浮宫之前、参观过程中，还是参观之后？或者完全无关于参观而阅读它呢？我可以好不谦逊地回答，任何情况都可以。参观之前阅读它，可以更好地了解卢浮宫的运转情况（参见《2006年统计数字》，卢浮宫总面积为22公顷，包

---

① 《蒙娜丽莎》的外文名更有 Monna Lisa 和 Mona Lisa 两种写法。——译注

括所属杜伊勒里的各个花园）；若是在参观当中，您抬起眼睛会看到一些天庭画，但您所在之处是什么画廊？这些天庭画绘于何时？又是谁画的呢？"阿波罗画廊"、"布拉克（乔治）"、"查理十世（博物馆）"等词条可以解答您的问题。当然，本词典未能涉及2010年揭幕的赛·托姆布雷①天庭。您若是第一次参观卢浮宫，以后还想再来并希望有更多的收获，您可以翻阅一下"尚帕涅（菲利普·德）"、"米开朗基罗"、"七米厅"等词条。从更通俗的意义上讲，如果您不满足于泛泛地了解卢浮宫，想知道它的过去（见"左拉（爱弥尔）"）、它的现在（见"卢浮宫的常客"），甚至知道一点它的未来（见"卢浮宫未来的工作"），想了解它的内容是如何多样和纷繁复杂，直到喜欢上它，请您徜徉这部书中，就像您在好心情时偶尔步入卢浮宫一样。这部书应该能够回答您的疑问，满足您的好奇……

我没有提及那些自中世纪以来为卢浮宫作出过贡献的设计师的姓名（见"卢浮宫的建筑设计师"以及"贝尔尼尼"、"柱廊"、"佩西耶和封丹"和"勒菲埃尔"词条），但有一个名字是令人敬服的，那就是你们的同胞贝聿铭，在巴黎迎接您的金字塔即出自他之手，不久便是他的百岁华诞了。

皮埃尔·罗森伯格

杨洁 译

---

① Cy Twombly(1928—2011)，美国著名抽象派大师，作品以对白色的神奇运用、将潦草书写、素描与涂鸦和油画相结合等创举而著称。——译注

导　读

A

在我写过的书中,这一本无疑是要遭骂的。有人会指责它存在有意无意的遗漏和缺项,有人要说它过于学究或有失渊博,有人则会挑剔它"感情用事"或"爱心不足"。至于书中存在的疏忽、不精准、差错和寡见,更会成为受到责难的理由。这很自然,因为大家都想知道并了解卢浮宫的一切……

B

我于2001年离开卢浮宫。我在那里度过了将近40年,或者应该说40多年。1962年被任命为卢浮宫绘画部的助理之前,我就在外省博物馆监察局工作过一段时间。我对1962—1963年的记忆有些模糊。那一年我在耶鲁,因为法国政府和这所著名大学为纪念曾在耶鲁任教并在战争期间死于耶鲁的著名法国艺术史学家、早期法国戴高乐主义者亨利·弗西庸设立了一项"未来青年艺术史学家奖学金"。在美国,我做了一次漫长的参观博物馆的旅行,"灰狗"大巴一直把我载到了堪萨斯州的劳伦斯。旅行归来,我收到了一封署名安德烈·马尔罗的电报,通知我被任命为卢浮宫绘画部助理,并要求我立即赶往华盛顿国家画廊,监护正在那里展出的《拉若孔德》(即《蒙娜丽莎》)。经过数载行政管理的摸爬滚打,继米歇尔·拉克洛特之后,我成为绘画部的头头。1994年,我又成为头号人物——卢浮宫博物馆总馆长（理由后叙）。

2001 年,我退休的那一年,卢浮宫举行了一次华丽庆典。那次庆典永久铭刻在我的记忆之中:雅克·希拉克来到了博物馆。与其说他的到来是为了我,莫若说是为着卢浮宫。那次活动之后,我打定主意永远不再提卢浮宫,永远不再发言,不对我的继任者的任何决定发表意见,不说他们对,也不说他们错,不接受任何采访,不再就博物馆的改组、就贝聿铭的金字塔、就卢浮宫获取藏品的政策等发表意见。然而,我食言了,这部词典即是证据。书名中的"爱"字或许正是祸首。

C

我离开了卢浮宫,走得很顺利。理由有多个,其中两个最为重要。一个是信任。我的继任亨利·卢瓦雷特所选择的藏品皆堪称佳作,且他对自己能够胜任馆长充满自信。我还是提到了他的名字,虽然我给自己定下了规矩,除特殊情况外,在本书中不提及任何在世者的姓名。另一个理由是个人乐趣:我想做好手头的研究、展览、要撰写的文章和书籍等工作。我希望在有生之年能够整理出一部普桑作品的分类目录,用皮埃尔-让·马里埃特(Pierre-Jean Mriette,1694—1774)的说法就是把他所收集的素描写一部给力的著作。这部著作的资料收集工作已经完成(含 9000 幅素描!)。

离开卢浮宫时,我曾希望会见时任财经部长洛朗·法比尤斯,为卢浮宫争取一份礼物,因为我跟他认识。卢浮宫经常因为资金缺乏不得不放弃购买那些或在法国或在其他国家的重要作品。我常说,一个不买进作品的博物馆就是濒死的博物馆。我跟部长谈过英国彩票的运作模式,它为英国主要博物馆带来了大宗经费。我们已经确定要对有关材料进行研究。这项研究最终将促使对文学艺术抢救性资助的法律条款的诞生。该项法律规定,凡购买一件"国宝"的企业,作为偿还,其应纳税额可以获得 90% 的减免,无论其所购买的"国宝"现藏于法国或是外国,也无论所购买的是法国艺术品还是外国艺术品。然而,什么样的作品才称得上"国宝"

呢？某委员会给出的定义是：只能笼统要求，不可能对细节过多规定，一件博物馆经费不足以购买的、能够称得上我们国家遗产的重要作品，即可以被称为"国宝"。

D

我们每个人都有自己所钟爱的卢浮宫，这对卢浮宫是个好事。而我的卢浮宫也不出常规。打算编撰这部词典时，我曾想把"Abords"作为第一个词条，但这个词几乎没有任何吸引力。后来又有了"Abou Dabi"①（我也赞同把这个词原有拼写中的字母 h 去掉，现行拼写法颇受欢迎）。我举出这个调整的例子，是想一开始就能立足在一个就是卢浮宫各展馆的馆长们也不总能完全意识到的观点上。与其外表给人的印象相反，博物馆并非永恒不变，这是因为它们是有生命的，不是墓地。对于博物馆而言，永远没有任何东西是既得的，藏品的地点、归属权、重要性，等等，一切都可能变化。有谁会在几个月前想到有一部以"Abou Dabi"词条打头的卢浮宫词典问世？正是这一点使得我敢于违反"我之所爱词典"②的规则、违反神圣的字母顺序。左拉在其《小酒馆》中对参加婚礼的人群的残酷描绘让我觉得将"左拉"作为最后一个词条能使这部词典更臻完美。然而，我能放弃苏巴朗精美的《圣阿波利纳》这个词条，不对它作一点介绍吗？于是，我完全由任自己，不顾浦隆出版社(La maison Plon)的想法如何，决定把上述两个词条的顺序颠倒而置③。

我们是否能将那种令人吃惊又恐慌的婚礼队伍与眼下卢浮宫

---

①　阿布扎比，阿联酋首都。该词另有 About Dhabi 拼写法。——译注

②　指法国 Plon 出版社发行的"我之所爱"大型系列百科词典，每部词典一个主题，有葡萄酒、猫、菜肴、语言、医学、国别、历史、法律、电影等主题。该系列词典是编者从自己的视角出发，依据个人爱好、愿望等决定词条的取舍。——译注

③　根据"左拉"(Zola)和"苏巴朗"(Zubarán)的法语拼写作为词条，"左拉"本应排在"苏巴朗"之前。——译注

博物馆里蜂拥的参观者队伍作一比较呢？二者之相似令人颇感不快，所以，这个卢浮宫不可能是我之所想。但它却证实了我对该词典的一个说明，在这个说明里，我提到了一个重要的观点："应当在高中开设艺术史课程。"

E

若从"卢浮宫"一词颇不确定的渊源出发，断言说卢浮宫的历史复杂，甚至混乱不清，未免太过庸俗。要想论述卢浮宫的历史，必须具备诸多领域的技能和知识。据悉，有一套以卢浮宫博物馆名义出版、由整整一个专家队伍编撰的三卷巨著有可能很好地回答各类问题。该著既涉及了卢浮宫宫殿，也涉及了卢浮宫博物馆；既说到它的外部，也说到各个厅；既有过去，也有现在；既有藏品，也有艺术家；既有可视的卢浮宫，即呈现在观众眼里的卢浮宫，也有它被遮蔽的一面；有卢浮宫的各部门，也未忘记其花园和杜伊勒里公园。而我想要向大家呈现的，也正是卢浮宫的多变性、卢浮宫表之不尽的多样性以及观察卢浮宫的多重角度。我尤其想要唤醒读者的好奇心，给他们以强烈的刺激，让他们想要立刻去到卢浮宫。他们一定会跟我一样，在卢浮宫永远都有无穷的发现。

F

关于如何使用本词典我也需要说几句（不是如何参观卢浮宫。的确，只有对其位置非常熟悉的人才不至于在卢浮宫中迷路。然而，在卢浮宫中迷路就一定是件令人不愉快的事情吗？）。

本词典末附有卢浮宫结构图，有助于读者确定展品的具体位置（结构图的文字用了9种语言，所有参观者都可以在卢浮宫接待台免费索取）。

本词典在正文前设有一个读者很容易掌握的"略语表"，该表既有卢浮宫各个部门的名称（A. O. 即"古代东方艺术品部"），也有我所注释的作品清单编号（R. F. 即法兰西共和国）。每个作品词条前都有艺术家的姓名、出生地、生卒年月、作品名。如果作品为佚名,则附有作品所属部门名称的缩写字母、作品的载体、材料、尺寸、清单编号,最后,还有作品在卢浮宫展厅的陈列位置。这些细节也许枯燥乏味,但我认为对于更好地弄懂每个词条却是非常必要的。在每个词条的最后附有一个参照注释("参见词条"),方便读者查阅与该词条相关的内容。例如,"伦勃朗"词条有参见词条"路易·拉卡泽"。借助该参见词条可以知道,由于拉卡泽医生的慷慨,这位莱顿大师①的作品《沐浴的贝莎蓓》得以入驻卢浮宫。再如词条"作品归还",由其参照词条"德农(多米尼克·维旺)"可以了解德农在1815年的作品归还中所起的作用以及他的坚韧精神。

最后,在该词典末附有一个简短的参考数据目录,收录了与卢浮宫相关的主要出版物。再后,是该词典的词条目录,其中附有为数不多、但必不可缺的参照(比如《拉若孔德》,参见"雷奥纳多·达芬奇")。有着好几层楼高的卢浮宫分为叙利、黎塞留、德农三个展区,每个展区又有为数众多的展厅,要想从中确定某件展品的位置、知晓每个地点的方位并非易事,而这一切不可能一下子就记得下来,因此,有一份地图是十分必要的。

我是否有必要交代编撰该词典的主要障碍? 在早期编撰展览目录的时候(1961年,鲁昂美术馆,"尼古拉·普桑及其时代,普桑的当代法国与意大利古典主义"),我养成了制作图文并茂目录的习惯。在相当长的时间当中,插图一直是黑白的,而今天,插图必须是彩色的(这是否是个进步呢?)。插图虽然是复制的,但能为读者带来帮助。但在本词典中,我却要尝试不借助插图为读者介绍作品。在2001—2002年间,我曾在无线电广播上尝试这种方式。整整一年,我每天选一个卢浮宫的作品,通过无线电广播介绍给听众。这样,我就必须选择精准的字眼,一箭中的的形容词、完美的表达方式、具有启发性的形象、具有说服力的比方,这是非竭尽全力不可达的事情。于是,一幅幅作品通过我的语言呈现出来,像银幕上明亮

---

① 即伦勃朗。——译注

的画面一样生动地展现在您的眼前，仿佛可以用手触摸到它。

G

是谁建造了卢浮宫？我们由于过于熟悉卢浮宫的外貌，可能很少去想这个问题。就连与贝尔尼尼的路易十四骑马雕像复制品为伍的玻璃金字塔也仿佛从来都占据着拿破仑庭的中央位置。

然而，卢浮宫从未停止过变化，它所经历的变化甚至无以数计。在已经过去的数个世纪里，那些完成了的、或尚停留在草图或模型上的颇具规律性的重建计划一个接一个。这些计划或者出于王子们的愿望，或者出于时尚的变化，或者由于宫殿本身的需要，后来是博物馆本身的需要。卢浮宫经历了从宫殿到博物馆的变迁，人们似乎早已忘记，卢浮宫——当然还有杜伊勒里花园——曾经是历代国王和王后的行宫。从某种意义上讲，使卢浮宫逊色了的只有凡尔赛宫。

还是回到我们的问题上吧。是谁在什么时候建造了卢浮宫？又是谁在什么时候建造了卢浮宫的外壁、它的各个庭院、楼阁以及翼楼呢？我就不在这里一一重复大家将在该词典中读到的词条及其解释了。从中世纪的卢浮宫直到今天的贝聿铭卢浮宫，改建工程不胜枚举：或是拆除原有的部分、或是替代、或是补充、或是修改、或是扩建、或是美化……。每个世纪都或多或少在卢浮宫留下了改建的印记。然而，如果说今天的卢浮宫虽然几经改建，到现在风格依然能够协调一致，或至少从外观上看是协调的话，那得归功于一个人，那就是法国建筑设计师埃克托耳·勒菲埃尔（1810—1880）。这是个鲜为人知的名字。勒菲埃尔为卢浮宫所做的事情正如奥斯曼[1]男爵之于巴黎市的作用。他们二人都曾经并且现在依然经常受到人们的指摘，原因是为了建设，他们不得不大量拆除

---

[1] Georges-Eugène Haussmann(1809—1891)，法国城市规划师，受拿破仑三世重用，主持1852—1870年的巴黎城市规划。巴黎的辐射状街道即是由其设计。——译注

老建筑。除了责难他们拆毁建筑外,还有人批评勒菲埃尔的建筑风格过于复杂,每每给人以模仿多个人的感觉,他也因此被指缺乏独特风格。然而,正是这位勒菲埃尔,却做到了让卢浮宫满足各方条件,从宫殿变身为博物馆,并且直至今天几乎没有什么人对它说三道四。

H

自法国大革命(即 1793 年)起,卢浮宫——那个德农的卢浮宫——变得具有了"百科全书"的意味。此处的"百科全书"取其当时的意义①。在那个时期,卢浮宫只需两个部门就够了。一个是古代艺术馆,出于方便需要,这个馆收藏文艺复兴时期的作品,如米开朗基罗的《奴隶》以及古文物。就是说,这里主要收藏的是古希腊,更准确地说是古罗马的大理石雕塑作品。另一个则是绘画馆(也有素描作品。这些素描作品由于陈列的需要,常常被暴露在光线下,受到了致命损伤)。德农的天才在于他以流派和年代将绘画分类(从意大利、德国的早期作品到现代油画,但尚不包括当代艺术家的作品),以便于人们感受每个流派风格的转化和发展。虽然此前德国和英国已经有人这么做了,但其规模不足挂齿。到了1826 年,"埃及馆"诞生了。"埃及部"之后又有了"工艺品部"、"雕塑部",最后是"东方艺术部"(其实就是中东、亚述、美索不达米亚等)。今天的卢浮宫被分成了 8 个展部。我小的时候翻过卢浮宫,那时还只有 6 个部。书画刻印艺术部(很长时间当中,我把它叫做素描室)和不久前新开设的伊斯兰艺术馆都是从绘画部和东方艺术部分离出来的。

然而,历史悠久的卢浮宫曾多次回避成为一个"百科"二字时下意义上的博物馆。无论从它所经历的时间和它所占据的空间上,卢浮宫都曾对此表达过断然的态度。1850 年前后,卢浮宫就曾经"中断过"。它把印象派画家,甚至杜米埃、米莱和库尔贝都统

---

①　指 18 世纪。——译注

统扔给了奥塞博物馆。尤其值得一提的是,卢浮宫甚至没有考虑过接纳东方艺术(吉美博物馆)、史前艺术(圣日耳曼-昂-莱①)、"原始艺术"(稍后我会再谈这个问题)、"艺术与职业"、现当代艺术(美丽城,乔治·蓬皮杜文化中心)、科学史及音乐史(拉维莱特科学宫、巴黎发现宫、歌剧博物馆)。卢浮宫不屑于任何一般意义的抱负。它不是、不想成为、也不能成为一座百科性质的博物馆。这到底是否令人遗憾呢?上层不时有人对此表示过惋惜,他们甚至声称,卢浮宫一直就是白种人的博物馆(!)。这种说法完全是混淆视听,是无知。卢浮宫不是百科全书,巴黎才是。巴黎应该为它的参观者提供各个世纪的博物馆、各种不同形式艺术的博物馆、各种技术和不同文明的博物馆。没有一个国家、一座城市能拥有一座"全能"的博物馆。卢浮宫以其 8 个展部所做的事情已经足够多了。

I

　　金字塔取代了赞美甘必大②的纪念碑;卡鲁塞勒花园取代了肮脏而危险的街角和狭窄的小街……从金字塔经由卡鲁塞勒凯旋门和星形广场的凯旋门,直至拉德芳斯拱门,这个景观仿佛是一日之间被设计出来的,但事实上却是一系列偶然的结果……一个在今天看来结构过于不严谨的方形庭院,院子中间原来是奥尔良公爵路易·费迪南德的骑马雕像和一些绿茵满布的优雅空地,统统让位给了一个残破的水池……为法国 17、18 世纪的纪念性雕塑所建造的普杰和马尔利玻璃庭建在了一片露天停车场上,那原本是金融部官员的专用停车场……卢浮宫外部的改建不胜枚举,说起来足以使人头晕。有些改建涉及倍受岁月侵蚀的古建筑,有些则是在我们眼皮下诞生不久的新建筑。改建能到此为止吗?非常值

得怀疑。

J

　　在多少个世纪当中,卢浮宫的所有厅和作为博物馆的所有展厅均无一例外地经历过重大调整。波旁复辟时期的坎帕纳厅和查理十世厅现在均已不复存在,但在当时它们很可能还保持着原始状态。供电系统、信号系统、作品名及作者姓名卡、保安系统、作品悬挂系统、作品介绍,所有这一切都被修改过。任何一位展馆的馆长都有可能提出一个问题,当然是向卢浮宫主席兼总馆长提问了,那就是,究竟哪些厅是我们有权改建或改造的? 又有哪些厅,其历史装饰是不可以随意改动的? 在这方面,再没有什么能比大画廊更能说明问题。几个世纪当中,卢浮宫博物馆损失了 172 平方米(起初为 460 平米,现在仅剩 288 平米)。17 世纪时,卢浮宫博物馆的两端被缩进,变成了今天的方厅,不久前又成为会议厅的牟利罗厅和皮亚泽塔①厅。至于天顶照明,应当归功于于贝尔·罗贝尔计划。自大革命以来,这一计划的内容不断调整,无论雕塑作品是否总处于中心位置,油画作品是一直享有特权的。但所有负责调整卢浮宫博物馆的人都曾有过不知所措的感觉,究竟该如何处理这个狭长过道? 那是一个走廊,一条通道,其不封闭性使观众无法自如安静地欣赏喜欢的作品。隔档的色彩当然是可以更换的,改善照明效果也是可以的,但对博物馆的调整还能不能更彻底一些呢? 要是在过去,只要有一点不适合画作的展示,就一定会彻底调整,没什么好犹豫的。而今天,我们是否比前辈们对于过去有更多的尊重呢? 我们能任由自己到什么程度?

　　每一任卢浮宫主席兼总馆长,每一任展馆馆长都希望在卢浮宫留下自己的印迹,因而都雄心勃勃地要对卢浮宫进行修整。一旦卢浮宫交到手上,他们就想对其整体布局、分部或展厅的结构进

----

① Giovanni Battista Piazzetta ou Gian Battista Piazzetta(1683—1754),意大利威尼斯派画家。——译注

行重新设计。有朝一日他们会想到或者说应该想到,每一代人都在这里留下了他们自以为是对卢浮宫最彻底的改变,当然,有些改变也还是有价值的。

至于我本人,我得意于自己对阿波罗长廊的修缮。每当我徜徉于卢浮宫,便会想起那些小小的成功,较之建筑家或某些馆长,我之所为应算略胜一筹:位于黎塞留翼楼三层有一间以克洛德·洛林命名的大厅。透过大厅的一个窗户可以观赏到礼拜堂的花园和里沃利街①的景象。但这扇窗户将反光投在了展出的画作上,等于将可悬挂作品的墙面减小了。虽然我不会像博纳尔那样断言,博物馆里最美的东西莫过于窗户,但我敢说,我敢相信,那扇窗户将永存于我的记忆……

在最近 50 年所进行的调整中,有哪些在未来半个世纪里能够不再被调整呢?整体布局是否还会被改动?是否有一天会将八个展部的雕塑、绘画展品统统混合在一起,或者,有无可能更朴实一点,将作品以年代为序布展,将法国、意大利、北方、西班牙 17 世纪的绘画汇集在一起,而不是目前这样以流派来划分作品?

让我们回到现实。在卢浮宫入口处,那个唯一的(我认为那只能是暂时的唯一入口)、常常受质疑的金字塔入口,可以看到一大块水泥,上面插有四根杆子,像是被落潮抛下的一样。那上面原打算放置一个“标志性作品”,无论它是不是卢浮宫的藏品(胜利女神、罗丹、布兰诺西或是某一当代作品……)。建议一个又一个,却没有一个被接受,那底座至今仍空着,颇令人失望。

K

卢浮宫宫殿、其外部建筑、内部装饰……现在我来解释本词典是如何在卢浮宫众多藏品中选择能够作为词条的作品并对其加以评介的。

---

① Rue de Rivoli,巴黎著名商业街,因纪念拿破仑对抗奥匈帝国的里沃利战役胜利而得名。卢浮宫位于其南侧。——译注

　　有人会指责我偏爱17、18世纪的绘画作品,偏爱意大利和法国的绘画作品。我熟悉绘画、热爱绘画,自然要捍卫绘画。我为这两个世纪里一些最伟大的艺术家写过书,办过他们的作品展(如拉图尔、勒南,尤其是普桑、华托、夏尔丹、苏贝利亚斯、弗拉戈纳尔、达维特)。这些艺术家都是我所喜爱的,但我尽量不去考虑他们有什么共同之处(更不以我个人的爱好去发表意见)。当然,有时候,我的选择也会基于一些不十分明确、但却十分个人的原因。我很想选择卢浮宫新近获得的绘画杰作。这些作品是以抵债(因有些艺术品需要支付继承税)或以捐赠的名义进入卢浮宫的,尤其因为这些画作都是"卢浮宫之友"的作品。我特别坚持选择那些直到现在仍为卢浮宫之"缺项"的作品。

　　卢浮宫藏品的"缺项"是什么意思呢? 这个经常有人提及的说法是值得讨论一番的。至于卢浮宫馆内现有属于它自己的藏品,也就是馆内八个展部的藏品,本词典则力图全面展现。历任馆长都希望依靠引人入胜的经典作品将丰富而复杂的艺术历史呈现出来,比如说,从文艺复兴前一直到浪漫主义的格吕内瓦尔德①(其作品没有在绘画部展示,而是在素描陈列室)和弗雷德里希(从1975到2000年共收藏了其两幅画作和多幅素描,所有作品都为战后所得)的德国艺术史。这也就是说,卢浮宫收藏上的缺项是非常严重的。对于绘画部来说,毫无疑问,最令人痛心的缺项是委拉斯凯兹这位堪称17世纪最伟大的画家(还有普桑)的作品。类似的缺项有不少已经无法弥补(杜奇欧,马萨乔)。绘画部为了补充那些呼声最高的作品付出了努力,对此应当予以嘉奖。

　　本词典的词条选择也偏向于卢浮宫藏品中稀有的作品(埃莱娜和维克多·利翁所收藏的莫奈作品)、有轶事的画作(德罗林)、我非常喜欢的又是那么难画的猫(吉里柯)。当然,我也会因一时的热情而决定我的选择,这样的选择更为真实。我甚至还对一些不属于卢浮宫的作品作了评论。例如,藏于纽约大都会博物馆的

---

　　① 　Mathis Grünewald(1480? —1528),德国文艺复兴时期的宗教画家。

乔治·拉图尔的《女占卜者》或吉安·安东尼奥·加尔的《在厄玛乌的晚餐》,这幅画过去藏于(法国)昂德里斯小镇的圣母堂的参事会教会,现在转到了(法国)埃夫勒圣母堂。

L

要将过去直至今天那些与作为宫殿和作为博物馆的卢浮宫有关的艺术家、法国国王和王后、皇帝、共和国总统、政治领导人、部长……等等列出个名单,并非易事。从菲利普·奥古斯特到弗朗索瓦·密特朗,所有人都曾想以自己的方式在卢浮宫留下印记。他们都知道建筑(金字塔例外)比战争更能够让他们名留千古。我执意要在词典中提到他们的名字(比如波拿巴和拿破仑)。法国大革命例外,虽然没有什么重要人物留下名字,这一时期还是具有重要意义。多亏了这场革命,卢浮皇宫得以成为博物馆。

卢浮宫博物馆的空间不足是个永久性问题,而且这个问题永远都会因每一个新上任的大人物的意志而被扩大。花神翼楼、财政部自二战就被卢浮宫占用了,但仍然不能满足。对于工作人员来说,卢浮宫实在太小,但对于参观者,它又太大了,这个难题怎样才能解决呢?

M

卢浮宫算是一座伟大的纪念性建筑吧? 我曾给予埃克托耳·勒菲埃尔高度但审慎的赞扬,是他奠定了今日卢浮宫博物馆的形象,他的功绩前无古人。然而,从佩罗[①]到佩西耶和封丹,再从贝尔尼尼(他失败了)到贝聿铭(他成功了),卢浮宫的设计者们,无论是卓越超群、功名显赫,还是默默无闻、被人遗忘,无论是法国人,还是外国人,均一心想解决同样的问题:卢浮宫博物馆究竟是设一个入口,还是设多个入口? 如何将卢浮宫宫殿与杜伊勒里宫融为一体? 如何解决卢浮宫不在花神翼楼和里沃利街的中轴线上(贝

---

　①　Dominique Perrault (1953—　　),法国当代建筑师。——译注

聿铭提出了一个解决方案,路易十四的雕像绝对令人满意吗?)?
如何将已经有的东西与新建筑和谐相融? 自法国大革命以来,建
筑师就一直有一项额外的责任,但能够应对这个责任的人为数不
多,那就是,怎样做才能更有利于作品的展出,且不至于因展出而
伤及作品? 如何与博物馆的研究员们合作? 如何让相关各方都能
承担起各自的责任,做到懂得倾听、懂得如何与人对话、如何与所
有负责人共处,而不是以大堆的数字或技术困难为借口压制他们?
如何跟上时代、顺应历史?

　　我始终小心让绘画作品避开白天强烈而不断变化的日光。我
认为在这一点上有必要让贝聿铭与我意见一致。我请他喝了一整
瓶波尔多,但我没能说服他,他主意已定。

N

　　卢浮宫自从成为自治机构,就有了一位叫做“管理委员会主席
兼馆长”的头目,而非主席与馆长分立。这后一种情况往往会因分
工而导致不可避免的纠纷。直到不久前,管理委员会主席兼馆长
还都一直必须是在展馆馆长中选拔出来的。而现在,能够成为管
理委员会主席兼馆长的人只须是受到认可的专业人士就行了。二
把手、馆长助理、行政总管都是由他(而非部长)精心挑选的。根据
惯例,行政总管一般应是国立行政学院毕业的。从管理委员会主
席兼馆长这个头衔的定义上讲,卢浮宫的一号人物希望扩大他的
馆长或部长级别的自主权,能够按照自己的意愿购买藏品,将大笔
门票收入库存已备卢浮宫使用、决定出版物、展出由他选定的作
品、决定藏品的修复……他还想把自己的观点强加于“卢浮宫之
友协会”(这是个错误)。他有自己的“宏大计划”(亚特兰大、朗斯、
阿布扎比)。这个一号人物奢望最大限度地拥有财务自治权(卢浮
宫的预算额度差一点不足 20 亿欧元)。他非常渴望纽约大都会博
物馆那种私立博物馆所具有的独立,却忘记了“董事会成员”的权
威。管理委员会主席兼馆长的地位既高高在上于全体员工(这个
词多少有些令人讨厌、颇为傲慢的意味),也高于博物馆研究员。

有一个问题经常出现在我的脑海，颇不易解答：一位管理委员会主席兼馆长可能碰到的最大难题是什么？但我还是看到了一个答案。卢浮宫是一个绝佳的共鸣箱。从最糟糕的事情到最好的事情、从常见的火灾到不可预见的事故，无论什么事情都会立即在（文化）部里引起议论，文化部与卢浮宫的利害关系倒是相当的一致，但这些事情也会立即被少有善意的媒体盯上，然后又很快被报纸和电视放大，而报纸和电视往往对事情本身并不具有多少了解。所以，必须具备快速反应和坦然应对的能力。

O

卢浮宫约有 2100 位工作人员：俨然一个"中小企业"。这些工作人员所承担的任务更是五花八门、纷繁复杂，忙碌程度令人咋舌。所有这些工作构成了卢浮宫令人可怕的"行政"，这是一个常用、但意义极其模糊的字眼。并非所有工作人员都是公务员（这是另外一个让人犯怵的字眼）。从装框工到大理石工，从数不清的画室到礼堂，想要说出卢浮宫的每一种工种，那是完全不可能的；从教育服务（应避免使用"文化"一词，它在今天被撒上了太多的调料）到交流服务，从接待到消防，要想说清卢浮宫所提供的每一种服务也是不可能的。

我对于高层"管理人员"通常是非常严厉的，这样做完全不讨人喜欢，而没有理由。但经年之后，我却发现，这些被严格要求的人都迷恋上了卢浮宫，不仅搞懂了卢浮宫复杂的运行机制，也完全理解了它富有魅力的特别之处。他们无一不是怀着遗憾离开卢浮宫的。我有时会在他们的新岗位遇见他们，每逢相见，总会听到他们说当年在卢浮宫是多么愉快。他们在卢浮宫所见识的是一个神奇而令人惊叹不已的世界。

在卢浮宫所有工作当中，以数量也以重要性取胜的是保安人员，也就是过去被叫做"（日间或夜间）保安"的人。我自己就认识一大帮保安，他们总能从我的红色长围巾认出我。尽管关于保安人员的规定很含糊，但由于这是责任，我总会跟他们交谈，跟他们一起追忆昔日美好的时光。他们热爱他们曾经工作过的展厅和展厅的常客，所以，他们经常会在不对外开放的时间来参观卢浮宫，见见现在在其他博物馆工作的同事。他们的工作需要长时间混杂在噪声和嘈杂的游客群中，这份工作虽然不被看好，但要做得好也不容易。但他们清楚自己对卢浮宫的藏品所担负的责任。

P

当大家知道我把卢浮宫博物馆研究员排在 P 这个字母时，可能已经怀疑我对这个字母重视程度是否过高了。卢浮宫博物馆研究员的人数并不多，超不过 60 位，都是通过考试竞聘上的，而且考试难度相当高（我个人认为考试内容过于"通才"了）。这些研究员个个都是博学之人。有人指责他们不过是不食人间烟火的学者，那当然是不对的。事实上，他们是不可取代的，与"行政管理人员"相反，他们更是不能相互替换的。他们是高级教授、专家，他们在科学界的声望也影响着卢浮宫的声望。（卢浮宫）藏品的展示、藏品价值的体现、对于藏品的科学研究、高水平藏品目录的编撰、藏品修复的严格审查，这一切均建立在馆长的水平基础之上。研究员要组织展览，获取馆藏所缺乏的作品是研究员的义务，而做到这些则意味着研究员必须具备多种才能：他必须熟悉国际、国内艺术市场，当有值得卢浮宫收藏的作品出现时，研究员必须在第一时间知情，他得有眼光、有鉴赏力，还得与商界尤其是收藏家保持良好的关系。

如今，很多研究员都在担心，行政管理负担在日益加重，但研究员的人数却没有相应增加，这使他们无法应对工作。而行政管理人员却如雨后春笋般大量增加，最为充足的人数甚至使行政人员难掩对研究员们的不屑。美国也遭遇到类似的问题，但他们现在正在教研究员们如何更好地管理，正如文化遗产学校所尝试做的那样。让我们学习这个榜样吧，研究员们一定不会比那些无处不在的行政官员们做得更糟。

我的主要职业生涯就是博物馆研究员，毫无疑问，这是世界上最美好诚实的职业。

Q

说到现在,我还基本上没有提到过钱,但对于一座博物馆而言,钱却是至关重要的,虽然这个字眼说多了会显得庸俗。长期以来,可以说自从1783年向公众开放以来,卢浮宫就因为缺钱而影响到一些工程的进行和某些作品的购买。但这种事情似乎永远结束了,尤其是藏品的购买。作品的价格虽然暴涨,有些作品也甚至贵得惊人,但大宗购买作品的事情再也不会有了。

早在19世纪,英国和德国各博物馆(伦敦国家美术馆、柏林国家美术馆)就先后开始利用贷款定期购买作品来构建自己的收藏,而且往往是从法国的收藏中购买作品。20世纪见证了大画商和美国博物馆如何蜂拥而至来到法国,而对于保护法国文化遗产来说,最黑暗、损失最大的时期莫过于两战之间。这一时期,大量重要作品外流,而法国竟几乎举国对此无动于衷。有人评价说这批作品应该是法国历史上最好的一言不发的使者。古本齐恩①的收藏本来应该留在法国的,但马尔罗却做出了相反的决定。1941年旨在保护法国不被纳粹洗劫的法律曾长期有效。共同市场略有保留地推测,艺术品的自由流通使其遭受的破坏是毁灭性的,而禁止艺术品出口(即不允许以国际市场价格出售藏品)又使其所有者越来越难以应对日见严重的掠夺。以画抵债的法律、购价的持续升高、供文化部所有部门使用的基金、文化遗产基金、新近关于对文学或艺术事业资助的法律条文等,这一切构成了今天的一整套措施,这些措施不仅使我们能够通过购买来实现对那些有可能永远离开法国国土的艺术品的保护,也使我们有可能购买国外作品来丰富我们的收藏。然而,事情往往在做的时候就已经太迟了,尤其是一些印象派代表作(修拉的作品和塞尚的《沐浴者》就被伦敦、费

---

① Gulbenkian(1869—1955),土耳其裔英国金融家、实业家、慈善家和收藏家。所藏艺术品杰作达6000件之多,存于里斯本古本齐恩美术馆。——译注

城和巴恩斯①基金会等瓜分了）。所幸，事情可能并没有一般人想象的那样严重。

就在前几年，要想得到一幅画还必须足智多谋。1988年公开认购的乔治·德·拉图尔的《圣托马》就是一个例子。这次认购带给了我很多快乐（博物馆馆长的职位并不只有痛苦）。若卖画者不是马耳他慈善会的人，这次认购本来能成功。说是要卖这幅画，但卖家既答应卖给这家慈善机构，也答应了卢浮宫。看来，购买作品的荒年可能一去不复返了。

R

如果没有捐赠人，卢浮宫不可能成为现在的样子。捐赠者的名字被镌刻在阿波罗圆厅。我将重点谈一下油画的捐赠情况，当然也会涉及其他。最重要的油画捐赠人非路易·拉卡泽博士莫属。他在1869年将他收藏的18世纪画作以及华托、夏尔丹、布歇、弗拉戈纳尔等人的作品捐给了卢浮宫。他喜爱这些画家的作品，无论是在他们尚未成名时，还是已经过世后，他都一直坚持购买他们的作品。但他的爱好并不局限于18世纪，卢浮宫所藏的伦勃朗的《沐浴的贝莎蓓》、里贝拉的《跛足孩子》以及为数不少存于其他展览馆（现在被叫做"地区展览馆"）的作品也都是他捐赠的。

说到收藏家，不能不提到罗斯柴尔德和米歇尔·大卫-威尔两大家族。他们过去是、现在依然是卢浮宫不同展馆的固定捐赠者。忘记卢浮宫之友协会（这个协会约有70000名成员）也是不公平的，该协会把它的所有收入全部拿出来用于丰富卢浮宫的收藏了（协会已经决定改变其政策，我个人颇为此感到遗憾）。

我对捐赠者一直怀有爱戴之心，那些我所认识的、并且其作品已经进入公共领域的捐赠者都在我的生命中有着重要位置，因为他们的收藏，更因为他们鲜明而可敬的人格。我一生当中最美好

---

①　Barnes（1871—1951），美国制药商、收藏家，藏有雷诺阿、塞尚、毕加索、马蒂斯的作品计346幅，并建有巴氏美术馆。——译注

的几个时刻都应当归功于他们。我在这本书里虽没有用太多的笔墨来回忆、赞美他们，但每当提到以下这些名字，我便感受到一种别样的快乐：亨利·巴德鲁（鲁昂博物馆）、保罗·马蒂亚斯·波拉科维茨（国立美术学院）、雅克·珀蒂-奥里（位于法国巴约纳的波纳特博物馆）、奥托·考夫曼和弗朗索瓦·施拉若德（他们的名字以及他们捐赠的 38 幅作品完全有理由展示在德农馆二楼 24 展厅）。

我就不一一提及那些尚健在的其他捐赠者的姓名了，我很高兴能够经常见到他们。馆长与捐赠者是必然同谋，那当中有着某种独特的、亲密的、令人感动的东西。他们讲同一种语言，对于作品怀有同样的热爱，无论是馆长们购得的作品还者是捐赠者收藏的作品。无论是收藏还是购买，都无不表现了他们的在行和鉴赏力，而且也往往要付出重大牺牲。一座卢浮宫，就是历任馆长与所有捐赠者之和。任何一位"行政官员"都永远替代不了他们（除非他们自身是捐赠者）。

S

在说到那些近年来使卢浮宫藏品得以丰富的措施时，我提到了以画抵债。请不要把以画抵债和捐赠这两个概念混淆①。我说过，所谓以画抵债，就是用一幅继承来的艺术品来支付遗产税，而不是用支票。

也请不要将捐赠者无私的慷慨与被人们称作"对文学或艺术事业的资助"相混淆。这后一个说法含义模糊，可以用来随便说什么。近几年，有关卢浮宫艺术事业的资助工作得到了大幅度开拓，颇令人满意。其活动领域十分多样：鸡尾酒会或金字塔下的豪华不公开晚会、资助出版物或修复项目、在演播厅举办音乐会等。关于艺术事业资助的新法律的影响得到了扩大。我重申一下这些法

---

①　以画抵债（dation）和捐赠（donation）在形式上均为将艺术品给予博物馆，且该法文二字拼写相像，故作者有此"混淆"说。——译注

律的内容:说服某私营企业为卢浮宫认购一件"国家级珍宝",该企业可据此获得其应纳税额 90% 的减免,剩余 10% 由其承担的税额足以由广告效应的回报抵消。卢浮宫和资助者双方都能够在资助活动中得到好处,这样再好不过。

Ⅰ

在卢浮宫的 40 年中,我喜欢办展览。组织展览意味着很多事情。确定人们喜欢并且值得讨论的主题、或者参与某项已经在制定的计划并向政府说明计划的可操作性(在巴黎,就是说服国家博物馆联合会 R. M. N. ,这项工作很费时间)、列出需要借用的作品清单,然后找到那些难说话的作品所有者并努力说服他们答应将作品借给我们,再接下来就是运输、保险、布展(布置隔板,设计隔断颜色、照明以及作品悬挂方式等)。所有这一切都要求必须具有组织协调能力,而这种能力只有在实践中才能获得。编写展览目录又是另外一回事。会写展览借用作品的介绍(作品来源、时间、主题、是否原作、所借作品的作者在其领域的地位等)、求助最好的专家撰写评论、懂得如何应对广大观众和最有经验的艺术史学家等,处理这些事情都需要技巧。在很长时间当中,大王宫一直被视作举办重大国际展览的高级场馆,而编写具有独特风格的展览目录也一直是法国的专长,而且是法国艺术史学家们特别懂得加以利用从而使自己扬名的行当。不应当将展览目录与艺术著作混为一谈。目录是在展品进入展厅之前就必须编纂好的,参观者在观看时会对展品目录所表达的观点加以对证。那些充满睿智又具有吸引力的展览目录已经获得了巨大的成功,因此,如何将它们放置在展厅最醒目的位置,也一直是一件显示品位的事情。

我曾经喜欢,现在依然喜欢举办展览,在大王宫、卢浮宫、在外省、在国外,尤其是在纽约(展出弗拉戈纳尔、夏尔丹、普桑等作品)。我曾先后在所有管弦乐团呆过的位置站过,而且往往是管弦乐指挥的位置。选择展品、编纂展览目录、在每个展厅协调而智慧地挂放展品,这一切都使我着迷。

　　有两个展览给我留下了最深刻的印象。一个是 1974—1975
年的《从达维特到德拉克罗尔》展(在大王宫、大都会博物馆及底特
律艺术研究所举办)。这次展览旨在恢复法国 1774—1830 年间的
油画的地位,昭示其活力,揭示在那段充满政治动荡历史时期的艺
术家人格的多样性。这次展览尤其想要展示法国绘画从路易十四
到路易-菲利普、从达维特到吉里柯和德拉克罗瓦这半个世纪所经
历的发展和变化。在长达 708 页的展览目录中,我写的东西并没
有多少,但我很高兴主持了这次有着巨幅历史画作的展览,也很乐
意为协调那个出色的目录编纂小组成员而度过了几个不眠之夜。

　　《多米尼克-维旺·德农(1747—1825)——拿破仑之眼》美术
展距现在更近一些(1999—2000)。这次展览应该能让大家更好地
了解德农这位拿破仑庭的负责人,他是个容易让人产生好感的人,
也是版画家、素描画家,写过在今天颇为时髦的色情故事(《明日之
点》),还是一位不走运的外交家、旅游爱好者、正在成长中的古埃
及学专家、颇有经验且对任何类别都满怀好奇心的图画和素描收
藏家。德农的独特之处更在于他负责着一个独一无二的展馆,其
部分展品是大革命时期和帝国时期从欧洲各国掠夺来的。这个展
馆既有教育意义,也具艺术价值。该展馆过去和现在都始终是所
有展馆的楷模。为了它,德农付出了很多努力。我还会重提这个
事情(请多包涵)。即便是在拿破仑第一次失利时,胜利者联军也
深深为这个向所有人开放的展馆所着迷,他们甚至没舍得碰它。
而当拿破仑自易北岛①返回,法国人准备热情欢迎他们的皇帝凯
旋时,这一回,联军才粗暴地捣毁了卢浮宫,他们要以此惩罚我们
的同胞为了保皇派的利益背叛联军并与那位贪婪的"妖魔"②结盟
的做法。

　　展览在今天成了件时髦的事情。展览的数量大幅度增加,内
容也可以涉及任何人和任何事,甚至没有一个乡镇不办展览,展览

――――――――――

　　① l'île d'Elbe,捷克岛屿名,拿破仑征战到此地。——译注
　　② 指拿破仑。——译注

成了一种残酷的国际性竞争,还有展览目录,虽然还没有到那个份上……,但我们想象得出结果。如果不是因为有新展馆(比尔巴鄂①……),就没人再会为了参观博物馆而旅行,只是为了看展览而已。然而,人们没有对这种时尚进行认真思考:与报纸所说的相反,博物馆却变得空空如也。当然,卢浮宫2006年接待的参观者还是达到了8300000人次,但卢浮宫是那棵遮住了林子的树(更何况卢浮宫里的法国绘画厅和黎塞留馆二楼的北部绘画厅也都一直空着)。所有博物馆,无论大小,都是空荡荡的。要是看过维米尔的作品,那应当是在海牙而非在毛里茨皇家美术馆②。同样,要是看过委拉斯凯兹的作品,应该是在伦敦,而不是在国家美术馆。不管怎么说,大部分长期陈列作品都被下了架。对于博物馆来说,这里存在者一个严重的危险,那就是,假如说博物馆已经空了,"受托人"、市长、艺术事业资助者以及政治家们还会给钱吗? 如果说展览是为了展示、购买、修复、出版艺术作品,但做这些事情又是为了谁呢? 到了反思的时候了:展览固然能够吸引观众,但同时也会挤跑长期陈列的作品并置它们于死地。而且,展览所吸引的观众恰是博物馆所失去的,这个数量非常之大,造成的后果也非常严重。我们必须对这种"成功"、这种观众转移的原因加以深思。打着著名设计师的旗号、利用传媒的强势、采用更方便观看的专业展板、作品的大小也更加适合人的需要,所有这一切都使展览具有了更大的吸引力。但愿博物馆都来分析导致观众疏远的原因,充分估计威胁博物馆的危险有哪些,并从中找到能够保证博物馆继续生存的办法。

U

读了以上关于展览的沉重文字,大家会认为我是个悲观主义

---

①　Bilbao,西班牙北部港口城市,造船业和金融中心,名胜有圣地亚哥大教堂和古根海姆博物馆。——译注

②　Mauritshuis,建于17世纪的荷兰古典主义住宅建筑,位于海牙,现为同名艺术馆。——译注

者。然而,博物馆的确有可能失去吸引力,失去其观众。再说,我并不是不知道各个博物馆的教育部门为阻止这种决堤的发生而作出的巨大努力。但这些努力还是不够。

说实话,要想解决这个被掩盖的危机,还需另辟蹊径。博物馆能够打动人,但它对观众有要求,他们必须具备知识(圣经、古代诸神、历史知识等),而现在的学校很少传授这些知识。博物馆因而让有些人感到畏惧,尤其是那些在孩提时期没有学到多少东西的人。学校教人认字,但不教人观看。

教儿童和青年学会观看,就是唤起他们的好奇心,使他们了解那个难以定义的概念,那就是"美"。面对兰斯大教堂的《天使》、科尔马①美术馆所藏格吕内瓦德尔的《耶稣受难像》、西斯庭教堂、凡尔赛镜廊、南锡的斯塔尼斯拉广场、德拉克罗瓦的《自由引导人民》、米约的高架桥②等,观众的问题可能无穷无尽:德拉克罗瓦想要表现历史上的哪些事情?他又为什么用这种方式表现呢?是谁想要这些杰作?是谁设计了这些杰作?那些石块来自哪里?又是谁花的钱?……,还会有哪些问题?只有国民教育部、受过专门培训的教师、艺术史教师(但不是技艺史或造型技术史)有可能拯救博物馆。学习观看就是给予每个人一个丰富个人生活的机会(请原谅我使用"生活"这个有点故作严肃的字眼),无论他是哪个国家的人,无论他的社会地位怎样。

V

至于让"原始艺术"③进入卢浮宫,我的立场并未被理解。我简单解释一下。我全然无意反对所谓原始文明艺术。我有两个来自贝宁的漂亮青铜板,就摆在眼皮底下,每天都能看到它们。

---

　　① 法国阿尔萨斯大区东部小镇,上莱茵省的首府。——译注

　　② 位于法国南部米约市附近、迄今世界上最高的公路桥,2004 年 12 月 14 日通车。——译注

　　③ 法文为 arts premiers,泛指传统的、原始的、非文字性的、不包括西方艺术在内的艺术。——译注

我认为,这些如此多样化且往往如此有智慧、有创造力、距我们如此遥远却又如此接近,但都不具有文字的文明的作品,比卢浮宫里有些作品更有价值,它们应该被展出,并且也已经拥有自己的博物馆(我不想评价凯布朗利博物馆)。但愿那几件完全脱离了其文化背景、在卢浮宫展出的佳作能够回到它们自己的圈子里去。

W

相反,我认为,在卢浮宫给予当代艺术以更为宽裕的空间只有好处,没有坏处。或许有人要问,有展出空间吗?在哪里?临时还是永久展出?当代艺术有其收藏者(而且越来越多),有其观众,也有其画商。只须到波布尔①街蓬皮杜文化中心参观一次,就足以验证这一点;那里的观众跟卢浮宫的观众不是一回事儿。他们更年轻、更"时髦"、更无拘无束,不大专心,不大容易被打动、被吸引,但却同样入迷。那么,为什么不去尝试把这类观众吸引到卢浮宫来,为什么不去努力让他们也对收藏产生兴趣、征服他们、捕获他们呢?

对于在哪里展出、临时展出还是永久展出这些问题,包括卢浮宫在内的许多博物馆都正在尝试作出回答。

X

被第三共和国愚蠢毁掉的杜伊勒里宫要不要重建?这座城堡经历了从卡特琳·德·梅迪奇②到拿破仑三世的辉煌历史,重建它会获得支持。重建能否获得优先考虑呢?我认为不会,想想我们有多少纪念性建筑的可悲情况吧,有大教堂,也有微不足道的小教堂。因此,重建只能是一个好想法,但不切合实际。

---

①　巴黎街名,1977 年在此修建了蓬皮杜文化艺术中心。——译注
②　Catherine de Médicis(1519—1589),法国王后,亨利二世意外去世后摄政。——译注

Y

　　卢浮宫也包括了它的那些花园。杜伊勒里诸花园就属于卢浮宫管辖。然而,那些处于卢浮宫范围之内、并长期在卢浮宫占有一席之地的形形色色的大厅和游人云集的公园将来又会发生什么呢?巴黎人往往忘记他们眼前就有一座非常棒的露天雕塑园。当代雕塑刚刚出现时曾经引发过论战,但今天,这些雕塑却都被忘却了!

　　卡鲁塞勒花园被勒莫尼埃将军大道上令人讨厌的地下通道口与杜伊勒里花园隔开,应该重新考虑如何调整。我本人为塞纳河一侧公主花园里的雕塑被移走而深感遗憾,更为里沃利街上的奥拉托利花园的凄凉状感到痛心。这些花园为什么不能向公众开放呢?

Z

　　说卢浮宫是一个服务于公众(教育与娱乐)、为人们提供美的享受、让人们了解昔日艺术和艺术家的机构,是远远不够的,因为这个定义适用于任何一座博物馆。那么,卢浮宫的独到之处在哪里呢?从国际地位上讲,任何一个法国机构,任何一个法兰西共和国的机构,无论是巴黎歌剧院、(法国)国家图书馆,还是波布尔中心、奥塞博物馆……,都不敢声称能够与卢浮宫比肩。卢浮宫的特别之处在于它既是王宫,又是博物馆;在于其藏品的丰富(还有,它距离塞纳河最近);在于其高远而多样的抱负。当然,今天的卢浮宫一方面是由幸运或不幸的偶然凝结而成(对于其中一些,我已有过评论),另一方面也是有识之士意志的结晶。这些人来自不同的地方,从事不同的职业,他们像庇护自己的收藏品那样献身于卢浮宫的建设。

　　我有机会先后见到过、参与过、直至最后领导过卢浮宫的转变。自从战后我的孩提时期,我就认识了卢浮宫,父母经常带我参观卢浮宫。如果说我爱卢浮宫,那得归功于我的父母。我甚至想,即使原本没有可能在卢浮宫里度过我的职业生涯,卢浮宫也无论如何会在我的生命中占据重要位置。

有些时候我会自忖:自己为卢浮宫做过什么? 我本来能够为它做什么而实际上未做? 我本来应该为它做什么而实际上未做? 在我年轻的时候,卢浮宫的情况很糟糕,它被闲置着,无人问津。多亏所有在卢浮宫工作过的人员包括历届管理层的共同努力,卢浮宫才恢复了它应有的地位。我敢说,对于卢浮宫的至上地位、对于它的美,现在人们应该已经少有异议。而我正是在卢浮宫达到这种状况的时候离开那里的。我的这部词典旨在为人们提供一个满足品味和好奇心的指南。我希望自己没有过于照顾某个"局部",没有过于"偏颇"。最早读到这部词典的人曾批评它过于像一部指南,过于像"词典"。他们是否也会批评我过于沉醉于"爱河"呢?

阿布扎比 | Abou Dabi

当我着手撰写这部词典时,我原本想选的第一个词条是"abords"。但对于词典,尤其当词条涉及你之所爱、也就是说完全不同于人们所理解的一般意义上的词典时,内容的不断调整和取舍就成为必然。"abords"就是这样被"阿布扎比(Abou Dabi)"替代的,再自然不过了。

无论在法国还是在外国,想要心平气和地对某项可能导致公共舆论出现分歧的计划作出判断,并非易事。公共舆论往往是在对该计划的相关细节不甚了解、但对百万欧元的承诺颇有兴趣的情况下作出反应的。因此,他们一般会持赞同态度。相反,虽然不乏例外,但专家们通常的态度大都是担忧,且表达方式十分尖刻(见《伯灵顿杂志》①2007年第五期题为"A desert folly"②的编者按和《评论》杂志2007年夏季刊第118期署名"多米尼克·格里莫"的文章)。我说话不拐弯抹角,从我的角度,我是赞同计划的。

亨利·卢瓦雷特③手头有一个职业博物馆高手队伍,这个队伍知晓如何维护卢浮宫的利益,当然也是维护卢瓦雷特本人和卢浮宫所有部门负责人的利益,他们毫无疑问是最忠诚于博物馆的人,因此我对他们寄予充分的信任。亨利·卢瓦雷特对于开放博物馆表现出了真诚的渴望。古老的欧洲在萎缩,如果欧洲想要留住那些通常被人指责为在许多世纪当中从或远或近的他国偷窃而来的文化遗产,就必须让这些遗产流动起来(但要有足够的预防措施,还应避免政治压力和外交性外借,这种盲目的事情过去曾经发生过)。

---

① 英国艺术史、美术及装饰艺术月刊,全名为 *The Burlington Magazine for Connoisseurs*。——译注
② 英文,意即"荒漠之谬"。——译注
③ Henri Loyrette(1952—),法国艺术史学家、奥塞博物馆馆长、继罗森伯格的卢浮宫总馆长。——译注

博物馆发展速度极快,其社会地位也得到了显著的巩固,城市设计没有博物馆已经成为不可能。为了未来没有石油的阿布扎比,为了赢得来自世界四面八方的游客,阿布扎比想要拥有自己的博物馆。阿布扎比求助于优秀建筑设计师让·努维尔,还向一家充满传奇色彩的博物馆发出了呼唤,这家博物馆仅用了一代人[①]的时间就完成了"自我塑造"。对此,我看不出有什么可指摘的。

卢浮宫的商业化……。现在,所有的博物馆都设有餐厅、商店以及负责为艺术活动拉赞助的部门……。卢浮宫也被迫自行解决资金。领导卢浮宫的人拥有科学的头脑,他们永远不会忘记卢浮宫首当其冲的使命(但他们是如何做到的呢?),那也是他们对继任所负有的责任,即让收藏品世代相传。他们身后有颇费心机选择的毕业于国立行政学院且身居要职的人相佐,足以应对明天的挑战。

P. S. 卢浮宫采用的"阿布扎比"的法语拼写为 Abou Dabi。

罗马法兰西艺术学院 | Académie de France à Rome

罗马法兰西艺术学院由柯尔贝尔 1666 年创立于罗马科尔索大街的曼奇尼宫(现在的西西里银行所在地),后由拿破仑一世迁至梅迪奇别墅。在相当长的时期里,罗马法兰西艺术学院专属于艺术家、"罗马奖"[②]获得者、画家、音乐家、雕塑家和雕刻家。1970年以来,该学院也向艺术史学家们敞开了大门。他们中的许多人都是卢浮宫博物馆的研究员,在艺术学院住过。偶尔听到他们中有些人在罗马法兰西艺术学院未曾有一席之地的说法,这多少有些令人遗憾。

---

① 原文此处用了 génération 一词,约为 30 年。——译注
② 1666 年由法兰西美术学院设立的美术奖,是以美术专业学生为对象的最有权威性的历史画竞赛。——译注

参见词条：柯尔贝尔（让-巴普蒂斯特）、格拉内（弗朗索瓦·马里尤斯）；《圣三位一体山与罗马梅迪奇别墅》、拿破仑一世

法兰西学院 | Académie fraçaise

"上周与法兰西学院院士安德烈·弗朗索瓦-蓬塞先生一起吃过午饭，他向我坦露了法兰西学院面临的问题。在整整两年当中，新院士入院典礼不得不在（法兰西）学院以外进行，原因是学院正在翻修。法兰西学院非常希望能被卢浮宫博物馆接纳，再说，它不过是'回到老地方'而已，因为历史上法兰西学院就曾在卢浮宫博物馆驻足。弗朗索瓦-蓬塞还希望能在卢浮宫拥有一隅雅致的地方，最好能避开过多的来访者。

这件事，在我的展部，我想只有目前陈列着《迦南的婚礼》的万国大厅有可能临时调整成会议厅，用于接待，那里放置的临时性装置是可拆卸的。当然，费用得由学院承担。也可以考虑在'梅迪奇画廊'，但那个厅太长了。"

这是绘画与素描馆主任研究员热尔曼·巴赞 1960 年 6 月 21 日写给法国博物馆管理局局长亨利·塞利格先生的信。法兰西学院迁入卢浮宫的请求没有下文，新院士入院典礼只好都在巴黎其他地方举行了。

过去，卢浮宫一直是在勒梅尔西耶翼楼的一楼，即现在的阿卡德①与新苏美尔厅里（叙利馆一楼 A-D 厅）举行新院士的入院典礼。

从何时起，可以坐在扶手椅里当选院士了？起初，只有院长和艺术事业代理资助人（柯尔贝尔）有权享用扶手椅。院士们对此怨声载道。为了满足他们，也为了尊重法兰西学院的平等原则，1713年 11 月 4 日，负责皇家家具的总监丰塔尼厄接到了命令，在皇家

---

①　Agadé，或 Akkad，或 Acad，阿卡德是人类历史上第一个帝国，统治区域位于美索不达米亚，早于该地区后来出现的巴比伦和亚述帝国。——译注

布艺家具安装工拉里耶把新扶手椅做好之前，从家具库里先搬 30 把椅子来用（但为什么是 30 把而不是 40 把呢？①）。我们现在在学院坐的就是普通的钉有金色钉子的红绒面椅子。

许多博物馆研究员或者现在是或者曾经是学院的成员：卢浮宫的勒内·于热、小王宫的安德烈·尚松、卡纳瓦雷博物馆的让-路易·沃杜瓦耶、凡尔赛宫的皮埃尔·德·诺拉克、位于丰坦沙阿丽②的雅克马尔-安德烈博物馆的路易·吉莱，还有伟大的爱弥尔·马勒和勒内·格鲁塞特都是法兰西学院院士；亨利·凡尔纳、路易·奥特古、热尔曼·巴赞和我的继任亨利·卢瓦雷特则都是美术研究院成员；马塞尔·奥贝尔、让·沙博诺、安德烈·帕洛、保罗·雅莫、让-皮埃尔·巴博龙、吉美博物馆的让-弗朗索瓦·雅里热等人都是铭文及纯文学学院的院士。

至于我本人，我不过是在艺术的通道上走了一遭而已。

卢浮宫学院的传统似乎完全被忘却，不再是原来的样子了。弗朗索瓦·密特朗于 1993 年决定建立"全球文化研究院"，设在拿破仑三世的套房里。

参见词条：大革命前的卢浮宫学院、万国大厅（通常称拉若孔德厅）、委罗内塞《迦南的婚礼》

皇家绘画与雕塑学院 | Académie royale de peinture et de sculpture

皇家绘画与雕塑学院是按照罗马及佛罗伦萨学院样式创立于 1648 年的，原来散设于不同的地点，其中就有后来成为皇家宫殿的主教官邸，1692 年入驻卢浮宫。学院先后占去了卢浮宫许多地

---

① 法兰西学院院士人数固定为 40 人，只在有缺位时才补充新院士。故作者提出这个问题。——译注

② Fontaine-Chaalis,法国瓦兹省小镇名，总面积 33.11 平方公里，2009 年人口为 364 人。——译注

盘(包括现在的希腊、伊特鲁利亚及罗马古文物部、方形沙龙、阿波罗长廊和大画廊),而且收藏了大量以原作为模型的雕塑复制品。

任何一位有志成就其艺术生涯的年轻人,无论是画家还是雕刻家,都必须遵循皇家绘画与雕塑学院的游戏规则。

学院通过订购其作品来保护艺术家,并借助每年一度的"名人沙龙"为艺术家们提供保障。这也说明,在18世纪,不把学院这个机构放在眼里的人为数寥寥。就是对学院嗤之以鼻的达维特,也并不是要取缔学院,而是希望学院能够进行改革,更好地发挥功能。

在过去,任何一位职业画家都要经历其职业生涯的这些阶段:接受培训和教育,赢得大奖;而后,通常情况下,18世纪创立于罗马科尔索大街曼奇尼宫的法国艺术学院的大门便向你敞开,你先是被看中,然后被接纳为院士。这期间,他的一两幅入院作品会被展出,这些作品日后为学院所有。那些幸运者最终以成为国王的首席画家而达到事业的顶峰,诸如安东尼·夸佩尔①、弗朗索瓦·勒穆瓦讷、夏尔-安东尼·夸佩尔(安东尼之子)、弗朗索瓦·布歇、让-巴普蒂斯特·皮埃尔。

现在,勒布朗、华托、夏尔丹、弗拉戈纳尔和达维特的作品都有在卢浮宫里陈列,但在他们的作品进入卢浮宫前,他们都曾频繁来过卢浮宫。有时是来参加培训,有时则住在这里,时间或长或短。他们的部分杰作及入院作品(《舟发西苔岛》、《鳐鱼》……)跟绘画与雕塑学院的其他藏品一样被卢浮宫长期陈列。著名的学院会议也分别就普桑和鲁本斯作品的价值有过讨论。

绘画与雕塑学院18世纪接纳的院士中还有几位外国画家,如塞巴斯提亚诺·里奇(Sebastiano Ricci,1659—1734)、水粉女画家罗萨尔巴·卡列拉(Rosalba Carriera,1675—1757)、乔瓦尼·安东尼·佩列格里尼(Gian Antonio Pellegrini,1675—1741),三位均系威尼斯人。

被认为是让-巴普蒂斯特·马丁(Jean-Baptiste Martin,

---

① Antoine Coypel(1661—1722),法国历史画家、装饰艺术家。——译注

1675—1735)所作的那幅画(叙利馆一楼与二楼的间夹层,卢浮宫历史厅第 1 展厅)描绘的就是《卢浮宫皇家绘画与雕塑学院的一次例行大会》。这幅画是我们得以保存的一份珍贵资料,它反映的是学院这个令人尊重的权力机关如何将艺术家与艺人相区别、从而达到保护艺术家的目的。

参见词条:罗马法兰西艺术学院、大革命前的卢浮宫学院、夏尔丹(让·西美翁):《鳐鱼》、达维特(雅克-路易)、勒布朗(夏尔)、新院士入院作品、以原作为模型的雕塑复制品、方形沙龙、华佗(安东尼):《舟发西苔岛》

大革命前的卢浮宫学院 │ Académie au Louvre avant la Révolution

路易十四 1672 年批准法兰西学院进入卢浮宫,他那时还是杜伊勒里宫的主人。1685 年,法兰西学院又在卢浮宫被并入“小学院”即“铭文及纯文学学院”,直到 1805 年 5 月 26 日政令下来,才于 1806 年 10 月迁入四区学院①,即今天的法兰西学院。

参见词条:法兰西学院、皇家绘画与雕塑学院、拿破仑三世套房、圆顶屋、雅莫(保罗)、艺术桥、七壁炉厅、凡尔纳(亨利)

挂画 │ Accrochage

参见词条:品位

接待 │ Accueil

卢浮宫每每被与纽约大都市博物馆相比较,而令卢浮宫处于

---

① Collège des quatre-Nations,由建筑师路易·勒沃根据红衣主教马扎兰遗嘱于 1688 年建造。——译注

劣势的薄弱环节之一就是接待工作。然而，金字塔下接待人员的工作却是十分出色的。周边的噪声从来没有客气过，接待人员必须具备无穷的耐心，能用多种语言为8300000位参观者（非也，应该是旅游者），尤其是那些自以为英语讲得很棒的韩国人说明通往《拉若孔德》厅的最捷路径，或者回答他们问及的某一地址、最近的邮局的上班时间，或者，还可能得跟他们解释秘鲁领馆的办公时间（如果有人丢失了护照的话）。

你可以在"卡门贝尔"（卢浮宫接待处的俗名，也叫"信息中心"）免费获得一份完美的参观图（有9种语言）、参观当日不开放展厅（已经越来越少了）的清单，还可能得到一份"每月一画"册页。

参见词条:关于"金字塔"的争议、每月一画

耗资巨大的艺术品买进 | Acquisitions （à tire onérieux）

一个博物馆如果不购买艺术品，那它就在走向死亡。在我担任馆长期间，为卢浮宫购买作品曾经是我最大的快乐。然而，应该买什么？以什么为购买标准？又如何购买呢？2004年1月1日规定发生了变化："艺术品购买政策由产生于卢浮宫内部的22人委员会制定。该委员会能够代表卢浮宫博物馆全馆（即8个展部）的所有研究员，并且可以听取馆外知名人士的建议。委员会主任由卢浮宫管理委员会主席兼馆长兼任。"艺术品的购买需要通过无记名投票来决定，并且票数必须达到三分之二的多数。如果作品价格超过某一限度（15000—100000欧元），还需得到目前由米歇尔·大卫-威尔领导的国家博物馆艺术顾问委员会的应允，而永久陈列的展品门票年收入的20%（2005年约计690万欧元）都必须用在购买作品上。

然而买什么呢？卢浮宫绘画部的藏品已经是全世界博物馆藏品中最完整的了（包括伦敦国家美术馆），这种无所不有甚至到了有些令人痛苦的程度。为数不多的作品缺项近年也都得以补足

（皮埃罗·德拉·弗朗切斯卡[1]的《西吉莫多·玛拉特斯塔肖像》）。当然,也有些作品想要购买,但未能成功(见"马萨乔")。马萨乔作品所有权应当属于法国学校,我们就等着在卢浮宫里欣赏它的杰作吧。

我在卢浮宫的 40 年当中,很多事情都发生了变化。概括起来说,想要把一件重要的艺术品留在法国,不让它外流,过去比现在更容易做到。而如今在法国以外购买艺术品反而更方便。由馆长们多少有些防范的态度决定,他们今后可能选择更具进攻性、更强势、也更国际化的政策。当然,更大的变化则是博物馆所拥有的资金有了大幅度增加。我记得卢浮宫在 1972 年以 1000 万法郎购得乔治·德·拉图尔的《作弊者》时,说实话,当时馆长们都不大相信能这样做,他们甚至说以后再也不可能有机会用这个价位购买艺术品了。

然而,钱是问题的根本所在吗? 这个问题会令人感到惊讶,但也确实有它真实的一面。称得上杰作的作品毕竟数量不多。作为馆长就必须熟悉它们,必须与它们的所有者(见考夫曼和施拉若德)、商界(见 C. D. 弗雷德里希的《树上的乌鸦》)以及画廊(见安托内罗·达·墨西拿[2]的《十字架上的基督》)保持良好的关系,以保证能够先于美国的博物馆(盖蒂中心和沃斯堡现代艺术博物馆都非常有钱。不要忘了洛杉矶、华盛顿和纽约还有县级博物馆)知晓这些作品的动向,一定要赶在他们之前收藏这些作品(收藏米开朗基罗、大卫-威尔这些古典油画的人已为数不多,只有少量审慎的意大利收藏者)。

我还得重复,艺术品杰作数量并不大,虽然其中一些早已为人们熟知(伦勃朗、夏尔丹……等),但另一些却不知了踪影,连其所

---

① Piero della Francesca(1412 或 1420—1492),意大利画家、数学家。——译注

② Antonello de Messine(约 1430—1479),意大利文艺复兴时期的画家。——译注

有者都说不清把它们搁在哪里了，就像有人说的那样，说不定被藏匿在某个谷仓里了。有一天，它们会突然出现在德鲁奥街拍卖行（见乔治·拉图尔的《圣约翰》）或一家类似的小商行。馆长这个时候就应该及时采取行动。

然而，问题的症结在这里吗？有些伟大的馆长，他们退休后选择了著书立说，另一些则借自己的品位（这个词我曾非常犹豫是否将其纳入这本词典）和眼光来促成作品的收藏，他们为此承担了很大的责任（但并非所有参观者都能给予认可）。

还有些事情需要注意：

请勿将收藏家（他们与馆长们的想法是一致的）与藏品继承人混为一谈。

艺术品在共同市场内部自由流通是受保障的（但有些"国宝"级艺术家的作品例外，这样的作品只有英国和法国占有较多数量，其他国家实际上基本没有这些艺术家的作品）。意大利曾一度不在共同市场范围之内。如果多利亚·庞菲力美术馆、罗马的科隆纳美术馆、佛罗伦萨的科尔西尼、罗马和热那亚的巴拉维西尼美术馆这些私人历史收藏不再受到保护，会出现什么结果呢？

在法国，国家文化遗产是不得转让的。有些人出于某些令人担忧的理由，打算修改这个原则。馆长先生们，你们是否已经准备好回答那个重新回到城里人晚饭桌上的问题（有时候，这个问题也可能由"身居要职的官员"书面提出）："您为什么不能像美国博物馆那样，把您多余的、保留的，或者是您手头已经有 120 幅的柯罗的画作卖掉一幅呢？"（答案就是"国有财产不可转让"。）

虽然我编写的是一部"卢浮宫我之所爱词典"，但不妨说一说卢浮宫的其他 7 个展部。我很乐意就书画刻印艺术部的作品购买政策写几句。

我也想顺便提一下考古部门。从现在起，考古部门被严格要求必须明确提供他们所希望购买的作品是何时又是如何被发现的（是否秘密发掘、非法出口，等等）。

准确说出 2006 年卢浮宫用于买进艺术品的资金总额并不容易

（应该在2400—3500万欧元之间），因为经费的来源各不相同，甚为复杂，大致有以下渠道：以画抵债、"国宝"、文化遗产基金会、卢浮宫之友协会、卢浮宫自己的基金等，当然，捐赠不包括在内。

参见词条：卢浮宫之友协会、安托内罗·达·墨西拿、国家博物馆艺术委员会、大卫-威尔（家族）、以画抵债、捐赠人、弗雷德里希（卡斯帕·大卫）、品位、国有财产不可转让、考夫曼（奥托）和施拉若德（弗朗索瓦）、马萨乔、伦敦国家美术馆、皮埃罗·德拉·弗朗切斯卡、国宝、用益物权

亚当（尼古拉-塞巴斯提安）/《被缚的普罗米修斯》|
Adam (Nicolas-Sébastien)/Prométhée enchainé

（南锡，1705——巴黎，1778）

大理石；黎塞留馆一楼学院小画廊第25展厅

H：1，135；L：0，84；Pr：0，49；M. R. 1745

《被缚的普罗米修斯》这件作品的主题是纪尧姆·库斯图于1735年作为入院作品选题要求尼古拉-塞巴斯提安·亚做的。尼古拉-塞巴斯提安·亚当是朗贝尔-西吉斯贝尔（Lambert-Sigis-bert，1700—1759）的弟弟。该作品的石膏件在1735年艺术沙龙上展出，大理石件直到1762年才得以与观众见面。1763年美术展的观众似乎对制作技艺是否高超更为在意。但狄德罗却表现得很谨慎："被亚当拴在岩石上并被秃鹫撕啄着的《普罗米修斯》是件令人震撼的作品，我觉得自己没有足够的力量对它妄加评判。有谁见过处于这种状态下的人？又有谁能精确说出这些肌肉究竟是处于隆起状还是紧缩状呢？人物身上那鼓胀的血管里难道不是真有血液在流动吗？还是让主持公道的人或者解剖专家去评价吧"（狄德罗，1763年美术沙龙）。

普罗米修斯用粘土制造了人类，又从奥林匹斯山为人类盗来了火种。他为此受到惩罚，被拴在一块岩石上，并被一只秃鹫啄撕着肝脏。后来，赫丘利奉朱庇特之命，杀死了秃鹰，解放了普罗米

修斯。

　　狄德罗对这件雕塑作品所表现的激情、强烈以及巧妙把控的平衡几乎没有什么感觉,我们还是忘掉他,来欣赏作品所展示的强大、活力、能够引起人联想的力量及其所承载的情感吧。亚当在他拿到该题材 25 余年后才将这件入院作品呈现出来,那时,时尚已经发生了变化,那些较为温和的作品受到了尊宠,被人们恰当地称为"新古典主义"。

　　参见词条:皇家绘画与雕塑学院、狄德罗(德尼)、新院士入院作品

小雕像事件 ｜ Affaire des statuettes

　　如果不是因为有人一度认为伊比利亚厅小雕像事件可能与《拉若孔德》失窃案有关的话,小雕像事件本来不会有那么广泛的影响。这件事用一两句话说不清楚,尽管近期还有重要公告在发布,但关于这件事,仍有一些道不明的蹊跷。

　　比利时冒险者热里·皮耶莱是个自我陶醉的骗子,他爱说谎且善于虚构故事。但得承认,此人的确有着某种魅力和天赋。1907 年,他从卢浮宫伊比利亚厅盗走了两尊在西班牙南部塞罗德洛斯桑托斯考古遗址发现的小雕像。这两尊雕像的创作时间应该在公元前 3、4 世纪。热里·皮耶莱给阿波里奈尔①当过秘书,所以,他应该是在阿波里奈尔那里得知,毕加索对这类作品很有兴趣。毕加索当时正在创作《亚维农的少女》。毕加索花了 50 法郎从热里·皮耶莱那里买下一尊雕像,皮耶莱又赠送了一件给他。1911 年 8 月 21 日,《拉若孔德》被盗。皮耶莱承认是他偷了《拉若孔德》和上述两尊小雕像,并且还说他把 1911 年 5 月 7 日偷窃的第三尊雕像以平均 250 法郎转手给了《巴黎报》。

---

　　① Guillaume Apollinaire(1880—1918),法国诗人、剧作家、艺术评论家。——译注

　　正与费尔南德度假的毕加索和阿波里奈尔都非常不安,而且很害怕。他们决定把 3 件作品统统转到《巴黎报》手里,以便能够将它们同时归还给卢浮宫,准确地说,是交还给当时的国家博物馆管理局局长爱德蒙·鲍狄埃。交还工作本来应该秘密进行,但事实不是这样。虽然皮耶莱 9 月 9 日从法兰克福给《巴黎报》寄了一封信,承认是自己实施了偷盗,阿波里奈尔还是被"健康监狱"①监禁了几天,从 12 月 7 日直到 12 日。这一经历在他身上留下了痛苦的记忆。毕加索也为此事深感不安。

　　卢浮宫把这 3 件作品存放在了圣-日耳曼-昂-莱②的国家古代艺术博物馆。3 件作品均被收入皮埃尔·鲁亚尔主编的佳作《西班牙古代艺术品》(巴黎,1997,第 100 页 144 号作品、第 104—105 页 151 和 153 号作品)中。可以想象,毕加索使这 3 件作品具有了什么样的价值。《西班牙古代艺术品》是一个资料宝库,约翰·里夏尔松并没有参与其撰写工作,但他用了一章的篇幅,将雕像事件写进了他的毕加索传记第 2 卷(1907—1917)(*A Life of Picasso*,伦敦,1991)。

> 在进入禁闭室之前
>
> 我得脱得赤身露体
>
> 那是什么凄惨的声音在嚎叫(原文如此)
>
> 吉约姆,你变成了什么?
>
> 　　　　　　　　G. 阿波里奈尔,《在健康监狱》

　　参见词条:达芬奇(雷奥纳多);《拉若孔德》、佩鲁贾(文森佐)、毕加索与卢浮宫

监管部门 | Agent de surveillance

　　参见词条:博物馆工作人员

---

　　①　位于巴黎十四区、蒙帕纳斯区东健康街 42 号的一所监狱(建于 1861—1867)。——译注

　　②　巴黎西部城市,位于法兰西岛地区的伊夫林省。——译注

《叙热①的鹰》 | *Aigle de Suger*

工艺品部；黎塞留馆二楼第 2 展厅

红斑岩、镀金白银；花瓶部分：埃及或罗马皇家；框架部分：1147 年前，圣-德尼

H：0.431；L（最大）：0.27；M. R. 422

这是一件带有两耳的花瓶，的确像是来自古罗马的东西。这只有着两个张开的巨大镀金白银翅膀的鹰是圣-德尼修道院院长叙热（1122—1151 离世在位）想要拥有的一件作品。其拉丁语铭文没有丝毫含糊："这块石头值得镶嵌在宝石和黄金当中。这是一块大理石，但放在这样的框架里，它就比大理石珍贵了。"这件作品是 1793 年在圣-德尼的宝库被发现的。

叙热在一个保险箱里发现了这只美丽光滑的花瓶。他曾想让巴黎的巧匠把它装成一把用于礼拜仪式的水壶：水从鹰嘴里流出。这件令人惊叹而强势的作品证明了叙热对于古代艺术的赏识。

法国人一直有给古老器件再镶嵌金银的习惯。工艺品部展厅经过翻修重新开放时，就会看到在 18 世纪被镶嵌了镀金青铜的中国或日本的瓷瓶和青瓷瓶。

翼楼 | *Ailes*

卢浮宫的法语拼写中只有一个 L 字母，而卢浮宫博物馆却有 10 个②。我们从里沃利大街算起：马尔桑翼楼和罗昂翼楼（装饰艺术博物馆）；围绕方形中庭的亨利二世翼楼、路易八世翼楼、柱廊

---

① Suger de Saint-Denis（1080 或 1081—1151），法国圣-德尼修道院院长。——译注

② 作者在此处玩了一个法语发音游戏：卢浮宫一词的法语拼写首字母 L 读作[ɛl]，法语单词 aile（意即："翼楼"）也读作[ɛl]。卢浮宫里有 10 座翼楼。——译注

翼楼(南北翼楼不计);花神翼楼、塞纳河一侧和拿破仑庭北边的杜尔哥翼楼和柯尔贝尔翼楼,南边是达鲁翼楼和莫里恩翼楼。

P.S.我没有将黎塞留翼楼列入上述诸翼楼中,是为了避免与也以此命名的各个展区相混淆。(在卢浮宫,想要搞清方向可不是一件是简单的事。)

参见词条:展区、黎塞留翼楼

《艾因加扎勒雕像》 | Aïn Ghazal (La statue d')

东方古文物部;叙利馆底楼 D 厅

生石膏、沥青(眼睑和瞳孔);新石器前陶瓷时代,公元前 7 千年

H:1,05;D. A. O. 96

这件作品是卢浮宫最古老的作品。作品来自约旦首都安曼附近的艾因加扎勒遗址,时间约为公元前 7000 年。雕像的材料是生石膏,其框架是用芦苇和纤维编制而成的。

这件作品代表着什么?意味着什么?象征着什么?在那个遥远的时代,它是为什么、又是为了谁而创作的呢?

该作品是向约旦长期租借的,且获得了每 30 年更新租借合同的默许。

艺术品爱好者 | Amateurs

18 世纪,在皇家绘画与雕塑学院那些被叫做"自由会员"或"荣誉艺术品爱好成员"的"艺术品爱好者"当中,有一些实际上就是当时投资最多的收藏家,他们所起的作用不可忽视。在今天,与他们具有同等作用的人大都是卢浮宫采购委员会或卢浮宫友人顾问委员会的成员。

参见词条:皇家绘画与雕塑学院、卢浮宫之友协会、收藏家、马里埃特(皮埃尔-让)

《阿美诺菲斯四世》│ Aménophis IV

埃及古文物部;叙利馆二楼第 25 展厅

古代彩绘石灰岩

H:0,59;L:0,48;E.11076

阿美诺菲斯四世,或称阿肯纳顿,生于前 1353 年,卒于前 1337 年,是娜芙蒂蒂的丈夫。他规定崇拜太阳圆盘阿顿,并为自己取名阿肯纳顿,意即"有益于圆盘的人"。阿美诺菲斯四世放弃底比斯①,建立了一个新首都,取名阿肯纳顿"阿顿之境",即今天的阿玛纳。他的继任是图坦卡蒙②。

1972 年,埃及送给法国一尊巨大的法老彩绘半身雕像,材料为粗陶土。雕像来自卡纳克③(叙利馆二楼第 25 展厅)。卢浮宫当时已经有一尊石灰岩质君王半身像了。在同一个展厅,两尊雕像之间的对比令人激动。第一尊脸型稍长,面部轮廓格外明显,更具异国的感觉,装饰性更强;第二尊则恰恰相反,更写实,内敛的笑容令人难以忘怀。两件作品的灵性都反映了阿肯纳顿的宗教抱负,他只崇拜一个神,并且是这个神与人类的中间人。

参见词条:《娜芙蒂蒂》

美国博物馆 │ Américain(musée)

在 19 世纪的卢浮宫,曾有一个"美国博物馆",皮埃尔·拉鲁斯④

---

① 埃及古城,位于今埃及中部卢克索附近,以辉煌庙宇和法老陵墓著称。——译注

② Toutânkhamon(约前 1345—约前 1327),古埃及新王国时期第 18 王朝第 11 任法老,约前 1334 年—前 1325 或 1323 年在位。据考,图坦卡蒙并非史学界此前一直认为的娜芙蒂蒂之子。——译注

③ 上埃及村庄,底比斯遗址。——译注

④ Pierre Larousse(1817—1875),法国百科全书编纂家,有 15 卷本《19 世纪百科大词典》。拉鲁斯系列词典为法国权威词典之一。——译注

的《19世纪百科大词典》给予这个博物馆的描述颇为不敬："美国艺术过于不像样子,使得秘鲁和墨西哥的古文物也表现不出多大的艺术价值了……。与其说美国艺术是艺术,不如说是考古,因为,那些多为奇形怪状的东西与艺术没有任何关联。"

《拉鲁斯大词典》暗示了整个中美洲和南美洲的艺术水平。然而,在距莫奈故居不远的吉维尼①,有一个"美洲艺术博物馆"(由芝加哥的泰拉美国艺术基金会管理),那里既展出受到印象派画家影响的美国艺术家作品,也有临时展。另外,在布莱朗库尔②还有一个国家博物馆,专门致力于法国和美国的友谊与合作(我本人曾有好几年是那个博物馆的负责人)。

2006年,卢浮宫举办了一个展览,这个展览可以看作是对法国与美国艺术交流的思考。展览充分显示卢浮宫博物馆曾是美国几代艺术家的创作灵感之源。这次展览对法国也是个提醒,艺术的影响从来都不是单向的,只是法国在有的时候懂得如何利用美国的成果罢了。萨缪尔·摩尔斯③的杰作《卢浮宫画廊》(该画作属于上述泰拉美国艺术基金会所有)被安排在方形中庭展出,而这幅作品就是在那里构思的(顺便说一件有趣的事儿,萨缪尔·摩尔斯放弃了他的艺术,转而研究电码,并因此留名青史)。

唉,卢浮宫里美国画家的作品为数实在太少了。最有名的美国绘画作品、詹姆斯·惠斯勒(1834—1903)的《灰色与黑色的交响1号》或叫《母亲的画像》(1871)也于1986年离开卢浮宫,去了奥塞博物馆。在卢浮宫网页上的"La Fayette"双语艺术品目录中,美国艺术家的各类艺术作品(版画和摄影作品除外)共计1700余件,其中包括1940年以前的国家收藏。

---

①　法国厄尔省市镇,因莫奈1830年定居附近而著称。与其同期有多位美国画家在此落脚。——译注

②　法国皮卡第大区埃纳省市镇名。——译注

③　Samuel Morse(1791—1872),美国画家、摩尔斯电码的发明者。——译注

P. S. 就在我写作这部书的时候,我得知(卢浮宫)购买了美国画家本杰明·韦斯特(Benjamin West,1738—1820)的巨幅画作,这幅画的标题是《法厄同向阿波罗请求驾驶太阳神的四马金车》(1840)。本杰明 1792 年作为雷诺兹的继任成为第二任美国皇家艺术学院院长。

参见词条:方形中庭

卢浮宫之友协会 │ Amis du Louvre (Société des)

"卢浮宫博物馆一直拥有参观者、爱好者和资助者。自 1897 年,卢浮宫又有了它的友人。"法国博物馆管理局局长亨利·凡尔纳于 1922 年 5 月 22 日在《费加罗报》上如是说。事实是,1897 年,塞纳-马恩省省议员乔治·贝尔热在自己家里接待了一帮政界人士和高级官员。这些人一致认为,较之英国和德国,卢浮宫在购买艺术品上的资金投入太低了。应该学习荷兰人和德国人的做法,他们分别于 1833 年和 1896 年成立了"伦勃朗协会"(荷兰语:Verniging Rembrandt)和"弗雷德里希皇帝展览馆协会"(德语:Kaiser-Friedrich-Museums-Verein)。

出席 1897 年 6 月 23 日第一次全体大会的官员名单颇令人振奋。名单上既有老捐赠者,也有新捐赠人:卡米耶·格鲁特、爱德蒙和阿尔封斯·德·罗斯柴尔德、莱蒙·克什兰、阿尔弗雷德·肖莎尔、乔治·托米·蒂埃里、伊萨克·德·卡蒙多、儒勒·马西埃……,另有两位画家:爱德华·德塔耶和皮埃尔·皮维·德·夏凡纳。

卢浮宫之友协会搞来的经费专用于购买艺术品。购买艺术品是第一要务。本词典里对所购买的主要作品作了简介,从第一件作品巴尔多维内蒂的《圣母与圣子》一直到新近买进的所罗门·德·布莱的《梳头的年轻女人》,其间还有《维伦纽夫-雷-阿维尼翁圣母怜子图》、《土耳其浴室》、乔治·德·拉图尔的《伊莱娜照料圣-塞巴斯蒂安》。卢浮宫之友协会最近刚刚购买进了威廉·布莱克(William Blake，1757—1827)非常重要的水彩画《恶人之死》和一尊 7 世纪上半叶的巨大镀金青铜《基督》。

起初,卢浮宫之友协会的会员费为 20 法郎,现在是 60 欧元,如果夫妻同是会员,两人共缴 90 欧。取得会员资格需缴纳 100 欧,缴纳 800 欧就是善举了。到了 2006 年 12 月 31 日,卢浮宫之友协会已经拥有 70000 余名会员。在我任卢浮宫馆长时,我曾希望会员数量能够达到 100000 人。塞西尔·德·罗斯柴尔德(Cécile de Rothschild,1913—1995)在 1963 年作为第一位女性被选进协会理事会。

卢浮宫之友协会及其理事会在卢浮宫博物馆占有重要地位,但其角色并不总是明确的,有时甚至不甚令人理解。能否将卢浮宫之友协会理事会与美国博物馆理事会作一比较呢?美国博物馆理事会承担着非常重要的责任,但也非常慷慨。在一个博物馆为私营的国家,寻求维持博物馆生存并保证其发展所必须的经费(工资、维护费、购买作品经费、出版费、展览费……)是博物馆自己的责任,博物馆因此不需要考虑那些只根据领导层意志和藏品所做出的决定,就能够得到大宗优惠经费。这种经费在法国也是有的,但人们往往不关注也不想知道这些事。

参见词条:耗资巨大的艺术品买进、巴尔多维内蒂(阿莱索)、布莱(所罗门·德)、卡蒙多伯爵兄弟、肖沙尔(阿尔弗雷德)、安格尔:《土耳其浴室》、卡尔东(昂格朗)、罗斯柴尔德家族、蒂埃里(乔治·托米)、凡尔纳(亨利)

卢浮宫里的"爱" | Amour

卢浮宫里形形色色的"爱"可能或多或少会有矫饰,但它却无处不在于卢浮宫博物馆的每一个展厅。这里所呈现的"爱",有不信教者对于古人及其神力的尊崇之爱,有对上帝及其圣徒之爱,有爱的喻意、男女之爱、母爱(《维热-勒布伦夫人与其女儿让娜-露西或朱莉》,叙利馆三楼第 52 展厅;德农馆二楼第 75 展厅),有对德行和光荣的赞美之爱……。再就是厄洛斯①、带着或钝或利、张度或大或小的弓箭的小天使、小爱神、维纳斯、达那厄②、普提法尔③的妻子、狄安娜、贝莎蓓等相关于"爱"的主题，如此细数下去，会是一个很长的名单。

还有一些坠入爱河的人，他们是将爱情带到卢浮宫、在卢浮宫某个窗洞下相互亲吻的恋人。最后，还有那些成千上万热爱卢浮宫的人，这部词典就献给他们。

P. S. 多亏了亨利·巴德鲁，鲁昂美术展览馆得以保存加布里埃尔·德·圣奥班（Gabriel de Saint-Aubin，1724—1780）的《爱情之神战胜众神》，这件作品很值得一提。

参见词条：弗拉·安吉利科：《圣母加冕图》；巴德鲁（亨利）、布拉梅尔（雷奥那埃尔）：《发现皮拉摩斯与西斯贝的遗体》；卡诺瓦（安东尼奥）：《丘比特之吻使普塞克复活》；切利尼（本韦努托）：《枫丹白露的仙女》柯雷乔（安东尼奥·阿列格里）：《睡美神安提俄珀》；雅克-路易·达维特：《荷拉斯兄弟的誓言》、《倚靠雄鹿的女猎神狄安娜》；埃哈特（格雷戈尔）：《马德莱娜的玛丽》；埃克（扬·凡）：《罗林大臣的圣母》；弗拉戈纳尔（让-奥诺雷）：《阿尔米达花园里的勒诺》、《门闩》、《浴中加布莉埃尔与她的一位姐妹》；吉兰达约（多梅尼克）：《老人与男孩儿》；格列柯（多米尼加·泰奥托科普利）：《受尊崇的基督》；乌东（让-安东尼）：《乌东夫人》；马塞斯（昆坦）：《放贷者与他的妻子》；帕茹（奥古斯丁）：《被抛弃的普塞克》；佩列格里尼（乔瓦尼·安东尼）：《巴库斯和阿里亚娜》、《狄安娜和恩底弥翁》、《被风神掳走的雅典公主》；普桑（尼古拉）：《埃利泽尔

---

① Eros，希腊神话中司性爱的原始神，相当于罗马神话的丘比特。厄洛斯手拿弓箭，长有一双翅膀。他的金箭射入人心会产生爱情，而铅箭射入人心则产生憎恶。——译注

② Danaé，希腊神话宙斯的情人和柏修斯的母亲。——译注

③ Putiphar，埃及法老的护卫长及奴仆约瑟的主人。《圣经·旧约》中说，普提法尔的妻子勾引约瑟，遭拒绝后向普提法尔诬告，他将约瑟投入了大牢。——译注

和利百伽》；卡尔东(昂格朗)：《维尔纳夫-莱-阿维尼翁的圣母哀子图》；伦勃朗：《沐浴的贝莎蓓》；鲁本斯(彼得-保罗)：《海伦·芙尔曼》《塞尔维特立夫妇棺》

《天使头像》│ Ange (Tête d')

工艺品；黎塞留馆二楼第 1 展厅第 13 号玻璃柜
镶嵌艺术；托切洛①，11 世纪下半叶或 11 世纪末
H:0,316;L:0,246;O. A. 6460

这件作品从威尼斯回到托切洛在现在是不得不为的事情。在托切洛，可以参观圣母升天大教堂，教堂里的镶嵌画令人赞叹。这些镶嵌画在整个 19 世纪曾几经修复，但恰恰是修复反而把有些作品中人物的头部破坏了，因而被换上了替代品。其中从教堂正面的背部看去位于西边墙上那幅《最后的审判》中的巨大天使头像在 1892 年由戈斯帕奇送给了卢浮宫。

弗拉·安吉利科/《圣母加冕图》│ Angelico (Guido di Pietro, dit Fra)/Le Couronnement de la Vierge

(穆杰罗的维基奥，约 1390—1395——罗马，1455)
木板蛋彩画；德农馆二楼方形中庭第 3 展厅
H:2,09;L:2,06;INV. 314

艺术史之父乔尔乔·瓦萨里于 1568 年在其《艺苑名人传》中写道："弗拉·安吉利科这幅画比其他画画得好，表现了他的高超技艺和艺术智慧。他画的是意大利菲耶索莱的圣多米尼克修道院教堂里的一个装饰屏。进入教堂，可以看见这个饰屏就在左边一扇门的旁边。在饰屏画面的中央上部，耶稣基督正为圣母加冕，他们被天使合唱团和众圣徒紧紧围绕着，画面上不但人物众多，而且

---

　① 威尼斯环礁湖岛名。——译注

处理得很好,人物的姿势和表情各不相同,带给人一种难以置信的愉悦和温馨之感。我们甚至不能想象,作为天苍之下的人类,其身体还能有其他什么样的姿势。弗拉·安吉利的人物不仅充满了生命的活力,他们的表情微妙而温和,作品的色彩也仿佛出自一位圣者之手,或者出自一位同这些人物一样的天使之手。因此,总有人把这位出色的画家唤作弗拉·乔瓦尼·安吉利科是完全有道理的。在祭坛装饰屏下端所描绘的圣母和圣-多米尼克的生平片段完全符合他们神圣的身份。这一点,我本人就完全可以证明,因为每次看到这幅作品,我都能发现一个新的迷人之处,而且,我从来不会让自己错过欣赏它的机会。”

特奥菲尔·戈蒂埃的《卢浮宫博物馆爱好者指南》(1867)是一部用之不竭的著作,他在这部书中也谈到了这件作品:“弗拉·贝托·安吉利科的《圣母加冕图》更像是一位天使而非一个人画成的。时光并未能使这幅如弥撒经本的细密画一样精美的画作暗淡失色,它有着百合花般的白色、朝霞般的粉色、天空般的蔚蓝色和星辰般的金色。画面上闪着光的袅袅雾气使所有形象显得纯洁而高尚,没有一丝尘世的卑贱。带阶梯的大理石宝座多变的色彩具有象征意义。坐在宝座上的基督手执一个精工细作的花环,准备戴在跪伏在他面前的圣母头上。圣母则恭谦地欠着身,双手合十于胸前……画作的前部是一些美丽的圣女……弗拉·贝托·安吉利科用画笔赋予了那些年轻圣女们一种童贞的、非物质的、天上的美,这种美是人间所没有的。那是些看得见的灵魂,而不是身体;是有形的思想包裹在洁白、粉红、蓝色、闪烁着星光或带绣花的衣服里,因为那些在光耀永恒的天堂里享受的欣悦灵魂应该拥有这样的美。如果真有天上的绘画存在,这些画应该与弗拉·安吉利科的画作相像。”

我们完全能够理解这两篇相距 3 个世纪的文字的作者何以都对这幅画作充满热忱。这幅画是德农于 1811 年从佛罗伦萨搞到的,1812 年进入卢浮宫。

画面远近分明的景深、向上延伸的多色路面的透视均表明弗拉·安吉利科完全赞同文艺复兴的革新。画面色彩的丰富和多变令人赞叹。至于祭坛装饰屏下方的组画，有人认为是弗拉·安吉利科的学生所作。这些划分为六组，讲述圣多米尼克的生平。最左边的《依诺森三世之梦》画面构成非常严格，仅此一幅，就值得前往一看。

1815 年，佛罗伦萨曾有特派员来索要艺术品，所幸，《圣母加冕图》、契马布埃的《天使围绕的圣母与圣子》以及乔托的《圣弗朗索瓦》都没被要回去。

参见词条:契马布埃(塞尼·迪·佩波)、德农(多米尼克-维旺)、戈蒂埃(特奥菲尔)、作品归还

昂吉维莱尔伯爵(夏尔-克洛德·弗拉奥·德·拉比亚尔迪埃) │ Anjiviller(Charle-Claude Flahaut de la Billarderie, comte d')

(圣-雷米，1730——当时属于丹麦、现属德国的阿尔托纳，1809)

夏尔-克洛德·弗拉奥·德·拉比亚尔迪埃·昂吉维莱尔伯爵是卢浮宫的创始人之一，但却没有一间展厅、一个展馆、连一个过道也没有以他的名字命名。昂吉维莱尔从 1774 年 4 月27 日到君主制解体一直是国王楼的总长，相当于现在的文化部长。1791 年 4 月 27 日昂吉维莱尔辞职后移居丹麦，并在那里辞世。

昂吉维莱尔是主张回归"优雅风格"的主要人物，他订购了多幅作品(达维特的《荷拉斯兄弟的誓言》等)，对促进新美术的发展起到了作用。他热衷国家历史，此举促使了新作品的产生(布勒奈的《贝特朗·杜·盖克兰之死》)。

然而，昂吉维莱尔最值得纪念的功绩在于他试图创建的皇家博物馆，陈列皇家直到凡尔赛时期的大多数藏品。为了丰富展品，他另外专门购买了 250 幅弗拉芒派和荷兰派绘画作品，

其中包括雅各布·乔登斯的《四福音传教士》、鲁本斯的《海伦·芙尔曼和她的两个孩子》、伦勃朗的《亨得利治·斯托菲尔斯像》。他也购买了一些法国作品，比如勒·叙厄尔的《圣布鲁诺生平》。

昂吉维莱尔就这样完善补充了皇家收藏。为了向公众展出这些作品，他研究了大画廊，指派于贝尔·罗贝尔专门负责画廊的照明问题。为展览购买了花瓶、柱子、台子等装饰品，绘画作品也都进行了修复、装框。

卢浮宫历史第1展厅里的小让-雅克·拉格勒内①的画作《在卢浮宫大画廊建立博物馆的喻意画》(1783)即为纪念昂吉维莱尔而陈列，另有于贝尔·罗贝尔的《大画廊搬迁计划》。

参见词条：达维特（雅克-路易）：《荷拉斯兄弟的誓言》、大画廊、于贝尔·罗贝尔的大画廊、维热-勒布伦（伊丽莎白-露易丝）

动物 ｜ Animaux

2005年11月1日的《卢浮宫规定》第3条："禁止动物入内，盲人以及出于运动或心理需要并持有相关证明的残疾人的导盲犬或引导犬例外。"

参见词条：盲人、猫、马

佚名作品 ｜ Anonyme

佚名作品在卢浮宫占据的空间最多。卢浮宫博物馆所展出的大多数作品是佚名作品。我们永远也不可能知道这些作品作者的名字。古代艺术品展部（埃及古文物部、书画刻印艺术部和希腊、伊特鲁利亚及罗马古文物部）尤其如此。但一般情况下，向公众展

①　Jean-Jacques Lagrenée, dit le Jeune (1739—1821)，法国历史画家、素描家。——译注

出的作品的出处和发现作品的时间都是十分明确的。

对于那些现代佚名作品,艺术史学家做了一项重要的工作,那就是还部分佚名艺术作品以作者或出处。虽然有些作品的作者还不能确定(《手执酒杯的男人》可能是勃艮第、葡萄牙或西班牙作品),但有些问题已经解决(《维尔纳夫-莱-阿维尼翁的圣母哀子图》是昂格朗·卡尔东的作品;《磨坊主》的画家为让·海伊;《奥布瑟文斯大师》的作者有待进一步落实,可能是萨诺·迪·皮埃特罗[1];《所罗门的审判的主人》是里贝拉的作品)。

参见词条:埃及古文物部、希腊、伊特鲁利亚及罗马古文物部、东方古文物部、艺术品的归属、捐赠人、《手执酒杯的男人》、画师、花体缩写签名、约定代称

埃及文物部,简称 A. E. | Antiquités égyptiennes (département des), dit usuellement A. E.

我首先想到的是波拿巴、埃及金字塔或多米尼克-维旺·德农。埃及古文物部是根据 1826 年政令创建的,1827 年 8 月 15 日有查理十世主持落成仪式。其首任总管是释读古埃及象形文字(现属大英博物馆的罗塞塔石碑[2])之父让-弗朗索瓦·商博良(1790—1832)。

埃及古文物部珍贵藏品的展位被频繁变换过。现在,这些艺术品陈列在方形中庭四围。

1977 年重新调整展位。“大卢浮宫规划”使埃及古文物部成为卢浮宫最大的受益者之一,它的占地面积达到了 4000 平方米。参

---

① Sano di Pietro (1406—1481),意大利画家。——译注

② 刻有埃及国王托勒密五世诏书的大理石石碑,立于公元前 196 年。由于石碑同一内容以 3 种语言刻出,使得考古学家得以对比各语言版本,解读埃及象形文,成为研究古埃及历史的重要依据。罗塞塔石碑 1799 年由法军上尉布沙尔(Pierre-François Xavier Bouchard)在埃及罗塞塔(即今日的 el-Rashid)发现,英法战争中辗转到英国,1802 年存于大英博物馆。——译注

观线路分为两条：位于底楼的一条主题为"文明进程"（木乃伊、尼罗河、文字、狩猎、垂钓、抄写人……）；一楼的另一条则是按年代陈列的精选艺术品，从纳加达①时期（约公元前 4000—前 1300 年）一直到古罗马埃及（埃及艳后克里奥派特拉……）和科普特语②阶段。

不要忘了瞥一眼位于一楼查理十世展厅里的彩绘装饰和家具。

参见词条：波拿巴、商博良（让-弗朗索瓦）、查理十世博物馆、方形中庭、德农

希腊、伊特鲁利亚及罗马文物部，简称 A．G．E．R．｜ Antiquités grecques, étrusques et romaines (département des), dit usuellement A．G．E．R．

千万不要忘记法语字母 E 所代表的伊特鲁利亚馆，希腊、伊特鲁利亚及罗马古文物部是卢浮宫创建最早的展馆。自 1793 年"中央艺术展览馆"诞生、1800 年 11 月 9 日（共和 5 年雾月 18 日）揭幕，作为希腊、伊特鲁利亚及罗马古文物部的组成部分，其历任馆长都对其竭尽保护。在卢浮宫的三大古文物部当中，其展品的布置远未完成，到现在仍然最不易参观，却占据着卢浮宫几个最漂亮展位的展品是：奥地利安娜套房里的罗马雕塑、查理十世展览馆里的希腊及伊特鲁利亚陶瓷和花瓶、坎帕纳画廊，还有达鲁阶梯顶端的萨莫色雷斯的胜利女神。在我撰写本书的时候，多亏菲马拉克公司资助，《米罗的维纳斯》展厅已经动工整修了。

参见词条：奥地利安娜的套房、坎帕纳长廊、查理十世博物馆、艺术事业资助、米罗的维纳斯、萨莫色雷斯的胜利女神

---

① Nagada，埃及古城。——译注
② 科普特语是形成于公元前的古埃及语言发展的最后阶段。其书写系统完全由希腊字母派生，兼有一些世俗埃及文字母。公元 3 世纪，出现大量用科普特语誊抄的希腊文献，尤其是基督教经文。——译注

东方文物部,简称 A.O. │ Antiquités orientales (département des),dit usuellement A.O.

皮埃尔·阿米耶(Pierre Amiet,1961—1988)是东方古文物部的负责人。我认为把阿米耶的有关文字(《卢浮宫,博物馆的七张面孔》,巴黎,国家博物馆联合会,1986)抄录于此最能说明问题:

> 这个领域非常广泛,实际上,它包括了一系列分布于多个地区的文明:伊朗、美索不达米亚、黎凡特①和安纳托利亚②诸国,还有与近东具有密切关系的地区:塞浦路斯、古迦太基人的北非……
>
> 1842年,路易-菲利普政府决定在摩苏尔(即现在的伊拉克北部)开设一个领事处,并委派保罗·埃米尔·波塔全权负责。波塔想对当地的瓦砾小丘(古城废墟堆成的小丘)进行开发。根据该地区一些相当模糊的传说判断,这一地区应当属于古代亚述。萨尔贡二世③的宫殿正是这样在科萨巴德遗址上被发现的,这一发现将亚述文明昭示于天下……那时,尚没有任何人、也没有任何机构照看这些遗址,保存那些昔日的证据,让这些证据就这样暴露着。波塔选择了一些有代表性的作品,并于1847年将它们弄到法国。可以肯定,波塔的做法使这些作品得到了保护。当然,这些作品到了卢浮宫,就成了"古代文物"了,应当与古希腊、罗马的雕塑作品放在一起,并在卢浮宫建立起第一个亚述文物展览馆。

---

① 法语为Levant,是一个不精确的地理名称,历史上泛指中东托罗斯山脉以南、地中海东岸、阿拉伯沙漠以北和上美索不达米亚以东的一大片地区。——译注

② 法语为Anatolie,即小亚细亚或西亚美尼亚地区,是亚洲西南部的一个半岛,位于黑海和地中海之间。——译注

③ Sargon II,亚述国王,公元前722—前705年在位。——译注

1860 年，拿破仑三世赴黎巴嫩调停，以保护受到屠杀威胁的天主教徒。一项协助军事考察、首次有步骤开发该国的考古任务落在了欧内斯特·勒南①的头上。他从那里带回了一件藏品，正是这件作品开启了深入的学术研究。从那时起，卢浮宫便与这些研究保持着密切的合作关系。

1877 年起，是另一外交官欧内斯特·德·萨尔泽克在巴士拉任职，他实施了对位于今日伊拉克南部的"迦勒底"的开发，并在泰罗发现了一系列令人印象深刻的古德尔雕像，这些雕像是苏美尔文明②的最早证据，当时的文献研究对这一文明的存在已经有了模糊的预感。正是这个发现于 1881 年促成了自那时起独立于"古代文物馆"的东方古文物馆部诞生。在同一时期，即从 1884 到 1886 年，马塞尔与雅内·迪厄拉弗瓦又在波斯土地上挖掘出了古城苏萨，而大流士王宫的废墟就已经先期被定位在那里。他们二人在那里发现了著名的《弓箭手装饰壁》，该作品已经被复原，并入驻卢浮宫……1897年起，又发现了一系列巴比伦文明的杰作，其中最为著名的就是公元前 12 世纪被埃兰③人作为战利品带来的《汉谟拉比法典》。根据一项由合法君主在完全独立情况下签订的特别协约，所有这些作品均归法国所有……

当时，刚发现的古代文物也被挖掘者和当地新成立的博物馆所瓜分……1929 年，在叙利亚北部海岸的一次偶然发现使米奈特埃尔贝达，意即"白色港口"的遗址得以重见天日。据克洛德·舍费尔④在那里发现的楔形文字板显示，这里应

① Joseph Ernest Renan(1823—1892)，法国中东古代语言文明专家、哲学家、作家。——译注

② 苏美尔文明是迄今发现于美索不达米亚文明中最早的文明，是人类早期文明之一。苏美尔文明主要位于美索不达米亚的南部，其开端可以追溯至距今6000 年前。在距今约 4000 年前结束，被闪族人建立的巴比伦所代替。——译注

③ 一译依兰，西亚古国，位于今伊朗境内。公元前 3000 年形成国家，首都苏萨。有楔形文字。前 13—前 12 世纪最盛，前 7—前 6 世纪先后沦为亚述和波斯属地。——译注

④ Claude Schaeffer (1898—1982)，法国考古学家。——译注

该就是古城乌加里特……。在那里发现的一个以黄金、银、青铜和象牙等材料制成的珍贵家具表明,在第2个千年时,人类生存状态就已经具有世界性了,最有力的证据就是《狩猎图圆花饰》和高大的《闪电图石碑》。

1933年,在叙利亚—伊拉克边境附近特尔·哈利利①的另一次偶然发现,让安德烈·帕洛找回了"消失之城"马里。在伊斯塔尔(Ishtar)神庙里发现的铭文证明了帕洛的判断。约公元前2400年,"马里总管艾比伊勒"一类笃信神灵的人将他们自己的雕像献在庙里,以便神庙里永远都有他们的祈祷身影。

今天,东方古文物部的藏品分布在卢浮宫博物馆的多个展位上,它们无不使所在之处显得华美壮丽:底楼环绕科萨巴德厅的黎塞留翼楼里有一部分展区、路易十三翼楼里有一半的空间、方形中庭整个北翼楼都陈列有东方古文物。

别忘了,卢浮宫所收藏的最古老作品是公元前8000年新石器时期的艾因加扎勒雕像(叙利馆底楼D厅)。这件作品由约旦政府寄存在卢浮宫,为期30年,且可延长期限。

参见词条:《艾因加扎勒雕像》、《汉谟拉比法典》、科撒巴德庭、《马里总管艾比伊勒》

安托内罗·达·墨西拿/《十字架上的基督》│An-tonello de Messine/*Le Crist à la colonne*

(画家出生地标为意大利雷焦卡拉布里亚,1457——墨西拿,1479)

---

①　Tell Hariri,即现在叙利亚境内的马里(Mari),是古代苏美尔亚摩利人建立的城邦。大约前5千年有人居住,约前2900年开始繁荣,前1759年被汉谟拉比破坏。——译注

布上油画;德农馆二楼大画廊

H:0,30;L:0,21;R. F. 1992 - 1

卢浮宫已经拥有一幅安托内罗·达·墨西拿的作品,即 1865 年买进的《一个男人的肖像,可能是雇佣兵队长》。墨西拿的画作不多。1992 年有一次机会,卢浮宫买到了这位画家的一幅宗教主题作品。当时作品已经在佳士得公司,所有者是英国一位著名收藏家。从英国当局那里得到不可或缺的展出许可证似乎也不十分困难。最后,我们愿意出的价钱(4250000 先令,即 41990000 法郎),加上伦敦国家博物馆已经有 5 幅安托内罗·达·墨西拿作品,尤其是这幅画一直被一家"友人博物馆"所觊觎,这几个因素促使英国委员会(Export Reviewing Committee,通常被叫做 Waverley Committee)对法国发了善心。

《十字架上的基督》是一幅画在木板上的小画,但保存完好。毫无疑问,这幅画是安托内罗·达·墨西拿最哀婉动人的画作之一。作品精细的现实主义或许可以说是真实主义的制作为情感的表达提供了帮助。基督后仰的头部、向天空仰视的眼睛、半张的嘴巴、满是疑问看向上帝的目光令人难以忘怀。

《十字架上的基督》是卢浮宫所有买进作品中我最得意的作品之一。

安特卫普/《罗德与他的女儿们在索多玛和戈摩尔[①] 遭愤怒的上帝惩罚》| Anvers/*Loth et ses filles fuyant Sodome et Gomorrhe Frappés par la colère divine*

绘画部;黎塞留馆三楼第 10 展厅

过去被认为是卢卡斯·德·莱顿的作品;16 世纪上半叶;木板油画

---

① 据《旧约》记载,索多玛和戈摩尔两城的男女不听上帝召唤,放荡淫逸,耶和华决计毁灭两城。——译注

H:0,48;L:0,34;R. F. 1185

作品于 1900 年以 2000 法郎买下，这件作品长期被认为是卢卡斯·德·莱顿(Lucas de Leyde,1489—1533)所作，这是个错误。这件精美的小幅夜景画是安特卫普风格派杰作之一。

作品被一条细弱的树干纵向一分为二。左边站立着罗德的小女儿，正在往酒杯里倒酒。她身上穿着一条蓝灰色的长裙，长裙下是淡紫色的短裙，身后有一顶漂亮的樱桃红帐篷。在那帐篷前，身穿蓝色长袍和红色短裤的罗德紧抱着他的长女，脸上呈着快感的满足。大女儿则穿着一件灰色的长袍，袖子呈绿色和玫瑰两色。

树的右边，索多玛城正在"硫磺和火"雨之下坍塌。船队被淹没，在一座摇摇欲坠的木板桥上，逆光中，只见罗德与他的两个女儿正慌忙逃离索多玛城，身后还跟着一头驴。罗德的妻子出于好奇，没听天使的告诫，回头一看时化作了一根盐柱。我们完全处于昏暗之中。天空的火焰照亮画面，强化了阴影与光线的对比效果。夜色凸显了细节，美化了色彩，使作品显得奇异十分。迷人的画面令人恍若梦中，竟然忘记《圣经》里的故事原本是这样的：为了永远留下人类的种子，罗德的两个女儿灌醉了他们的父亲……(《创世纪》,19,30—38)。两女儿与父亲的乱伦让她们分别诞下了摩押和亚扪。

安托南·阿尔托[1](1896—1948)不止一次表示过他对这幅画作的赞赏。他在 1931 年 9 月 6 日给让·波朗[2]的信中写道："您有没有注意到卢浮宫里一位叫做卢卡斯·德·莱顿(词典原文所引信中为 Lucas Van den Leyden)的画家的作品，与巴利岛人的面具戏无不具有相似之处。这让人联想到，应当有一种具有启示作用的高级戏剧，但这种启示一定是秘传的，一切自重的戏剧都本应当是这样的。这幅颇不为人知的小画与提香、鲁本斯甚至伦勃朗那些人人皆知的名画不同，与熟练工匠或艺人们只是为了从中玩弄肤浅的光

---

[1]　Antonin Artaud(1896—1948)，法国诗人、演员和戏剧理论家，终生依靠药物、电击等与精神疾患抗争。——译注

[2]　Jean Paulhan (1884—1968)，法国作家、批评家、出版家。——译注

线、形式以及意思的石膏作品也有区别,这种区别恰似巴利岛人流传至今的秘密社团的戏剧与我们自己的醒醍戏剧之间的不同。"

卢浮宫里收藏有各式各样的《罗德和他的女儿们》:卡瓦利诺的、盖尔钦的(德农馆二楼第13展厅、大画廊第12展厅),格勒兹的(我写作该著时,考夫曼和施拉热泰尔的未陈列)、鲁本斯的(黎塞留馆三楼第21展厅)以及德拉克罗瓦临摹鲁本斯的(叙利馆三楼第62展厅)。还有画在两只杯子上的,一件是I.C.大师①的,另一个说是皮埃尔·雷蒙的(黎塞留馆二楼《马克西米利安狩猎图》画廊第19展厅),但显而易见,这幅小画最为出色。

参见词条:拉海尔(洛朗·德):《淫乱的索多玛人》

《阿尔勒的阿佛洛狄忒》│ Aphrodite d'Arles

见《阿尔勒的维纳斯》

《克尼德的阿佛洛狄忒》│ Aphrodite de Cnide

希腊、伊特鲁利亚及罗马古文物部;编写该词典时此作品尚未陈列

帕洛斯②大理石;公元2世纪

H:1,22;M.A.2184

这件《克尼德的阿佛洛狄忒》雕塑作品曾长期被置于卢森堡公园的露天。作品源自普拉克西特列斯③(公元前360年)的代表作《克尼德的阿佛洛狄忒》。我们看见过阿佛洛狄忒,那是古罗马人的正在沐浴的裸体维纳斯。这件作品还有一些更完整的复制品,

① 即让·德库尔(Jean Decourt,约1530—约1585),法国肖像画家。——译注
② Palos,希腊岛名,其大理石质地细腻。——译注
③ Paxitele,公元前4世纪古希腊著名雕刻家。与留西波斯、斯科帕斯一起被誉为古希腊雕刻三杰。他是第一个塑造裸体女性的雕刻家。——译注

形象是维纳斯用右手遮挡着她的私处。

　　缺头少臂并不影响这段躯干的美感和性感,它是西方雕塑史上最古老的裸体作品之一。这是一个充满快感曲线的人体。

　　参见词条:《阿尔勒的维纳斯》、《米罗的维纳斯》

《皮翁比诺的阿波罗》│ Apollon dit de Piombino

　　希腊、伊特鲁利亚及罗马古文物;叙利馆二楼第 32 展厅第 15 号玻璃橱柜

　　青铜;眉毛、嘴唇和乳晕均为镶铜,题词为镶银;公元前 1 世纪 H.1,15;Br 2

　　这件作品是题献给"Athena"的(题词是镶银的,在雕像的左脚处,用的是多利安方言①),1832 年在厄尔巴岛②皮翁比诺附近的海上被发现,两年后被卢浮宫买下。对于这件作品,专家们的观点长期有分歧。有人认为它应该完成于公元前 5 世纪。但近期的多项发现表明,这件作品的完成时间应该是公元前 1 世纪。这些发现中还有一件具有古风的作品显然是在原作之后为罗马的买主精心制作的"仿制品"。

　　这件阿波罗雕塑的眉毛、嘴唇和乳晕均为镶铜。这是一个裸体少年,非常年轻的田径运动员。他弯曲着臂膀,左脚在前,正朝着我们走来。人物的姿势虽然还是古代的,但其背部的塑造却灵活得多,这也表明作品的制作时间应该晚些。

　　多数观众认为这件作品是希腊美的象征。

阿波罗长廊│ Apollon (galerie)

　　得到完美修复的阿波罗长廊(长 61 米,宽将近 10 米)于 2004

---

　　①　古希腊主要方言之一。——译注
　　②　意大利第三大岛,拿破仑曾被流放至此。——译注

年底重新开放。该长廊和凡尔赛玻璃廊都是法国 17 世纪最漂亮的长廊。阿波罗长廊也是法国迄今依然存在的为数不多的长廊之一。该长廊在经历了一场火灾后,于 1663—1667 年间由勒沃重建,并由勒布朗决定将该长廊用于颂扬阿波罗神,即太阳王路易十四。除了马尔西两兄弟和吉拉尔东、勒尼奥丹等令人赞美的仿大理石作品外,这座长廊的修建直到国王离开巴黎都未能完成。

接下来,阿波罗长廊先后陈列过勒布朗的《亚历山大征战》、做过保护学生的皇家学校。大革命时期,这里还陈列过 477 幅从国家收藏中选出的素描(这些作品因此被暴露在光线之下)和米开朗基罗的《奴隶》(1815)。1816 年起,皇冠钻石及宝石藏品也在这里陈列。

阿波罗长廊的第一次修复是由建筑师菲利克斯·杜邦于 1848—1851 年完成的。那一次,墙面上被装饰上了 28 面戈布兰壁毯。壁毯上是历任与卢浮宫和杜伊勒里宫的建设关系最密切的君主(菲利普·奥古斯特、弗朗索瓦一世、第二帝国衰亡后替代拿破仑三世的亨利四世、路易十四)以及有作品在卢浮宫陈列的重要艺术家、建筑设计师、画家和雕塑家的肖像(但却没有勒布朗!)。这些壁毯提醒人们,卢浮宫是一个博物馆,也是一座王宫。

经由阿波罗圆厅进入阿波罗长廊时,如果不注意那里的铸铁栅栏,实在不该。那些栅栏可是 17 世纪的东西,来自"拉菲特之家城堡"(即现在的"拉菲特之家")。以勒布朗、塔拉瓦尔①、狄拉莫②、小拉格勒内、卡莱③和勒努④的作品,尤其是德拉克罗瓦的《阿波罗战巨蟒》装饰的天顶今天依然颇受人们的欣赏。1851 年10 月 16 日,路易-拿破仑·波拿巴为该天顶的面世揭幕。但是,请不要忘记,弗拉戈纳尔在 1766 年也收到了为天顶绘制《冬季》的

---

① Hughes Taraval(1729—1785),法国装饰画家。——译注

② Louis-Jacques Durameau (1733—1796),法国画家。——译注

③ Antoine-François Callet (1741—1823),法国喻意画、肖像画家。——译注

④ Antoine Renou(1731—1806),法国画家。——译注

订单，唉，只是他没能完成这幅画。

杜邦在第一次修复阿波罗画廊时没有改动原始设计，而距今最近的一次修复也尊重了杜邦的修复，只是让人更容易看到公主花园、塞纳河和法兰西学院的圆顶。

参见词条:拉莎佩尔厅、弗拉戈纳尔(让-奥诺雷)、勒布朗(夏尔)、米开朗基罗:《奴隶》、德拉克罗瓦、卢浮宫的花园、《摄政王钻石》、圆厅、桑西钻石、塞纳河

奥地利安娜的套房 | Appartements d'Anne d'Autriche

奥地利的安娜(瓦拉多利，1601—巴黎，1666)是路易十三的妻子、路易十四的母亲。1655—1658 年间，她命人为她建了私人套房，并将套房装饰工作交给了意大利画家乔瓦尼·弗朗西斯科·罗马内利(Giovanni Francesco Romanelli，1610—1662)和毛粉饰工米歇尔·安吉耶(Michel Anguier，1612—1686)。

这些现在已经用作陈列罗马纪念性雕塑(德农馆底楼第22—27展厅)的套房，在第一帝国时期曾经被调整，以便收纳来自意大利的古文物。德农的朋友和合作者本杰明·齐克思(Benjamin Zix，1772—1811)有一幅素描(现藏刻印艺术部)，描绘的就是《拿破仑皇帝与皇后玛丽-露易丝夜晚参观拉奥孔厅》(这件著名的古代作品当时就陈列在这些厅里，但1815年又回归梵蒂冈了)。

参见词条:希腊、伊特鲁利亚及罗马古文物、《拉奥孔》、路易十三、路易十四

拿破仑三世的套房 | Appartements Napoléon III

勒弗埃尔让拿破仑三世搬进了黎塞留翼楼的图尔哥大厦，那里富丽堂皇的套房是为最高国务会议成员准备的。套房于1861年2月11日举行揭幕典礼。典礼仪式是一场众所周知的面具舞

会,舞会由拿破仑一世的私生子亚历山大·瓦勒维斯基伯爵赞助。
但 1863—1869 年套房的主要占用人是行政法院院长欧仁·鲁埃
(Eugene Rouher,1814—1884)。

鲁埃与家眷原来就住在圣-日耳曼大街那些带有宽敞花园的
"旅馆"中。自从他们入住,那里就成了各部所在地。鲁埃夫人还
在那里开辟了一小片农场,养有各种家畜,成为又一位"玛丽-安托
瓦内特"。要想把她的家当搬进卢浮宫完全不可能。于是,这位部
长夫人不得不将财产分置,但她的羊群还是进了卢浮宫,养在地窖
里。"没有任何大的政治动荡不伴有某种牺牲的,奶牛就送进屠宰
场吧"(据信,这段话是 A.迪翁·特南博引用的)。

1871—1989 年间,财政部历任大臣(部长)都使用过这些套
房。自 1993 年起,这些可以说是唯一的拿破仑三世风格的套房开
始向公众开放,并成为卢浮宫对公众最具吸引力的参观点之一。

应弗朗索瓦·密特朗总统要求创立的"国际文化研究院"经常
在套房召集会议。

参见词条:大革命前的卢浮宫学院、勒弗埃尔(埃克托耳)、拿
破仑三世、黎塞留翼楼

学习观看 │ Apprendre à voir

参见词条:高中艺术史课程

卡鲁塞勒凯旋门 │ Arc de triomphe du Carrousel

大家知道,卡鲁塞勒凯旋门完工于 1808—1815 年之间,其顶部
装饰的马匹来自圣马克①(这些马的原始出处现在被认为是古希腊
的克林斯市)。1797 年这些马被押至威尼斯,1815 年被修复(威尼

---

① 法语 Saint-Marc,克里奥尔语 Sen Mak,海地阿蒂博尼特省一城市,位于
海地西岸。——译注

斯人 1204 年征战君士坦丁堡时夺得了这些马。卢浮宫所藏德拉克
罗瓦著名画作《十字军攻入君士坦丁堡》表现的就是这一主题)。

这样一来,大家是否还能客观地看待卡鲁塞勒凯旋门呢?

将卢浮宫和杜伊勒里宫连接起来的想法由来已久。为了实现
这个想法,必须拆除为数不少的建筑,因为正是这些建筑将两宫分
隔开来;还需要在两宫之间建一个中轴。为杜伊勒里城堡的入口
建一个凯旋门作为标志也成为必要。凯旋门之所以能以创纪录的
高速建成(1806—1808),而且所花费用达到一百万法郎之多,那是
因为有佩西耶、封丹与德农的通力合作,他们可是当时艺术舞台上
的主要建筑设计师。此次拿破仑本人的态度则是罕见的谦逊,他
下令把勒莫所做的他那尊俯瞰一切的雕像拿走并说:"为我立雕像
的不应是我自己,应该是别人。就让胜利之神的战车空着吧。"

卡鲁塞勒凯旋门是对古罗马论坛塞普蒂米乌斯·塞维鲁①拱
门的漂亮仿制,为着皇家军队的光荣(1807 年 12 月 6 日,在埃劳
和弗里德兰②战役中取得了胜利的皇家卫队从尚未竣工的拱门下
列队经过)。这座凯旋门汇集了当时最优秀的雕塑家,有老克洛狄
翁③和西纳尔④。卡鲁塞勒凯旋门还是一座彩色作品,它的玫瑰
色大理石石柱来自缪登⑤老城堡新近拆除的建筑。现在的四马二
轮战车是鲍西奥⑥的作品(1828 年)。

协和广场的方尖碑和星形广场的凯旋门看上去颇为壮观,像
是一位经验丰富的城市设计师深思熟虑的结果。实际上,它们不
过是不幸的杜伊勒里宫被拆除的偶然结果而已。

后来我们看到的却是,这壮丽的景色被拉德方斯的拱门和其
他当代的漂亮建筑所遮掩。

---

① Septime Severe(145—211),193—211 年在任罗马皇帝。——译注
② 埃劳(Eylau)和弗里德兰(Friedhland)均为普鲁士地名。——译注
③ 即克洛德·米歇尔(Claude Michel,1738—1814)。——译注
④ Joseph Chinard (1756—1813),法国新古典主义雕塑家。——译注
⑤ 法国上塞纳-马恩省河省小镇名。——译注
⑥ François Joseph Bosio (1768—1845),摩纳哥雕塑家。——译注

参见词条:卡鲁塞勒商廊、夏多布里昂(弗朗索瓦-勒内·德)、
德农、勒莫(弗朗索瓦-弗雷德里克)、拿破仑一世、杜伊勒里宫

卢浮宫建筑师 │ Architectes du Louvre

这个主题的容量非常大。首先是卢浮宫宫殿或者至少是部分
宫殿、杜伊勒里宫部分宫殿以及卢浮宫博物馆部分殿堂的设计师。
其中最重要的建筑师有:雷蒙·迪·汤普勒(Raymond du Tem-
ple,? —1403 至 1404 初,活动时间为 14 世纪下半叶)、查理五世
的建筑师皮埃尔·雷斯科(1515—1578),他是方形中庭亨利二世
翼楼和卡利亚蒂德厅的负责人;在杜伊勒里宫的菲利贝尔尔·
德·洛梅(Philibert de l'Orme, 约 1510—1515—1570);雅克二
世·安德鲁埃·迪·塞尔索(Jacques II Androuet du Cerceau, 约
1550—1614)以及路易·梅特佐(Louis Metezeau, 约 1562—
1615),他们二人是"水边画廊"(即现在的大画廊)之父。正是大画
廊将卢浮宫与杜伊勒里宫联系在了一起(大画廊长度为 460 米);
雅克·勒梅尔西耶(约 1585—1654),他是钟表馆及亨利二世翼楼
对称翼楼的缔造者;至于柱廊,则有克洛德·佩罗(1613—1688)和
弗朗索瓦·多尔拜(Francois d'Orbay, 1634—1697);路易·勒沃
(1612—1670)是阿波罗长廊的设计师;最后是雅克-昂热·加布里
埃尔(Jacques-Ange Gabriel, 1698—1782)和热尔曼·苏夫洛(Ger-
main Soufflot, 1713—1780),他们二人主要负责路易十四迁往凡
尔赛后弃于卢浮宫的厅堂。

卢浮宫成为博物馆后,由夏尔·佩西耶(1764—1838)和皮埃
尔·封丹(1762—1853)负责皇室的安置。他们还建造了卡鲁塞勒
凯旋门。封丹一直工作到 1848 年,菲利克斯·杜邦(1797—1870)
是其继任。吕多维克·维斯孔蒂(Ludovic Visconti, 1791—1853)
和领导卢浮宫建设工程长达 27 年时间的埃克托耳·勒弗埃尔
(1810—1880)都是拿破仑三世的建筑师,是他们修建了黎塞留翼
楼和拿破仑庭。

最后,美籍华人贝聿铭(生于 1917 年)承担起了重新调整"大卢浮宫规划"及建造金字塔的重任。

这份长长的杰出建筑师名单或许可以解决观众,可能还有各展馆研究员们的困惑。卢浮宫博物馆有些建筑的建筑师是有名有姓的,但有些部分,尤其是那些最知名的部分却因为在数个世纪当中不断承受大幅度改动而难以将其归于某一建筑师名下。有些时候,君主、政权亦或还有馆长们都对卢浮宫的建设有所影响,何以分得清楚呢?

卢浮宫在每个世纪都曾被改动:皇家宫殿被改造成博物馆、拆除杜伊勒里宫、昔日的各部办公室被改造为展厅、在相当长时间里曾是停车场的地方建成了雕塑展览馆……。

卢浮宫所经历的改动有些是彻底的、根本性的,有些并不特别明显,改动只是为着适应现代生活:电梯、艺术品储存室、洗手间、餐厅、必不可缺的安保设备、保证残疾人能够到达展览馆每一个角落的专用设施……。

今天,我们是否能够肯定地说卢浮宫再也不会有变动了? 这样说话,实在是对博物馆性质的不了解所致。博物馆本身就是一种活的、永远处于变化状态中的机构。我们或许可以拒绝做这种"咖啡渣占卜"①,但是:

1. 杜伊勒里宫要重建吗?

2. 要求降低一些,何时装饰艺术博物馆才有可能离开它所在的里沃利街那狭小的空间?

3. 要求再降低一些,目前陈列在卢浮宫"会议厅"里的"原始艺术"杰作何时才能转移到凯布朗利博物馆?

4. 卢浮宫准备增加的入口何时可以建成?

5. 贝尼尼早就计划为卢浮宫修建一个经由柱廊的入口,17 世纪的建筑师们也有此愿望,圣-日耳曼-奥克赛卢瓦教堂前重新调

---

①　即"希腊咖啡占卜"或"土耳其咖啡占卜",是一种传统占卜方式,以喝完咖啡后所剩咖啡残渣的形状或图案预言吉凶。——译注

整出的空间和巴黎第一区市政也都需要的这个人口何时才可以见天日呢？

要提的问题远不止这些。

参见词条：阿波罗长廊、卡鲁塞勒凯旋门、装饰艺术博物馆、原始艺术、贝尔尼尼与卢浮宫、夏多布里昂、柱廊、庭院、方形中庭、楼梯、大卢浮宫、大画廊、勒弗埃尔（埃克托耳）、路易十四、密特朗（弗朗索瓦）、拿破仑一世、拿破仑三世、展馆、贝聿铭、金字塔、黎塞留翼楼、杜伊勒里宫

卢浮宫档案室 ｜ Archives du Louvre

只须简单申请一下，就可以查询卢浮宫珍贵的档案。档案室就设在卢浮宫图书馆（这个名称是个错误，实际上应该是国家博物馆管理局图书馆，档案室也如此）隔壁。

参见词条：名称有误的卢浮宫图书馆、国家艺术史研究所、南—南

卢浮宫的当代艺术 ｜ Art contemporain au Louvre

卢浮宫里有无当代艺术是一个老掉牙的争论，因为现代艺术历来都在卢浮宫拥有自己的位置。画家比内尔、罗马内利、普桑、勒布朗、安格尔、德拉克罗瓦、卡巴奈尔、卡罗吕-杜朗、布拉克用他们的画作装饰了墙面和天顶；雕塑家让·古戎、卡尔波完成了一批优秀的作品，而在今天被叫做当代绘画展的"美术沙龙"早在18世纪就在卢浮宫举行了。有些画作的确引起了轰动（弗拉戈纳尔的《克里休斯拯救克莉尔》、达维特的《荷拉斯兄弟的誓言》），但其他作品则成了丑闻，被认为是色情的（博杜安①）或是亵渎宗教的。

这究竟是一个由来已久的争论，还是借争论之名有所他图？

---

①　Baudouin（1977—　），法国摄影师。——译注

在相当长的时间里,艺术家们一直与卢浮宫赌气,想要甩掉历史。幸运的是,情况不再是这样了。现在,他们都急于在卢浮宫展出自己的作品。

那些害怕博物馆、害怕博物馆俗套的年轻观众(一些年轻观众)却被当代艺术所吸引。希望留住并吸引这些观众、努力弥补古代艺术与当代艺术之间的裂痕,难道是什么荒唐之举吗? 这种努力会成功吗? 无论如何,努力总会有回报。

什么样的艺术称得上当代艺术? 衡量标准是什么,又是谁在操纵着选择? 临时展出还是永久陈列真的是问题的症结所在? 雕塑馆在 2007 年("第三届对位艺术展"①)临时接纳了 11 位当代雕塑家(爱莉莎贝特·巴蕾、理查德·德亚孔、刚去世的吕西亚诺·法布罗、有趣的罗贝尔·莫里斯、如日中天的克洛迪奥·帕尔米吉亚尼、朱赛普·佩诺纳、失败者迪迪埃·特雷内以及米歇尔·维尔瑞)。

德国艺术家安塞尔姆·基弗②接受了"在柱廊北边楼梯上设计一个永久作品"的任务。接下来就应该考虑方形中庭右边的楼梯、青铜展厅的大天顶(叙利馆二楼第 32 展厅)以及达鲁楼梯了。

参见词条:铜版画陈列室、布拉克(乔治)、达维特:《荷拉斯兄弟的誓言》、德拉克罗瓦(欧仁)、勒布朗(夏尔)、普桑(尼古拉)、美术沙龙

装饰艺术博物馆 | Arts décoratifs (musée des)

建于 1882 年的装饰艺术博物馆也叫装饰艺术总联合会(U. C. A. D.)。自 1905 年起,这个博物馆就占据着马尔桑宫、与其相

---

① 法文为 Contrepoint 3,是卢浮宫组织的系列艺术展,形式为当代艺术家以古典名作的主题进行再创作后与同主题经典作品"对位"展出,以表达当代艺术家对艺术题材和艺术形式的思考,也引导观众对艺术的思考。第一届对位展于 2005 年举行。——译注

② Anselm Kiefer(1945—　　　),德国画家、雕塑家,新表现主义代表人物,德国当代最重要的艺术家。1933 年起,安塞尔姆·基弗在法国生活。——译注

邻朝向里沃利大街的各展厅和卡鲁塞勒花园。装饰艺术博物馆十分狭小,虽然拥有不可辩驳的藏品,却从来也没有真正能与其对手、令人赞赏的"V&A",即伦敦维克多利亚和阿尔伯特博物馆竞争过。该博物馆曾经有过一次落脚塞纳河另一岸铸币厂的机会。漂亮的铸币厂是安东尼于1775年建成的。可惜这个机会没有抓住。由于与卢浮宫相距太近,阳光被工艺品展部遮挡,装饰艺术博物馆一直处于阴影之中。

装饰艺术博物馆最近刚刚决定进行一次大规模、深入的重新布局。

参见词条:伊萨克·德·卡蒙多与摩西·卡蒙多伯爵、工艺品部

书画刻印艺术部,简称 A. G. │ Arts graphiques (département des), dit usuellement A. G.

书画刻印艺术部过去叫做"素描陈列室"。这里的素描作品应该是全世界最完整、最漂亮的收藏(如果藏品在卢浮宫能占上风,那就肯定是全世界最具优势的。请原谅我的用词有那么点沙文主义。不过,这一点毫无疑问)。书画刻印艺术部在1989年前一直附属于绘画部,1989年起成为卢浮宫的第7展部。

书画刻印艺术部的收藏可以追溯到路易十四。在柯尔贝尔的倡议下,国王于1671年从雅巴赫手中买了5542幅素描。国王的首席画家勒布朗和米尼亚尔,还有凡·戴尔·莫伦,他们从各自画室经费中拿出了一些支持购买这些素描。马里埃特的部分收藏于1775年被买进卢浮宫,费利坡·巴尔迪努西的收藏则被德农在1806年全部买下。当卢浮宫完成了以下工作后,19世纪和20世纪在素描上就不再欠卢浮宫什么了:购买了荷兰国王吉约姆二世的收藏和《瓦拉尔迪册页》,该册页包括300余幅比萨内罗①等人

---

① Pisanello (1395—约1455),意大利文艺复兴时期画家。——译注

的素描作品;得到了伊斯·德·拉萨勒和加托的遗赠及诸项捐赠,还有爱德蒙·罗斯柴尔德收藏的遗赠(1936)。

素描陈列室有一个光线昏暗的咨询厅(其天顶是卡巴内尔的作品,还有欧仁·吉约姆的半浮雕,其主题是花神的胜利)。这间咨询大厅是1970年设在花神馆的(花神馆在1961年前曾先后被塞纳河警察局、移民局、国家彩票局占用)。与人们依然经常在议论的说法相反,咨询厅现在完全向观众开放。但素描陈列室的藏品却还是缺少观众。这也正是一直在增加素描展位或展厅的原因(色粉画也如此,见"小鸡通廊")。

我是一个素描艺术爱好者和收藏者,因此非常感激卢浮宫素描陈列室能够给予我的一些不一样的幸福时光。

P. S. 1. 顺便说一句,卢浮宫的全部收藏,即绘画、雕塑和工艺品都有部分作品按照编年标准分给了奥塞博物馆,唯素描作品例外。

2. 国家博物馆的铜版画陈列室同时属于书画刻印艺术部和国家博物馆联合会。

参见词条:爱德蒙·德·罗斯柴尔德素描陈列室、大草图、铜版画陈列室、"小鸡通廊"、德农、楼梯、花神翼楼和花神馆、伊斯·德·拉萨勒(荷拉斯)、雅巴赫(埃弗拉德)、勒布朗、路易十四、马里埃特(皮埃尔-让)、莫罗-内拉东(艾蒂安)、色粉画、天顶画

原始艺术 ｜ Arts premiers

雅克·希拉克说:"谁也哄不了我,对我来说,美国西部印第安人的艺术与18世纪的法国绘画一样美。"关于这一点,有过激烈的争论。有人指责我蔑视"原始艺术"。(怎样才能正确命名非洲、大洋洲和哥伦布发现新大陆以前那些文明的多样化的艺术呢?)2006年6月,专门用于展示上述文明的博物馆——凯布朗利博物馆(这个名字可能是暂时的)举行了开馆典礼。

在这里,我重申一下自己的观点(1996年12月30日《费加罗

报》）:"我非常高兴共和国总统[雅克·希拉克]决定建立这座博物馆,它的确是巴黎的一个缺项……。然而,长期在卢浮宫里设一个原始艺术的'分支'势必是对(新博物馆的)原始艺术杰作的剥夺。一般人会以为我们(卢浮宫研究员们)不认同原始艺术,因为我们要保持自己的优越感。这绝对是错误的! 每一种文明都有其伟大之处,原始艺术也创造出了杰出的作品。"

消除误解并不难。卢浮宫不应该到现在还是有些文人笔下的样子,即承担着"万能"使命的博物馆,它只能展示历史上某些个世纪当中的某些文明。它不是一部百科全书。巴黎可以是万能的、通用的。这也正是吉美、奥塞等博物馆得以诞生的原因。

原始艺术在卢浮宫有一个"永久的分支"是否可行? 日久自明。

参见词条:希拉克、会议厅

达维特的画室 ｜ Atelier de David

达维特从 1780 年到 1805 年在卢浮宫住了将近四分之一个世纪。他先后用过几个画室,都能写成故事了。达维特只想着自己的发达,为了个人利益,他经常想把某某居住者撵出去,要不就是自己离开某画室,以此要求为数可观的津贴补偿。最初,他住在二楼圣-日耳曼-奥塞鲁瓦门一侧。在搬进塞纳河街、把画室设在圣-雅克街之前,他住在柱廊和卢浮宫北翼楼的夹角处。后来,达维特于 1811 年又迁居四区学院(即今日法兰西学院所在地)。1805 年,当所有艺术家都被驱出卢浮宫时,为了创作《拿破仑一世加冕图》,达维特以画室之名得到了克吕尼①老教堂。

早在 1801 年,就已经有人想要将他逐出卢浮宫。他在给沙普塔尔②的信中写到:"部长公民,我一个人抵得上一个(法兰西)学

---

① 位于法国勃艮第索恩-卢瓦尔省克吕尼。——译注
② Jean-Antoine Chaptal(1756—1832),法国化学家、政治家。——译注

院."在承认自己有好几处画室时,他又写到:"但是,如果说我有
20处完全一样的画室,那我愿意把它们统统放弃,只要能有两处
大小合适的,一处应足够我画画,另一处则应该容得下我那些人数
众多的学生."

达维特接受的学生非常多,而且女生尤多,这在当时曾经闹出
过沸沸扬扬的丑闻(学生几乎不画男性裸模!)。

卢浮宫陈列有雷翁-马修·科舍罗(Leon-Matthieu Cochere-
au,1793—1817)的一幅画,描绘的是位于四区学院的《达维特的画
室内部》(叙利馆三楼第58展厅)。

参见词条:皇家绘画与雕塑学院、艺术家画室、达维特:《拿破
仑一世加冕图》

艺术家画室 | Atelier d'artistes

自亨利四世时期起,艺术家们就一直住在卢浮宫,是拿破仑把
他们撵了出去,将他们占据的空间还给了卢浮宫博物馆。他可能
这样吼叫过:"给我把所有这些蠢货都扔出门外!不然他们会把我
的战利品、我的博物馆毁了不可!"当时在方形中庭四周有26处住
所,这些住所对着沿大画廊的一条过道。这么一说,可能会让人觉
得艺术家在卢浮宫里的画室没什么神秘之处了……完全不是这
回事。对于艺术家,人们想知道的东西多着呢。那些在卢浮宫住
过的艺术家,我们可以列出一个大致的名单。最有名气的有:夏尔
丹、布歇、格勒兹、弗拉戈纳尔、于贝尔·罗贝尔、达维特等。至于
他们的居住条件有多么糟糕,我们不得而知。但无论如何,当时能
在卢浮宫得到一个住所已经是莫大的荣幸了。事实是,当时的情
况十分混乱,流言蜚语漫天飞,艺术家之间、艺术家与管理人员之
间的争吵时有发生。然而,可以肯定的是,我们只有在关注这些拥
挤在一起、相互窥视、彼此嫉妒的艺术家的真实生活,才有可能真
正明白18世纪的艺术活动究竟是怎样的。

让我们来看看当时住在卢浮宫的荷拉斯·凡尔内的姐姐伊波

利特·勒孔特夫人提供的证据:"在他(数学家伯绪)之后,来了才华受到普遍认可的弗拉戈纳尔。他是个小个子,身材滚圆,灰色的头发蓬头散乱。他常穿一件无袖长外套,或者是一件混纺灰色粗呢'罗克洛尔'①,就像修女的灰色袍子。当他工作的时候,这件没有纽扣的衣服就用随便什么东西扎在身上。来自法国南方的弗拉戈纳尔夫人身材高大而丰满,操着浓重的南方口音。她的姐姐是画家杰拉尔小姐。姐妹俩生性完全不同,杰拉尔高大、消瘦、漂亮,神情庄重,出生地的口音也没放过她,但那口音从她漂亮的嘴里发出,竟成了具有普罗旺斯味道的、可爱的鸟鸣声了。整体上讲,杰拉尔小姐是一个我们喜爱的、完美的人,她也颇得'小爸爸'弗拉戈纳尔的宠爱。"

参见词条:达维特画室、夏尔丹(让·西美翁)、维热-勒布伦(伊丽莎白-露易丝)

儿童活动室 ｜ Atelier d'enfants

卢浮宫在"儿童活动"这个领域作出的贡献是相当大的,设有各类主题活动室,比如专门为4—6岁孩子设计的"故事与相遇"主题活动室。这是孩子们第一次进入博物馆,在这次"相遇"过程中,孩子们可以根据一幅画或一尊雕塑想象一个故事。对于8—12岁的孩子,主题则是"从城堡到玻璃金字塔"。

另外,在每个展部也都有专为孩子准备的活动室,比如:"居住在埃及"(6—8岁)、"光线来自何处?";对于8—12岁的孩子,有以"风景"为主题的活动室。

有些活动室专门针对与家人一起来参观的儿童和少年,这些活动室的主题可能是技术或材料方面的,也可能是历史和文明方面的。除此之外,还有关于壁画技术的和关于"艺术品拍摄"方法的活动室。

---

① 即法国路易十四时期的一种男士外衣,宽大齐膝。——译注

卢浮宫有 100 人在为"全国教育"计划（即每年 2000 次主题活动、10000 次参观讲座，听众达到 200000）的完成而工作。

参见词条：儿童、高中艺术史课程、文化处（也称教育处）

今日卢浮宫技术工作室 ｜ Atelier du Louvre（aujour-d'hui）

虽然求助于外部的协助越来越多，卢浮宫自己也已经拥有专业性相当高的技术工作室（当然，其中有一些涉及专业秘密）。其他技术工作室严格规定周六和周日也要上班，以便随时快速解决问题（比如排除电梯、楼梯和电力故障等）。现在，卢浮宫已经有 11 个技术工作室：装框—镀金工作室、装置工作室、大理石工作室、细木工—乌木工作室、金属构件工作室、素描剪辑工作室、工艺品装配工作室、油画—装饰工作室、展品展示收藏技术室、壁挂工作室和运输工作室，这些工作室受博物馆工程与藏品监管部及展览部管理（装帧工作室则归属图书馆）。

参见词条：名称有误的卢浮宫图书馆、维护服务、以原作为模型的雕塑复制品、作品的修复

亚特兰大 ｜ Atlanta

各种论战正方兴未艾……。"（卢浮宫的）数百幅作品正在极其秘密地准备启程前往美国"，2004 年 11 月 10 日的《艺术报》神速登出了这个标题。这是什么意思？人口约为 490000 的可口可乐之城亚特兰大市拥有一座漂亮的博物馆，即理查德·梅尔于 1983 年完成了前期建筑、新近又被伦佐·皮亚诺[1]续建的高等艺术博物馆。这个博物馆的藏品有限。为什么不可以由卢浮宫提供

---

　　① Renzo Piano（1937—　　），意大利建筑师。1998 年第 20 届普利兹克奖得主。——译注

作品、定期在那里举办高水平的展览呢？所得收入可以作为交换，用于资助卢浮宫18世纪法国家居展厅的翻新，这些展厅实在需要翻新了。这个想法可能不怎么令人高兴，但又能怎么办呢？卢浮宫必须为自己挖掘资源，因为这是保存其收藏必不可缺的。所以，在亚特兰大搞这样的活动并没有什么不可接受的。

参见词条：朗斯

自由成员 │ Attachés libres

距今40年以前，想要在卢浮宫获得一个位置可不是件容易的事。仅靠在博物馆研究员的竞争中获胜（当然是老式的竞争）是远远不够的。竞争获胜能为你带来一个位置，但没有报酬，也就是说，你只是成为一个（有希望的）"自由成员"而已。法语语言的精妙实在令人赞叹……。

参见词条：博物馆研究员

艺术品的归属 │ Attributions

确认一幅迄今一直为佚名作品、还作品以真正的作者，一般人都认为这是任何一位博物馆研究员都必须具备的本事，卢浮宫博物馆研究员则更不必说。"确认艺术品的归属"的人（多么令人生畏的说法！）要有一种气度，一种类似医生诊断能力的天赋，一种与生俱有的天赋，但这种天赋也可以通过训练获得，比如说，经常去拍卖场。

有一个确认归属权的例子曾轰动一时，那就是1959年夏尔·斯德林①，他认定《维尔纳夫-莱-阿维尼翁的圣母哀子图》为昂格朗·卡尔东所作。

还有一个改变作品归属权的例子，这件事也引起了强烈反响，所涉及的作品是《露天音乐会》。这幅画曾一直被认为是乔尔乔

---

① Charles Sterling（1901—1991），法国艺术史学家。——译注

内①的作品,现在批评界大都认为它应该是提香所作。

卢浮宫还有一些佚名作品,虽然做了大量细致的工作,迄今仍无法确定它们的作者究竟是谁。

参见词条:佚名作品、《露天音乐会》、乔尔乔内或提香:《手执酒杯的男人》、画师、慧眼、卡尔东(昂格朗):《维尔纳夫-莱-阿维尼翁的圣母哀子图》

演播厅 | Auditorium

您常去卢浮宫演播厅吗?这个演播厅是用来讨论艺术史及艺术史研究方法、研讨某一艺术家或某次展览主题、召开对艺术品进行最具煽动性解读的讲座的场所。可以说,自从 1989 年启用以来,没有一位伟大的艺术史学家不曾在这里发过言,无论其国籍与专业怎样。

该演播厅的功能远不止于此,收到某博物馆订单的建筑设计师会到这里来介绍他的设计图;艺术电影、稀有电影、卢浮宫拍摄的电影、音乐史电影、"配乐无声电影"、考古发现、"朗读"、辩论日("博物馆的博物馆")、希望之星音乐会等,加上现在依然崇尚古典大师的当代艺术家,都会到这里来与古典大师的代表作打打交道。

演播厅的"热门作品"活动尤其令我着迷,在这个活动中,研究员会用一小时向观众介绍其展馆的一件作品。被介绍作品的原作就在现场,研究员借助一个专用摄像机(事先必须精确算好时间)将作品中某一此前未曾注意过的细节投影到幕布上,然后进行热烈的讨论。演播厅有 420 个座位,但常常显得不够用。我就认识一些"accros"②,他们几乎每天都要到演播厅来。

---

① Giorgione da Castelfranco(1477—1510),意大利文艺复兴时期威尼斯画派画家。——译注

② 系法语 accroché 一词的尾音节省略词,意为"(毒品)依赖者"。此处取"依赖者"意。——译注

演播厅现在又有了一件新鲜事儿，那就是设立了"年度人物"节目。2006年的年度人物邀请的是美国黑人作家托尼·莫里森，2007年是德国画家安塞尔姆·基弗，2008年将是作曲家兼乐队指挥皮埃尔·布雷。

令人遗憾的是，也有很多参观者进了演播厅什么也没有做，就又转去其他展厅了。

参见词条: 音乐

自画像 | Autoportraits

用画笔画自己! 有些艺术家的确很为他们自己的面部轮廓所着迷，比如丢勒、伦勃朗、库尔贝、塞尚、梵高、培根[①]等;而另一些，如普桑、夏尔丹或梅伦德斯，他们则只是在极其特殊的情况下才画自己。用卢浮宫所收藏的自画像轻易就能编出一本书来。卢浮宫有一个自画像画廊，堪与佛罗伦萨那个真正的自画像画廊相媲美。该画廊经由瓦萨利走廊将乌菲兹博物馆与彼提宫[②]连接。

有些自画像上，画家与镜中的自我相互窥视;有些自画像里画家是以工作状态出现的，或者在画架旁，或者在画室里(布瓦伊)，画家或者独自一人，或者周围还有朋友或同仁;画家也有可能将自己隐于画面的背景中(波尔东:《亚历山大墓前的奥古斯特》;勒布朗:《圣灵降临节》。叙利馆三楼第24、31展厅)。有些自画像表现的是画家的心理状态，有些则相反，画家纯粹是要表现对绘画艺术的赞美(德波特:《艺术家狩猎像》，叙利馆三楼第35展厅)。

我得承认自己对维热-勒布朗夫人的两幅自画像情有独钟，其中一幅就是《维热-勒布朗夫人及其女儿让娜-露西》。作品以高超

---

① Francis Bacon(1909—1992)，英国画家，与英国哲学家、散文作家培根(1561—1626)有亲戚关系。——译注

② 一译"碧提宫"，意大利佛罗伦萨文艺复兴时期的宫殿，规模宏大。——译注

的技艺使母爱的温情得到淋漓尽致的表现（叙利馆三楼第52展厅以及德农馆二楼第75展厅）。

参见词条：卢浮宫里的"爱"、夏尔丹:《有画架的自画像》、朱利安·德·帕尔姆、梅伦德斯（路易斯）、伦勃朗

卢浮宫未来的工作 ｜ Avenir du Louvre

卢浮宫未来的工作包括近期要做的具体事情，即那些正在进行的工程：调整伊斯兰艺术馆、重新布置《米罗的维纳斯》展厅、英国绘画厅（经费已经落实）以及18世纪法国家具诸展厅。还有已经规划了的事情（被研究员们叫作"南—南"计划，意思是，在朝向塞纳河一侧的方形中庭三楼各展厅里完整展出18世纪法国绘画作品。这些展厅目前还被办公室和"国家博物馆图书馆"占着；将陈列在马尔桑翼楼装饰艺术陈列馆、修复画室以及花神馆实验室里的原始艺术作品转移到凯布朗利博物馆）。卢浮宫要做的事情还包括一些长远的宏伟计划（现任卢浮宫管理委员会主席兼馆长亨利·卢瓦雷特没有向我透露他的秘密计划是什么），卢浮宫的未来当然也包括所有博物馆所要面对的、在更加广泛语境下的（也更令人担忧的）未来。这可不再是整修工程的问题了（这些工程有外部的，我想到了那个使方形中庭变形的可怕水池，也有内部的），而是参观者，是2006年来过卢浮宫的800万旅游者。

是否应该不惜一切代价增加参观人数？人们对卢浮宫的期待是什么？是举办更多次数的临时展览？还是给予当代艺术以更高的地位？今天，不断发生的具体事件正在扼杀永久性展览。如何引导那些冲着临时展览而来的公众去参观永久展览（收藏品）呢？

博物馆，尤其是卢浮宫，到底能不能代替国民教育，能不能训练中学生，能不能像教他们学习阅读那样教会他们观看呢？

参见词条：装饰艺术博物馆、伊斯兰艺术部、原始艺术、名称有误的卢浮宫图书馆、方形中庭、卢浮宫学院、高中艺术史课程、花神翼楼和花神馆、实验室、作品的修复、南—南、参观者

盲人 | Aveugles

卢浮宫有那么一块地方是专门为残疾人准备的（"触觉画廊"，德农馆一楼和二楼间的夹层，沿第 2 展厅的第 9 展厅）。这是卢浮宫博物馆唯一一处允许参观者触摸展品的地方（唉，参观者在其他展厅可没少触摸）。

17 件配有盲文作品名和作者姓名卡的雕塑作品（复制品，材料是石膏或树脂）供盲人欣赏，其原作都是卢浮宫的藏品。日本阿含宗①慈惠会为这项服务提供了资金支持，以表达对其创立人桐山靖雄的敬意。

参见词条：作品名和作者姓名卡、残疾人、以原作为模型的雕塑复制品

---

① 阿含宗（Agon Shu）是日本新兴宗教之一。正式名称为阿含宗总本山大日山金刚华寺观音慈惠会。本尊为释迦牟尼佛、准胝观音、大日如来。提倡三身即一说。——译注

巴德鲁(亨利) | Baderou(Henri)

(圣埃蒂安,1910——卡内鲁西荣,1991)

为何这本词典会提到亨利·巴德鲁呢?因为他曾是当时最具魅力的画商之一,卢浮宫现今收藏的很多画作其实也都来源于他。亨利·巴德鲁将自己大部分私人收藏都捐给了鲁昂博物馆。他既好学,又博学。巴德鲁喜欢钻研,平时的爱好就是整理画作目录和艺术杂志并为其作评注。绘画部的档案与研究中心最近刚刚收藏了巴德鲁编纂的资料,每份文档都有他写得密密麻麻的注释。他的认真快赶得上该领域的泰斗加布里埃尔·德·圣奥班了。

参见词条:卢浮宫里的"爱"、书画刻印艺术部、文献、圣奥班(加布里埃尔·德)

巴尔多维内蒂(阿莱索)/《圣母与圣子》| Baldovinetti(Alessio)/*La Vierge et l'Enfant*

(佛罗伦萨,约 1425——佛罗伦萨,1499)

木板蛋彩画;德农馆二楼方形沙龙第 3 展厅

H. :1.06;L. :0.75;R. F. 1112

这幅巴尔多维内蒂的《圣母与圣子》是卢浮宫友人协会购买的第一件作品。在这里,我想完整地引用多米尼克·蒂埃博 1997 年撰写的经典评论。这幅画的归属权曾一度引起热议,因为巴尔多维内蒂是皮埃罗·德拉·弗朗切斯卡的头号粉丝,也有人认为这幅画是修拉的(因为他在美术学院临摹过阿雷佐壁画的复制品)。

"1898 年,这幅画出现在一位名叫阿罗的商人家中,此人对绘画颇有研究,尤其精通原始派和古今一流的画作。最初,这幅《圣母与圣子》被认定是皮埃罗·德拉·弗朗切斯卡的作品,这位意大利艺术家曾旅居法国并享有盛誉。继英国和德国以后,我们也开始对阿雷佐壁画的作者进行重新挖掘与研究,正因为如此,乔托、安吉利科和西诺雷利①的名字才渐渐为'原始派'的买主们所熟知。一般来说,游历意大利的法国艺术家一定会去罗马、锡耶纳、比萨、奥维多和亚西西,但不会特别绕道去阿雷佐。自从 1870 年查理·布朗首次对皮埃罗进行研究后,艺术家们才开始注意阿雷佐。上世纪末的 20 多年中,皮埃罗的'粉丝团'开始扩大,其中既有画家(皮维斯·德夏瓦纳、奥迪隆·勒东、莫里斯·丹尼斯),也有文学家(安德烈·苏亚雷斯)。因此,当时的绘画部负责人乔治·拉弗内斯特也想在市场上为卢浮宫购买一幅皮埃罗的画作也就不足为奇了。1898 年 2 月 16 日,国家博物馆艺术委员会在古董商阿罗家中召开特别会议。拉弗内斯特轻松地说服了除卡米尔·贝努瓦以外的其他同事为此画出价 175000 法郎,但是委员会犹豫不决,裁定价格不能超过 100000 法郎。阿罗看出了买方的急切,于是断然拒绝。面对如此情形,法国博物馆负责人艾伯特·肯普方紧急召会刚刚成立的卢浮宫友人协会。后者马上就意识到'为卢浮宫谋得这幅 15 世纪的意大利杰作'是奠定协会地位并向世人宣传的最佳途径。于是,协会的一些成员开始与古董商交涉,阿罗最终同意割爱,但条件是将价码增加到 140000 法郎。收藏家鲁道夫·康对此提出质疑,他虽不否认《圣母与圣子》的艺术价值,但认为 14 万法郎的价格有些过分。他认为'数月前,柏林博物馆原本可以用低于 10 万法郎的价格购买此画,但他们并没有这样做,因为他们认为此画的作者不像是皮埃罗·德拉·弗朗切斯卡,反而更像是巴尔多维内蒂。'虽然 1895—1902 年间的档案中没有任何关于柏林博物馆绘画部和阿罗此次交易的记载,但这位巴黎商人向绘画部藏品管理员威廉·波德咨询意见却是众所周知的事情(威廉·波德尤其精通意大利文艺复兴时期的绘画、雕塑和装饰艺术等)。这位德国学者非常尊崇乔瓦尼·巴蒂斯塔·卡瓦尔卡塞莱的观点。要知道,对于该画是否应归为皮埃罗·德拉·弗朗切斯卡,1864 年时,这位意大利的著名评论家曾提出过质疑。他

---

　　①　Luca Signorelli(1445—1523),意大利画家。——译注

强调,该画作与迪沙泰尔伯爵收藏的一些阿莱修·巴尔多维内蒂的作品应属同源。后者的画作与多明尼哥·韦内齐亚诺的非常相似,推测巴尔多维内蒂应是韦内齐亚诺的学生。鲁道夫·康对该画价格的质疑仅得到了埃米尔·米歇尔的认同,并未动摇委员会的决心。除了鲁道夫·康,委员会一致通过在卢浮宫友人协会的帮助下购买这幅'佳作'的决定。财务主管保罗·布勒诺决定自掏腰包支付多出来的款项,因为友人协会不允许如此大笔的'开销'。后来,在与阿罗进行了新一轮的谈判后,该画最终以 130000 法郎成交。

　　"这幅《圣母与圣子》在七米厅一展出就大获各界好评。举个例子,亚瑟·布舍隆是中央装饰艺术联合会的成员,十分仰慕埃米尔·加莱。他主张重审德雷福斯案件。1898 年 2 月 28 日,得知左拉的诉讼被延期裁决后,布舍隆很不开心,所以他来到这幅画前向它倾诉。'至少,卢浮宫购买的这幅皮埃罗·德拉·弗朗切斯卡的画令我深感欣慰,因为我可以合法地对它倾诉左拉的诉讼'。即使有人(如阿瑞·雷楠和莫里斯·德迈松)一直对该画的归属权问题存有疑问,媒体依然对其魅力和品质称赞不已。同年,贝尔纳·贝伦森在《美术报》上发表了一篇论文,他在文中论证了该画的作者应为巴尔多维内蒂,有理有据。而在此前,卡瓦尔卡塞莱已经提出过这一观点。贝伦森则强调指出'这幅画无疑是欧洲近年来最重要的公共艺术收藏品了'。他还补充说'虽然柏林博物馆的财力与日俱增,但这次,他们一定会在心里暗暗嫉妒卢浮宫的眼光和好运'。不同意波德观点的人自然对他及其拒绝购买这一画作的行为讥讽不已。两年后,即使乔治·拉弗内斯特承认自己曾一度因那位美国学者的充分论证而动摇,他仍旧坚持将该画归为皮埃罗·德拉·弗朗切斯卡的作品。直到 1921 年,卢浮宫友人协会才发表年鉴称这幅《圣母与圣子》的作者应为巴尔多维内蒂。总而言之,在卢浮宫的档案馆中,我们可以找到很多 1898—1911 年间临摹这幅画的人的题字。这足以说明该画的确具有不可否认的特殊魅力。

"所有的评论几乎都一致称赞卢浮宫友人协会,称这是'一个极好的开始'、'一个出色的开端'……因此,协会希望能在这幅画的画框上增加一块说明牌,并指明该画是在卢浮宫友人协会的协助下购买的(如今确已实现)。为了增强宣传效果,艺术委员会的成员于2月28日在邻居咖啡馆开会,并在第一时间提出举办临时展览,标题可定为'1830年的杰作'。最后,委员们一致认为在七米厅内举办皮埃罗·德拉·弗朗切斯卡的作品展将会有力地宣传这幅名作。展览很成功,好吧,既然首次亮相就获得了如此高的赞誉,那就少不了要归还协会财务主管保罗·布勒诺垫付的钱了。此外,鉴于卢浮宫友人协会为此画出力不少,自然也要给他们一些实惠了。"

参见词条: 卢浮宫之友协会、卢浮宫档案馆、装饰艺术博物馆、皮埃罗·德拉·弗朗切斯卡、七米厅

简易板房 ｜ Baraques

18世纪时,方形中庭曾经一度被木板房所填满,甚至连柱廊也包括在内。1752年,圣耶讷的拉封就此撰文申诉并希望"国王可以倾听所有居民们的抱怨,这座建筑里有人们喜爱的艺术大师,但它现在却被遗弃甚至成为流浪者的居所,大家对此感到极度愤慨。在如此恶劣的环境中,谁能保证这里未来不会遭受更大的破坏呢? 更何况,其他类似的公馆府邸,哪怕经济状况再差,也从未出现过如此'窘况'啊?"

几个世纪过去以后,这些简易板房渐渐消失了。雅克-弗朗索瓦·布隆代尔(Jacques-François Blondel,1709—1774)的一幅画中展示了这些曾占据方形中庭的破房子被拆毁的场景。柱廊的那些木板房反而成了一道别致的风景线,许多画作都是以它们为背景绘制的。在卢浮宫历史展厅的第1展室内,我们可以欣赏到其中一些作品,如《从弗罗芒托大街遥望方形中庭外景》(这是新近才收藏的作品,应为菲利伯特-路易·德比古所作,Philibert-Louis Debucourt，1755—1832）。

"大卢浮宫规划"实施期间，这些"预制"木板房见证了一场别开生面的伟大复兴，它们如雨后春笋般地出现。卢浮宫学院门前的木板房还曾激怒过摄影师亨利·卡蒂埃-布雷松（他住在里沃利大街上），幸运的是它于2006年被拆除了。不过，很遗憾的是，拆除的同时，勒菲埃尔中庭又出现了新的简易板房，这些板房将留给朗斯分部。

参见词条：柱廊、方形中庭、卢浮宫学院、卢浮宫历史展厅、朗斯

巴尔贝·德·汝伊（约瑟夫-亨利）｜Barbet de Jouy (Josephe-Henri)

（康特勒，1812——巴黎，1896）

巴尔贝·德·汝伊是法国文艺复兴时期雕塑和工艺品领域的专家，1850到1879年曾是卢浮宫博物馆研究员，1879到1881年任国家博物馆馆长。他是19世纪下半叶卢浮宫的重要人物之一。1871年杜伊勒里宫发生火灾时，他为保护博物馆不遗余力。巴尔贝·德·汝伊的名字和贝尔纳迪·德·西格瓦耶的一样，都刻在德农馆一楼的一个铭牌（在博物馆以前的正门附近）上，上面详细记载了他的功绩。弗郎索瓦·密特朗码头一侧的中门（曾是博物馆的入口，但现已封闭）上同样刻有他的名字。西普里安·哥德柏奇（1835—1909）为其雕刻的半身像位于博物馆管理处走廊。

参见词条：贝尔纳迪·德·西格瓦耶、火灾、杜伊勒里宫

巴比松派｜Barbizon (Ecole de)

巴比松是枫丹白露附近的小村庄。迪亚兹、特鲁瓦雍、杜普雷、多比尼以及其他很多画家，尤其是科罗、库尔贝、亨利·卢梭和米勒、所有的枫丹白露风景画家，都与此画派关系密切。要避免把

巴比松派和枫丹白露画派混淆。卢浮宫的巴比松派画作相当丰富。

参见词条: 肖沙尔(阿尔弗雷德)、枫丹白露画派、莫罗-内拉东(艾蒂安)、奥塞博物馆、蒂埃里(乔治·托米)

巴雷耶(保罗-奥古斯特-弗朗索瓦)｜Bareiller(Paul-Auguste-Francois)

(塞纳-马恩省,1831——默伦,1887)

卢浮宫的参观者应当感谢巴雷耶。他在遗嘱中将其巨额财富留给卡隆佩里兹,但后者却拒绝接受。后来经过多次商谈,这笔财富最终归于卢浮宫。得益于此,卢浮宫才购买了戈雅的《人像》(该画之前叫作《唐·埃瓦里斯托·佩雷斯·德·卡斯特罗肖像》)、亨利·雷本的《船长肖像》和一些德国中世纪工艺品。

参见词条: 捐赠者

巴萨诺(雅各布)/《拴在树墩上的两只猎狗》｜Bassano (Jacopo)/*Deux chiens de chasse liés à une souche*

(巴萨诺-德尔格拉帕,约 1510—1592 年)

布上油画;德农馆一楼拉若孔德厅

H:0.61;L:0.80;R.F.1994—23

直至 1994 年,卢浮宫才有幸谋得《拴在树墩上的两只猎狗》,它是绘画史上关于狗的作品中最精美的一幅,也是动物绘画中的杰作。该画是 1548 年为威尼斯贵族安东尼·桑达内公爵绘制的,后者为此画支付了 15 个里拉。

画面近景中的两只狗是短毛垂耳猎犬,白色和红棕色相间的一只躺卧着,下半身呈褐色的一只蹲坐着。

桑达内是学者、著名作家、大出版商,同时也是业余画家。让·哈贝尔(1996 年)曾说道:"他的出版物上均有狗的标记,狗被拴在树上,要么蹲着,要么躺着。另附格言:'名誉重于一切'和'宁死也要尽责'。狗象征荣耀和忠诚。"

该画是对两只狗的写实描绘。雅各布·巴萨诺想通过这幅画寓意"美德、忠诚、节制",正如桑达内的格言所言的那样。

参见词条:动物、猫、马、梅多尔

《水盆,圣路易的洗礼盆》| Bassin, dit *baptistère de Saint Louis*

伊斯兰文物部;黎塞留馆一楼和二楼间的夹层第 8 展厅
黄铜锻造,金银镶嵌装饰;埃及或叙利亚;约 1320—1340 年
H:0.222;L:0.502;L. P. 16

为何叫圣路易的洗礼盆呢?因为以前人们认为它是由圣路易十字军东征带回的。实际上,我们已经确认洗礼盆制作于1320—1340 年间,比 1270 年突尼斯国王去世时间要晚。"洗礼盆"因常用于文森国王子孙的洗礼仪式而得名。皮卡尼奥·德·拉·弗雷斯在《巴黎简介》(1742 年)的"文森"一章中写道:"我们知道该洗礼盆长期用于法国国王子孙的洗礼,并被带到枫丹白露用于王储(即后来登上王位的路易十三)的洗礼。但不同往常的是,他的洗礼仪式于 1601 年 9 月 14 日在枫丹白露举行,因为当时巴黎瘟疫肆虐。拿破仑三世后来将该洗礼盆转移至卢浮宫。1856 圣母院借用它为皇家王子洗礼。这也是人们最后一次使用它。

该物品不同寻常,它是由黄铜锻造,镶嵌有金银和"黑基岩"装饰。穆罕默德·本·阿尔扎因曾用该水盆行过 6 次十字祝福礼。我们可以看到它的外侧有动物排列而成的两个装饰框,一列穆罕默德子孙称号;内侧有 4 个圆雕饰,刻的是飞奔中的全副武装的骑士。水盆的底部有游弋的鱼儿和奇特的海底生物。至于百合装饰的徽章和两个盾形饰物我就不多了,如今,我们不再认为它们是法国皇家标志。

参见词条:路易十三、拿破仑三世

波德莱尔(夏尔)[1] | Baudelaire (Charles)

(巴黎,1821——巴黎,1867)

卢浮宫"是巴黎一个最宜于聊天的地方,那里温暖,你可以长时间等人而不会烦心。还有,那里是女性与人约会最适宜的地方"(选自波德莱尔1847年12月16日给他母亲欧匹克将军夫人的信)。

天　鹅[2]

致雨果

一

安德洛玛克[3],我想起了你! 这条小河,
似可怜又可悲的镜子映出从前
你的孀居之痛浩荡、你的孤苦无边
那小河该是西莫伊斯[4]呀,你的泪水使它涨池

当我穿过新的骑兵竞技场,
我坚实的记忆突然变得丰富。
古老的巴黎不复存在(城市的模样,
唉,比起人心改变得更加迅速);

---

① Charles Baudelaire (1821—1867),法国象征派诗歌先驱。《天鹅》选自其代表作诗集《恶之花》。——译注
② 参考郑克鲁"天鹅"汉译诗(《法国诗选》(中),第579—583页,河北教育出版社)。——译注
③ Andromaque,特洛伊英雄赫尔托耳之妻。丈夫死后,她被希腊人掳去。——译注
④ Simois,特洛伊河名。安德洛玛克被掳后,假一条小河为西莫伊斯河,在其旁筑空墓祭夫。——译注

我只有在脑际见到大片板屋，
一堆堆刚加工的柱头和柱体，
野草，被水潭浸绿的巨石基础，
投影在窗子上的旧货乱纷纷。

那儿从前伸展着一个动物园，
寒冷明净的天空下，有个早晨，
"劳动"苏醒过来，从垃圾场那边
在沉寂的空气中卷起黑尘，

我看到一只天鹅从牢笼出逃，
用长蹼的脚摩擦干燥的石子
在不平的地上拖着雪白羽毛，
这只鸟张开嘴来到干涸的小溪

在尘埃中神经质地沐浴双翼，
铭记着故乡美丽的湖水，它说：
"雨啊，何时降落？雷啊，何时响起？"
我看到这神奇而不幸的天鹅，

像奥维德的人类①，有时向天穹，
向冷嘲的、蓝得令人难受的天，
伸长渴望的头，脖子不时牵动，
它好似向天主发出如许的责难！

_____

①　奥维德在其《变形记》中说："人类具有可以仰望的高贵面孔，这可以使他的眼睛仰视星空。"波德莱尔在其《迸发篇》中说："奥维德认为人类的面孔生来就是为了反映星星的。"——郑克鲁译本注

二

巴黎正在改变！但是我的忧郁，
丝毫没变！新宫殿、脚手架、石架、
旧郊区，一切对我都变成讽喻，
我亲切的回忆比岩石更实在。

卢浮宫前有个形象给我压迫：
我想起大天鹅，那疯狂的举止
向流亡者一样，既可笑又卓越，
被愿望不断折磨！其次想起你，

安德洛玛克说，从伟大丈夫的怀抱，
像贱畜落入俊美的皮洛斯①手里，
待在一座空墓旁边发呆、弯腰；
赫克托耳的遗孀！赫勒诺斯之妻！

我想起黑姑娘，她生肺病，精瘦，
在泥泞中踟蹰，目光凶恶狠毒，
寻找在浓雾织成的大墙后头，
见不到的壮丽非洲的椰子树；

想起失去所有、无法复得的人！
无法复得！想起那些失声痛哭，
像好心的狼吮吸痛苦的人！
那些瘦削孤儿，他们像花干枯！

────────

　　①　又称涅俄普托勒莫斯，希腊神话中阿喀琉斯之子，长有漂亮的头发。在战后瓜分俘虏时，他要了安德洛玛克。皮洛斯死后，安德洛玛克又与赫勒诺斯结婚。——译注

因此,在我精神流亡的深林尽头,

遥远往事悠悠传出号角声声!

我想起被遗弃在岛上的水手,

想起囚徒,想起战败者! 想起其他许多人!

——《恶之花》

参见词条:卢浮宫卡鲁塞勒凯旋门、欧仁·德拉克罗瓦、长老街、勒吉尤(让娜-玛丽,又名珍妮)

博然(鲁宾)/《有甜点的静物》│Baugin(Lubin)/*Le Dessert de gaufrettes*,dit aussi *Nature morte aux gaufrettes*

木板油画;叙利馆三楼第 27 展厅

H:0.41;L:0.32;S. b. d. ;BAVGIN;R. F. 1954 - 23

艺术史学家们意见不一是常有的事儿,他们或争论不休,或最终达成一致。历史上是否有两位名叫博然(鲁宾)的人,一位善于绘制宗教题材画作,另一位曾受拉斐尔、柯雷热和帕尔梅桑影响,作有多幅神话题材布画? 我们仅有的 4 幅作于那个时代、有鲁宾·博然署名的静物画(其中两幅收藏在卢浮宫,一幅在罗马斯帕达画廊,另一幅在雷恩)是否有可能出自同一个人?

经过一段长时间的沉静之后,一些着迷的收藏者使得法国静物画再度兴起,也正是因为他们,人们才知道了博然。但长期以来,他们所知的博然与曾为巴黎圣母院绘制大量巨幅画作而出名的博然是否为同一位画家,却不得而知。

若您走近看,画中乳蓝色的色阶便会立体起来,正如 2002 年刚刚举办的奥尔良和图卢兹专题展览的那样。

《有甜点的静物》可能绘于 1629 年,在作者赴意大利出发之前。它无疑是 17 世纪法国静物画中的杰作。我在此引用雅克·

杜利耶[1]在 2002 年作品展上说过的话："该画虽简单,但丝毫不影响它的魅力:餐桌上放着 3 样东西——华夫饼、酒杯和长颈瓶,它们位于不同的构图中,主次分明。其几何线条的刻画达到了极致,没有任何重复。椭圆形餐盘和长颈瓶的曲线并不一样,远看,二者和餐桌形成鲜明对比。每一个线条的处理均有所不同:餐桌线条流畅自然,长颈瓶显然是用画笔精雕细琢而成,锡制餐盘原本圆润的线条由于华夫饼的存在而改变,制造出一种明显的杂乱感,酒杯虽因独特的装饰手法显得略微复杂,但却十分逼真。该画用到了 3 种最基本的颜色:桌布是蓝色,几个黄点色调具有细微差别,滴到桌上的红酒,接近绛红色和褐色。而灰色的餐盘和阴影以及几近黑色的大背景使得整幅画略显柔和,旁边堆砌的墙则使画面显得不那么单调。"

《有棋盘的静物》是博然另外一幅静物画,喜欢此画的人可以参阅帕斯卡·吉尼亚尔[2]的《世间的每个清晨》(1991)或阿兰·柯诺[3]根据其小说改编而成的电影。

参见词条: 科里尼昂库尔跳蚤市场(或叫圣图安跳蚤市场)

贝阿格伯爵夫人 ｜ Béhague (comtesse de)

(巴黎,1870——巴黎 1939)

公爵夫人马尔提娜-玛丽-珀勒·德·贝阿格是杰出的珍本收藏家奥克塔夫·德·贝阿格公爵的女儿。20 岁时嫁给了贝阿尔公爵勒内·德·加拉尔·德·布拉萨克,但这段婚姻持续的时间很短,她很快又恢复了父姓。父亲在她 9 岁时去世,为她留下了一大笔遗产。贝阿格享有很高的知名度,一方面由于家里藏品的多样和大量,有人甚至认为她收藏艺术品的速度是一天一件;一方面也因为她对于文化的好奇以及与文化人的友谊,尤其是与保尔·

① Jacques Thuillier(1928—2011),法国艺术史学家。——译注

② Pascal Quignard(1948—　),法国作家,2002 年获得龚古尔文学奖。——译注

③ Alain Corneau(1943—2010),法国著名导演、作家。——译注

瓦雷里的友情颇深。她是她那个时代最大的收藏家之一。但她的为人却一直不为人所知，甚至难以接近她。她引以为骄傲的座右铭是："诞生、哭泣、死亡、学习。"

在介绍雷奥那多·达芬奇的《褶裥》、华托的《两个表姐妹》和《圣奥班全集》的文字中都会涉及她的名字，而且她的名字本来应该出现在《阿方索·阿瓦洛斯肖像》中。原本提香的所有作品都存放在卢浮宫，但这幅《阿方索·阿瓦洛斯肖像》后来被洛杉矶博物馆的让·保罗热蒂买走。贝阿格为博物馆捐赠了《拉若孔德》以前的画框，该木制镀金画框 16 世纪制作而成，属意大利风格。

贝阿格以前所住的旅馆(位于波斯克街和圣-多米尼克路交叉口)如今是罗马尼亚大使馆所在地，那里不仅建了一座剧院，还珍藏有布歇的一幅精美画作。

参见词条:雷奥那多·达芬奇:《褶裥》、《拉若孔德》、《圣奥班全集》、华托(让-安东尼):《两个表姐妹》

贝哈姆(汉斯·塞巴德)/《大卫的故事》 | Beham (Hans Sebald)/*Histoire de David*

(纽伦堡，1500——法兰克福，1550)

木板油画；黎塞留馆三楼第 7 展厅

H:1.28;L:1.31;S. D. sur le mur à gauche du quart où figure Nathan devant Davide：Sebaldus Beham Nuriburgensis [...] ANO 1534;INV. 1033

《大卫的故事》是贝哈姆(汉斯·塞巴德)的杰作。卢浮宫中只有少数画作不是挂在展厅挂镜线位置，而是置于中央位置，此画便是其中一幅。

该画展示的是大卫生活中的四个场景:《走出耶路撒冷的女人们与扫罗王①和大卫王相遇》;《沐浴的贝莎蓓》;《大卫派遣乌尔去拉巴》②和《大卫面前的先知拿单》。贝哈姆以细密画法添加了一

---

① Saül，以色列的第一位国王。——译注。
② Rabbath，约旦首都，今名安曼。——译注。

些有趣的细节,这些新奇的小玩意也充满了诗意。

该作品保存完好,起初由马扎兰收藏,后归路易十四。

参见词条:马扎兰主教、伦勃朗:《沐浴的贝莎蓓》

贝斯特吉(卡洛斯·德)│ Beistegui(Carlos de)

(墨西哥,1863——比亚里茨,1953)

卡洛斯·德·贝斯特吉的 19 幅画作全是精品,还不算苏洛阿加为其所做的肖像以及他的自画像。捐赠者在 1942 年以用益物权获得这些画作,并在画家死后将其赠予卢浮宫。应捐赠者的要求,这些作品集中展出,现位于叙利翼楼钟表馆的三楼。

二战期间,德国视这位生于巴约讷、取得墨西哥国籍的巴斯克人为敌,而他的藏品,能受到国家博物馆的保护,着实费了不少心机。

18 世纪(如拉吉利埃、弗拉戈纳尔、德鲁埃)和 19 世纪(如达维特、杰拉尔、安格尔、戈雅、劳伦斯)的人物肖像尤其出色。我非常喜欢梅索尼埃的《巷战》,《索拉纳侯爵夫人肖像》则无疑是戈雅最杰出的作品。

事实上,《绍纳公爵夫人肖像》和 1914 年由巴宏·巴斯勒·德·施利西廷赠给卢浮宫的《绍纳公爵肖像》(有时展出于叙利馆三楼)不在同一展厅,然而他们是"夫妇",说实话,用这个词真是难为情。

我不知道爱德姆·博歇(叙利馆三楼第 60 展厅)和庞库克夫人(波尔格塞收藏)关系是否融洽,两人是姐弟,但他们的肖像在卢浮宫也是分开展出的,虽然都是安格尔 1811 年在罗马所作。

参见词条:戈雅·伊·卢西恩特斯(弗朗西斯科·德)、梅索尼埃(埃内斯特)、展馆、用益物权

贝里奥(皮埃尔和露易丝)│ Belliot(Pierre et Louise)

皮埃尔·贝里奥(1915—2002)是巴黎建筑师。他和妻子露易

丝·保罗·马尔尚(1910—2003)没有子女。根据 1996 年立下的遗嘱,他们将所有的财产都赠送给卢浮宫绘画部,"用于卢浮宫购买画作"。300 万欧元的遗产主要用于购买约翰·马丁(1789—1854)的《群魔殿》(叙利馆七壁炉厅第 24 展厅)。该画展示的是世间各种灾难和夕阳照耀下的淡红色建筑。约翰·马丁的作品在卢浮宫所展出的英国画作中有着不容忽视的地位,这些英国画作可能是英国、美国及其自治区以外最完整的收藏。我相信,其他地位也将会在接下来的几年内不断攀升。近期的几次购画——书画刻印艺术部的威廉·博莱克、亚历山大和约翰·罗伯特·柯昂斯——可以证明我的说法。

参见词条: 捐赠、七壁炉厅

贝尔芬格 │ Belphégor

我曾试图搞清楚贝尔芬格与卢浮宫之间的关联(卢浮宫展厅中并无他的雕像)。

《作品辞典》("布甘丛书",巴黎,1954)这样介绍贝尔芬格:"大恶魔贝尔芬格(即《七十子希腊文本圣经》中的巴力毗珥)是摩押人①和马哆尼特人②的偶像,在他们的地盘上,贝尔芬格被女性仰慕。他被圣热罗姆③视作希伯来国家的普里阿普斯④;中世纪神秘剧中也总有他的身影。"

首先,我来列举一些与贝尔芬格有关的作品:马基雅弗利⑤的中篇小说《恶魔贝尔芬格》、德·拉·封丹的故事诗《贝尔芬格》、"马基雅弗利小说节选"以及为作曲家奥斯里诺·雷斯庇基带来灵感、由莫塞利(Morseli,1882—1921)创作的四幕喜剧《恶魔贝尔芬

---

① Moabites,犹太人的族长亚伯拉罕之侄罗得的后代。——译注
② Madianites,犹太人的族长亚伯拉罕之子马甸的后代。——译注
③ Saint Jérôme(347—420),古代西方教会领导群众的圣经学者。——译注
④ Priape,生殖之神。——译注
⑤ Machiavel(1469—1527),意大利政治哲学家。——译注

格》。当然，这些作品中并无与卢浮宫有关的内容。

　　亨利·德封丹 1926 年执导的无声电影是以卢浮宫作为故事背景的(不过并未在卢浮宫拍摄)，该剧根据亚瑟·拜尔奈得(Arthur Bernède,1871—1937)在《小巴黎》[①]发表的 4 章侦探电影小说改编而成。让·图拉尔德总结了剧情概要："鬼怪出没于卢浮宫，打死了贝尔芬格雕像边的保安。记者贝勒加德对此展开了调查，却遭到其既笨重又爱空想的未婚妻西蒙娜·德罗什的阻挠，后蒙侦探尚特高克相救。贝尔芬格的神秘面纱最终被揭开：竟是西蒙娜·德罗什。"(当然，西蒙娜·德罗什与杰出的埃及文物部负责人克里斯蒂亚娜·德罗什-诺布勒库尔没什么关系。)1987 至 1988 年间，卢浮宫修复了一份该电影的拷贝，在演播厅播出后，又于金字塔及演播厅建成两周年之际放映，由让-弗朗索瓦·茨盖勒、布吕诺·封丹、拉乌尔·杜弗洛及让-菲利普·勒·特雷武即兴配乐(1999 年 4 月)。

　　然而，真正让法国观众屏息观看、让贝尔芬格家喻户晓的是克洛德·巴尔玛于 1965 年在系列片《朱丽叶·格雷科》中对原电影的改编，该系列片在当时唯一的电视频道 l'O. R. T. F. 播出，其名取自于片中的角色朱丽叶·格雷科。1967 年，在电影《贝尔芬格的诅咒》中，保尔·居斯和雷蒙·苏普雷常出入于博物馆各走廊，寻找从克洛德·巴尔玛的系列片中溜走的怪物。2001 年，让-保尔·撒罗米在卢浮宫拍摄了《卢浮魅影》，电影由苏菲·玛索领衔主演，让-弗朗索瓦·巴尔枚饰演了卢浮宫馆长这个对我来说十分珍贵的角色。影片吸引了 200 万观众，讲述了一个有关木乃伊的故事，那具木乃伊的灵魂因途经卢浮宫对岸时未享有必要的礼拜仪式而飘忽在博物馆的长廊里。

　　《卢浮魅影》和《达芬奇密码》是否是发现卢浮宫的新大马士革之路[②]？希望如此。

---

① *Le Petit Parisien*，法国日报名。——译注
② Chemin de Damas，此处指合适的道路或方式。——译注

参见词条:《达芬奇密码》、电影

观景台 | Belvédère

当您从旋转玻璃门进入金字塔后,先别急着踏上自动扶梯或旋转楼梯(与"残疾人专用"电梯交错设置),您可以先去观景台看看。微微探身。您会看到什么？一堆混凝土中拉伸着四条金属轴:这明显不是个理想的规划。贝聿铭本希望在此放置《萨莫色雷斯的胜利女神》。但这个设想未被接受。关于放置何物的构想一个接一个:罗丹的《思想者》(从下方看,其下蹲的姿势会引起误解),布朗库西的《雄鸡》(曾被伪造,似乎不太吉利)或委托当代艺术家(唐格里等)专门创作一个作品。

会有人在某天提出一个让所有人都满意的建议吗？

参见词条:残疾人、贝聿铭、关于"金字塔"的争议、《萨莫色雷斯的胜利女神》

伯努瓦(玛丽-吉尔曼娜),父姓拉维勒-勒鲁,1793 年嫁律师皮埃尔-樊尚·伯努瓦/《黑人妇女》,又名《黑人妇女习作》| Benoist (Marie-Guillemine), née Laville-Leroux, épouse, depuis 1793, de l'avocat Pierre-Vincent Benoist/*Portrait d'une femme noir*, *dit autrefois Étude de négresse*

(巴黎,1768——巴黎,1826)

布上油画;叙利馆三楼第 54 展室

H:0.81;L:0.65;S. b. d.:*Laville Leroulx*/ *f. Benoist*; INV.2508

《黑人妇女》是卢浮宫最令人瞩目的作品之一,它由一位女画家创作,在 1800 年美术沙龙上展出后反响不凡,当时奴隶制已被废除(1794)。伯努瓦夫人是维热-勒布伦和达维特的学生,曾受到拿破仑资助,后者曾向她订购过许多作品(拿破仑恢复农奴制的行为如今遭到了谴责)。

尽管人们都知道该画的模特是一个安的列斯女人,大概是由画的海军军需官姐夫从某个岛上带了回来,但对于作品的释义却未达成一致意见。

该作品大胆赞扬了黑人妇女美丽的身体,显示了达维特式创作风格,除此之外,这幅作品是否完全按照启蒙运动精神和革命思想而作,饱含着解放和平等的意愿?或仅仅是作者想勾画一个不同寻常的人物,一个上身裸露着却像穿了一件黑色芙娜瑞纳①的妇女?

1798年,吉罗代在美术沙龙上展出了圣多明各②的黑人议员《前海外代表、公民贝莱的肖像画》(凡尔赛博物馆)。画质自不必说,是被艺术史学家们过度解读的里程碑式作品。在此引用吉罗代画展(巴黎-纽约-蒙特利尔,2005—2006)作品集中的一段话,第66条:"'贝莱肖像画'远非一件充满斗争意味的作品,也并不像旗帜和标语一样传达明确的意思,它表现了一连串含糊不清的、朴素的意象,画家把各种主题融入画中,使其蕴含无尽的意义,如同诗歌中特有的一词多义,惹人联想。"

贝尔纳迪·德·西格瓦耶(玛丽-费利西安-勒内-马西昂) | Bernardy de Sigoyer (Marie-Félicien-René-Martian)

(巴伦西亚,1825——巴黎,1871)

你们可知玛丽-费利西安-勒内-马西昂·德·贝尔纳迪(德·西格瓦耶侯爵)?他曾救卢浮宫于危难之时。博物馆旧入口边的

---

① Fornarina,意大利著名女装品牌。——译注
② Saint-Domingue,多米尼加共和国首都。——译注

德农前厅和达鲁画廊之间有一座他的纪念牌。牌上写着："马西昂·德·贝尔纳迪·德·西格瓦耶机敏果敢,尽职尽责,在1871年5月24日的火灾中指挥轻步兵第26营积极应对,使宫殿和卢浮宫的国家收藏免遭毁坏。"

　　1871年5月23日夜间,杜伊勒里宫被淹没在火海中,火势蔓延迅速。贝尔纳迪·德·西格瓦耶和手下的士兵们合力截断了大画廊廊顶。火势终于停止蔓延。第二天清晨他已被熏烤得黑如煤炭,当夜却被巴黎公社战士逮捕。

参见词条:巴尔贝·德·汝伊(约瑟夫-亨利)、大画廊、火灾、杜伊勒里宫

贝尔尼尼与卢浮宫 | Bernin(Gian Lorenzo Bernini, dit le) et le Louvre

　　受到路易十四的召唤,欧洲当时最为荣耀的艺术家贝尔尼尼于1665年6月2日至10月20日在巴黎短期居留,时年67岁。然而,他为卢浮宫东面正门所做的设计却被否决了。是被何人否决的呢?艺术史学家们一直为此争论不休。难道是路易十四本人?他虽然欣赏贝尔尼尼,但当时的他满脑子都是凡尔赛宫。亦或是柯尔贝尔?他觉得这个设计过于奢侈?又或者是略有沙文主义倾向的法国建筑设计师们?他们更喜欢被广泛认可的经典美?大家当他的面没说什么,但他做的设计实在不讨人喜欢。他画好了新东面正门外部的设计图,将其呈献给年轻的国王。他那多变的、略显凌乱的建筑风格基本没人欣赏。

　　贝尔尼尼进行了报复。为了重建卢浮宫—协和广场—星形广场历史轴线(这一计划在杜伊勒里宫毁坏后被提出),玻璃金字塔前竖立起了一座路易十四的铅制塑像,该塑像是贝尔尼尼的大理石雕塑《路易十四》的复制品,原作当年被弃置在凡尔赛宫瑞士湖畔的南半圆楼底层,1980年被毁坏(2005年被藏入橘园并被修复)。把贝尔尼尼作品的复制品竖立在金字塔前是个好主意吗?

时间会给我们答案。

　　作为一个罗马人,贝尔尼尼为改造罗马城鞠躬尽瘁,他对巴黎没什么好感,也不欣赏巴黎的画家,除了普桑。普桑的画使他深感震惊,尤其是尚特鲁收藏的《七件圣事》:"他是个了不起的天才……多么虔诚的祈祷! 多么彻底的沉默! ……您[尚特鲁]今天让我感到很不愉快,您向我展示的这个才华横溢的男人让我认识到自己其实一无所知……我认为这些画的作者是在世画家中最为杰出的……"他说这话的时候是 1665 年 7 月 25 日,当年 11 月 19 日,普桑便在罗马去世了。

　　参见词条:贝尔尼尼、《路易十四》、《主教黎塞留肖像》、柯尔贝尔、柱廊、路易十四、卢浮宫广场、普桑

贝尔尼尼(又名吉安·洛伦佐·贝尔尼尼)/《主教黎塞留肖像》| Bernin(Gian Lorenzo Bernini, dit le)/Portrait de cardinal de Richelieu

大理石;德农馆一楼米开朗基罗画廊第 4 展厅

H. :0.82;L. :0.65;Pr. :0.33;M. R. 2165

　　那是 1640 年。马扎兰正效忠于拥有至高无上权力的红衣主教黎塞留。订制一幅肖像的主意起自马扎兰。当时,贝尔尼尼的名声遮天避地,他便成为完成肖像的必然人选。然而,贝尔尼尼住在罗马,如何解决巴黎与罗马之间的距离问题呢? 非常幸运的是,有先例可循,那就是完成于 1636 年的英王查理一世的胸像(毁于 1698 年)。当时为了制作这件胸像,凡·戴克(Van Dyck,1599—1641)为国王画了正面、左侧面和右侧面 3 幅肖像(英国皇家收藏)。红衣主教本人特别欣赏菲利普·德·尚帕涅的肖像画,所以,主教的肖像就交由他以同样方式完成(伦敦,国家画廊)。

　　贝尔尼尼为黎塞留所作的胸像运到了巴黎,但并不讨人喜欢。大家都觉得肖像不大像本人。尚帕涅的朴素、冷峻似乎不及凡·戴

克的柔和、优雅及多变的描绘角度更能启发贝尔尼尼。主教一开始选错了画家,因而贝尔尼尼没能赋予"黎塞留"生气,而他的《路易十四》(凡尔赛宫)正是因为有了这种生气才得以成为经典之作。我个人认为,抛开同时代其他藏品不谈,这尊胸像还是值得赞赏的。

P. S. 我这简短的综述远不能让人想象订购情况的复杂。同时期向意大利雕塑家弗朗西斯科·摩奇(Francesco Mocchi,1580—1654)订制的红衣主教立像的碎片现陈列在尼奥尔①博物馆。

参见词条:《玛丽·塞尔》、马扎兰主教、黎塞留主教、黎塞留翼楼、凡·戴克(安东尼)

名称有误的卢浮宫图书馆 │ Bibliothèque dite, à tort, du Louvre

法国至今仍没有一个英国、德国、美国等国家已经拥有的大型艺术史图书馆。

位于卢浮宫的"中心图书馆"通常被人叫做卢浮宫图书馆,事实上,这个图书馆在行政管理和财务上是属于法国博物馆管理局(D. M. F.)的。号称"中心图书馆",实际上很狭小。稍微介绍一下法国18 世纪绘画便需占用整个图书馆。在成立国家艺术史研究院(I. N. H. A.)之际,有人建议把它迁至国家图书馆的拉布鲁斯特厅。它差点就与其他艺术史图书馆合并了,其中就有曾位于米什莱街的杜塞特图书馆,这座图书馆是值得称道的,但几乎所有的卢浮宫研究员都反对这项慷慨的计划。他们说服人们建立了一些专供他们使用的图书馆,唯一的好处就是离得近。当然,其中有一些是不错的。"中心图书馆"始终没被迁走(但我们仍应怀有希望)。所以,若想仔细研究安托内罗·德·墨西拿、约尔丹斯②或特纳③,还请前

---

① Niort,法国西部城市名。——译注

② Jacob Jordaens(1593—1687),荷兰画家。——译注

③ Joseph Mallord William Turner(1775—1851),英国浪漫主义风景画家。——译注

去伦敦、慕尼黑或佛罗伦萨的艺术史图书馆查阅资料。

　　参见词条：法国博物馆管理局（D. M. F.）、文献、国家艺术史研究院"南—南"

布瓦伊（路易斯-利奥波德）/《伊沙贝画室》｜Boilly (Louis-Léopold)/L'Atelier d'Isabey

（拉巴塞北部，1761——巴黎，1845）

布上油画；叙利馆三楼第 58 展厅

H. ：0.715；L. ：1.11；S. b. d. ；*L. Boilly*；R. F. 第 1290 号乙

该作品参加了 1789 年艺术沙龙展。在相当长的时间里，人们都认为这幅画表现的是"卢浮宫画廊"（大画廊里）的伊沙贝画室。应当放弃这个猜想，因为画家最早也只能是在 1799 年才有了他的新住处。

　　可以看到，密涅瓦女神的胸像前方有 31 人，他们的身份已被确认，其中有各类的画家：历史画家吉罗代、杰拉尔、莱提艾尔、梅尼埃和普吕东；花卉画家雷杜德、凡·戴尔；风俗画家布瓦伊当之无愧，风景画家彼道尔德、德马尔纳、陶奈。有雕刻家、雕塑家，还有作曲家梅旭尔；负责装饰画室的建筑师佩西耶和封丹，以及演员塔尔玛、老贝尔坦。让-巴蒂斯特·伊沙贝本人身穿红色羊毛衫，在向杰拉尔和陶奈展示一幅画，彼时是大革命后不久，绘画渐渐进入辉煌时期，各团体纷纷重振旗鼓。人们应该会注意到画中没有达维特（以及女艺术家）。

　　毫无疑问，这幅画是布瓦伊最优秀的作品之一。遗憾的是卢浮宫没能得到他的另一幅代表作《卢浮宫沙龙上观看达维特〈加冕礼〉的人群》（1810），这幅画曾在巴黎出售过，现被纽约的赖茨曼①收藏。

　　参见词条：达维特：《拿破仑一世加冕大典》

---

　　①　Jayne Wrightsman（1919 至今），美国慈善家、收藏家。——译注

波拿巴(拿破仑) | Bonaparte (Napoléon)

(1769 年 8 月 15 日生于阿雅克肖)

参见"拿破仑一世"

与皮埃尔·拉鲁斯编纂《19 世纪百科大词典》(1866—1877)的做法一样,我也将分别介绍波拿巴和拿破仑。对了,那本词典中有句话会"让人们竖起耳朵去听":"共和国八年雾月 18 日(1799 年 11 月 9 日),法兰西共和国(唯一的不可分割的国家)的将军……在巴黎附近的圣克卢城堡去世"。

波拿巴做了哪些对卢浮宫有益的事呢? 我们回想一下,这位年轻的将军 1797 年 12 月 25 日(共和国六年雪月)成为法兰西研究院物理与数学组(机械工艺科)的院士,当年这个小组就设立在现在的卡娅第德厅里,由建筑师德·瓦伊规划布局。波拿巴把许多远征埃及的战友招募进了研究院并仿照法兰西研究院创建了埃及研究院。1797 年 2 月 19 日,他与罗马教皇庇护六世签订了托伦蒂诺条约,共和国通过此条约获得了一些重要作品,这些作品通通被搬入了卢浮宫。1797 年 12 月 20 日,一场招待他的宴会在大画廊举行。1798 年 7 月 27、28 日,他们抵达巴黎时高举着"在意大利获得的战利品"欢呼胜利。(1815 年,在一系列激烈的谈判之后,这些"战利品"中的绝大部分还给了它们的主人。)1800 年 2 月 19 日,成为第一执政官的波拿巴住进了杜伊勒里宫。1800 年 11 月 9 日,即雾月 18 日政变一周年之际,古代艺术博物馆举行落成仪式。几个月以后,1800 年 12 月 24 日,圣诞前夜,发生了圣尼凯斯街谋杀事件,当时那条街与如今通向卢浮宫宫内的拱顶狭廊在同一轴线上。1801 年 8 月 20 日,迁走艺术家的决定出台(1805 至 1806 年正式施行)。1801 年 11 月 9 日,多米尼克-维旺·德农被任命为中央艺术博物馆馆长,1803 年,加冕礼前不久,博物馆更名为拿破仑博物馆。

参见词条:卡娅第德厅、德拉克罗什(保罗)、《波拿巴翻越阿尔

卑斯山》、德农、大画廊、法兰西研究院、拿破仑一世、圣尼凯斯街
(该词条无正文和目录)、杜伊勒里宫

博纳尔(皮埃尔) | Bonnard (Pierre)

(丰特奈-欧罗斯,1867——勒卡内,1947)

　　1946年6月底至7月底之间,博纳尔最后一次来巴黎。他去了卢浮宫。"法国博物馆管理局局长乔治·萨勒在卢浮宫接待了他。面对暮色中河岸的美景,博纳尔异常兴奋。他把年轻的馆长助理让·勒麦尔拉到一旁,吐露道:'博物馆里最美的地方,就是窗户……'"(安托尼·泰拉斯,《博纳尔,美在行动》,巴黎,1999)。

　　参见词条:夏塞里奥男爵(亚瑟)、窗户、萨勒(乔治)

波尔格塞收藏 | Borghèse (la collection)

　　波尔格塞家族的收藏品被分散陈列于博物馆的许多展厅里(或被内部收藏)。18世纪,去罗马旅行的人定会参观波尔格塞收藏。法国能买到其中一部分藏品则多亏了拿破仑(和德农)。因卡米洛·波尔格塞王子(Camillo Borghèse,1775—1832)娶了美丽的波利娜·波拿巴①(Pauline Bonaparte,1780—1825)为妻。谁不曾梦想波利娜舒展开来的美丽身体就在眼前?卡诺瓦使成了永恒。如今,她的塑像被罗马的波尔格塞博物馆珍藏。她的热烈性情众所周知。曾有人说"她只在卡诺瓦的雕刻凿下显得冷酷无情"。大卫·西蒙于1955年拍摄了一张非常有名的照片,照片上伯纳德·贝伦森(Bernard Berenson,1865—1959)——熟人称他B. B.(读作bibi)——正色眯眯地注视着那尊雕像。然而卡米洛·波尔格塞王子一度债务缠身,英国人垂涎他的收藏品,并最终占有

---

　　①　拿破仑一世的妹妹。——译注

了帕台农神庙①的大理石雕像。对于拿破仑来说，帮妹夫摆脱经济困境是当务之急。那批藏品（拿破仑藏品清单中的651件）原来价值390万法郎，最终以1300万法郎的高价于1807年出售，这价格令人咋舌（但这批藏品里有许多享誉世界的大理石雕像）。法国没有理由在1815年把这批收藏归还给意大利。

在卢浮宫不能像在罗马那样欣赏到这批收藏的全部作品，对此我感到遗憾。

参见词条：贝伦森（伯纳德）（原文无该词条）、卡诺瓦（安东尼奥）、德农、《波尔格塞的斗士》或《作战的勇士》、拿破仑一世

《博斯科雷亚莱的珍宝》 | Boscoreale (trésor de)

希腊、伊特鲁利亚及罗马文物部；叙利馆二楼第33展厅

公元前1世纪；博斯科雷亚莱（坎帕尼亚②）；爱德蒙·德·罗斯柴尔德1895年捐赠（1990年补足）

算上希尔德斯海姆（柏林）的珍宝和庞贝（那不勒斯）的米南德之家的珍宝，博斯科雷亚莱珍宝共计106件，为古罗马银器，是重要的文物。

1895年，人们在庞贝附近博斯科雷亚莱镇的卢修斯·赫伦尼乌斯·弗劳吕斯别墅的食物储藏室里发现了这些珍宝。这座别墅公元79年被维苏威火山的岩浆淹没。珍宝是一套华丽的餐具。

我最喜爱的是那只《高脚酒杯》，又称《埃及艳后的酒杯》（她的右手握着致命的毒蛇③），以及用长有翅膀的女性的美丽裸体为装饰的《胜利酒壶》。

参见词条：布拉克、爱德蒙·德·罗斯柴尔德陈列室、罗斯柴尔德家族

---

① 雅典卫城神庙，建立于公元前5世纪。——译注
② 意大利南部地区，首府那不勒斯。——译注
③ 关于埃及艳后的死亡方式有多种说法，一说她死于毒蛇噬身。——译注

波提切利/《面对自由艺术之神的年轻人》/《维纳斯和美惠三女神给少女赠礼》| Botticelli (Alessandro Filipepi, dit Sandro)/*Un jeune homme devant l'assemblée des Arts libéraux/Vénus et les Grâces offrant des présents à une jeune fille*

（佛罗伦萨，约1445——佛罗伦萨，1510）

壁画；德农馆三楼第1展厅

H：2.37；L：2.695；H：2.11；L：2.83；R.F. 321&322

波提切利的非宗教壁画并不为世人所熟知，卢浮宫的这两幅饱受磨难的壁画于1873年在位于佛罗伦萨附近的莱姆别墅的墙后被发现。画作被清理后，卢浮宫于1882年将其获得。两幅画所呈现的主题不同。第一幅是夜景画，呈现的是"原则"将洛伦佐·托纳波尼引荐给"谨慎"和"自由艺术"之神的情景。"谨慎"坐在台上，为他祈福。第二幅画通常被称为《维纳斯和美惠三女神》，在这幅画中您可以看到，乔凡娜·德格利·阿尔比齐给维纳斯女神呈上一块白色布料，布上放着维纳斯女神赠送给她的玫瑰，但不一定能辨别得很清楚。这两幅画是在1468年洛伦佐和乔凡娜婚礼之际完成的，洛伦佐是"伟大的洛朗"的弟弟，也是典礼的组织者。在一本珍贵的佛罗伦萨梅迪奇家族的人物肖像画集中，这两幅画被认为是艺术与美相结合的象征。画作考究、精致，暗淡的色调、带着忧郁的诗意和美妙的梦境深深地吸引了我们的先辈们。这样美丽的画作何以不吸引人呢？

然而，命运却没有眷顾这对夫妻，两人均出生于1468年，1488年乔凡娜死于分娩，而洛伦佐因1497年卷入了梅迪奇家族的阴谋，最终被剥夺了权利并被执行了死刑。

布歇（弗朗索瓦）/《浴后的狄安娜》｜Boucher (François)/*Diane au bain*

（巴黎，1703——巴黎，1770）

布上油画；叙利馆一楼第 38 展厅

H：0.56；L：0.73；S. D. b. g. ；1742 *f. Boucher*；INV. 2712

在《浴后的狄安娜》完成 110 年之后，卢浮宫于 1852 年以 3200 法郎的价格购入这幅画，布歇这幅作品从这天起才得以脱离苦海。堕落、轻薄在 18 世纪是为人们所藐视的，而《浴后的狄安娜》正是完成于这个世纪。请您仔细观察这幅画：珍珠、饰带、钩形刀、弓、有红色斑点的箭筒、和谐的蓝色、松鸡、野兔、两只猎狗和狄安娜的箭、她那沾了水的小巧的脚、闪耀着如珍珠一般亮泽的肌肤、美丽的少女酮体，还有美丽的大自然里：茂盛的芦苇、小树枝和清澈的水。这幅美好的画作给人带来的是一场视觉盛宴。

1941 年，里宾特洛甫①曾想把这幅画据为己有，于是将它藏了起来，当时博物馆的研究员和他的上司雅克·若亚用计谋把画留了下来。我曾经质疑《战争回忆录》那段记录是否有误，因为这幅杰作不是更符合戈林②的品位吗？

参见词条：《浴中加布莉埃尔与她的一位姐妹》、若亚（雅克）

布拉梅尔（雷奥那埃尔）/《发现皮拉摩斯与西斯贝的遗体》｜Bramer（Leonaert）/*La découverte des corps de Pyrame et Thisbé*

（代尔夫特，1596——代尔夫特，1674）

---

① Joachim von Ribbentrop（1893—1946），希特勒政府任驻英国大使和外交部长等职务，二战后被处绞刑。——译注

② Herman Wilhelm Goering（1893—1946），希特勒政府时任帝国元帅，总理兼内政部长。——译注

铜版油画；黎塞留馆三楼第 27 展厅

H：0.46；L：0.60；S. b. g vers le centre：L. Bramer；R. F. 1989—7

布拉梅尔是一位怀才不遇的画家，他并不大受荷兰油画爱好者的欢迎。他的作品色调昏暗，主要以《圣经》和神话故事为主题。

卢浮宫于 1989 年购入《发现皮拉摩斯与西斯贝的遗体》，这幅夜景画描绘的是一对凄惨爱人殉情的一幕。普桑受到该画的启发而完成的作品成了他的代表作之一（该画现存于法兰克福），但他的作品不是以这对苦命情侣的遗体为主题，而是较此更前一点的情节：皮拉摩斯以为西斯贝被狮子所食而自刎，西斯贝发现了他的尸体后也结束了自己的生命。

该画对于两人多舛的命运的处理并没有渲染夸张的戏剧性，而是更加关注故事的情节和诗意。

把这幅作品收入本词典的另一个原因是，我拥有布拉梅尔的另一幅画《女神尼奥贝屠杀儿童》，这幅画是与《发现皮拉摩斯与西斯贝的遗体》相对应的作品，希望未来的某天，两幅画能在卢浮宫相会。

布拉克(乔治)/《鸟》｜ Braque(Georges)/*Les Oiseaux*

（1882，法国塞纳河畔阿让特依——1963，巴黎）

布上油画；叙利馆一楼第 33 展厅

INV. 20378—20380

布拉克应戴高乐时期首任法国文化部部长安德烈·马尔罗和法国博物馆管理局局长乔治·萨勒之托，为亨利二世厅绘制新的天顶。

亨利二世厅由建筑师皮埃尔·雷斯科修建，原先是国王的候见厅和藏衣室，勒沃进行翻修和扩建后，该厅直至大革命前为法兰西科学院所用。亨利二世厅现在陈列着"博斯科雷亚莱珍宝"。该展厅的木质天顶完成于 1557 年，是意大利装饰艺术家弗朗西斯科·西伯克·德·迦皮的代表作,天顶经过雕饰和镀金,有3个大小不等的天窗。1821—1822年,麦里-乔瑟夫·布隆代尔(Merry-Joseph Blondel,1781—1853)在天窗上画了3幅寓意画,后于1930年取缔。

布拉克选择以"鸟"为主题重新描绘天窗。他笔下黑色的鸟儿勾勒有白边,在深蓝色的星空下展翅飞翔。布拉克1952年12月开始作画,于1953年4月23日完成布置。用让·波朗的话说,《鸟》是法兰西艺术这位"老板"在19世纪向当代艺术家下的第一个订单。

安德烈·马尔罗曾于1965年在卢浮宫的方形中庭为勒·柯布西耶①致悼词。1963年9月3日,他再次选择了卢浮宫为布拉克致词,他在柱廊前说道:"(布拉克)之于卢浮宫的重要性正如兰斯的天使对它所守护的教堂一样。"

参见词条:卢浮宫当代艺术、《博斯科雷亚莱珍宝》、柱廊、马尔罗、彩绘天顶、萨勒

布莱(所罗门·德)/《梳头的年轻女人》｜Bray (Salomon de)/*Jeune femme se peignant*

(阿姆斯特丹,1597——哈伦,1664)

布上油画;黎士留馆三楼第30展厅

H:0.54;L:0.46;R. F. 1995—3

再一次感谢卢浮宫之友协会的慷慨使卢浮宫获得了这幅美丽的《梳头的年轻女人》。荷兰油画往往被人们认为千篇一律、题材单一,而这幅不同寻常的画纠正了这种看法。您看画中模特那金色的长发、裸露的胸部、手臂灵巧的动作,还有那盯着镜子的专注神情,我们还有必要不遗余力地解释这幅画的主题吗?

参见词条:卢浮宫之友协会

───────────

① Le Corbusier(1887—1965),法国建筑师、城市规划师、作家、画家。——译注

老布鲁盖尔(皮埃尔)/《乞丐》│ Brueghel (Pierre, dit l'Ancien ou le Vieux)/*Les Mendiants*

木板油画;黎塞留馆三楼第 10 展厅
H:0.185;L:0.215;R. F. 730

　　法国现在只有一幅布鲁盖尔的大作(现藏于柏林的《两只猴子》,以前可能是俄国王室的藏品,1931 年从巴黎购得),真令人遗憾! 卢浮宫能够获得该作品得感谢如今备受冷落的艺术评论家保罗·芒兹的慷慨,他从阿尔弗雷德·森西耶①手中获得这幅画,后者是巴比松派画家们的朋友,特别是该学派著名画家让-弗朗索瓦·米莱的好友。

　　《乞丐》这幅画十分震撼人心:5 个无腿的残疾人艰难地在地上匍匐,画面右侧有一个乞丐拿着乞讨用的木碗离开。您对这幅画一定有这样的疑问:为什么乞丐的身上有狐狸尾巴? 他们头上奇怪的头饰有什么含义? 其实,狐狸尾巴所影射的事件发生在抵抗西班牙菲利普二世的统治和"贵族契约"(1556)的签订时期,反抗者都乔装成乞丐,并把狐狸尾巴佩戴在显眼处,上面写着"乞丐万岁!"至于奇怪的头饰,它们各有含义,纸壳王冠象征着国王,纸质头巾象征着士兵,贝雷帽和密特头巾象征着资本家、农民和主教,它们标志了社会中的不同阶级。

　　在画家冷酷的笔下,其中两个乞丐神态悲凉,他们红褐色的面孔与画中柔和的绿色形成了鲜明的对比。

　　参见词条:达朗(科内利斯·凡):《农庄里的乞者》

预算 │ Budget

　　2006 年卢浮宫的预算高达 1. 88 亿欧元,其中不包括 650 万

---

　　①　Alfred Sensier(1815—1877),法国艺术批评家、史学家、商人。——译注

购买"国宝"的资金(国家补助 60％,固有收入 40％):国家补助 1.1亿,售票处 4 千万,艺术事业资助 1 千 3 百万,其他途径(出版物等)1 千万,让与费 720 万,场地租金 380 万,临时展览 350 万,演播厅 50 万。

参见词条:演播厅、免费开放、遗赠(该词条无目录无正文)、艺术事业资助、"国宝"

素描陈列室 │ Cabinet des Dessins

参见词条:书画刻印艺术部

爱德蒙·德·罗斯柴尔德陈列室 │ Cabinet Edmond de Rothschild

卢浮宫素描室的版画作品美丽而稀有,有的甚至是独一无二的。至于为何不将它们保存在国家图书馆的版画室,是因为这些藏品的拥有者与国家图书馆的负责人关系不怎么融洽。

爱德蒙·德·罗斯柴尔德陈列室从属于卢浮宫的书画刻印艺术部。爱德蒙·德·罗斯柴尔德男爵(1845—1934)的祖父梅耶·阿姆谢尔·罗斯柴尔德(1744—1812)是家族创始人,其父詹姆斯·德·罗斯柴尔德(1792—1868)在法国创立了家族分公司。爱德蒙男爵酷爱考古和医学,对巴勒斯坦也很感兴趣,他曾经在希腊的米利都城(位于马格尼西亚州曲流)进行过考古挖掘,对卢浮宫的馆藏作出了巨大贡献,特别要提的是,1895 年他向卢浮宫捐赠了《博斯科雷亚莱的珍宝》。

这个陈列室收藏了许多高品质的版画作品(拥有超过四万幅版画,其中包括伦勃朗的《一百荷币版画》),以及近 3200 幅素描(包括达维特描绘玛丽·安托瓦内特上断头台的画作),这些藏品于 1936 年收入卢浮宫。

参见词条:《博斯科雷亚莱的珍宝》、玛丽·安托瓦内特、罗斯柴尔德家族

画框 │ Cadres

怎样装裱一幅画才是最好的? 最理想的画框是不是应该保持低调,令人难以察觉? 历任研究员都在寻找最完美的解决方案。

但由于涉及品位问题，所以并未有最终定论。

卢浮宫中最美的画框，毫无疑问当属路易十四时期阿尼巴尔-卡拉奇①的《捕鱼》和《狩猎》的画框了，这些画陈列在卢浮宫的大画廊（里戈（1659—1743）《着加冕装的路易十四》的画框也不错）。

卢浮宫这些漂亮多样的画框是怎样收集到的？多亏了苏珊·达尔布蕾（Suzanne Dalbret，1897—1941），她死后将父亲（画框商人）生前收集的近2000多个画框捐给了国家，卢浮宫保留了近700个。

说到绘画部对于画框的处理，很长时间以来，我们都是裁剪画框使其与不同的画作匹配，但现在已经不这样做了。

目前，只有极少画作还保留了其最初的画框，因为随着时间的流逝和人们品位的变化，很多画框已经渐渐被淘汰了。

世界上许多大博物馆已经将其收藏的画框信息化了，我们也期待能够在不久的将来实现画框的交流与互通。

书画刻印艺术部慷慨地将其藏品借至世界各地展览，那么如何装裱这些画呢？理查德·佩杜奇②应要求设计一款画框，结果非常成功。

如何装饰梅迪奇画廊里鲁本斯的画曾一度引起争论。这些画最初在卢森堡宫配的是黑木镶框。其实，比起贝聿铭为黎塞留翼楼的新画设计的绿色边框，卢浮宫的常客们更喜欢1953年让-夏尔·莫赫③为万国大厅设计的红色和金色边框。

现在终于没有人再宣扬取消画框了，哪怕是意大利祭坛装饰屏的残片也应该仔细装裱。各博物馆对于画框的处理不尽相同。卢浮宫看好当代画框（从前"画框"用bordure④这个词），但并不排斥古典画框和文艺复兴前的金属框。有个好消息：运输木质画板

---

①　Annibal-Carrache(1560—1609)，意大利卡拉奇家族3位画家中最出色的一位。——译注

②　Richard Peduzzi(1943—   )，法国家具设计师、画家、设计师。——译注

③　Jean-Charles Moreux(1889—1956)，法国建筑师。——译注

④　法语，意即"边、边饰"。现在使用cadre一词，即画框、边框。——译注

已经用上保温箱了。

参见词条: 书画刻印艺术部、卢浮宫技术服务室、《梅迪奇画廊》、品位、里戈（亚森特）:《着加冕装的路易十四》

德农咖啡馆 ｜ Café Denon

在拿破仑三世修建的新卢浮宫南面,有两个大庭院,庭院底层曾是皇家马厩。

骑士们的房间（现已成为博物馆管理处）面朝勒菲埃尔中庭。对面驯马厅的楼梯下有一个拱顶小室曾用作储藏厩肥,马厩停用后则用来存放物品。经过整理,这里于 1998 年成为德农咖啡馆（或是马奈热咖啡馆）,是博物馆中最安静,也是最惬意的地方之一,请您千万不要错过。到了夏天,您可以坐在天井的露天咖啡桌边,欣赏指引马匹回到驯马厅的斜坡,以及装饰有动物雕刻（一只母狗、一只野猪和两只狼）的饮水槽（雕刻家是皮埃尔-路易·鲁亚尔（Pierre-Louis Rouillard）,1820—1881）。可惜的是,天井暂时（不知道多久）预留给朗斯分部了。

参见词条: 简易板房、勒菲埃尔、朗斯、参观者的餐饮

马尔利咖啡馆 ｜ Café Marly

我经常会被问到:为什么会在马尔利咖啡馆看到如此多 40 多岁穿着得体又英俊潇洒的男子呢？毫无疑问,这里的美食芥末蛋黄和鳕鱼配土豆泥是原因之一,但或许亲切的女招待才是吸引参观者的活招牌。

吉尔伯特·科斯特是个谈判高手,马尔利咖啡馆就是卢浮宫与之妥协的产物,因为他那双忧郁的蓝眼睛总能在谈判时准确地看透对方的想法。

我记得马尔利咖啡馆是由奥利弗·加涅尔规划布置的,它占据着黎塞留翼楼地理位置绝佳的走廊。在某两间大厅里,我们甚

至可以居高临下欣赏马尔利中庭中的传世之作,特别是雕刻作品《马尔利之马》。

参见词条:库斯图(纪尧姆)、参观者的餐饮、黎塞留翼楼

黎塞留咖啡馆 ｜ Café Richelieu

财政大臣的办公室(位于黎塞留翼楼中央二层)居然改建成饭店了! 这是怎样的耻辱和亵渎啊! 1993 年,让-米歇尔·威尔莫特负责与让-皮埃尔·雷诺、丹尼尔·布伦(他设计了卢浮宫附近的纪念圆柱)一起改建这里,用弗朗西·吉亚科贝蒂的摄影作品和塞萨的系列挤压雕塑作品为主要装饰。傍晚时分,天台在夕阳余晖的笼罩下散发出美丽的光彩,是个值得一去的地方。

参见词条:论战(该词条无正文和目录)、参观者的餐饮、黎塞留翼楼

凯博特(古斯塔夫) ｜ Caillebotte(Gustave)

(巴黎,1848——上塞纳省的让那维利埃,1894)

"凯博特丑闻"总是被人们当作茶余饭后的笑谈,而这也是对官员和卢浮宫馆长们长期以来盲目行为的谴责。画家凯博特·古斯塔夫非常富裕,经常接济印象派画家朋友并购买他们的油画。他死后将自己的收藏遗赠给了国家,总共 67 幅油画和色粉画以及让-弗朗索瓦·米莱的 2 幅素描。经过激烈的讨论后,只有 40 幅画作被保留了下来,包括米莱的 2 幅素描、德加的 7 幅色粉画、8幅莫奈的作品、7 幅毕沙罗(18 幅中的 7 幅)、6 幅雷诺阿(包括《煎饼磨坊的舞会》)、2 幅塞尚(被认为是所有画中最差的作品,包括《埃斯泰克的海湾》)、6 幅西斯莱和 4 幅马奈(其中有《阳台》)。

这些收藏向公众展示时,著名画家让-里翁·杰洛姆(Jean-Léon Gérôme,1824—1904)在《时代报》中称:"政府怎么敢让博物馆收藏这样疯狂的作品?"当时奥塞博物馆刚刚收藏了杰洛姆最重

要的作品之一《在凡尔赛宫接待孔代》。

为什么要在此提到凯博特的遗赠呢？因为继在卢森堡博物馆展出后，这些藏品于1929—1933年间在卢浮宫柱廊二层以凯博特命名的四间展厅内展出，1947年起在国家影像美术馆展出，后来被奥塞博物馆收藏至今。

P.S. 很难选择我最喜欢的画作，因为我在德加的《舞台上的舞女》和雷诺阿的《荡秋千》两幅作品间犹豫不决，但公众偏爱雷诺阿的《煎饼磨坊的舞会》。

参见词条: 柱廊、品位、国家影像美术馆、奥塞博物馆

卡蒙多伯爵兄弟(伊萨克·德·卡蒙多和摩西·德·卡蒙多) | Camondo(comte Isaac de et comte Moïse de)

(君士坦丁堡，1851——巴黎，1911;君士坦丁堡，1860——巴黎，1935)

尼辛·德·卡蒙多博物馆(巴黎蒙索大街63号，75017)门前的纪念牌上记录了没落的君士坦丁堡家族的悲惨命运。这个家族的成员千辛万苦历经一战后，最终在二战中丧生于集中营。

伊萨克·德·卡蒙多伯爵将其收藏全部捐赠给了卢浮宫。其中的日本版画现收藏于吉美博物馆，印象派画作如德加的《苦艾酒》《烫衣女工》，马奈的《洛拉·德·瓦朗斯像》(这幅画怎能不让人想起波德莱尔?)、《吹笛少年》和塞尚的《缢死者之屋》《玩纸牌者》都收藏在奥塞博物馆。而瓷器、家具、安格尔和德拉克罗瓦的素描以及柯罗的《画室》始终保存在卢浮宫，也正是这些藏品为这位酷爱瓦格纳的作曲家保存了永久的回忆，伯爵同时还捐助了当时正在建设的香榭丽舍大剧院。

伊萨克·德·卡蒙多伯爵于1911年当选为卢浮宫之友协会的主席，但他没来得及就任便去世了。

伊萨克伯爵的堂弟摩西·德·卡蒙多伯爵是协会的副主席，

他资助了装饰艺术总联合会和1911—1914年间勒内·赛尔让模仿小特里阿农宫建造的博物馆,这座博物馆后来以伯爵父亲和儿子的名字命名。摩西伯爵在遗嘱中提到:"为了纪念我的父亲尼辛·德·卡蒙多和我那可怜的儿子尼辛·德·卡蒙多(我的儿子是空军中尉,1917年9月5日丧生于空战),我死后会将府邸和收藏捐赠给装饰艺术博物馆,这里将以我儿子尼辛·德·卡蒙多的名字命名。"

"我曾倾力修复这座18世纪的艺术建筑,因此希望这座府邸和府中的收藏品被捐赠后能保留其完整性。希望这座府邸可以将我的思想永远在法国流传下去,因为我毕生收集的用来装饰它的物品都是我最热爱的杰出艺术品。"

参见词条:卢浮宫之友协会、装饰艺术博物馆、捐赠人、吉美博物馆、奥塞博物馆

坎帕纳长廊 │ Campana(galerie)

在方形中庭南翼二层,有九间相连且面朝塞纳河的展室,被称为坎帕纳长廊。这里从路易·勒沃时期到1997年间经历了数次调整和布置。厅内有绘着法国历史的天花板,还有许多1833年美术沙龙时发现的油画,其作者包括莱昂·科涅、米歇尔-马丁·德罗林、维克多·施内茨、亚历山大-埃瓦里斯特·弗拉戈纳尔(弗拉戈纳尔的儿子,他有两幅作品)、弗朗索瓦-约瑟夫·海姆、欧仁·德维里亚以及夏尔·德·斯图本。然而,作为尼古拉·普桑的支持者,我这里最想提到的则是最不出名的画作,让·阿罗克斯的《黎塞留向路易十三引荐抵达罗马的普桑》(1640)。

现在这里展出的是希腊陶瓷。

遗憾的是,对坎帕纳长廊的众多介绍并未着眼于它的考古价值,反而推荐走马观花地欣赏周边风景。从40号展厅望去,您可以看到海姆的天花板、塞纳河,还有四区学院(现在的法兰西研究院)、新桥和西岱岛,特别是法兰西帝国时期在巴黎建造的第一座

金属桥——艺术桥,这一切都会让您从众多的古器皿和天顶画的眩晕中解脱出来,令您心旷神怡。

参见词条:坎帕纳侯爵(吉昂皮耶特罗)、窗户、法兰西研究院、天顶画、艺术桥、塞纳河

坎帕纳侯爵(吉昂皮耶特罗) | Campana(marquis Gianpietro)

(罗马,1808——罗马,1880)

坎帕纳侯爵曾带人在奥斯蒂亚、韦莱特里和韦伊进行考古挖掘。侯爵是个贪婪的收藏家,他破产到底是由于过度购买还是在罗马当铺时挪用公款,我们不得而知。1857年侯爵被逮捕,次年,罗马庇护教皇五世把他永久流放日内瓦减刑为在战船上服刑20年。

1861年,拿破仑三世花费4364440法郎购买了11835件侯爵的藏品(那时已经得到了伦敦的维多利亚和阿尔伯特博物馆、圣彼德斯堡埃尔米塔日博物馆的藏品)。必须提及的是,拿破仑三世的收购并不仅仅是为了艺术。侯爵夫人是克劳福德夫人的女儿,而克劳福德夫人是拿破仑三世的情妇,她曾经在1840年拿破仑三世战败被囚后帮助其从哈姆堡逃脱。

坎帕纳侯爵的收藏大大丰富了卢浮宫的藏品。现在,这里拥有3500件古希腊和伊特鲁里亚的陶瓷器皿,是古代陶瓷收藏品最多的博物馆之一。卢浮宫还收藏了著名的来自于卡厄瑞(Caeré,位于现在的切尔韦泰里塞尔维特立)的《塞尔维特立夫妇棺》,这是伊特鲁里亚丧葬雕刻的杰出之作。

但是卢浮宫有些馆长对侯爵的这些收藏品并不以为然,他们先后将646件意大利艺术品分散到外省。前任馆长米歇尔·拉克洛特经过不懈的努力,才将被分散的作品最终于1976年集中到了阿维尼翁曾是大主教宫殿的小王宫博物馆。

卢浮宫现今(2007)保存下来了112幅画作,其中有著名的乌

切洛的《圣罗马诺之战》,还有在乌尔比诺公爵宫殿内用来装饰费德里科·迪·蒙特费尔特工作室的 28 幅名人油画中的 14 幅。

参见词条:拿破仑三世、《塞尔维特立夫妇棺》、乌切洛:《圣罗马诺之战》

《加拿大女人》 | 《Canadienne》(La)

作为"辛格缝纫机"的继承人,维娜瑞塔·辛格(美国扬克斯[①],1865—伦敦,1943)的第一任丈夫是赛·蒙贝利亚尔王子,1893 年她又嫁给了爱德蒙·德·波利尼亚克王子。她本人画画,也搞收藏,曾经为得到马奈的《奥林匹亚》而购买了 2000 法郎的公债。然而真正令维娜瑞塔·辛格出名的是她在自己府邸(科唐贝尔街与乔治·曼德尔街的拐角处)举办的音乐晚会,一些现代音乐的杰作就是在这里诞生的。

这幅来自加拿大的捐赠《加拿大女人》和波利尼亚克王妃间有什么联系呢? 答案很简单,王妃是匿名通过加拿大皇家信托公司捐赠这幅画的,且此画的收入只可用于收购藏品。奥塞博物馆从王妃这里得到不少印象派的画作,卢浮宫中也有不少王妃的藏品,比如特拉斯·克里斯提斯的《耶稣的悲叹》(藏于黎塞留馆三楼第 4 展厅)、萨塞达的《六天使围绕圣母子》(德农馆二楼七米厅第 4 展厅)。

参见词条:卢浮宫之友协会、捐赠人、奥塞博物馆、萨塞达:《六天使围绕圣母子》、《奇泰尔纳守财奴的灵魂下地狱》

"鸭子" | Canards

在卢浮宫,我办公室的窗户紧邻通向宫内的拱顶狭廊。过去,要是在 8 点前到办公室,我都会站在窗前欣赏塞纳河上成群结队的鸭子,这是我的消遣和兴趣。这些鸭子很多年以前就占领了塞

---

① Yonkers,美国的城市,原文为 Gonkers,可能是笔误。——译注

纳河与金字塔池。

那些有关卢浮宫的"鸭子"①依旧在各大报纸上层出不穷,例如:真正的《蒙娜丽莎》是在萨尔特一个废弃的茅屋里发现的,云云。而皮埃尔·拉鲁斯的《19世纪百科大词典》对于"canard"的解释是,困境中记者想象力的出路和测试读者信任度的衍生物。

参见词条:《脂粉勺》、通向卢浮宫官内的拱顶狭廊、关于"金字塔"的争议

卡诺瓦(安东尼奥) | Canova(Antonio)

(威尼斯附近的波萨尼奥,1757——威尼斯,1822)

这位意大利伟大雕刻家曾接受过拿破仑和帝国政府的订单并得到他们的赞赏。拿破仑帝国衰落后,卡诺瓦带着满心的不甘和怨恨,极力抵制德农的拿破仑博物馆。教皇庇护七世支持他的行动,于是任命他为大使。一次,在塔列朗举办的接待会上,他被介绍为"卡诺瓦大使先生",塔列朗又小声说道:"毫无疑问,我们其实是想说'包装工'先生吧。"以此来影射卡诺瓦将艺术品收回意大利的行为。

拿破仑帝国衰落后,雄伟壮丽的巨型雕像(拿破仑以玛尔斯的形象出现)《和平者拿破仑》(高3.9米)仍然保存在卢浮宫。1819年,卡诺瓦用66000法郎购买了这尊雕像并送给了滑铁卢之战的胜利者威灵顿公爵。这尊雕像现在被用来装饰伦敦威灵顿博物馆的门厅。

在米兰布雷拉宫美术馆的荣誉展厅中央,我们可以欣赏到卡诺瓦的青铜雕像《拿破仑》(1809),同时我们也会想到,和许多其他欧洲的博物馆一样,这个博物馆其实也是拿破仑一世的作品(意大利总督欧仁·德·博阿尔内统治时期)。

参见词条:卡诺瓦(安东尼奥):《丘比特之吻使普塞克复活》、德农、勒莫(弗朗索瓦-弗雷德里克)、拿破仑一世、司汤达

---

① 法语 canard(鸭子)一词为多义词,兼有"小道消息"之意。——译注

卡诺瓦/《丘比特之吻使普塞克复活》 | Canova/ *Psyché ranimée par le baiser de l'Amour*

大理石;德农馆一楼米开朗基罗长廊第4展厅

H. 1.55;L. 1.68;Pr. 1.01;M. R. 1777

这是卢浮宫参观者拍照最多的作品之一(起初,我写的是"不久之前,卢浮宫还宣称要禁止使用闪光灯,但这项规定刚刚撤销")。这件雕像完成于1787年,1793年被一位富有的英国收藏家买走,但由于法国攻占意大利,他始终未能将雕像运往英国。后来,缪拉得到这尊雕像,他将它放在自己位于纳伊的维利耶城堡内。1808年,缪拉被拿破仑封为那不勒斯国王后,这尊雕像被他当作贡品献给了拿破仑。

这幅作品取材于阿普列尤斯的普塞克("普塞克"是希腊语,意思是"灵魂"、"蝴蝶")神话故事,丘比特的深情之吻唤醒了沉睡中的普塞克,并用双臂将她抱起,从人间带往永生的天堂。

作品装有一个铜把手,可以使雕像在底座上转动,这更加强调了爱情的力量。

福楼拜曾在一尊复制品前说道:"欣喜的普塞克向丘比特伸出长长的双臂,而我从她那大理石的腋下拥抱了她,她的脚、她的头、她的轮廓,都是那么的美好! 原谅我吧,这是许久以来我唯一一次动情的亲吻,不仅仅是动情,我要拥抱她所有的美丽。"(《意大利之旅》)

参见词条:帕茹(奥古斯丁)

卡拉瓦乔(米开朗基罗·梅西里)/《圣母之死》 | Caravage(Michelangelo Merisi)/*La Mort de la Vierge*

(米兰?,1571——埃尔科莱港,1610)

布上油画;德农馆二楼大画廊

H. 3. 69；L. 2. 45；INV. 54

要是 17 世纪有"被拒者美术沙龙"的话，《圣母之死》一定在那儿占有一席之地。1601 年，一位梵蒂冈的法学家凯鲁比尼向卡拉瓦乔预订了这幅油画以献给罗马特拉斯提弗列著名的阶梯圣母教堂。1605—1606 年间，当油画运抵时却遭到了教士的拒绝，原因是"圣母形象不够端庄"。幸好这幅油画被拒绝了，后来历经曼图亚公爵、英格兰的查理一世、雅巴赫和路易十四之手，这幅画最终成为卢浮宫的藏品。《圣母之死》是 17 世纪意大利油画的巅峰之作。

有人指责卡拉瓦乔的圣母不够"端庄"，因为他将圣母死亡描绘成普通妇女溺水肿胀的样子，无法让人联想到圣母升天这样神圣的景象，但卡拉瓦乔坚持用圣母身体的死亡来表达这一主题。由于教士已经习惯了美化的表现手法，因此坚决反对这种冲击现实的自然主义画作出现在教堂里，但卡拉瓦乔将神人性化，并在他周围的普通人里选择画作形象的行为不仅引发了肖像画的革命，还引起了当时绘画界颠覆性的革命（代表人物有拉图尔、伦勃朗）。他们的画作后来成为当时油画的杰出代表，因为油画不仅仅有形式问题，它强调的是一种瞬间爆发的情感。

参见词条：雅巴赫（埃弗拉德）、路易十四

卡雷尼奥·德·米兰达（胡安）/《为建立天主圣三团做弥撒》| Carreño de Miranda（Juan）/*La messe de fondation de l'ordre des Trinitaires*

（阿维莱斯，1614——马德里，1685）

拱形布上油画；德农馆二楼第 26 展厅

H. 5. 00；L. 3. 27；S. D. b. g. ：RIV. ° CARENO F^{bat} A°. 1666；R. F. 1964 - 36

正如您眼前所见，这幅画作高 5 米，长 3.27 米。国家彩票服

务中心从花神翼楼搬走后，新建的绘画部坚持将卢浮宫的西班牙藏品搬到这里，每一件藏品的位置甚至精确到厘米。这幅西班牙宗教油画的杰出之作是由卡拉芒伯爵夫人于1964年捐赠给卢浮宫的。这幅作品完成于1666年，是为西班牙潘普洛纳一座圣父教堂的主祭坛而作。这幅画没有画框，现今挂在花神翼楼最大展室中最大的那面墙上。在会议厅这样广阔的空间，它的魅力才得到了完美的展现。

这个展室原本是拥有独特魅力的，因为可以眺望到杜伊勒里公园、协和广场以及塞纳河的美景，充足的光线也令画作熠熠发光。但遗憾的是，这里如今已成为法国博物馆管理局所在地了。对此我也深表不解，难道不能将管理局设立在别处吗？何时才能将美景还给卢浮宫的参观者呢？

参见词条:花神翼楼和花神馆、艺术品修复、会议厅

卡鲁塞勒商廊 ｜ Carrousel du Louvre

卢浮宫地下的"卡鲁塞勒商廊"一直延伸到凯旋门，它是卢浮宫的延伸，却又独立于宫内的展厅。商廊中央有贝聿铭设计的倒金字塔。这里是商业和饭店(大多为快餐店)区，也举办各类展览和会议。商廊内还有法兰西戏剧院的小型演映厅。长廊可从倒金字塔一直通往卢浮宫的玻璃金字塔。

商廊的名称可追溯至1662年的5、6月，当时为庆祝王储诞生，路易十四在此举办了盛大的骑兵竞技表演[1]。这一盛况的铜雕刻版后来成为卢浮宫铜版画中年代最久远的作品之一。

后来，卡鲁塞勒区很快就建起了许多违章建筑。1791年6月20日晚，路易十六的王后玛丽·安托瓦内特在逃往瓦雷纳的途中，甚至在这错综复杂的街道中迷路并"错失了最宝贵的半小时"

---

① 法语carrousel一词有骑兵竞技表演之意，后来这一区便以此命名，卡鲁塞勒是该词的音译。——译注

（摘自莫纳·奥佐夫的《瓦雷纳：1791年6月21日君主专制的灭亡》，巴黎，2005），抑或是"两小时"（据巴黎街道历史学家雅克·伊莱雷考证）。这里的断头台一直沿用到1793年5月7日（法国大革命时启用，仅为处死偷盗皇冠上珠宝的窃贼和路易十六以及王后玛丽·安托瓦内特，后来成为协和广场）。

这个区唯一在历史上留名的是一条名叫圣尼凯斯的街道：1800年12月24日（共和历9年雪月3日），波拿巴乘车去往剧院的途中，一个"可怕的机器"在街道爆炸。这次刺杀行动导致10多人死亡，46所房屋受损，其中一些房屋倒塌。

尽管拿破仑下令在卡鲁塞勒区建造凯旋门，但直到第二帝国时期，这里仍充斥着各种肮脏的违章建筑，是个真正的危险地带。巴尔扎克在《贝姨》（1847年卷）中对于此地这样写道："我们把现在巴黎的这一角描写一番，并非多此一举，因为日后就无法想象了；我们的后辈在看到卢浮宫全部建成后，绝不会相信在巴黎心脏正对王宫的位置，3个朝代在36年中招待过法国和欧洲名流的王宫前面，这丑恶的景象居然存在了36年。"

让·雷诺阿在此地回忆起了自己的父亲奥古斯特·雷诺阿（1841—1919）："当时，杜伊勒里公园和卢浮宫（本应在巴黎公社时期被烧毁）之间有一块儿空地。如今，这里一年四季都百花盛开。1845年时卢浮宫的所在地盖满了房子，阿尔让特伊街甚至穿过它直至塞纳河畔。这是16世纪时瓦卢瓦下令建造给贵族卫兵的家人居住的。残破的柱头、裂开的支柱和残留的纹章无一不见证了这些房屋以往的壮丽恢弘。长久以来，拥有这些房屋的贵族们都将其留给并不富裕的后代，也正因此，我的祖父才能在这里租到一间公寓和家人同住。

"我们不禁要疑惑，帝王们是如何忍受他们眼皮底下（卡鲁塞勒区）这些简陋的房子？这个街区充斥着错综复杂的小路，衣物晾在窗外，从厨房传出的味道就能知道住户的出身并不高贵……

"面对着这喧嚣和气味，我的父亲（奥古斯特·雷诺阿）在富丽的皇家宫殿中看到了资产阶级残存的平民习性……

"对于来自资产阶级的路易·菲利普国王来说,他并未'做作地'表现对这些老房子的不适。在他们眼中,亨利四世的后代有雷诺阿这样的邻居是再自然不过的事了。街头的孩子们很快就接受并允许小利穆赞参与自己的游戏,他们经常在卢浮宫前玩'警察捉小偷'的游戏。要玩这些游戏是不能不发出声音和响动的……于是,卢浮宫的某一扇窗户前,就会出现一位尊贵的夫人示意让孩子们保持安静。但他们很快就又会像鸟儿般聚集在窗下继续玩耍,这时,会有另一位夫人出现在窗前,向这支队伍分发糖果以求得片刻宁静。但即使是法国皇后也不能阻止孩子们的游戏,于是,糖果分发完毕后,我们尊贵的玛丽·阿梅丽王后关上窗户继续工作,而孩子们则继续游戏。"(《我的父亲皮埃尔·奥古斯特·雷诺阿》,伽利马出版社,2004)由于卡鲁塞勒区要重建,雷诺阿一家于1854年搬离此地。

参见词条:卡鲁塞勒凯旋门、波拿巴(拿破仑)、铜版画陈列室、长老街、卡鲁塞勒花园、路易十四、路易十六、玛丽·安托瓦内特、拿破仑一世、贝聿铭、《摄政王钻石》

作品名和作者姓名卡 | Cartels

Cartels在这里指的并不是政治或企业的联合组织,也不是钟摆,而是所有卢浮宫展品旁的作品名和作者姓名卡。1796年1月19日,内政部长发来通告,要求"在每幅作品旁放置作者和作品名称的标注"。

这些卡片难以辨认(印刷字体太小),这让来卢浮宫参观的各国参观者如何看得清楚?

其次,既然全世界只有不超过x%(这里的x随您想象,但一定不超过5)的人说法语,法语卡片又有什么意义呢?

作品名和作者姓名卡的意义是什么?无非是为参观提供帮助。但它们到底应包含哪些信息呢?是要包含诸如作者姓名(画

家的本名 Correggio,还是法国化的名字 Corrège? 是 du Titien,还
是 de Titien?)、其出生和死亡的时间、地点、国籍(由此可以发现很
多博物馆的"沙文主义"倾向)、作品名称(如今有多少参观者可以
区分出宗教作品和神话作品呢?)、日期、出处、入选卢浮宫的方式,
再加上从肖像、历史和审美等各个角度的评论,以及足够吸引参观
者眼球的细致观察点这样详细的内容吗? 但在卢浮宫的大部分展
厅内,介绍详尽的宣传册随处可见,更何况还有导游和语音讲解。
或者作品名和作者姓名卡是否应该简明扼要以便激起参观者们的
好奇心? 到底该如何选择呢?

参见词条:德拉克罗什(保罗);《波拿巴翻越阿尔卑斯山》、卢
浮宫的特别说明

大草图 │ Cartons

据说通过大草图可以将大尺寸的原作复制成壁画、挂毯(儒
勒·罗曼为弗朗索瓦一世所作的《西皮翁的故事》)或是彩绘玻璃
窗(如安格尔为马约门圣费尔迪南教堂——又名怜悯圣母教
堂——创作的彩绘;叙利馆三楼第 60 展厅)。

卢浮宫只保存了少量的大草图,它们长期被"遗忘"在枫丹白
露城堡里。如今,有两个临时展厅(德农馆二楼第 9 和 10 展厅)滚
动展出意大利大草图,这当然是不够的。现在的问题在于应当将
这些画转移到新的常设展厅。

卡娅第德厅 │ Caryatides ou Cariatides(salle des)

卡娅第德厅的名称来源于厅内让·古戎(Jean Goujon,约
1510—约 1563)雕刻的四尊硬石年轻女子像,她们共同支撑着一
座音乐演奏台。直到 1849 年,在这座音乐台上都可以看到本韦努
托·切利尼的青铜浮雕《枫丹白露的仙女》,如今仙女像已被安东
尼-路易·巴里(Antoine-Louis Barye,1795—1875)的复制品所替

代。由皮埃尔·雷斯科（1515—1578）于 1546—1549 年间建造的卡娅第德厅，经历了多次整修，也见证了大大小小的历史事件：1610 年这里展出了亨利四世的遗像；莫里哀分别于 1658 年和 1660 年在此厅为年轻的路易十四表演了《恋爱的医生》和《可笑的女才子》；1662 年到大革命期间在这里展出皇家珍藏文物。1796—1806 年间法兰西研究院在此集会，那时，卡娅第德厅还未被第一帝国的佩西耶和封丹彻底翻修，它当时名叫"河流厅"，因为梵蒂冈巨幅雕像《台伯河之神》和《尼罗河之神》是在该两河流域发现的。1815 年后只有《台伯河之神》还留在卢浮宫（德农馆一楼斯芬克斯中庭第 31 展厅，现在正关闭施工）。后来，卡娅第德厅重新肩负起保存这些古代雕像的使命。1957 年 4 月 14 日，这里曾被用作接待英国女王伊丽莎白二世的晚宴厅。

一尊古希腊雕塑《沉睡的海尔玛弗狄忒》广泛吸引了收藏家们的眼球（仅仅是他们吗？），在此，我就不做说明了，您亲自去看看便会知晓原因了。

参见词条：大革命前的卢浮宫学院、希腊、伊特鲁里亚及罗马文物部、切利尼（本韦努托）：《枫丹白露的仙女》、《沉睡的海尔玛弗狄忒》、法兰西研究院、路易十四、莫里哀、佩西耶、官方访问

目录 │ Catalogue

现存的博物馆藏品目录和详细的系统资料目录清单（令人兴奋的是，每种语言都有"艺术家作品系统资料目录"这样的说法）种类繁多。如带有梗概的目录是按照字母、年代或展厅的顺序描述和介绍展出的作品，但不一定有插图；学术目录则涉及那些保存在外省博物馆（近年来用了尊称"地区博物馆"）和政府内部未出展的藏品。

卢浮宫最古老的目录可上溯至 1793 年。1917 年，时任馆长的马尔凯·德·瓦瑟洛盘点了当时卢浮宫全部藏品目录（《卢浮宫

（1793—1917）的目录盘点以及馆长名册》），据称共有 388 种。1927 年，他的著作再版时将数字改成了 465。我并不清楚现在到底有多少种卢浮宫目录，因为无论是在梗概目录还是学术目录领域，卢浮宫的目录都不是最多的（例如同伦敦国家美术馆相比）。我仍在犹豫是否要列出一个以部门为序的清单，无论如何，为卢浮宫编纂目录是每位馆长的首要任务。

为目录撰写介绍是我此生的爱好。从一幅油画或素描的作者到日期，再到它从完工直至进入卢浮宫的经历，这个过程总会发现令人激动的东西。虽然并不为新"艺术史"所认可，但这仍是一项需要耐心和细致的工作。撰写说明必须查阅大量档案文件，参考世界各地同行们的专业知识和专家的意见；要善于发现细节，能慧眼识珍宝，要懂得如何区分原作和赝品，大师之作还是平庸之作；还要有艺术史学家的责任心。

我非常后悔没能在卢浮宫任职期间编纂 17、18 世纪法国绘画的系统资料目录，不知未来油画部是否会有有志青年能够担此重任？

参见词条：复制品、伦敦国家美术馆、慧眼

《让柏的骑士》│ Cavalier Rampin

希腊、伊特鲁里亚及罗马文物部；德农馆一楼和二楼间夹层的第 1 展厅

约公元前 550 年；雅典古卫城；大理石（岛上形成）

H. 0. 27；Ma. 3104

为何名叫"让柏的骑士"？因为这尊古希腊头像是 1896 年由乔治·让柏捐赠给卢浮宫的。头像是 1877 年在雅典古卫城发现的。为什么说他是"骑士"呢？这尊雕像的原作现存于雅典的古卫城博物馆（卢浮宫现有的是复制品）。1936 年，英国考古学家汉弗莱·佩恩指出，现存巴黎和雅典的雕塑的各个部分很可能和我们长久以来猜想的一样，它们与卡斯托尔、波鲁克斯和雅典僭主庇西

特拉图的儿子们、希庇亚斯以及喜帕恰斯[1]的雕像属于同一群像，但考古学家现在更倾向于另一种假设：雕像《让柏的骑士》很可能是教堂里的还愿雕像，描述的是赛马获胜者转头望向欢呼人群的样子（A. 帕基耶）。

这位骑士头发浓密，发绺编成辫子，他戴着项链，留着胡须，嘴唇四周的小胡子原本是红色的，椭圆的眼睛原来是黑色的。

不过，最打动我的是骑士脸上的微笑以及他面部散发出的智慧神采。

参见词条：马、《古代马首》

切利尼（本韦努托）[2]/《枫丹白露的仙女》│ Cellini (Benvenuto)/la Nymphe de Fontainebleau

（佛罗伦萨，1500——佛罗伦萨，1571）

青铜浮雕；德农馆莫里恩楼梯的平台

H. 2.05；L. 4.09；M. R. 1706

从枫丹白露到阿内城堡，再从城堡到卢浮宫，本韦努托·切利尼的《枫丹白露的仙女》历经了许多曲折（作家本人也身世坎坷，但他在《回忆录》中将其美化润色得很好）。

一条名叫布鲁或是布利欧的猎狗在森林里发现了一汪清泉，这就是"枫丹白露"名字的由来[3]。弗朗索瓦一世聘来雕刻家本韦努托·切利尼在此地进行创作。因此，1543 年以前，切利尼创作

---

[1]　此处人名均出自古希腊和罗马神话。卡斯托尔与波鲁克斯是神话中斯巴达王后丽达所生的一对孪生兄弟，被合称为狄俄斯库里兄弟，希庇亚斯是古雅典僭主庇西特拉图的儿子。喜帕恰斯是古希腊的天文学家，被称为"方位天文学之父"。——译注

[2]　Benvenuto Cellini（1500—1571），意大利文艺复兴时期画家、雕塑家、音乐家，有著名自传。——译注

[3]　枫丹白露的法文是 Fontainebleau，由 fontaine（清泉）和 bleu（猎狗名）二词组成。——译注

的许多仙女都带着猎狗、麋鹿或野兽,他宣称这是"国王的象征"。这块半圆形青铜浮雕《枫丹白露的仙女》原本是用来装饰枫丹白露城堡大门的。1551—1555 年间经亨利二世送给了他的情妇狄安娜·德·普瓦提埃,并设于她的阿内城堡门口。"大革命期间,德勒的两位民主人士声称这块浮雕是追求权力和封建主义的象征,这样的威胁令阿内市政府惊恐,故将浮雕撤下并运往德勒,后来被送往巴黎。"现在阿内城堡门上的是一块石膏复制品(F·德·吉耶尔米,《考古年鉴》,1852)。在卢浮宫,这座浮雕曾经一直被安置在卡娅第德厅内让·古戎的音乐演奏台(现在已被复制品替代)之上。

仙女赤裸舒展的胴体总是令人浮想联翩。切利尼曾说过他的第一个模特是位名叫卡特琳娜的女子。1542 年,她抛弃切利尼嫁给了保罗·米切里,但切利尼仍以她为模特。"我要求她连着几小时摆出累人的姿势,这令她极端不快;而我却乐在其中,因为她的形体极其优美,令我异常兴奋。"继卡特琳娜后,切利尼又以一位 15 岁的让娜为模特,并称她"身材姣好,肤色健康,胆怯中带着些许野性。"可见这个女孩也十分讨他喜欢。

参见词条:翼楼、卡娅第德厅、《倚着雄鹿的女猎神狄安娜》、枫丹白露画派

法国博物馆修复与研究中心,简称 C. 2 R. M. F. ｜ Centre de recherche et de restauration des musées de France,dit usuellement C. 2 R. M. F.

参见词条:翼楼、实验室、艺术品修复

塞尚(保罗) ｜ Cézanne(Paul)

(埃克斯,1839——埃克斯,1906)
就像下面三段话总结的那样,发生在塞尚和卢浮宫之间的是

一段漫长而又悲痛的"爱情故事"：

"卢浮宫是我们需要学习的一本书，但我们不能仅限于固守杰出先辈们的模式，要走出去领略大自然的美丽，尽力摆脱精神的束缚，并寻找能够表达自我格调的最佳方式。"（给埃米尔·贝尔纳的信(1905)，《塞尚书简全集》，巴黎，1978）

"我希望成为真正的古典主义者，通过大自然重新变得古典。我的想法曾经非常混乱，嘴里念叨着'生活，生活'，我这个可怜的笨蛋甚至想要烧掉卢浮宫！但实际上，必须要经由自然再到卢浮宫去，然后从卢浮宫回到自然。"（引述自若阿香·加斯盖，《保罗·塞尚》，1921，收录至《塞尚书简全集》，巴黎，1978）

"我太老了，去不了意大利了。然而卢浮宫包罗万象，我们可以通过它理解和热爱意大利。"（引自若阿香·加斯盖：《保罗·塞尚》，1921，*id.*）

1864年，塞尚在卢浮宫临摹了普桑的《阿尔卡迪亚的牧羊人》；1866—1868年临摹了提香的《墓葬》（复件已丢失）；他还在卢森堡博物馆临摹了德拉克罗瓦的《自由引导人民》和《但丁之小舟》（这些作品1874年以前都在卢森堡博物馆展览过）。

他还素描了许多藏品，其原型有不同类别的画作（梅迪奇画廊里鲁本斯的作品、夏尔丹的《鳐鱼》、布歇的《乡村音乐会》等）、古文物（《玛尔斯·波尔格塞》、《跳舞的森林之神》等）、法国（普杰的《克罗东的米洛》、科瓦塞沃克斯、德雅尔丹[①]、库斯图等）和意大利的雕塑作品（米开朗基罗的《奴隶》、贝内德托·达·米札诺、贝尔尼尼的《主教黎塞留肖像》等），还有书画刻印艺术部里米开朗基罗和卢卡·西尼奥雷利的作品。

卢浮宫曾是画家们的学校，它现在还保留着这项功能吗？我已经不太确定了。

参见词条：贝尔尼尼：《主教黎塞留肖像》、复制品、夏尔丹：《鳐鱼》、库尔贝、德拉克罗瓦：《自由引导人民》《梅迪奇画廊》、米开朗

---

① Martin Desjardins(1637—1694)，法国雕塑家。——译注

基罗:《奴隶》、普桑:《阿尔卡迪亚的牧羊人》、普杰(皮埃尔):《克罗东的米洛》

铜版画陈列室 | Chalcographie

在柯尔贝尔的倡导下,路易十四决定将他统治期间的功绩和重要事件刻成铜版画。他收藏的第一幅画就直接与卢浮宫的历史有关,描绘了1662年的5、6月,为庆祝王储诞生而在卡鲁塞勒举办的盛大庆典。直到1715年路易十四去世时,"国王的版画室"共有337幅铜版画。令人惊奇的是,大革命时期这些铜版画并未被熔掉。

自1797年开始,这个陈列室经历了新的发展,从"国家铜版画陈列室(铜版:将画刻在铜板上)"到"帝国铜版画陈列室(在德农的发起下,为了宣扬拿破仑传奇人生又订制了907幅新铜版画)",再到"皇家铜版画陈列室",最后于1881年成为卢浮宫的铜版画陈列室。

卢浮宫的铜版画的规模和种类在世界所有艺术品中都是独一无二的。现今共收藏了14000幅铜版画,大部分是艺术作品或文物的铜版复制品和介绍各个国家与时代的铜版画。现在大部分铜版画都是可以买卖的(由R. M. N. 管理),但从理论上讲,这些版画从属于书画刻印艺术部。

卢浮宫如何抵御摄影作品的竞争呢?铜版画陈列室联合现代艺术协会定时向各国艺术家(阿尔贝罗拉、巴斯里茨、露易丝·布尔儒瓦等)预订馆内艺术品的铜版复制品。

多年以来,铜版画都被陈列在两座金字塔之间人来人往的通道上,并吸引了众多参观者的驻足。但如今(2007)它们被置于书店的楼上,那是一个很难进入的死胡同,很不利于铜版画的销售。

在卢浮宫(2007),您可以花52欧买到夏尔·梅尔雍根据赖尼尔·诺姆的画作制作的《旧时塞纳河畔的卢浮宫》,花290欧就可以得到 L. 罗贝尔以贝聿铭设计的金字塔为原型制作的铜版画。

参见词条:卢浮宫当代艺术、卡鲁塞勒商廊、柯尔贝尔、德农、书店、路易十四、国家博物馆联合会

《图特摩斯三世的先祖室》| Chambre des Ancêtres du rois Thoutmosis III

埃及文物部;叙利馆一楼第 12 展厅乙

砂岩;公元前 1479—1425 年,新王国时期,第 18 王朝;来自卡纳克阿蒙神庙

H. 3. 60;L. 2. 40;Pr. 2. 65;E. 13481 bis

吉耶梅特·昂德赫-拉诺尔在《卢浮宫的古埃及》(吉耶梅特·昂德赫、玛丽-伊莲娜·罗茨乔斯卡娅及克里斯蒂亚娜·齐格勒,《卢浮宫的古埃及》;吉耶梅特·昂德赫的文章《先祖室》,阿歇特文学出版社,1997,第 114—115 页)一书中这样描述:"《先祖室》能够出现在卢浮宫得益于一系列离奇事件和埃米勒·普里斯·达维纳(Emile Prisse d'Avennes,1807—1879)的坚持。普里斯·达维纳是一位杰出人物,他的冒险精神和果敢作风为 19 世纪上半叶的考古探险家树立了榜样。《先祖室》被认为是卡纳克阿蒙神庙中最贵重的珍宝之一,但它其实只是图特摩斯三世建造的节日厅的一部分。帝王在节日厅内供奉和祭祀那些曾为底比斯地区作出重要贡献的先人雕像。先祖室内,61 位帝王的坐像被分成 4 个区域排列,每人有 3 栏的说明文字,其姓名被标注在装饰框内……此外,还有两份著名帝王名册:一份是都灵博物馆保存的书写在纸莎草上的《皇家正典》,另一份是雕刻在阿比杜斯的塞提一世(前 1294—1279 年)神庙上的帝王名单。

"以考古学家理查德·莱普修斯(Richard Lepsius,1810—1884)为首的柏林博物馆一直觊觎这间先祖室,没有得到埃及政府的允许,普里斯·达维纳就仍着夜色将其偷偷运出来,使得先祖

室躲过了德国人的魔掌……

"1843 年 5 月,普里斯·达维纳在给法国公共教育部长的信中为自己的这一功劳作了辩护:'穆斯林掠夺者和欧洲投机商已使埃及极端贫穷。理查德·莱普修斯的人马又野蛮入侵企图将古埃及仅剩的文物掳走,一个文明社会就这样逐渐走下坡路了。对这样的掠夺我感到十分气愤,却又无力反对,所以我决定将这废墟中的一部分运往法国。'带着 26 个货箱到达开罗后,直到 1844 年 5 月,普里斯·达维纳才得以将其贴上标签装运上船,标签上面写着'运往巴黎博物馆的自然历史文物'。到达巴黎后,他就将这些文物送到国家图书馆的奖章室,并亲手完成了浮雕上的装饰。《先祖室》于 1922 年被送往卢浮宫,它的复原使参观者们欣赏到了卡纳克神庙中完整的一部分,旁边还有一个先祖室外观的复制品。"

尚帕涅(菲利普·德)/《1662 年的还愿画》 | Champaigne(Philippe de)/*L'Ex-voto de* 1662

(布鲁塞尔,1602——巴黎,1674)

布上油画;叙利馆三楼第 31 展厅

H. 1. 65;L. 2. 29;D. mi. h. g. ;1662;INV. 1138

菲利普·德·尚帕涅的女儿,巴黎波尔罗亚尔修道院的修女卡特琳娜·德·圣苏珊娜(1636—1686)病得十分严重。右腿的伤痛使她只能瘫坐在椅子上,精心医治和久日祈祷都没有任何效果。1662 年 1 月 6 日,修道院院长阿涅斯·阿尔诺(1593—1671)预感到修女就要痊愈。第二天卡特琳娜修女果真能够行走了:"我突然想要起身并尝试下床行走,我起身时甚至没有人扶我……然后我一直走到了房间的另一头。"

1662 年 1 月至 6 月,修女的父亲菲利普·德·尚帕涅在这里用画笔创造了这幅杰作。画家表现的最重要的情节不是女儿发现能够重新走路瞬间的惊奇,也不是为了痊愈或感谢上帝的众人祈祷画面。画面所呈现的是奇迹出现前的预感：阿涅斯院长正跪着祈祷，卡特琳娜修女坐在椅子上，两人并无眼神交流。尚帕涅没有描绘 1 月 7 日奇迹的发生，而是奇迹将要出现的前夜。

除了严格的几何构图、朴素的色调（只有修女们衣服上的红色十字架和蓝色坐垫打破了灰白冷色调的和谐）和审慎的笔触，除了宁静和虔诚以及一位父亲对上帝由衷的感激，画中有一些东西是17 世纪法国画家所独有的，那就是拒绝任何表现主义、注重画作内容并着眼于表达画家真实的思想。

参见词条：手

商博良（让-弗朗索瓦） | Champollion(Jean-François)

（菲雅克，1790——巴黎，1832）

1799 年 7 月埃及战役期间，一位法国军官在罗塞塔镇发现了一块石碑，石碑后来以其发现地命名，被称为"罗塞塔石碑"。石碑一经发现，人们就预感到了它的重要性。于是，1801 年法国占领亚历山大市后，英国人将石碑当作战利品带回了伦敦。石碑现在被保存在伦敦的大英博物馆内。

通过石碑的复制品和模型，商博良着手解读石碑上用古埃及世俗体象形文、圣书体象形文和古希腊文 3 种不同文字书写的铭文，最终，他成功破译出石碑上的文字。

为此，查理十世于 1826 年 5 月 15 日在杜伊勒里宫任命商博良为卢浮宫埃及文物部部长。

后来，一条位于圣米歇尔大道（共和国一位不知疲倦的总统候选人费尔迪南·洛浦希望能将这条大道一直延伸到海边）旁的街道和一个电影院（现在名叫尚波-艾斯巴斯·雅克-塔蒂电影院）都以商博良的名字命名，内行的电影爱好者（其中包括很多卢浮宫的研究员）经常光顾这些地方。

参见词条：埃及文物部、波拿巴（拿破仑）、查理十世长廊

尚特鲁（保罗·弗雷亚尔·德） | Chantelou（Paul Fréart de）

（勒芒，1609——巴黎，1694）

1665 年,贝尔尼尼被请来巴黎向法国国王阐述卢浮宫的重建计划。这位大建筑师在法国暂居时,尚特鲁曾是他的向导和翻译。我们可以欣喜地在当时尚特鲁的《日报》上找到贝尔尼尼与年轻的路易十四会面的信息。也是在这个时期,贝尔尼尼为路易十四塑造了一尊胸像（现存于凡尔赛宫）。依尚特鲁所言,贝尔尼尼对巴黎及其建筑评价十分苛刻,杜伊勒里宫在他看来就是"庞大的小玩意儿"。然而,这位大建筑师却毫无保留地对普桑的画作表现出了仰慕之情。实际上普桑的作品在巴黎有很多,尚特鲁也收藏了不少。普桑有一幅为丝绸厂厂主塞里西尔所画的《福西戎的葬礼》（1648 年）,现今保存在利物浦博物馆。我们仍记得贝尔尼尼在这幅画前那句有名的玩笑,他一看到画作就惊叫道:"普桑先生真的是这幅作品的画家。"①还有一幅为塞里西尔而作的《以斯帖和亚哈随鲁》（Esther et Assuérus）,现存于艾尔米塔十博物馆。尚特鲁报道称贝尔尼尼目不转睛地盯着这幅画看了很长时间没说一句话,然后他感慨道:"这真是一幅拉斐尔风格的好画。"（1665 年 8月 10 日）

参见词条:贝尔尼尼、柱廊、路易十四、普桑、杜伊勒里宫

拉莎佩尔厅 | Chapelle（salle de la）

拉莎佩尔厅用来举办当代艺术品展。在新近的展览中,最值得一提的是献给卢浮宫重要捐赠者路易·拉·卡泽和丁托列托的巨幅作品《天堂》（更准确地说,是为威尼斯总督府会议大厅绘制的

---

① 原文为意大利语:Il signor Poussin è un pittore che lavora di là。

壁画)的两次展览,这是1582年以来头一次将不同的画作草图集中展览。

拉莎佩尔厅位于钟表馆二层,但通往展厅的电梯很难找到,楼梯也比较陡。

1655—1659年间,勒沃负责布置整理拉莎佩尔厅。随后,1659年起此厅成为供奉和平圣母(为纪念比利牛斯和约)与圣路易(当时法国国王的祖父)的教堂。在这里,波舒埃于1662年和1665年分别进行了封斋期和将临期的布道。1677—1691年,法兰西学院一直在此举行纪念圣路易的集会。1819年,建筑师封丹将梅宗城堡(现名梅宗-拉菲特城堡)的一对铁栅栏装设在此,另一对用来封闭阿波罗长廊。

奇怪的是,卢浮宫虽然历史悠久,却从未像其他宫殿(枫丹白露宫,凡尔赛宫)一样拥有专门用来祭祀的场所。更奇怪的是,拿破仑一世曾有过这样的想法,他命自己的建筑师封丹修建(位于现在的博韦馆)圣拿破仑教堂(每年8月15日庆祝竣工),与勒沃建造的阿波罗圆厅外的展馆对称。然而帝国衰落后,只剩地基还留在那里。

卢浮宫也有临时教堂:1810年被临时用作拿破仑和玛丽·露易丝结婚礼堂的方形沙龙和为了火化被刺杀的两位王子遗体而点燃的教堂(这两位王子分别是1610年被拉瓦亚克刺杀的亨利四世和1820年被一个名叫卢韦尔的精神病人刺杀的查理十世的二儿子——贝里公爵)。

参见词条:阿波罗长廊、拉·卡泽(路易)、展馆、方形沙龙

夏尔丹(让·西美翁)　│ Chardin(Jean-Siméon)

(巴黎,1699——巴黎,1779)

夏尔丹自1757年起就居住在卢浮宫,一直住到他去世的1779年,这是路易十五赐给他的住宅。对于一个专攻世俗画和静物画(这在当时都被认为是二流类别的画作)的画家而言,这已是

无上的荣耀。他与第二任妻子玛格丽特·普热(她的色粉肖像画定期在"小鸡通廊"展出)住在圣托马教堂(现已毁坏)对面的 12 号画室。

1755 年起,夏尔丹开始全面负责方形沙龙每两年的画作更换和展览,这里距他的住所只有几步之遥,很方便。

对于夏尔丹在卢浮宫每天的生活细节,我们了解得并不多。但我们知道夏尔丹与自己的儿子让-皮埃尔,失败的画家,经常争执不休。1772 年,夏尔丹的儿子在威尼斯自杀。1759 年,某个"出身低贱的"仆人(我们只知道他的名字叫弗朗索瓦·雷诺)偷走了夏尔丹的一只"印有其名字缩写 J.-C. 的高脚杯(原文是 goblet)"和一个被他画过很多次的银质定音鼓。

1779 年 12 月 6 日,夏尔丹在自己的住所去世。次日,他被埋葬在圣日耳曼·奥塞尔大教堂,这是专门服务于卢浮宫艺术家的教堂。

夏尔丹的一生仅在两个地方生活过:一个是圣叙尔比斯教堂所在地,现今的巴黎第六区,另一个就是卢浮宫。遗憾的是,对于 18 世纪最伟大的画家们(如提埃坡罗和达维特,夏尔丹是他们的绝对仰慕者,也是《鳐鱼》《带烟斗的静物画》《静物与橄榄瓶》及《有画架的自画像》的作者)以及同行夏尔丹而言,他们唯一的共同点仅在于此。

"夏尔丹先生个子不高,却强壮结实,是个有思想深度的人,知识非常渊博且有卓越的判断力。对于自己的想法,他具有独特的表现力,对于颜色的运用和光线效果这些很难表达的东西,他都十分敏感。先生经常会有一些令人意想不到的奇思妙想。一天,一位画家向先生大谈他在颜色运用上的精细和完美,夏尔丹先生对他的长篇大论很不耐烦,这位画家除了细腻冷静的笔触外没有其他才能,于是先生对他说:'谁跟您说我用颜色作画的?''那您用什么?'这位画家惊讶地反问。夏尔丹先生回答说:'没错,绘画固然要使用颜色,但是更要投入感情作画。'"(Ch.-N. 柯钦,于夏尔丹逝世次日,《夏尔丹先生生活随笔》,1780)

参见词条：皇家绘画与雕塑学院、夏尔丹：《鳐鱼》、《带烟斗的静物画》、《午餐前的祈祷》、《静物与橄榄瓶》、《有画架的自画像》、"小鸡通廊"、色粉画、美术沙龙

夏尔丹/《鳐鱼》 | Chardin/*La Raie*

布上油画；叙利馆三楼第38展厅

H. 1. 145；L. 1. 460；INV. 3197

　　要描述《鳐鱼》这幅作品就不得不提到狄德罗和普鲁斯特的评论。画的中央是一只挂在钩子上张开的鳐鱼，海蒙·格诺对它的描述是"面目狰狞"；画的左边，一只猫驻足在打开的牡蛎前；右边是一条放在桌上的白色餐布，还有一些葱、两条鲤鱼、一把夹在餐布缝隙的刀子、一个玻璃瓶、一个罐子、一个漏勺和一个小平底锅。这幅画一直都很有名气。拉日利埃，夏尔丹的老师卡泽和皇家首席画师路易·德·布隆涅都曾鼓励夏尔丹用这幅作品向皇家绘画与雕塑学院自荐，塞尚和马蒂斯后来也因为临摹这幅《鳐鱼》而大获好评。这幅作品深受弗拉芒画派的影响，是一幅真正的杰作。或许它并不如诗歌般野心勃勃和光彩夺目，但这幅静物画却会令你的内心无比的宁静和谦逊……。

　　占据画面中心的是一只被剖腹的鳐鱼，而这样一只丑陋带血的鳐鱼却有着人类的面孔。狄德罗评论说"这是个令人恶心的东西"，他第一个注意到了这幅作品的矛盾所在，画作令美好的事物变得丑陋；普鲁斯特（1895）认为这是将一个"怪物"变成了"彩色的教堂大殿"。"我的孩子一遍又一遍地临摹这幅画（这里狄德罗（1763）谈的是夏尔丹的另一幅作品《静物与橄榄瓶》），然后我就让他继续临摹同一画家的《鳐鱼》。这是个令人恶心的东西，但它确实是一条鱼的血肉和皮肤，它原本的面貌就是如此。皮尔埃先生（一位不受狄德罗喜爱的历史画家，他于1770年晋升为国王的首席画师，但不大喜欢夏尔丹），如果您有机会去学院学习如何用技巧掩盖某些自然物原始的状态，请您一定仔细留意这幅画作。"

凭借《鳐鱼》(这幅画大概花了 2 到 3 年的时间)和《冷餐台》这两幅杰作,夏尔丹于 1728 年 9 月 25 日被皇家绘画与雕塑学院承认并接收为院士,当时他年仅 29 岁。这两幅作品按照惯例成为学院的收藏品,夏尔丹应邀为他的画作装设"边框",当然,其经费是"有限"的。

参见词条:皇家绘画与雕塑学院、塞尚、夏尔丹:《静物与橄榄瓶》、《有画架的自画像》、《带烟斗的静物画》、猫、新院士入院作品、普鲁斯特

夏尔丹/《烟具盒》或《带烟斗的静物画》 | Chardin/*La Tabagie*, dit aussi *Pipes et Vase à boire*

布上油画;叙利馆三楼第 39 展厅

H. 0.325;L. 0.420;M. I. 721

1867 年,卢浮宫花费 1700 法郎购得这幅画,当时的买卖并未引人注意,而如今,它已成为夏尔丹最受欢迎的作品之一了。

这幅作品的原名是《冷餐台》,后来又叫做《桌子一角》,现在的名称《带烟斗的静物画》虽然响亮,却没什么意义。我要问:这个名字真得适合这幅画吗? 夏尔丹第一任妻子去世后(1737 年),财产清单上有这样的描述:"1 个带锁的红木烟具盒,里面铺有蓝色缎子,盒内装着 2 个小杯子、1 个小漏斗、1 个小蜡烛和 1 个熄烛罩……4 个小烟管、2 个小杵,都是银制的,还有 2 个分别用来盛装饰物和银链子的玻璃瓶,最后,所有这些东西都装在两个彩色陶瓷首饰罐内,另有 25 本书。"夏尔丹的灵感可能来源于这些烟具吧。画中的两个高岭土烟斗、1 个小杯子和 1 个玻璃瓶清晰可辨,而最右侧的物品及其盛放之物就看不出是何物了。难道是 1737 年财产清单上的银制蛋杯吗?

这幅画的创作时间一直都难以确定,所谓的 1737 年只是我们推测。画中的烟杆闪闪发亮,黑色烟斗上有个红色小写字母,还有几缕青烟从烟斗里冒出,彩色陶瓷罐和它的盖子上绘有粉色花纹,银杯和烟具盒把手的光亮打破了画面中蓝色和乳白色调的和谐,

不禁令人想到了拉·卡泽在谈到夏尔丹作品时最爱用的那个词"令人陶醉"。还有烟管靠在烟具盒上的完美角度，石桌上的阴影部分，横向与纵向的层次以及画中物品精妙的摆放，如此无懈可击的构图又怎能不让人赞赏呢？

夏尔·斯德林（1952—　　）这样总结夏尔丹和塞尚的不同："塞尚可以让您感觉到他对绘画的考究，夏尔丹却能让您在沉重的主题下依旧可以会心一笑，从容自在。"

参见词条：夏尔丹：《鳐鱼》、《午餐前的祈祷》、《静物与橄榄瓶》、《有画架的自画像》、塞尚、拉·卡泽

夏尔丹/《午餐前的祈祷》｜Chardin/Le Bénédicité

布上油画；叙利馆三楼第40展厅

H. 0.495；L. 0.385；INV. 3202

"Le Bénédicité"一词来源于拉丁语的"benedicite"，意即"感恩"，是用餐前祷告的第一句话。19世纪末到20世纪初，《午餐前的祈祷》这幅画一直是卢浮宫内夏尔丹最著名且最受欢迎的作品。但它也曾默默无闻过，在1740年的美术沙龙展上，这幅画丝毫没有引起大家的注意。随后，1740年11月27日，那个礼拜天，夏尔丹到凡尔赛宫向路易十五推荐了这幅作品，当时路易十五表示"愿意将它收藏在自己的画室中"，但现在对于当时国王的评语或是夏尔丹自荐的原因，我们已经无从得知了。

夏尔丹的作品得到认可后，这幅《午餐前的祈祷》成为勤劳正直且信教的社会阶层的象征，他们与堕落腐化的贵族阶级形成鲜明对比；同时，它也被看作是不同于意大利或法国北部画风的真正国产画作——尽管早在17世纪时荷兰画家已经描绘过这一主题。夏尔丹的作品现在之所以如此受欢迎，大概是因为其内容并无太多轶闻趣事，情感也不丰富，因而对他的评论也就自然没有那么多了。

让我们来仔细瞧瞧这幅画：年长的女孩儿一边祈祷一边垂涎欲滴地盯着自己的盘子，而小男孩儿则双手合十专注地看着

自己的母亲。夏尔丹将信教与不信教两种态度混合在一幅画中（今天，有人已经在考虑他是否具有冉森教倾向）。他还利用画中 3 个人物的目光形成的三角线，将对孩子的温情关爱停滞在画面的这一瞬间，令整个画面和人物形象永远地刻在了人们的心中。

参见词条：夏尔丹：《鳐鱼》、《带烟斗的静物画》、《静物与橄榄瓶》、《有画架的自画像》、拉·卡泽、路易十五、美术沙龙

夏尔丹/《静物与橄榄瓶》 | Chardin/ *Le Bocal d'olives*

布上油画；叙利馆三楼第 47 展厅

H. 0.71；L. 0.98；S. D. b. d. ；Chardin/1760；M. I. 1036

"如果要让儿子学习画画，我一定会买这幅作品，而且我会对他说：'临摹一遍，再临摹一遍……'

"噢！夏尔丹，你在调色板上调出来的不是白色、红色、黑色，而是物体的本色，你在画布上描绘的是空气，是光线……

"我们对这样的魔术一窍不通……您一走近，所有的一切都模糊扁平甚至消失了，但您稍微后退几步，一切就都重生了。

"据说，格勒兹[①]在美术沙龙发现了我刚刚描述的那幅夏尔丹的作品，他盯着画看了许久，最后长叹一口气后这样说到。这句赞美辞很短，却胜过我的颂词。"（狄德罗，《1763 年的美术沙龙展》）

参见词条：夏尔丹：《鳐鱼》、《带烟斗的静物画》、《午餐前的祈祷》、《有画架的自画像》、狄德罗（德尼）、拉·卡泽、美术沙龙

夏尔丹/《自画像》或《有画架的自画像》 | Chardin/ *Autoportrait*, dit aussi *Portrait de Chardin au chevalet*

色粉画；叙利馆三楼"小鸡通廊"第 42 展厅

H. 0.405；L. 0.325；R. F. 31748

---

① Jean-Baptiste Greuze(1725—1805)，法国肖像画家。——译注

　　夏尔丹慢慢变老了，他的眼睛很容易疲劳。于是，他决定学习色粉画的技巧，开始向绘画领域的更高级别——神圣的人物肖像画迈进。到那时为止，他只画过静物画和世俗画。

　　卢浮宫现存 3 幅夏尔丹的肖像画。年轻的马塞尔·普鲁斯特曾撰文（写于 1895 年左右，直到 1954 年才发表）评论过夏尔丹这 3 幅分别绘于 1771 年（夏尔丹当时已经 72 岁了）和 1775 年的作品。他这样写道："您一定要去看看色粉画长廊里夏尔丹 70 岁时的自画像。他的夹鼻眼镜滑落到鼻尖，镜片无比崭新，虽然眼镜上方的眼睛已然失去光辉，但眼神依旧锐利。他已经历过人间世事，那眼神带着些许炫耀又有些自我：'是啊，没错，我已经老了！'虽然无情的岁月令他的眼睛光辉不再，夏尔丹的神色中依然有火花在跳跃。他的眼皮已经红肿不堪，就像使用过度的锁扣。包裹在旧衣服里的身躯和皮肤也变得粗糙，失去光泽。他衣服上某些地方的粉颜色已经被渐渐磨白了，甚至有些发黄，令人想到其他物件磨损的样子，所有即将结束的事物都是这样一点点被磨损干净的，比如将要燃烧殆尽的木头、正在腐烂的树叶、慢慢下山的太阳、磨损的衣物、以及逐渐老去的人。这过程极其细微缓慢，却无法阻挡。我们还惊讶地发现画中夏尔丹嘴唇的褶皱与眼睛张开的程度极其契合，而后者又符合鼻子的微皱。画面上即使是皮肤上最细小的皱纹或血管上最不明显的突出，都是夏尔丹的面貌、生活和当时的情感这三方面最细微的真实写照。从今往后，无论是在街上还是家中，我都希望您能带着崇敬的眼光欣赏这些饱经风霜的面孔。如果您看懂了，就能讲出更多比作品更生动和激动人心的东西了。"（《夏尔丹或事物的核心》，费加罗文学，1954 年 3 月 27 日）

　　1966 年，卢浮宫有幸得到夏尔丹的第 3 幅自画像。初看时会认为这幅画与 1771 年的那幅很像，同样有用蓝布打结的包头巾，画家看着我们，或者说他正看着镜子里的自己。

　　实际上，这两幅作品并不重复。老画家坐在自己的画架旁边，画框上夹着蓝色的画纸，手里拿着一支粉笔。他将自己的脸隐藏在画面中明暗交界的地方。他十分消瘦，面部轮廓凹陷，似乎有些驼背。他的眼神失去了生气，却带着看透一切的了然。

画中的夏尔丹看似正在消失，但他手中紧握的红色粉笔——这个新的武器，吸引了我们的注意力，这似乎是他对死亡所做的最后抗争。因为直到生命的终结，创作都是他人生中最重要的东西。

参见词条：自画像、夏尔丹：《鳐鱼》、《带烟斗的静物画》、《午餐前的祈祷》、《静物与橄榄瓶》

特派员 ｜ Chargés de mission

长期以来，几乎卢浮宫的每个部门都有特派员。他们现在也并未消失，但数量明显减少（官方数字是 6 个）。特派员的特殊之处是没有酬劳，而他们自己也无酬劳要求，就类似美国博物馆许多的"志愿者"。特派员对于带薪工作人员不足的部门及其出版物的发行起到重要的作用，其工作一般涉及卢浮宫的藏品，他们一般都有着重要的地位。

参见词条："自由成员"、普拉（路易-安东尼）

查理五世 ｜ Charles V

（万塞讷，1328——马恩河畔诺让，1380）

1364 年，法国国王查理五世将菲利普·奥古斯特以前的战斗碉堡改造成了可居住的城堡。后来的很多作品都描绘了城堡的景象，其中包括油画部（黎塞留馆三楼第 6、7 和 10 展厅）内匿名画家的《巴黎国会祭坛后方装饰屏》、"圣日耳曼-代普雷画师"的《哀悼耶稣》和"奎蒂维画师"（或是科林·达米安）的《拉撒路复活》，还有林堡兄弟著名的彩色手绘本《贝里公爵的富有时光》（贝里公爵是查理五世的兄弟），它被收藏在尚蒂伊的孔代美术馆。查理五世在城堡建立的私人图书馆（1373 年时收藏有 917 卷书册）就是后来的皇家图书馆的前身，即现在的法国国家图书馆。

参见词条：《查理五世》、菲利普·奥古斯特

《查理五世》│Charles V

石质；黎塞留馆一楼第 9 展厅

巴黎，1365—1380

H. 1. 95；L. 0. 71；Pr. 0. 40；R. F. 1377

　　长久以来，我们都对这座雕像原型身份的确定有所保留：到底是圣路易，还是查理五世，抑或是长得像圣路易的查理五世？对于雕像原址，我们也有疑问：到底来自毁于 1779—1781 年间的"300 人收容所"的教堂，还是塞莱斯坦收容所的教堂？最可靠的猜测则是卢浮宫的右大门，但那里已于 1658—1660 年被毁，且至今仍不清楚雕像的作者是谁。

　　雕像的"外貌和精神都忠实于其原型"：疲惫的面容透露出他的健康状况不佳，他的高鼻子和狡黠的微笑证明他既聪慧又仁慈，"诡计多端却又和善天真"。安格尔的彩绘玻璃窗《圣路易》（叙利馆三楼第 60 展厅）应该也是受到了这尊雕塑的启发。

　　参见词条：大草图、查理五世

查理十世│Charles X

（凡尔赛，1757——戈里齐亚，1836）

　　查理十世是路易十五的孙子，路易十六的兄弟，他于 1824—1830 年在位，其间住在杜伊勒里宫。

　　1827 年 12 月 15 日，以查理十世命名的长廊正式落成，它最初用来展示古代艺术收藏品。在商博良的帮助下，查理十世果断地收购埃及文物（亨利·绍特和德罗韦蒂的藏品），并建立了"王储博物馆"（海军博物馆）。查理十世还花费 600000 法郎买下了"文物商"杜兰德的陈列室。

　　1824 年美术沙龙展的代表作品是弗朗索瓦·海姆（1787—1865）的画作，画中的查理十世正在授予雕刻家卡特里埃（1757—

1831)圣米歇尔勋章(布瓦伊已经描绘过 1808 年卡特里埃从拿破仑手中接受荣誉勋位勋章的景象,该画现存于巴黎国家荣誉军团骑士勋章博物馆)。列席的还有罗西尼、凯鲁比尼、福尔班、伊沙贝、布瓦伊、安格尔、勒莫、达盖尔、泰勒男爵、卡尔勒、荷拉斯·凡尔内、杰拉尔、佩西耶、封丹、陶奈、维热-勒布伦夫人和格罗。这一年的沙龙展还有德拉克罗什、杰拉尔、吉罗代、安格尔和普吕东的作品。展览上康斯特布尔的《干草车》给人们留下了深刻的印象。

参见词条:商博良、查理十世长廊、路易十八、海军博物馆、佩西耶和封丹、1830 年革命、方形沙龙、杜伊勒里宫

查理十世长廊 | Charles X(musée)

与坎帕纳长廊平行,面对方形中庭的九间新展室被合称为"查理十世长廊"。长廊于 1827 年落成,并由查理十世亲自主持了揭幕仪式。无论是从展品还是装饰来看,查理十世长廊都是卢浮宫最漂亮的地方之一。1997 年以后,这里的展品主要分为两大类:埃及文物和希腊、罗马陶瓷。

这些展品以前设在由雷斯科和勒沃建造的翼楼之内,后来才被封丹(1762—1853,1801—1848 年任卢浮宫建筑师)搬到了这里。封丹将长廊的大理石墙面设计成了白色和金色,并饰以壁柱、圆柱、壁炉和镜子。现在我们甚至还能看到长廊窗户上精致的长插销。展室内保存了由雅各布-德马特(Jacob-Desmalter,1770—1841)设计的桃花心木的玻璃壁橱,以及当时的椅子和窗台。我退休时有幸得到了其中某个椅子的复制品。展室上方拱形的天顶画是当时室内展品的真实再现,只有安格尔所绘的天花板装饰画《荷马的礼赞》被复制品替代(原作展于德农翼楼二楼第 75 展厅)。

在我看来,在这样精致的历史装潢中,现代元素(玻璃橱窗、采光、作品名和作者姓名卡……)并无损于展室的和谐。相反,设计师和馆长经过认真讨论后认为,这种现代元素的介入更能令参观者们注意到展室昔日的富丽堂皇。

参见词条:坎帕纳长廊、天顶画、塞纳河

夏塞里奥男爵(亚瑟) │ Chassériau(baron Arthur)

(阿尔及尔,1850——巴黎,1934)

　　毫无疑问,卢浮宫拥有安格尔和德拉克罗瓦最出色的画作。长久以来,卢浮宫中大量优秀画作都来源于个人捐赠,这些捐赠人的行为是值得学习和效仿的。亚瑟·夏斯里奥就是一个典型:他是画家泰奥多尔·夏塞里奥嫡亲表兄的儿子。1881年,亚瑟从夏塞里奥那里继承了一大批油画和素描,随后,他不断地丰富和完善这些遗赠。亚瑟在世时就已经向卢浮宫捐赠了许多夏塞里奥的名作,他死后还向国家博物馆捐赠了夏塞里奥的77幅油画和将近2200幅素描。

　　如何才能令一个艺术家永垂不朽?将他的作品留给专题博物馆,如在巴黎有罗丹、古斯塔夫·莫罗、毕加索、马约尔、布尔代勒等艺术家的个人美术馆(我没有列出埃贝尔、亨纳和布沙尔的美术馆,因为它们正迁往鲁贝博物馆),还是像亚瑟男爵这样捐给卢浮宫这样的百科博物馆,将画家的代表作与当代作品一同展出呢?

　　两个世纪以来,所有的艺术家都会为自己死后作品的命运打上问号。不过,要让这位20世纪排名前三的大画家声名远扬,光凭勒卡内的勃纳尔美术馆恐怕是不够的。

夏塞里奥(泰奥多尔)/《被缚在岩礁上的安德罗梅达》 │ Chassériau (Théodore)/*Andromède attachée au rocher par les Néréides*

(圣多明各的萨马纳,1819——巴黎,1856)

布上油画;叙利馆三楼第63展厅

H. 0. 92; L. 0. 74; S. D. b. g. : T. Chassériau, 1840; R. F.

1986—63

这幅卢浮宫最美的裸体画像之一出自年轻的夏塞里奥之手，画家当时只有21岁。和大多数喜好这一主题的威尼斯画家一样，夏塞里奥深受奥维德的影响。卡西奥佩娅宣称自己比海中仙女还要美丽，为了报复她，仙女们将她的女儿安德罗梅达缚在岩礁上，并要求海神波塞冬把安德罗梅达献给一只海怪。柏修斯爱上了这个美丽的女子，便骑着飞马将她解救出来。

1921年，橘园美术馆举办荷兰画展（《那一小块黄色墙壁》）之际，泰奥多尔嫡亲表兄的儿子亚瑟男爵将这幅画赠给了让-路易·沃杜瓦耶(Jean-Louis Vaudoyer, 1883—1963)，后者是卡纳瓦莱博物馆的馆长，曾陪伴过普鲁斯特。

夏塞里奥将安格尔和德拉克罗瓦的风格完美地结合起来：五个面无表情的年轻女子冷漠地将惊恐万分的安德罗梅达绑在岩礁上。这是一幅充斥着暧昧、感官和肉欲的作品，夏塞里奥笔下的安德罗梅达唤起人的无限遐想。

参见词条：橘园美术馆、普鲁斯特、维特维尔（若阿香）

《马克西米利安狩猎图》| Les Chasses de Maximilien

工艺品部；黎塞留馆二楼第19展厅

12片挂毯；布鲁塞尔，16世纪中叶

O. A. 7314—7325

这是1531—1533年在布鲁塞尔的戴尔莫扬兄弟的作坊里编织的12片挂毯，它们分别代表了一年中12个月不同的狩猎场景。1589年，挂毯第一次出现在第三代吉斯公爵亨利的遗产清单上。马扎兰得到这幅挂毯后，经由柯尔贝尔将其献给了路易十四。挂毯的大草图是由伯纳德·梵·奥尔莱(Bernard van Orley, 约1488—1541)绘制的。

最近，工艺品部正计划将挂毯迁往为其特别设计的新长廊。

为什么是"马克西米利安狩猎图"呢？

由于辨认错误，我们原以为那块 12 月挂毯上的人物是查理五世的父亲，哈布斯堡王朝的奠基者马克西米利安一世。现在才发现挂毯上的人物其实是马克西米利安的孙子费迪南（所以或许应该称其为《传说中的马克西米利安狩猎图》）。

参见词条：大草图、柯尔贝尔、路易十四、马扎兰主教、挂毯

夏多布里昂（弗朗索瓦-勒内·德）/《关于杜伊勒里宫的信》│ Chateaubriand（François-René de）/*Lettre sur les Tuilerie*

（圣马洛，1768——巴黎，1848）

这是夏多布里昂 1831 年 4 月 12 日写给《艺术家》总编的信件，我摘出的这几段仍具有一定的现实性，且整封信都很值得一读：

我想将卡鲁塞勒的凯旋门迁入杜伊勒里公园，因为凯旋门体积太小，并不适合作巨大广场内的标志性建筑，但放在公园里却可增色不少。公园在卡鲁塞勒入口处也应该用栅栏围起来。

我希望能拆除广场上那些冗余的房屋，从卢浮宫新旧长廊的分界处建起美丽的公园。这样一来，当人们穿越塞纳河或从圣日耳曼区到圣奥诺雷区时，映入眼帘的便是两座壮丽的宫殿和两个秀美的花园了……

在东面，我要拆掉卢浮宫柱廊对面所有丑陋的住宅，因为它们挡住了塞纳河与新桥的风景，以及佩罗的杰作；我还要清除圣日耳曼奥塞尔教堂附近的破旧房屋，用树木将它围绕起来，因为这座矗立在卢浮宫对面的教堂见证了几个世纪以来的艺术。

在西面，先生，杜伊勒里公园内可以有更独特的设计。我要在路易十五广场中央建造一座喷泉，水池用黑色大理石，喷泉源源不断地涌出水流会令景色更加宜人。

我要以雄狮凯旋门为界,在香榭丽舍大街的街心树立一块古埃及的方尖碑。先生,我敢断言,从凯旋门一直到圣日耳曼奥塞尔教堂的所有建筑、雕像、公园和喷泉都将会是世界上独一无二的景致⋯⋯

显而易见,卢浮宫和杜伊勒里宫的地面和建筑是不平衡的,而巧用装饰就可以平衡它们的不对称和不平行。我想在杜伊勒里宫现在的庭院里种上树木,它们的金字塔形状与宫殿的建筑正好相配,还能在巴黎中央建成一条林荫大道。

先生,现在您也许还会问:"菲利贝尔·德洛梅建造的宫殿怎么办呢?"我想,我会在殿内展出最美的古代雕像和意大利画派的作品,将它变成与波尔格塞和阿尔巴尼(Albani)齐名的另一个专题博物馆。

而我作为王室的建筑师,应该住在哪里呢?我会在菲利贝尔·德·洛梅的宫殿找一个顶楼居住,而国王自然是住在卢浮宫了。

参见词条:卢浮宫建筑师、花神翼楼和花神馆、"大计划"、杜伊勒里宫

《古埃及的猫》 | Chat égyptien

埃及文物部;叙利馆二楼第 29 展厅 3 号橱窗
青铜,蓝色玻璃
H. 0. 276;Pr. 0. 20;E. 2533

我不清楚埃及文物部里陈列以及未展出的铜猫有多少,也不知道它们的总数。据说,那尊有着蓝色玻璃眼睛的青铜猫《猫神贝斯特》可追溯至埃及第 26 王朝的普萨美提克一世统治时期(公元前 664—610 年)。实际上,第 22 王朝时人们对猫神贝斯特和猫的崇拜就已达到了鼎盛,在王朝的首都布巴斯提斯更是如此。成千上万只形态各异的铜猫被供奉在圣庙里,它们都是猫神贝斯特的化身。那些最漂亮的猫铜像,不仅前额佩戴有雕刻圣甲虫图案的

宝石,还戴着金耳环和大项链。古埃及猫死后通常被制成木乃伊,虽然不及猫铜像昂贵,但寄托了古埃及人对这位家庭守卫者的虔诚和尊敬。

为什么连希腊历史学家希罗多德和西塞罗也迷信猫呢?众所周知,猫可以用来对付一些有害动物,特别是老鼠。另一原因或许在于猫形态优美,行走时灵活轻盈。毫无疑问,埃及人(他们的猫品种与我们的不同,脚底肉垫较厚,四肢的毛较长,类似印度猫)就是着迷于猫的这种优雅姿态。而欧洲的艺术家在塑造猫的形象时常常有些力不从心。

参见词条:夏尔丹:《鳐鱼》、马、狗(该词条无正文无目录)、吉里柯:《死去的猫》、马尔罗

猫 ｜ Chats

虽然埃及人对猫有着特殊的厚爱,许多埃及艺术品上都有猫的形象,但放眼整个卢浮宫,猫的数量却远不及马和狗的数量多。我很喜欢本书中提到的铜猫。不过,猫的形象在法国和意大利画作中也很常见,法国代表人物有勒南兄弟、勒布朗、苏贝利亚斯、夏尔丹、弗拉戈纳尔、布瓦伊和吉里柯(最近才收藏到的杰作)。意大利以委罗内塞和巴罗什(Baroche)的画作为代表。洛托(现藏于雷卡纳蒂)、库尔贝、马奈(奥塞博物馆)和毕加索(毕加索博物馆)笔下的猫也同样令我喜爱。在这里,我特别要提到的是博纳尔(Bonnard),他十分擅长捕捉猫从门缝儿掠过的身影。

以"收容流浪猫(主要是卢浮宫和杜伊勒里宫的猫)"为目标的流浪猫协会(会员需缴纳 20 欧元,赞助会员需缴纳 30 欧元以上)已经成立了,我也是协会的一员。希望协会能够永存,并一直为猫儿们服务下去。

参见词条:夏尔丹:《鳐鱼》《古埃及的猫》、马、狗(该词条无正文无目录)、吉里柯:《死去的猫》、马尔罗

肖沙尔(阿尔弗雷德) | Chauchard(Alfred)

(巴黎,1821——巴黎,1909)

肖沙尔出身商人家庭,其父在巴黎经营一家餐馆。起初,肖沙尔只是个商店的小伙计,后来,他创立了与乐蓬马歇百货公司(Le Bon Marché)同等规模的卢浮宫百货公司(注意它的名称是"卢浮宫"),并向卢浮宫捐赠了许多艺术品(现藏于奥塞博物馆)。卢浮宫现存的费利克斯·齐姆(Félix Ziem,1821—1911)的调色盘,就是画家送给肖沙尔的礼物。也正是由于肖沙尔的捐赠,齐姆才能成为少数在有生之年看到自己作品被收入卢浮宫的画家之一。

最初,皇家宫殿广场上有数家店铺和一间旅馆,后来恰逢旅馆(即现在歌剧院大街上的卢浮宫酒店)搬迁,肖沙尔在广场上创立了卢浮宫百货公司。百货公司的生意非常兴旺,直至1974年才关闭。现在这里是卢浮宫古董商人开的店铺。

1922年6月,马塞尔·普鲁斯特在一封写给沃尔特·贝里(Walter Berry)的信中这样嘲笑他的女管家赛莱斯特·阿尔巴雷:"她自来到巴黎后就只认得卢浮宫,于是满怀好奇心地徜徉在这部艺术著作中,但是她流连的地方不是《花边女工》这幅画前,而是售卖假花边的柜台。"卢浮宫百货公司的上层一直有意维持这样的混淆,1900年左右,百货公司出版了介绍卢浮宫珍藏品的目录,内容还涉及百货公司创建前卢浮宫的藏品。

1885年,肖沙尔退出百货公司的经营后,开始筹备建立画廊。他为了购得"真品",不惜花费重金。1889年,他花费80万法郎的巨资从美国人那里买到了《晚祷》,这是米莱(1814—1875)创作于1858—1859年的作品,它直到现在都是法国最受欢迎的绘画作品之一。

美术与公共教育部部长乔治·莱格是肖沙尔的朋友,多亏了他,肖沙尔以捐赠为由(他总共捐赠了160多幅作品,其中包括26幅梅索尼埃、8幅米莱、26幅柯罗、8幅卢梭、15幅迪亚兹、19幅特鲁瓦雍、7幅多比尼等)得到了法国荣誉军团大十字勋章。

如果您去参观奥塞博物馆,就能欣赏到本杰明·康斯坦(Benjamin Constant,1845—1902)为肖沙尔绘制的一幅令人震撼的肖像画。还有H.威格勒(Henri Weigele,1858—1927)雕刻的肖沙尔半身像,艺术家将他浓密的白胡须雕刻得栩栩如生。他的荣誉军团勋章也十分引人瞩目。

参见词条:古董商的卢浮宫、奥塞博物馆、调色盘、普鲁斯特、维米尔(约翰内斯):《花边女工》

杰作 ｜ Chef-d'œuvre

我不解释这个词(虽然我经常毫不犹豫地使用它)。

谢纳维耶尔侯爵(菲利普·德) ｜ Chennevières(marquis Philippe de)

(法莱斯,1820——巴黎,1899)

谢纳维耶尔侯爵收藏了4000多幅法国素描,其中既有大师的手笔,也有一些不太知名画家的作品。1899年侯爵突然去世后,卢浮宫本应轻而易举地得到他的藏品,却最终失之交臂,这是多么遗憾的事情啊!菲利普·德·谢纳维耶尔的职位很高,1858年曾任卢浮宫绘画部副部长,1873年又出任法国美术学院院长。同时,他对艺术研究颇深,是个出色的艺术史学家和学者。他的著作《旧时法国外省一些画家的生活和作品研究》(1847—1862,四卷)对后世仍有很大的指导意义。

我从谢纳维耶尔的《美术学院院长的回忆》(1883—1889年由艺术家出版社出版,1979年再版)中摘出了他对卢浮宫的见解:"它已逐渐成为……绘画和雕塑的'至圣所'(sanctum sanctorum),是个群英荟萃的地方。每一届政府……都明白对于骄傲的法国人而言,永远不会触怒他们的做法就是不惜任何代价为卢浮宫'添砖加瓦',多作贡献,因为它是这个国家的心脏,是法国人神秘又神圣的地方。"他还向国家监管部门建议"委托皮维·德·夏凡纳先生承担卢浮宫楼梯巨大外墙的装饰工作"(即现在《萨莫色雷斯的胜利女神》处的楼梯,但该计划并没有下文)。

普拉和利纳雷斯在《谢纳维耶尔的收藏:4个世纪的法国素描》(巴黎,2007)一书中对侯爵的藏品进行了详细的总结和描述。

参见词条:楼梯、普拉(路易-安东尼)、《萨莫色雷斯的胜利女神》

马 | Cheval

从很久以前,卢浮宫就与"马"结下了不解之缘。

首先,从它的历史来看,马厩是皇家宫殿必不可少的部分。路易十三创立了第一所骑士学校;路易十四1662年举办骑兵竞技表演的地方后来就以"卡鲁塞勒"①命名;拿破仑三世时期,勒菲埃尔在塞纳河畔建造了两座马厩,现已成为展出古希腊、古罗马文物和意大利雕塑(多纳泰罗展厅)的展区;勒菲埃尔还建造了刻有动物形象柱头的驯马厅,厅内马蹄形楼梯的下方还有马匹的雕塑,这一切都会令人想起罗昂宫(现在的国家档案馆)内罗伯特·乐洛兰的建筑。

毫无疑问,卢浮宫艺术品中最常见的动物形象就是马了。例如,科撒巴德庭的亚述马,还有一些希腊马(其中包含最近收到的《古代马首》)。

我们更熟悉的还有乌切洛、勒布朗、科瓦塞沃克斯、库斯图、斯塔布斯、格罗,以及吉里柯与德拉克罗瓦这些艺术家们画笔下或刻刀下的马的形象,当然还有贝尔尼尼的马雕像(金字塔前)。

最后,别忘了共和国的卫兵骑士们,他们骑马穿过杜伊勒里公园的样子威武极了。

---

① 该词意即"骑兵竞技"。——译注

参见词条:贝尔尼尼:《路易十四像》、卡鲁塞勒商廊、《让柏的骑士》、科撒巴德庭、库斯图(纪尧姆)、德农馆与德农门、格罗男爵(安东尼-让):《埃劳战役》、勒布朗(夏尔)、路易十三、奥塞博物馆、《古代马首》、乌切洛:《圣罗马诺之战》

2006 年数据 ｜ Chiffres(2006)

我没有逐条核实这些数据。

参观者:830 万(参见词条"卢浮宫的常客")

互联网:900 万网民

卢浮宫之友协会:63000 名成员

展览:每年 16 次

职员:2100 名(其中包括 1000 名监察人员;参见词条"博物馆工作人员")

卢浮宫的研究员:63 名

展出的艺术品:36000 件

展部:8 个

素描:145000 幅(参见词条"书画刻印艺术部","铜版画陈列室"和"罗斯柴尔德家族";素描室每年都会有大约 800 幅素描出外巡展)

绘画:7500 幅(陈列 3400 幅,1800 幅寄存在外)

雕塑:4600 件(陈列 1680 件,1800 件寄存在外)

工艺品:15000 件(陈列 5620 件,2000 件寄存在外)

希腊、伊特鲁里亚及罗马文物:17000 件(陈列 5020 件,3000 件寄存在外)

东方文物:88000 件(陈列 5020 件,2000 件寄存在外)

伊斯兰文物:10000 件(300 件寄存在外)

埃及文物:53000 余件(包括 5000 件科普特文物,陈列的 5800 件中有 450 件科普特文物;2000 件寄存在外)

包括杜伊勒里公园在内的总面积:22 公顷

地板面积:16 公顷

卢浮宫占地总面积:238570 平方米

博物馆面积:162150 平方米

展室面积:67308 平方米

储藏室面积:10560 平方米

公众接待区(大厅、更衣室、团体接待室、演播厅、书店):2290 平方米

电梯:40 部升降梯,28 座楼梯,15 部起重电梯,27 部残疾人专用电梯,11 部货物升降台,8 部小型资料升降梯

行政及办公面积:9040 平方米

技术区:59520 平方米

使用的住宅面积:700 平方米

卡鲁塞勒商廊技术区:7720 平方米

卡鲁塞勒商廊公众接待区:4600 平方米

卡鲁塞勒商廊商业区:17800 平方米

装饰艺术总联合会(U. C. A. D.):13000 平方米

法国博物馆研究实验室:2800 平方米

文物修复室:共 11 个,占地 2100 平方米

停车场:25000 平方米

大轿车停车位:75 个

私家车停车位:620 个

驻卢浮宫其他协会职员:500 人

窗户:800 扇

玻璃窗面积:80000 平方米

地板蜡:每月消耗 2500 升

玻璃橱窗面积:5000 平方米

金字塔的玻璃面积:1900 平方米(共 673 块玻璃,而不是如《达芬奇密码》中所说的 666 块)

画廊长:15 千米

开关:1000 个

预算(参见词条"预算")

门票收入:3700万欧元

《达芬奇密码》拍摄:150万欧元,私人资金

技术人员和工匠:100人

中央空调:300部

内部专用通道:1.4千米

用电量:相当于一个拥有4500人的城市的用电量

垃圾袋:每月消耗3000个

肥皂:每月消耗800升

卫生纸:每月消耗1000千米(我一点儿也不相信这个数据)

夜间开放:两天,每周星期三和星期五

演播厅:每年组织250—300场表演

灯:67000盏(160种不同类型,书店使用的占其中的40种)

门:2500扇

火警预报器:8000个

龙头:350个

参见词条:文献、卢浮宫的常客

希拉克(雅克) | Chirac(Jacques)

(1932年出生于巴黎)

希拉克发布不再连任第三届总统的决定之前,皮埃尔·佩昂出版了《爱丽舍宫的无名氏》(巴黎,2007)一书,他在书中对总统进行了大肆的批判和攻击,在此我并不想谈论这些内容,因为这些攻击根本就不符合事实。

首先,我们要弄清楚事实。现今收藏在卢浮宫"地下储藏室"的《观音》是一件代表了11世纪的中国和日本的重要艺术作品。经过卢浮宫与日本负责人的协商,这件作品最初在运抵法国时被陈列在卢浮宫中心位置的驯马厅。从希拉克总统的讲话中也可以证实这一点。至于卢浮宫将会成为"旧货铺子"这一说法,总统应

该为此负责。这个"旧货铺子"2006年吸引了830万参观者,更何况参观者中还有我们的希拉克总统,虽然他只是意外到访。实际上,我和总统的争论总共有3点。

我反对卢浮宫接收原始艺术(虽然从未能如愿)是有很多原因的。与其和上百件同样出色的艺术品挤在会议厅里一同展出,这些外来文明值得更好的对待。我个人非常喜爱这些文明,起码在我眼中,它们与卢浮宫的其他文明拥有平等的地位,以简单几件艺术品就想代表这些文明,这肯定是远远不够的。难道仅凭几件艺术作品我们就能够理解非洲、大洋洲或是美洲的文明吗?另外,我一直坚信并不断重复这一点,在不远的将来,这些艺术杰作一定会被纳入凯布朗利博物馆的收藏,因为凯布朗利是不会错过这些优秀作品的。我一直试图说服总统,卢浮宫现在不是、以后也不可能成为一个包罗所有文明和艺术的百科博物馆,它已经不能再承担这样的角色了。可是,这一切都是徒劳的。不过,我希望至少能够通过总统证明卢浮宫不是一个仅宣扬白种文明的"种族博物馆",它是历史的产物,更确切地说,是历史的巧合。

我们之间的分歧还有第二个原因。对于希拉克总统而言,欣赏一件艺术品就是欣赏它本身,即使对它不了解也无所谓。但他迫切希望了解中国古代青铜器的要求却与这一说法自相矛盾。作为高中艺术史教师,我可以理解他的想法,但却不能苟同。

第三个矛盾的性质与前两个不同。法国的政治家总是自以为无所不知。但我们已经看到了国家经济领域灾难性的结果,对于文化也是同样的。千万别忘了战后这些政治家对蓬皮杜中心、奥塞博物馆、卢浮宫和凯布朗利博物馆的所作所为。他们不认为一件艺术品是十分脆弱的,以宣扬法国声望为名强制安排藏品出外巡展。这种"法国作风"实际上损害了我们国家的财富,因为这种以损害藏品为代价的巡展只能是轰动一时的事件。卢浮宫应该享有更大的自主权,因为我们知道应该做什么。

参见词条:原始艺术、会议厅

肖邦(弗雷德里克) | Chopin(Frédéric)

(波兰的热拉佐瓦-沃拉,1810——巴黎,1849)

1832年,肖邦离开家乡波兰,并于1836年遇到了乔治·桑。此前,他已经结识了德拉克罗瓦。德拉克罗瓦比乔治·桑大6岁,而后者又比肖邦大6岁。乔治·桑与德拉克罗瓦的私交甚深。乔治·桑很欣赏德拉克罗瓦及其优雅的谈吐,却不怎么喜欢这位画家的作品。德拉克罗瓦很欣赏肖邦这位钢琴演奏家和作曲家,然而肖邦却也一点也不喜欢德拉克罗瓦的画作。

这3位天才的相遇历来就是令人欣羡的。出于精神的默契和对艺术的热爱,他们相聚在一起,最终还建立起了无比真挚的友谊。

肖邦和乔治·桑最初交往时(1838),德拉克罗瓦曾将两人绘在一幅画中。这幅画最终被它的拥有者撕成了两半,然而我们尚未弄清具体日期和其中的缘由(1907年安东南·马蒙泰尔捐赠的肖邦画像现存于叙利翼楼三楼第62展厅;绘有乔治·桑的那一半保存在哥本哈根的奥德罗普格园林博物馆)。

"肖邦最终接受了德拉克罗瓦对自己的欣赏并为此感动,但他每次看到这位朋友的作品时都会叹一口气,而且连一个字都不想说"(乔治·桑)。但贺拉斯·德·维尔-卡斯特尔(Horace de Viel-Castel,1802—1864)伯爵的《回忆录》是这样说的:"八天前,我在画家德拉克罗瓦家吃饭,我问他:'您曾经是桑女士的情人吧?''是啊,'他回答说:'我对于她来说可以是任何人!'"

德拉克罗瓦诞辰200周年之际(1798),这两部分画作才被合并起来相继在巴黎和哥本哈根展出,这对情人终于重逢了。

参见词条:德拉克罗瓦、音乐

契马布埃(塞尼·迪·佩波)/《天使围绕着的圣母与圣子》，又名《圣母与天使》｜Cimabue(Cenni di Pipi)/*La Verge et l'Enfant majesté entourés de six anges*，dit aussi *La Verge aux anges*

（?，约1240——?，1302后）

蛋彩画；德农馆二楼方形沙龙第3展厅

H. 4. 27；L. 2. 80；INV. 254

瓦萨里曾经介绍过的这幅圣像来自于比萨的圣弗朗西斯科教堂。由于德农希望卢浮宫可以成为一个系统展示绘画起源及其发展史的百科博物馆，所以他要做的第一件事就是搜集文艺复兴前各国画家的作品。

由于实际困难（这块大画的运输是个大难题）和品位问题，1815年时卢浮宫并未收藏这幅画。但毫无疑问，这幅作品是意大利绘画史上（约1280年）最珍贵的作品之一。

皮埃尔·施奈德是一位艺术评论家和马蒂斯研究专家。1991年，他陪同几位当代大画家在卢浮宫闲逛，当时，所有人都驻足在契马布埃的这幅《圣母像》前，并发出赞叹的呼声。他们是这样评论的：

皮埃尔·苏拉热："契马布埃的画中最漂亮的部分就是这种拜占庭式的庄严呆板，但如果我们再挖掘一下，就会发现新的东西。"

赵无极："这是卢浮宫中最美的画作，最大的亮点就是圣母的安详神态。画面看似在一个平面上，但人物头顶金色的光环却会产生奇特的透视，让画面具有层次感。这令我想到中国古典画中利用屏障来分离层次的画法。"

巴尔奈特·纽曼："太不可思议了！这哪像是彩色石印画？真是太了不起了！这光线是多么的均匀啊，我被画家大胆的手法深深地折服了。他不是在用手画画，而是用心在画。"

马克·夏加尔："我的天啊！契马布埃，你是我最爱的画家！

这是自我到巴黎以来感受到的最大震撼！（一阵沉默后）画中的虔诚超越了一切……不，我不是说画的主题，而是说我的触动。契马布埃比乔托更加透彻，只有在华托的画里才能找到同样的深度。伦勃朗、莫奈、卡拉瓦乔、马萨乔、契马布埃和华托啊，你们都是我的最爱！"

山姆·弗朗西斯："这些美丽的翅膀啊，是如此的立体！我们立即就有融入画中的感觉，就如同融入到美妙的风景、山水和云中一样。"

阿尔佩托·贾科梅蒂①："这是我最喜爱的一幅作品，因为我觉得它最真实……没有人能表现得比契马布埃更真实更到位了，甚至伦勃朗也不行。这是怎样的高度啊！"

（皮埃尔·施奈德，《卢浮宫内的对话》，1991）

参见词条：德农、方形沙龙、瓦萨里（乔治）

隔断 ｜ Cimaises

只有博物馆没有墙壁，它们有的只是隔断。

语录 ｜ Citations

关于卢浮宫的评论成千上万，仅《卢浮宫的参观者》一书中就有很多。出版过《选集》（巴黎，1993）一书的让·加拉尔一直是卢浮宫演播厅的负责人，目前，他也正在收集描述卢浮宫主要作品的文章，并将其中重要的段落重新整理编译成书。所有这些引文都出版过。由于参观者们的兴趣不同，文字的语气也不同，对于卢浮宫的描述时常会出人意料，但正是他们的描述记录了卢浮宫方方面面的好或不好。

---

① Alberto Giacometti(1901—1966)，瑞士雕塑家和画家，侨居法国。——译注

"母亲时不时令带我们去卢浮宫的雕塑馆转一圈。她其实并没有意识到自己在做什么,但我每次走出雕塑馆时都像是受到了性的诱惑般兴奋,我沉醉其中,甚至没有考虑这种兴奋产生的原因。对于这一点,她毫不知情。那些裸体,令人浮想联翩,高高在上,将我们踩在脚下。为什么要来看它们呢?'这可都是艺术品,'妈妈解释道,'都是神的雕塑。来吧,孩子们,别总呆在那儿。'为什么要带孩子们来博物馆呢?"(朱利恩·格林,1900—1998,《天亮前离开》,巴黎,1963)。

"我看见了神、国王、裸女,还有主教、摩尔人和弹奏鲁特琴的音乐家,我晕头转向地穿行在他们中间。他们将我掷向墙壁,将我推倒……特鲁瓦雍笔下的羊群,德拉克罗瓦画中的十字军,还有穿着木靴的荷兰人,他们都从我的身体中呼啸而过,柯罗画中的仙女们发出尖锐的叫声,而圣米歇尔这个渎职的大魔鬼用他的长矛刺穿了我的眼睛……在《迦南的婚礼》那巨大的画框里,惊慌的人们开始骚动,他们推搡着向上攀登,甚至形成了一个人梯——别推了,有孩子呢!咦?那个戴手套的男人,你是不是弄错了?不是那幅画呀……《蒙娜丽莎》在哪里呢?继续行走中……

"突然,所有的一切都在瞬间归位,不再移动……大家好歹都幸运地找到了一个位置,但混乱中也有人出错。圣布鲁诺很不高兴,他嘟着嘴站在一群阿尔及利亚女人中;德加笔下的熨衣女工从阁楼上掉到了伊丽莎白一世的床脚边,她喘息着,女王却面色不悦地看着她;委拉斯凯兹画里的侏儒跳上了'梅杜萨之筏',但他看上去就像是参加婚宴的下水道之王;德康笔下的三个打钟人转得晕晕乎乎,却依然恭敬笔挺地站在拿破仑背后;跑得气喘吁吁的拿破仑正咒骂着他的王后;在嘈杂的人群中,我还看到了《奥尔南的葬礼》中的盗贼和年轻的女受害者,她虽然衣衫尽湿,却依旧端庄体面。"(罗朗·多热莱斯,1885—1973),《苏醒的宫殿》,摘自"巴黎的生活"一文,1918年5月25日;有些画作已经不再展出或被奥塞博物馆收藏)

"卢浮宫也许不是世界上收藏艺术品最多的博物馆,但这一点并不影响我们对它的热爱。那些对任何艺术长廊都会惊叹不已的普通参观者必然会在卢浮宫里迷失方向。然而，当我们逐渐熟悉卢浮宫奇特的陈列后（穿过一条名叫"小狗"的螺旋梯，从埃及文物馆到达 19 世纪法国绘画厅），就一定会爱上这样的卢浮宫。依照法国人的说法，卢浮宫是个十分女性化的地方，因为它复杂且难以揣测，有时会惹人生气，却一直充满了诱惑和魅力。"（肯尼思·克拉克，Kenneth Clark，1903—1983，萨奥特伍德的克拉克大公，曾管理伦敦国家美术馆，《另一半：一幅自画像》，伦敦，1977）

参见词条：达维特：《加冕礼》、《梅迪奇画廊》、多热莱斯（罗朗）、吉里柯：《梅杜萨之筏》、卢浮宫历史展厅、雷奥纳多·达芬奇：《拉若孔德》、佩鲁贾（文森佐）、普拉（路易-安东尼）、提香：《戴手套的男子》

克洛岱尔 ｜ Claudel

见华托（让-安东尼）：《淡漠者》

克洛泽尔（贝尔特朗） ｜ Clauzel（Bertrand）

（阿列日省米尔普瓦，1772——加龙省塞库里约，1842）

克洛泽尔是阿尔及利亚总督，也是阿登省的自由议员。对您来说，贝尔特朗·克洛泽尔也许不是什么大人物。然而，这位法国元帅却是卢浮宫的第一位捐赠者。1789 年，克洛泽尔出色地完成了撒丁岛国王查理·艾玛纽四世（1751—1819）交给他的外交任务，作为奖励，后者将一幅贵重的王室收藏赐给了他，这幅画就是荷兰画家杰拉尔·杜的《患水肿的女人》。后来，克洛泽尔又将此画捐给了中央艺术博物馆[①]。

---

① 卢浮宫博物馆的前身。——译注

杰拉尔·杜以其娴熟的绘画技巧和精细流畅的手法成为 18世纪收藏家最喜爱的画家之一。从《患水肿的女人》这幅画中，我们可以欣赏到一个"充满诗意"的完美职业和《银水壶》中静物的原型。其实，《患水肿的女人》(黎塞留馆三楼第 35 展厅)最初挂在绘有《银水壶》的两块画板下方。

阿波罗圆厅中立有一块刻有卢浮宫(更确切地说是国家博物馆)捐赠人姓名的大理石石碑，克洛泽尔的名字就排在名单的第一位。

参见词条:圆厅、捐赠人

"钟" | 《Cloches》

钟是卢浮宫的"帽子"，也是博物馆的顶点。由于难以进入宫内，这 9 座钟的安装过程极其复杂，必须预先考虑各种实际情况才能有备无患(如里沃利大街拱顶狭廊上的大钟)。

您要是从钟顶往下看，一定会吓得倒吸一口凉气(这让我想到了钟表馆(即叙利馆)的大钟)。

参见词条:展馆

克洛狄翁(克洛德·米歇尔) | Clodion(Claude Michel)

(南希,1738——巴黎,1814)

克洛狄翁/《贝桑瓦尔府邸浴室内的装饰》/《与勒达和天鹅一同入浴的仙女》 | Clodion/*Décor de la salle de bains de l'hôtel de Besenval/Nymphes au bain avec Léda et le cygne*

浮雕，两部分，雷击石
(组合后)H. 1. 03;L. 3. 23;R. F. 4103

克洛狄翁/《牧神潘追逐叙林克斯》 ｜ Clodion/*Pan poursuivant Syrinx*

浮雕,两部分,雷击石

(组合后)H. 1. 04;L. 3. 23;R. F. 4200

克洛狄翁/《四个带有酒神巴克斯装饰的罐子》 ｜ Clodion/ *Quatre vases à décor bacchique*

雷击石;黎塞留馆一楼第 30 展厅

H. 1. 10;Diamètre:0. 42;R. F. 4104,4105,4201,4102

贝桑瓦尔府邸(现在的巴黎格勒纳勒大街 142 号)浴室内的装饰曾经轰动一时。贝桑瓦尔男爵(1721—1791)是雇佣兵团的中校,其政治和军事地位都不可小觑。他曾委托亚历山大-泰奥多尔·布隆尼亚(Alexandre-Théodore Brongniart,1739—1813)设计建造府邸的地下室,克洛狄翁负责室内装饰。克洛狄翁是一位颇受好评的雕刻家,他擅长优雅亲切的成熟"仙女"主题,而这一主题直到现在仍颇为流行。为了再现当时的情景,贝桑瓦尔府邸浴室内的装饰几乎全部复制到了卢浮宫。

如今,脱去当时华丽装饰的地下浴室已经用作瑞士大使馆的酒窖。令人遗憾的是,作为贺礼,卢浮宫将亨利-皮埃尔·丹洛克斯(Henri-Pierre Danloux,1753—1809)的《贝桑瓦尔肖像》卖给了伦敦国家美术馆,画中男爵坐在壁炉前,周围都是他收藏的画作和艺术品。

参见词条:柯罗、《浴室装饰画》、以画抵债、伦敦国家美术馆

《汉谟拉比法典》 ｜ Code d'Hammourabi(Le)

东方文物部;黎塞留馆一楼第 3 展厅

约公元前 1792—1750 年;玄武岩;下方的数字:8

H. 2. 25;L. 0. 55

公元前 1792—1750 年是汉谟拉比统治巴比伦的时期,以其名字命名的法典就刻在一块庞大的黑色玄武岩石碑上。这块石碑重达两吨,碑文是古代近东最重要的法律文献。

整个石碑分为 3 个部分,用阿卡德语书写的楔形文字占据了主要部分,文字上方是汉谟拉比王与太阳和正义之神沙马什。

这是一位名叫 J. 德·摩根的法国考古学家于 1901—1902 年在苏萨城发现的。

参见词条:东方文物部、《一对夫妇》、官方访问

柯尔贝尔(让-巴普蒂斯特)│Colbert(Jean-Baptiste)

(兰斯,1619——巴黎,1683)

与其前任黎塞留和马扎兰不同,柯尔贝尔并不是一位收藏家(其子柯尔贝尔·德·塞涅莱,1651—1690,是收藏家),但他对于卢浮宫却有重要意义。

路易十四的众多画作收藏均得益于柯尔贝尔。这些画作以威尼斯画派的作品居多。柯尔贝尔从不会错过雅巴赫的藏品;即使他对贝尔尼尼所表达的建筑理念(新建的卢浮宫)既不理解也不赞赏,却依旧能专心聆听这位罗马建筑师和雕刻家的想法。

1663 年,柯尔贝尔对路易十四说过一段著名的谏言,到现在仍有意义(弗朗索瓦·密特朗的"大卢浮宫规划")。我将其拼写改为现代法语摘抄如下:"被陛下您所忽视的卢浮宫是世界上绝无仅有的宫殿,只有它的富丽堂皇才配得上陛下的尊贵地位……陛下也知道,除了卓越的战绩,没有什么能比建筑更能体现王者的风范了,要知道,子孙后代也是用宫殿的宏伟程度来衡量祖先的功绩的。"

科瓦塞沃克斯雕刻的柯尔贝尔半身像现在陈列在黎塞留馆一层的吉拉尔东室(第 20 展厅)。

参见词条:贝尔尼尼、柱廊、雅巴赫(埃弗拉德)、路易十四、马

扎兰主教、密特朗、黎塞留主教、凡尔赛宫。

收藏家 | Collectionneurs

我原本想将这一部分内容精简到"捐赠人"这个词条,但我后来想到,卢浮宫的捐赠者并不只是那些大收藏家。

实际上,二者是有差别的。如何成为收藏家呢?成为收藏家的必要条件是什么?收藏家一定是受教育程度高的学者吗?如今有哪个领域与收藏无关吗?类似这样的问题都是有答案的。收藏必须有金钱、时间和学识,虽然这3个条件很难同时满足。没错,现在开始收藏并不迟,但并不是所有的东西都有收藏价值。

还有一点,大多数的收藏家都是博物馆的研究员。卢浮宫为他们的收藏提供了很大的便利。我经常鼓励卢浮宫的年轻后辈们收藏艺术品(有时或许还要作出巨大的牺牲),因为收藏会带给你极大的乐趣,捐赠藏品也会获得精神的满足。对于卢浮宫的捐赠者,我们感激不尽,因此我一直坚持何种情况下都要将他们的名字写在作品说明卡最显眼的地方,尤其当他们捐赠的作品外借巡展时更要如此。

如果没有收藏家们的贡献,卢浮宫一定不是现在的模样。然而,这些收藏家们精心挑选和保护藏品的辛劳往往容易被忽视。其实,正是他们的付出才为博物馆的收藏起到了铺垫作用。我相信,他们都会上天堂的(收藏家的名字实在太多了,在此我就不一一列举了)。

参见词条:库拉若(路易)、捐赠人

柱廊 | Colonnade

卢浮宫从前的入口是德农门,现在则是矗立的玻璃金字塔,未来的入口会是柱廊吗?这曾是路易十四的计划,他当时本想将圣

日耳曼·奥塞尔大教堂广场拆除,从卢浮宫门前修建一条林荫大道直通巴士底狱。

当时,关于卢浮宫新建入口的方案一时间层出不穷。提建议的不仅有法国人(例如为此丢了性命的芒萨尔①、勒沃等),还有意大利人(皮得罗·达·科尔托纳②、卡罗·拉伊纳尔迪③、贝尔尼尼)。我们已知贝尔尼尼当时曾有四个工程规划(迈克尔·霍尔,《柏林顿杂志》,2007 年 7 月)。1665 年,路易十四邀请贝尔尼尼到巴黎,后者受到了国王热情的款待。贝尔尼尼设计出一项新的方案并得到了路易十四的认可,他的计划于 10 月 17 日动工。但 3 天后,贝尔尼尼离开巴黎,他的工程刚刚开始就夭折了。

今天被大家认可的柱廊是谁设计布置的呢? 他对世界各国建筑师产生了如此深厚的影响? 到底谁才是柱廊建筑的主要负责人? 柯尔贝尔在其中又扮演了怎样的角色? 这些问题直到今天仍存在争议。被热议的人物有路易·勒沃、他的女婿弗朗索瓦·多尔拜、克洛德·佩罗(1613—1688)、其弟夏尔(《童话》的作者)和勒布朗,而学者们普遍认为克洛德·佩罗是柱廊的设计者,现在的官方说法也是如此。

1682 年,路易十四最终定居凡尔赛宫。此前,他在卢浮宫和杜伊勒里宫居住过。1672 年,柱廊这个庞大工程刚一完工,门前很快就盖满了木板房(现在壕沟的位置,1964 由安德烈·马尔罗提议修建),直到 18 世纪末期这些房子才逐渐消失。

夏天若在柱廊二楼散步(很不凑巧,这项服务现在暂停),感受清新的空气,这绝对是一种独特的享受。现在,柱廊的展室主要用于展出埃及文物,在最高层则可以欣赏 18 世纪的法国绘画以及"小鸡通廊"(色粉画)。

---

① 　Francois Mansart(1598—1666),17 世纪中叶法国巴洛克风格建筑师,完成了凡尔赛宫的设计。——译注

② 　Pierre de Cortone(1596—1669),17 世纪意大利巴洛克鼎盛时期的雕塑家、建筑家和画家。——译注

③ 　Carlo Rainaldi(1611—1691),17 世纪意大利巴洛克建筑家。——译注

参见词条：简易板房、贝尔尼尼、柯尔贝尔、"小鸡通廊"、壕沟、卢浮宫的花园、勒布朗、路易十四、马尔罗、梅多尔

《田园合奏》｜Concert champêtre(Le)

Giorgio da Castelfranco, dit Giorgione

乔尔乔内（卡斯泰尔弗兰科·威尼托，约 1477—1478——威尼斯，1510）

ou Tiziano Vecellio, Titien ou le Titien

或提香（皮耶夫迪卡多雷，约 1488—1490——威尼斯，1576）

布上油画；德农馆二楼拉若孔德厅

H. 1. 050；L. 1. 365；INV. 71

这幅画的作者是乔尔乔内还是提香？路易十四于 1671 年从银行家雅巴赫那里购得这幅画，当时普遍认为其作者是乔尔乔内。由于画作来自英国，人们一直都忽略了其在威尼斯的原作者。1909 年以后，许多艺术史学家开始提出提香才是这幅画真正的作者。然而，一些人并不赞同这个观点。安德烈·沙泰尔[1]曾这样写道："将音乐家带进绘画的是乔尔乔内，这也是我为什么一直坚信这就是他的作品的原因。就算提香真的参与了这幅画左半边风景部分或者人物的描绘，我们仍然能在画中发现乔尔乔内的笔触——与深邃变化的景色相统一的力量；他所创造出的气氛和精神状态使得主题成为两首乐曲间的竞赛；乐曲分别以两位贞洁的仙女形象出现，代表了城市和乡村音乐的合奏。画中的一些缺陷和未完成部分并不能说明作者一定是提香，反而再一次印证了这是受到乔尔乔内的影响。"

最近，夏尔·侯普又提出了一个新的说法，他认为这幅画的作者是一位名叫多梅尼科·曼西尼的威尼斯小画家，而就目前所知，这位画家只有一幅作品。

---

[1]　André Chastel(1912—1990)，法国艺术史学家。——译注

除了画作归属和创作时间(约 1510 年)的疑问以外,这幅作品无疑是一幅杰作。故事发生在宁静的乡村,盛夏的傍晚,天色渐渐暗下来,两个赤裸的女子(站着的女子似乎正将水倒入井里,另一个女子手中拿着笛子)围绕在衣着华丽的年轻音乐家和他的同伴(不知他是否在唱歌)身边,画面右侧有一位牧羊人正在驱赶他的羊群。

这幅画的主题令我们对故事情节充满了无限的想象,有些难懂,也有些复杂(《阿卡迪亚的牧人》是神话主题的黄金时代,这幅画继承了那个时期的梦幻,还富有田园诗意,画中的音乐拥有将生活中不协调的因素变和谐的力量)。

为什么女子们赤裸身体而年轻男子们盛装打扮?为什么将音乐和自然融为一体?画面中每个人物形象象征着什么?提香(或是乔尔乔内)是取材于哪篇古代或现代的文章?

特奥菲尔·戈蒂埃(《卢浮宫爱好者参观指南》,1867)反对通过人物肖像理解艺术,在此,我也想引用他的这段话:"我们在方形沙龙可以欣赏到这位天才(对戈蒂埃而言,乔尔乔内是个天才)画家的《田园合奏》,这幅画的构图很奇怪,颜色极其浓烈,提香也惯用这一手法。在这样沉闷的暖色调风景中,正上演着一场乡间音乐会:一位年轻男子在弹奏诗琴,另一位似乎在聆听;一个赤裸的女子背对着观众,坐在绿油油的草地上吹奏笛子;画面左侧还有另一个同样赤裸的女子,她正倚在大理石水槽边向里面倒水,原本围在她腰间的白布滑落到大腿上。两个年轻的音乐家穿着华丽的威尼斯礼服(类似维托雷·卡巴乔[①]画中的华服),但他们好像对自己衣着与身边赤裸同伴的反差毫不在意。画家似乎也没有注意到这一点,他只想通过笔下华美服饰与赤裸肌肤形成的鲜明对比带给人美的享受,实际上也的确如此。倚身女子流畅的曲线和吹笛女子优美的背部线条是画中最动人的部分,柔和的暖色调令她们散发出金黄色的光辉,周围厚重的色彩更是凸显出两人丰满结实

---

① Vittore Carpaccio(1460—1525/1526),意大利威尼斯画派画家。——译注

的女性线条。乔尔乔内的《田园合奏》虽没有主题也没有情节,或许也不能引起广泛的关注,但可以肯定的是,那些对色彩的秘密感兴趣的人一定不会错过它。"

这幅作品被临摹过很多遍。可以说,没有《田园合奏》,就没有马奈的《草地上的午餐》(奥塞博物馆)。如果您仍对这幅画的主题感到困惑,想要具体了解其中的人物肖像解读,不妨参考一下亚历桑德鲁·巴拉翰的注释(您得花几个小时来阅读),此注释是为1993年在巴黎大皇宫博物馆举办的"提香时代"的展览目录而作。

参见词条:雅巴赫(埃弗拉德)、路易十四、提香:《戴手套的男子》

讲座人 │ Conférenciers

卢浮宫的讲座人总共有 60 位,其中有不少女性成员。他们须通过国家博物馆联合会的测试并能够熟练使用一门外语(最近规定的必备条件)才能上岗。国家博物馆联合会"雇佣"他们在卢浮宫服务,但他们可以根据合同选择工作时间,许多讲座人都是兼职的。

每个周期的报告会约有 3 到 8 场,参观者必须提前 13 天在网上预订,否则不得入场。由于会场流通原因,每场报告会仅给有视听障碍或行动不便的残疾人预留 8 个席位,而有智力障碍的残疾人则无法享受到这项服务。

讲座人(以及导游、临摹者和教师)可以在位于拿破仑厅的多媒体图书馆查询资料,并且可以借用书籍、影片、磁带和幻灯片。多媒体图书馆同样面对公众开放,但不提供借书服务。

参见词条:残疾人、国家博物馆联合会、文化处(也称教育处)

国家博物馆艺术委员会 │ Conseil artistique des Musées nationaux

艺术委员会是法国各国家博物馆购买藏品的最高决策机构。

不同门类的艺术品有不同的收购价格限制（如油画 50000 欧元,雕塑 100000 欧元）,购买必须遵守委员会的规定。艺术委员会还具有咨询职能,他们每月在法国博物馆管理局开会并发布优先购买许可。

参见词条: 耗资巨大的艺术品买进、法国博物馆管理局、优先购买权

博物馆研究员 | Conservateurs

这无疑是世界上最美好的职业。那么,要成为博物馆研究员有什么条件呢? 对于卢浮宫各个部门的研究员而言,首先必须是某个领域的专家、学者,这些研究领域包括意大利文艺复兴时期艺术家、鲁本斯的作品、利穆赞珐琅、中世纪象牙、古希腊陶瓷、阿美诺菲斯四世时期古埃及雕塑等。研究员必须是自己专业领域的世界前沿人物。除此以外,他们还要学习如何保存、宣传和完善自己所负责的各个藏品,这些都是他们最主要的工作职责。

研究员最基本的潜质就是必须独具"慧眼"。这项潜质可以确保他不会因度假而被人顶替或是从埃及文物部调到奥塞博物馆。当然,责任心和实践能力也必不可缺,因为他们既是管理者也是实际操作者。但如今,各种各样的行政任务令一些研究员颇为不悦(如检查画作修复和装框,填写作品说明卡片以引起参观者的兴趣,通晓画作悬挂的合适高度和角度并确保其安全,还要参加各种会议并撰写报告)。

那么,如何成为博物馆的研究员呢? 现在卢浮宫的研究员大多出身国家遗产研究院(I. N. P.)。该学院的入学考试竞争很激烈(注册报名的有 1145 人,但最终确定的候选人只有 610 位;2006 年共接收了 37 人,其中仅有 12 人可以进博物馆;2007 年招收的 51 个遗产管理方向的学生中仅有 15 人有可能最终成为博物馆的研究员)。但在我看来,学院最近越来越倾向于发展"全才"而不是"专家"了。

考试中最难的科目当属照片测试。考生须评论各种照片作品,内容包括拉昂大教堂的正门,蒙彼利埃博物馆里乌东的《畏寒的女人》,或是《弓箭手檐壁》中的人物。几年前的测试中,这些摄影作品都是没有标题的,这就需要考生具有过目不忘的能力,这一点在我看来是重要的品质。但现在加了标题,难度没有过去那么大了。

卢浮宫的8个部门共有60多位研究员(因此想要再增加他们的工作量是完全不可能的,尤其是行政任务)。与世界各国同行一样,他们也经常担心和质疑自己在卢浮宫的地位。

博物馆的质量优劣很大程度上是由其研究员的素质决定的。卢浮宫每个部门的负责人都是他所在领域的优秀研究员,他们能力超群,在本领域享有权威地位。卢浮宫拥有的大量优秀研究员,无论在考古界还是在现代艺术界都有很高的威望,但他们的名字却很少为公众所知。有多少人知道弗拉戈纳尔和于贝尔·罗贝尔是大革命期间卢浮宫的一流研究员呢?当时的卢浮宫既不叫拿破仑博物馆,也不叫卢浮宫,而叫中央艺术博物馆。

近年来,卢浮宫开始接收外国籍研究员(如书画刻印艺术部的负责人就来自荷兰),我认为这代表着进步,也希望他们的数量会越来越多。

从另一个角度来看,这些研究员人数少,职业晋升缓慢,薪金也很低,更别提他们还被要求通晓所有知识并完成许多行政任务,这令他们在很多情况下都觉得自己被剥夺了专业权利。

有两个概念不能混淆:各展部的研究员与展部负责人。

玛丽-茱丽叶特·巴约是卢浮宫历史上第一位女研究员(现在应该用 conservatrice[①] 这个词),她 1868 年 5 月 4 日在巴黎出生,1915 年成为博物馆临时研究员,1931 年被授予工艺品部的"荣誉研究员"称号。我们优秀的雅克琳娜·布绍-索皮克也曾申请过这

①　法语"研究员"一词的阴性形式。以前无论男女均以该词的阳性形式 conservateur 统称。——译注

项荣誉(她于 1945 年成为油画部的研究员)。

卢浮宫二战时期的研究员们个个堪称典范。战争开始时,他们赶在德军到达之前第一时间将藏品安全撤出卢浮宫,随后又小心地将藏品运到安全的地方。后来,他们中的许多人还参加了抵抗运动。我认为他们的勇气实在可嘉。有这样一个鲜为人知的故事:1942 年,皮埃尔·韦尔莱夫人看到一辆满载犹太儿童的汽车从蒙帕纳斯街经过,心灵受到了很大的冲击。于是,她决定等丈夫刑满(战俘)归来后就去领养一个犹太孩子。从那时起,她便开始为这件事做准备……他们的第 5 个孩子就是一个名叫艾蒂安娜的犹太儿童。这位女性也是战后卢浮宫工艺品部一位优秀的研究员。她的经典著作《法国皇家家具》现在仍不断再版发行。

如果您还想进一步了解卢浮宫研究员们在战争期间的工作和状态,您可以参阅米歇尔·海萨克的大部头著作《逃难中的博物馆》,巴黎,2007。

参见词条:画框、作品名和作者姓名卡、目录、疏散、弗拉戈纳尔(让-奥诺雷)、于贝尔·罗贝尔大画廊、国家遗产研究院(I. N. P.)、慧眼、薪金、维热-勒布伦

复制品 │ Copies

"噢!我的弗拉戈纳尔不是真的,而是一幅赝品!"这样的话我听过无数次了。1974 年,卢浮宫曾举办过一场名为"复制品、复本、仿制品"的展览,同时还秘密发行了《大展览日志》。发行这本手册的目的很简单,就是帮助参观者和绘画爱好者们从理论上区分原作的复制品,赝品的复本以及合作画的仿制品。我想,一本以卢浮宫的藏品为插图的专业词典可能会对大家有所帮助。

原作:出自作者本人之手的作品(幸运的是,无论在卢浮宫还是我的词典里,大多数作品是原作)。引用一下学者和收藏家让-皮埃尔·尚热的话:"一个真正的收藏家应该努力追求原作,只有

在原作里我们才会找到流畅自如的创作痕迹，包括不断的尝试和修改，这样的活力和冲劲才体现得出它真正的品质，而复制品是没有这些东西的。"

草图或半成品：记录了画家最初的想法（不可与原作的复本混淆）。例如，1781 年 5 月 31 日，在巴黎圣母院举行了纪念玛丽·安托瓦内特的母亲特蕾西亚皇后的灵柩祭奠活动。路易-雅克·狄拉莫（Louis-Jacques Durameau，1733—1796）就是以《死亡与大地，法国与欧洲——玛丽·泰瑞丝灵柩台的雕塑计划》为草图建造了祭礼所用的灵柩台。

复本：缩小的复制品或由作者本人完成的复制品。卢浮宫拥有两幅同样尺寸的《午餐前的祈祷》，它们均出自夏尔丹之手，分别来自于路易十五和拉·卡泽的收藏。拉·卡泽的那幅是夏尔丹依照第一幅画亲手所作的复制品。

合作画：与鲁本斯合作绘制《梅迪奇画廊》（献给玛丽·德·梅迪奇）的画家一直是专家们争论的焦点（参见词条安格尔的"《泉》"，存于奥塞博物馆里，其远景不是出自安格尔之手，而是由其学生保罗·巴勒兹和亚历山大·德高夫所作；也可参见词条达维特的"《雷卡米埃夫人像》"）。

复制品（参见词条"临摹者"）：卢浮宫有一幅与《蒙娜丽莎》几乎一模一样的复制品，它经常用来代替原作。拉斐尔的《洛莱特的圣母玛利亚》也有一幅很一般的复制品。有一位美国学者前来临摹这幅作品，是他发现并证明卢浮宫内的不是原作，原作藏于尚蒂伊的孔代美术馆（而此前，尚蒂伊的那幅画一直都被认为是复制品）。

经过重新诠释的复制品：尽管有时界限很模糊，但这类复制品不能与上文提到的复制品混淆。德拉克罗瓦就曾经临摹过鲁本斯的《逃难中的罗德》（这两幅作品分别保存在卢浮宫叙利馆三楼第 62 展厅和黎塞留馆三楼第 21 展厅）。博物馆里许多名作都曾被一些著名画家临摹复制过，被遗忘的传统似乎正在慢慢复苏。

仿制品:画家试图模仿原作的绘制手法所得到的作品称为仿制品。朗克雷①在《喷泉旁的意大利喜剧演员》一画中就模仿了华托《皮埃罗》(旧名《丑角吉尔》)中的人物形象;卢卡·焦耳达诺②的《哲学家》很长时间以来都被认为是模仿里贝拉的作品,焦耳达诺自己也经常被泰奥杜勒·里博③模仿。

签名:签名与题词不同,有些画家经常会在画作上签名(如伦勃朗和布歇,但前者的假签名居多),其他画家偶尔签名(如弗拉戈纳尔和普桑,后者只有 3 幅作品有签名)。

临摹:不带任何意图的复制,有时还会加进自己的理解。

赝品:意图以假乱真的伪造品。卢浮宫有赝品吗? 1837 年,卢浮宫购买了一幅德国画家巴尔萨泽·登纳(Balthasar Denner,1685—1749)的《老妇人像》,这位画家擅长绘制老人肖像。遗憾的是,这幅画原来是一个名叫约翰·约瑟夫·阿克尔曼的卖画人自己画的。这个丑闻被掩盖了很长一段时间,不过,卢浮宫最近在第116 期每月一画上详细公开了整个事件。

当代最著名的赝画制造者是汉·凡·米格伦,他以伪造维米尔的画作而闻名(卢浮宫未收藏)。

参见词条:佚名作品、艺术品的归属、塞尚、夏尔丹:《鳐鱼》、《午餐前的祈祷》、临摹者、文献、埃尔斯海默(亚当)、疏散、赝品、《梅迪奇画廊》、加尔迪(弗朗西斯科)、哈尔斯(弗朗)、雷奥纳多·达芬奇、卢森堡博物馆、拉·卡泽、曼特尼亚(安德烈亚)、米开朗基罗:《奴隶》、约定代称、佩鲁贾、毕加索与卢浮宫、天顶画、普桑:《冬日》、普杰(皮埃尔)、卡尔东(昂格朗)、拉斐尔:《巴尔达萨雷·卡斯蒂利奥奈伯爵像》、《朱利埃特·雷卡米埃》、薪金、每月一画、签名(该词条无正文无目录)、凡尔赛宫(贝尔尼尼的《路易十四像》)、华托:《淡漠者》

---

① Nicolas Lancret(1690—1743),法国画家。——译注
② Luca Giordano(1634—1705),意大利画家。——译注
③ Théodule-Augustin Ribot(1823—1891),法国现实主义画家。——译注

临摹者 | Copistes

临摹者与卢浮宫有着同样悠久的历史。19 世纪时,临摹画作曾是许多艺术家的谋生手段。自 1793 年卢浮宫博物馆成立以后,这些临摹者便被允许进入展厅临摹画作。最初的几年,女临摹者还享有优待,卢浮宫会在指定日期专门面向她们开放。实际上,无论名气大小,几乎所有 19 世纪以及 20 世纪上半叶的画家都在卢浮宫临摹过画作。有些临摹者非常有名(可以在卢浮宫的档案中查到这些画家的名字),但多数临摹者都默默无闻。例如,一位名叫乔治·弗洛朗·利纳雷的画家,25 岁(1905 年 11 月 11 日)就骤然去世了,他曾经临摹过契马布埃的《圣母与天使》。

爱德蒙·德·龚古尔在《马奈特·所罗门》(1867)一书中描述过这样的景象:"这座巴洛克建筑里有许多临摹者,有男有女,穿梭在各个画廊和展厅之间……但临摹这些艺术杰作只是因为饥饿、苦难和需求,对如此'神圣'的工作是多大的讽刺呵!这些可怜人真是又可悲又可笑……留着英式卷发的灰发老妇人倾身凑近布歇的画作,她们的临摹虽色彩艳丽却毫无价值……穿着无袖长裙的妇人们,胸前挂着挡泥板,枯黄的脸上带着眼镜,为了遮挡自己瘦弱的双腿,她们还裹着绿色哗叽站在高高的梯子上。那些可怜的瓷器女工们费力地将提香的《墓葬》绘在瓷坯上,身材矮小的老妇人们穿着黑色衬衣,长发从中间分成两半,干瘪得好似在酒中保存了 50 年之久。"

然而,临摹画作并不是这些临摹者来卢浮宫的唯一目的。1947 年,安德烈·德兰(André Derain,1880—1954)回忆道:"这些人生活贫穷,有的甚至衣衫褴褛,他们很多人都是为了能在此取暖才来临摹的。"尚弗勒里(Champfleury,1821—1889,《参观卢浮宫》,1844)则描绘了另一种景象:"年轻女孩正在临摹距她最近的那幅画,她借助镉和钴为最喜欢的物品绘上颜色,涂掉难看的色彩它就变成了女孩心目中的杰作(年轻女画家总是很乐意接受这样的建议），而这又会成为离开卢浮宫后女孩和老师一路上讨论的话题。剩余部分自由发挥……妈妈今天带着没编织完的毛线来到卢浮宫，她赶走了教女孩画画的老师，却在抬头的瞬间为女孩的画作震慑不已。"所以，在这里引用古斯塔夫·福楼拜《庸见词典》中的结论："千万不能让年轻女孩去卢浮宫。"

德兰曾于 1901 年临摹过比亚焦·德安东尼奥①的《耶稣持十字架像》（德农馆二楼大画廊）。他走在 19 世纪所有艺术家的前列（从安格尔到卡尔波②，从德拉克罗瓦到马奈），也被很多画家视为典范，如维亚尔③（他喜欢描绘室内场景），贾科梅蒂（埃及文物业余爱好者），马蒂斯（临摹夏尔丹的《鳐鱼》），当然还有毕加索（参见词条"毕加索与卢浮宫"）。

19 世纪时，为了保护木地板，卢浮宫规定临摹者必须在画架下放置柔软的地毯。艾蒂安·阿藏布尔（Etienne Azambre，1859—1933）就在一幅画中描绘过这样的场景：于贝尔·罗贝尔的《1801—1805 年间卢浮宫大画廊》前，有一位临摹者站在桥式吊车上（这个装置是根据 1798 年 2 月卢浮宫博物馆定制的模型制造的）。该画现在存放于卢浮宫历史展厅的第 2 个展室。

2002 年以后，卢浮宫又出台了一系列关于临摹者工作条件的详细规定。每年 6 月到 9 月，卢浮宫每天从 9 点到 13 点半对临摹者开放，周日和节日除外。他们的复制品不得与原作的规格一样，正面和背面都要盖有印章，且不可以临摹原作者的签名，必须签上自己的名字。最后，临摹的作品 3 个月后才可以使用。不过，每位参观者都被允许临摹素描。

现在，临摹者已经没有以前那么多了，但这件事应该在很长时间内都不会消失。一位临摹者通常会吸引大批的参观者聚集到他

---

① Biagio d'Antonio(1446—1516)，意大利文艺复兴时期画家。——译注

② Jean-Baptiste Carpeaux(1827—1875)，法国浪漫主义时期雕塑家和画家。——译注

③ Jean Edouard Vuillard(1868—1940)，法国纳比派代表画家之一。——译注

的画架周围,那么,参观者喜欢忠于原作(有时是为了酬劳)的临摹,还是偏爱在原作基础上加进自己理解的创造性临摹呢?

参见词条:夏尔丹:《鳐鱼》、契马布埃(塞尼·迪·佩波)、复制品、于贝尔·罗贝尔大画廊、毕加索与卢浮宫、卡尔东:《维尔纳夫-莱-阿维尼翁的圣母哀子图》、梵高

《萨摩斯的少女》,又名《克拉米耶斯少女雕像》 | Corè Samos(La), dite aussi *La Corè de Chéramyès*

希腊、伊特鲁里亚及罗马文物部;德农馆一楼和二楼间夹层的第1展厅;大理石

H. 1. 92;Ma. 686

1875年,这尊少女像在距离希腊萨摩斯岛几千米的突厥海岸被挖掘出来,因此它被称为《萨摩斯的少女》。6年后,这尊雕像被卢浮宫收藏。对于这位少女,我们的了解并不少。

少女身体左侧靠近面纱边缘的地方从下往上刻着一行爱奥尼亚文字:"我是克拉米耶斯献给赫拉的祭品。"毫无疑问,克拉米耶斯是一位大人物,但我们并不知道他的职位;赫拉(希腊神话中的天后)是宙斯的妻子。

这尊少女像大约可追溯至公元前570—前560年,加上已经丢失的头部,她的高度大约为2.20米,而且很可能是彩色的。可以想象,这个少女当时一定以其高挑的身材在同龄人中艳压群芳。

《萨摩斯的少女》身姿挺拔,庄严高贵中还带着一点野性;她的褶子长裙做工考究,羊毛大衣也十分精致;她目光坚定,身姿挺拔,柔美的线条又令她充满女人味。但我很不喜欢她硕大的脚趾。

柯罗(让-巴普蒂斯特-卡米耶)/《威尼斯的皮亚泽塔》 | Corot(Jean-Baptiste-Camille)/*La Piazzetta de Venise*

(巴黎,1796——巴黎,1875)

装裱在布面上的纸面油画;叙利馆三楼第 10 展厅

左下角盖着柯罗的印章;右下角的说明文字:Venise

H. 0.20;L. 0.34;R. F. 1755

虽然 1828 年 10 月柯罗在威尼斯逗留的时间远不及 1834 年 9 月的那次长,但研究柯罗的学者们普遍认为卢浮宫收藏的这幅画应该是其 1828 年的作品。在画面左侧,我们可以清晰地辨认出总督府的拱廊以及从君士坦丁堡运来的石柱,两根石柱上分别刻着圣马可的飞狮和圣狄奥多与他的鳄鱼;画面的背景是圣乔治·马焦雷岛和帕拉迪奥在岛上建造的教堂;右侧是圣马可国家图书馆。第二次在威尼斯居留时,柯罗还曾以几乎一模一样的视角画过一张素描,这幅由莫罗-内拉东捐赠的素描现存于卢浮宫。

柯罗完成这幅画作五年以后,乔治·桑与阿尔弗雷德·德·缪塞①于 1833 年 12 月 31 日来到斯基亚沃尼河岸的达涅利旅馆,缪塞这样写道:"有人说,来这个我原本以为到处都是参观者的威尼斯没有什么意义,它根本不会对我的人生产生什么影响,可是,这个城市的艺术家气质却深深打动了我,包括我的身心和热情。"

然而,其他画家视角下的广场却不尽相同。弗朗西斯科·加尔迪曾描绘过 Jeudi Gras② 节时广场的景象,他的画现存于德农馆二楼第 23 展厅;德拉克罗瓦的《肖邦》存于叙利馆三楼第 62 展厅。

柯罗是卢浮宫最具代表性的画家之一。例如,樊尚·波马雷德收藏的 97 幅画作中,柯罗的作品或是具有其风格的作品就占了 10 多幅。迄今约有 20 幅(其中 3 幅以上经后人研究证实为柯罗所作)柯罗风格的作品尚未被卢浮宫收藏。

参见词条:肖邦、德拉克罗瓦、加尔迪(弗朗西斯科)、莫劳-奈拉顿(艾蒂安)、牟利罗、《浴室装饰画》

---

① Alfred de Musset(1810—1857),法国剧作家、诗人、小说家。——译注

② 封斋前的最后一个星期四,波兰和德国的传统节日。——译注

柯雷乔(安东尼奥·阿列格里)/《睡美神安提俄珀》

Correggio (Antonio Allegri)/*Vénus endormie et l'Amour découverts par un satyre*

（帕尔马莫附近的柯勒乔,1489——柯勒乔,1534）

布上油画;德农馆二楼大画廊第 8 展厅

H. 1. 88;L. 1. 25;INV. 42

从曼托瓦的弗雷德里克二世·贡扎加(1540 年去世)到查理一世(1600—1649),到雅巴赫(约 1618—1695),再到马扎兰(1602—1661),最后到路易十四(1638—1715)的手中,许多艺术杰作在最终到达卢浮宫以前都经历过类似这样的"皇家线路"。这幅画的创作时间是何时? 1525—1528? 它的主题是什么? 据考证,除了这幅画以外,《朱庇特与安提俄珀》和《小爱神的教育》(现存于伦敦国家美术馆)也创作于同一时期。

特奥菲尔·戈蒂埃曾这样写道:"安提俄珀(戈蒂埃喜欢这样称呼她)枕着自己的胳膊懒洋洋地躺在一块蓝布上,她酣睡着,丝毫没有发现有人正在偷窥自己;朱庇特虽已化身为森林之神,却掩藏不住自己奥林匹斯神的英俊外表,他倾身凑向她,放肆地揭开盖在安提俄珀身上的薄纱,贪婪地凝视着她酣睡中美丽的胴体;树荫下,安提俄珀泛着金光的雪白肌肤柔美而丰满,虽然画面上的身体如此柔软娇嫩,我们却发现画家在身体细节的描绘上还是略有缺失。"(《卢浮宫爱好者参观指南》,1867)

毫无疑问,这是卢浮宫里最能激起人感官享受的画作。所以直到今天,我都建议不要让未成年人欣赏这幅画。

这幅画本来已经严重损坏,但 1990 年开始的修复工作非常成功,令它焕然一新。

参见词条:雅巴赫(埃弗拉德)、路易十四、马扎兰主教、伦敦国家美术馆、《伊莎贝尔·埃斯特的画室》

"庭院一侧"和"花园一侧" │ Côté cour, Côté jardin

"庭院一侧"和"花园一侧"这两个短语是戏剧界的世界通用语，分别代表了观众面前的舞台左边和右边。这种说法起源于杜伊勒里宫内剧院的布景大厅：由于大厅左边是卡鲁塞勒庭院，所以叫"庭院一侧"；大厅右边朝向杜伊勒里花园，因而就是"花园一侧"。

1662年，意大利建筑师加斯帕尔·维卡哈尼设计建造了这个气派的布景大厅。大厅令杜伊勒里宫向北面延伸，与其对称的长廊将杜伊勒里宫的中央馆与南面的花神馆连接起来。

参见词条：花神翼楼和花神馆、杜伊勒里宫

内务 │ Coulisses

卢浮宫某些展厅并不是每天都对参观者开放的：由于安全警卫数量不足，一些展厅会轮流关闭；卢浮宫历史展厅只在周末开放；有的展室则因为施工而暂停开放，如陈列18世纪工艺品的各个展室中，维斯孔蒂中庭经过施工后将会展出伊斯兰教的艺术品，公主花园和古董长廊也正在翻新改建。

卢浮宫参观者可以进入的地方很多：

——会见研究员或馆长（通过书面申请或电话预约）

——可向相关部门负责人申请参观储藏室

——参观书画刻印艺术部，书面申请即可

——查阅不同部门的文献资料，查阅次数最多的是油画部

——卢浮宫图书馆，研究员享有优先权

——经过申请可进入未开放的藏书室

以下地方不对外开放：

——内部专用通道

——画室

——实验室和修复工作室（有时会有例外）

——职员办公室

——所有涉及卢浮宫安全设施的地方

——最遗憾的是卢浮宫的屋顶

参见词条：书画刻印艺术部、卢浮宫技术服务室、名称有误的卢浮宫图书馆、文献、实验室、星期二、博物馆工作人员、储藏室的藏品、安全保障、内部专用通道

"小鸡通廊" ｜《Couloir des Poules》

这个走廊位于柱廊翼楼三楼中央第42展厅，其名称很容易导致各种猜想。由于光线较差，这里通常用来展出书画刻印艺术部的色粉画。

为什么叫做"小鸡通廊"呢？说法有很多：一说是专绘动物的画家彼得·博埃尔（Pieter Boel，1622—1674，又名 Boule①）的住处以"小鸡"为名；还有一种说法，一个住在方形中庭艺术家画室的人曾在这里养鸡；但最乏味却也最可信的说法就是，18世纪时沿柱廊有一条街叫 Poulies②，就是现在巴黎一区市政及圣日耳曼·奥塞尔大教堂前的科里尼元帅大街。

"小鸡通廊"是个很值得一去的地方，在那里不仅能够欣赏到独一无二的色粉画和细密画，尤其是能居高临下鸟瞰巴黎。从柱廊的圆窗向外望去，塞纳河、维尔加廊花园③与先贤祠的美景尽收眼底。

参见词条：书画刻印艺术部、艺术家画室、夏尔丹：《有画架的自画像》、柱廊、窗户、鹤、拉图尔（莫里斯·康坦·德）：《蓬帕杜尔

---

① 法文 boule 与 poule（小鸡）发音相近。——译注

② 该词与 poule（小鸡）发音相近。——译注

③ 为了表示对被谋杀的国王亨利四世的敬意，法国人在巴黎西岱岛西端建造了这个小花园，并在那里安放一座骑行雕像。花园里种有春天时全巴黎最先变绿的树。——译注

夫人像》、圣巴托罗缪之夜、色粉画

圆屋顶 | Coupole

由路易·勒沃设计建造（弗朗索瓦·多尔拜也参与了学院的建造）的四区学院于 1662 年开始动工，1688 年完成。从四区学院教堂的圆屋顶上就能望见卢浮宫的窗户。

参见词条：法兰西学院、坎帕纳长廊、法兰西研究院、艺术桥、"南—南"

方形中庭 | Cour carrée

这里是卢浮宫最漂亮的庭院，也是记载法国建筑史与雕塑史的里程碑。最初，方形中庭的位置上是巨大的城堡主塔，我们在中世纪卢浮宫的地下部分就能欣赏到当时的城墙遗址（城墙遗址的挖掘工作 1987 年才完成）。后来，皮埃尔·雷斯科在这里建起了宫殿的外墙，墙上装饰有让·古戎的雕塑。

17 世纪时，根据亨利四世的设想，这里建起了方形庭院。雅克·勒梅尔西耶加固了雷斯科修建的外墙并在庭院中央建起了钟表馆，勒沃继续修建了南翼和北翼，第一帝国时期最终完成了庭院的雕塑装饰。

方形中庭的历史看似简单，但实际上它也经历了许多灾难和改建，距离现在最近的几次改建都不怎么顺利。1801 年，达维特传记作家德勒克吕泽①这样描述道："庭院的工程还未完工，国家就不主持修建了。于是我们只好自己完成内部装饰，大家整天都在黑暗中装饰这巨大庭院里光秃秃的墙壁和屋顶……背靠柱廊的大墙旁有一些敞开的壕沟，那里散发出的恶臭令我们的日子更加难过。"

---

① Etienne-Jean Delécluze(1781—1863)，法国画家、评论家。——译注

不过,方形中庭夜晚透进的光亮很宜人,而且我们也幸运地在地底发现了城堡搬迁的遗迹。但遗憾的是,拿破仑三世时期曾令庭院生机盎然的绿色已经没有了,如今方形中庭中央的小水池和喷泉更是令我啼笑皆非。我总是在想,要把它移走吗?该怎样做呢?

1855—1856年,卢浮宫本打算将克莱桑热①的弗朗索瓦一世骑马雕像置于庭院中央,但这一计划并没有执行。

参见词条:简易板房、柱廊、安格尔:《奥尔良公爵费迪南肖像》、路易十四、拿破仑三世、展馆

审计法院 ｜ Cour des comptes

其实,巴黎公社以后重建杜伊勒里宫并不是件难事,但我们没能做到。位于现在奥塞博物馆的审计法院也与杜伊勒里宫遭遇了相同的命运:1871年5月23日大火后,审计法院遗留的建筑最终于1898年被全部拆除,就连地皮也卖给了巴黎-奥尔良铁路公司。铁路公司在此修建了火车站,但蓬皮杜总统"紧要关头"下令将其拆除。后来,这里才建起了奥塞博物馆。除此以外,总统还拆除了巴尔塔设计的巴黎大堂。讲到这儿,我不禁要问:他这么做难道不会受到良心的责备?他曾悔过吗?

1844—1848年,泰奥多尔·夏塞里奥曾为审计法院绘制了一块巨大的装饰布景,幸运的是,大部分布景奇迹般地在火灾中逃过了一劫。不过,直到1898年,这块布景都曝露在室外,无人问津。在亚瑟·夏塞里奥、夏塞里奥委员会和卢浮宫之友协会的协助下,布景最终于1903年被收入卢浮宫(最初的270平方米现在仅存五六十平米了)。如今,布景被分为三部分粘贴于布料上,悬挂在陈列法国雕塑的黎塞留馆一楼第32和33展厅。

---

① Auguste Clésinger(1814—1883),法国雕塑家、画家。——译注

审计法院里的艺术品一直都深受某些收藏家们的青睐①,他们也曾多次向各个博物馆慷慨捐赠,莫里斯·马涅②(第戎)和阿勒贝尔·包莫·德·密西蒙德③,以及1986—1990年在任的卢浮宫之友协会主席的拉乌尔·埃尔格曼也都是捐赠人。

参见词条:卢浮宫之友协会、夏塞里奥(亚瑟)、夏塞里奥(泰奥多尔)、奥塞博物馆、佩隆(皮埃尔)、杜伊勒里宫

拿破仑庭 | Cour Napoléon

今天,许多摄影作品(玻璃金字塔、方尖塔、贝尔尼尼的《路易十四像》、拿破仑庭的水池和喷泉以及池中的"鸭子")都以拿破仑庭作为背景。

作为卢浮宫的主入口,拿破仑庭有两个中等大小的广场。广场上曾是由建筑师布瓦洛和雕塑家让-保罗·奥贝合力建造的莱昂·甘必大纪念碑(1888)。纪念碑于1941年被去掉表层的青铜,1954年时被彻底拆分(让娜·亚历山大-德布雷曾兴奋地提出这样的建议:"塞纳省长给巴黎人最好的礼物就是撤除甘必大纪念碑。")。中庭里还有500万美国小学生送给法国的拉法耶特侯爵雕像(1908—1983年一直在此,1983年以后被移至阿尔伯特一世大道,其作者是保罗·韦兰·巴特利特④)和保罗·兰多斯基⑤的《该隐的儿子们》……

特别要提及的是,清除拿破仑庭周边的破旧房屋是一项十分

---

① 此处作者玩了一个形近词文字游戏,中庭的名称 compte 与 compter 相似,后者是"具有重要性"的意思。——译注

② Maurice Magnin,他与妻子建立了第戎的马格南博物馆。——译注

③ Albert Pomme de Mirimonde(1897—1985),法国收藏家,卡雷博物馆和图尔博物馆的捐助者。——译注

④ Paul Wayland Bartlett(1865—1925),美国雕刻家。——译注

⑤ Paul Maximilien Landowski(1875—1961),法国雕塑家,作品有里约热内卢基督像、南京中山陵孙中山大理石坐像等。——译注

缓慢又艰难的工作。

　　从圣奥诺雷到塞纳河总共有 3 条南北走向的街道经过拿破仑庭：弗罗芒托大街，圣托马卢浮大街（与大街同名的教堂于大革命期间经过修复存在过一段时间，但现已损毁）以及圣尼凯斯大街（1800 年曾有人在这条街上试图谋杀波拿巴）。不过，正是拿破仑三世颁布的征购令迫使中庭附近的居民搬离，这才有了今天的拿破仑庭。

　　参见词条：“鸭子”、贝尔尼尼、卡鲁塞勒商廊、德农馆与德农门、卢浮宫广场、贝聿铭、关于“金字塔”的争议

库拉若（路易） | Courajod(Louis)

（巴黎，1841——巴黎，1896）

　　1874 年，库拉若成为卢浮宫的研究员。1893 年雕塑部成立以后，他从工艺品部调往该部并成为雕塑部（当时的中世纪、文艺复兴及现代作品部）的第一位负责人。

　　我为什么不介绍弗雷德里克·莱塞，路易·维泰[①]或卢浮宫 19 世纪时众多出色的研究员，而要选择库拉若？因为库拉若曾经收藏到一尊罗曼风格的木制基督雕像（黎塞留馆一楼克吕尼第 2 展厅），表现的是耶稣降架的故事。我们今天普遍认为这个雕像可追溯至 12 世纪下半叶的勃艮第。1878 年时，库拉若的基督雕像并未得到国家博物馆艺术委员会的认可，并被定性为“蛮族”的物品。同年，A. 达塞尔在《美术故事》中这样写道：“基督教最初对雕塑并不感兴趣，后来，用雕塑赞扬基督教的作品才逐渐增多……公元 4 世纪到 8 世纪，基督教极度排斥以人类形象出现的拉丁神灵……当时欧洲雕塑作品的数量只比大洋洲野蛮部落守护神的艺术品多一点而已。”1895 年，库拉若将这个木制基督捐给了卢浮宫雕塑部。2006 年以后，大洋洲野蛮部落的艺术品才开始出现在凯

---

　　① 　Louis Vitet，又名 Ludovic(1802—1873)，法国政治家、作家。——译注

布朗利博物馆。

反对库拉若的人也有他们的理由，库拉若在卢浮宫学院上课时公开支持哥特式艺术起源于德国的观点，而 1870 年的战败一直令法国人耿耿于怀。

库拉若大理石雕像现在陈列在通往卢浮宫的楼梯上，其作者是朱斯特·贝凯[①]。

参见词条：原始艺术、国家博物馆艺术委员会、博物馆研究员、捐赠人、卢浮宫学院、工艺品部、雕塑部

库尔贝（古斯塔夫） │ Courbet(Gustave)

（奥尔南，1819——瑞士的拉图尔德佩勒，1877）

"库尔贝从来都不崇尚所谓的'高尚艺术'。一天，他带着父亲参观卢浮宫，父亲问他对这些画作的看法时，库尔贝这样回答：'父亲，你看到了吗？ 除我的画之外，其他的作品都是垃圾。'"（皮埃尔·博雷尔，《古斯塔夫·库尔贝的故事》，巴黎，1922）

"有一天，一位赫若斯达特斯（有名的纵火者）后裔（指库尔贝）的朋友对我说：'我刚从卢浮宫回来，如果当时有火柴的话我一定会烧了这个地下墓穴，而且，烧了它我也不会内疚，因为我确信自己在未来一定可以创造出真正的艺术。'只是，'他又说，'那些肖像和弗拉芒派、威尼斯派的画作就有些可惜了……'"（爱德蒙·杜兰蒂，"艺术笔记"，《现实主义》第 1 期，1856 年 7 月 10 日）

英国作家弗朗西斯·韦在《狄克·穆恩在法国：一个英国人在巴黎的日志》（巴黎，1862）一书中这样描述库尔贝："1848 年，一群无赖企图对我们的画廊不轨，我在博物馆的木地板上守了两夜，我带着步枪，准备与他们决一死战。但其实我根本不会去点火，因为我不希望最终用来灭火的是自己的眼泪。"

[①]　Just Becquet(1829—1907)，法国雕塑家。——译注

有这样一代人，他们是在卢浮宫里逐渐熟悉库尔贝并开始欣赏他的作品的，我便是其中之一。库尔贝的画不仅打破了传统绘画的禁锢，还开启了印象派革命的大门。现在，他的作品大多陈列在奥塞博物馆，或许有一天还会回到卢浮宫吧。

参见词条：塞尚、奥塞博物馆

庭院 ｜ Cours

卢浮宫共有多少庭院呢？首先，露天庭院的数量在减少其中包括最大，也是参观人数最多的拿破仑庭、卢浮宫最漂亮的方形中庭，还有马奈热中庭或是勒菲埃尔中庭（里面的德农咖啡馆很值得一去），以及施工后将会展出伊斯兰教艺术品的维斯孔蒂中庭。

另一些逐渐改为室内的陈列：如最古老的斯芬克斯中庭，它的名字来源于商博良从尼罗河三角洲的塔尼斯带回来的一尊狮身人面像。但很少有人知道这个中庭的建筑师是勒沃，其三角楣饰的设计者是马蒂欧·莱斯巴尼昂戴勒①，1934 年时中庭还被重新布置过（C. 勒菲弗尔和 A. 费伦）。现今，关闭的斯芬克斯中庭正在施工，我们期待它开放后能带给参观者们耳目一新的感受。除此以外，还有陈列部分亚述王国宫殿装饰的科撒巴德庭（那里有著名的公牛雕塑），以及 1993 年由原来的财政部停车场改造的马尔利中庭与皮热中庭。设计师们（贝聿铭、M. 马卡里、P. 雷斯）巧妙运用大幅玻璃令自然光线穿透进来，使得庭院的景色十分宜人。

走进玻璃金字塔与里沃利大街交汇的"波兰走廊"，参观者可以在玻璃通道下方欣赏到一部分 17、18 世纪法国雕塑的杰作。

参见词条：德农咖啡馆、马尔利咖啡馆、方形中庭、拿破仑庭、地下室、伊斯兰艺术部、科撒巴德庭、贝聿铭、黎塞留翼楼

---

① Mathieu Lespagnandelle（1616—1689），法国雕刻家。——译注

库斯图（纪尧姆）/《被马夫勒住的两匹马》，又名《马尔利之马》| Coustou(Guillaume Ier)/*Deux chevaux retenus par des palefreniers*, dits *Les Chevaux de Marly*

（里昂，1677——巴黎，1746）

大理石；底座和每匹马上都刻有大写字母：G. Coustou. Fecit/ 1745

H. 3. 55（底座：0. 15）；L. 2. 84；Pr. 每个 1. 27

M. R. 1802 & 1803

科瓦塞沃克斯（安东尼）/《骑着翼马珀伽索斯的墨丘利》/《声望女神骑着翼马珀伽索斯》| Coysevox(Antoine)/*Mercure chevauchant Pégase/Le Renommée à cheval sur Pégase*

（里昂，1640——巴黎，1720）

大理石；黎塞留馆一楼和二楼间夹层的马尔利中庭

H. 3. 26（底座：0. 11）；L. 2. 91；Pr. 每个 1. 28；M. R. 1822 & 1824

底座和每匹马上都用大写字母刻着：Antonius Coysevox Lugd. Scul. Reg. Fecit/1702；这两组雕塑在两年内完成

1795—1984 年，库斯图的马被用来装饰香榭丽舍大道的入口和革命广场（路易-菲利浦以后改名为"协和广场"）。因此，人们似乎已经渐渐淡忘马尔利驯马场饮水槽中科瓦塞沃克斯的马雕了。它们是雕刻家 1698 年的作品，1719 年，这些马被移至杜伊勒里公园的西门，最终于 1986 年进入卢浮宫，该公园里现有的都是复制品。

库斯图的《马尔利之马》创作于 1745 年，比科瓦塞沃克斯的马略大一些。与科瓦塞沃克斯一样，库斯图也是在卢浮宫内完成其作品的。卢浮宫为这两位艺术家提供了宽敞的工作室,雕像所用的卡拉拉大理石也是历尽千辛万苦才从热那亚海运至勒阿弗尔[①]的。

相比而言,科瓦塞沃克斯的雕塑一般都是神话中长着翅膀的静态马,而库斯图则擅长表现马奋力向前的动态形象。但无论如何,他们的雕塑无疑都是卢浮宫中表现马形象的杰出代表,对后世如达维特、格罗、吉里柯和德拉克罗瓦都产生了深远的影响。

参见词条:艺术家画室、马、格罗男爵(安东尼-让)、杜伊勒里公园、《古代马首》

地下室 ｜ Cryptes

方形中庭一层的拱顶狭廊下有 3 个地下室,参观者可以通过这里从东方文物部直接到达埃及文物部和希腊、伊特鲁里亚及罗马文物部。

另外,斯芬克斯中庭很受欢迎,尤其受到孩子们的喜爱(叙利馆一楼第 1 展厅)。

参见词条:方形中庭、庭院、通向卢浮宫宫内的拱顶狭廊

《脂粉勺》｜ Cuiller à fard

埃及文物部;叙利馆一楼第 9 展厅 3 号橱窗;木质
H. 0.11;L. 0.55;N. 1749

在卢浮宫收藏的众多埃及脂粉勺中,我最喜欢这支"鸭子回头啄咬后背"的勺子。脂粉勺大多是古埃及新王国时期(公元前 1400—前 1200 年)的,有的年代更近一些(公元前 715—前 656 年的埃及第 25 王朝)。这些精雕细刻的木勺,有的还镶嵌了象牙或

---

① 法国西北部港口城市。——译注

金属,在当时使用甚广。

卢浮宫参观者通常偏爱女游水者形状的脂粉勺(叙利馆一楼第24展厅13号橱窗)。勺子的形象一般是赤裸的埃及女子推着一只后背装有香料的鸭子,而鸭子的翅膀则是盖子。

屈森(夏尔)/《黄昏》 | Cuisin (Charles)/*Effet de crépuscule*

(巴黎,1815——特鲁瓦,1859)

布上油画;叙利馆三楼第70展厅

H. 0. 35;L. 0. 27;R. F. 1996—17

以前,我们对屈森的了解仅限于他有3幅作品收藏在特鲁瓦博物馆,而1996年卢浮宫得到的一幅新画据考证也是出自屈森之手。

或许屈森并不认识弗雷德里希(1774—1840),但他的画风与这位德国画家却十分相像。其实,用一个词就可以准确概括出这幅《黄昏》的诗意:忧郁(遗憾的是,2005—2006年巴黎大皇宫博物馆举办的以"忧郁"为主题的画展漏掉了这幅作品)。

参见词条:弗雷德里希(卡斯帕·大卫)

在线卢浮宫 | Cyber Louvre

"由大日本印刷株式会社(DNP)捐助的在线卢浮宫于1997年正式启动,这是卢浮宫的内部互联网平台,参观者可以通过馆内提供的各种多媒体设备了解卢浮宫的历史和藏品。"

这些多媒体资讯设备是完全免费的,设立在连接拿破仑厅和卡鲁塞勒商廊的通道中,途经两座玻璃金字塔,每台设备每天平均有50多位参观者使用,周日的使用人数更多。

参见词条:拿破仑厅、互联网

《犬头人》│ Cynocéphales

埃及文物部；叙利馆一楼第 11 展厅

粉色花岗岩；拉美西斯二世统治时期（公元前 1279—前 1213 年），第 19 王朝

H. 1. 59；L. 3. 25；D. 31

1831 年，穆罕默德·阿里帕夏（1769—1848）将方尖碑（现立于协和广场）连同这些犬头人一起进献给法国。在卢克索的时候，这些犬头人曾是方尖碑底座上的装饰，但在法国却不怎么受欢迎（因为他们的性别太过明显，对于 19 世纪的人而言有失尊严）。

达朗（科内利斯·凡）/《农庄里的乞者》 | Dalem (Cornelis Van)/*Cour de ferme avec mendiant*

（1545 至 1573—1576 年间在安特卫普享有盛名）

木板油画；黎塞留馆三楼第 11 展厅

H：0.385；L：0.520；R.F.2217

博物馆的负责人们有着怎样的志趣？通过这幅《农庄里的乞者》，可以看出它的捐赠人卡米耶·伯努瓦（Camille Benoit，1851—1923）是一位雅士。他于 1918 年将这幅画献给了卢浮宫，同年，这位 1988 年上任的绘画部负责人兼出色的音乐家遭遇了一生中最大的不幸——失明，被迫提前退休。

画面的色调——灰与玫瑰红、赭与白搭配协调，作者善于展现景深的变换，置乞丐于逆光处，使作品层次鲜明，并用浅色的斑点来展现茅屋顶上的窟窿，这一切使这件别致小巧的作品具有写实的诗意。

收藏过该画的还有路易十四时期的大收藏家、科隆银行家雅巴赫（Jabach，约 1618—1695），他和卡米耶·伯努瓦都一度以为该画系老布鲁盖尔（Pierre Brueghel le Vieux，约 1525—1569）所作。卡米耶去世几年以后，该画真正的作者才浮出水面。

参见词条：盲人、老布鲁盖尔（皮埃尔）、雅巴赫（埃弗拉德）

《欧塞尔女郎》 | 《*Dame d'Auxerre*》（la）

希腊、伊特鲁利亚及罗马文物部；德农馆一楼和二楼间的夹层第 1 展厅；古希腊；软性石灰石

H：0.75；Ma.3098

1907 年，古雕塑专家马克西姆·科利尼翁在欧塞尔①博物馆的艺术品存放室里发现了这件古希腊时期的小雕像，1909 年，卢

---

① Auxerre，法国城市名。——译注

浮宫用阿皮尼（Harpignies，1819—1916）的《瓦尔激流》换得它。该雕像于 1895 年首次出现于勃艮第的爱德华·布谷安拍卖会上，这位雕塑家兼古董收藏家曾在勃艮第隐居。

雕像作于公元前 7 世纪。女郎的一只手贴置于胸部，一副服从和虔敬的姿态，应是一位正做祷告的信徒或女祭司。她手指修长，双脚纤薄，乳房较小，身着紧身筒式祭服，梳着庄重的叙利亚腓尼基式头型，不过最吸引人的还是作者对人物鲜明又柔美的轮廓进行的单线条勾勒及雕像正面显示出的庄严。

近来有研究表明，这件作品也可能来自克里特①西部的埃莱戴尔那。

丹德雷-巴尔东（米歇尔-弗朗索瓦）/《修士布道》| Dandré-Bardon (Michel-François)/*La Prédication d'un moine*

（艾克斯②，1700——巴黎，1783）

布上油画；叙利馆三楼第 43 展厅

H：0.52；L：0.63；R. F. 1997-37

作为画家和留下不少作品的理论家，米歇尔·弗朗索瓦·达姆龙·博达如今鲜被重视，但他（实际上）是诞生于 1700 年前后的法国最杰出的艺术家之一。我们来列举一下生于那个年代的最著名的艺术家：夏尔丹，布歇，布夏东③，卡尔·凡·卢，纳托瓦尔④，苏贝利亚斯……

卢浮宫 1997 年得到了《修士布道》。画中，一名修士在布道。其他修士正凝神聆听，眼中流露出崇敬、惊奇和虔诚。他们之中一

①　Crète，希腊第一大岛。——译注
②　Aix-en-Provence，法国南部城市，普罗旺斯前首府。——译注
③　Edme Bouchardon(1689—1762)，法国雕刻家。——译注
④　Charles Joseph Natoire(1700—1777)，法国画家、木刻家。——译注

些人在做祷告,还有一些匍匐着,一人边听边做着记录。近处,一名修士把头支在翻开的大书上,我们在画面上只能看到他的头顶,大书被蓝色帘子遮住了部分。他们是哪个修会的?方济各会,多明我会,查尔特勒会,嘉布遣会还是圣三会?这幅画是修道场景的真实写照(又是哪个场景呢)?或恰恰相反,它是一幅虚构的画作?作者就像马格纳斯科[①]或塞巴斯提亚诺·里奇那样因"心血来潮"而构想出了一个场景?是否应将卢浮宫的《修士布道》和与之相对应的作品——存于华盛顿的《修士们观看骷髅》列入宗教杰作之列并判定其作者在宗教题材的创作领域出类拔萃、能为该题材的作品注入新鲜血液?抑或我们是否可认为达姆龙·博达在创作这两幅画时自由发挥了灵感、想象力以及整个 18 世纪都备受推崇的"创造力"?我把这个问题留给读者。

画作的笔触豪放刚劲,内容丰富有趣,各种奇异的色彩与尼罗绿、略带别色的白相调和,乳白色光线微弱、朦胧,构图整体上呈曲线型,画中人物都像脱臼了似的扭着腰,姿态生硬做作……令人惊奇的是达姆龙·博达对色调的自由拿捏和创新,与那个时代其他艺术家相比独具一格。

下面我们会走近另一位来自南方的艺术家——1732 年生于格拉斯[②]的弗拉戈纳尔,他同样具有独创精神。显然,18 世纪的法国绘画远没有展现其所有的奥妙,还有很多精彩之作待我们发现。除了卢浮宫,我们还能在哪里感受如此这般绘画之美妙呢?

参见词条:夏尔丹、弗拉戈纳尔、苏贝利亚斯

达鲁伯爵(皮埃尔-布吕诺) | Daru (Pierre-Bruno, comte)

(蒙彼利埃,1767——默朗,1829)

---

① Alessandro Magnasco(1667—1749),意大利画家。——译注
② Grasse,法国南方小城。——译注

在卢浮宫，达鲁可能是一处楼梯（又称萨莫色雷斯的胜利女神楼梯）、一条长廊（展出罗马雕塑，如著名的《波尔格塞的斗士》）、一座截锥形展馆和一间用来展示 19 世纪上半叶的法国巨幅画作——如《加冕礼》——的大厅。显而易见，达鲁在卢浮宫受到礼遇。

达鲁是拿破仑一世时期的大臣，勤勉干练。他曾力阻拿破仑一世攻打俄国，但失败了。他还曾委托其颇有名气的表兄弟亨利·贝尔（即司汤达）起草了第一份卢浮宫藏品清单。他曾是法兰西学士院的院士，拉马丁是其继任者，如今在其位的是杰奎琳·德·罗米利①。

参见词条：达维特：《拿破仑一世加冕大典》、楼梯、画廊、《波尔格塞的斗士》、藏品清单、拿破仑一世、展馆、司汤达、《萨莫色雷斯的胜利女神》

以画抵债 ｜ Dation

"以画抵债"允许个人"通过上交具有较高艺术价值或历史价值的艺术品、书籍、收藏品或文献"（1968 年 12 月 31 日法律，第 2 条）来完全或部分抵偿其应缴的继承税（和财产税）。

该法条于 1972 年首次应用（有人上交了弗拉戈纳尔的《狄德罗》）。1972 至 2005 年间，"通过'以画抵债'被送交国家的作品总价值达到了 5.34 亿欧元"。卢浮宫的所有部门都有所获益（菲利皮诺·利皮②的画，弗拉戈纳尔的 5 件作品，弗朗·哈尔斯、戈雅、菲利普·德·尚帕涅的作品，一大批法国静物画以及维米尔、鲁本斯的作品，这只是就绘画部来说；工艺品部和雕塑部的获益我就不得而知了）。例如，前不久（2004 年）卢浮宫刚获得了弗拉戈纳尔的《阿尔米达花园里的勒诺》。不过总体来说，法国所有的博物馆

---

① 　Jacqueline de Romilly，已于 2010 年 12 月离世。——译注

② 　Philippino Lippi(1457—1504)，意大利文艺复兴初期画家。——译注

(奥塞，波布尔，凡尔赛)都从这项必要的法条中获益颇多(如果没有"以画抵债"，就没有毕加索博物馆)。

最后说一句，有人预测继承税可能会被取消，这是否意味着"以画抵债"也终被取消？

参见词条: 耗资巨大的艺术品买进、卢浮宫之友协会、克洛狄翁(克洛德·米歇尔)、狄德罗、捐赠、弗拉戈纳尔:《舞蹈家吉玛尔》、《阿尔米达花园里的勒诺》、哈尔斯(弗朗):《弹曼陀铃的小丑》、艺术事业资助、鲁本斯(彼得-保罗)、"国宝"、维米尔(约翰内斯)

达维特(雅克-路易)/《贺拉斯兄弟的誓言》 | David (Jacques-Louis)/*Le Serment des Horaces*

(巴黎，1748——布鲁塞尔，1825)

布上油画;德农馆二楼达鲁厅(第 75 展厅)

H:3.30;L:4.25;S.D.b.g.:*L. David faciebat Romae anno MDCCLXXXIV*;INV. 3692

画面左边，一座古代建筑前站着 3 个头戴钢盔的战士——贺拉斯和他的兄弟们，他们相互靠在一起。3 人正举起右臂宣誓。父亲老贺拉斯披着好看的红色大衣，面朝 3 兄弟，将剑递给他们。3 个女人坐在右边，泪流满面，她们分别是贺拉斯的母亲(怀中抱着尚小的孩子们)、姐妹卡米耶和兄弟的妻子萨比娜。

当时罗马和阿尔尼①正在打仗。为了结束战争，这两个城市决定派各自境内最骁勇的战士——贺拉斯兄弟和古里亚斯兄弟进行决斗。然而，贺拉斯的兄弟已娶了古里亚斯的姐妹萨比娜，贺拉斯的姐妹卡米耶又是古里亚斯的未婚妻。贺拉斯家族再三考虑之后，决定把义务和职责置于个人感情和生命之上，为家乡尽责，达维特正是记录了这一时刻。

---

① Albe，意大利拉丁姆古城。——译注

　　高乃依(1640)的戏剧固然会启发达维特①,但是,为了绘画创作,达维特1784年专程去了罗马,那座城市的过去带给他灵感:他在给最喜爱的学生让-热尔曼·德鲁埃(Jean-Germain Drouais,1763—1788)的信中写道:"置身罗马,我有了画'贺拉斯'的愿望"。

　　这幅画不仅在罗马引起了轰动,在1785年的巴黎美术沙龙展出时也反响不凡。它以6000里弗尔②的高价被王室订购,这也是达维特首次接受宫廷订购。与那个年代其他的法国或欧洲绘画相比,《贺拉斯兄弟的誓言》具有自己的鲜明特点。明快的色调,简洁严谨的构图,简约的建筑,坚定地履行自己的义务、时刻准备献出生命的男人与不安、沮丧、屈从的女人之间的对比,这一切表明法国绘画史翻开了崭新的一页。

　　应避免过分看重近年来人们给予这幅画的越来越多的"政治"解读。我重申一下这幅画的创作时间:1784年。如果说它具有革命意义,倒更多地体现在美术方面,这就已经不错了。

　　参见词条:达维特的画室、达维特:《萨宾妇女》,《拿破仑一世加冕大典》;《朱利埃特·雷卡米埃》

达维特/《萨宾妇女》│David/*Les Sabines*

　　布上油画;德农馆二楼第75展厅;编号:INV.3691

　　H:3.85;L:5.22;S. D. b. g. *David f.*^bat *anno* 1799

　　达维特在作品宣传册里对这幅画进行了解说。"普桑已用朴素又动人的笔法表现过'萨宾妇女被抢'这个主题……我冒昧地再选此主题并作续篇,我描绘的是萨宾妇女劝和萨宾军队和罗马军队的场景。

　　"战争打响,两方军队互相厮杀,盛怒的双方首领在一场激烈

────────────

①　高乃依根据罗马历史故事创作了悲剧《贺拉斯》。——译注
②　法国古代货币单位。——译注

的大混战中相遇了,他们打算趁着这个传奇的时代发动一场永载史册的战役……突然,曾被罗马人抢走的萨宾妇女们赶到了战场,她们头发蓬乱,怀抱光身小孩,穿过尸体堆和亢奋的马群。"

接下来,达维特借鉴了普卢塔克著作的相关内容,引述了爱尔茜里①对萨宾军队说的话:"……我们的父兄就在你们的队伍中,求你们让他们得以保全,罗马军队里有我们的丈夫和孩子,也求你们不要夺走他们的生命。爱尔茜里的话语和眼泪震动了每个人的心。一些妇女把孩子放到士兵脚边,使得士兵纷纷松开手中沾满鲜血的刀剑;另一些妇女举起婴儿,以乳儿之躯作为抵挡长矛的盾牌,士兵见此情景都失去了掷矛的力气。罗慕吕斯向塔蒂乌斯掷枪的手停在了半空中。骑兵部队的首领把剑插回了剑鞘。战士们举起头盔以示和解。夫妻之爱、父爱、兄弟友爱在军队里蔓延。很快,罗马人和萨宾人互相拥抱,自此以后成为同一个民族。"

1799 年 12 月 21 日至 1805 年 5 月间,该画在卢浮宫的前建筑科学院会议室(后来的里沃利街边)展出。参观该画需要付费(1.8法郎),这在当时不无争议。参观者会领到入场券和作品赏析册。尽管主人公们的裸体有些刺眼,该画所展示的恢弘场面仍受到了热烈欢迎。

最后,我想引用几句安东尼·斯切纳波尔②在达维特画展(1989)的展品目录中对这幅画的评论:"3 个主要人物是最吸引人的,是整幅画的核心,他们在静止的'舞蹈'中定格,但又有血有肉、栩栩如生,他们位于前方的突出位置,身后的人群被战斗的硝烟笼罩。说实话,人群的情态被展现得并不充分,多需我们想象。除了孩子和罗马城墙上的一些小小的身影,我们大多看到人们的头部,只能勉强看清约 15 人的身体,不过从整体来看,画面犹如朴素的浅浮雕,中部略凹,萨宾妇女们就从凹处穿过,密集的长矛、旗帜间现出一些人头和钢盔,这边一位骑马的军官正在阻止士兵的行动,

---

① 即画面中央的女子。——译注
② Antoine Schnapper(1933—2004),法国艺术史学家。——译注

那边是一只马头。

"所有大人都入了'戏',除了近处的孩子们,他们看着我们,脸上并无恐惧之色,他们和画作《布律蒂斯》里的针线篓有相同的作用,(皆意味着):生活仍在继续。大卫的细致成功地刻画了每一个人物,固然值得称赞,但颜色的协调——背景的橙、蓝相和被硝烟的灰色淡化——才真正使该画具有无与伦比的魅力。"

参见词条:达维特的画室、达维特:《贺拉斯兄弟的誓言》《拿破仑一世加冕大典》《朱利埃特·雷卡米埃》

达维特/《拿破仑一世加冕大典》,或《加冕礼》| David/*Le Couronnement*, dit aussi *Le Sacre*

布上油画;德农馆二楼第 75 展厅

H:6.21;L:9.79;S. b. d.:*L. David f^{ebat}*.;D. b. g.:1806 *et* 1807;INV. 3699

我们来一起回顾这件大事:事情发生在 1804 年 12 月 2 日的巴黎圣母院,罗马教皇庇护七世和几乎所有的皇室成员在场(皇帝的母亲和兄弟中的两位——吕西安和热罗姆缺席)。典礼持续了 3 小时。一份详尽的记录表明,参加典礼的还有各国的宫廷显贵和帝国的军官等。建筑师佩西耶和封丹负责圣母院的装饰。拿破仑要求自己给自己加冕,然后给皇后约瑟芬戴上王冠。

画上,已戴上王冠的皇帝正在为约瑟芬皇后加冕。教皇在为皇帝祝圣。正对着我们的观礼席上坐着皇帝的母亲①,非常醒目。我们可以看到,达维特正在另一个更高一些的观礼席上画画。在画面上的 191 个出席者中,能够认出许多达官显贵:康巴塞雷斯、勒布伦、贝蒂埃、塔莱朗、枢机主教斐许、米拉、苏尔特、迪罗克等。

画师为何选择描绘拿破仑为约瑟芬加冕的场景呢?用皇帝的

---

① 拿破仑的母亲并未出席加冕大典,拿破仑要求画师把母亲画上。——译注

话说,这是"约瑟芬和达维特的小诡计"。而达维特之所以选取这一刻,是因为它可以为我们呈现出一个具有影响力、"威严和强势"的拿破仑。实际上,达维特曾在拿破仑自己戴冠和为约瑟芬戴冠这两个场景的取舍上犹豫再三。

此外,教皇的姿势是在拿破仑1808年1月4日参观了达维特画室之后才被换成了如今这样,原画中,庇护七世的双手是放在膝盖上的。"我让他大老远过来不是让他休闲的,"拿破仑喊道。

画这幅油画耗费了达维特无数的心血:还不算他前期的构思及对实物和每个模特的观察研究……除了红和绿在整体上的协调搭配,该作品还显示出作者卓越的结构意识。达维特的学生和达维特传记的作者德勒克吕泽1855年写道:"经过这些年,该画的色调更为稳定,画面更加协调……最终得以成为经典。"

很快,该画便深得大众喜爱,布瓦伊的一幅画(纽约的赖茨曼收藏)便再现了1808年美术沙龙上欣赏该画的人潮。如今情况依旧,维利·罗尼[1]拍摄的《卢浮宫的一个星期天》(1968)便是证明,纪念加冕大典200周年展览会举办之际(2004)出版的专题录《达维特画笔下的拿破仑加冕大典》中也翻印了这张照片。

然而,今天的人们是否仍能理解该画的意义? 如果人们能从中看出"大革命的祭礼"或将其看作一幅宣传画,那么它的价值就没有降低,我们应该将这幅画与达维特熟知的、创作于1622至1625年间的卢浮宫另一杰作——鲁本斯的《玛丽加冕》作个对比。

这里引用一段达维特和拿破仑的对话,事情大概发生在1808年。当时皇帝想为自己的第一位御用画家修建一座画廊用以展出其画作,对话围绕这个主题展开:"我们怎么称呼它? ——加冕礼画廊。我说。——不,叫达维特画廊。皇帝回答。已经有一个鲁本斯画廊,这个就叫达维特画廊。——这可不是一回事,鲁本斯比女王玛丽伟大,达维特可比不上拿破仑皇帝伟大! ——那就交给

---

[1]   Willy Ronis(1910—2009),法国摄影家。——译注

时间吧,后人会为它起个名字的"(达维特之孙于勒·达维特,1880)。

参见词条:达维特的画室、达维特:《贺拉斯兄弟的誓言》,《萨宾妇女》、《梅迪奇画廊》、拿破仑一世、佩西耶,《朱利埃特·雷卡米埃》

大卫-威尔家族 ｜ David-Weill (les)

大卫·大卫-威尔(1871—1952)、皮埃尔·大卫-威尔(1900—1975)和米歇尔·大卫-威尔(1932—　)先后担任过国家博物馆艺术委员会主席。他们及其儿女捐赠的艺术品数量巨大,种类多样,令人印象深刻。例如,曾任伊斯兰艺术部负责人的让(1898—1972)遗赠给了卢浮宫许多来自埃及的伊斯兰木刻藏品。卢浮宫所有的部门都从他们经常性的、从不声张的、甚至时而佚名的慷慨捐赠中获益颇多。

以什么为标准来选择收入本词典的捐赠作品(及相关事迹)呢? 比如像佩罗诺的《索尔坎维尔夫人肖像》。我们会涉及下面这些作品:出土于特罗①的 700 件苏美尔艺术品;达维特和德拉克罗瓦的素描册;18 件制作于中世纪至 18 世纪别致的法国金银器;大卫·威尔家族对购买安格尔的《土耳其浴室》、乔治·德·拉图尔的《持矛的圣托马》和库尔贝的《画室》(现存于奥塞博物馆)所给予的经济支持。

卢浮宫固然不是唯一一个从这个非凡家族的慷慨捐赠中获益的博物馆,但如果没有这个家族给予的种种帮助,卢浮宫不会是现在这样。

参见词条:收藏家、国家博物馆艺术委员会、捐赠人、《百科全书》、安格尔:《土耳其浴室》、拉图尔:《持矛的圣托马》、佩罗诺(让-巴普斯特)、苏贝利亚斯

---

① Tello,古代吉尔苏城,位于伊拉克南部。——译注

《达芬奇密码》｜Da Vinci Code

　　我没有读过《达芬奇密码》这本书,也没看过同名电影(2005)。

　　该畅销书问世时,作家丹·布朗有没有寄一本给卢浮宫? 这本书是否已被归入了《拉若孔德》的档案材料并被珍藏于绘画部的研究与文献处? 是否被收存入了国家博物馆图书馆? 我不知道。

　　参见词条:名称有误的卢浮宫图书馆、文献、雷奥纳多·达芬奇

德拉克罗瓦(欧仁)｜Delacroix(Eugène)

　　(沙朗通,1798——巴黎,1863)

　　谈起德拉克罗瓦,怎能不提波德莱尔,同样,说起波德莱尔,又怎能不提到德拉克罗瓦? 除了《耶稣在橄榄园》(圣保罗圣路易大教堂,巴黎圣安东尼街)、《圣塞巴斯蒂安》和《美狄亚》(里尔博物馆珍藏的版本创作于波德莱尔写了相关文章之后),波德莱尔在以下这段话里提到的其他绘画都归卢浮宫所有,这段话节选自《奇异的美学》,是专为 1846 年美术沙龙所作:"为使我们的分析更加完整,我要指出德拉克罗瓦作品最显著的特点,也正是这一点使他成为了 19 世纪名副其实的伟大画家:他所有的作品都流露出独特又持久的忧伤,我们能从题材的选择、形象的塑造、人物动作和色彩特点中体会到这种忧伤。德拉克罗瓦钟爱但丁和莎士比亚——另两位描绘人间疾苦的伟大'画家';他对他们非常了解,能流畅地翻译他们的作品。凝视他的一系列画作,就好像我们正参加一场忧伤又神秘的仪式:《但丁与维吉尔》、《希奥岛的屠杀》、《耶稣在橄榄园》、《圣塞巴斯蒂安》、《美狄亚》、《海上遇难者》和总被取笑且少有人理解的《哈姆雷特》。在他的许多作品中,我们会不经意地发现一个极其悲伤和消沉的形象,所有周遭的痛苦都浓缩于其身;比如《十字军进入君士坦丁堡》近景处那个长发下垂、跪在地上的女人

和《希奥岛的屠杀》里那个满脸皱纹的忧伤老妇。这种悲伤在《阿尔及尔妇女》里减轻了一些，这是他最雅致、最绚丽的一幅画。这首描绘室内生活的'小诗'里充盈着温馨和宁静，塞满了鲜艳的织物和梳妆用具，仿佛从一个易将我们引向悲伤炼狱的地方散发出浓郁的芳香。不过他通常不画世人眼中的漂亮女人。几乎所有的女主人公都是忧伤的，散发出一种内在美。他不以肌肉表现力量，而是以神经的紧张程度来体现力量的强弱。他最擅长表达的不仅仅是肉体的痛苦，更是精神上的苦楚，这正是其作品的新颖和神秘之处。这种强烈的忧伤发出淡淡的光，甚至蕴含在浑厚或简单的和谐色彩中，这色彩看起来仿佛并无特别，实际上却如韦伯①的乐曲那般悲哀和深邃。"

讲段轶事供大家消遣：1963 年，戴高乐将军去大画廊参观德拉克罗瓦画展。绘画不是他的强项，据说他极少参观博物馆。他停在《图拉真皇帝的公正》（德拉克罗瓦的杰作，现存于鲁昂博物馆）前，问道："'图拉真皇帝的公正'，确指什么？"馆长的脸色刹时变得苍白，嘟嘟哝哝地解释。戴高乐将军则用拉丁语背出了塔西佗的《编年史》中与该画相关的段落。实际上，1840 年美术沙龙的说明书表明，德拉克罗瓦创作该画的灵感源自但丁《炼狱》里的一个段落。

参见词条：波德莱尔、肖邦、德拉克罗瓦：《自由引导人民》、戈雅·伊·卢西恩特斯（弗朗西斯科·德）：《费迪南德·吉尔玛德肖像》

德拉克罗瓦/《自由引导人民》│ Delacroix/*La Liberté guidant le peuple*

布上油画；德农馆二楼莫利恩厅（第 77 展厅）

H.:3. 25；L.:2. 60；S. d.　Mi-h. d. : *Eug. Delacroix* 1830；R. F. 129

---

① 　Carl Maria Von Weber(1786—1826)，德国作曲家、钢琴演奏家、指挥家、浪漫主义音乐的先辈。——译注

请允许我讲一段个人经历。我曾陪同俄罗斯(当时还是苏联)总统赫鲁晓夫参观卢浮宫。他脾气很好。很显然,《自由引导人民》使他想起了什么。我向他解释道,这幅画与 1830 年大革命有关,查理十世政权在革命的第 2 天(7 月 28 日)便崩溃了,画上赤裸着上身的妇女手拿三色旗,该旗帜象征自由——不断发展的自由,远处是巴黎圣母院的塔楼,地上是起义牺牲者的尸体,右边手持长枪的伽弗洛什在雨果的《悲惨世界》里得到了永生;尽管该画描绘了革命(或者说"与革命有关"),被大仲马称为"帝国的狂热崇拜者"的德拉克罗瓦却并没有背弃自己所信奉的波拿巴主义,一件作品可能因其主题、创作过程或作者的反抗精神而具有革命性……

尽管当时的物质生活水平有了提升,但(人们的认识水平并未提高到同等水平)艺术界还是鲜有人认为拉斐尔并不比乔托"更出色",马奈也并非胜过卡拉瓦乔。我看到赫鲁晓夫眼里闪过一丝光芒:是政治家的机敏还是因他理解了我的话? 我永不会知道……

尽管我们应毫无保留地赞赏德拉克罗瓦将现实和寓意相结合的勇气,但从"革命意义"来说,这幅画本身可能比其主题(德拉克罗瓦在 1830 年给兄弟的信中称之为"现代主题")稍逊一筹。

1831 年,路易-菲利普在美术沙龙上以 3000 法郎购得该画,但直至 1874 年,它才开始定期在卢浮宫展出,这也在情理之中。此后,该作品不断被赋予重要的象征意义——共和主义。

参见词条:查理十世、路易-菲利普、梅多尔、1830 年革命

德拉克罗瓦博物馆 │ Delacroix (musée)

德拉克罗瓦 1857 年搬进了位于弗斯滕伯格街 6 号的画室和公寓,直至 1863 年突然离世。这位艺术家想离圣叙尔比斯教堂近些。他曾负责为那座教堂画壁画(1861 年完成)。在那里他亲自创作了两幅精美的壁画:《赫利奥多罗斯被赶出庙宇》和《雅各布与天使的搏斗》。

他爱那个地方："我喜爱我的住所……小花园的景色和画室的宜人布置让我感到愉悦。"(《每日新闻》,1857年12月28日)

欧仁-德拉克罗瓦国家级博物馆由卢浮宫的一位负责人担任馆长,设立该馆是为纪念这位伟大的艺术家。在巴黎,仅有罗丹、亨纳、埃贝尔、居斯塔夫·莫罗、布尔代勒、布夏尔(还是在短时期内)、扎德金和毕加索能够受到类似的尊崇。

德拉克罗瓦博物馆前不久被并入了卢浮宫博物馆。

参见词条:德拉克罗瓦;《自由引导人民》、勒吉尤(让娜-玛丽,又名珍妮)

德拉克罗什(保罗)/《波拿巴翻越阿尔卑斯山》│Delacroche(Paul)/*Bonaparte franchissant les Alpes*

(巴黎,1797——巴黎,1856)

布上油画;德农馆二楼莫利恩厅(第77展厅)

H:2.89;L:2.22;S. D. b. g.: *Paul Delacroche* 1848;R. F. 1982—75

我们来看看这幅画的画名卡:"波拿巴翻越阿尔卑斯山——1848"。怎么! 波拿巴1848年翻越过阿尔卑斯山! 尽管总有较真的参观者提出异议,但没能阻止波拿巴继续在1848年穿越圣伯纳德山口。我很清楚画名卡上的名字和日期间有个破折号。但我们毕竟不能要求走进卢浮宫大门的800万参观者记住发生在1800年5月14日至23日间的事情。

感谢来自麦迪逊(美国威斯康星州)的比尔考采尔夫妇于1982年将该画赠给卢浮宫,我们回想起19世纪的绘画爱好者们的犹豫和争论:3个 D——德康、德拉克罗瓦、德拉克罗什[1]——中,谁最伟大? 又该如何排序?

参见词条:波拿巴(拿破仑)、作品名和作者姓名卡

---

[1] 三人的法文名均以字母"D"开头。——译注

德农（多米尼克-维旺）│Denon(Dominique-Vivant)

（日夫里，索恩河畔沙隆附近，1747——巴黎，1825）

德农的一生非常精彩：如何用几行文字概括？

他的短篇色情小说《没有明天》(1781)使他在众多二线作家中得以幸存。该故事（自传？）的魔力在于所涉主题的大胆，且全文没有一词让人反感（路易·马勒从这本小说中提取了电影《情人》的剧情）。

德农是远征埃及(1798—1799)的 164 个学者中年纪最大的。他们每人都得到了一把由金银匠比昂内①设计的剑。在法兰西学院为我举办的欢迎会上，朋友们把其中一把剑送给了我。是不是多米尼克·维旺·德农的那把呢？我去世后，它将成为工艺品部的藏品。

在埃及，德农描绘当地的古迹和居民，并记录了那次远征，因而有了令人难忘的作品——《上下埃及游记：在波拿巴将军作战期间》(1803)。他也是一位极具天赋的雕刻家，是法国最早对当时刚出现不久的石版画②感兴趣的人之一，他还是一位经验丰富、兴趣广泛的收藏家，收藏各种绘画作品（其中有华托的名画《皮埃罗》，曾名《丑角吉尔》，夏尔丹《午餐前的祈祷》的第 2 个版本③：这两件作品现存于卢浮宫）。

但最重要的是，他曾任中央艺术博物馆(1802)(1803 年更名为拿破仑博物馆)馆长。"门楣上还缺一个题名；我认为'拿破仑博物馆'是唯一合适的选择"（德农对第一执政官④说的话，1803 年 7月 14 日）。他想将卢浮宫建成"全世界最棒的"、可囊括整个艺术史的百科博物馆。而当时博物馆里那些华贵的藏品只能反映王公

---

① 　Martin-Guillaume Biennais(1764—1843)，拿破仑的特约金银匠。——译注

② 　石版画起源于 18 世纪末。——译注

③ 　第一版本作于 1740 年，第二版本作于 1744 年。——译注

④ 　指拿破仑。——译注

贵族们的喜好。心怀"建设百科博物馆"的志向,德农对旅行途中发现的文艺复兴前期的意大利作品和德国绘画很留心。1814年,路易十四为当年的展览会举办了开幕式。在德农的坚持下,自那时起,一些重要的作品被留在了卢浮宫,比如契马布埃的《天使围绕着的圣母与圣子》(又名《圣母与天使》)、乔托的《圣方济各受圣痕》和弗拉·安吉利科的《圣母加冕图》。

封丹于1804年2月5日记述道:"博物馆的管理者们很勉强地同意将馆藏绘画上交,用以装饰政府的房子,他们的态度让第一执政官很不满,后者随后便撤销了之前的管理制度,取而代之的新制度是:由一个总负责人管理所有的博物馆……这个总负责人的职位被授予因热爱艺术和撰写埃及游记而著名的德农先生。这位新官员干劲十足,他渴望做到最好,更需被大家认可。"

博物馆就是个永久的大工地,伴随着战场上的形势变化,在德农对当时最著名的艺术家们的授意下,古代艺术博物馆(德农为第一任馆长)、铜版画陈列室、绘画藏品部门等在1802—1815年间经历了不断的变更。

拿破仑第一次退位后,德农竭尽全力保全了他所管理的博物馆,然而,1815年拿破仑再次失败后,博物馆的主体部分还是被瓜分了。滑铁卢战役的胜利者惠灵顿9月23日给英国总理皮特的得力助手卡斯尔雷勋爵写了一封信,信的内容被刊登在10月18日的《辩论报》上,值得我们全文引用:

现在同盟国已能够名正言顺地拥有博物馆的画和雕塑,难道法国人可以不把掠夺而来的东西还给它们的主人吗?在可怕的法国大革命和波拿巴专制时期,他们用频繁的战争换来了这些艺术品。

《巴黎和约》签署之际(1814),同盟国对博物馆的政策比较温和是因为他们想要感化法国军队,使其与欧洲和解,法国军队当时似乎也准备这么做。

然而,如今的形势完全不同:这支军队辜负了人们的期望,一有机会就反抗君王,为人类的敌人效忠,企图回到恐怖的时代,重现掠夺的场景,拼命地和世界人民对着干。

这支军队已被欧洲军队打败,并被君主联合委员会遣散,欧洲国家没有理由再次损害自己的利益去让这支军队满意。实际上,依我来看,同盟国君主根本不必为了取悦法国而忽视这个既可惩罚敌人又有益于自己的机会。对于这些藏品,法国人民只可能有一种民族自豪感。

他们希望留住这些艺术杰作并非因为巴黎是最佳收藏地(因为写过这方面文章的艺术家和行家们一致请求将作品带回最初的存放地),而是因为这些作品是他们通过战争所得,是战利品。

法国人民渴望保存其他国家的画和雕塑的心情应激起这些国家的斗志,既然胜利属于后者,就应该把这些东西归还给他们的合法主人。同盟国的君主们应促成这个愿望。

此外,为了法国和世界人民的幸福,我们希望,如果法国人民还不相信欧洲比法国强大得多的话,我们就要让他们感受到,和欧洲的一个或多个国家比起来,拥有一些伟大作品只是他们部分的和暂时的优势,归还之日终会到来。

还是1815年,10月14日,德农看到自己一生的成果被毁,终于感到累了,他向路易十八递交了辞呈。此后,他便潜心于个人收藏。他从未停止过购买藏品,在生命最后的日子里还经常前往拍卖行。他在伏尔泰河堤边的公寓里去世。最近竖立在卢浮宫对面的纪念牌是对他永远的怀念,他曾是那样地热爱这座博物馆。拿破仑的"慧眼"——这是德农的荣誉称号。

参见词条:法兰西学院、弗拉·安吉利科、希腊、伊特鲁利亚及罗马文物部、波拿巴、铜版画陈列室、契马布埃、博物馆研究员、收藏、拿破仑一世、工艺品部、慧眼、卢浮宫管理委员会主席兼馆长、普吕东(皮埃尔-保尔)、卡尔东、革命时期的作品扣押、华托(让-安东尼):《舟发西苔岛》、眼睛

德农馆与德农门 ｜ Denon (pavillon et porte)

德农门位于达鲁画廊和莫利恩厅之间,正对着马奈热厅,它曾是卢浮宫的主入口(1989 年之前)。德农馆由勒菲埃尔主持修建于拿破仑三世统治时期,其前厅是万国大厅的入口。查尔斯-路易斯·马勒[1](Charles-Louis Müller,1815—1892)曾负责它的装饰,现在去看那些赞颂君主(圣·路易、弗朗索瓦一世、路易十四、拿破仑)资助艺术事业的装饰画则感觉十分暗淡,需被修复。德农翼楼是博物馆三大展区之一,包括大画廊和第二帝国年间围绕勒菲埃尔庭院(马奈热庭院)及维斯孔蒂庭院修建的一些新建筑。(维斯孔蒂庭院不久后将被加顶,以供新成立的伊斯兰艺术部使用。)

参见词条:达鲁伯爵(皮埃尔-布吕诺)、德农、入口、万国大厅(通常称拉若孔庭厅)、弗朗索瓦一世、大画廊、伊斯兰艺术部、路易十四、莫里恩(尼古拉-弗朗索瓦)、拿破仑一世、拿破仑三世、黎塞留、叙利

收藏 ｜ Dépots

卢浮宫很富有,藏品取之不尽……唉,事实并非如此,且各部门的情况也有很大差别。

3 个古文物部门的藏品可能比较可观,主要包括一些古代作品的残卷及玻璃、陶瓷品的碎片,它们通常具有很高的科研价值,但艺术价值较低。

绘画部的藏品则少得多,因为自 19 个省博物馆(如今称地区博物馆)在大革命和帝国时期成立以来(沙普塔尔决议),卢浮宫的绘画藏品就不断被地区博物馆申请保存。

近来,关于藏品管理的规章已成为值得一提的明文规定。

---

[1]　Charles-Louis Müller(1815—1892),法国画家。——译注

1997 年 3 月,一个负责"清点艺术藏品"的委员会成立。"其任务是列出一份归文化和交流部管辖的国有机构的藏品清单"(包括政府各部、博物馆、公共机构等的收藏,大使馆除外)。这个委员会应于 2007 年 12 月 31 日解散,但它能否在此之前完成所有工作? 会有怎样的结果?

另一个相关规定——2002 年 1 月 4 日颁布的博物馆法(第 13 条)激怒了卢浮宫的管理人员。在此之前,他们一直认为自己对卢浮宫的藏品负有全部责任,尽管它们中的许多件都成了省博物馆的主要财富。这条法令的颁布意味着 1910 年 10 月 7 日以前的收藏都不再归他们管理。希望这些作品(基本都是重要的作品)的新主人能好好照料它们(举办公共展览,修复,做展览的准备……)。

P. S. 除了 19 个省博物馆,沙普塔尔法令(1803)还涉及布鲁塞尔、日内瓦和美因茨。这 3 个当时被并入共和国的城市没有在 1815 年将它们曾得到的作品——其中一部分是皇家收藏——还给法国。大约 1000 幅画就这样流失了。

在卢浮宫寻找细节 | Détail

您可以根据您的兴趣或内心的悸动选择一个细节,也完全可以是心血来潮:水闸,烟草,圣热尔特律德,圣迪埃,数字 133,乌鸦,苹果,南美牧人穿的形如毯子的披风,大运河……怀着一颗好奇的心在卢浮宫的展厅里寻找这些细节吧。您会有很多发现,会获得一个又一个惊喜……

《一对夫妇》 | Deux Époux(Les)

埃及文物部;叙利馆二楼第 22 展厅 17 展柜;洋槐木

H:0. 695;L:0. 33;Pr:0. 15;N. 2294

这尊雕塑约作于公元前 2350—前 2200 年间,大概是埃及第 6

王朝的初期(我重申一下,我可不是个埃及学家,也有人推定这是第5王朝时期的作品):一位孟菲斯[1]官员(人们是如何知道他是个官员且来自孟菲斯的?)拉着他年轻的妻子,目光坚毅。后者头戴假发,畏手畏脚地抓着男人的腰。这对夫妇似乎在分享一种共谋者之间的温情。

他们脸上的表情、活力和姿态都被其作者——一位木雕技术精湛的佚名艺术家——捕捉到了。

我尤其喜欢年轻女人的那根腰带,它精巧地勾勒出了女人的轮廓,使其显得更加高挑。

参见词条:官方访问

《皇冠钻石》| Diamants de la Couronne

参见词条:《摄政王钻石》、《桑西钻石》

《倚着雄鹿的女猎神狄安娜》| Diane chasseresse appuyée sur un cerf

雕塑;黎塞留馆一楼第15B展厅

大理石;16世纪中叶;古代基座

H:2.11;L:2.58;Pr:1.345;M. R. 1581

这尊雕塑有何寓意?出自谁之手?它为我们留下了什么?有一点可以确定:这件魅力之作来自阿内府邸一庭院内的喷水池,该府邸由菲利贝尔·德·洛梅[2]主持修建,被亨利二世赠给了宠妃狄安娜·德·普瓦提埃。雕塑在大革命期间被扣押,1799至1800年间由雕塑家皮埃尔-尼古拉·博瓦莱进行了较大程度的修复,它曾被展览在爱丽舍花园内的亚历山大·勒努瓦法国文物古迹博物

---

[1] Memphis,埃及最古老的首都。——译注
[2] Philibert de l'Orme(1514—1570),法国建筑师。——译注

馆里(我们能从于贝尔·罗贝尔的一幅画上看到这尊雕像,那幅画现藏于卡纳瓦莱宫①,描绘了这座曾经的博物馆——如今已成巴黎艺术学院设计学院的校舍)。1823年,卢浮宫获得此雕像。它的底座上交织印刻着亨利二世和狄安娜·德·普瓦提埃王妃的姓名首字母(亨利二世楼梯的拱顶上也有)。

这尊雕塑是谁的作品?本韦努托·切利尼?他的《枫丹白露的仙女》装点着莫利恩楼梯的平台。让·古戎(顺便说一句,女像柱厅②的《女像柱》是唯一确定出自让·古戎之手的圆雕作品)?或是热尔曼·皮隆③?现在仍不能确定。雕刻日期也同样不甚明确,可能是1549年吧。反过来我们倒是可以确定雕塑的原型绝不是狄安娜·德·普瓦提埃。即便这样,大画家让-奥诺雷之子亚历山大-埃瓦里斯特·弗拉戈纳尔还是以该雕塑为原型创作了《让·古戎雕刻的狄安娜·德·普瓦提埃》,该画作于1997年被卢浮宫收藏,现展于叙利馆二楼第57展厅。

参见词条:卡娅第德厅、切利尼(本韦努托)、《枫丹白露的仙女》、楼梯、亨利二世、数字与字母游戏、勒努瓦(亚历山大)

狄德罗(德尼) │ Diderot(Denis)

(朗格勒,1713——巴黎,1784)

我忍不住要引述狄德罗《1767年沙龙随笔》中的一个长段落。人们可能会因他和卢浮宫之间并不亲密的关系而责怪他,或者更确切地说,会责怪我把他写进这本辞典。这无可厚非。但我想带大家回顾一些相关的往事:当时每两年一次的美术沙龙都在卢浮宫的方形沙龙中举行,展览会因此有了"方形沙龙的常客"这个称号。狄德罗曾让夏尔丹当他的参观向导,他也把最美的篇章献给

----

① 巴黎的历史博物馆之一。——译注
② 即卡娅第德厅。——译注
③ Germain Pilon(1528—1590),法国雕塑家。——译注

了夏尔丹。如今卢浮宫的很多画都被他评论过："为什么一个连一般的画都画不好的年轻学生能画出一幅精美的草图？因为画草图需要的是热情和天赋，而绘画则是个功夫活，需要耐心、长久的学习和丰富的艺术经验……有一个小故事能让你们更明白我对画草图的所思所想和微妙感觉。如果下面这些文字到了承受能力较弱的女人手里，请提醒她们别往下读，或者不要在一个人的时候读。

"德·布丰先生[①]和最高法院院长德·布罗斯先生已不年轻，但他们都曾年轻过。年轻时，他们一大早就坐下来吃饭，并且在餐桌边一待就是很长时间。他们喜欢美酒，总是喝得很多。他们爱女人，喝醉的时候就去找姑娘。一天晚上，他们去了姑娘们那里。小个子院长（他好像还不及小矮人高）穿着娱乐场所常见的女式睡衣，向众人展示着他的那个东西。它大得令人吃惊，姑娘们个个惊叹不已；但在对它大加赞赏的时候，大家也开始思索起来。其中一个姑娘默不作声地跟小个子院长弄了几个来回后说：'先生，我得承认它的确不一般，但 où est le cul qui poussera cela？（能让它来回抽动的屁股在哪儿呢？——译者）'我的朋友，如果有人给您看一个剧本提纲，无论是喜剧或悲剧，请您一定绕着这人转几圈，然后像上面那个妓女问德·布罗斯院长那样，对他说：'没问题，很不错，但 où est le cul？[②]'如果是一份预算计划，也请问'où est le cul？'；是小说或讲话草稿，可以问'où est le cul？'；是画作的草图，还可以问'où est le cul？'草图可能对我们有更强的吸引力，就因为它未完成，让我们有更自由的想象，使我们能从中发现自己到底爱什么"。（出版人：Adhémar et Sezec，1963，第 241—242 页，现代版）

一段时间里，我们会更看重草图，对草图的喜爱甚至超过成品

---

① Georges-Louis Leclerc，Comte de Buffon（1707—1788），法国科学家、作家。——译注

② 原文此处连续出现 5 次 où est le cul，第 1 次的意义与后面 4 次的意义不同。cul 的转义有"运气"之意，据此，后几处可以是"结果会怎样？结果可能是什么？"等意思。——译注

画,不会对成品画特别在意。我还要提示一点,卢浮宫展有皮加勒和乌冬雕刻的狄德罗像(黎塞留馆一楼第24和第28展厅)以及路易-米歇尔·凡·卢和弗拉戈纳尔画的狄德罗肖像(叙利馆三楼第47和第48展厅)。

参见词条:夏尔丹、弗拉戈纳尔、方形沙龙

《火鸡》| Dindon(Le)

佚名(意大利人?),17世纪
绘画部;德农馆二楼第18展厅;布上油画
H:0.93;L:0.50;R.F.2392

卢浮宫一些部门收藏的大部分作品都是佚名的。对于几个古文物部的大多数作品和艺术品部的一部分藏品:人们不知其作者。相反,绘画部和书画刻印艺术部的"佚名作品"只占少数。佚名作品的数量在持续减少,对于一个艺术史学家来说,没有什么事比发现并确认一件佚名艺术品的作者更振奋人心了。近年来,一些谜底已被揭开,比如我们不久前刚刚知道一幅漂亮的肖像画是朱利安·德·帕尔姆的《自画像》。反过来,一些作品的作者本来已被确定,却又变成佚名的了:"每月一画"(85期,2001年12月—2002年1月)向我们展示了日内瓦色粉画家让-艾蒂安·利奥塔尔的一幅画,名为《茶具》。过去人们一直认为该画确出利奥塔尔之手,但法国博物馆研究实验室(C.2 R.M.F.)的一项研究表明,该画上的一些颜料在19世纪第2个10年间才出现,而利奥塔尔早在1789年就去世了。更离谱的是,该画还可能被作于更晚的时候——约1920年,"不过我们所知的仍然不够,套用让-皮埃尔·库赞的那句幽默,我们可以期待这件精美仿制品的作者来卢浮宫辨认它。"

然而,在卢浮宫的藏品世界里,"佚名"是一批艺术家的代称。例如这幅《火鸡》,1923年被一个如今鲜有人知的画家弗朗索瓦·佛莱蒙(François Flameng,1856—1923)赠给了卢浮宫。唉,如果

说委拉斯凯兹的名字都应被舍弃,那我列几个名气更小的:切萨雷·丹迪尼,乔瓦尼·阿戈斯蒂诺·卡萨那,安东尼·朱塞佩·巴尔巴扎。我们期待这种情况能有所改观……

若有读者想知道某些作品的作者,可参阅斯特凡·卢瓦尔的《卢浮宫博物馆里的 17 世纪意大利绘画》(巴黎,2006),里边有完善的作品目录。

参见词条:佚名作品、赝品、朱利安·德·帕尔姆:《自画像》、实验室、每月一画

卢浮宫博物馆历任馆长 │ Directeurs (du Louvre)

参见词条:卢浮宫管理委员会主席兼馆长。

法国博物馆管理局(D.M.F.) │ Direction des Musée de France (D.M.F.)

D.M.F.:法国博物馆管理局。法国博物馆管理局是文化和交流部的下属部门之一。它对博物馆进行监督管理——博物馆管理局和卢浮宫对"监督管理"这个词的解释明显不同。局长由部长任命,不定期更换。而卢浮宫管理委员会主席兼馆长则要受合同约束,一个任期为 3 年,任期中可被撤职。

博物馆管理局不直接管理卢浮宫,后者的权限已经扩大了(预算,艺术品买进等)。

参见词条:卢浮宫管理委员会主席兼馆长

文献 │ Documentations

卢浮宫的 8 个部门都有各自的文献,这些文献都具有一定的重要性,可让专家和大众查阅。内容多是关于各部门藏品的。

科普特分部(属埃及文物部)和卢浮宫历史分部保存着它们各

自的特殊文献。

绘画部的文献部门常被称为 S. E. D.（即研究和文献处），该部门自 1972 年起被设立在花神翼楼，收藏的文献极其丰富。收藏室的布局非常精致。

卢浮宫的每一幅画都应有一份相对完整的档案（来源，获取方式，以前和当前的照片，X 线照片，提要，沿革，复制品，草图，"相似品"——卢浮宫内与之相似的作品）。

研究和文献处保管着 12000 件作品的档案，也就是 80 万份关于卢浮宫绘画作品的资料（其中 6000 件是展出作品的档案，另 6000 件属于储藏室的作品）。盘点这所有的档案可不是件容易的事。

另一种文献被按照不同类别（法国的，意大利的，北欧的，德国的，英国的，西班牙的及其他）进行了仔细的分类，主要包括从杂志上剪辑的各种照片和复制品、展览会或拍卖会的说明书等，以便我们全面地研习一个艺术家的作品，无论其著名与否。这种文献包含法国绘画自诞生至 19 世纪 60 年代间的许多资料，在这一点上它是独一无二的。

最后是关于古今的收藏家、捐赠人和艺术史学家的资料，法国和世界的众多图书馆拥有大量这样的文献——约 15000 箱，内藏约 300 万份资料，其中大部分是照片，此外还有约 40000 份拍卖会说明书以及邻近图书馆的 50000 本可供查阅的书籍。

研究和文献处对研究人员来说是必不可少的。雅克·富加尔为它的发展作出了很多贡献。

参见词条：数据、复制品、花神翼楼和花神馆、《浴室装饰画》

捐赠人 | Donateurs

捐赠人，多美好的词语！为卢浮宫捐赠过作品的人成千上万。我谨在这本"辞典"里向他们致敬——无论是最慷慨的（大卫-威尔家族、罗斯柴尔德家族、卡蒙多家族、凯博特、伊斯·德·拉·萨勒、卡洛斯·德·贝斯特吉，考夫曼，施拉若德……），还是捐赠数量最微小、不愿留名的(维多利亚·卡巴内尔夫人,可参阅词条"米莱")捐赠人都值得感激和尊敬,不过我很清楚,对于卢浮宫的这些著名的或默默无闻的朋友们,我的喜爱或寡情是任性的。

捐赠人并不全是收藏者。有实物捐赠,也有金钱捐赠,一些财产继承人希望以这种光荣的方式纪念去世的亲人,也有些捐赠物是"卢浮宫之友"给卢浮宫的惊喜,我还知道……我可以举出很多例子。卢浮宫的每个部门都有慷慨的捐赠人,让人嫉妒,捐赠人也会得到卢浮宫的鼓励与支持。

国家博物馆的主要捐赠人之名被以纯金字母刻在阿波罗圆厅的大理石里(针对捐赠价值为 100 万欧元以上的捐赠人)、拿破仑厅的"资助墙"上(针对有"特殊"贡献的捐赠人)以及书画刻印艺术部咨询大厅的入口处。亲爱的读者们,还剩有一些空白的地方……

捐赠人可享受相当可观的税收优惠和较高的税收减免额。普通捐赠和通过公证的赠与(保留或不保留用益物权;遗赠可免除财产移转税)属于同一类——都是慷慨的行为,"以画抵债"就不同了,当事人上交祖传的重要艺术品是为了偿清其应缴纳的遗产税。

参见词条:卢浮宫之友协会、贝里奥(皮埃尔和露易丝)、《加拿大女人》、克洛泽尔(贝尔特朗)、收藏家、以画抵债、格朗岱-普莱塞特尔(索朗日)、伊斯兰艺术部、简称 I.、遗赠(该词条无正文无目录)、艺术事业资助、圆厅、国宝、用益物权

多热莱斯(罗朗·勒卡弗雷) | Dorgelès (Roland Lecavelé, dit Roland)

(亚眠,1885——巴黎,1973)

我已提到过多热莱斯的《波西米亚花束》,这本书 1947 年在很多场合的"语录"和"展柜"里出现过。下面我要讲的是一个新故事,也跟卢浮宫有关。

"多亏了我——孤零零的、弱小无依的我,一个在世艺术家的作品才破天荒地被收入卢浮宫。"在雕塑师朋友比宗的家中,多热

莱斯发现,"在所有碎块中,一个别致的人头很吸引人"。它的"鼻子缺了一块……,我已大致想好了一场恶作剧,去捉弄那些傻得可怜的藏品管理员"。

那是一个漂亮的蒙马特尔姑娘的头像,多热莱斯把它带走了。"当天下午,我去卢浮宫选定了一块地方。""马涅齐①展厅。"回到家后,他制作了一张作品名和作者姓名卡:"402号/《女神的头像》/(发掘于提洛岛②)",并于第2天把头像和卡片放到了一个展柜的中心位置。"比宗的这件作品几乎在卢浮宫展出了1个月。"参观者的冷淡耗尽了多热莱斯的耐心,(于是),他在展柜前挑起了一出闹剧,并让预先请来的摄影师将其记录了下来。

"无耻!把公众当傻瓜!你们看,这是个创作于现代的头像!"一个保管员急忙赶来。"在外国人面前丢我们的脸!……这不是文物,十分明显……连说明文字都是假的。发掘于提洛岛!这写着提洛岛,先生们,你们可以看看!在提洛岛发现的作品被放在亚洲古艺术品里!这些官员们无知透了。不能继续这样!"

我一边喊话一边抓着狄安娜那被弄断了的鼻子。管理员已经激动得跳了起来:

"我不允许您碰它!"

"——我才不把你们的命令放在眼里!"

他抓住了我的胳膊,但我能够应对。

"博物馆的负责人都是笨蛋!他们的错误让我们成了全世界的笑柄!"

一道白光闪现:我的摄影师开始工作了。其他保管员听到我的喊声后纷纷赶了过来,头上歪戴着两角帽(他们的服装和军装差不多)。

"注意,他没把东西放下!"他们的领班喊道,"他要打碎它!"

---

①　Magnésie du Méandre,古希腊爱奥尼亚一带的城市名,现为土耳其境内的考古址。——译注

②　Délos,爱琴海上的一个岛屿。——译注

"反正是个假货，"我怒喊。

"这不重要！您没有权利碰它！……您知道，我们在这里就是为了守卫这些石头。它们是真是假并不关我们的事。"

尽管如此，他还是拒绝把作品退给我……我想，比宗的那件作品可能还在博物馆的某个角落，上面已布满灰尘……我只能接受这个事实：那个缺了一块鼻子的女神头像现属于国家藏品。

比宗是谁？他有着怎样的人生？也许他就是那个自1910年起就在国家工艺美术沙龙上展出作品、并在蒙马特尔瑟尼山街18号的咪咪·潘松①故居里住过的雕塑家费尔南·比宗。那个蒙马特尔美女的头像现在变成了什么样呢？

参见词条：小雕像事件、语录、玻璃展柜

海关 | Douane

只有年纪大的人还记得中央海关这个部门了。"海关"当年位于共和国广场附近的莱昂-儒奥街11号，设在一个灯光幽暗、破旧不堪的大厅里，每周三办公。

原则上，所有离开法国本土的作品都要在那里中转，并且必须获得出口许可证。

无数个星期三下午，我都和一位同事（我想特意提一下雅克·富加尔）去那里审查一些将被送往国外——主要是英国——的画作。我们能够阻止或促成别国以出口许可证上标明的价格获得曾被展出过且引起我们注意的作品。许多博物馆的发展都与"海关"的贡献分不开，比如布雷斯特、奥尔良、卡昂博物馆以及许多因藏品在二战中被毁坏而得到战争损失赔偿金的博物馆。卢浮宫也一样（当然，须得到许多行政委员会的许可）。

随着艺术品在欧洲共同市场内的自由流通和管理的自由化，

---

① Mimi Pinson，缝纫女工，许多艺术作品的原型，曾居住在蒙马特尔瑟尼山街18号。——译注

过去的海关已不复存在。它曾发挥过作用,经历过一段辉煌。如今,只要不超过限度(限度随物品种类——绘画、素描、青铜器、挂毯等——变化),所有艺术品都可被自由地带离法国。若超过了限度,物品可能会被扣留,但定会在30个月内归还给当事人。

每次到威尼斯我都要去看看 *Dogana di mare*①,我惦记着这个古老的海关……

参见词条:耗资巨大的艺术品买进、禁止艺术品输出、国宝

长老街② | Doyenneté(rue du)

热拉尔·德·奈瓦尔③,巴尔扎克,戈蒂埃,加瓦尔尼④,夏塞里奥……

这条总被19世纪上半叶的艺术家和作家们提起的长老街位于何处?

为了给勒菲埃尔设计的庞大建筑群腾出空间,长老街或长老胡同1852年(第二帝国时期)就消失了。原址上建起了德农翼楼。它之所以叫这个名字是因为当年参加卢浮宫圣-托马教士会议的教士由一个身居高位的长者和11个议事司铎⑤组成(1724年从长老那得到了的一笔2000里佛尔⑥的收入)。我们记得,热拉尔·德·奈瓦尔当年就住在街边:"我们在长老街有共同的住所,在那里我们称兄道弟——'*Arcades ambo*'('两个词都是阿卡迪亚⑦文',维吉尔,《田园诗》Ⅶ)——那是个古旧的朗布依埃旅馆……我

---

① 意大利文,意为"海关"。——译注
② 又称多瓦耶内街。——译注
③ Gérard de Nerval(1808—1855),法国浪漫主义诗人、散文家。——译注
④ Paul Gavarni(1804—1866),法国版画家、油画家。——译注
⑤ 有议事员身份的基督教神职人员。——译注
⑥ 法国古记账货币,相当于一古斤银的价格。——译注
⑦ Arcadie,今为希腊州名,古为地区名。古希腊和古罗马的田园诗将其描绘成世外桃源。——译注

们那时很年轻,总是很快活,也总有钱……但我刚刚拨动了那根忧伤的心弦:我们的'宫殿'被拆毁了"(《风流浪子》(全),七星出版社,第 3 卷,1993,第 236 页)。

还是在《风流浪子》里,奈瓦尔向他的朋友兼房东、《霍夫曼的故事》(1840 版)的插图作者卡米耶·罗希尔表达了敬意:"是你第一个提出让大家一起住到卢浮宫前的这家旧旅馆里,它是我们所有人的家。我们在旅馆的墙壁随心所欲地画画,每个人的画都有自己独特的风格。"

长老街还有另一位居民——《贝蒂表妹》(巴尔扎克):"这些房子常年被卢浮宫投下的黑影笼罩着,朝向卢浮宫的一面已被北风夹杂的尘埃熏黑了。黑暗、沉寂、寒冷,室内地面低于室外地面,屋子深得像洞穴一般,这一切使这些房子像是某些教堂里埋葬死尸的地下室、活人的坟墓……"

卡鲁塞勒广场的旧货商"梅迪奇老头"曾花 5 法郎购买过居住在这条街的年轻画家的画,"其中他尤爱《废弃庄园》"。但时代变了,"这个蠢老头不再想看倒塌的城堡,他向我要《炮击丹吉尔》"(H. 米尔热,《波西米亚人的生活场景》,巴黎,(1851),1988 版,第114 页)。

米尔热,普契尼,咪咪,谁会在读到他们的作品或听说他们时想到卢浮宫呢?

参见词条:卡鲁塞勒商廊、卡鲁塞勒花园、勒菲埃尔

德罗林(马丁)/《厨房》 | Drölling(Martin)/L'Intérieur d'une cuisine

(奥贝雷盖姆,上莱茵,1752——巴黎,1817)

布上油画

H:0.65;L:0.80;S. D. b. g. :*Drölling pt* 1815;INV. 4097

我编撰该词典时该作品未展出

我为什么记住了这幅由一个普通的阿尔萨斯画家所作的画?

一个名叫亨利·舒安克的戈尔茨海姆[1]居民在 1819 年的公共拍卖会上获得了一块刻有图案的铜版,他想探究这块铜版的历史。为此他进行了调查研究并得到了结果:这块铜版是瓮的一部分,这种瓮专用来保存王室死者的心脏。

画家保尔·德·圣-马丁(Paul de Saint-Martin,活跃于 1784—1834 年间)曾透露,在圣丹尼[2]、瓦尔德格瑞丝教堂[3]和圣保罗圣路易大教堂遭到大革命洗劫之时,德罗林得到了一批王族死者(据说是 11 个人)的心脏。他这么做有何目的? 他想以较低的成本获取一种褐色原料,这种原料需从埃及木乃伊身上的防腐沥青中提取,可被涂在已干的颜色上,呈现出美丽透明的淡色,画家们经常会用到。而王室成员的心脏正适合被用来提取这种原料。

德罗林用恐怖的方式提取原料是为了创作这幅宁静祥和的《厨房》。有一点我可能还没强调:保尔透露这个秘密的时候是 1819 年。德罗林 1817 年就去世了,无法证明以上所说的一切。1905 年,乔治·勒诺特尔写下了这个故事并发表在《时代》上,后来该故事又被他以"国王的心脏"(见《国王时代的凡尔赛宫》,巴黎,1934)为题重新出版了很多次。报刊上再次出现了关于这个奇异事件的文章("为了制作颜料,画家圣马丁捣碎了太阳王的心脏……",《巴黎快报》,1950 年 8 月 27 日),苏珊·达钮在严谨的阿尔萨斯杂志《考古、艺术和历史手册》(1957)中发表了文章,想终止这种现象。在她看来,这个"亵渎亡灵的故事完全是骗人的"。

苏珊·达钮仔细审查了乔治·勒诺特尔曾查阅过的国家档案馆 O³629 号文档,这份文档真被泄密了?

---

① 原文为 Geroltzheim,应是 Golzheim 的笔误,指德国杜塞尔多夫的一个区。——译注
② Saint-Denis,印度洋西部法属留尼汪岛首府。——译注
③ 曾是教堂,现为军医院。——译注

德鲁奥街拍卖行 ｜ Drouot（hôtel des ventes de la rue）

我每周都去德鲁奥街拍卖行。原则上一周去 3 次——周二、周四和周六。去那里总是很愉快，每次都心怀期冀，虽然期望常常落空，但偶尔也会如愿以偿。尽管苏富比拍卖行和佳士得拍卖行的实力日益增强，古董商们也争相举办交易会，尽管大厦内"商品不断减少"，价格不断上升。尽管过时的流程迫使我们总得走来走去，而且几乎不给人适当考虑和研究中意作品的时间。

德鲁奥是一种"毒品"。拍卖大厦让我在行政工作之余得到消遣，使我能够经常做"眼力练习"。那里有我许许多多的回忆，有美好的（比如，发现了乔治·德·拉图尔的《荒漠中的圣·让-巴普蒂斯特》，该画现藏于新成立的塞耶河畔维克博物馆里），也有比较伤心的（普桑的《奥林波斯和马西亚斯》初被拿破仑的舅舅、红衣主教斐许收藏，后于 1968 年被卢浮宫视为"卡拉石派"代表作并花 2200 法郎购得，在 1988 年却再次流入卖者手中；该画如今为瑞士藏品）。

我还记得我由于缺乏经费或缺少辨识力而经历的失败。

年轻的馆长们，一定别忘了每天去德鲁奥看看：这是你们的义务。

参见词条：艺术品的归属、拉图尔：《荒漠中的圣约翰》、佩隆：《夏甲和天使》、普桑、科里尼昂库尔跳蚤市场、作品归还

与西班牙交换作品 | Échange espagnol(L')

旨在"处理一起法西艺术品交换事件"的1941年7月19日法案唐突地颁布了。它列出了法国应出让给西班牙的作品清单。其中很大一部分是卢浮宫东方文物部的,如著名的"《埃尔切贵妇》",还有一些出自克吕尼博物馆(现在的中世纪博物馆),如"《夸拉撒珍宝中的六个金王冠》"(著名的西哥特王冠),另有一些出自卢浮宫的绘画部,如"牟利罗的《圣母现身》"。

作为"交换"(不公正、不对等),西班牙给法国一幅"委拉斯凯兹"的画作(其归属权尚存争议)、一幅格列柯的《科瓦鲁比亚斯肖像画》和19幅尼古拉·乌埃尔的素描。

这项法令由贝当元帅(二战前他曾担任过法国驻西班牙大使,显然他想讨好弗朗哥)、"国民教育和青年国务秘书"热罗姆·卡科皮诺、海军上将达尔朗和伊夫·布蒂里埃共同签署。

补充几句:牟利罗的杰作之一《无玷始胎》的确是在"非常特殊"的情况下被苏尔特(Soult,1769—1851)带出西班牙的,这是贝当元帅操着他的西南口音说的,但该画并没有在1815年被索回。1852年,卢浮宫花61.5万法郎(当时的最高价,还不算花费的精力)得到了它。西班牙毫无理由将其追还。该画现在仍陈列于普拉多博物馆[1],画框还是当年卢浮宫的。

讲到这里,我又另有怨言:为什么曾去支援过西班牙共和国、后又进入法国政坛的马尔罗不为"西班牙交换"翻案呢?时至今日,那次"交换"仍是卢浮宫和克吕尼博物馆研究员们心中未愈的伤口。

参见词条:收藏、被占领时期的卢浮宫、马尔罗、作品归还

---

① 西班牙国家博物馆。——译注

埃克斯贝尔(克里斯托夫·威廉)/《模特》,又名《特里内·尼尔森》｜ Eckersberg(Christoffer Wilhelm)/*Le Modèle*(*Trine Nielsen*)

(布拉克罗戈,松讷沃半岛,1783——哥本哈根,1853)

布上油画;黎塞留馆三楼 D 展厅

H:0.45;L:0.33;M. D. b. d.(画中框上);*E*:183(9);R. F. 1987—27

50 年前,没人会留意丹麦绘画。而如今,各大博物馆都一定会向公众展出一些创作于丹麦绘画黄金时期(即 19 世纪前期)的作品。

卢浮宫拥有一系列精美的丹麦布画,它们被展览在黎塞留馆三楼靠里沃利街的那侧,紧接着北欧画廊。展厅位于一个死角,不容易找到。

埃克斯贝尔的这幅《模特》创作于 1839 年,比他最著名的裸体画《梳妆打扮的女人》稍晚一点,后者创作于 1837 年,现藏于哥本哈根的赫希施普龙收藏博物馆。《模特》于 1987 年被卢浮宫获得。画的是一个半裸的年轻姑娘的侧面,她坐着,双目低垂,两手正编着发辫。光线透过窗户照亮了她的胸部。埃克斯贝尔可能与身在罗马的安格尔所见略同,不过我们更容易想到瓦洛东,他的作品似乎透着些瓦洛东的风格。

卢浮宫学院｜ École du Louvre

因长久以来都被设立在卢浮宫内(1998 年起被重新安置到豪华的花神翼楼中:从若亚门进入,共计 15000 平方米),卢浮宫学院享有盛誉,如今也拥有充分的自主权。

1882 年,在儒勒·费里①的推动下,卢浮宫学院成立,开设艺术史和考古学课程,1927 年又增加了广义上的博物馆学。

巴黎和外省共计 1600 名学生和 10000 名旁听生(课程分 3 个阶段,其中包括国家遗产管理人协助教授的预备课程)。

卢浮宫学院因其多样的教学形式(通识教育,专业教育:30 个学科——从奖章学到电影史,夏季课程,晚间课程,拉歇尔·布瓦耶课程②)、大量的学术讨论会、高格调的学术刊物、一流的照片档案室、藏书众多的图书馆和频繁的国际交流而成为了一个卓越的机构。它旨在"增强学生在文化遗产、文化传媒或艺术市场领域的职业竞争力"。

参见词条:博物馆研究员、花神翼楼和花神馆、国家遗产研究院、若亚(雅克)

电气化 │ Électrification

1936 年 11 月 28 日,一名佚名记者写道:"卢浮宫博物馆的走廊有无数拐弯处,只有这座宫殿的常客才知道该怎么走。一个好心人愿做我的向导,他指给我看一个挂在墙上的不起眼的旧东西:一盏油灯! 卢浮宫的最后一盏油灯! 昨夜还忙得不可开交,今夜就已退休了……这些年来,它在多少个夜里发挥作用? 这使人想起了吉佐先生领导法国走向富裕的时代——法国人点着卡索灯③的时代。按照规定,明天这盏油灯就要被包起来,并被贴上标签,他将在某个壁橱里待着,等待有一天在某个回顾介绍里出现。"

以前我常思索:在"充满魔力的电"出现以前,卢浮宫如何解决照明问题? 我在 1949 年 5 月的《法国博物馆新闻简报》(乔治·萨勒的文章)中找到了部分答案:"卢浮宫大概是当时唯一一座仍然

---

① Jules Ferry(1832—1893),时任法国教育部部长。——译注
② 一种艺术史晚间课程,由拉歇尔·布瓦耶基金支持开设。——译注
③ 法国人卡索发明的一种油灯。——译注

安全地使用油灯这种过时灯具的公共建筑,这种油灯由一个铜油罐、一个绿色的纸板灯罩和一根很容易变黑的灯芯组成。"

如今,卢浮宫一天的用电量可供一个拥有 4500 居民的城市照明。

参见词条:窗户、自然光线、萨勒、凡尔内(亨利)

埃尔斯海默(亚当)/《流亡埃及》| Elsheimer (Adam)/*La Fuite en Égypte*

(美因河畔法兰克福,1578——罗马,1610)
铜版油画;黎塞留馆三楼第 14 展厅
H:0.30;L:0.44;INV.1268

埃尔斯海默是缺席卢浮宫的伟大人物之一(其作品也是法国收藏的缺席者;只有蒙彼利埃的法布尔博物馆收藏了这位杰出艺术家的一件作品——小巧精致的《圣洛朗》,画中,圣洛朗手拿烈士勋章,身侧的烤架表明他经受了酷刑)。慕尼黑美术馆精美的《流亡埃及》复制品——绘画史上最美丽的星夜——保全了原画的声誉。

在路易十四的努力下,卢浮宫也获得了一件复制品,这件作品是直接受慕尼黑那幅画启发而作。人们在很长一段时间里都以为它是鲁本斯本人的画,现在则认为它是一位模仿者的作品(黎塞留馆三楼第 17 展厅)。

参见词条:复制品

《百科全书》| Encyclopédie

《百科全书》中关于卢浮宫的片段:

"……我们期待这座以最豪华的标准建造的雄伟建筑被进一步完善。例如,我们希望清扫干净这座建筑的底层,并修建柱廊。这些柱廊可用来放置最美的雕塑,可把分散在那些人迹罕至的花园里的珍贵作品收归到一块,那些作品常年受到空气、天气和季节的糟蹋和毁坏。一楼南边可放置国王收藏的画,那些画现在被混乱地堆在寄存库里,没人能欣赏得到。北边如果没什么障碍,可设置导览图长廊。自然历史陈列室和纪念章陈列室则可转移到宫殿的其他地方。

"站在圣日耳曼奥塞尔教堂旁的开阔地带便会看见这条美丽的柱廊,这件无与伦比的杰作会让国民赞叹,让外国人驻足。

"各种协会将汇集于此,在更加体面的大厅里举办活动……有人说,在这座大型建筑身上花费心血是徒劳的,两个世纪后它也许只剩残骸。德·马里尼先生不久前实施了最重要的计划——保护这座建筑"(D. J. 〔骑士路易·德·若古〕,狄德罗,达朗贝,《百科全书:一个文人团体编排的科学、艺术和工艺详解辞典》,第 4 卷,1765,第 707 页)。

P. S. 卢浮宫有一座伯爵夫人德·若古(la comtesse de Jau-court,1735—1774)的大理石胸像,出自乌东之手(大卫-威尔 1937 年捐赠),但我不知道这位伯爵夫人和那位骑士间有无亲缘关系。

参见词条:大革命前的卢浮宫学院、柱廊、乌东(让-安东尼)

儿童 │ Enfants

让孩子很小的时候就来卢浮宫参观是必要的。这是父母的责任,也是博物馆教育部门的义务……给他们展示什么? 面向多大的孩子? 如何让他们对看到的东西感兴趣? 为什么他们对埃及格外着迷?

参见词条:儿童活动室、高中艺术史课程、文化处(也称教育处)

高中艺术史课程 │ Enseignement de l'histoire de l'art dans les lysées

学校教(至少它应该教)我们读,却不教我们看。"学会看"对于我们来说意味着什么？

答案很简单：意味着我们会熟悉过去的艺术珍宝，懂得欣赏它们，以后能在它们的陪伴下充实、愉快地生活。我刚刚用了"以后"一词，是想影射一段经历，虽说是个人经历，但我国的许多高中生都有过。我承认，当老师要求我背下《昂朵马格》①的某一幕或分三部分剖析阿格丽品娜②的痛苦时，拉辛作品的美妙之处完全被我忽略了。当时我还太年轻。人们可能担心最终我会厌烦诗歌。但事实并非如此，很多法国人跟我一样，当听到耳熟能详的诗句——"阿里阿德涅，我的姐妹，你被爱情伤得多么深，/你在被抛弃的地方等待死神！"③——的时候，我们会很感动。这种强制的教育还是让一些东西留在了我心中。

普桑被视为一个"难懂"的画家是有道理的，其画作的主题都需要解释。他选择这些主题是为了表达另一些更有深度的、永恒的主题：如人类在面对大自然的奥秘、自然界的周而复始和自然力量的爆发时产生的孤独感，人类命运的不可预知，天意……为了打动我们或"取悦我们"，他不使用文字，而是用画笔表达思想。怎样才能发现普桑的用意？如何走进画作里的各式奇遇？20岁之前没去过博物馆的人便不会再跨入它的大门了（大概是担心不能理解作品）。我们采取了很多措施来为年轻人和儿童的参观提供帮助，但绝没有任何措施可以代替学校的教育。

在高中教艺术史就是解释我们的大教堂是如何修建的，谁建的，花费了多少钱，从哪儿运的石头，谁选的彩画玻璃窗，谁确定的柱头装饰主题，各地区大教堂的区别在哪，"罗马式"和"哥特式"是什么意思。这些大教堂为什么、又是什么时候不再讨人喜欢了？谁重新发现了它们？莫奈的《睡莲》和塞尚的《圣维克多山》是对大

---

① 让·拉辛的著作。——译注
② 让·拉辛所著悲剧《布里塔尼居斯》中的人物。——译注
③ 让·拉辛的诗句。——译注

自然的两种不同感悟,不同在何处? 需要解释的还有南锡的斯塔尼斯拉斯广场、波尔多的图尔尼林荫道、埃菲尔铁塔或贝氏设计的金字塔,此处只列举一些本土的例子。我们的城市和那些名胜古迹是如何被建造起来的? 这些过去的典范可以带给今天的我们什么启示? 显而易见,"学看"并不无聊。

希望已被点燃:萨科奇总统将开设高中艺术史课程列入了他的竞选大纲。这门学科在意大利早已是必修科目。课程将以什么形式开展呢? 有一点是必要的:须把这个重任交给受过专业教育的艺术史老师。

P. S. 总统在 2007 年 8 月 1 日给文化和交流部部长克里斯蒂娜·阿巴奈尔的任务书中写道:"我们认为艺术史(您看清楚了,是'艺术',而非技艺、技术)必修课的开设能为文化教育提供支持,后者正是如今我们的儿童所缺少的。"

入口 │ Entrées

在很长一段时间里,博物馆的主入口(基本上)都是德农门。现在金字塔成为了主入口。但您也可以从游人较少的卡鲁塞勒画廊或狮子入口进入。如果您是卢浮宫之友协会的成员或团队成员,您还可以走里沃利街的专用通道(黎塞留通道)。

关于博物馆是否只该有唯一入口的问题仍存争议。路易十四在位时,贝尔尼尼曾被邀至巴黎为宫殿设计一个大门(在今天的柱廊处)。这个方案会被重新考虑吗?

不要把博物馆的入口和进入卢浮宫参观的人数混为一谈[1]:后者在 2006 年达到了 830 万,我们重复这话的次数够多了!

参见词条:卢浮宫之友协会、贝尔尼尼、卡鲁塞勒商廊、柱廊、德农馆与德农门、花神翼楼和花神馆、黎塞留翼楼、金字塔

---

[1] 法语 entrée 为多义词,兼有"入口"和"进入……的人"之意。——译注

环境维护 | Entretien

以前人们对卢浮宫环境卫生状况的怨言简直太多了,且多有正当理由!博物馆就是个令人讨厌的垃圾堆,厕所令人作呕,羽毛掸子从未被使用过,等等。那时候媒体经常拍到正用海绵清洗玻璃窗的皮埃尔·维尔莱(Pierre Verlet,1908—1987),他是工艺品部出色的管理者,也是世界知名的法国18世纪家具研究专家。这一切已成过去……今天的博物馆同它的竞争者们一样,干干净净。

应当请专业公司承担洗手间的日常清理、博物馆地板打蜡(每周三早上小心滑倒!),清洗金字塔上的673块玻璃和博物馆的大约800扇窗户等维护工作。

参见词条:窗户、关于"金字塔"的争议、洗手间

埃哈特(格雷戈尔)/《马德莱娜的玛丽》①,或《漂亮的德国女人》 | Erhart (Gregor)/*Marie-Madelaine*, dite 《*La Belle Allemande*》

(乌尔姆,?——奥格斯堡,1540)
雕塑;德农馆一楼和二楼间的夹层C展厅;多色椴木
H:1.77;L:0.44;Pr:0.43;R. F. 1338

《马德莱娜的玛丽》是宗教作品还是世俗作品?无法确定。这是件创作于16世纪初的德国雕像,我们首先注意到她那金黄色的长发,这美丽的长发不仅没遮住"漂亮女人"的躯体和胸部,反而更凸显其丰满和挺立,不负人们曾给它的称号。

她的脸蛋圆润、美丽,神情迷惘,其实是沉思而非迷惘,看起来似乎和宗教没太大关系。以前它可能被当作女圣徒的雕像——被

---

① 一译《抹大拉的玛丽》。——译注

当作一个罪人的雕像也无妨——后来在文艺复兴精神的影响下成为了一件世俗作品。这位丰满、性感的"德国美女"究竟要表达什么主题？这让我们困惑。

这件雕塑是二战期间挑起德国人（尤其是戈林）贪欲的作品之一。1945年5月15日，它在温特施泰因的"回收站"被美国官员、中世纪文化研究者詹姆斯·罗瑞墨辨认出来。1946年2月，重回卢浮宫。

楼梯 | Escaliers

有谁考虑过编制一个卢浮宫楼梯清单或清点卢浮宫的楼梯数量？从最庄严的萨莫色雷斯的胜利女神楼梯到普通的内用楼梯，一个不漏地清点，包括常出故障但不可或缺的自动扶梯。下面是对卢浮宫楼梯的简短介绍。这需要熟知卢浮宫（或需要一幅导览图）。

卢浮宫只保留了一个外用楼梯，不过十分庄严——勒菲埃尔院内的马蹄铁楼梯，马匹去驯马场（拿破仑三世在位期间修建）须从此处经过。查理五世时期的卢浮宫里有一座著名的螺旋式楼梯，由御用建筑师雷蒙·迪·唐普尔设计，高20米，布卢瓦城堡的"大螺丝"扶梯就是仿它而建。路易十三时期，这座楼梯在修建钟表馆时被毁，如今我们还能在主塔旁边的壕沟里看到它的石基。可以说金字塔下那座由贝聿铭设计的螺旋楼梯就是对它的纪念。

曾通往沙龙展馆的拿破仑博物馆楼梯也被推倒了，取而代之的是装饰华丽的佩西耶厅、封丹厅和与之连通的杜夏尔厅，如今这几个大厅里展览着波提切利和弗拉·安吉利科的巨幅画作。穿过这几个大厅，便可到达方形沙龙。

还有一座楼梯也被毁坏了：建于拿破仑三世在位期间、位于花神翼楼里的楼梯。它通向外国君王的私人寓所。楼梯平台还保留着当年奢华的装饰，顶棚的图画为卡巴内尔（Cabanel，1870—1873）所绘，现在它被改造成了书画刻印艺术部的咨询大厅（卡巴内尔绘制的草图被陈列在卢浮宫历史分部2号展厅）。

最庄严的楼梯是达鲁楼梯,也就是萨莫色雷斯的胜利女神楼梯(该作品于 1883 年被放置在楼梯出口处),1855—1857 年间由勒菲埃尔主持修建,第三帝国时期竣工。依照画家勒内弗(加尼埃歌剧院天顶画的作者,当年的画已被夏加尔的绘画覆盖)的草图创作的镶嵌装饰画 1934 年就被遮盖了。它还有机会重见天日吗?您可以根据墙上的印记推测出镶嵌画的轮廓。

佩西耶和封丹曾设想在柱廊的尽头建两座相同的豪华楼梯,用以连接皇室居住的各个套间。拿破仑一度打算将其付诸实践。

在布置黎塞留翼楼(原财政部)期间,工作人员完好地保留了 3 座非常华美的楼梯:通往拿破仑三世住所的"部长"楼梯,"图书馆"楼梯(在巴黎公社统治巴黎期间被烧毁——原址上建造了今天的"梅迪奇画廊")以及"柯尔贝尔"楼梯(大部分由军用头盔装饰——影射安置在宫殿里的兵营)。

对面的莫利恩翼楼里,有一座具有第二帝国建筑特点的楼梯:"莫利恩楼梯",它连接着一楼的意大利雕塑展厅和二楼的绘画展厅。这座楼梯徐徐展开,台阶很多。它的栏杆常受赞赏。楼梯平台上放置着本韦努托·切利尼雕刻的《枫丹白露的仙女》。

不过,人们公认的卢浮宫最美、最古老的楼梯是皮埃尔·雷斯科于 1553 年前后主持修建的"亨利二世楼梯"(叙利馆)。拱顶上的狩猎主题装饰是让·古戎工作室构思的,影射狄安娜·德·普瓦提埃。她与亨利二世的姓名首字母交织而列着。安格尔在这座楼梯的平台上放上了自己的作品《托莱多的唐·佩德罗吻法王亨利四世的剑》(1832,叙利馆三楼第 60 展厅)。

最后补充一句:我觉得通向黎塞留翼楼的那座气派的自动扶梯和那些牛眼窗尤其讨人喜爱,扶梯由贝聿铭设计,一些牛眼窗朝向普杰中庭,另一些朝向拿破仑庭和金字塔。

我还没提到"小狗"楼梯,它建造于 1830 年,1932 年扩建,位于方形中庭南侧翼楼二层的尽头。以前(1972 年以前)有一只托勒密时代或罗马时代的石灰石制埃及小狗被置于楼梯脚下(现展于叙利馆一楼第 19 展厅),它的名字便是由此而来。

参见词条:卢浮宫现代艺术、书画刻印艺术部、波提切利、卡娅第德厅、切利尼(本韦努托):《枫丹白露的仙女》、查理五世、柱廊、方形中庭、普吕东(皮埃尔-保尔)《倚靠着雄鹿的女猎神狄安娜》、花神翼楼和花神馆、《梅迪奇画廊》、亨利二世、勒菲埃尔、拿破仑一世、拿破仑三世、贝聿铭、佩西耶、天顶画、关于"金字塔"的争议、黎塞留翼楼、方形沙龙、《萨莫色雷斯的胜利女神》

《我也在世外桃源》| Et in Arcadia ego[①]

参见词条:普桑:《阿卡迪亚的牧羊人》

大卢浮宫建设管理机构, 简称 É. P. G. L. | Établissement public du Grand Louvre, dit É. P. G. L.

大卢浮宫建设管理机构曾负责指挥大卢浮宫各项建设工程。1998 年被废除。从 2004 年起,卢浮宫就是自己工程的指挥者:它确定主承包者或建筑师提供的方案,为方案的实施提供资金,并确保自己和主承包者对工程的共同管理。

大卢浮宫建设管理机构曾有 3 任领导人:艾米利·比亚斯尼(任期:1983—1987)、皮埃尔·伊夫·里根(任期:1987—1992)、让·勒布拉(1992—1998)。

参见词条:卢浮宫大事年表、大卢浮宫

卢浮宫博物馆自治机构 | Établissement public du musée du Louvre

自 1992 年 12 月 22 日(92—1338 法令)起,卢浮宫就成为了一个具有行政特征和文化使命的公共机构(E. P. A. C. ,不要跟 E. P. I. C.

---

①   古拉丁文,普桑名画《阿卡迪亚的牧羊人》的原名。——译注

相混淆，后者是工商业公共机构：这是国家博物馆联合会的规定）。机构中设有一个行政管理委员会（我年轻时，詹尼·阿涅利律师就是委员会成员之一）。什么意思呢？卢浮宫为自治而斗争（更确切地说是为了增加自治权而斗争），并渐渐获得了自治权：包括最重要的财务自治；在法国博物馆管理局监督下的行政管理自主权；在国家博物馆联合会规范下享有的购买、出版和展览自主权；在文化和交流部监管下拥有的政策自主权。自主并不等于独立，但这句话背后的事实是：卢浮宫对自己的决策承担的责任越多，运转就越好。

参见词条：法国博物馆管理局（D. M. F.）、国家博物馆联合会

万国大厅，通常称拉若孔德厅 │ États（salle des），dite par commodité salle de La Joconde

万国大厅位于勒菲埃尔庭和维斯孔蒂庭之间的大楼二层，马奈热厅的正上方，大楼建于拿破仑三世在位期间。它的名字是由其作用而定，从法国王朝复辟时期开始，它就是国家要人开会的地方，也是贵族院和众议院所在地，拿破仑三世曾在这里主持一年一度的议会复会，并在某个壁龛前发表"皇帝讲话"，这里还是召开特别会议的地方。

第三帝国期间，具体点说是1878年，这间大厅被分配给了博物馆，并由建筑师爱德蒙·吉约姆重新布置（1886）。他将原先由米勒尔装饰的天花板换成了玻璃天棚，并用粉饰灰泥进行了装饰，非常炫丽，但这种装饰于1950年被破坏。"我看到过这种装饰；我觉得杂乱无章，这一点我必须承认。一些历史学家和内行的艺术爱好者已经意识到了这点，他们在适当的时候拉响警报，使我们开始考虑换一种19世纪的装饰。可惜，并无一个有趣的建筑创作来弥补缺憾。如今，万国大厅的装饰依然不怎么好，缺乏想象力"（1993年，米歇尔·拉克洛特在一次会议中讲道）。墙壁的颜色尤其不合适，用热尔曼·巴赞的话来说，就像是"酒鬼吐出来的"。

一种新的布置方案在设计竞赛中脱颖而出，它由建筑师洛伦

佐·皮克拉提出,从 2005 年 2 月 14 日起实行。《拉若孔德》和委罗内塞的《迦南的婚礼》被面对面摆放。等待我们解决的问题仍然很多。怎么做才能让冲进来欣赏《拉若孔德》的参观者不弄脏展厅,并且不妨碍那些更有求知欲的参观者欣赏被这幅画遮住的威尼斯精美画作? 如何让欣赏《拉若孔德》的参观者"改变方向",去发现这些威尼斯杰作?

现在的布局引发了——这很正常——一些批评之声。但较之以前还是有很大改善的,这一点不可否认。

参见词条:雷奥纳多·达芬奇:《拉若孔德》、洛托(洛伦佐):《耶稣持十字架像》、拿破仑三世、提香:《戴手套的男子》、委罗内塞:《迦南的婚礼》

民族博物馆 │ Ethnographique(musée)

人们似乎已经忘记了民族博物馆的存在,更不知道它在卢浮宫的什么位置,大概把它当成了海军博物馆的一部分。皮埃尔·拉鲁斯(Pierre Larousse,1866—1877)在《19 世纪百科大辞典》中这样描述民族博物馆:"它以凸显全球各民族的技艺、习俗和服装多样性为目的。"他还补充道:"中国通过许多扮鬼脸的矮胖瓷人、镀金的中国(或亚洲)帆船、刀剑、首饰、各种器皿、精美的丝织品,制作精良的棋盘和棋子得以呈现。"现在这些"瓷人"和"棋盘棋子"在哪呢? 都在吉美博物馆里?

参见词条:吉美博物馆、海军博物馆

疏散 │ Évacuations

1870 年 8 月,卢浮宫最珍贵的藏品被放进布雷斯特①和土伦军械库里加以保护。1871 年 5 月 23 日,巴黎公社社员在杜伊勒

---

① Brest,法国城市名。——译注

里宫放火。直至 25 号晚,这场大火才熄灭。当时城堡主体仍得以保留,但 12 年后,为了清除所有第二帝国留下的印记,它竟被愚蠢地拆除了。在约瑟夫-亨利·巴尔贝·德·汝伊领导的博物馆营救小组和马西昂·贝尔纳迪·德·西格瓦耶率领的军队的共同努力下,卢浮宫才幸免于难,我在此向他们致谢。1871 年 6 月 20 日起,博物馆的一些展馆重新开放。此时的博物馆内已没有了图书馆。新的图书馆在今天的梅迪奇画廊处。

1914 年,最重要的藏品被存入了博物馆地下室,紧接着,马恩战役前夕(1914 年 9 月),大部分彩画和素描被转移到了图卢兹的雅各宾教堂。随着前线战势的逐渐稳定,卢浮宫又开始部分开放。1918 年春天,在接二连三的轰炸下,藏品不得不撤向布卢瓦。藏品和建筑总算未遭受损失。

1938 年,在国家博物馆联合会副会长雅克·若亚和卢浮宫绘画部部长勒内·于热的协助下,会长亨利·凡尔内制定了一个严密的卢浮宫藏品疏散方案。但是,两天以后,慕尼黑协定使藏品转移中断了。1939 年 8 月 23 日,苏德协定签署五天后,作品又一次被疏散,首先撤向卢瓦尔,后来随着德军的挺进,再撤往南方,博物馆最重要的藏品被存放在乡下,分散在大约 72 个孤立的仓库中(可参照雷萨克先生的著作《博物馆的迁移》,巴黎,帕约出版社,2007,第 147 页有标注了主要存放地的法国地图)。

1938 年 9 月 27 日,《拉若孔德》被迁到了尚博尔。同年,它被运回卢浮宫时受到了里宾特洛甫[1]的赞赏。1939 年 8 月 27 日,它再次离开卢浮宫,这是一次长途旅行:尚博尔,卢维尼城堡,禄神修道院,蒙托邦[2]的安格尔博物馆,最后到达蒙塔尔城堡。1945 年 6 月 15 日,它重回巴黎。装这幅画的箱子上注有编号:M. N. L. P. 0(即卢浮宫国家博物馆,绘画,0 号)。

---

[1]　Ulrich Friedrich Wilhelm Joachim von Ribbentrop(1893—1946),纳粹德国外交部长。——译注

[2]　Montauban,法国西南部城市。——译注

在同盟国进行轰炸之时,一些电文(如"拉若孔德微笑着","梵高感谢弗拉戈纳尔")被传到伦敦,以指明这些作品的方位(蒙塔尔城堡、苏尔士城堡、瓦朗塞城堡、蒙托邦博物馆、苏维尼修道院……)。许多自传体故事都讲到了这次成功的疏散。我们来列举几个。吕西·马佐里克(安德烈·尚松夫人):《旅途中的卢浮宫,1939—1945,或我的城堡生活》,巴黎,1978;热尔曼·巴赞:《卢浮宫迁移记,1940—1945》,巴黎,1992;勒内·于热:《为艺术而生:从雷奥纳多到毕加索》,巴黎,1994;让-克洛德·布兰吉耶的电影《卢浮宫的斗争》(2000)。

那时的卢浮宫里只剩下一些雕塑或绘画的复制品以及从储藏室里抽取的少量作品。解放以后,卢浮宫渐渐开放。它和它的藏品从战争中安然脱身。

反过来,我们对德国占领时期的卢浮宫了解不多。人们能看到什么作品?哪些展馆仍然开放着?谁去参观?谁守卫这些展馆?仍然有人去偷窃吗?什么时候开放?谁是它的常客?

参见词条:巴尔贝·德·汝伊(约瑟夫-亨利)、贝尔纳迪·德·西格瓦耶(玛丽-费利西安-勒内-马西昂)、复制品、《梅迪奇画廊》、若亚(雅克)、国家影像美术馆、雷奥纳多·达芬奇:《拉若孔德》、占领时期的卢浮宫

临时展览 | Expositions temporaires

卢浮宫有举办临时展览的传统。1797 年 8 月 15 日,博物馆才开放不久,就在阿波罗画廊展出了精心挑选的 477 幅"大师的素描"。二战后又举办了一些具有划时代意义的展览:如 1960 年的普桑画展,1963 年的德拉克罗瓦画展,两个画展都在大画廊举行。

伴随着卢浮宫的改组,关于临时展览的问题被提了出来。从前的大宫殿此后在世人眼中将成为一个高品位展览举办地。占上风的方案是在拿破仑厅里留出两块空间(700 平方米),用来举办"多学科"展览(以卢浮宫藏品为中心,延伸到各个艺术领域,特别

是现当代艺术)和专题展览,除此之外,给各个部门——尤其是藏品因其特性而不会被永久展出的书画刻印艺术部——更加有限的空间。在此方案的基础上诞生了"每月一画"和其他各部门的计划,以及一系列特殊的科学活动。

博物馆的发展迫使卢浮宫彻底改变原先的纲领。事实上,展览走在了收藏的前面,一时的轰动胜过永久的沉默,这种现象越来越常见,而且是世界性的。还有一个越来越普遍的现象:公众、或者说一部分人旅行不再是为了参观博物馆,而是想要看看展览。因此展览会的数量和空间(包括常设展厅)都增加了。因而人们有了在卢浮宫举办"大型"展览会的愿望,这些展览会原先都计划在巴黎大皇宫举办(如 2005 年的吉罗代画展,2006 年的安格尔画展)。

卢浮宫给予展览会越来越多的空间和时间。它不是唯一一个做此决定的博物馆。纽约的都市博物馆、华盛顿和伦敦的国家博物馆都走上了相似的道路。变化是不可避免的。然而我们是否对这些变化带给博物馆的影响从经济层面和科学层面进行了认真的估量? 面对这些变化,我们该高兴还是遗憾?

参见词条:书画刻印艺术部、德拉克罗瓦、大画廊、拿破仑厅、伦敦国家博物馆、普桑、每月一画

埃克(扬·凡)/《罗林大臣的圣母》│Eyck(Jan Van)/ *La Vierge du chancelier Rolin*

(马赛克,约 1390/1400——布鲁日,1441)

木板油画;黎塞留馆三楼第 4 展厅

H:0.66;L:0.62;INV.1271

现在要你们动动脑了,请试着辨认画面中心这座生机勃勃的水滨城市:根特,布鲁日,日内瓦,里昂,布拉格,奥顿(作品的来源地),阿让,列日,马斯特里赫特,乌得勒支……? 实际上,越来越多的人开始接受这样一个假说:扬·凡·埃克或许描绘了一座想象

中的理想城市。

　　我们倒是可以确定捐赠人的身份——尼古拉·罗林（Nicolas Rolin，1376—1462），勃艮第的主事，好人菲利普①的重要侍臣，博恩济贫院的创始人。

　　该画约创作于 1430 至 1435 年间，绝对算得上卢浮宫的珍品。凡·埃克在画中加上了一些具有象征意义的细节，比如大臣头顶的柱头上绘有被赶出伊甸园的亚当和夏娃、醉酒的诺亚，以及该隐杀害兄弟阿贝尔，人们对隐藏在细节背后的精神说法不一。在圣母美丽的小花园里，有一只孔雀、两只喜鹊、一些玫瑰、百合和鸢尾。

　　1419 年 9 月 21 日，无畏者约翰——好人菲利普的父亲在蒙特罗桥上被暗杀。1435 年 9 月 21 日，罗林参与缔结了一项契约，决定在那座桥上竖立一个十字架，以纪念这次暗杀。毫无疑问，这座跨河大桥上的小十字架既影射了那次暗杀，又是对竖立十字架这件事的一种纪念。

―――――――――――

　　①　Philippe le Bon(1767—1804)，勃艮第公爵。——译注

赝品 | Faux

没什么比发现一件赝品或一位赝造者的生平更吸引媒体眼球了。实际上,赝品很少(不要把赝品和归属权造假相混淆)。卢浮宫的赝品——那些在非法意图驱使下制作的真正的赝品——是很少的。

从奥托·库尔到居伊·伊斯纳尔,许多作家创作过有关赝品的文学作品。有些赝造者还成了著名人物,如琼妮、勒格罗、凡·米格伦、埃尔米尔·德·奥里、赫伯恩……

一些赝造者毫不隐瞒自己的身份,但真正的赝造者不会让我们发现,他们无论面对荣誉还是耻辱都保持佚名。

补充一点:随着时代发展,赝品——比如文艺复兴前期的意大利作品的仿制品——越来越容易被人们发现。原因何在? 因为人们可以推测出赝品和真品的完成时间。无论赝造者的造假技术多么高明,他都不可能逃脱所生活的时代。他所制造的东西被刻上了时间的印记。

参见词条:艺术品的归属、复制品、《塞塔法纳斯金冠》

窗户 | Fenêtres

窗户(常常)是管理者们的敌人。它们的存在使悬挂作品的地方减少了,并导致了反射和逆光。然而,被自然光照亮的画作却是最美的:自然光线具有生命力并富于变化,而灯光毫无生气、一成不变。窗户可让人得到短暂的休息。大型博物馆需要窗户。

卢浮宫大约有 800 扇窗户(算上金字塔,玻璃面积约达到 8 万平方米)。窗户的清洗需要用到小吊车,因为一些窗户与地面的距离在 4 米以上。

卢浮宫的窗户引人入胜。如果您身处方形中庭的展馆三楼,您可以透过窗户近距离观赏让·古戎的雕塑或柱廊的柱头。从黎塞留翼楼的窗户向外看，远至凯旋门的美景都尽收眼底。如果您站在大画廊的窗前，您可以欣赏杜伊勒里花园和不断变化的塞纳河。窗户让人们发现了另一个巴黎。反过来，我们能整日从王宫和里沃利街望见法国雕塑展馆和黎塞留翼楼。

参见词条：博纳尔（皮埃尔）、大画廊、卡鲁塞勒花园、杜伊勒里花园、自然光线、关于"金字塔"的争议、塞纳河

电影 │ Films

一些电影中的故事发生在卢浮宫并在卢浮宫拍摄。我已提到过《卢浮魅影》和《达芬奇密码》，但其实还有很多。我们还记得让-吕克·戈达尔执导的《不法之徒》（1964）里安娜·卡丽娜和克洛德·布拉瑟对卢浮宫的闪电式参观。

卢浮宫也参与摄制一些电影，在这些电影里，它是主角。这样的电影很多，质量参差不齐。我不打算一一观看。但除了让-克洛德·布兰吉耶的《卢浮宫的斗争》（2000）、尼古拉·菲利伯特的《卢浮宫城》（1990）、斯坦·诺依曼的《卢浮宫，一个博物馆的时代》（1993）、阿兰·弗莱舍的《幻想的卢浮宫》（1993）、里夏尔·科潘的《与大师们在卢浮宫》（1993）、夏尔·讷默的《卢浮宫，参观》（1998）、弗雷德里克·孔潘的《关于"金字塔"的争议》（1999）、让-克里斯多夫·巴洛特的《维旺·德农，拿破仑的慧眼》（1999）、奥利维埃·霍恩的《卢浮宫的参观者》（1999）以及斯特凡·克劳乌斯的《看不见的卢浮宫》（2005）以外，我还会选择一些来观看。这些电影介绍了博物馆的幕后故事、博物馆工作者的生活和藏品历史。

我尤其喜爱一系列介绍上世纪艺术史界大人物的电影，这些大人物包括：Ch. 斯德林（1901—1991）、A. 沙泰尔（1912—1990）、R. 克劳泰美尔（1897—1994）、F. 阿斯凯尔（1928—2000）、F. 泽里（1921—1998）。

最后要提到阿兰·若贝尔拍摄的系列美术节目《调色盘》，该节目获得巨大成功是理所应当的。

参见词条: 贝尔芬格、《达芬奇密码》、疏散、通向卢浮宫官内的拱顶狭廊、调色盘、泽里(费德里克)

花神翼楼和花神馆 | Flore (aile et pavillon de)

花神馆位于大画廊的最西端,其名取自于 1669 年的芭蕾舞剧《花神》,"太阳王"路易十四也曾出现在这场舞剧的现场。该展馆由小雅克·安德鲁埃·迪·塞尔索(Jacques II Androuet du Cerceau,约 1550—1614)修建于 1607 年,后于 1868 年由勒菲埃尔重建。它面朝塞纳河,正面点缀着出自让-巴普蒂斯特·卡尔波(Jean-Baptiste Carpeaux,1827—1875)之手的一组花神雕像。

玛丽·安托瓦内特曾让人偷偷地在馆里布置出了一套小公寓,用来举办歌舞会。曾来为拿破仑加冕的庇护七世于 1804 年 11 月 28 日至 1805 年 4 月底在其中居住过。也就是在这里,12 月 1 日晚,约瑟芬向他承认自己未按宗教仪式结婚。教皇要求拿破仑举行宗教婚礼,否则便拒绝为其加冕,在此威胁下,拿破仑不得不接受一场秘密的、由其舅舅红衣主教斐许主持的宗教婚礼。

拿破仑三世命人在花神翼楼里设置了一些专供外国君王暂居的套间(如今的书画刻印艺术部咨询大厅)。

1870 年法国第二帝国垮台后,许多行政机构被设立在花神馆内,其中包括……全国博彩中心! 直至 1961 年,花神馆才归并入卢浮宫博物馆。随后,书画刻印艺术部和绘画部分别占用了该馆的下层和上层。如今(又会持续多久呢?),该馆里设立着地下实验室和法国博物馆修复部门。卢浮宫学院利用了翼楼一层的狮子入口一侧,一层的其他部分用来(暂时的?)展览原始艺术品。上层的一部分归绘画部和书画刻印艺术部的文献处以及文献保管员办公使用,另一部分用来展览意大利和西班牙绘画。您可以从原始艺术展厅通往卢浮宫的其他地方。

"狮子"入口(第二帝国期间被叫作"帝王入口")连通了沿河马路和花园。它的名字源于南入口两侧的两只铜狮子。画家让-弗朗索瓦·拉法埃利(Jean-François Raffaël,1850—1924)在《卢浮漫步》(1913)中写道:"装点码头街(如今的弗朗索瓦-密特朗码头街)大门的两只狮子中,只有眼睛看向左边、左爪向前伸的那只是巴里(Barye,1796—1875)亲自铸造的;另一只是根据这只仿制的:转换了狮身的方向,让它向右看,右爪朝前;但是仿制者忘了将署名调换方向,第一只狮子身上是 1847 年刻上的 Barye,第二只狮子身上的署名是 eyraB! 这会让未来的考古学者们感到失望!"我考证过:的确如此。

据卢浮宫学院的一些学生说,看到处女经过的时候,这两只狮子会吼叫……对了,卡鲁塞勒花园旁边的撒哈拉馆有两只母狮子,它们出自奥古斯特·该隐之手(1867)。

参见词条:书画刻印艺术部、原始艺术、夏多布里昂、博物馆研究员、文献、卢浮宫学院、大画廊、卡鲁塞勒花园、若亚(雅克)、实验室、勒菲埃尔、拿破仑一世、拿破仑三世、艺术品修复、会议厅

遗产基金 | Fonds du patrimoine

遗产基金由法国博物馆管理局管理,分拨给隶属于文化部的各部门(档案馆、国家图书馆……)。2006 年,1000 至 1100 万欧元遗产经费中的 150 万被拨给了卢浮宫(参与购买昆坦·马塞斯的《马德莱娜》,该画被视为"国宝",在法国不动产信贷银行的资助下购得)。

参见词条:耗资巨大的艺术品买进、"国宝"

封丹(皮埃尔-弗朗索瓦-雷奥纳尔) | Fontaine(Pierre-François-Léonard)

(蓬图瓦兹,1762——图尔,1853)

参见词条:德农、福尔班伯爵(路易-尼古拉-菲利普-奥古斯特)、佩西耶和封丹

枫丹白露画派 | Fontainebleau(École de)

枫丹白露画派之名取自弗朗索瓦一世命名的枫丹白露城堡。枫丹白露城区的该画派艺术家——无论是第一代(1530—1556)的罗索、普利马蒂乔、尼古洛·德拉巴特,还是第二代那些大部分来自荷兰的画家——都未在绘画馆中得到充分展示(与书画刻印艺术部的情况相反)。

不要把枫丹白露画派和巴比松画派混为一谈。

参见词条:书画刻印艺术部、巴比松派、弗朗索瓦一世、《浴中加布莉埃尔与她的一位姐妹》、绘画部

福尔班伯爵(路易-尼古拉-菲利普-奥古斯特) | Forbin(Louis-Nicolas-Philippe-Auguste)

(拉罗克·昂迪荣,罗讷河口省,1771——巴黎,1841)

福尔班伯爵,画家、作家,德农的继任者。他从1816年起管理卢浮宫,直至去世,是该博物馆历史上"在位"时间最长的馆长。他与画家格拉内关系不错。我忍不住要告诉您建筑师封丹1817年对他的描述,很显然,封丹不怎么喜欢他:"这个瘦馆长继续喋喋地说个不停,已经不止一次了,让我们(佩西耶和封丹)难以忍受。他总是被强烈的进取心和对理想的火热追求所驱使,又被难以掩饰的无能所困扰,他做事情毫无条理,没有任何意义,每次他那让人腻烦的帮助都令我们不快!"

参见词条:德农、吉里柯:《梅杜萨之筏》、格拉内(弗朗索瓦-马里尤斯):《圣三位一体山与罗马梅迪奇别墅》、佩西耶和封丹

壕沟 | Fossés

参见词条:卡鲁塞勒商廊,柱廊,卢浮宫的考古发掘,马尔罗

卢浮宫的考古发掘 | Fouilles du Louvre

尽管 19 世纪下半叶考古学家就已经能够测定出中世纪城堡的地基位置，我们还是应期待 1983 至 1985 年的考古发掘能使我们了解一些修建城堡的细节及现存（和可供参观的）遗址的数量。在这次发掘中，考古学家们发现了一副盔甲，并认为它曾属于查理六世。

同一时期，考古学家在拿破仑院（28000 平方米）发现了许多 15 至 18 世纪的日用品，包括泥质烟斗、卷假发的夹子、干巴德①……这些物品见证了那个时代的日常生活。

但最令人瞩目的成果当属发现了贝尔纳·帕里斯（Bernard Pallissy，1510—1589）工场以及工场内的窑炉、粘土盆、铸模和模制件，使用这些东西是为了按照卡特琳·德·梅迪奇的要求建造一个洞穴。

我对其中一个发现尤有感触，它把我带到了我所热爱的威尼斯，或者更确切地说，把我带到了穆拉诺②：许多破碎的玻璃制品，大部分已经成了碎片，但依然很好看。它们是曾位于当地的豪华公馆（贝亨艮、谢弗勒兹、朗布依埃公馆）内的盥洗用品。

此外，卢浮宫很久以前就开始资助在中东、苏丹和埃及（卢浮宫的埃及学专家克里斯蒂亚娜·齐格勒是塞加拉③发掘项目的负责人）的考古发掘。卢浮宫许多考古部门的研究员都在意大利、希腊、近东等地的发掘工地上。

参见词条：拿破仑庭、《马斯塔巴》、帕里斯（贝尔纳）

---

① 古代的一种以手指拨弹的儿童玩具。——译注
② Murano，意大利威尼斯市北部岛屿。——译注
③ Saqqaeah，埃及境内的一个古代大型墓地。——译注

富凯(让)/《自画像》 | Fouquet(Jean)/*Autoportrait*

(图尔,约 1415—1420——图尔,1578 至 1481)

铜版圆形画像,深蓝釉,金色单彩;黎塞留馆二楼第 7 展厅

直径:0.068 米;INV. O. A. 56

这件小巧精致的作品被展览在黎塞留馆二楼工艺品部的一个不起眼的展厅里。它起初被用来装饰让·富凯最著名的画作《默伦双联祭坛画》——也称《埃蒂安·谢瓦利埃双联祭坛画》——的边框。如今该画由安特卫普博物馆和柏林博物馆共享。让·富凯看着镜中的自己,也凝视着我们。似乎在向我们询问什么。

富凯是如何完成这件作品的? 他先找到一个圆形上釉薄片。然后用针除去一部分彩釉使自己的面孔显现出来,再用明暗法表现出面部的凹凸。它是法国绘画(我有意用这个词)史上最古老的自画像之一。有人愿意的话,可以列一个卢浮宫自画像名单(已有名单被列入了"艺术家画像"专栏的《卢浮宫绘画简表》索引里)并按自己的喜爱程度将其分类。

人们曾思考这种肖像画的起源:起自罗马的殡葬肖像画还是洛伦佐·吉贝尔蒂(Lorenzo Ghiberti, 1378/1381—1455)在佛罗伦萨圣洗堂的《天堂之门》上所作的自画像? 富凯的意大利之行意义重大。

参见词条:自画像

弗拉戈纳尔(让-奥诺雷) | Fragonard(Jean-Honoré)

(格拉斯,1732——巴黎,1806)

让-奥诺雷·弗拉戈纳尔曾在 1765 至 1805 年间居住在卢浮宫——如今方形中庭处。那儿曾有他的画室,"画家弗拉戈纳和公民达维特的画室就在柱廊旁边……","中央艺术博物

馆的画廊里住着画家弗拉戈纳尔，包括 8 个房间，一间厨房，几间工作室和一个地窖"。当年他和妻儿就住在里面，用他的话来说，妻子玛丽-安娜（Marie-Anne，1745—1823）是他的"出纳员"，此外，玛丽-安娜还是一位灵巧的细密画家。他有两个孩子，女儿罗萨莉（1769 年出生，1788 年就去世了）和 1780 年出生的儿子亚历山大-埃瓦里斯特。后者热衷于革命，也是一名画家，但总被忽视，这对他而言是不公平的。当时同住的还有弗拉戈纳尔的小姨子——迷人的玛格丽特·杰拉尔，她也是一位天资非凡的艺术家（人们总是就三人的同居说闲话，这可能是错误的）。

　　1986 年，卢浮宫的书画刻印艺术陈列馆得到一份捐赠，包括弗拉戈纳尔的 3 幅自画像及玛丽-安娜、罗萨莉、亚历山大-埃瓦里斯特、玛格丽特·热拉尔的画像。这些画像来自于泰奥菲尔·弗拉戈纳尔——亚历山大-埃瓦里斯特之子的收藏。

　　在卢浮宫，弗拉戈纳尔与达维特关系很好：在弗拉戈纳尔已被世人遗忘、新古典主义受追捧的时候，似乎多亏了达维特，弗拉戈纳尔才能于 1793 年 12 月 18 日被任命为中央艺术博物馆（后来的卢浮宫）馆长。"他年轻时创作了不少杰作，年老时将为保管杰作作贡献。"达维特给候选人提名会议呈递的推荐报告中写道。弗拉戈纳尔似乎是一位勤勉的公务员，但人们并不是很清楚他做的事有何意义。

　　和其他当时住在卢浮宫的艺术家一样，1805 年，弗拉戈纳尔被迫迁出卢浮宫。次年，他在卢浮宫附近（如今大韦富尔饭店的位置）喝冷饮时突发中风，在大众的冷漠中离世。

　　参见词条：艺术家画室、夏尔丹、《鳐鱼》、弗拉戈纳尔、《圣克卢的节日》、《舞蹈家吉玛尔》、《阿尔米达花园里的勒诺》、《门闩》、中央艺术博物馆、维热-勒布伦

弗拉戈纳尔/《阿尔米达花园里的勒诺》｜Fragonard/*Renaud dans les jardins d'Armide*

布上油画；叙利馆三楼第 48 展厅

H：0.91；L：0.72；R．F．2003—11

自 1949 年起，卢浮宫就很走运：馆内弗拉戈纳尔的作品显著增加。他的一大批作品相继成为卢浮宫藏品（我记不得书画刻印艺术部的情况）：《云中孩童》（捐赠）、《狄德罗》和《舞蹈家吉玛尔》（以画抵债），《门闩》（购买）、《白牛》（大卫-威尔家族捐赠）、《梅居尔和阿尔居斯》（购买），《乞丐的梦》（以画抵债），《牧羊人的爱慕》（捐赠），以及一幅《别致人像》（捐赠，卢浮宫只拥有用益物权）。

与以上作品相比，《阿尔米达花园里的勒诺》——或者更确切地说是《勒诺在萨隆森林里被阿尔米达引诱》——较晚进入卢浮宫，但这并不代表它最不重要，它描绘了塔索①的长诗《被解放的耶路撒冷》中的一个场景。该诗有很多富有戏剧色彩的片段，曾受到追捧（吕利②和基诺③ 1686 年编排的歌剧在 1761—1764 年间被重新演绎，这部剧大概就是这幅画的灵感来源）。弗拉戈纳尔挑选了一个充满诗意的场景：骁勇的基督教战士勒诺决定夺回耶路撒冷，却受到了撒拉逊魔女阿尔米达的阻拦，他曾抛弃阿尔米达，此时阿尔米达想复仇。

该画的创作极具随意性，弗拉戈纳尔大量使用了他最喜欢的黄色，从柠檬到金子一应是黄色。我们期待与该画相对应的作品《勒诺在萨隆森林迎战可怕的幻象》有朝一日能来卢浮宫和它再聚首。

---

①　Torquato Tasso(1544—1595)，意大利诗人。——译注
②　Giovanni Battista Lulli(1632—1687)，法国作曲家。——译注
③　Philippe Quinault（1635—1688），法 国 诗 人、剧 作 家、歌 剧 剧 本 作者。——译注

参见词条：艺术家画室、夏尔丹：《鳐鱼》、以画抵债、大卫-威尔家族、捐赠人、弗拉戈纳尔：《舞蹈家吉玛尔》《圣克卢的节日》《门闩》、用益物权

弗拉戈纳尔/《舞蹈家吉玛尔》 | Fragonard/*Portrait de la Guimard*

布上油画；叙利馆三层第 48 展厅

H:0.815；L:0.65；R.F.1974—1

吉玛尔因苗条的身材而被我们熟知（她的竞争对手以及爱她而不得的人由此心生嫉妒，用"骨瘦如柴"形容她，这样的人很多）。她的对手之一苏菲·阿尔努（Sophie Arnould，1740—1802）认为她和维斯特里斯、多贝瓦尔的 3 人舞就像"两只狗在抢骨头"。吉玛尔（Guimard，1743—1816）跳的"舞难度不大，她只用小碎步，但其优雅的动作使其成为大众最喜爱的舞蹈家；她身材娇小，尽管不是很漂亮，但轮廓细腻，在台上，40 岁的她看起来不过 15 岁"，维热-勒布伦夫人在她的《回忆录》中赞赏道。

大约 1769 年，弗拉戈纳尔为戏剧界享有盛誉、广为喜爱的玛丽-马德莱娜·吉玛尔画了这幅肖像，当时吉玛尔大概还未过 25 岁。她戴着一顶白羽毛无边帽，头微微歪向一边。细长的脖子上系着蓝色饰带。绿色和红宝石色丝绒长裙被画得随意、自然，与她那善变的、透着智慧的、充满魅力的面容形成了对比。

什么是《别致人像》（卢浮宫收藏了 15 件中的 7 件，另对 1 件拥有用益物权）？ 就是绘在柱顶盘背面的一些有点名气的、衣饰华贵的男人和女人们的半身像。与其说是写实肖像，不如说是色彩明艳、创作手法狂放的人物轮廓图或快镜照片。

《狄德罗》和《舞蹈家吉玛尔》分别于 1972 和 1974 年被卢浮宫收藏，是第一批通过"以画抵债"进入卢浮宫的作品。

参见词条：夏尔丹：《鳐鱼》、以画抵债、狄德罗、弗拉戈纳尔：《阿尔米达花园里的勒诺》《圣克卢的节日》《门闩》、用益物权、维热-勒布伦

弗拉戈纳尔/《圣克卢的节日》 | Fragonard/*La fête à Saint-Cloud*

布上油画;巴黎,法兰西银行

H:2.14;L:3.34

这幅画是弗拉戈纳尔最伟大、最美丽和最神秘的作品。其创作地点在相当长的时间里都不为人知,创作时间(大约在 1773—1778 年间)也未能被确定,其名也自然引起争议。

作品的主题非常简单:画面中心,喷泉喷出高高的水柱,周边环绕着一片树林,人们聚集在一起观看演出。左边有一些江湖商贩,右边正在上演木偶戏。弗拉戈纳尔加上了一些有趣的细节:小女孩试图挣脱母亲的怀抱,男子挥舞着帽子向台上的主持人致意;主持人旁边,一只猴子正在玩弄铁圈,为观众献上一出马戏。稍近点儿,可看到为少妇们遮阳的帐篷,木马,卖面裹小吃的男孩,卖蛋卷(也可能只为消遣)的女人偶尔能卖出一两块,木偶戏表演者站在石台的架子上,脚边有一架鼓和一堆球。

绿和金黄("金黄和祖母绿",J. 杜耶)搭配协调,一些红点——小红旗、黑皮肤小孩手中的红阳伞及他头上饰有红黑羽毛的白头巾——为其增加了恰到好处的点缀。日光为这幅画取景,照亮了一部分景物,使画面层次分明。右边,潘神[①]的雕像掩映于小树林中,让人想到了华托[②]。作品的美正是蕴藏在大自然和社会元素——溅起的水花,掀翻一箱橘子的风,"游移的"日光,大朵大朵的轻云——的融合中,一个安定、诗意、生机勃勃、明快、开化的环境接待和容纳着人类。

《圣克卢的节日》一直属法兰西银行所有。普通人很难去总裁办公室观看它。2006 年,值弗拉戈纳尔去世 200 周年纪念之际,该画被卢浮宫借来展览了 6 个月,后者多么希望将它永

---

① Pan,古希腊神话中的畜牧神。——译注

② 华托常将树丛作为布景的构件。——译注

久收藏。

参见词条：夏尔丹：《鳐鱼》、弗拉戈纳尔：《阿尔米达花园里的勒诺》、《舞蹈家吉玛尔》、《门闩》、华托

弗拉戈纳尔/《门闩》│Fragonard/*Le Verrou*

布上油画；叙利馆三楼第 48 展厅

H：0.73；L：0.93；R. F. 1974—2

如今，《门闩》是卢浮宫的"经典之作"。人们觉得它好像一直是卢浮宫博物馆的藏品。其实并不是这么回事。1974 年，卢浮宫用 500 万法郎购买该画时，爆发了一场罕见的激烈论战，卢浮宫的研究员们被刻毒地责备和攻击。

在讲述原因之前，我们先誊写一段龚古尔兄弟——弗拉戈纳尔作品的赏识者之一——对《门闩》的露骨描写，"这幅画非常著名，这对情人热烈而又无力地搂抱在一起，男人身穿衬衫和短衬裤，将一只裸露的结实的臂膀伸向门闩，用指尖将其插好；他的头转向右手搂着的女人（作者引用的原文如此：龚古尔兄弟描述的是一尊根据这幅画而创作的雕像，二者方向相反，这便可以解释为何左手变成了右手），眼里闪耀着欲望，女人此刻已经昏乱了，脸向后仰着，眼里既有惊恐又有恳求，她对自己感到失望，用一只已经瘫软的手把情人的嘴巴向后推……可以看出来，她沦陷了。弗拉戈纳尔没有忘记在背景里画上一样已被弄乱的物品：床。"

的确，被弄乱的床起着重要作用。请注意一个有引申含义的细节：桌上的那个苹果不就是亚当和夏娃偷吃的苹果吗？我们为何如此判定？很简单，因为弗拉戈纳尔在此之前创作了一幅与《门闩》相似的作品《牧羊人的爱慕》，1988 年，得益于罗伯托·波洛的慷慨捐赠，后者也进入了卢浮宫。弗拉戈纳尔想将世俗主题与宗教主题、神圣的爱和世俗的爱并置。

但为什么这幅画在 1974 年引起了论战？弗拉戈纳尔已经因其作品主题的淫秽、轻浮和笔法的随意而为人熟知了，他那豪放恣

意的笔触与丁托列托①、弗朗·哈尔斯、多米埃或莫奈的笔触略有相似……

而《门闩》却不能充分体现这些特点……弗拉戈纳尔早就享有盛誉了,但大约从1776年起,人们渐渐遗忘了他。在此之前,他第二次游览意大利,希望获取灵感,回国以后,他想改变绘画风格。就是这更细腻、更精致的新风格不能被攻击卢浮宫的人所理解。弗拉戈纳尔十分敬重伦勃朗,他简化了构图,去掉了一切多余的细节,将画面框架精简为一条对角线,这条线连接门闩和苹果,掠过两人的面庞。尽管他没有忘记鲁本斯和布歇,也没有失掉他特有的活力和冲劲,但他仍然试图改变自己的艺术观,想为自己的创作增加一些我们之前不大习惯看到的厚重、严肃和情感。《门闩》正处于扣人心弦的现实和丰满性感的理想的交叉点。

这幅画引起论战大概还因为当时的人们难以接受它的挑逗力以及画家对这对逃避、妥协、然后互相委身的偷情者的放肆描写。

此后直到1785年沙龙,人们才会看到法国绘画界更新颖的画作——达维特的《荷拉斯兄弟的誓言》。

那幅画是这本辞典的封面插图。

参见词条:夏尔丹:《鳐鱼》、达维特:《贺拉斯兄弟的誓言》、弗拉戈纳尔:《阿尔米达花园里的勒诺》、《舞蹈家吉玛尔》、《圣克卢的节日》、方形沙龙

弗朗索瓦一世 | François 1ᵉʳ

(科尼亚克,1494——朗布依埃,1547)

1515年,法国国王弗朗索瓦一世定都巴黎,受他所见过的意大利建筑的影响,他决定拆除建于菲利普·奥古斯特时期、被查理五世改造过的要塞式城堡②,并委托建筑师皮埃尔·莱斯科建一

---

①　Tintoretto(1518—1594),意大利画家。——译注
②　以前的卢浮宫。——译注

座新的建筑(即后来的亨利二世翼楼),但建成以前他就去世了。实际上,他一生中的大事是扩建枫丹白露宫。

这位国王为卢浮宫添置了第一批绘画藏品,其中包括雷奥纳多·达芬奇的《拉若孔德》(也许在这批藏品中)和《岩间圣母》、安德利亚·德尔·萨尔托的《上帝之爱》、弗拉·巴托洛米奥的《圣母领报瞻礼》、拉斐尔的《圣米迦勒》和《圣家族》。

在博物馆的展厅里,您会经常遇见弗朗索瓦一世(他1.80米的大个子总引起轰动):卢浮宫藏有很多他的肖像,出自不同人之手:让(黎塞留馆三楼第7展厅)、弗朗索瓦·克卢埃(书画刻印艺术部)、提香(德农馆拉若孔德厅),以及雷奥纳多·利穆赞在《耶稣受难祭坛装饰屏》上画的《弗朗索瓦一世模样的圣托马》(彩釉,黎塞留馆二楼第22展厅)等。

维也纳艺术史博物馆珍藏着本韦努托·切利尼雕刻的《弗朗索瓦一世的盐罐》,这件工艺品几年前曾被盗走,所幸近日被找回了。

参见词条:卢浮宫建筑师、切利尼(本韦努托)、查理五世、亨利二世、雷奥纳多·达芬奇、菲利普·奥古斯特、失窃

卢浮宫的常客 ｜ Fréquentation

2006年,卢浮宫接待了830万参观者! 多么了不起! 他们是参观者还是游客? 如何接待他们? 怎样促使他们再来? 怎样使他们的参观愉快、惬意(有意义并且有趣)? 他们会记住什么? 我们又希望他们记住什么?

2006年的详情:824.8万参观者中,56%买了门票(其中80%是外国人),12%拥有折扣卡,249.8万(32%)是"免费"参观者(失业人员、最低社会就业安置金领取者、未成年人、在免费日前来的人……其中只有三分之一是法国人)。

外国参观者中,46%来自欧洲其他国家,30%来自美洲,18%(1999年只有9%)来自亚洲;38.5%是30岁以下的年轻人(其中

一半人不到 18 岁),51.5%是和家人一起前来(216729 个外国家庭和 144127 个法国家庭),6.5%独自前来;53%是第一次(和最后一次?)来……

"星期天免费"吸引了大约 41500 名参观者。

面对这些数字,面对通常感到无趣、像完成任务一样观看《拉若孔德》、《米罗的维纳斯》、《萨莫色雷斯的胜利女神》、《奴隶》的人群,馆长不知所措。

参见词条:入口、免费开放

壁画 | Fresques

尽管卢浮宫藏有一些精美的壁画(弗拉·安吉利科、波提切利、卢伊尼、夏塞里奥的作品),却没几幅是为这座宫殿所作。16世纪的装饰画已荡然无存了。1640—1642 年间,普桑在巴黎暂住时可能为大画廊创作了以赫丘利①的一生为主题的壁画,但现在人们只能看到一些草图。种种迹象使人们相信,在合作者的帮助下,少量不错的草图的确被画成了壁画,但我们并不确定。

如果一些大厅的天花板还没有被完全换掉,那么少数几顶上是有壁画的,有作于 17、18 世纪的(罗马内利、勒布伦的画以及阿波罗长廊的天顶画),也有作于 19、20 世纪的(安格尔、德拉克罗瓦、布拉克的画)。

我还要说说陈列在德农馆(一楼第 22、30 展厅)的罗马壁画,其中一些来自博斯科雷亚莱;但实际上,它们更像是彩色腊画,那是一种技艺,一种 18 世纪的古罗马文化迷恋者想要寻回或再次推广的工艺。

参见词条:弗拉·安吉利科、阿波罗画廊、《博斯科雷亚莱的珍宝》、波提切利、审计法院、大画廊、天顶画

---

① Hercule,罗马神话中的大力神。——译注

弗洛伊德(西格蒙德)｜Freud(Sigmund)

(弗赖堡,摩拉维亚,1856——伦敦,1939)

1910年,西格蒙德·弗洛伊德发表了《雷奥纳多·达芬奇的童年记忆》。他引用了这位大画家写在《阿特兰蒂库斯抄本》中的一段令人惊奇的话:"我似乎不得不特意描绘一只秃鹫,因为我想起很小的时候,我躺在摇篮里,一只秃鹫飞来,用它张开的尾巴多次拍打我的嘴唇。"通过对这种"秃鹫幻想"的精神分析,弗洛伊德就雷奥纳多的童年、他的两位母亲、他的性欲和《蒙娜丽莎》的微笑得出了一些引人注目的大胆结论。

1913年,奥斯卡·菲斯特[①]仔细观察了珍藏在卢浮宫(德农馆二楼大画廊)的雷奥纳多的名画《圣母子与圣安娜》,他似乎从玛利亚外套的轮廓里"发现"了那只著名的秃鹫。

从弗洛伊德1919年为文章加的注释中,人们能看出他对这一发现态度谨慎。"尽管人们不大能完全接受这个'稀奇的发现',但仍不可抗拒地被它吸引。"

就算"秃鹫"在雷奥纳多的手稿中本是"鸢",结论也不会有任何改变:弗洛伊德的这篇奠基性文章不仅要让人们尝试在圣母的裙布上划出"秃鹫"的轮廓,还要让——更重要地是要让人们从其他角度解读这幅画:"希望读者读到这里时,会产生一种责任感,并且在愤怒的火焰中情不自禁地关注精神分析法,因为这种分析方法一经采用,就会不可饶恕地侮辱一个伟大又纯洁之人的记忆。"

这也是梅耶·夏皮罗[②]在《雷奥纳多和弗洛伊德:艺术史研习》的结论中所表达的愿望,他这篇评论对弗洛伊德的分析既有批判又有赞赏:"万一弗洛伊德的假说显得不太合理,也是因为别的原因;那么就应该有更合理的、能作为新的雷奥纳多心理学研究基

---

① Oscar Pfister(1873—1956),瑞士牧师、教师及精神分析专家。——译注

② Meyer Schapiro(1904—1996),艺术史家和批评家。——译注

础的假说来代替原先弗洛伊德的假说,新假说不够完整也无妨。但是如果精神分析家想要较好地应用这些假说,就必须要充分了解雷奥纳多的生活和艺术以及他那个时代的文化。"(1955 年首次发表;法语版:1982)

弗洛伊德在巴黎妇女救济院听夏尔科①讲课的那段日子里,一定欣赏过雷奥纳多的这件杰作。

让我们回到这幅画上,画中圣安娜和女儿玛利亚俯身朝向孩子耶稣,后者的腿跨在献祭小羊羔的脖子上。雷奥纳多大约 1500年开始画这幅画,却始终未能完成。人们不知道该画是弗朗索瓦一世直接从雷奥纳多处索得还是在那之前就由路易十二带到了法国。很少有艺术家能像雷奥纳多一样对绘画实践有深远的思考并能使思考的范围向其他领域延伸。这幅画能够打动人心,在这方面,卢浮宫几乎没有作品可与之媲美。

参见词条:弗朗索瓦一世、雷奥纳多·达芬奇

弗雷德里希(卡斯帕·大卫)/《树上乌鸦》│Friedrich (Caspar David)/L'Arbre aux corbeaux

(格莱福斯瓦德,1774——德累斯顿,1840)

布上油画;黎塞留馆三楼 E 展厅

H:0.71;L:0.54;R. F. 1975-20

1940—1945 年间,《树上乌鸦》被展览在埃森②的福克博物馆里。该画的所有权属于一个此前已移居美国的犹太家庭,二战后,他们要回了这幅画。1975 年,这个家庭的一位后裔在临死之际想出售这幅画,条件明确:不能把作品带回德国。德裔苏黎世商人兼

---

① Jean Martin Charcot(1825—1893),法国医学家,为精神病学奠定了基石。——译注

② 德国城市名。——译注

收藏家彼得·纳当（Peter Nathan，1925—2001）将它优先赠给了卢浮宫。此前，卢浮宫还没有这位 19 世纪德国最伟大画家的作品。"风景的悲剧"：欣赏他的昂热雕塑家达维特（David d'Angers，1788—1856）领会了这位艺术家的天资和特点。

橡树的叶子已经掉光了，光秃秃的树枝伸向冬日的天空。树的根部深入一座古墓里（画布背面写有"Hünengrab"字样，表明这是一座匈奴式坟墓①）。乌鸦让人想到死亡，这才是该作品真正的主题。

从对大自然细致入微的观察出发，C. D. 弗雷德里希呈现给我们的是一种对生命和对生命周期的冥想，人们看到了画家的故乡和远方鲁根岛上的阿斯纳峭壁。

19 世纪的法国绘画作品中，没有哪件可以该画媲美，幸运的是，2000 年，弗雷德里希的另一幅画作《海边看月出》也被卢浮宫获得，这让我们倍感欢欣（这两幅画现被珍藏在书画刻印艺术部：一幅是昂热雕塑家达维特的收藏，另一幅于 1999 年进入卢浮宫）。

参见词条：书画刻印艺术部、屈森（夏尔）

---

① 原文如此，而德语 Hünengrab 意为"巨石墓"，并无"匈奴"之义。——译注

亲爱的读者,您可以根据自己的喜好选择阅读以下画家的作品,这些法国画家按照字母 G 的顺序排列,都出生于 1755 年之后:加涅罗(1756—1795),戈菲耶(1762—1801),玛格丽特·杰拉德(1761—1837),弗朗索瓦·杰拉德伯爵(1770—1837),吉罗代(1767—1824),格拉奈(1775—1869),格罗(1771—1835),盖兰(1774—1833),吉里柯(1791—1824)。毫无疑问,以上这些画家中吉里柯最为出色,其次是谁? 吉罗代? 我觉得是格罗。还有出生更早些的戈雅(1746—1828),他在法国波尔多去世。

卢浮宫收藏着以上每一位艺术家的绘画和(或)素描作品。

参见词条:吉里柯:《死去的猫》《梅杜萨之筏》吉罗代·德·卢西-特里奥松(安-路易)戈雅·伊·卢西恩特斯(弗朗西斯科·德),格拉内,格罗(让-安东尼,伯爵):《埃劳战役》

《浴中加布莉埃尔与她的一位姐妹》 | Gabrielle d'Estrées et une de ses sœurs

绘画部;黎塞留馆三楼第 10 展厅

枫丹白露画派,17 世纪末 10 年;木板油画

H:0.96;L:1.25;R.F 1937—1

画中的女人为什么赤身裸体? 为什么其中一个人捏着另一人的乳头? 为什么女人的手里有一枚钻戒? 为什么两人出现在如此巨大的浴缸里面? 为什么远景中有一位缝纫女工、一团火、还有一幅画(画里居然出现一双男人的腿!)? 这一长串问题都不怎么容易解答,我来挑一个说说:加布莉埃尔·德斯特雷是亨利四世的情妇,手上拿着的是她显赫的情人将要在 1599 年 3 月 2 日送给她的戒指,这件事轰动了当时的宫廷。画中维拉公爵夫人用大拇指和食指捏住姐姐的乳头,她的姐姐此时已怀胎 6 月。1599 年 4 月 10 日的夜晚,瓦卢瓦的玛格丽特,即玛戈皇后毒死了加布莉埃尔·德斯特雷,因为担心她会篡夺王权(加布莉埃尔已经为国王生育了 3 个孩子)。画中两人共浴的应该是用来保养身体的酒或牛奶。不

过需要一提的是，以上我所写的内容都只是猜想。

画中女人的发色为什么是棕色和金色？这幅画是描绘同性女子之爱还是另有寓意？是不是弗朗索瓦·克卢埃[1]对人物原型的再创作？这些疑问直至16世纪后10年都悬而未决。

在2005年发行的畅销小说《紫色血脉》中，作者沃尔夫拉姆·弗莱施豪尔提出了一个新的猜想：画中的女人并不是加布莉埃尔·德斯特雷的妹妹，而是海丽叶·恩泰奎斯[2]，后者在加布莉埃尔死后接替她成为了亨利四世的"左手情人"[3]，能够证明这一点的是画中海丽叶用左手捏住加布莉埃尔的乳房，而加布莉埃尔用左手拿着戒指。

接着上文所说，加布莉埃尔·德斯特雷突然香消玉殒。随后，海丽叶成为了国王的情人，国王答应她如果能生一个儿子的话就娶她为皇后，然而1600年的春天海丽叶却流产了。同年11月2日，亨利四世在贝勒·加德伯爵的介绍下，与佛罗伦萨·玛丽·德·梅迪奇结婚。

约一个半世纪之后，布歇和弗拉戈纳尔分别用自己方式描绘了相同的主题，他们笔下的"浴女"（画中人物原型不详）同样受到了人们的称赞（叙利馆二楼第38和48展厅）。

参见词条：布歇（弗朗索瓦）：《洗浴中的戴安娜》、枫丹白露画派、《梅迪奇画廊》、亨利四世

水边画廊　｜ Galerie du Bord de l'eau

这是大画廊另一个如今不太用但更加诗意的名字，舍弃这个名字是为了不与杜伊勒里花园的水边平台混淆，水边平台与塞纳

---

① Francois Clouet（1515/1520—1572），法国文艺复兴时期肖像画家。——译注

② Henriette d'Entragues(1579—1633)，亨利四世情妇。——译注

③ Epouser de la main gauche，字面义为"用左手结婚"，意即不合法的结合，地下情人。——译注

河同长,连接着花神馆和橘园博物馆。

参见词条:大画廊、杜伊勒里花园

"西班牙画廊" | 《Galerie espagnole》

为什么路易·菲利普对西班牙油画如此热爱? 他是由衷地欣赏这个画派吗? 记者路易·维拉多(Louis Vilardot,1800—1883)于1843年12月起在《共和国杂志》发表了介绍西班牙王朝的博物馆长文(这篇关于西班牙画家的文章起笔于1839年),国王会不会受到了这篇文章的影响?

1833年起,国王委派泰勒男爵(le baron Taylor,1789—1879)用国王的私人财产尽可能多地购入西班牙画作。在三次旅行中(1833年,1835—1836,1836—1837),男爵共收集了412幅画(这个数字有待核实)。1838年1月7日,国王在柱廊的大厅开设了西班牙展馆,两年之后英国收藏家弗兰克·高乐·斯坦迪施(Frank Hall Standish,1799—1840)向国王呈贡了他的藏品,该展馆随之被补充完整。

西班牙展馆曾以10苏①的票价面向公众开放,由于票价不高,展出对门票的查验并不是很严格。展出的苏巴朗(博物馆里足足有他80幅画)和格列柯的作品比戈雅、牟利罗和里贝拉的作品都要多,但委拉斯凯兹的作品数量极少。一位参观者自言自语地说:"连比利牛斯地区的人都不愿吃面包渣了。"②(引自乔瑟·卡巴尼的《路易·菲利普的西班牙博物馆,戈雅》,巴黎,1985,这是一本很不错的书)口若悬河的二流记者克劳狄斯·塔拉尔说道:"老实说,是时候停止展出糟糕的西班牙画和斯坦迪施的展品了,说白

---

①　Sou,法国辅币名,旧时相当于1/20 livre,今相当于1/20法郎,即5生丁。——译注

②　比利牛斯山介于法国和西班牙之间,此处"比利牛斯地区的人"应指西班牙人,法语croûte("面包渣")一词还有"拙劣的画"的意思。——译注

了，前者愚昧无知，后者的慷慨就是自以为是。”

虽然画展并不成功，但西班牙作品的激情在众多画家（如米莱，里博，库尔贝，画展结束时马奈只有 17 岁）和作家（如勒南，米什莱，波德莱尔）的作品中都有所渗透。乔瑟·卡巴尼在书中还提到作家欧内斯特·普拉隆，后者写道：“我跟着他（指波德莱尔）去过几次卢浮宫。他只要经过那里都会进去看看，而且每次都会在西班牙展馆前停下脚步。国王路易·菲利普在 1848 年命人收回了其中大部分属于他的个人财产的画作，而当时西班牙展馆的藏品，至少在画风暴力的藏品领域，要比如今要丰富得多。波德莱尔深深迷恋狄奥托科普利（这里指的是格列柯）的作品，有时进卢浮宫只为看他的两三幅画，然后离开。”波德莱尔最喜爱的画家有格列柯，里贝拉，苏巴朗（“庄严踱步的苏巴朗的圣像”）和戈雅。

1848 年革命之后，路易·菲利普要求收回已经展出了 3 年的藏品，除了若姆·于盖（约 1415—1492 年）的作品《耶稣的哀悼》（德农馆二楼第 28 展厅），其他藏品全部被收回。1853 年 5 月，伦敦克里斯蒂拍卖行拍卖了路易·菲利普的 528 幅画和斯坦尼施得 244 幅画，卢浮宫一幅也没有购买。只有格列柯的《受尊崇的基督》于 1908 年辗转回到博物馆（德农馆二楼第 26 展厅）。

在《情感教育》中，画家佩尔兰说道：“我多么想回到大革命时期，只为那彻底消失的西班牙展馆。”众多收藏者都对此赞同不已。

参见词条：格列柯、火灾、路易·菲利普、1848 年革命

《梅迪奇画廊》/鲁本斯（彼得-保罗）　La Galerie Médicis/Rubens(Petrus-Paulus)

（西根，威斯特法里，1577——安特卫普，1640）
24 幅布上油画；黎塞留馆三楼第 18 展厅；INV. 1769—1792
16：H：3.94；L：2.95
2：H：3.94；L：7.27
1：H：3.94；L：7.02

2：H：3.94；L：1.60

2：H：2.47；L：1.16

1：H：2.76；L：1.49

当今最权威的艺术家们认为梅迪奇画廊的 80 幅画"全部出自鲁本斯之手"。

这些画绘于卢森堡宫殿二楼的两个画廊之一(另一个画廊记录了亨利四世的生平事迹),创作于 1622—1625 年间,长廊里自传式的画作是以亨利四世的妻子玛丽·德·梅迪奇(1573—1642)为原型,讲述了她一生所作的重要事迹。为创作这幅 300 平方米的巨画,鲁本斯阅读了大量的素材,共 6 万册书。1800 年,这些壮观的画(约 4 米高)因沙勒格兰[①]在卢森堡宫修建大楼梯而先被移至亨利四世长廊。随后,1815 年,在将大革命和第一帝国的战利品返还给归属国后,这些画便在卢浮宫空出的地方展出。

如今人们不再关注这些杰作,而更倾向于慕尼黑美术馆的 16 幅草图。这真是有眼无珠之举。画中无可比拟的精湛技艺和绘画表现形式的创新是"绘画历史上最惊人的壮举之一",3 个世纪以来受到了从华托到达维特这些伟大的艺术家们的推崇。

我们需要花时间去阅读画廊中每个组成部分的历史和画家对该历史直观的描摹,去品味它形式和色彩上的创新。我最喜欢的一幅画是《王后 1600 年 11 月 3 日在马赛港口登陆》,画面前方有 3 位强壮魁梧的希腊海神,画家将他们弓着的背部上所沁出的水滴表现得十分出色。

梅迪奇画廊是黎塞留翼楼里最精彩的部分,它位于黎塞留馆和贝聿铭设计的图书馆之间,但这里并没有受到重视。让·夏尔·莫赫设计的展厅取代了原先的会议厅,内部布置着有分量的大理石画框,如今这里被分成了皮亚泽塔厅和牟利罗厅(德农馆二楼第 14 和 26 展厅),一些人对这样的变动感到遗憾,但是,别忘了现在人们可以按照鲁本斯所希望的顺序,随着故事情节的发展,在

---

① Jean-François-Thérèse Chalgrin(1739—1811),法国建筑师。——译注

天顶完美的光线下了解每一幅作品，完整地欣赏这24幅画。

参见词条：画框、塞尚、语录、复制品、达维特：《拿破仑一世加冕大典》、楼梯、疏散、亨利四世、路易十三、卢森堡博物馆、牟利罗、伦敦国家美术馆、贝聿铭、鲁本斯、会议厅

"触觉画廊" | 《Galerie tactile》

参见词条：盲人

画廊 | Galerie

参见词条：阿波罗长廊、"西班牙画廊"、《梅迪奇画廊》、大画廊、于贝尔·罗贝尔画廊、司汤达

保安 | Gardiens

参见词条：博物馆工作人员

戈蒂埃（特奥菲尔） | Gautier（Théophile）

（塔尔博，1811——纳伊苏尔塞纳河，1872）

19世纪关于卢浮宫的文学作品数量庞大却良莠不齐，常常令人失望。

特奥菲尔·戈蒂埃是儿童读物《弗拉卡斯船长》和《卢浮宫爱好者参观指南》（1867年出版，是维克多·雨果的负责主持的作品集《法国巴黎主要作家和艺术家指南》的一部分，该作品集于1883年成卷出版，1994年塞吉埃出版社再版）的作者，借着对写作的热爱，他用黑色的墨水描写画作，用文字表现画家的风格和色彩。照片没有文字因而无法讲解，复制作品又花费太高，于是借助精心选择的形容词、适当的句子和词组展示卢浮宫的作品，使读者"看见"

这些画便成为了最重要的事。

请跟我做一个流传了 1 个世纪的小实验:先选择一幅画,集中精力盯着它,看五分钟,试着把画的内容记住。然后请转过身来,在一张纸上试写一下:画中有几个人,他们的穿着,天空和云朵的颜色,有几棵树,在左边还是在右边……写完后再转回去,您一定会感到有些沮丧。彩色照片、艺术书籍中的复制品、明信片使人们变得懒惰。虽然卢浮宫改善了参观环境和自然光照条件(相对人工照明,当今的博物馆更推崇自然照明),我们却不再仔细地参观,不集中精神、走马观花地浏览常常会丢失很多乐趣。我们总是自我安慰地说"我有一天还会再来的……"。

参见词条:弗拉·安吉利科:《圣母加冕图》、《田园交响曲》、柯雷乔、安格尔:《土耳其浴室》、勒布朗、自然光线、普桑:《冬日》、七米厅、凡·戴克:《查理一世狩猎图》、华托:《淡漠者》

皇冠宝石 | Gemmes de la Couronne

参见词条:阿波罗画廊、路易十四、带凹槽的椭圆花瓶

杰拉尔·德·圣让/《拉撒路的复活》| Gérard de Saint-Jean, ou Geertgen Tot Sint Jans/*La Résurrection de Lazare*

(?,1460—1465——?,1488—1493)

木板油画;黎塞留馆二楼第 4 展厅

H:1.27;L:0.97;R.F.1285

这幅画的作者杰拉德·圣让得名于哈勒姆的圣让骑士修道院,这儿也是他生活的地方。人们对这位来自荷兰北部的艺术家的了解并不多。1902 年,卢浮宫以 10 万法郎的价格购得他的这幅杰作。

画面前方的两端是一对在祷告的夫妇,男人位于耶稣右侧显

要的位置(即我们视线的左侧),他们的两个女儿跟在妻子之后,一个女儿穿着黑衣修女服,另一个年龄很小,身着红色衣服,夫妇之间有一条小狗。

画中裹着尸布的拉撒路准备从墓中出来,他在入土四天后散发出令人难以忍受的气味,旁观者们都捏住了鼻子。拉撒路的姐姐马大坐在神坛上,表情虔诚,她身着典雅的鲜绿色长裙,头戴白色头巾。

您下一次游览卢浮宫时花上半个钟头参观这幅画,一定不会后悔。

吉里柯(泰奥多尔)/《梅杜萨之筏》 | Gérieault (Théodore)/ Le Radeau de la Méduse

(鲁昂,1791——巴黎,1824)

布上油画;德农馆二楼第 77 展厅

H:4.91;L:7.16;INV.4884

《梅杜萨之筏》曾在 1819 年沙龙中以一个不带感情色彩的名字《遇难的场景》展出。

1816 年 6 月 18 日,"梅杜萨号"护航舰离开罗什福尔港口开往塞内加尔。这艘船上约有 400 人:一批水手,150 名士兵以及 100 名乘客。"梅杜萨号"由一位缺乏航海经验的旧贵族于戈·杜洛瓦·德·肖马雷率领。7 月 2 日,船舰途经布朗海峡的浅滩时搁浅。经过 5 天的努力,船舰依然无法航行,于是船上的人们用船舰的桅杆搭建了一个 20 乘 7 的巨大木筏。工程师柯雷阿与外科医生夏维尼在他们共同发表的《梅杜萨遇难记述》中这样写道:"149 人挤在一起,剩下的人匆匆跳入救生艇。没想到救生艇的缆绳突然断开了,本应被小艇拖着前行的木筏被迫停在了无边的大海中央。"这一次殉难持续了 13 天,人们互相残杀,啃食尸体,将生病的人扔入海中。木筏上还剩下 15 人。7 月 17 日,水平线上出现的船帆带来了希望。但很快这艘船便消失了。不一会儿,这艘船又再次出现,是前来营救生者的双桅横帆船"阿拉斯号",而此时生还者已不超过 10 人。

吉里柯曾对这幅画主题的切入点有些犹豫不决:是"遇难者的营救"还是"饥饿者相互残杀"? 他最终把画面定格在所有人几乎绝望时"阿拉斯号"的第一次出现。在画中的木筏上有死去后躺着的人、生命垂危的人、还有挥舞着白布的黑人——无疑影射了被正式废除的贩卖黑奴的条约(对于这一点评论界一致同意)。

我们知道,吉里柯喜欢将自己的朋友(非职业模特)画入作品,德拉克罗瓦便是其中之一,他是俯伏在画面近景的人物原型,在画中可以看到他的背部。

这幅作品首先在政界引起了轰动。肖马雷是法国大革命时期拥护君主主义的流亡贵族。在这幅画中我们可以看到对路易十八关于实施惠及贵族政策的批判。这场灾难使自由主义反对派从中获益,肖马雷被判入狱 3 年,海军部长被免职。但是国王却很欣赏这幅画,他在 1819 年沙龙上似乎这样宣称过:"行啦,吉里柯先生,海难不会是艺术家所画的那样。"

其实这幅作品对艺术界产生的轰动才是本质性的。为了完成此画,吉里柯坚持走访伯戎医院,观察生命垂危的病人,偷偷搬来成块的尸体进行描摹。这幅画的诞生,使新兴画派的主题不再是中世纪或历史中的英雄,他们开始着重描绘社会杂闻,表现日常生活中普通人的苦难。此外,这幅用来批判现实的"一堆尸体"打破了传统的作画规则,一位评论家曾问道:"这幅画的中心在哪儿?"

《梅杜萨之筏》很快大受欢迎,吉里柯成为了新现实主义的领袖,他在法国油画界中开启了以骇人的主题为中心的油画,使法国绘画历史翻开新的一页。福尔班伯爵曾两次试图将这幅画卖给博物馆,直至 1824 年吉里柯去世后,在已逝艺术家作品拍卖会上,这幅画以 6005 法郎的价格(福尔班伯爵只从中获利 5000 法郎)由福尔班伯爵的朋友兼学生皮埃尔·乔瑟夫·德·杜鲁·德西买走,他挽救了这幅名画并以原价转让给了卢浮宫。

这幅画宏伟、震撼、令人心碎。我忍不住引述一篇安葛尔受这幅画启示所写的文章:"我希望人们从卢浮宫搬走这幅《梅杜萨之筏》以及它的两位'骑兵'朋友(指的是《冲锋中的皇家卫队的骑兵军官》和《离开战火的负伤装甲骑兵》,如今也在这个展厅里展出),然后把前面那幅放到海军部,另两个放在军事部,人们只应欣赏美的事物,别再让这几幅画损害公众的品位了。我们还应在艺术界禁止关于行刑、宗教火刑之类的主题。绘画应该是积极的、合乎道德标准的,而不是描绘这种骇人的主题。人们应该欣赏这样的作品吗?人们应该将愉悦建立在这些画作所表达的痛苦之上吗?我无法禁止这种主题所带来的同情或恐惧,但我更希望它们存在于埃斯库罗斯,索福克勒斯或者欧里庇得斯的作品中。我不想《梅杜萨之筏》以及一大厅的画作呈现给我们的只有人类的尸骨、丑陋和憎恶,不,我不愿这样!艺术应该是美的,带给我们的感受也应该是美的。"(节选自安葛尔·德·亨利·杜拉博尔德专题文章,巴黎,1870年,第166—167页)

参见词条:福尔班伯爵、吉里柯:《死去的猫》、莫里恩(尼古拉·弗朗索瓦)

吉里柯/《死去的猫》 | Gérieault/*Le chat mort*

布上油画;叙利馆三楼第61展厅

H:0.50;L:0.61;R.F.2003—6

我没有列一份关于卢浮宫的猫的清单,或者用专业术语说——"卢浮宫猫类目录全集"。在卢浮宫里,首先有一部分活猫生活在博物馆的院子和花园里,由于没有老鼠,它们比从前更少见了。还有一些猫,数量多些,分布在古埃及区,有的变成木乃伊,有的被刻在玄武岩上,还有的被刻在青铜器上。最终剩下一些猫分布在卢浮宫的其他部门,比如绘画部的猫(如提香的《在厄玛乌的晚餐》,委罗内塞的《迦南的婚礼》,勒南的《农民家

庭》,莫利隆①的《水果蔬菜市场》,勒布朗的《圣婴安眠》,拉日利
埃的《有窗帘、风景和动物的装饰画》,苏贝利亚斯的《隼》,夏尔
丹的《鳐鱼》,布瓦伊的《加布莉埃尔·阿尔诺》)。这些是我在
"猫"的词条开头处没有提及的作品。

　　这些画展现了猫栩栩如生的姿态:在壁火旁打盹,桌子下嬉
戏,在牡蛎前流连……卢浮宫在卢浮宫之友协会的帮助下于
2003年获得了最后一只。这是一只死去的猫,我们称这之为吉
里柯之猫,它绘于1820年,品种不明,毛色为灰、白、浅黄色,从
屋顶摔下。它躺在一张桌子上,爪子因为死去而变得僵硬,下垂
的头悬在空中。唯有在这幅画中,吉里柯成为了一位暴力、无
情、残忍的画家,他作为清醒的目击者为我们描绘了这样现实、
残酷的一幕。

　　参见词条:卢浮宫之友协会、夏尔丹:《鳐鱼》、猫、《古埃及的
猫》、吉里柯:《梅杜萨之筏》

吉兰达约(多梅尼克)/《老人和男孩儿》| Ghrilandaio (Domenico)/*Portrait d'un vieillard et d'un jeune garçon*

（佛罗伦萨,1449—佛罗伦萨,1494）

木板油画;德农馆二楼大画廊第5展厅

H:0.63;L:0.46;R.F.266

　　《老人和男孩儿》这幅画于1886年购买于佛罗伦萨,它被公认
为是卢浮宫馆长博斯·德·多兹亚子爵的一项功绩。在文艺复兴
时期的意大利雕塑领域,伯林和小威廉姆·博德(Wilhelm Bode,
1845—1929)既是竞争对手,也是共同赢家。

　　一直以来这幅画都很受欢迎,游客们驻足的原因很多,其中第
一个原因是画中老人的额头处有一道很深的划痕,幸运的是这个
问题已经在近期(1995年)解决。对于解决这个划痕的方法,起初

---

　　①　Louise Moillon(1610—1696),法国画家。——译注

人们犹豫应该将它修补还是遮住,最终,图片复原技术完美地修复了该画。

第二个原因是老人发芽的鼻子(这是一种鼻赘,是医学中的酒糟鼻的粉刺末期的表现)。马塞尔·普鲁斯特就曾被这里所吸引:"斯万很喜爱研究大师的作品……比如,就能感受到的最普通的东西来说,我们熟知的脸部某个器官的样貌,如某个叫吉兰达约的画家笔下的德苏巴朗西先生的鼻子。"(摘自《在斯万家那边》)

然而,最吸引人的莫过于老人与男孩之间的对话(老人是男孩的祖父吗?)。金发孩子将手轻轻地放在老人胸前,老人充满温情地低头看着孩子。两人举手投足这融洽的一幕将生命划分为希望、醒悟、睿智三个时间段。作家十分含蓄地描绘出老少的关系。

我的一位好朋友,著名评论家和艺术史学家弗雷德里克·泽里(1921—1998)在他的著作《画的背后》(米兰,1987)里用大量篇幅描述了他对这幅画的观后感。

参见词条:泽里(费德里克)

吉罗代·德·路吉-特里奥松(安-路易)/《读语法书的孩子》,或《看语法书的伯努瓦-阿涅斯·特里奥松》| Girodet de Roucy-Trioson (Anne-Louis)/*Jeune enfant étudiant son rudiment*, *ou Benoît-Agnès Trioson étudiant son rudiment*

(蒙塔日,1767——巴黎,1824)

布上油画;叙利馆三楼第 54 展厅

M. D. b. g: ALG [entrelacé]/1800;H:0. 75;L:0. 595;R. F. 1991—13

您看,在《读语法书的孩子》这幅画中,一位小男孩左手支着头站着,胳臂肘支在椅子上,右手拿着一本拉丁文语法书,在翻开的那一页上写着："拉丁文工具书，不及物动词的第二人称变位"。小学生在这一页上随手画了一个佩戴着军刀的士兵，他带着绒毛帽、抽着烟斗。画中小男孩中指上带着指环，椅子边靠着一把小提琴，小提琴的琴头用贝壳代替，弦已经断了，一只金龟子在琴弦上移动，它的右边是一只被钉在椅背上的蝴蝶。最后，在画面的右下方可以看到一支被断弦环绕的自动铅笔和一小块面包。

一直以来人们猜测画中小男孩的原型是皮埃尔·欧仁，小名罗马维尔，是特里奥松医生和第一任妻子的儿子。特里奥松是吉罗代的监护人和养父，因此吉罗代将特里奥松的姓氏放在自己名字中。1790 年出生的伯努瓦-阿涅斯·特里奥松是医生的亲生儿子。吉罗代绘制了 3 幅这个孩子的肖像：一张是孩子 7、8 岁时的肖像，一张是 3 年后于 1800 年绘制的这一幅，最后一幅绘于 1803 年，和正给他上地理课的父亲一起出现在画中，这幅画现收藏于蒙塔日博物馆。1804 年孩子猝死，特里奥松悲痛至极，5 年后他收养了吉罗代。

迷失在梦里的孩子暂时放下手里的功课、提琴、拉丁文、当然还有他的玩具。吉罗代想在画中描绘出童年的秘密世界。走神、分心、尴尬、紧张，10 岁的少年躲避在自己的世界里，一个混乱又迷人、深沉又短暂、陌生又充满吸引力的世界。孩子求知的姿态、忧郁而充满幻想的表情都为这幅讲究、诗意、大胆的画作增添了美感。

这幅画表现出 1800 年左右的法国油画的非凡生机和真实性，体现出这一代画家丰富多彩的灵感来源。

《波尔格塞的斗士》，或《作战的勇士》｜ Gladiateur Borghèse(Le)，en fait *Guerrier combattant*

希腊、伊特鲁里亚及罗马文物部；德农馆一楼达鲁画廊 B 展厅；潘德里克山的大理石

长度（头至左脚跟）：1. 99；树干上的希腊文签名：Agasias d'Ephèse；约公元前 100 年；M. R. 224(Ma. 527)

在 1807 年间所购买的波尔格塞的收藏品中，唯有《波尔格塞的斗士》这个雕塑被认为价值一百万法郎。这尊雕塑在安齐奥（或称拉齐奥）附近的内图诺被发现，自 1611 年首次公示就被认为是一笔巨大的财富，如今这尊雕塑依然被大量地仿制着，继续创造着价值。从解剖学角度来看，雕塑的真实感令人惊叹。但雕塑本身与古罗马斗士有关吗？早在 18 世纪时就有人提出过这个问题，但当时并没有一个确信的答案，于是人们就谨慎地使用了《作战的勇士》这个比较含糊的题目为雕塑命名。

请您仔细观察雕塑的右胳膊：这部分在内图诺被挖掘时还是损坏的。后来法国雕塑家尼古拉·高迪尔（Nicolas Cordier，1567—1612)将雕塑修复，换上了如今我们所看到的胳膊。

这座雕塑最近一次修复是在菲玛拉克集团（创立人马克·拉德雷·德拉夏里埃）的资助下进行的，这次修复重新给雕塑带来了荣耀，让人们见到了这件家喻户晓的艺术作品的本来面貌。

参见词条：波尔格塞收藏

《古地亚》(《古地亚的头像》，《拉伽什国王子》) | Goudéa(tête de Goudéa，prince de Lagash)

工艺品部；黎塞留馆一楼第 2 展厅；闪长岩
H：0. 252；L：0. 25；Pr：0. 27；A. O. 13

古地亚，意为"召唤"。这位受人崇敬的王子是公元前 2141—前 2122 年位于美索不达米亚平原的拉伽什国的统治者。1877 年起，欧内斯特·德·萨尔泽克①上校的挖掘队伍在吉尔苏（今位于伊拉克的特罗）挖掘出了许多关于拉伽什王子古地亚的艺术品。

———————

①　Ernest Choquin de Sarzec(1832—1901)，法国考古学家。——译注

这块由闪长岩雕刻的古地亚头像，看上去历经了长途跋涉，质地极其坚硬，十分引人注目。头像的脸上没有胡须，戴着标志着他至高无上的权力的毛皮软帽，眉毛与鼻根相连，嘴唇细而薄，眼睛大睁，面容简洁而完美，目光充满睿智，神情深邃……

"古地亚"大厅值得您驻足参观。

品位 ｜ Goût

从字面就可以看出"品位"的定义："品鉴和欣赏美的能力。"可惜品位什么也不是，俗话说，没品位的表现就是人云亦云。正如每次博物馆开馆，每个新展品展出都会引来无数的批评！这是再正常不过的事情，但是有一个问题：购买卢浮宫的画是由谁决定、挑选、审核的呢？卢浮宫给出了"投公众所好"的答案，而事实显然没那么简单，我试着举个例子为您解惑。

在卢浮宫被称作"北方派"的佛拉芒厅、荷兰厅和德国厅的布局与 18 世纪的法国油画厅截然不同。

"北方派"展出的画作以 2 至 3 列的形式用帷幔装饰后在墙上展出——如今通常只有被公认为杰作的作品才有这般待遇（不过也不一定，比如维米尔就没有享受到 A. 凡·德·维尔夫①所享受的荣耀）。展厅很好地保留了 19 世纪的画框。作品的出处、曾经的辉煌以及它对其所在的时代的影响都是作品最重要的组成部分。展厅使用的旧清漆强调复古感。

18 世纪的法国油画厅的布置则完全不同。这里挂着寥寥几幅如今看来"大名鼎鼎"的画家的作品，这些画被均匀地分散开。华托、布歇、夏尔丹、弗拉戈纳尔、格勒兹、于贝尔·罗贝尔的画作由旧木框装裱并悬挂起来，便于游客参观。

哪个展厅的布置方式更合理呢？

每一个卢浮宫的研究员都会根据他的专业和能力负责他们所

---

① A. van der Werff(1659—1722)，荷兰画家。——译注

管理的展厅，"北方派"油画由两位研究员负责，18世纪的法国油画由一位女研究员负责。每个研究员根据他的品位，(几乎是)完全自由地决定画的布置。但是即使对于他们所负责的展厅，研究员们也不能独自决定墙面的颜色，对于控制和决定展出统一性的有关建筑方面的部分就更不能干预了。

每一个好的工作团队都是一个集体。他们都在为自己所从事的这项工作付出努力，他们明白这份努力将会受到批评，有时甚至是白费功夫，而且永远无法逃过时间的评判……

参见词条：国有财产不可转让规定、出售

戈雅·伊·卢西恩特斯(弗朗西斯科·德)/《伯爵夫人索拉纳》｜Goya y Lucientes(Francisco de)/*La comtesse del Carpio , marquise de La Solana*

(阿拉冈省的芬德托尔斯，1746——波尔多，1828)

布上油画；叙利馆三楼卡洛斯·德·贝斯特吉第4展厅

H：1.81；L：1.22；R.F.1942—23

花神翼楼的西班牙展厅里展出了一些戈雅的画，在那里您却找不到这一幅，因为这幅画位于贝斯特吉展厅。遵照贝斯特吉的遗嘱，他的藏品应当放在一起展出。1912年，卡洛斯·德·贝斯特吉(Carlos de Beistegui，1863—1953)从画中主角索拉纳的孙子手中以50万法郎的价格购得了他所有藏品中最美丽的一幅。他将这幅画捐给卢浮宫，用益物权为30年。

伯爵夫人索拉纳(1757—1795)在她去世前要求画家为她画一幅肖像。知道自己快要离开人世——我们从画中人憔悴的面色可以看得出来，索拉纳夫人希望留给丈夫和女儿这幅画作为纪念。参观者时常被她端庄高雅的着装所吸引：黑色塔夫绸长裙、丝缎手套、镶金边的浅口皮鞋、白色薄头纱、还有最令人难忘的玫瑰花结头饰。

贝斯特吉令人称赞的藏品中，大多是17世纪和18世纪的法

国肖像画,其中包括拉日利埃、德鲁埃①的代表作、达维特、德拉克罗瓦、安格尔,以及戈雅的作品。戈雅的这幅作品风格介于委拉斯凯兹与马奈之间,画面主色调是黑灰色,表现出神秘与怜悯之感,在这些肖像画中更胜一筹。

参见词条:贝斯特吉(卡洛斯·德)、捐赠人、戈雅·伊·卢西恩特斯(弗朗西斯科·德)、《费迪南德·吉尔玛德肖像》、梅索尼埃(埃内斯特)、用益物权

戈雅·伊·卢西恩特斯/《费迪南德·吉尔玛德肖像》| Goya y Lucientes/*Portrait de Ferdinand Guillemardet*

布上油画;德农馆二楼第 32 展厅

H:1.87;L:1.25;M. I. 697

1789 年 4 月,费迪南德·吉尔玛德在欧仁·德拉克罗瓦的洗礼文书上签了名,随后,他很快在费迪南七世的宫廷上被塔列朗②任命为法兰西共和国驻西班牙大使。戈雅自 1799 年 10 月起成为了宫廷第一画师,他在费迪南德于马德里上任不久就为他绘制了这幅肖像。按照当时画家的收费标准,这幅画大约花费 1 万里亚尔③。

费迪南德的儿子路易·吉尔玛德于 1865 年将这幅画赠送给卢浮宫。费迪南德·吉尔玛德成为法兰西第一帝国的省长后,1809 年因精神失常去世,享年 44 岁。我们无法从这幅肖像中看到他后来精神失常的悲惨命运——他由易怒变为残暴,最终于 1807 年被关入精神病院。但这幅肖像中人物的穿着、色调和绘画

---

① Francois-Hubert Drouais(1727—1775),法国画家。——译注

② Charles-Maurice de Talleyrand-Perigord（1754—1838）,法国外交家。——译注

③ 古代西班牙货币。——译注

方式都是最经典、最法式的风格。在卢浮宫中十九世纪末三年的画里，这幅画最能代表戈雅的绘画风格。

德拉克罗瓦是吉尔玛德两个儿子路易和菲利克斯的挚友，因此经常受邀去吉尔玛德家拜访。德拉克罗瓦在他们家不仅可以欣赏这幅作品，还能欣赏到戈雅的系列作品《狂想曲》。

参见词条: 德拉克罗瓦、"西班牙长廊"、戈雅·伊·卢西恩特斯(弗朗西斯科·德);《伯爵夫人索拉纳》

"大计划" | 《Grand Dessein》

什么是"大计划"？"大计划"指的是亨利四世改造卢浮宫和杜伊勒里宫这个雄心勃勃的计划。他计划将坚固的卢浮宫中世纪城堡改造成为方形中庭，并建造一条大画廊连接卢浮宫和杜伊勒里宫。需耗时近3个世纪才能完全实现国王的这个计划。

1809年，47位竞标商需要对一个问题提出解决方案：如何修建两条将卢浮宫与杜伊勒里宫连接起来的平行大画廊。问题看起来很简单，但事实上，因为两个宫殿的朝向并不同，所以只有减少它们之间的差异才有可能实现平行大画廊的修建，这也就成为本次工程的首要任务。大部分竞标商认为应当通过修建横向翼楼来消除差异，但是国王认为应当保持广场完整性，他说："只有大才能表现出美，无限延展和巨大无边才能让人们忘记曾经犯下的错误。"佩西耶和封丹提出的解决方案最终胜出，他们开辟了里沃利路，并沿着这段路修建了拿破仑庭(如今为装饰艺术博物馆)。

在拿破仑三世的指挥下，该计划的完成时间创造了纪录(1852—1857)。建筑师维斯孔蒂以及其后的勒菲埃尔延长了里沃利路旁的翼楼，并沿着这条路和大画廊增加了两个平行石台，通过修建横向翼楼来构造内庭(南段维斯孔蒂庭和勒菲埃尔庭，北段皮热中庭和马利中庭)。亨利四世的"大计划"在大画廊与花神翼楼相连时(加上会议厅)完工，但是1882年杜伊勒里宫的摧毁却把大计划永远(永远吗?)埋葬了。

参见词条:装饰艺术博物馆、贝尔尼尼、《路易四世》、夏多布里昂、方形中庭、大画廊、亨利四世、卢浮宫历史展厅、勒菲埃尔、拿破仑一世、拿破仑三世、佩西耶和封丹、杜伊勒里宫

大卢浮宫 │ Grand Louvre

简单地说,卢浮宫的扩建经历了 3 个阶段。工程开展之前的一系列安排如下:1981 年 9 月 26 日,佛朗索瓦·密特朗公布"大卢浮宫规划";1982 年 7 月 26 日,该项目授予建筑师贝聿铭;1983 年 11 月 2 日,成立"大卢浮宫公共管理机构",该机构有 3 位负责人:艾米利·比亚斯尼①、皮埃尔·伊夫·里根②和让·勒布拉;1988 年 11 月,拿破仑庭对外开放。

扩建的第一步:1989 年 3 月 30 日,玻璃金字塔与拿破仑大厅竣工(负责人:贝聿铭)建筑师 J. A. 莫特设计的 12 间法国油画展厅向公众开放(叙利馆 3 层)。3 年后,1992 年 12 月 18 日,与三楼相连的 39 间法国油画新展厅落成(建筑师:伊塔洛·罗塔)。

第二步:1993 年 11 月 18 日,黎塞留翼楼竣工,包括东方文物部(贝聿铭)、法国雕塑区(M. 马卡里)、艺术品区(J. M. 威尔默特)、北方画派区(贝聿铭),共 21500 平方米,165 间展厅,12000 件艺术品。随后 3 个小工程竣工:1994 年 11 月 28 日,异国雕塑展厅开放(F. 潘,C. 庞祖厄尔);1997 年 7 月 6 日:开放了位于方形沙龙的 13—16 世纪的意大利油画展厅(L. 皮格拉,G. 尼克)和古希腊、伊特鲁利亚及罗马展厅(F. 潘,C. 庞祖厄尔,伊勒工作室,D. 布拉尔);以及 1997 年 11 月 10 日:东方文物展厅竣工,由皮罗尼事务所负责修建,该展厅以资助者的名字命名,又称"萨

---

① Émile-Joseph Biasini(1922—2011),法国政治家。——译注
② Pierre-Yves Ligen(1937—2001),曾任巴黎省长。——译注

克雷热翼楼"。

第三步：1997 年 12 月 21 日，埃及艺术线路开放（F. 潘，C. 庇祖厄尔，伊勒工作室，D. 布拉尔）；新的古希腊、伊特鲁利亚、罗马展厅开放（F. 潘，C. 庇祖厄尔，伊勒工作室，D. 布拉尔，建筑联合会）；新的意大利油画路线开放（G. 尼克，J. 哈贝斯特尔）。

以下的工程我不再赘述，就简要地写一下完工日期：

1998 年 11 月 28 日：坎帕纳长廊重新开放，展出古希腊、伊特鲁利亚、罗马艺术品（建筑联合会）。

1998 年 12 月 16 日：佩西耶和封丹厅与杜夏尔厅重新开放（Y. 里昂，A. 勒维特），展出意大利壁画。

1999 年 5 月 21 日：花神翼楼的会议厅竣工，在此处展出 17—18 世纪意大利和西班牙油画，狮子入口竣工。

2000 年 4 月 19 日：位于会议厅一层的原始艺术区完工（J.-M. 威尔默特）。

2001 年 7 月 5 日：包括 13—14 世纪北欧油画展厅以及 19 世纪艺术品展厅的罗昂（Rohan）翼楼开放（伊勒工作室，J.-M. 威尔默特）。

2004 年 11 月 27 日：修缮后的阿波罗长廊开放（建筑师：M. 古塔尔，修复师：桑思拉·帕斯夸里，维洛尼尔·斯特德曼与加布里埃拉·德尔·蒙特）。

2005 年 4 月 6 日，"拉若孔德"厅开放（建筑师：L. 皮格拉）。

参见：卢浮宫大事年表

格朗岱-普莱塞特尔（索朗日）│ Granday-Prestel（So-lange）

这个名字可能对您来说有些陌生。索朗日·格朗岱-普莱塞特尔在 1983 年去世之前，于 1971 年立下遗嘱，将她的财产（一大部分为位于塞纳-马恩省的土地）捐赠给卢浮宫。这一笔遗产用于"巴黎卢浮宫绘画作品的维护和购买"。遗产的总价值为7459133法郎。乔治·德·拉图尔的画作《持矛的圣托马》正是用这笔遗产中的380万法郎购买的。用于购画的3200万法郎中,公共捐款数额达2070万法郎。另外,卢浮宫遗漏的位于瑞士保险柜里的继承款,共计166434法郎,后来用于修复卢浮宫的艺术品。

格朗岱-普莱塞特尔夫人在世时应该是热爱着卢浮宫的,她是一个值得学习的榜样。

参见词条:拉图尔:《圣托马》、遗赠(该词条无目录无正文)

大画廊,或水边画廊 | Grande Galerie, dite aussi galerie du Bord de l'eau

大画廊值得用一个专题去介绍,它见证了法国历史的光辉时刻——拿破仑与玛丽·露易莎的婚礼列队从此地经过,以及悲情时刻——欧也妮女王从杜伊勒里宫出逃取此道逃亡;也见证了法国艺术发展史——长廊一层和楼层间夹层是亨利四世至拿破仑统治时艺术家们的居所和工作室。卢浮宫几乎所有的杰作都于某个时刻在大画廊展出过。

大画廊,即水边画廊(这个称法更加少见一些)的修建是1595年路易·梅德祖与安德鲁·雅克二世共同的想法。亨利四世的"大计划"用这条长廊把卢浮宫与杜伊勒里宫连接起来。长廊全长480米,如今只有不到280米。1661年小长廊发生火灾之后,勒沃缩短了大画廊,并为扩建的方形中庭腾出空间。之后在法兰西第二帝国时期,大画廊在埃克托耳·勒菲埃尔修缮时又被裁减了三分之一。

亨利四世曾在长廊上遛狗,让5岁的王太子,也就是未来的路易十三世,观看猎狐表演。在这里,王太子也能观赏到内穆尔伯爵送给他的骆驼。

大画廊曾经每四年举行一次"触摸瘰疬①病人"仪式。国王用手拂过瘰疬患者并祷告："国王触摸,上帝治愈。"查理十世是法国最后一个进行"触摸仪式"的国王。

当普桑接到在大画廊描绘大力神故事这一章的命令时,大画廊内只有侧窗,因此光照很差。普桑对这个任务毫无兴致,很快就半途而废了。

1697—1777年,法国"筑有防御工事的城市复建计划"(该计划原件现收藏于荣军院)将这里划为修复区域。

1774年路易十六世登基时,他要求在大画廊举办皇家藏品展。马里尼、昂吉维莱尔和于贝尔·罗贝尔已经想好了方案,此处在1793年8月10日大革命期间正式对外开放。

在于贝尔·罗贝尔描绘的由旧议会举办的700人宴会以及1797年12月20日波拿巴的意大利之捷500人庆功宴的画中,大画廊里并没有作品。他的另一幅画(卢浮宫历史展厅的第一幅展出作品)展示了1798—1799年修复中的大画廊。从这两幅画所描绘的内容可以看出当时的大画廊还远不如现在那么光辉。

1805—1810年,拿破仑的建筑师佩西耶和封丹,尝试了许多拱门的样式,用圆柱和扶拱划分长廊。1856年,埃克托耳·勒菲埃尔利用新拱孔的采光洞采用天顶光线照明。1870年,阿尔伯特·加利尔-贝勒斯建造了两个仿大理石圆厅。

如今大画廊展出的是16与17世纪的意大利油画,这得感谢路易十四,在这个领域,尤其是该领域的波伦亚画派的藏品,少有可以与卢浮宫匹敌的博物馆。

第二次世界大战之后大画廊进行了重新布置,它能否完美地将画作展示出来? 答案是否定的,因为在大画廊里,想要像在博物馆展厅里那样用隔板将每一幅画隔开并不容易,即使是在根据佛罗伦萨的祭坛所设计的廊台上,现在也只能用来展出拉斐尔的作品。大画廊是一个展示画作的宝地,但它也是一条走廊,其构造还

---

① 颈结核性淋巴结炎。——译注

是一直困扰着那些负责布置画作的工作者们，他们的职责就是尽全力完美地展出大画廊里的画。

卢浮宫新季刊第一期的刊名就叫"大画廊"。

参见词条：昂吉维莱尔伯爵、查理十世、波拿巴（拿破仑）、"大计划"、于贝尔·罗贝尔大画廊、亨利四世、路易十三、路易十四、路易十六、博物馆、拿破仑一世、普桑、拉斐尔：《巴尔达萨雷·卡斯蒂利奥奈伯爵像》、黎塞留主教、方形沙龙、卢浮宫专题论坛

于贝尔·罗贝尔大画廊 | Grande Galerie d'Hubert Robert

1778 年，于贝尔·罗贝尔（1773—1808）在昂吉维莱尔伯爵的举荐下，成为国王的建筑总管（相当于如今的文化部部长），为举办皇家藏品展的大画廊进行改造。与今日相比，大画廊在当时的照明条件并不适合展出画作，因为从连接紧密的侧窗透过的光线十分微弱。

1784 年，于贝尔·罗贝尔被任命为皇家博物馆的画作的守卫。热月之后，他与弗拉戈纳尔一同成为管理委员会的一员，之后又加入国家博物馆委员会（1795—1802）。

于贝尔·罗贝尔用画作描绘出大画廊原本的样子、他设想的大画廊未来的样子（见《1796 年卢浮宫大画廊的改造计划》）以及他担心大画廊某天可能变成的样子（《坍塌的大画廊设想图》，这两幅对应的画作曾在 1796 年沙龙里展出过，现位于叙利馆三楼第51 展厅）。

他的改造计划（天顶照明、窗户拓宽、区域分割、扶拱设计、用壁龛和壁柱将翻新的墙壁分隔开）很大程度上改善了大画廊展示画作的条件。

参见词条：昂吉维莱尔伯爵、大画廊、维热-勒布伦：《于贝尔·罗贝尔肖像》

格拉内(佛朗索瓦-马里尤斯)/《圣三位一体山与罗马梅迪奇别墅》 | Granet(François-Marius)/La Trinité-des-Monts et la villa Médicis à Rome

(普罗旺斯 阿克斯,1775——普罗旺斯 阿克斯,1849)

布上油画;叙利馆三楼第 59 展厅;R.F. 1981 - 12

H:0.485;L:0.615;S.D.b.g.:Granet. A Ro[me]/1808

《圣三位一体山与罗马梅迪奇别墅》中的梅迪奇别墅非常明显,您一眼就能看到它,别墅位于桑克蒂斯的西班牙广场楼梯出口处(该广场于 1723—1726 年间用法国驻罗马大使史蒂芬·戈菲尔 1660 年留下的遗产中的 10000 埃居修建),坐落在萨卢斯特的方尖碑和圣三位一体山的教堂之间。格拉内的工作室于画上注明的那一天在圣三位一体山的教堂里落成。梅迪奇别墅自1803 年起便成为罗马法兰西艺术学院的中心。安格尔于 1808年创作出《浴女》,他于同年在桑·盖太诺俱乐部拥有了自己的工作室,您可以在左边高处的圣玛利亚·波波洛教堂(画家卡拉瓦乔,卡拉什,贝尔尼尼也曾描绘过该教堂)与方尖碑之间找到这个俱乐部。

卢浮宫收藏了大量的罗马景色画,包括画家克洛德·洛林,帕尼尼,于贝尔·罗贝尔,凡尔纳,瓦伦西内,柯罗的作品,画中的罗马地形多少有些不同,但我不由自主地被格拉内的这幅画所吸引,画中清晨的冷色调勾勒出房屋的线条,在多云灰暗的天空中浮现。

参见词条:罗马法兰西艺术学院、福尔班伯爵

免费开放 | Gratuité

1922 年以前,卢浮宫对外都是免费开放的,那一年之后,卢浮宫除周日外门票费为一法郎,1990 年"周日免费政策"取消,

1996 年实施了"部分免费政策"（每月第一个周日免费）。尼古拉·萨科奇和塞格林·罗雅尔认为应当永久完全地免费开放卢浮宫。如果博物馆因免费开放所造成的经济损失能够得到补偿的话，对于永久免费开放博物馆这件事，我们何乐而不为呢？巴黎市的博物馆都是免费开放的，这使得游览量有所增加，但博物馆的收入却因此而减少。而英国的博物馆却是一个美丽的"英式特例"，在英国，除了一些博物馆内的展览需要购买门票外，大部分博物馆都是免费开放的，但是，即使博物馆采取了免费开放政策，英国最终都会严格把关经费，对损失进行补偿。

如今卢浮宫门票费用是多少？门票收入的受益者是谁？什么情况下可以免费进入参观？

门票收入占卢浮宫总收入的多少？2006 年，卢浮宫门票收入是总收入 1.88 亿欧元中的 4330 万欧。

免费参观对客流量有多大的影响呢？这一举措有益于"普通大众"吗？答案很简单，经过权威统计结果证明：客流量毫无疑问会增加，但只是同一些人从中受益。

我再提一个没那么尖锐的问题：免费开放是不是一项民主的举措？它会不会让那些不常来参观的人买票来参观？最后我还想说的是免费参观确实是一件送给外国游客最好的礼物，他们才是来参观的绝大部分人。

P. S. 共和国总统在给文化部部长克里斯汀·阿尔巴奈尔女士 2007 年 8 月 1 日的工作信中写道："免费开放国家博物馆是总统计划中承诺的一部分。这项计划在其他国家是可行的，也被成功实施过，为什么在法国就不可以呢？免费开放是世界文化争论的焦点，请您首先试行这项政策……"

参见词条：预算、入口、卢浮宫的常客、票价

格列柯(多米尼加·泰奥托科普利)/《受尊崇的基督》| Greco (Domenico Theotoopoulos, dit le)/*Le Christ en croix adoré par deux donateurs*

(坎迪亚,希腊克里特岛,1541——托雷多,1614)

布上油画;德农馆二楼第 26 展厅

H:2.49;L:1.80;R.F.1713

十字架下的签名:ΔOMINIKOΣ ΘEOTOKO ΠOYΛOΣεροιει (Dominikos Theotoko/poulos e'poiei);标题上和十字架顶尖有用希伯来、希腊和罗马文雕刻的铭文

人们不喜欢的画家并不意味着他就是一个平庸的二流画家。尽管格列柯在伦敦国家美术馆以及大都会艺术博物馆(感谢展览组织者凯特·克里斯滕森邀请我去参观)办过画展,但我必须承认自己并不喜欢他。我无法感受他柔软、"松散"的表达方式,以及色彩的调配方法,但是我错了,我发自内心地喜欢这幅《受尊崇的基督》。

这幅画创作于 1590 年,是格列柯为托莱德王后所在的热罗尼姆斯修道院的教堂所绘。1836 年热罗尼姆斯教的修女以 5 万里亚尔的价格将这幅画卖给泰勒男爵,随后它又被献给路易·菲利浦伯爵。银行家艾萨克·贝列拉以 10 英镑的价格于 1853 年将其收入囊中,并于 1863 年赠与东比利牛斯省的普拉德地区(他被派遣到这里担任职务;此地以帕布罗·卡萨尔斯①而闻名)。1908年,普拉德以 25000 法郎的价格将这幅画卖给卢浮宫(在此之前这幅画被放置在法庭;如今法律规定政教分离,禁止一切宗教标志出现在法庭里)。

两个祷告人——一位无神论者和一位宗教信徒——在十字架

———————————————

① Pablo Casals(1876—1973),西班牙古典音乐家,1950 年起在法国普拉德举办巴赫古典音乐节。——译注

下方重温耶稣之死,他们的身份一直是未解之谜。

耶稣的身体被拉长,腰部向左边扭曲,抬眼望着天空,用诗人安德烈·马尔罗美丽的诗句来说,画中的天空"比风暴更无情"。乌云的灰暗和躯体的光亮影射了在耶稣死去的那一刻,黑暗将笼罩整个世界。这一切赋予了该画灵魂和默祷的崇高。

参见词条:西班牙长廊、马尔罗、伦敦国家美术馆

罢工 ∣ Grève

卢浮宫曾多次出现过罢工运动,每一次都声势浩大。每当罢工出现,游客们都满腔愤怒,管理员们身心俱疲。罢工这件事是法国的一个"标志",但它是导致结果最坏的"标志"。可能只有雇佣上帝才能使罢工消失,新领导们加油吧……

参见词条:博物馆工作人员

格罗男爵(安东尼-让)/《埃劳战役》∣ Gros(Antoine-Jean,baron)/*La Bataille d'Eylau*

(巴黎,1771——默东,1853)

布上油画;德农馆二楼莫里安第 77 展厅

H;5.21;L;7.84;S. D. vers le b. g. ;Gros 1808;INV. 5067

埃劳战役是 1807 年 2 月 8 日俄罗斯与拿破仑军队之间的一场战役,埃劳在今俄罗斯巴格拉迪欧诺斯克地区,距格尼斯堡 20 公里处。战斗十分激烈,胜负长久未分,9 号之后俄国军队撤军。拿破仑曾在 2 月 14 日写道:"我还在埃劳。这里亡者和伤员遍地可见,这不是战争最美的部分。这么多的遇难者令人痛心,我的灵魂感到沉重不堪。"1807 年 3 月 17 日,拿破仑下令以纪念这场战争为题在画家中开展竞赛。除了描绘战役本身之外,德农选择了拿破仑 2 月 9 日到达目的地时的场景为题:"一个立陶宛骑兵在他垂死的战友中,用尽全部的力气用膝盖顶起身子看着波拿巴说:

'凯撒,你只要让我活着,只要治好我的伤,我将像服从亚历山大大帝那样效忠于你!'"

最终格罗在这场 26 位画家的竞赛中获胜,在 1808 年沙龙中展出了这幅画,该画取得了巨大成功(他因此获得了 16000 法郎的奖金)。

起初,这幅画只是为了宣传拿破仑的荣耀、仁慈和怜悯。但请您更仔细地看,阴森的天空下,在画前方被灾难洗劫过的平原上,布满了脏污的雪、成堆的尸骨和将死之人。这场——用当今警察的话来说——"大屠杀",被现实主义手法惊心动魄地描绘出来。对了,这种现实主义的表现手法就吉里柯与达维特二者而言,我们与前者的距离更近些。

参见词条: 德农、拿破仑一世

格鲁特(卡米耶) | Groult (Camille)

(巴黎,1873——巴黎,1908)

在龚古尔兄弟的建议下,这位面粉厂场主在 1860 年间收藏了很多作品。其中首先就是十八世纪法国艺术品,包括出自华托之手的《浴后的狄安娜》(叙利馆三楼第 36 展厅)。格鲁特的独创性在于他所收藏的一大批英国画作,在当时的法国还没有人能与之相比。1905 年,他将英国画家泰纳的作品《新桥之景》以及劳伦斯[1]的《男人像》赠与卢浮宫。1995 年,卢浮宫之友协会将雷本[2]的《身着戈登海兰信制服的詹姆斯·李·哈维少校》赠送给卢浮宫,这幅画同样也属于格鲁特。1967 年,卢浮宫又从他那里获得了一幅泰纳的作品《风景》,是卢浮宫在这一年里唯一得到的一幅泰纳的画。

格鲁特无疑是在他的时代里(也是所有时代?)拥有华托作品最多的收藏家。在这里为您讲两则关于他的轶事。第一个摘自勒

---

[1] Sir Thomas Lawrence(1769—1830),英国肖像画家。——译注
[2] Sir Henry Raeburn(1756—1823),苏格兰肖像画家。——译注

内·吉佩尔在《画商报》(1963)发表于1918年2月17日的关于纳当·威尔顿斯坦的报道。纳当是一个著名的画商,也是其家族的始祖,他说:"吉佩尔先生,我从来没有花过1万法郎购买一幅画。您知道格鲁特吧,他是个19世纪艺术品的热爱者,他的收藏精神对我们所有人来说只有一个词可以描述,那就是'真正的好奇心'。一次格鲁特向朋友展示一幅他高价购买的画,所有人都向他表示祝贺,他却制止大家,说道:'我可是花了5万多法郎才买下它,另外还花了100法郎去找这幅画。'"

第二个故事关于他的儿子让(Jean,1868—1951)。1944年7月14日,厄尔内斯特·容格尔(Ernest Jünger,1895—1998)在《巴黎第二日报》中写到他在弗什大街参观时的所见所闻:"穿过院子,这座房子就能让人联想到阿拉丁美轮美奂的城堡或是阿里巴巴堆满宝藏的洞穴……藏品高高堆起而形成的曲线连巴尔扎克都会感到满足。在这儿可以看到上百幅画作,包括弗拉戈纳尔的手笔以及在英吉利岛都无法找到的泰纳的画作。这些杰作在巨大的长廊上'争相斗艳'……",知道这里藏品的人很少,格鲁特从未对外公开过藏品目录。只有他的友人或推荐介绍的人才能来这儿参观。

"我们与这位奇珍异宝的拥有者交谈了一阵,先聊了如何保存这些画,随后谈了谈它们的价值。

"他认为最好将这些画留在巴黎:因为运输工具容易对画造成损害,另外还要冒着被炸毁的危险。其次,法国没有任何一个城市的命运比巴黎更变幻莫测,人们期待这座城市能够像罗马一样用自己的魅力保护自己。"

我再次给出厄尔内斯特·容格尔写这篇文章的日期:1944年7月14日。同盟国于6月6日登陆法国,在前往收服领土之前整顿军力。

躲过战争损害的藏品如今只剩下一点了……

参见词条:卢浮宫之友协会、泰纳(约瑟夫·马洛德·威廉):《风景》

鹤/博埃尔（彼得）/《丹顶鹤》 | Grues/Boel（Pieter）/ *Grue à aigrette ou Grue couronnée*

（安特卫普，1662——巴黎，1674）

布上油画；黎塞留馆三楼第 17 展厅

H：1.01；L：0.80；INV.3937

我在这儿为您介绍佛拉芒画家彼得·博埃尔在花园绘制的一幅动物画，画的主角是一只优雅的"戴冠的鹤"，或称"丹顶鹤"。红色的背景完美地烘托出丹顶鹤色彩柔美的羽毛。

法语"鹤"（grue）这个词还有一个意思，指的是吊车，它每个月都要吊起负责清洁玻璃金字塔的保洁工人，使金字塔焕发光彩。

参见词条：安特卫普、波拿巴、关于"金字塔"的争议

加尔迪（弗朗西斯科）/《萨卢特教堂》 | Guardi （Francesco）/*La Salute*

（威尼斯，1712——威尼斯，1793）

布上油画；德农馆二楼第 23 展厅

H：0.67；L：1.01；INV.320

1793 年，贵族派斯特·德·斯奈夫（派斯特-斯奈夫伯爵）的"卡纳列第的 12 幅威尼斯狂欢节画"被查封。直到 1850 年，这些"卡纳列第"画作的出处才为人们所知：它们是由布卢斯特龙依照卡纳莱托的素描画雕刻成雕版，最终再由弗朗西斯科·瓜尔迪进行复制。如今这 12 幅画缺少其中的两幅。

法国大革命后，这一系列画流散到了好几个省的博物馆中。其中两幅被送到南特，一幅在图卢兹，一幅在格勒诺布尔，还有一幅在比利时法国区的省会城市蒂勒。法国至今还没有收回后两幅画。

这 12 幅系列画生动地展示了莫森尼戈·阿尔维斯四世于 1763 年 5 月在威尼斯当选总督后的公共生活。从画中我们可以看到总督每年 11 月 21 日，即 1630 年鼠疫结束纪念日视察威尼斯的情境。为了纪念这一事件，1631—1654 年间，巴尔达萨雷·隆格纳①在大运河出口处修建了这座萨卢特教堂。

这幅作品色调浓厚，饱含了对钟情于威尼斯之人的敬意，其中也有我的一份。

加尔迪（吉安·安东尼奥）/《在厄玛乌的晚餐》 | Guardi(Gian Antonio)/*Le Souper à Emmüas*

（维也纳，1699——威尼斯，1761）

布上油画；安德里（Andelys），圣母教堂；临时存放在埃夫勒大教堂；H：3.30；L：1.70；S. h. g. ；Gi. ⁿ Anto. ° Guardi f.

《在厄玛乌的晚餐》是吉安·安东尼奥·加尔迪的杰作，他的哥哥是弗朗西斯科，这幅画原先保存于安德里（尼古拉·普桑的故乡）的圣母教堂中。教堂时常关门，环境十分潮湿。威尼斯油画爱好者中有谁知道这幅巨画如今在哪儿呢？有人说这幅画现在在埃夫勒大教堂展出。其实倒不如把它放在卢浮宫中，与皮亚泽塔的《圣母升天节》（德农馆二楼第 14 展厅）对应成双，这样不是更合理一点吗？

通向卢浮宫官内的拱顶狭廊 | Guichets du Louvre

为什么我们说到拱顶狭廊时要用这个词的复数形式？因为埃克托耳·勒菲埃尔设计了 2 条拱顶狭廊（1866—1868），它们穿过卡鲁塞勒商廊，将里沃利街与塞纳河连接起来。在变成了佛朗索

---

① Baldassare Longhena(1598—1682)，意大利建筑师。——译注

瓦·密特朗码头的塞纳河一侧,安东尼·梅西埃[1]的作品《艺术守护神》在 1871 年后换下了安东尼-路易·巴里的雕塑《拿破仑三世骑士像》,虽然后者如今保存在贡比涅城堡,但是您依然可以在雕像原处看到帝国勋章和花环。

您注意到了吗,塞纳河一侧有 3 条可通行车辆的拱顶狭廊和 2 条人行道,另外在里沃利街上还有 4 条供交通工具通行的拱顶狭廊。

此外,苏夫洛在方形中庭规划修建了 4 条拱顶狭廊,人们可以通过这几条狭廊直接穿过拿破仑庭,经过艺术天桥,通向圣日耳曼-奥塞尔教堂,最终与里沃利街和奥拉托街交汇。第 3 条狭廊上的雕版画铺和旧货买卖市场十分著名,路易·塞巴斯蒂安·梅西耶在他的作品《巴黎影像》(1781)中这样描绘道:"在深受外国人喜爱的华美的柱廊对面有许多旧衣服,随风飘着,丑陋地挂在绳子上。这些旧衣服都看起来又脏又难看。在这儿,穿着短裤的小伙计、泥瓦匠和搬运工都等着活儿干。还有一些走私的新货,各种颜色和旧的款式,摆在阳光和美丽的女人眼皮下,这些女人有英国的、意大利的、西班牙的,她们在欣赏卢浮宫廊柱的同时也无法忽略这些滑稽的小摊。"

在卢浮宫历史展厅的第一个展厅里,于贝尔·罗贝尔的画作《四国学院旁的卢浮宫拱顶狭廊之景》(四国学院为后来的法兰西学院)和另一幅皮埃尔-安东尼·德玛西[2]的画作《廊柱拱顶狭廊的雕刻店》都描绘了拱顶狭廊的景象。

参见词条:卡鲁塞勒商廊、拿破仑中庭、卢浮宫历史展厅、法兰西学院、勒菲埃尔、塞纳河

吉美博物馆 ｜ Guimet musée

吉美博物馆是收藏亚洲艺术品的重要部门。1945 年后,埃米

---

① Marius Jean Antonin Mercié(1845—1916),法国雕塑家和画家。——译注

② Pierre-Antoine Demachy(1723—1807),法国画家。——译注

尔·吉美(1836—1918)先后在里昂和巴黎创立该博物馆。博物馆位于巴黎耶拿区,近期进行了一次出色的翻修。

参见词条:工艺品部

拿破仑厅 | Hall Napoléon

玻璃金字塔下方的接待厅广泛使用着令人讨厌的英语单词，英语"Hall"与法语"Napoléon"的组合是对历史的亵渎！不久之后，拿破仑大厅将会被"彻底改造"。

参见词条：观景台、书店、关于"金字塔"的争议

哈尔斯(弗朗)/《弹曼陀铃的小丑》| Hals(Frans)/*Le Bouffon au luth*

（安特卫普，约 1581—1585——哈勒姆，1666）

布上油画；黎塞留馆三楼第 28 展厅

H：0. 70；L：0. 62；S. h. d. ；FH. ［entremêlés］F. ；R. F. 1984—32

一幅画的名气有时基于一个误会。1870 年，阿姆斯特丹国家博物馆获得了一幅曾被大量复制的画，它的流行程度一部分源于其毫无根据的画名——《疯子》。1873 年，罗斯柴尔德家族收藏了这幅画的另一个版本。

此画极少展出，只有一些专家见过，他们确信罗斯柴尔德家族的藏品为原版，阿姆斯特丹的画为复制品。

人们对这幅画的主题很好奇：这究竟是一幅民间音乐家的肖像画，还是与听觉相关的寓意画，或只是一幅纯粹的油画？画中大胆运用的色彩触动了马奈，令他折服。

1984 年，卢浮宫通过以画抵债的方式获得了这幅作品。

参见词条：复制品、以画抵债、罗斯柴尔德家族

残疾人 | Handicapés

卢浮宫欢迎残疾人的到来。馆内设有许多便于残疾人参观的

设施。建议您去翻看一下内容详尽的《残疾人士游览说明》(有法语版和英语版)。"轮椅,导盲犬,包住前端的导盲棍"都可以带入卢浮宫。不论盲人、聋哑人或是智力有缺陷的人士,皆可乘坐升降梯到达博物馆的所有区域。卢浮宫也有专门供他们使用的卫生设备。

参见词条:动物、盲人、文化处(也称教育处)

亨利二世 ｜ Henri Ⅱ

(圣-日耳曼-昂莱,1519——巴黎,1559)

亨利二世是弗朗索瓦一世的儿子,他于 1547 年成为法国国王,1559 死于意外。遵照亨利二世的命令,皮埃尔·雷斯科在今日的方形中庭内修建了"亨利二世"翼楼,翼楼内有卡娅第德厅和有藻井拱顶的楼梯,拱顶上雕饰着国王的名号和象征着他的情人狄安娜·德·普瓦提埃的图案(月牙和鹿)。

参见词条:卡娅第德厅、切利尼(本韦努托):《枫丹白露的仙女》、楼梯、数字与字母游戏

亨利四世 ｜ Henri Ⅳ

(波城,1553——巴黎 1610)

亨利四世 1598 年成为法国国王,1610 年被暗杀。他提出了改造卢浮宫的"大计划",将方形中庭扩建四倍,并下令修建连接卢浮宫和杜伊勒里宫的大画廊。

他的夫人玛丽·德·梅迪奇(1573—1642)令鲁本斯用寓意画来描绘她一生的作为,为之后描绘以亨利四世生平事迹为主题的系列油画作准备。

不论在绘画部、雕塑部,还是在工艺品部、素描陈列室,您都会经常"遇见"蓄着胡子的亨利四世的正面或侧面肖像。亨利四世命人将他的名字刻在与亨利二世楼梯对应的楼梯上,这条楼梯与钟

表馆相连。

参见词条:《梅迪奇画廊》、"大计划"、大画廊

《沉睡的海尔玛弗狄忒》│ Hermaphrodite endormi (L')

希腊、伊特鲁里亚及罗马文物部;叙利馆一楼卡娅第德厅第17展厅;罗马帝国时期艺术品;(公元2世纪);希腊大理石(海尔玛弗狄忒)和卡拉拉白色大理石(床垫)

L:1.69;L:0.89;M. R. 220(Ma. 231)

《沉睡的海尔玛弗狄忒》是卢浮宫中最"诱人"、最受年轻人喜爱的作品。关于该作品的神话故事可以说是家喻户晓:海尔玛弗狄忒拒绝了美丽的水仙子萨拉玛西斯的仰慕和追求,天神决定将他们两人合为一体,即雌雄同体。当您走近这尊雕塑时,首先映入眼帘的是一个趴着的裸体雕像,雕像十分精致,颇具情色意味,然后请您转到另一边,出现在我们眼前的却是男性的生殖器官,这正是这尊亦男亦女、模棱两可的雕塑的迷人之处。

卢浮宫于1807年获得了这尊雕塑,它是波尔格塞的藏品之一,创作于公元2世纪,应该是以公元前2世纪的希腊艺术形象为原型。

1619年,西庇雍·波尔格塞主教下令让贝尔尼尼完成这个大理石艺术品下方的床垫部分,共花费60埃居。布罗斯总统(Brosses,1709—1777)在《意大利来信》中记录了难忘的"波尔格塞藏品之行",我想推荐您一读:"在萨卢斯特花园您可以看见另一个一级古董《海尔玛弗狄忒》。这个雕塑的上半身是女人,而下半身却是一个小男孩。人物沉睡的姿态让人一时之间难以分辨性别。人物躺在一张白色理石床垫上,这个床垫是贝尔尼尼的杰作,是最卓越的艺术品之一,无论从视觉还是从触觉角度来看,这个雕塑都不像是一块大理石,而是一个真正的白色皮革或略失光泽的绸缎床垫。贝尔尼尼完美地将作品打造得柔软且精致,只是他矫

搑造作的风格与古代艺术品的大方、简约、对比强烈的风格有很大的差异。"

　　雕塑家阿瑞斯缇德在 1932 年的时候并不欣赏这个床垫:"发发慈悲吧! 这个床垫无论从审美、历史、逻辑或是常识来看都不是古希腊该有的东西,而更像是 17 世纪的物品。"

　　如今这尊雕像的四周由隔离带"保护"着。卢浮宫从 1923 年起就安置了围绕雕塑一周的隔离带,"多亏了好意的管理员视而不见,参观者穿过了雕塑四周的护栏,充满好奇地观看那个'小东西'和鼓起的胸部……这就是海尔玛弗狄忒胳膊肘附近出现污迹的原因。"

　　参见词条:贝尔尼尼、波尔格塞收藏、卡娅第德厅

《英雄擒拿雄狮》| Héros maîtrisant un lion

东方文物:黎塞留馆一楼科撒巴德庭第 4 展厅

H:5.52;L:2.18;Pr:0.63;A. O. 19.862

　　1885 年 11 月 9 日,弗洛伊德(Freud,1856—1939)参观完卢浮宫后写信给玛莎·伯内斯(两人于 1886 年完婚):"这次我还是没有充足的时间参观亚述宫殿,我必须再去几次才行。宫殿里,亚述国王如大树般伟岸,怀中抱着的雄狮温顺如狮子狗,身旁长着双翅的公牛面如人类,长卷毛发美妙绝伦,楔形文字清晰可见,犹如昨晚才刻上去的,这完全是一个梦幻的世界。"弗洛伊德所描述的便是《英雄擒拿雄狮》这个巨大的作品,它位于黎塞留馆一楼科撒巴德庭第 4 展厅,高 4 到 6 米,由考古学家博塔[1]于 1843—1844 年在科撒巴德中央王宫挖掘出来。人们一直以来认为这个作品表现了乌鲁克国王吉尔伽美什[2]的形象和权力。

　　参见词条:东方文物部、弗洛伊德、科撒巴德庭

---

[1]　Paul-Émile Botta(1802—1870),考古学家。——译注
[2]　Gilgamesh,卢加尔班达(Lugalbanda)之子,乌鲁克的第五任国王。——译注

伊斯·德·拉·萨勒(荷拉斯) │ His de la Salle (Horace)

(巴黎,1795——巴黎,1878)

荷拉斯·伊斯·德·拉·萨勒是一位公认的大收藏家,他收藏了许多19世纪的素描作品,并且他还是最慷慨的收藏家之一,他赠与了卢浮宫多幅普桑的好作品,其中我特别喜欢的一幅是《泉边的维纳斯》,这幅素描作品绘于一封信的背面,收件人是普桑,日期是1657年8月17日。不过我个人觉得,荷拉斯收藏的普桑最棒的作品是《耶稣持十字架像》,该画如今在第戎博物馆里展出。

荷拉斯很了解吉里柯,并满腔热忱地收藏他的作品。

参见词条:书画刻印艺术部、吉里柯、普桑

卢浮宫历史 │ Histoire du Louvre

卢浮宫的历史错综复杂,有时又混乱不清,怎样才能清晰有效地概括它呢? 如何能讲得通俗易懂些? 我觉得有必要附上如今的博物馆导览图(见附页)、详尽的宫殿改造步骤以及建造的不同时期的年表(见《卢浮宫大事年表》),这些资料能让您了解到更多关于卢浮宫的细节。

如上文所说,卢浮宫与杜伊勒里宫的历史有些模糊不清,这段历史是君王、大臣、委员长、建筑师、馆长和研究员在误打误撞、幸运与不幸、战火和掠夺、政府和修复中共同谱写的,历史的车轮还在前进着(会有停止的那一天吗?)。

"Louvre"这个单词首次出现于1186年圣托马斯·德·鲁夫尔修道院的奠基词中,对于它的起源,直至今日专家们的意见依然没有达成一致。关于这个词的起源有以下这些说法:狼成灾的地方,捕狼队驻扎之地(luperia),捕狼用的猎狗窝(拉丁文lupara或luperia,法文是lovre或者louvre),筑有防御工事的塔楼(lower,

古时诺曼底坚固的塔楼），种植橡树的地方（de rouvre, chêne）。人们对词源的猜想源源不断，绝大多数人还是同意"狼出没之地"这个说法。

卢浮宫最初是一个中世纪城堡，之后与杜伊勒里宫一同成为皇家宫殿，亨利四世在他的"大计划"中合并了这两个宫，无可否认，其主要目的达到了，而重建杜伊勒里宫的计划还未完成，它曾在 1883 年被毫无意义且愚蠢地破坏了，修建装饰艺术品博物馆这个项目也一直在议题上。未来，谁能保证卢浮宫学院、艺术品修复和实验室服务部、管理局以及行政部门和国家博物院的图书馆不会不得已而抛弃空间有限的卢浮宫呢？在我看来，"大计划"如今依然可行，亚特兰大、兰斯、阿布扎比不就是"大计划"的新阶段吗？

将卢浮宫改造为博物馆的想法可以追溯到法国大革命时期（弗朗索瓦·密特朗可不是只做了将财政部搬入博物馆这一件事）。查理五世"图书馆"、皇家学院的绘画和雕塑藏品、沙龙、玛雷尼和昂吉维莱尔计划、一个又一个皇家建筑总管以及不计其数的例子无不指明这个修建博物馆的计划早在 18 世纪，于 1793 年 8 月 10 日和 11 月 18 日落成仪式前就已经开始实施了。

然而，应该将卢浮宫改造为哪一类博物馆呢？毋庸置疑，人们一直以来希望把卢浮宫建成百科馆，一个包罗万象展示每个世纪艺术作品和一切文明的博物馆。首先 1826 年迎来了埃及展览馆、1881 年近东展览馆。随后还有皇家展览馆、远东展览馆、海军、动物生态展览馆、美国展览馆、阿尔及利亚展览馆、墨西哥展览馆及其他展览馆，不过这些展览馆都只是昙花一现。百科馆迎来的最后一个展览馆是原始艺术展览馆，姑且不与之前的展览馆相比，这个展览馆至少让人们欣赏到了最丰富的人类文明瑰宝。最后一个百科卢浮宫计划的支持者是雅克·希拉克。

卢浮宫的修建者虽然雄心勃勃，但却始终无法使博物馆达到包罗万象的程度。自卢浮宫起建时，当代艺术品就已经在卢森堡博物馆安家了（版画作品收藏在国家图书馆），而其他博物馆都会为某一特定的艺术领域或文明而修建（如史前艺术、殖民地艺术、印象派艺术、当代艺术），卢浮宫常常因为空间不足而无法将它们纳入囊中。这些变化与博物馆数量大增这一引人注意的现象相关，对此加以仔细研究应该是件有意思的事情。

卢浮宫正处于并将长期处于施工的状态中，这个工程时间跨度长，时而暂停。少部分工程涉及外部建筑结构（如为了放置伊斯兰藏品而对屋顶和维斯孔蒂庭的整修，工程负责人是马里奥·贝利尼[1]和鲁迪·里乔蒂[2]），大部分工程是对内部建筑结构的修整。

参与修建卢浮宫的建筑师名单实在令人惊叹（建筑的统一性主要归功于勒菲埃尔），正如那些画家、雕塑家一般，建筑师们为卢浮宫的恢弘贡献了自己的力量。对了，有一件事值得庆祝，那就是阿波罗长廊近期得到了修复。

正是在这样的大背景下，关于卢浮宫的当代艺术品的争论开始了，这些艺术品是暂时入驻卢浮宫还是永久留在这里？用损害藏品为代价来唤起艺术家的兴趣和观众的关注，这种做法多少有些鲁莽。

卢浮宫将永远处于整修的状态中。如今展览馆的地位越来越重要，里面的展品不断地变化着（亚特兰大的艺术品等）。众所周知，在时间的长河中没有哪个藏品的位置是永久不变的，一些部门会搬离博物馆的某个厅另寻安身之处。多少个世纪过去，展厅内的陈设依然井井有序。卢浮宫每一个展厅都随着岁月变迁，由研究员和当今最有声望的室内设计师们进行精心的布置，因此卢浮宫成为如今我们看到的样子也是再正常不过的事情了。

电、安保、流通、疏散、藏品展示，这些简单的词汇中蕴藏着无尽的变化。

说到"品位"这个词，大家都知道在这个领域没有什么真正的标准。每个时代、每个国家、每个社会阶层都有其各自的品位，他们有的追逐流行，有的附庸风雅，有的狂热崇拜，有的专横霸道（比如悬挂在白墙上的画作就像牛奶里的苍蝇一样！）。其实，没品位

---

①　Mario Bellini(1935—　)，意大利建筑师。——译注
②　Rudy Ricciotti(1952—　)，法国建筑师。——译注

的意思就是人云亦云。老一辈的人认为人工照明的光线均衡可控,能够提供完美的光照供游人参观作品,而我们这一代却更倾向于自然光照,虽然自然光线没有人工照明稳定,但是在它充满生机的照明之下作品变得生动逼真。

未来的卢浮宫是什么样的? 我不是预言家,也无法预知。如今卢浮宫依然有许多未完成的修建工作:卢浮宫的"钟"和能够饱览巴黎美景的钟表馆(位于叙利馆)还未投入使用;一些部门还需重新整理他们的展品(如希腊、伊特鲁里亚及罗马文物部);18世纪英国油画和法国油画还未得到很好的安置,并且仍有很多该世纪的作品储藏在馆内无法展出;迁移卢浮宫历史展厅的问题尚未解决;18世纪的法国家具展厅因施工而一直闭厅。人们期待着这些展馆重新开放(2011)。

卢浮宫历史展厅 | Histoire du Louvre(salles de l')

卢浮宫历史展厅从金字塔到中世纪卢浮宫遗址(叙利馆一楼和二楼间的夹层)这一段路的两侧展开,讲述了卢浮宫由宫殿到博物馆的演变历史和卢浮宫的数次修整。修建这个展厅的概念是理查德·佩杜奇提出的。

一直以来,该展厅只在周一开放,不久以前周末也对外开放了。唉,尽管展厅的内容很有意思,来参观的人却并不多,究其原因,我也不太清楚,也许卢浮宫该考虑将这个展厅换个地方了。

参见词条:关于"金字塔"的争议

小霍尔拜因(汉斯)/《伊拉斯谟肖像》 | Holbein (Hans, dit le Jeune)/*Portrait d'Erasme*

(奥格斯堡,1497——伦敦,1543)

木板油画;黎塞留馆三楼第8展厅

H:0.43;L:0.33;INV.1345

《伊拉斯谟肖像》是卢浮宫中霍尔拜因最美的作品,无疑也是这位伟大的巴达维亚人文学家最棒的一幅肖像。这幅逼真的画作于1523年在巴勒绘制,曾属于英国的查尔斯一世,经过雅巴赫转手后最终纳入路易四世囊中。

画中的伊拉斯谟(Erasme,1467—1536)写作时是坐着还是站着?巨大的帽子是为了遮挡他变得又大又长的头颅吗(伊拉斯谟患有骨畸形病)?是不是因为他十分怕冷才穿得这么厚?为什么霍尔拜因选择描绘伊拉斯谟的侧面,是不是伊拉斯谟自己的要求?也许他也想让自己的模样像古代硬币上的头像或者像意大利文艺复兴时期的雕像一样不朽。伊拉斯谟的五官具有很高的辨识度:特征鲜明的大鼻子、小嘴和紧闭的双唇。他神情严肃,正在写着《圣马可的福音书注解》,该作品发表于1524年,用来献给弗朗索瓦一世。画中的伊拉斯谟如新一代的圣罗杰姆①,表现出智慧、博学和对待工作专心致志的态度。

若您喜爱《荒唐赞歌》的作者,您可以去卢浮宫的书画刻印艺术部预约,申请一览霍尔拜因所绘的伊拉斯谟手稿以及杜勒于1520年在布鲁塞尔所绘的伊拉斯谟肖像。

西蒙·利思②毫不犹豫地选择《伊拉斯谟》这幅画作为其文集《旁人之思》(2005)的封面,向这位一直寻求思想与真理之和谐的伟人致敬。

参见词条:书画刻印艺术部、雅巴赫、路易十四、凡·戴克

《手执酒杯的男人》│ Homme au verre de vin

绘画部;黎塞留馆三楼第6展厅

---

①　Saint Jérôme(347—420),罗马牧师、神学家、历史学家,曾将《圣经》译为拉丁文。——译注

②　Pierre Ryckmans,笔名 Simon Leys(1935—　),比利时作家、文学评论家、翻译家和汉学家。——译注

作者匿名,作于 15 世纪;木板油画

H:0.63;L:0.44;R.F.1585

这幅《手执酒杯的男人》的作者一直是个谜。1901 年,人们认为它是扬·凡·埃克画派的作品,1904 年其作者又被认为是让·富凯,而经过与 1456 年一幅藏于列支敦士登的画作对比之后(该作品如今保存在维也纳的列支敦士登宫),作者又成了"1456 年画师",随后是巴托罗缪·德·艾克①、科林·达米安②,1910 年作者成为努诺·贡萨尔维斯③,之后又变成雅各布·德·里特蒙④,他是"勒内·德·安茹⑤国王的画师"(也称"好人勒内的画师"),也是雅伊姆·于盖⑥的好友,随后该画又被认为出自"朱维尼尔·德·奥尔西尼⑦的画师"之手:以上所列的不完全的艺术家都与这幅画有关,艺术史学家们为该画的归属问题几乎困惑了一个多世纪。

卢浮宫于 1906 年获得这幅作品,人们常常就这幅画的国籍感到好奇,它究竟属于弗拉芒、葡萄牙、西班牙还是法国都兰? 平心而论,人们对法国油画的评价是静止、清醒、谦逊、安静的,不论从富盖到布拉克,再到勒南、夏尔丹、柯罗、塞尚、修拉都符合这样的评价。评论家和艺术史学家因《拿着酒杯的人》而陷入的窘境证实了上面这个概括所存在的局限性。

尽管可能会被认为是沙文主义,我还是觉得这幅画是法国的。

---

①　Barthélemy d'Eyck, van Eyck or d'Eyck(1420—1470),早期尼德兰画家。——译注

②　Jean Colin d'Amiens(1927—1959),法国画家。——译注

③　Nuno Gonçalves,生卒时间不详,葡萄牙宫廷画家。——译注

④　Jacob de Litemont,15 世纪法国国王查理七世、路易十一的宫廷画家。——译注

⑤　René d'Anjou(1409—1480),别称安茹的勒内,或者好人勒内。他拥有巴尔公爵,安茹公爵、普罗斯旺和皮埃蒙特伯爵称号,1435—1442 为那不勒斯王国名义上的国王,1431—1453 年为洛林公爵。——译注

⑥　Jaime Huguet(1412—1492),加泰罗尼亚画家。——译注

⑦　Jouvenel des Ursins,法国贵族家族,17 世纪没落。——译注

参见词条：佚名作品、画师、约定代称

"卢浮宫礼遇" | 《Honneur du Louvre》

"卢浮礼遇：一种乘坐四轮马车进入卢浮宫和其他皇宫的特权。1607 年，埃佩农①公爵因身体不适而乘坐马车进入卢浮宫，国王希望自己以后也可以享受这种待遇，于是便设立了该特权。虽然该特权只适用于王室，但 1609 年叙利公爵也享受了同样的礼遇。最终，在玛丽·德·梅迪奇摄政期间，这项特权的范围扩大到所有公爵和皇家官员以及他们的后代。"（《科学、艺术及职业百科字典》，文学协会编译，1751—1772 年间出版）

参见词条：亨利四世

霍赫（彼得·德）/《喝酒的女人》 | Hooch（Pieter de）/*La Buveuse*

（鹿特丹，1629——阿姆斯特丹，1684）

布上油画；黎塞留馆三楼第 38 展厅

H：0.96；L：0.60；S. D. b. g.（画框上）：PDH 1658；R. F. 1974—29

卢浮宫近期获得了这幅《喝酒的女人》，该画在罗斯柴尔德家族最著名的英荷收藏品中占有重要席位。大约 30 年前，英国得到了彼得·德·霍赫在 1965 年，也是他艺术生涯中最辉煌的时期所创作的六幅画中的四幅，雅克·富加尔对此很有意见。

弗拉芒派油画在法国十分风靡，而荷兰艺术品却没有受到相同的待遇，这个现象实在令人不解。如今，大大小小的德国博物馆和英国收藏家共享着荷兰艺术珍品，但是黄金时代的荷兰画作却

---

① Jean Louis de Nogaret de La Valette(1554—1642)，埃佩农公爵，法国贵族。——译注

在 18 世纪的法国巴黎拍卖厅里流失了。

　　这幅作品的名字没有什么特别之处——《喝酒的女人》。画中的男士在给一位女士斟酒,右侧墙上悬挂的油画《耶稣和奸妇》十分惹人注意。这幅画具有一定的说教性,作品描绘的是老鸨给顾客介绍妓女的一幕,画中的妓女面带微笑,画面左侧抽烟的人可能是提供这次会面的屋主。

　　画前方空椅子边卧着一只可爱的小狗,可能是一只布列塔尼猎犬,它昏昏欲睡的姿态象征着慵懒和怠惰。

　　参见词条: 罗斯柴尔德家族

霍格斯特拉坦(萨穆尔·范)/《拖鞋》│ Hoogstraten (Samuel van)/*Les Pantoufles*

(多德雷赫特,1627——多德雷赫特,1678)

布上油画;叙利馆三楼 B 展厅

H:1.03;L:0.71;R. F. 3722

《拖鞋》的作者最近才被确定(更准确地说是重新确定)。维米尔的"发现者"杜尔(又名伯格)认为这幅画出自彼得·德·霍赫之手。公爵奥斯卡·德·爱斯宾于 1884 年买下这幅画,公爵的女儿路易·德·克洛伊公主于 1932 年将这幅画赠送给卢浮宫。他们认为该画的作者是维米尔,直到 1955——1956 年,萨穆尔·范·霍格斯特拉坦才被广泛认可。

　　萨穆尔·范·霍格斯特拉坦既是诗人、作家,又是艺术史学家、旅行者,他以独特的写作视角和他的《光学盒》(如今位于伦敦国家美术馆)而闻名。

　　参观者们十分喜爱这幅画的主题,或者说喜爱这个看起来缺少主题的作品,还有它的名字——《拖鞋》。画中左侧放着一把扫帚,右侧的门锁里插着一串钥匙,值得注意的细节还有蜡烛和书,这些物品透露出一种耐人寻味的诗意和梦幻。走廊上光影交错,房间里空无一人却又充满了人文气息。这幅画难道真的没有主题吗？画中的扫帚和那双丢在地板上的木屐鞋是不是意味着它们的主人就在隔壁房间，正在优雅地工作着呢？

在充满立体感的画里后方的墙上挂着彼得·德·霍赫著名的作品《母亲的谴责》。您可以在阿姆斯特丹的荷兰国家博物馆看到这幅杰作的原版，或者在柏林画廊欣赏它的原作之一。

参见词条：伦敦国家美术馆、瓦伦西内（皮埃尔-亨利·德）。

时间表 │ Horaires

除周二闭馆外，卢浮宫的开放时间为每天 9 点至 17 点 30 分（博物馆固定展品），10 点至 21 点 15 分（金字塔下的临时展览），9 点至 21 点 45 分（中世纪的卢浮宫），9 点 30 分至 21 点 45 分（商店）。

每周三（部分馆）和周五（全部馆）晚间开放至 21 点 45 分。

每年固定闭馆日：1 月 1 日、复活节和圣灵降临节，11 月 11 日和 12 月 25 日。

P.S. 1. 如果您希望遇见知音，我建议您周五晚上去参观。

2. 建议您避开复活节以及 7 月和 8 月。

参见词条：星期二、夜景画

钟表馆 │ Horloge(Pavillon de l')

参见词条：亨利四世、卢浮宫历史展厅、路易十三世、拿破仑三世、展馆、雷尼耶（亨利·德）、雕塑部

乌东(让-安东尼)/《乌东夫人》 │ Houdon(Jean-Antoine)/*Madame Houdon*

（凡尔赛，1741——巴黎，1828）

原石膏；黎塞留馆一楼第 28 展厅

H(雕塑):0.485;(雕塑加座):0.615;R.F.1391

乌东 24 岁时,其夫人 24 岁。因为赫赫有名,乌东受邀与本杰明·富兰克林一起赴美国为华盛顿雕刻肖像。乌东夫人讲英语,这无疑对来到美国的乌东很有帮助。乌东于 1785 年 9 月 14 日来到费城,于 11 月 2 日到 11 月 19 日在佛农山停留了数日。

乌东夫妇于 1786 年 7 月 1 日成婚,养育了三个女儿,其中 4 岁的萨宾娜年纪最长,和她妈妈住在卢浮宫附近。我不太了解他们的家庭情况。乌东夫人的雕像曾是她的儿媳乔治·桑的财产,卢浮宫于 1905 年获得了这尊雕像。在 1787 年沙龙上,一位评论家对该作品这样评价道:"这个年轻姑娘(指乌东夫人)的头部可以与古希腊最优雅的头部雕像相媲美。面部各个器官的比例协调,轮廓柔和;肌肤吹弹可破;面容充满活力、清新可人、天真无邪,鉴赏家们对此钦叹不已,外行人也同样为之惊叹。肌肉耀眼白皙,散发出的优雅安宁令人愉悦。这就是雕像颈部和头部。"随后他接着补充道:"令人有些遗憾的雕塑的乳房位置有些偏低⋯⋯这也可能是模特自身的问题⋯⋯"

近期,一位艺术史学家发现并确认这尊雕塑是雕塑史上"第一尊微笑着露出牙齿的女人肖像"。

参见词条:《百科全书》、乌东:《贞女立像》

乌东/《贞女立像》| Houdon/ *Vestale debout*

大理石;底座;黎塞留馆一楼"伟人"长廊第 29 展厅

H:1.60;L:0.75;Pr:0.68

H:0.76;L:0.75;Pr:0.68;S. d.:houdon f. 1787;R. F. 4718 & 4719

这尊雕塑是雕塑部最奢侈的开销之一,2004 年,卢浮宫以 9786332 欧的价格将其购入囊中,在 AXA 集团以及企业艺术事业资助新法例的帮助下,购买"国宝"时减免了 90% 的税。

1787 年该雕塑经过签名后在 1787 年沙龙中展出(那么这时

雕塑就已经在卢浮宫里了!),1901年约翰·皮尔庞特·摩根①将其购入并运往美国,1943年以后这尊威风的大理石雕像便一直属于威尔顿斯坦画廊了。

为贞洁祈愿的贞女们忙着将圣火放入女神维斯塔的神庙中。乌东所雕刻的贞女们戴着面纱,手中托着的托盘中火苗已经熄灭。

卢浮宫中乌东的作品美妙绝伦,多种多样(肖像、陶塑、墓碑)。您可以亲自去看看这尊卢浮宫曾经"失去"的《贞女》。

参见词条:乌东;《乌东夫人》、艺术事业资助、方形沙龙、"国宝"

卢浮宫的8个展部 | Huit

如今卢浮宫的藏品分布在8个部门(P.:绘画部;A. G.:书画刻印艺术部;A. G. E. R.:希腊、伊特鲁里亚及罗马文物部;A. E.:埃及文物部;A. O:东方文物部;O. A.:艺术品部;S.:雕塑部;I.:伊斯兰艺术部)。我在本书中介绍了每个部门的历史概况,并注明了如今他们所在的区域。

这些部门的区域并不是一成不变的,一些部门如希腊、伊特鲁里亚及罗马文物部、伊斯兰艺术部、东方文物部等肯定会在下一年更换展区,因为所有展厅都要根据馆长、研究员、建筑师的风格和品位而进行重要的调整。另外,为了适应逐年上升的游客数量,如今卢浮宫导览图上的最新参观路线也将会被进一步修改。

自我起笔之时,卢浮宫大多数部门已经开始改组了(埃及文物部、雕塑部、书画刻印艺术部、绘画部、东方文物部)。

我曾经是绘画部的研究员,当时的我经常等着展厅开门,然后进去欣赏英国油画,接着迅速整理一下位于方形中庭三层的"南—南"区域。

---

① John Pierpont Morgan(1837—1913),美国银行家、艺术收藏家。——译注

卢浮宫究竟什么时候才会完工？这个难题总是时不时出现，答案其实很简单，那就是"永远不会"。一个展览和一个博物馆展厅的最大区别就是时间，前者的维持时间只有3个月，而后者却能够持续30年甚至一个时代。一个博物馆的成功与否还应考虑到高科技（如卢浮宫之前利用人工照明，现在回归到自然光线照明，后者主要借助的是玻璃窗散射的自然光），规定的局限性，尤其是残疾人进入所有展厅时的相关规定，对藏品安全性的要求（洪水、失窃、防护玻璃和隔离护栏），游览者的"舒适度"（通俗地说，也就是餐厅、休息区、椅子、卫生间、相机……），当然还有品位的提升以及藏品所带来的充满惊喜和幸福的充实感。

参见词条：贝里奥（皮埃尔和露易丝）、品位、残疾人、自然光线、照片上的卢浮宫、计划（该词条无目录无正文）、休息厅、"南—南"、玻璃展柜、失窃

木偶钟 │ Idole-cloche

希腊、伊特鲁里亚及罗马文物部;德农馆一楼和二楼间的夹层第1展厅;底比斯,约公元前700年;陶塑

H:0.40;C.A.573

这些看着像玩偶的木偶钟是希腊、伊特鲁里亚和罗马文物,卢浮宫于1893年将其纳入囊中。它们出自皮奥夏①的陶器制造者之手。陶塑的腿部由关节处相接,身上点缀着几何图案和小鸟线条。它怎么用？有什么功能？专家们(不包括我)对此都百思不得其解。

无论如何,这尊美丽的工艺品很受当代人欢迎。您若想了解关于这个藏品的更多信息,可以查阅维奥莱纳·吉米特的作品《独奏》,这是一本很不错的藏品专刊,2003年由卢浮宫出版发行。

国有财产不可转让规定 │ Inaliénabilité

俗话说没必要去没有新花样的地方吃饭,于是有人问:"卢浮宫(或其他同类博物馆)为什么不把二流的画(此处以画为例)和画作的'副本'卖出去,然后再购买缺少的、想要的作品？这不是可以缓解资金不足的问题吗?"这个问题并不好回答。我曾经在美国当过博物馆研究员,因此可能更没有办法给出一个明确的答案。波士顿博物馆,这个(几乎)与其他的美国博物馆一样的私人博物馆最近得到了一幅德加的作品,而此画的来源国——法国并不知情,为了买下这幅画,波士顿博物馆公开拍卖了几幅二流的印象派作品。

然而,在法国,法律首先毫不含糊地规定国有财产不可转让。其次,"占着粮仓"的"糟糠"也卖不出什么好价钱。另外,没有什么

---

① Béotie:希腊中东部一地区。——译注

能保证人们的喜好是否会随着时间的变化而改变。但我可以确信的是,如果没有财产不可转让规定(这个词法语很不好发音),法国博物馆很可能会在战争前后卖掉他们所瞧不起的 19 世纪二三流画家的粗糙的作品,而如今这些作品正是奥塞博物馆的荣耀,全世界的博物馆都以高昂的价格争相购买。另外,我还要加一句,研究员的职能并不是出卖重要作品的"高质量的副本"(说买卖已经算够婉转的了),因为造成错误的风险要比获利高得多(当然,在美国这并不是一种错误)。

最后我还要提一个问题:谁有这些买卖的决定权? 在某些特殊的情况下,差错、滥用、无知、疏忽和贪婪都会导致最坏的结果。让我们严格遵守法律条文,当每一次缺口打开时,当"他"(谁是这个神秘的"他"? 让我们思考一下他的真实动机吧!)想要走入一扇门,打开一点儿窗户时,我们要用严厉、坚定的态度阻止他。

P. S. 1. 苏维埃俄国和纳粹德国曾卖出过国宝,这不是个好先例。

2. 法国前总统尼古拉·萨科齐在 2007 年 8 月 1 日给文化通信部部长的委聘书中说了这样一句值得我们思考的话:"您需要反思一下调整转让公共财产程序的可能性,最好能在不损害国家财产的前提条件下,还能更好使财产增值。"

参见词条:奥塞博物馆、消防员

火灾 | Incendies

卢浮宫遭遇过数次严重的火灾,在这里我为您介绍其中的 3 次。

1661 年 2 月 6 日,小画廊翼楼发生了火灾,翼楼的二楼被烧毁,在那里展出的法国国王肖像随之被毁,只有小弗朗索瓦·普布斯所绘的玛丽·梅迪奇的肖像逃过一劫。得了重病的马扎兰主教就住在隔壁,熊熊烈火使他产生了巨大的恐惧,他的密友路易-亨利·洛梅尼·德·布瑞安①描述了当时的情景："他摇摇晃晃地倒下了，死亡感觉就在眼前。他恐惧那在床上蔓延的火苗，也许在吞噬了天空的火焰中看到了生命的终点。"马扎兰在1个月之后离开了人世。勒沃重建了这层楼，并将其改造为阿波罗长廊。

1720年8月30日的夜晚，一场火灾将卢浮宫内的著名木工安德烈-查尔斯·布勒②的工作室烧毁。他工作室中的约12000到15000幅素描作品、雕刻作品、手工艺品、32幅画作、青铜和镶嵌模型终是付之一炬，损失价值达217220镑。

一位叫克劳狄斯·塔拉尔的作家在其发表于1850年的《卢浮宫画廊思考与新目录的批判性分析》中写道："将卢浮宫从杜伊勒里城堡中分出时一定要慎重，杜伊勒里城堡是革命的始发点。如今虽然城堡没有被占领，但它会一直空着吗？"这句话成了预言：1871年5月23、24日，杜伊勒里宫遭到巴黎公社成员的焚烧。

卢浮宫不再发生火灾就是一个奇迹。旧制度③时，艺术家们带着自己的工作室搬入宫中，随后国家财政部也入驻这里，安置在拥挤的黎塞留翼楼直至1989年，这些时刻都伴随着卢浮宫可能被烧毁的危险。

感谢永久入驻卢浮宫、日夜守卫藏品的消防队，使如今的卢浮宫变得更加安全。

最后说一句，库尔贝、塞尚都曾想"烧毁卢浮宫"。

参见词条：阿波罗长廊、贝尔纳迪·德·西格瓦耶（玛丽-费利西安-勒内-马西昂）、塞尚、库尔贝、"西班牙画廊"、马扎兰主教、消防员、黎塞留翼楼、杜伊勒里宫

---

① Louis-Henri Lomenie de Brienne（1635—1698），路易十四的国务卿。——译注

② André-Charles Boulle（1642—1732），法国木工、雕刻家。——译注

③ 指法国1789年前的王朝。——译注

信息系统 ｜ Informatique

　　不久以前，卢浮宫的研究员对博物馆的秘书处很有怨言，这曾是博物馆的不足之一。当时人们都口述信稿，可是什么时候才能将信打印出来？如今，每一个研究员——除了一些"老古董"外——都配备了一台电脑，这样就解决了收信速度慢的问题，研究员们便不再因此事投诉秘书处了。

　　信息系统服务部成立于 1998 年，有 20 位员工，控制了 1300台电脑，90 名服务人员和 100 位软件工程师（对于这样的配备条件我必须认可）。总共负责 3 个方面：管理方面（包括人力资源、金融、会计），门票和公共管理，最后是八个部门的藏品管理。

　　2007—2011 年，信息系统将进入下一阶段——更新藏品管理系统。

参见词条：科撒巴德庭

安格尔（让-奥古斯特-多米尼克）｜ Ingres（Jean-Auguste-Dominique）

（蒙托邦，1780——巴黎，1867）

安格尔/《浴女》，又名《瓦尔班松浴女》｜ Ingres/*Femme assise vue de dos*, dite également *La Baigneuse Valpinçon*, ou encore *La Grande Baigneuse*

布上油画；叙利馆三楼第 60 展厅

H：1.44；L：0.97；S. D. b. g.；Ingre. /rome. 1808；R. F. 259

　　为什么画名是"瓦尔班松浴女"？ 因为这幅美丽的作品在1822 年至 1879 年归属于路易-奥古斯汀-爱德华·班松·德·瓦尔班松（Louis-Augustin-Edouard Pinçon de Valpinçon，1807—

1881），他是一位富商、收藏家，也是画家德加的友人，他以 400 法郎的价格买下了这幅画。1879 年，银行家伊萨克・贝列拉以60000 法郎的价格转卖给卢浮宫。

安格尔于 1808 年在罗马画了他艺术生涯中第一幅裸女图，随后他寄宿在梅迪奇别墅。画中的"浴女"坐在床上，露出背部，一半在半明半暗处，一半在亮处，橙红色和白色相间的美丽头巾紧裹着头发，左胳膊卷着毛巾，挂着的墨绿色的大帷幔更好地衬托出她的胴体，庞大的躯体基本占满了整个画布。画面后方的一个小狮子头状的水龙头流着水，是这幅异常安静的封闭画面里唯一的声音，让人联想到东方的宫女和腾腾的蒸汽。

画中的女人体态婀娜，身形珠圆玉润，玲珑有致，柔软灵活，散发出安静、倦怠、慵懒、色情、满足、性感、欲望和一种"冷艳的完美"。在这幅表面看来冷淡、实际充满诱惑的肉体前，谁还能对这个刚出浴（或起床）的女人无动于衷呢？

参见词条：安格尔：《奥尔良公爵费迪南的画像》、《土耳其浴室》

安格尔/《奥尔良公爵费迪南肖像》 | Ingres/*Portrait de Ferdinand，duc d'Orléans*

布上油画；德农馆二楼第 75 展厅

H：1.58；L：1.22；S. D. b. g.：J. Ingre Pin^x Paris 1842；R. F. 2005 - 13

奥尔良公爵费迪南，1810 年出生于巴勒莫，1841 年卒于纳伊。卢浮宫于 2005 年以 1100 万欧元的价格购入他的这幅肖像画，那是一个重要时刻。感谢法国 AXA 保险公司的资助和法律中关于行业艺术品资助的条款（减税 90％），在经过 20 年的细致协商后，令这幅多次差点离开法国的杰作终于成为了博物馆中安格尔的系列精品画作之一。

在展出了作品《第一执政官波拿巴》（列日博物馆）、《王位上的拿破仑》（军事博物馆）和《身着加冕长袍的查理十世》（法国巴约纳的波纳特博物馆)之后,安格尔于 1840 年——也就是他身处罗马梅迪奇别墅时——接到为奥尔良·费迪南-菲利普(Ferdinand-Philippe d'Orléans,1810—1842)画肖像的命令,画像花费 15000 法郎。两人惺惺相惜,建立了深厚的友情。奥尔良公爵费迪南是路易·菲利普的长子,他于 1842 年 7 月 13 日继承王位,当时的他 32 岁,很受欢迎,然而仅在安格尔完成这幅肖像画的几个星期后他便意外离世了,他的离开对于法国来说是一个巨大的损失,安格尔也长久地沉浸在悲痛之中:"我只能哭泣,一直这么哭下去! 唯一能安慰我的事情就是在为他画像时所感受到的幸福,但我多么想画得更好!"

人们在离意外发生地不太远的马约门处修建了一座纪念教堂,您在那儿可以欣赏到绚丽的彩色玻璃窗。卢浮宫收藏了这个教堂的草图,依然出自安格尔之手(叙利馆三楼第 60 展厅)。1981 年以后,马洛切特[①]于 1845—1962 年间,在纳伊的奥尔良·费迪南-菲利普广场上,修建了奥尔良爵士骑马雕像,面朝阿尔及尔的大海。在一笔慷慨的捐款资助下,费迪南的第二尊雕像诞生,并于 1844—1845 年安置在卢浮宫的方形中庭内。1971 年起至今,这个雕塑被转移安置在诺曼底的尤堡(château d'Eu)中。

这幅画截取到人物膝盖之下,画中的爵士站姿挺拔,身着副将军的制服,胳膊夹住双角帽,手中握着手套,目视前方。画面色彩协调,红、金、白、黑,与设计大胆的姿势相应,简洁的形象跃然于纸上。有人猜测,马奈的作品《吹短笛的人》(1866,奥塞博物馆)是不是对安格尔这幅画的嘲弄呢?

参见词条:大草图、方形中庭、格拉内:《圣三位一体山与罗马梅迪奇别墅》、安格尔:《浴女》、《土耳其浴室》、艺术事业资助

---

①　Baron Carlo (Charles) Marochetti(1805—1867),意大利雕塑家。——译注

安格尔/《土耳其浴室》| Ingres/*Le Bain turc*

圆布油画；叙利馆三楼第 60 展厅

H.:1. 10；L.:1. 10；S. D. b. g. :J. INGRES PINˣ/ MDCCCLⅫ/ AETATIS/ LX；R. F. 1934

《以目代耳》(1935) 的作者保尔·克洛岱尔并不喜欢《土耳其浴室》，他对此曾评价道："……这幅名叫《土耳其浴室》的画出自安格尔之手，他是个糟糕透顶的画家，画中的女人们一个挨着一个聚集在一起，像蛆虫做的饼一样。"

安格尔花费 20 年完成了这幅杰作，他在完成日期 1862 年旁自豪明确地注明他的年龄：82 岁。这幅画在 20 年中被多次转手，一度属于土耳其驻圣皮特斯堡的前大使凯尔-贝，他更改了画的外观，将从前的长方形改为如今的椭圆形，属于意大利文艺复兴时期的圆形风格（近年来也有人认为这个形状象征着窥淫癖的眼睛）。

凯尔-贝的名声并不好，他品质恶劣、骄奢淫逸。他除了拥有安格尔的画，还拥有库尔贝的几幅作品。其中一幅出色的作品是《睡眠》，又名《两个朋友》，如今在巴黎的小皇宫展出；另一幅美到令人窒息作品是《世界之源》，1995 年由奥塞博物馆获得。龚古尔兄弟在 1867 年 12 月 31 日的《日记》中写道："我们要去凯尔-贝的府上参加一个特别的画展，这个房子是英国勋爵塞穆尔的旧府。在那里我们参观了安格尔的《古代浴室》和库尔贝的一对女同性恋人（指的是《两个朋友》）。这两位著名的傻瓜在艺术领域中诠释了女性裸体的两个极端。画中两个女人身体沾着泥土和脏点，丑陋地以最不雅的动作扭作一团，这简直是对在床上享乐的女性的诽谤；画面中没有色彩、没有光线、没有活力的肤色、没有情人之间的爱，只有兽性的下流行为。另一幅画则描绘的是古代浴室，一群呆板的身体混乱地堆在一起，这些人的身形几乎歪曲得不成比例，像是火地岛来的野蛮女人们的一次集会，她们的轮廓在香薰浴的蒸汽中被描摹出来，这些身体让人想到了裸体模特的原始状态。"看到这里，您可以明白我对龚古尔兄弟的这篇文章和一些作品不敢苟同的原因了吧。

您看，位于《土耳其浴室》画面正中心的"瓦尔班松浴女"与《浴女》中的她相比几乎没什么变化，她四周环绕着体态丰润的裸体女人们，她们人种、年龄各不相同，拥有金色、褐色的头发，懒散又惬意地待在浴室里。她们形态各异：有躺着的、伸着腰的、站着的、伸展着四肢的、坐着的还有搂抱着的。安格尔还在画中添加了许多项链、耳环、头巾、条纹毛巾等饰物，另外，他还十分仔细地在画面前方画了一块巧克力和一个咖啡盒。在这个永恒静止的世界里，还有一些事物为这幅画注入了活力：比如，画面前方的乐师、舞者、喝咖啡的人，画面较远处贪食着鲁库姆①的人以及画面右侧的香炉，它令人想起《圣女贞德》(1845)里的香炉。

回顾 20 世纪无数珍贵的画作，从玛提斯到毕加索这些著名画家的作品中我们可以发现，他们之中没有任何一个能够抵得住这个肉欲情色之梦的诱惑，这正是对弗洛伊德理论的完美诠释。

1911 年卢浮宫获得了这幅画，过程可以说是几经波折。慕尼黑美术馆馆长雨果·万·缇舒迪是世界上最伟大的博物馆馆长之一，他购买了许多印象派作品，并且对这幅画垂涎不已。幸好在卢浮宫之友协会以及资助者和慈善家毛里斯·佛那耶(Maurice Fenaille, 1855—1937)的帮助下，最终卢浮宫以 150000 法郎的价格将这幅画纳入囊中。

在龚古尔兄弟那篇尖酸刻薄、充斥着厌恶又庸俗不堪文章中，毫不合理地批判了这幅画，我们不如来看看另一篇客观的评论，摘自特奥菲尔·戈蒂埃同样于 1867 年 12 月 14 日发表在《世界导报》的文章："大艺术家以一种轻松愉悦的态度描绘出这些美丽迷人的身体、脊背、面庞、侧颜，她们蜷缩着、站着、酣睡着，并用画影线的方式表现出她们丰腴的线条，展示出她们缠绕着

---

① Loukoum：一种阿拉伯香甜糕点。——译注

薄头巾的颈部和洗澡时微湿的肩膀。画家用擦笔晕出浴池内银白色的蒸气,营造出浴池中暗粉色的氤氲,古代女神的大理石像与土耳其后妃的肌肤在这样的气氛中融合在一起。他突出描绘了背景中的几个人像,在画面前方我们看到纯净的光线下,一个女人背部柔软地弓起,十分美丽。这幅画看起来像一本画册,画家将不同时代里他美丽的梦、他想到的新姿态、他对女人体型的偏好和各种各样的女人类型都画在一幅画中……这是安格尔作品中重要而卓越的一页,这幅充满激情的画作经历了他的画笔最温柔的抚爱和20次的离别再续,像一个无法割舍的女人,一位直到生命的终点到来时才会遣走的妻妾,在这幅画中他时不时都能够找到一位姬妾或美女。"

参见词条: 卢浮宫之友协会、安格尔:《浴女》、《奥尔良公爵费迪南的画像》、奥塞宫、毕加索和卢浮宫、伦勃朗:《沐浴的贝莎蓓》

法兰西研究院 | Institut de France

法兰西研究院与卢浮宫的关系源远流长且十分密切:卢浮宫在旧制度时就已经设立了包括皇家绘画与雕塑学院在内的各式各样的学院;此外,研究院还管理了形态多样的大大小小的博物馆:巴黎的雅克马尔-安德烈美术馆和马尔莫坦博物馆,布洛涅-比扬古的马尔莫坦图书馆,瓦兹的夏利皇家修道院,吉维尼的克洛德-莫奈博物馆,圣让-卡普-菲拉的埃弗吕西别墅,滨海博利厄的克洛斯别墅等。这些博物馆中的佼佼者莫过于尚伊蒂的孔蒂博物馆,它是法国第二大收藏画作和素描的展馆。在阿加汗基金的慷慨帮助下,人们期待着这些博物馆能够得到重建并快速复兴。

参见词条: 大革命前卢浮宫的学院、法兰西学院、皇家绘画与雕塑学院、圆屋顶、艺术桥

国家艺术史研究院，简称 I. N. H. A. | Insititut national d'histoire de l'art, dit I. N. H. A.

我们这些艺术史学家从半个世纪前安德烈·沙泰尔提出修建国家艺术史研究院计划时就开始等待，各式各样的委员会成员聚集在一起，制定了许多计划，而所有的计划却都迷失在行政的"大沙漠"中，最终不了了之。

2001年7月14日（这个有象征意义的日子①），《公报》第162号刊的11369页上终于宣布了这个研究院的建立。

究竟什么是艺术史研究院？国家艺术史研究院有什么特殊之处？如何定义这个研究院？

欧洲的几个主要国家，当然还有欧洲以外的美国，都拥有一个（或多个）艺术史研究院。每个研究院都各有特点和专长，如伦敦的瓦博格研究院的肖像学，佛罗伦萨的德国研究院的托斯卡纳艺术，拥有最丰富的相片资源的伦敦考陶德研究院，最晚加入却最有抱负的位于美国洛杉矶的盖蒂研究院。一个尽可能全面并能自由进入的艺术史图书馆也是研究院中心必不可少的组成部分。

我在这里略过国家艺术史研究院建立的内容，因为这些内容冗长且乏味。当然，您可以轻松地从网络中获取这些资料。

巴黎很幸运，因为它拥有一座藏品数量可观的国家图书馆（国家图书馆后来更名为弗朗索瓦-密特朗图书馆）。国家艺术史研究院继承了前国家图书馆的大部分场馆，用来修建勒布朗斯特厅和储藏室，随后研究院在薇薇安街旁的建筑内安家落户。人们常说的占地48000平方米的"黎塞留四边形"中就包括了国家艺术史研究院。如今"黎塞留四边形"内的历史性建筑和国家图书馆的圆厅即将进行翻修，翻修的资金已到位，预计于2015年竣工。

国家艺术史研究院的定义比较宽泛："一方面这里为艺术史的

---

① 7月14日为法国国庆日。——译注

研究和科学文献的查找提供了场所,另一方面该研究院也是一所职业培训机构。研究院的活动由两大部门举办,一个是图书馆和档案馆,两者都获得了雅克·都赛(Jacques Doucet,1853—1929)丰富的藏书和艺术遗产,另一个是学习研究部。"

您可以在《国家艺术史研究院新闻》这份简报中了解更多关于这所研究院的信息。其实简单地说,这里就是一个能够让我们自主去了解艺术史的地方。这门学科常常被国家忽视。想要了解艺术仅靠卢浮宫是不够的,只有将卢浮宫和国家艺术史研究院紧密地结合在一起才能将这门学科发展壮大起来。从属于法国博物馆管理局的卢浮宫图书馆即将加入黎塞留街上已建成的图书馆群,这将是一个重要的时刻,我们所有人梦想的艺术史大图书馆的大门亟待开启(也许会是 2015 年?),它将是未来我们工作的地方。

参见词条:名称有误的卢浮宫图书馆、档案、国家遗产研究院

国家遗产研究院,简称 I. N. P. │ Institut national du patrimoine,dit I. N. P.

国家遗产研究院坐落于薇薇安街(见国家艺术史研究院),自 2001 年起由两个部门组成:管理部(前国家遗产学院,成立于 1990 年)和修复部(前法兰西艺术品修复研究院,成立于 1977 年)。

国家遗产研究院由博物馆修复师和研究员构成。研究员需要经过高难度的考核后才能上岗。考核包括 6 个部分:考古学、档案学、财产清点、历史文物、博物馆、科学技术和自然遗产,2007 年招收的 52 个遗产管理方向的学生中仅有 15 人能最终成为博物馆的研究员。考生需在卢浮宫学院、巴黎一大、巴黎四大或巴黎十大备考。

如今的选拔考试又怎么样? 在我看来,考试的内容太过宽泛,所提供的工作岗位十分有限,依然缺乏高水平的青年才俊。

参见词条:研究院、卢浮宫学院、国家遗产研究院、艺术品修复

《马里总管埃比-伊勒像》│ Intendant Ebih-il(L')

东方文物;黎塞留馆一楼第 1 展厅 B

公元前 2400 年;石膏,天青石,贝壳

H:0.525;L:0.206;Pr:0.30;A. O. 17551

1933 年,安德烈·帕洛[1]带领着他的考察队伍在叙利亚境内的马里(今称特尔·阿利利)地区发掘出了《马里总管埃比-伊勒像》。安德烈·帕洛对美索不达米亚地区考古领域和战后的卢浮宫修复工作有重要贡献。

光头的埃比伊勒总管裸身坐着,双手捂在胸前做祈祷状,他身着绵羊(或山羊)皮短裙,眼睛镶嵌着天青石和贝壳。雕像的原料是最容易塑形的雪花石膏。

人们如何得知埃比伊勒是"总管"? 在雕像背后的右肩上,我们可以看到用闪族语言和苏美尔语言雕刻的表意文字:"埃比伊勒,总管,献给果敢的伊什塔尔。"(伊什塔尔是爱与战争女神。)

禁止艺术品输出(不要与"紧急出口"混淆)│ Interdiction de sortie(à ne pas confondre avec Sorties de secours)

如今,基本没有哪种私人艺术品是绝对禁止输出的。这一类艺术品在 30 个月之内可以出口,如果在这段时间内艺术品没有被国家收购,它就可以离开法国国土。法国国土系统与我们的邻居英国相去甚远。在法国,国会禁止输出的艺术品是绝对不允许出口的,艺术品的所有者会得到一笔补偿款,此后尽管国际市场再广阔,他也只能在国内市场里出售他的艺术品。最著名的被禁事件是沃尔特(Walter,1994)收藏的一幅梵高的作品,补偿款共花费了

---

[1] André Parrot(1901—1980),法国考古学家。——译注

纳税人 1.45 亿法郎。

参见词条：耗资巨大的艺术品买进、安全出口、"国宝"

互联网 │ Internet

卢浮宫的官方网站是 www. louvre. fr。

可能是年龄的原因，我对网络并不太了解，对这个网站也不大熟悉，因此没法向你们作更多介绍。2006 年，卢浮宫官方网站的访问量达到了 970 万次。

博物馆的另一个网站，www. education. louvre. fr，提供了卢浮宫网络教学资料。

P. S. 还有一个与卢浮宫竞争的私人付费网站，其网址是 www. louvre. edu。

参见词条：在线卢浮宫

藏品清单 │ Inventaire

想必您一定对 INV.、R. F. 这些字母感到困惑，它们都在我选择介绍的文章简介中出现过。您可以在本词典的第 51—54 页找到关于这些字母的详细解释，它们与卢浮宫 8 个部门定期进行的藏品清查有关。

我简单介绍一下绘画部关于藏品清单的基本说明。

卢浮宫最早的油画藏品清单是著名的 1683 年勒布朗目录，该目录在标注作品出处方面十分出色，一直沿用至今。1810 年启用的拿破仑目录也非常实用，2004 年卢浮宫按照拿破仑目录的格式对古代卷的第 5 卷和第 6 卷进行了严格的清算。

M. R. 指的是皇家博物馆，M. N. 是国家博物馆，M. I. 是帝国博物馆。

1871 年起，卢浮宫开始使用缩写 R. F.（即法兰西共和国）来标注油画作品。自 1973 年至今，R. F. 后都注明了购得日期和序号（如 R. F. 2007—4）。

参见词条：达鲁伯爵、勒布朗、司汤达

伊斯兰艺术部，简称 I. │ Islam(département des Arts de l')，dit usuellement I.

卢浮宫中的伊斯兰艺术品数量可观，10000 件藏品中有 3000 件在装饰艺术博物馆中展出，这些藏品原来都属于东方文物部。如今，一部分伊斯兰艺术品在黎塞留翼楼一楼和二楼间有些狭小的夹层处展出。

这些展品于 2003 年 8 月 1 日起独立组成了卢浮宫中第 8 个部门，维斯孔蒂庭施工结束后，这些藏品将在那里展出。维斯孔蒂庭有两层，占地 4200 平方米，由建筑师马里奥·贝利尼和卢迪·里乔蒂负责修建。建筑效果图在德农馆一楼第 30 展厅里展出。

维斯孔蒂庭的波浪形屋顶由玻璃珠和金属条制成，可以透过屋顶看到中庭内部。屋顶"看起来像飞毯或是展开的面纱漂浮在广场上方。"（里乔蒂）

修建维斯孔蒂庭共花费 5600 万欧元，其中国家出资 2600 万，艺术事业资助 3000 万。沙特阿拉伯王子瓦利德·本·塔拉勒捐助了 1700 万，这笔捐款是博物馆所收到的资助中最重要的一笔款项。法国文化部长为这位慷慨的王子颁发了特殊贡献荣誉勋章，他的名字也将与其他贡献者一起被刻在阿波罗圆厅的大理石上。维斯孔蒂庭预计 2009 年面向公众开放。

正如前文所说，装饰艺术博物馆空间很有限，而塞纳河对岸精美的铸币博物馆马上就可以投入使用，何不把铸币艺术馆博物馆搬到里沃利街上，然后在那儿展示大部分伊斯兰艺术品？人们一度考虑将这个想法付诸实践，但令人遗憾的是最后计划还是落空了……

参见词条：东方文物部、装饰艺术博物馆、庭院、捐赠人、艺术事业资助、圆厅

雅巴赫(埃弗拉德) | Jabach(Everhard)

(科隆,约 1618——巴黎,1695)

雅巴赫为素描陈列室、绘画部带来了许多印象派的重要作品。他是一位德国银行家、商人,主要在巴黎经商,除此之外,他还是一名狂热的收藏家,1649 年在伦敦他参加了英国查理一世的藏品拍卖会,拍卖品包括许多来自曼图亚公爵画廊的作品。1671 年,由于遇到资金困难,经过与柯尔贝尔多次艰难的协商后,他忍痛将包括提香的《田园合奏》《戴手套的男人》、霍尔拜因的《伊拉斯谟肖像》、卡拉瓦乔的《圣母之死》等精品卖给了路易十四。除了上文提到的作品,他还提供了 5227 幅素描作品,这些作品是建立素描陈列室时的第一笔财富。

他孜孜不倦、毫不懈怠,当经济情况好转时,雅巴赫又开始了他的收藏之路。他去世后,其后代继承了他的收藏品,约合 687 幅画作以及 4000 多幅素描作品。

参见词条: 卡拉瓦乔:《圣母之死》、《田园合奏》、柯尔贝尔、霍尔拜因(汉斯):《伊拉斯谟肖像》、路易十四、提香:《戴手套的男子》

雅基奥(彭斯)/《拔脚刺的女人》 | Jacquiot(Ponce)/ *La Tireuse d'épine*

(雷特尔,约 1515——巴黎 1572)

黏土;黎塞留一楼第 15 展厅 B

H:0.26,L:0.22,Pr:0.14;R.F.3455

卢浮宫于 1980 年获得了这个精致的粘土雕塑——《拔脚刺的女人》,它在法国文艺复兴时期的雕塑之中显得有些不太起眼,雕塑中的女人正在拔脚刺。雕塑用现实、随意的方式,借"刺"这个古老的题材表现了作品的情色主题。彭斯·雅基奥是将意大利文艺复兴作品介绍到法国的重要人物。

卢浮宫获得这尊雕塑之前,它的所有者是弗朗索瓦·吉拉尔东(François Girardon,1628—1715)和富裕的金融家皮埃尔·克洛萨(Pierre Crozat,1665—1740)。您可以在我非常喜爱的伦敦维多利亚和阿尔伯特博物馆欣赏到这个雕塑的青铜版本。

詹姆斯(亨利) | James(Henry)

(纽约,1843——伦敦,1916)

1885 年 7 月,12 岁的亨利·詹姆斯来到欧洲。1913 年,回忆起 58 年前第一次参观阿波罗长廊的感受,他用颇具其风格的文字这么写道:"当我走在这条通向'风格'(词典作者引用的原文如此)的桥上时,我感受到一种无与伦比的幸福,美妙绝伦的阿波罗长廊向前延伸着,如一条绵长而真实的朝圣之路。它的拱形穹顶高入云霄,木质地板散发着无限光泽。我在这条巨大的隧道里缓缓呼吸,怀着无上的荣耀感不停徘徊。这种荣耀感不仅是因为那精湛的艺术和令人称奇的构思,还有长廊所富有的历史感、声望和力量,它展示出了一个富丽堂皇又高贵典雅的世界……

"灵感的来源无穷无尽,它们以任意、荒诞的方式激发了丰富多彩的想象力,用爱与惧相融合的迷药浇灌了这座长廊的奇特之美,使它成为至高无上的象征。这么多年来,我一直都把阿波罗长廊称为无与伦比的绚丽之景。"(节选自《小男孩和其他》,法译本《小男孩的回忆》,巴黎,1989)

参见词条:阿波罗长廊

雅莫(保罗) | Jamot(Paul)

(巴黎,1863——维莱维尔,卡尔瓦多斯,1939)

卢浮宫欠这位杰出的收藏家一场大型展览,那种类似 1934 年的"现实派画家"展览会,该展览会由橘园美术馆举办,夏尔·斯德林协办,展出效果很好,那次展览让公众了解了勒南兄弟的作品,并且使乔治·德·拉图尔重拾声誉。

保罗·加莫给卢浮宫捐赠了许多素描和绘画作品,其中包括路易·勒南 1642 年的杰作《洗礼回归》,该作品标记的年份最后一位数字不太清晰,画名也不确定,现位于卢浮宫的叙利馆三楼第29 展厅。保罗去世后,他的现当代藏品分别在卢浮宫和兰斯博物馆展出。

参见词条:收藏家、博物馆研究员、捐赠人、拉图尔、橘园美术馆

杜伊勒里花园 | Jardin des Tuileries

安德烈·勒·诺特(André le Nôtre,1613—1700)和他的父亲让、祖父皮埃尔与杜伊勒里花园有着密切的关系。改造杜伊勒里花园是柯尔贝尔于 1664 年委托勒·诺特的第一个重要工程。自2005 年 2 月 25 日起,已经拥有卡鲁塞勒花园的卢浮宫归并了 25 公顷的杜伊勒里花园。我曾于 1995 年就为合并这件事努力过,但当时却徒劳无功。

这个历史悠久的花园曾是 18 世纪巴黎人最喜爱的散步场所,以下是改造这个花园的大事记:1681 年,花园面向公众开放;1702 年,花园禁止携狗入内;1760 年起,花园内可租用椅子;1780 年,花园内修建第一批双层花岗岩卫生间(这是很有必要的);1783 年 12 月 1 日,查尔斯和罗贝尔的热气球在此升空。

19 世纪时,花园中出现的雕塑作品如雨后春笋,它们比17、18 世纪的雕塑更具现代感,您若想了解这些极具魅力的作品,可以参阅 G·布雷斯科和 A·潘诺的著作《卢浮宫杜伊勒里花园和卡鲁塞勒花园的雕塑》(巴黎,国家博物馆联合会,1986)。

　　20世纪后期，巴斯卡尔·克里比尔①和路易斯·贝内奇②负责修整杜伊勒里花园，他们联合来自各国各流派的雕塑师创作了许多当代雕塑作品，取代了原本充满优越感的旧雕塑。这些雕塑师有 R. 利克滕斯坦、H. 穆尔、T. 克拉格、L. 布尔茹瓦，他们有的是立体派，如 H·劳伦，有的是超现实派，如 M·恩斯特。这些雕塑中我特别喜欢瑞典雕塑家艾瑞克·戴特曼③的作品《无人之友》以及雷蒙·马松④的《人群》，后者通过卢浮宫的窗口塑造了各式各样的人物。

　　路易·塞巴斯蒂安·梅西耶（Louis-Sébastien Mercier，1740—1814）在他的著作《巴黎影像》（1781）中这么描绘道："杜伊勒里花园使勒·诺特名声大噪。它规模宏大，布局壮观，花园中的小道、露台和景色都使这里变得无比壮丽，随着装饰和点缀的增加，花园变得更加华丽。如今这令人赞叹的花园中装饰着美丽的花瓶和精美的古希腊艺术复制品，为什么人们不将注意力放在这些作品的艺术性上呢？"

　　梅西耶以花园中一个被认为有伤风化的雕像为例写道："如果我们嫉妒它如此受关注，如果我们嫉妒属于自己的幸福，那么我们应该尊重这尊雕塑所表现出的性的适度。在这个时代里，毫无保留地展示人类的身体是有风险的，用裸体雕塑来挑逗他人的欲望有什么好处呢？"

　　如今，人们更深入地思考着杜伊勒里花园未来的发展方向。思考着它的商业价值，思考着如何保护这个历史悠久又无比脆弱的地方，思考着如何将勒·诺特设计的园林与杜布菲⑤的作品结合起来。

　　另外，我有一个建议：既然卢浮宫总是空间不足，那么为什么

---

① 　Pascal Cribier(1953—　)，法国风景设计师。——译注
② 　Louis Benech(1957—　)，法国风景设计师。——译注
③ 　Erik Dietman(1937—2002)，瑞典雕塑家、画家。——译注
④ 　Raymond Mason(1922—2010)，英国雕塑家。——译注
⑤ 　Jean Dubuffet(1901—1985)，法国画家。——译注

不将水边平台下已经废弃的电话交换局回收利用一下呢？

P. S. 卢多维克·哈勒维[1]是德加的友人（德雷福斯案件[2]之前），也是出色的歌剧《奥芬巴赫》的作者，他在 1884 年写道："某天我们将会在这儿（指杜伊勒里花园）修建一个游园会。"这个预言后来真的实现了。

参见词条：昂吉维莱尔伯爵、捐赠人、水边画廊、卡鲁塞勒花园、卢浮宫的花园、国家影像美术馆、橘园美术馆、卢浮宫广场

卡鲁塞勒花园 │ Jardin du Carrousel

卡鲁塞勒花园是一个近期修建的花园，它与杜伊勒里花园的不同之处在于它一直归卢浮宫管辖。人们花费了大量精力移除数量庞大、环境恶劣的住宅，它们直到第二帝国成立之前还存在着。杜伊勒里宫被毁坏之后，建筑师爱德蒙·纪尧姆[3]将这里的庭院改建成了花园。

1964 年，应马尔罗之邀，"雕塑缪斯女神"蒂娜·维尔尼[4]慷慨地将马约尔[5]的雕像作品赠给卢浮宫。

卡鲁塞勒花园的修整有些失败，卢浮宫的参观指南上关于卡鲁塞勒花园有一条这样的说明："花园的布局并不合理，易于发生犯罪事件（因为花园内部错综复杂、夜间也会开放等）。卢浮宫希望重新规划花园，注资重修。"

---

① Ludovic Halévy(1834—1908)，法国剧作家，小说家。——译注

② 德雷福斯案件：1894 年法国陆军参谋部犹太籍的上尉军官德雷福斯被诬陷犯有叛国罪，被革职并处终身流放，法国右翼势力乘机掀起反犹浪潮。此后不久即真相大白，但法国政府却坚持不愿承认错误，直至 1906 年德雷福斯才被判无罪。——译注

③ Edmond Guillaume(1826—1894)，法国建筑师。——译注

④ Dina Vierny(1919—2009)，法国画家的模特，曾任阿里斯蒂德·马约尔的缪斯女神模特。——译注

⑤ Aristide Joseph Bonaventure Maillol(1861—1944)，法国雕塑家。——译注

勒莫尼埃将军大道的车载道两侧修建了栏杆,这些栏杆将卡鲁塞勒花园与杜伊勒里花园分开,这一做法还是很合理的。

P. S. 在卢浮宫的卡鲁塞勒花园入口,您可以阅读到让·雷诺阿[1]描写这里的美文。

参见词条:卡鲁塞勒花园、夏多布里昂、长老街、《沉睡的海尔玛弗狄忒》、杜伊勒里花园、卢浮宫的花园、马尔罗

卢浮宫的花园 │ Jardins du Louvre

1621 年,国王下令在里沃利街的一侧修建奥拉托利花园,该花园以它的邻居奥拉托利古修道院的名字命名。曾参与负责修建方形中庭的建筑师雅克·勒梅西耶是该花园的主要负责人。1881 年起,这个教堂成为新教教堂,教堂后部的祭台由科利尼少将的雕塑装饰(G. 克罗克,完成于 1889 年),这位少将在圣巴托罗缪岛[2]遇害。

此外,塞纳河一侧还有一座西班牙公主花园,这个花园以西班牙公主菲利普五世的女儿命名。根据 1721 年协约,她将成为路易十五的未婚妻。公主 3 岁时住在卢浮宫,由于无法等她达到适婚年龄,公主于 1724 年返回马德里。最终,1703 年出生、比路易十五年长 7 岁的玛丽·蕾捷斯卡成为了皇后。

P. S. 差点忘了最后一个风景如画的花园,它十分幸运(或不幸)地消失了。它位于柱廊顶上,平台之下。这座小花园的修建要感谢克劳德·沃特莱[3],他是一位富裕的金融家,并且热爱艺术和园林,他曾著有《园林杂文》一书,并在阿让特伊的乡村斥巨资修建了著名的"乔利磨坊",克劳德为这个小花园运来了土壤和尺寸合

---

① 　Jean Renois(1894—1979),法国著名导演。——译注

② 　Saint-Barthélemy,法属小岛,是加勒比海中小安地列斯群岛的岛屿,位于向风群岛的北端。——译注

③ 　Claude Watelet(1718—1786),法国金融家。——译注

适的树苗。

这个小花园一直延续到 19 世纪之后，许多摄于 1908 年的照片记录下了这座柱廊屋顶花园，从照片上可以看到一个叫勒布朗的人正在浇花，发挥着他的园艺才能。《女士男士》杂志的记者在 1906 年 9 月 30 日（69 号刊）的文章里充满热情地写道："卢浮宫的空中花园今年很成功，在丰收时节，这里收获了大量的蜜桃……果园有很长的藤架，上面结的水果令人欣喜……秋天到了，被秋色染红的葡萄叶下，一串串成熟的白葡萄也令人感到愉快。"勒布朗的继承人达登在二战前退休后，人们拆除了空中花园。

参见词条：柱廊、杜伊勒里花园、卡鲁塞勒花园

若亚（雅克） │ Jaujard（Jacques）

（阿尼埃尔，1895——巴黎，1967）

雅克·若亚是卢浮宫的负责人，更准确地说是 1940 年 1 月 1 日至 1944 年 11 月这一段时间的国家博物馆负责人，安德烈·尚松称之为"懂得这里杰作的人"。雅克是 1938 年西班牙内战时期将普拉多博物馆的藏品撤离到日内瓦的负责人，也是"慕尼黑协定"和战争宣言期间撤离卢浮宫藏品的负责人。他的妻子是法兰西戏剧社的女演员珍妮·波塔尔，她曾参演萨沙·吉特里和雷纳尔多·哈恩的戏剧《莫扎特》，在占领期间，她将"莫扎特"作为自己的化名，与雅克一起积极投身于二战时期法国抵抗运动。法国解放前不久，两人藏身于塞文山脉。

花神翼楼的一扇门以他的名字命名，这扇门是卢浮宫学院和法兰西博物馆修复中心的入口。

参见词条：卢浮宫学院、疏散、花神翼楼和花神馆、艺术品修复

《法国国王好人让二世肖像》| Jean II le Bon, roi de France(1319—1364)(Portrait de)

绘画部;黎塞留三楼第 1 展厅

法国油画,活跃在 14 世纪中期;木板油画;1925 年储藏于卢浮宫国家图书馆的版画室

H:0.60;L:0.45;R.F.2490

"20 年以来,人们争论的焦点都围绕着画中人物的身份和画作的完成时间:专家们根据古老的题词'Jehan roy de France'(早于肖像完成时间)以及国王让和其子的肖像,推断出这幅约 1360 年完成的肖像画所描绘的并不是国王让,而是摄政王查理,后者的统治时间为 1360 到 1364 年。但是这个猜想很快被推翻了,查理十世雕像上的容貌与这幅画中的人并不相同。后来人们确认了之前的猜想,画中人物的原型是'好人让二世',画中年轻的肖像和缺少的皇冠说明该画的完成时间很早,应该完成于他登基的 1350 年之前。可是这幅古老的独立肖像画却在同样早的时期流传到了西欧,这是为什么呢? 专家们想从法国早期史料中寻找答案,可是却并不容易,因为在如今的卢瓦尔省北部,即使在文学作品和雕塑作品里也都找不到任何肖像的样本。

"因为藏品糟糕的保存状况影响了准确的评估,所以人们把所有无法评估的作品都'分配'给了那个时代中有名的画家们,如资料中注明的吉拉德·奥尔良或让·考斯特,最终人们便对这些出色的杜撰深信不疑。1349 年,这幅画的作者陪伴画中未来的统治者一同参观了阿维尼翁,在这座被罗马教皇统治的城市里,本画的作者度过了 10 年,在此期间他深受伟大的意大利画家们的影响,比如西蒙·马提尼①。据彼特拉克②说,西蒙是著名的劳尔侧面

① Simone Martini(约 1284—1344),意大利画家。——译注

② Pétrarque,意大利语为 Francesco Petrarca(1304—1374),意大利诗人、学者。——译注

肖像的作者,还有玛窦·吉尔梵那提①,他创作了修饰教皇宫殿的人群速写图。"

我如此全面地引述多米尼克·蒂埃博(1993)这篇精彩的简介是为了让您了解一下从未完全被人们所知的艺术史学家工作中遇到的困难。

参见词条:查理十世

国家影像美术馆 | Jeu de paume②

杜伊勒里花园中的国家影像美术馆建立于1862年,位于里沃利街与协和广场的转角,与橘园博物馆遥相呼应。1927年起,外国流派的现代艺术作品因为卢森堡博物馆没有空间放置而被转移到国家影像美术馆展出。1947年起,该美术馆大量展出了如今在奥塞博物馆的印象派作品。如今国家影像美术馆已从卢浮宫独立出来,展出当代摄影作品。

国家影像美术馆在二战期间的用途令人痛心。它被用于暂时存放掠夺自犹太收藏家和画廊经营者的艺术品,随后这些艺术品被送往德国。一位勇敢的研究员罗斯·薇兰在她的书中记录下所有被夺走的艺术品(见其著作《艺术战线》,1961,以及波琳娜·布舒近期出版的自传)。

国家影像美术馆还与另外两件事情有关。1943年7月27日,被德国人称为"堕落的艺术"的五六百幅画被烧毁,其中包括马松、米罗、瓦拉东、柯里、马克思·恩斯特、雷热、毕加索、吉斯林、拉·弗莱斯纳耶的作品。1944年8月初的巴黎解放时期,铁路员工们阻止了一辆装有148箱艺术品的火车开往德国。8月27日,勒克莱尔军队的士兵拦截了还未离开巴黎郊区的火车。

---

① Matteo Giovannetti(约1322—1368),意大利画家。——译注

② "Jeu de paume"直译为网球馆,因此该馆也被称为网球馆美术馆。——译注

著名当代艺术品商人保罗·罗森伯格（Paul Rosenberg，1881—1959）的儿子亚历山大恰巧在这列火车旁找到了丢失的一部分藏品。这个片段成为约翰·弗兰肯海默[①]的电影作品《战斗列车》（1964）的灵感来源之一，这部电影的主要演员是伯特·兰开斯特、珍妮·莫罗、苏珊·佛利昂（饰演罗斯·瓦朗德）以及米歇尔·西蒙。

参见词条：凯博特（古斯塔夫）、卢森堡（博物馆）、杜伊勒里花园、橘园美术馆、奥塞博物馆

数字与字母游戏 │ Jeu des chiffres et des lettres

当您抬头看博物馆的天花板或大门时，您将会发现许多雕刻在上面的隐约可见的首字母，它们有的交织在一起，有的是一些符号（百合花，蜜蜂……）。这些符号的含义有的很明显，如 R. F.、H.、N. ……，有些却没那么简单，比如方形中庭上所雕刻的 H. D. B.，这几个字母为了庆祝亨利·德·布尔班成为亨利五世，并且区别于瓦卢瓦王朝的 H. 而刻的；或者同样出现在方形中庭的 L. L. M. T，这个罕见的字母组合是为路易十四世和他的妻子玛丽·泰蕾兹而雕刻的。

这些皇家、帝国或共和国数字以这种方式在此相遇，串联起法国历史、卢浮宫历史和曾经统治这里的人。常常随着新政体的出现，它们便会被钻平、锻打、消除或替代，还有一些符号会作为庆祝君主制的延续而留在这里。我喜欢夏尔·路易斯·穆勒[②]于1866年在德农馆的天花板上所作的 S. L.，这两个字母交织环绕着，代表的是拿破仑三世期望的继承人圣路易，拿破仑希望圣路易能够像弗朗索瓦一世、路易十四和拿破仑一世一样在天花板上留下自己印记（德农馆二楼第76展厅）。

---

① John Frankenheimer(1930—2002)，美国著名导演。——译注
② Charles Louis Müller(1815—1892)，法国画家。——译注

您还可以在钟摆、路灯、门和把手、暖气通风口处等处看到别的数字和字母。另外跟您提示一下,如今这些雕刻的数字已经开始标记路标了。

参见词条:缩略语、方形中庭、楼梯、亨利二世、藏品清单、卢浮宫的特别说明

《拉若孔德》│ La Joconde

参见词条:雷奥纳多·达芬奇

朱利安·德·帕尔姆/《自画像》│ Julien de Parme (Bartolomeo Ottolini, dit)/*Autoportrait*

(卡维格里阿诺,瑞士,1736——巴黎,1799)

布上油画;叙利馆三楼第51展厅

H:0.61;L:0.49;S. D au verso;*J^n. Ant. Julien de Parme. / Peint par lui-même, à l'âge de/ 39ans, en* 1777. ;R. F. 2483

卢浮宫得到了一个教训:1925 年,卢浮宫以 300000 法郎的高价买下了这幅《男人像》,本以为出自大画家华托之手,但是研究员很快对这幅画的作者产生怀疑,随后感到十分泄气。不久,该作品的作者被确认不是华托,但是究竟是谁却一直没有定论。2002 年,这幅画由法国博物馆修复与研究中心(S. 2 R. M. F)的卢浮宫修复室(更准确地说是法兰西博物馆修复室)进行重新固定,在将画从画框上取下来时,人们在画的背面发现了画家的签名和作画时间。

画中的艺术家穿着工作服,头戴庄重的白色软帽,脸上带着自信和威望,坦率并毫不傲慢,坚定地目视前方。

25 年来,我对朱利安·德·帕尔姆都极有兴趣。我整理发表了他感人至深的书信,这封信的内容可以说是整个 18 世纪中最优美、最感人的文字之一。我也曾想重新整理这位不太知名的先驱

画家的作品，以及记录他在巴黎和罗马的坎坷生活。而对于这幅我所熟知的自画像，我却从没想过它的作者是朱利安·德·帕尔姆，我不敢相信他有能力描绘出这样一幅杰作。

参见词条：自画像、艺术品修复、华托

"博物馆漆" |《Jus musée》

19世纪，卢浮宫与世界上其他博物馆一样，给屋顶对称地刷上了"栗色"清漆，这种油漆也叫兰布朗油漆，是那个时代的风格。

考夫曼（奥托）和施拉若德（弗朗索瓦） | Kaufmann (Othon) et Schlageter(François)

（拉尔，德国，1905——斯特拉斯堡，1993）

（佛莱堡，德国，1904——斯特拉斯堡，1997）

奥托·考夫曼和弗朗索瓦·施拉若德是两位可爱的斯特拉斯堡人。我在一个轻松愉悦的气氛下与他们结识。大约是1970年，具体日期我记不太清了，我作为法国代表受邀到斯特拉斯堡参加欧洲理事会的一次委员会会议，这次隆重且野心勃勃的会议探讨的主题是数个博物馆中"被瓜分的艺术品"。第一次参会就令我有些不知所措：比利时代表希望将位于荷兰和西班牙的两部分弗拉芒艺术品集中到比利时。我知道这个会议不会有什么结果，于是我决定联系曾在巴黎一起聊过天的收藏家们，因为那个时候我们时间不够，还有很多有价值的东西没有谈。

我来到阿克布斯街，这里令人赞叹不已，没有乏味的画，没有不确切的作者，大大小小的作品以合理的方式展示出来，表现出布置者完美的品位。奥托·考夫曼和弗朗索瓦·施拉若德分别于1905和1904年在德国出生。1930年，在纳粹统治时期他们逃出德国来到斯特拉斯堡。战争期间，他们投身于英国军队，参与了北非和意大利的战役。他们回到斯特拉斯堡后重新开始收藏艺术品（他们第一次的藏品在风暴中丢失了）。他们与伟大的德国艺术史学家海曼·沃斯[1]（1915年一战期间，他很重视乔治·德·拉图尔的作品）和斯特拉斯堡博物馆的负责人汉斯·豪格[2]结下友谊。他们除了每年在瓦格纳和拜罗伊特会面，威尼斯、提埃波、罗维尔茨堡和最特别的楼顶也是他们的主要活动地点。

卢浮宫于1984年获得了他们的藏品，数量占了卢浮宫藏品的

---

[1]　Hermann Voss(1884—1969)，德国艺术史学家。——译注

[2]　Hans Haug(1890—1965)，斯特拉斯堡博物馆馆长。——译注

一大部分(这些作品中卡纳莱托的一幅杰作如今属于斯特拉斯堡博物馆)。这捐赠的40多件艺术品,大部分来自意大利,尤其是威尼斯,此外还有乌埃、勒·叙厄尔、波尔东、布歇、苏贝利亚斯、文森特等画家的作品。卢浮宫的一间展厅以他们的名字命名,这是再合理不过的事情了。他们用心购买的藏品填补了卢浮宫藏品的漏洞。此外,他们还十分重视画作的装裱。如今我的耳边还会常常响起他们用浓重的阿尔萨斯口音说出的"万物之美"。

　　再讲一件轶事:1981年12月,我通知他们一幅"18世纪法国画派"的画作将要在莫尔莱公共拍卖。其实我觉得这幅画与他们已经拥有的德纳托·克瑞提①的作品《圣伯纳尔蒂·锡耶纳的赞美》很相像,但是他们还是买下了这一幅。只要有机会,他们就会用自带的毯子将画作包好带回去。他们明白自己想要什么,清楚墙上的空间。您可以在卢浮宫欣赏到这两幅画(德农馆二楼第19展厅)。

参见词条: 收藏家、捐赠人、拉图尔

凯泽(托马·德)/《坐在桌旁的男人肖像》│ Keyser (Thomas de)/*Portrait d'un homme assis près d'une table*

(阿姆斯特丹,1596——阿姆斯特丹,1667)

木板油画;黎塞留馆三楼第28展厅

H:0.79;L:0.53;R.F.1560

(在我写本文时,此画借与伦敦国家美术馆,随后借与海牙的莫瑞泰斯博物馆)

　　自1905年起,卢浮宫拥有了这位阿姆斯特丹著名肖像画家托马·德·凯泽的杰作《男人像》(洛多夫·卡恩捐赠),画中人物衣着华美考究,身份不详。1982年,与这幅画相对应的作品——完成于1632年的女人肖像公开出售,卢浮宫因为该画的

---

①　Donato Creti(1671—1749),意大利画家。——译注

价位过高而有些犹豫,最终柏林的德雷斯顿美术馆买走了这幅画,使卢浮宫完全失去了机会。因为缺少资金、动作不够快、不明白作品的重要性和价值而失去珍贵的藏品,这种失败感实在令人既羞愧又辛酸。

科撒巴德庭 | Khorsabad(cour)

东方文物部;黎塞留馆一楼第 4 展厅

1847 年 5 月 1 日,路易·菲利普在方形中庭北翼的两个大厅里为世界上第一个亚述馆举行揭幕仪式。在这里展出了摩苏尔的"考古学领事"保罗·艾米勒·博塔在如今科撒巴德的村庄里所发现的文物,这些文物是亚述国王萨尔贡二世皇宫的遗留物,该皇宫修建于公元前 717 至 706 年。

科撒巴德庭于 1993 年落成,前身用于财政部,贝聿铭和 M. 马卡里负责整修玻璃天顶,S. 鲁斯特负责内部展品,展出了 19 世纪重要的考古发现(亚述和美索不达米亚的文物)。庭院中间您可以看到一扇门,上面镶有由雪花石雕刻的两只长着翅膀、兽身人面的公牛,这是博塔带回的文物。庭院四周展示着宫殿的檐壁。另外两只公牛的其中一只是为了该展厅的开幕而仿制的(两只公牛的颜色稍有不同),仿制公牛由石膏打造,其原型保存在芝加哥东方研究院。两只公牛组成了萨尔贡二世御座展厅的入口。

这些展品令人大开眼界。我向您推荐位于西隔墙的《打猎的场景》(东方文物部,编号 19886),这个作品来自科撒巴德的另一个皇宫。

电影爱好者一定记得 D. W. 格里菲思①的电影《党同伐异》中工程浩大的宫殿复原场景(电影中为巴比伦宫殿)。

在科撒巴德庭旁边的休息厅里,那里设有舒适的黑皮革座椅,

---

① D. W. Griffith(1875—1948),美国著名导演。——译注

您在那儿可以通过多媒体视频了解该部门的历史和藏品（黎塞留馆一楼第1展厅乙）。

参见词条：东方文物部、《英雄擒拿雄狮》、休息厅

实验室 | Laboratoire

法国博物馆修复与研究中心的实验室于 1932 年正式成立,由两位阿根廷人卡洛斯·迈尼尼和费尔南多·贝雷共同出资建成。实验室的知名人物除了在电视上与公众一起分享专业知识的玛格德莱娜·乌荷(Magdelaine Hours,1913—2005)以外,还有一位"阿格拉娅(Aglaé)"("大卢浮宫规划"元素分析加速器),它的名字很容易令人联想到米歇尔那部颇有争论的恐怖小说《元粒子》。

"阿格拉娅"是做什么的? 1993 年 1 月 12 日的《费加罗》总结说"阿格拉娅是用来检测赝品的软机器",1989 年 3 月 23 日一份来自媒体公告的解释更加详细:"阿格拉娅拥有极其精确的化学元素表,它可以探测一件作品的结构和组成部分;通过多种方法确定其来源,如鉴定某种矿物质的纯净度等;还可以用来了解作品的新旧和风化损坏程度;未来还能通过 14 号碳元素探测法推定作品的年代。"

实验室隶属于法国博物馆管理局,位于花神翼楼旁狮门对面的地下室,装修并不奢华。它不仅服务于卢浮宫,也为法国其他博物馆提供帮助。此外,实验室还发行了一本水平很高的杂志——《技术:服务于文明与艺术史的科学》。

对此,我们不禁要问,这究竟是实验室,还是一位艺术史学家,抑或是恩斯特·冈布里奇[①]眼中"绝佳的眼镜"?

参见词条:法国博物馆管理局、赝品、花神翼楼和花神馆、狮子入口、艺术品修复

拉·卡泽(路易) | La Caze(Louis)

(巴黎,1798——巴黎,1869)

[①] Ernst Gombrich(1909—2001),英国艺术史学家。——译注

　　"我死后会把自己收藏的所有画作都留给巴黎的博物馆。"
拉·卡泽曾这样说过。后来,在他捐出的 583 幅画作中,卢浮宫得
到了 272 幅,剩下的则分散在一些外省的博物馆。对于卢浮宫而
言,拉·卡泽的这些遗赠(1869)无疑是其收到过的最珍贵的画作
藏品。

　　拉·卡泽曾是一位医生,并且一直免费行医到 1852 年。他最
初住在新马蒂兰街的家庭旅馆,1851 年母亲去世以后,他便搬到
谢尔施米蒂街 18 号居住。他曾经将巴黎划分成区域,有条理地参
观每个街区,不过他每天都会去拍卖会,还经常买东西。谢纳维耶
尔(1820—1899)曾这样描绘他:"这位勇士中的勇士非常朴实,他
正直仁慈,很有人情味儿……为了省下钱收藏更多的画作,他的午
餐只有一根蒜肠和一杯黑咖啡,晚餐也只花 40 苏。"

　　拉·卡泽给卢浮宫捐赠了许多名家之作,其中包括里贝拉的
《跛足孩子》、弗朗·哈尔斯的《波西米亚妇女》、七幅鲁本斯、伦勃
朗的《沐浴的贝莎蓓》、路易·勒南的《农民的晚餐》等。他收藏的
18 世纪法国绘画更是填补了卢浮宫的藏品空缺:如华托的《皮埃
罗》、《淡漠者》、《菲乃特》、《巴里斯的审判》、《朱庇特和安提俄珀》;
还有 13 幅夏尔丹的作品,其中包括《午餐前的祈祷》和夏尔丹送给
路易十五的亲笔签名画;以及 9 幅弗拉戈纳尔的作品,包括《浴女》
和四幅《别致人像》……拉·卡泽的捐赠只有一小部分陈列在
"拉·卡泽室",该展室也包含夸佩尔、拉茹[1]、朗克雷、拉日利埃、
帕特尔和华托的作品(叙利馆三楼第 37 展厅)。

　　1859 年 5 月 8 日,两位龚古尔先生去参观拉·卡泽的收藏时
表现出了极大的不以为然。他们说:"真是令人失望啊!我们原以
为会看到一个完整呈现法国艺术史的收藏,以为他的藏品极具概
括和教育意义,能够为我们带来许多不为人所知的法国绘画和画
家,但很显然,拉·卡泽先生只是收藏了几幅诸如伦勃朗、鲁本斯、
里贝拉、华托和夏尔丹这些大师的作品,而那几幅朗克雷的画作在

---

①　Jacques de Lajoüe(1686—1761),法国画家。——译注

这些收藏中也显得极不协调。这样的混合实在不是一个好主意，对于收藏而言，他这种包容兼并的做法也绝非明智之举，因为这样就丧失了画作的整体性和延续性。收藏时要重视传承和演变，就像在家里要把所有东西规整得井井有条一样。一名战士打胜仗或是败仗在很大程度上也取决于他的战友。"

然而，说句题外话，与拉·卡泽先生同是收藏家的爱德蒙·德·龚古尔先生（以收藏素描为主）去世后（1896 年）连一幅画也没捐给博物馆。诚然，龚古尔两兄弟知识渊博，对 18 世纪的艺术研究颇有成就，但他们的理解缺乏一定的公正性，对于 18 世纪艺术的认识也过于肤浅。其实，他们收藏的 18 世纪艺术品只能归于某些 19 世纪的艺术形式，根本无法与 21 世纪和真实的 18 世纪艺术相提并论。

拉·卡泽非常喜欢自己收藏的让-巴普蒂斯特·勒尼奥（1754—1829）的《美惠三女神》（叙利馆三楼第 53 展厅）。据说，拉·卡泽就是在为这幅画写注释的时候突然中风的，可能这次中风也是他死亡的直接原因。

2007 年，卢浮宫专门为这位大收藏家举办了一场纪念展览。

参见词条：夏尔丹：《午餐前的祈祷》《静物与橄榄瓶》、收藏家、复制品、收藏、捐赠人、德鲁奥街拍卖行、弗拉戈纳尔：《舞蹈家吉玛尔》、遗赠（该词条无正文无目录）、伦勃朗：《沐浴的贝莎蓓》、里贝拉、华托：《淡漠者》《菲乃特》

拉克洛特（米歇尔） | Laclotte(Michel)

（1929 年出生于圣马洛）

除了这位米歇尔·拉克洛特先生以外，我在这本字典中介绍的人物几乎都已故去。他是前任绘画部部长和卢浮宫馆长，为卢浮宫（以及奥塞博物馆和阿维尼翁小宫博物馆）作出过巨大贡献。他曾多次负责大皇宫及其他博物馆的整理和改造，并成功地组织了许多临时展览。米歇尔·拉克洛特还潜心研究阿维尼翁派和法国原始派的艺术,是历代卢浮宫馆长的典范。

他曾在自己的著作《博物馆的历史:一位馆长的回忆》(巴黎,2003)中这样写道:"由于经费和人力资源等问题,世界上的大博物馆通常很难平衡博物馆日常运作的巨大开销,因而不得不求助于私人机构等。这是因为单靠博物馆馆长是无法摆脱这种困境的,此时我们必须依靠职业经理人,他们会将博物馆看成与其他公司无异的企业,这一点我们是做不到的。只要他们恪守其职责,再加上上司(我或我的继任们)的努力,一定会有事半功倍的效果。但毫无疑问,这个经理人必须经验丰富,具备艺术史知识并懂得收藏,这样,他才能科学有效地指导策划各种展览和文化项目,管理艺术品收藏和负责刊物的出版发行。不过,要是只有某些行会主义者才满足这些要求的话,那还是算了吧。"

谈到执行"大卢浮宫规划"时,米歇尔·拉克洛特先生这样写道:"这个计划的意义之一就是将卢浮宫面向世人开放。从此以后,人们就都可以踏进财政部紧闭的高墙大门,穿过拿破仑庭,参观博物馆的各个角落了。虽然博物馆一楼和二楼的楼间层并未连通,但我们决定修建一个通道,并将法国17、18世纪的雕塑移至此处展览。"

参见词条:大卢浮宫、奥塞博物馆、卢浮宫管理委员会主席兼馆长

缺项 ｜ Lacunes

参见词条:马萨乔

拉海尔(洛朗·德)/《淫乱的索多玛人》｜ La Hyre (Laurent de)/*L'Aveuglement des habitants de Sodome*

(巴黎,1606——巴黎,1656)

布上油画;未展出(修复中)

H. 1. 255; L. 2. 43; R. F. 2001 - 16

拉海尔是我最喜欢的 17 世纪法国画家之一。1988 年,我曾与雅克·杜利耶合作为拉海尔举办了一场专题展览。这次展览在卢浮宫的鼎力协助下,用九幅画向人们呈现了这位艺术家的成就。第 2 年,卢浮宫得到了一幅用来抵债的画作,名为《玩骰子的女人》(又名《瓦片》)。1990 年,让-皮埃尔·库赞为了丰富拉海尔的作品,又将一幅《圣母与圣子》捐给了卢浮宫。1994 年,我们在斯德哥尔摩买到了一幅画家年轻时所作的《死去的阿多尼斯》(当时这幅画被归在一位不太知名的画家米歇尔·德苏布蕾欧的名下),从这幅画可以看出,拉海尔早期的绘画风格深受枫丹白露画派的影响。最后,卢浮宫于 1996 年买到了画家的《受圣伤的圣弗朗索瓦》,以上 4 幅画展览在叙利馆三楼第 25 展厅。

然而 2001 年时,巴黎的艺术市场上又出现了一张拉海尔的巨幅画作《淫乱的索多玛人》,这幅画绘于 1639 年,是为当时的法国首席大法官塞吉埃(勒布朗为其绘制的骑马图展览在叙利馆三楼第 31 展厅)所作。卢浮宫之所以迫不及待地将其纳入收藏,是因为这幅画的主题比较罕见,它描绘了《圣经》中索多玛人的故事。画中的索多玛城正值黎明,罗德正在款待前来告知毁城的两位天使,而城中居民则围在罗德的屋子外对这两位天使意图不轨。

细腻的笔触,丰富的色彩,高雅精致的画面,再加上画家娴熟的映景法,使得这幅画成为 17 世纪上半叶巴黎绘画中毫无争议的杰出之作。

不过,这幅作品的修复过程预计会比较漫长,也许直到我的书出版时它也不能面向公众展出。

参见词条: 安特卫普、《罗德与他的两个女儿在索多玛和戈摩尔遭愤怒的上帝惩罚》、《加拿大女人》、以画抵债、枫丹白露画派

朗贝尔（府邸） | Lambert(hôtel)

朗贝尔府邸位于圣路易岛的最高处，由勒沃负责建造。1776年，路易十六在首席画师让-巴普蒂斯特-玛丽·皮埃尔（1714—1789）的帮助下获得了朗贝尔府邸的大部分装饰品。除此以外，府邸中厄斯塔什·勒·叙厄尔[①]的画作也被国王用来装饰皇宫的爱神厅和缪斯厅，这些画如今在卢浮宫展出（叙利馆三楼第24和25展厅）。实际上，18世纪时与勒·叙厄尔一同享誉盛名的还有普桑和克洛德·洛林。

比起作为"官员"的皮埃尔，我更喜欢他当画家的一面。因为官员的身份令他有时稍显傲慢，对比自己年纪大的夏尔丹也没有什么好脸色，而且总是要求提高自己的退休金。

听闻朗贝尔府邸最近刚刚易主，希望勒布朗（1619—1690）绘制的海格力斯长廊能够得到良好的修复吧。

参见词条: 夏尔丹、勒布朗、罗斯柴尔德家族

《拉奥孔》 | Laocoon

这件被视为古代杰作的雕像发现于1506年。1798—1815年间，它曾经被精心摆放在小长廊（位于奥地利安娜的套房）尽头的壁橱（由窗洞改造而成）内。1797年签订托伦蒂诺条约以后，雕像被转让给法国并于1798年7月运抵巴黎，它的到来受到了法国人的热烈欢迎。1800年11月9日，中央艺术博物馆专门为《拉奥孔》举办了落户典礼，而这一天正是共和国成立的周年纪念日（雾月18日）。两天前，在11月7日的傍晚，拿破仑还在约瑟芬的陪同下就着火炬的光亮观赏了这尊雕像。

[①] Eustache Le Sueur(1617—1655)，法国巴洛克风格画家，被视为法国古典画派的奠基人之一。——译注

现在,您可以在梵蒂冈博物馆的丽城中庭欣赏到这件杰作。

参见词条:奥地利安娜的套房、波拿巴(拿破仑)、拿破仑一世、法国大革命

拉图尔(乔治·德) ｜ La Tour(Georges de)

(塞耶河畔维克,摩泽尔,1593——吕内维尔,1652)

拉图尔/《持矛的圣托马》 ｜ La Tour/*Saint Thomas à la pique*

布上油画;叙利馆三楼第 28 展厅

H. 0. 695;L. 0. 615;S. h. d. :Georguis(原签名如此)de La Tour fecit;R. F. 1988 - 15

据说,萨尔特省的一位安娜·德·茹耶女士曾将拉图尔的这幅画秘密收藏在自己的加勒朗德城堡内。虽然此画于 1950 年曝光,但她仍旧拒绝向任何人展示它,更不用说将其外借了。于是,这幅画成为 1972 年拉图尔作品展上最大的缺憾。

德·茹耶女士去世后将此画留给了马耳他骑士团修道院。后者收到这份遗赠后深感与自己的传教使命无关,于是决定将其以3200 万法郎(约合 500 万欧元)的价格卖给卢浮宫,但这样昂贵的价格卢浮宫自然无力承担(一位记者曾用"银光闪闪的拉图尔"来戏称这幅画)。实际上,选择的结果只有两种:要么任由这幅画与其他拉图尔的画作一样流失到他国;要么就是争取多方协作将艺术家最后一幅重要画作从私人手中收归国有。于是,这幅画开始在国家影像美术馆和外省的各大博物馆巡回展出以募集公众捐款,幸运的是此次募捐获得了巨大成功。1988 年,卢浮宫最终迎来了第六幅拉图尔的画作(此前,1926 年时卢浮宫才收藏到第一幅拉图尔的作品)。

这幅画的保存状况良好,画面右上方有作者拉丁语的签名"Georguis de La Tour fecit",但画作的完成时间仍有待考证。

此画描绘的是一位秃顶老人,他留着络腮胡,右手持矛(17 世

纪起,这就是不信教圣人的标志),左手拿着一本厚厚的旧书,大抵是《圣经》或祈祷经吧。作为一位老练的画家,拉图尔深受真实主义的影响,他着重强调了某些细节,例如人物面部和手腕的皱纹,手部和额头的血管以及紧身衣上的扣眼。同时,画家还善用古典主义的手法,精确而大胆地描绘出人物身体的倾斜状态。至于色彩运用方面,画家以灰蓝色搭配淡黄色为主色调,与人物生硬的表情和紧眯的眼睛以及鹰钩鼻形成了鲜明的对比。映照在人物指甲上、衣服纽扣上、矛尖上和书页上的光亮来自于画面右侧的光线,这道光线冰冷而残酷,似乎来自于一个不真实的世界。

这幅写实的肖像究竟是取材自一位有着严厉神色的洛林农民还是陷入沉思的圣人? 我们不得而知,但正是画中人物世俗和神圣面孔的完美对立和统一才最终造就了这幅画的成功。

参见词条:格朗岱-普莱塞特尔(索朗日)、拉图尔:《女占卜者》、《荒漠中的圣约翰》、拉图尔(不一样的乔治·德·拉图尔)

拉图尔/《女占卜者》 | La Tour/*La Diseuse de bonne aventure*

布上油画;纽约大都会艺术博物馆

H. 1. 02;L. 1. 235;S. h. d. ;G. De La Tour Fecit Lunevilloe Lothar

这幅经历颇多的《女占卜者》于1960年被纽约的一家博物馆收购(可能是80万美元?),这在当时可谓是一件丑闻。此外,1949年时此画也曾暂时离开过法国,当时还引发了媒体的热烈讨论。这使得时任文化部长的安德烈·马尔罗在召开国民议会时对此事件讳莫如深。

诸如此类的丑闻在1970—1980年间也发生过:有人称这幅画是一件二战前的现代仿品,因为他们认为此画在透视法的运用上十分蹩脚,某些细节并不符合逻辑,特别是画面描绘的17世纪波西米亚妇女的穿着更是荒唐可笑……实际上,这幅画1879年时才首次出现在一份遗产证明上(我有幸见到过这份文件)。试想一下,那时的拉图尔并未出名,又有谁会想到制造他的赝品呢?

第三件丑闻更是奇特:在那位美丽的波西米亚黑发妇女的衣服边缘可以清楚地看到"merde①"这个词,但很显然这句粗话是后来某位狡點的修复者故意添上去的。

不过,我们还是不要去想这些荒唐事了。虽然这幅画曾离开过法国,但如果您亲眼见过它,一定会对它的独一无二赞不绝口的。

这幅《女占卜者》陈列在卢浮宫的大画廊,其主题摹仿了卡拉瓦乔的画作。画家的签名后还有用拉丁语书写的"Lunéville"和"Lorraine",足以看出拉图尔对故乡的眷恋。此画的绝妙之处在于细节的处理:无论是黑玉手镯、珍珠,还是发绺、面容都被刻画得无比精致;从没牙的老妇人到年轻的波西米亚女子的侧脸及其同伙儿,她们脸庞的线条在头巾和宝石的衬托下显得十分柔和;画家又采用黄色和红色系列搭配少许蓝绿色和粉红色,如此一来,人们的眼球就很自然地被这幅画吸引住了。它讲述的故事很简单:众人正在联合欺骗这个纯洁的年轻人,由此不免让人联想到1949年那些费尽心力为卢浮宫争取这幅画却最终无果的人……。

参见词条:卡拉瓦乔(米开朗基罗·梅西里)、拉图尔:《持矛的圣托马》、《荒漠中的圣约翰》、马尔罗

拉图尔/《荒漠中的圣约翰》 | La Tour/*Saint Jean-Baptiste dans le désert*

布上油画;塞耶河畔维克博物馆

H. 0.81;L. 1.01;卢浮宫馆藏,R. F. 1995 - 4

这幅画现在在画家的故乡塞耶河畔维克博物馆展出。让-皮埃尔·库赞曾为大皇宫博物馆举办的"拉图尔展"(1997—1998)撰写了手册,所以此处我想直接引用他的话。

---

① 意即"屎",常用于粗话。——译注

不过，首先我还想谈谈自己的一点观察。如今，全世界研究拉图尔的专家大致分为两派：少数人认为拉图尔确实去过罗马并以此作为其与卡拉瓦乔画风相似的原因；但多数人反对这一观点。或许只有一方找到确凿的证据后他们的争论才会画上句号吧。至于我的立场，那就请读者们猜一猜吧。

"1993 年，皮埃尔·罗森伯格发现了这幅惊世之作，幸运的是，此画第二年就被摩泽尔省收购并安置在塞耶河畔维克（画家的故乡）建立的乔治·德·拉图尔美术馆中，这可谓是近年来关于洛林画家最重要的事件了。无论这幅画从发现到售卖再到镇馆之宝的过程中经历了多少波折，其艺术价值不可小觑。雅克·杜利耶在这方面的研究（1995）十分完整。

"每次有新作品出现，总会受到质疑，因为我们习惯用已知经验作判断。但实际上，这幅画为我们展示了一个全新的拉图尔：例如，画家第一次涉及这一主题，第一次如此布局，第一次这样处理画面的光线和色彩。画面上那个干瘪的少年几乎全裸地坐在明暗交界处，光线照亮了他的肩部，他拿着一个木制的十字架，正在给一只羊羔喂草。对于拉图尔来说，这样朴素、静态的画作确实少见，它的色彩单调，只有灰色和熟土色，甚至连画家最爱使用的红色都没有。杜利耶认为这幅画表达了某种纯粹的情感，他这样写道：'世界是寂静的，大男孩儿瘦弱的肩膀根本无力承担这种寂寞，孤独将他压向了十字架。那只羊羔似乎已经许久未曾移动了，男孩也陷入了对人生的奇特幻想中。他一动不动，似乎在做梦。他眼睛微眍，却看到了牺牲自己以拯救世人的耶稣。'（杜利耶，1995，11 页）

"这幅画的绘画时间曾经很难确定……它表现出了丰富的情感和浓厚的宗教色彩，所以带给人的第一感觉是年代比较靠后。1994 年 7 月 26 日，我们将其与卢浮宫其他拉图尔的作品进行比对后发现，此画在构思、光线和画法上与《圣塞巴斯蒂安》十分相像。因此，我们得出的最终结论是：这是画家晚年的作品，大约绘制于 1649—1651 年。

"这个时间并非毫无根据。众所周知,现今许多历史学家对于拉图尔晚年画作(有些是有签名的)的归属权问题(尤其是对于其子艾蒂安在画家画作中扮演何种角色这个问题)十分谨慎,他们甚至还会求助于实验室的高科技手段(是不是有些过分?)。不过,《圣塞巴斯蒂安》这幅构思与表达手法完美结合的旷世奇作令我们深信,即使此画的技巧不够精湛、画面趋于平淡,那也一定是出自乔治·德·拉图尔之手。如今,这幅《荒漠中的圣约翰》作为画家的收官之作就挂在《圣塞巴斯蒂安》旁边。

"我们已经多次强调过这幅画的传承性,以构图为例来看,画中人物的身体一半明亮,另一半则陷入无限的黑暗中,这与卡拉瓦乔的作品(特别是罗马国家古代艺术美术馆收藏的《圣巴普蒂斯特》)具有一定的相似性。拉图尔笔下的人物形态紧绷而棱角分明,几乎与光亮融为一体,显而易见这是他独特的画法:减少冲击力使得画面更加柔和;但我们也会注意到画面上除了单纯的明暗交替以外并没有蜡烛或灯笼,这点倒与卡拉瓦乔的画作十分相像。至于拉图尔最后这幅作品中人物的深层内涵,也不能将他仅局限于烛光画的特殊形象(因为拉图尔并没有剽窃前人的成果)。"

参见词条:卡拉瓦乔、以画抵债、德鲁奥街拍卖行、遗产基金、拉图尔:《女占卜者》、《持矛的圣托马》、优先购买权、"国宝"

拉图尔(不一样的乔治·德·拉图尔) | La Tour(un nouveau Georges de La Tour)

2001—2002这一年中,我每天都在BFM电台介绍一幅卢浮宫的藏品。不过,要想在短短两分钟里绘声绘色地描述一幅名画并且激起听众想去参观的意愿,这可不是一件容易的事。以下就是其中的某个选段:

"今天要给大家献上一份大礼,因为即将介绍的是我机缘巧合下才得知的一个鲜为人知的发现。我曾多次提过一位洛林画家乔治·德·拉图尔,今年正是他诞辰350周年。如今,这位大艺术家已经获得了大众的认可,但准确地说,这是他的第二次成名。其实,早在上世纪(20世纪)时,拉图尔就已经引起了大家的关注。我们最初找到的拉图尔的作品以人工光线的夜景画为主,随后,我们又发现了一些他的日光画。拉图尔的作品主要包括教义画(或暴力或讽刺)和宗教画,前者有《方块A的作弊者》和《女占卜者》,后者有好几幅《玛德莲娜》、《圣塞巴斯蒂安》和卢浮宫通过募捐得到的《持矛的圣托马》。但迄今为止,我们没有发现拉图尔的素描画,他的画中也从未涉及风景、神话、肖像或静物。

"不过,令人兴奋的是,最近刚刚发现了一幅拉图尔的静物画。我希望在不久的将来,卢浮宫绘画部能够将它纳入收藏。说实话,这幅画我已经见过了,它高约50公分,宽约70公分,画家的签名与日期(Georguis de La Tour 1633)都清晰可见。这幅作品到底画了什么呢?其实,它画了一张铺着东方毯子的木桌,桌子中央有一个水果托盘,还有蓝绿色的李子和粉红色的桃子,画面右侧还有半杯红酒和一些纸牌(牌上的草花和方块也画得十分清楚)。

"由左侧射进来的日光照亮了整个画面,单簧管也在光照下闪闪发光,而画面上的人头则说明了拉图尔对于细节的重视,这也决定了他写实的画风。拉图尔独特细腻的笔法令自己的作品辨识度极高:就像这幅画中的人头,他上颚的牙齿(有些已是蛀牙)和象牙色的脸蛋都令人印象深刻;这幅画里还有一束漂亮的郁金香花,这些红色和黄色的花都装在一只玻璃花瓶中,拉图尔甚至还细致地画出了瓶子反光的细节……对了,我忘记告诉大家这幅画左侧还有一条漂亮的鲤鱼呢,不然你们一定早就猜出今天是愚人节了吧。"

这是2002年4月1日播出的节目。

参见词条:拉图尔:《持矛的圣托马》、《女占卜者》、《荒漠中的圣约翰》

拉图尔(莫里斯·康坦·德)/《蓬帕杜尔夫人》| La Tour (Maurice Quentin de)/*Portrait de la marquise de Pompadour*

(圣康坦,1704——圣康坦,1788)

色粉画;叙利馆三楼第 45 展厅

H. 1. 775;L. 1. 310;INV. 27614

为了彰显荣耀,蓬帕杜尔夫人请莫里斯·康坦·德·拉图尔为自己绘制肖像,当时她还不到 30 岁。不过,这幅画直到 1755 年美术沙龙展时才真正面世,彼时,夫人已经 34 岁了。画中夫人的高大形象令人印象深刻,我们一方面赞叹画家的技艺精湛,另一方面又深深地被夫人的野心和工于心计所震慑。此外,夫人的头部其实也是画家用纸临摹好以后才粘贴在其余部分之上的。

画中的蓬帕杜尔夫人——她是马里尼侯爵的姐姐——坐在扶手椅上,她的穿着高贵而时髦,就像是奢侈品工业的代言人。夫人是从 1745 年开始做国王情妇的。画家绘制这幅肖像时,她虽然已经失宠,却依然大权在握。

其实,这幅肖像也蕴含了某种暗示:试想一下,若是夫人没有这般非凡的品位,她又怎会成为艺术事业的资助人呢? 画中的夫人手拿乐谱,左侧的桌子上摆了很多书,其中最显眼的就是瓜里尼的《忠实的牧羊人》,此书暗示了夫人在戏剧方面的品鉴能力,也影射了路易十五对于狩猎的偏好。这部著名的悲喜剧讲述了"忠实的牧羊人"和在他身上找到新乐趣的山林水泽女神的爱情故事。这本书旁边有一卷伏尔泰的《亨利亚德》、孟德斯鸠《论法的精神》的第 3 卷和《百科全书》的第 4 卷,这些都是在当时颇有争议或受到批判的著作,但夫人坚定地表达了对启蒙运动的支持,勇于和议会与教会唱反调,这足以佐证她的学识和远见。不过,要是国王曾经见过这幅作品,或许此画也就不能流传至今了。从夫人脚旁的草图可以看得出来,她的画作十分端庄。此外,桌上雕塑的原型就是夫人自己的手。

　　夫人最喜欢的画家是布歇,卢浮宫也保存了布歇为她所作的肖像画。另外,皮加朗分别于 1750 和 1754 年雕刻的大理石雕塑《化身为友爱之神的蓬帕杜尔夫人》(由居伊·德·罗斯柴尔德(1909—2007)捐赠)和《爱神拥抱友爱之神》(黎塞留馆皮热中庭地下一层)暗示了夫人与国王间的特殊关系。

　　1764 年,蓬帕杜尔夫人去世后,她的肖像画很快就被人们遗忘了。一个名叫莱斯皮纳斯·达尔莱的人曾希望将夫人的画像卖给中央艺术博物馆,但遭到了博物馆的拒绝。1803 年,德农只花费 500 法郎就买下了这幅画,由于"价格低廉",此画直到 1838 年才正式进驻卢浮宫。

　　参见词条:德农、《百科全书》、路易十五、中央艺术博物馆、色粉画、罗斯柴尔德家族、凡·卢(路易-米歇尔);《马里尼侯爵与夫人肖像》

勒布朗(夏尔)│Le Brun(Charles)

　　(巴黎,1619——巴黎,1690)

　　夏尔·勒布朗是法国绘画界一位重要的人物,卢浮宫收藏了许多他的名画。勒布朗在担任皇家绘画与雕塑学院的院长期间,曾主持过许多重要的学术会议,他认为绘画能带给人极大的感官愉悦。他还在卢浮宫的阿波罗长廊尽头绘制了著名的《尼普顿和安菲特里忒》。如今,卢浮宫收藏了勒布朗的主要作品、3000 幅出自画家或其画室的素描、以其作品为原型的铜雕或挂毯以及由他起草设计的家具等。尽管如此,我们对于这位"皇家首席画师"的重视程度往往不是很高,评价也不太好。

　　1867 年,特奥菲尔·戈蒂埃对勒布朗的评论仍具有现时性,他这样写道:"其实我们理应更加敬佩夏尔·勒布朗。由于路易十四的品位(虽然在今天已经不流行了)问题,我们对勒布朗意见颇多,因为大家一直将那个时代的画作风格归咎为他的责任。当我们发现其实他也没那么伟大时，就会顺理成章地忽略他的作品。实际上，勒布朗是个多产而富有创造力的画家，他组织能力强，工作时也精力充沛。他为众多的画家、雕刻家、装饰艺术家和地毯商提供思路和设计，有时还会贡献出自己的草图和作品等。在组织和参与了这么多创作后，勒布朗还能有如此优秀的个人作品，这已经是一件很了不起的事情了。虽然不如罗马画派的构图精良，也没有威尼斯派的色彩艳丽，但他的画庄严宏大、场面奢华，画家尤其善于描绘人群、机器运转以及天花板和装饰品。这就是勒布朗原创的独特风格，辨识度很高。

"《穿越格拉尼库斯河》、《阿贝尔斯战役》、《亚历山大和波鲁斯》和《亚历山大攻入巴比伦》这四幅画都记录了历史上几次著名的事件……实际上，勒布朗的《穿越格拉尼库斯河》与拉斐尔的《君士坦丁战役》（由儒勒·罗曼执笔）在艺术价值上的差别没有我们想象得那么大。《亚历山大攻入巴比伦》场面恢弘，构图精细，连威尼斯派画家也望尘莫及。我想，已经没有必要描述这些画的细节了，要知道，它们虽然是因为奥德朗的雕塑而成名，但如此众多的作品其实只是画家绘给哥白林挂毯厂的草图而已。"（《卢浮宫爱好者参观指南》，1867）

如今，修复后的《亚历山大战役》已经在卢浮宫展出了（叙利馆三楼第33展厅）。如果您仍对勒布朗的艺术有所保留或偏见，我建议您去看看这幅作品。

1679年，科瓦塞沃克斯（1640—1720）雕刻的勒布朗半身像在黎塞留馆一楼第20展厅展出。

参见词条：皇家绘画与雕塑学院、阿波罗长廊、大草图、铜版画陈列室、柱廊、德拉克罗瓦、路易十四

勒菲埃尔（埃克托耳） | Lefuel（Hector）

（凡尔赛，1810——巴黎，1880）

他是为卢浮宫作出巨大贡献的建筑师之一。或许您根本不认

识他，但您所了解和熟悉的卢浮宫以及它的各个展馆和通向宫内的拱顶狭廊（有时会被评论过于繁重和装饰太过花哨），很多地方都是出自于勒菲埃尔之手。自 1853 年到去世，他一直致力于统一卢浮宫的建筑风格并最终获得了成功。

参见词条：卢浮宫建筑师、拿破仑庭、花神翼楼和花神馆、通向卢浮宫宫内的拱顶狭廊

勒吉尤（让娜-玛丽，又名珍妮）｜ Le Guillou（Jeanne-Marie，dit Jenny）

（菲尼斯泰尔省的普莱邦，1801——巴黎，1869）

"有一天，我在德拉克罗瓦贴身女仆的陪伴下，到卢浮宫观赏画家的作品。这位女士已经服侍画家将近 30 年了，高雅博学的德拉克罗瓦先生从不吝惜向他的女仆解释亚述雕塑的奥妙，而女士每次都认真地倾听他。"（波德莱尔，《美学珍玩》）这位女士就是从 1835 年开始服侍德拉克罗瓦的珍妮·勒吉尤。她在他身边呆了整整 28 年，也是画家晚年的助手。德拉克罗瓦去世后，她将画家的两幅作品捐给了卢浮宫（为了画家的姐姐维尔妮娜克女士而保留了用益物权），"条件是帝国灭亡后卢浮宫才能拿到这两幅画"。它们分别是画家的《自画像》（叙利馆三楼第 62 展厅；1872 年进入卢浮宫）和《露西·维吉妮·勒吉尤像》（她是珍妮的女儿，父不详，1840 年以前就去世了，去世时很年轻，如今这幅画收藏在德拉克罗瓦博物馆）。这两幅画都是画家送给珍妮的，画中人物做了一样的动作，同时也是珍妮"此生最亲近的两个人"（伊莲娜·图森，1982）。

1930 年，卢浮宫获得了德拉克罗瓦为珍妮画的肖像（绘于 1840 年，现存德拉克罗瓦博物馆）。

珍妮还保存了德拉克罗瓦的《日报》，为后人的文学研究留下了珍贵的资料。

参见词条：德拉克罗瓦、德拉克罗瓦博物馆

勒洛林(路易-约瑟夫)/《心血来潮的建筑》| Le Lor-rain(Louis-Joseph)/*Caprice architectural*

(巴黎,1715——圣彼得堡,1759)

布上油画;叙利馆三楼小狗平台第50展厅

H. 1.715;L. 1.095;R. F. 1976 - 19

大家一定会对"心血来潮"、"勒洛林"和"狗"这3个词感到奇怪吧。这件作品在小狗平台展出,此平台则得名于旁边名叫小狗的螺旋楼梯。为什么要以"小狗"命名呢?因为以前,参观者能在这里看到迎客的狗。

路易-约瑟夫·勒洛林不是克洛德·洛林,他是18世纪的画家。虽然这位画家在当代已经鲜为人知了,但他也曾有过辉煌的时刻。除了绘画,勒洛林还喜欢皮拉内西[①](勒洛林也是一位出色的雕刻师),喜欢崇尚古代绘画技巧的彩色蜡画,以及"希腊式"朴素无华风格的家具(如孔代·德·尚蒂伊博物馆收藏的办公桌)。他反对布歇那种高雅的精湛技艺,希望能推广一种严谨而朴素的审美观。但他的人生很短暂,勒洛林在到达圣彼得堡绘画学院就任后不久就去世了(或许是因为寒冷?),享年44岁。

1976年,卢浮宫得到了这幅比于贝尔·罗贝尔的创作还要壮丽的虚构建筑作品。

参见词条:楼梯、壁画、于贝尔·罗贝尔大画廊、维热-勒布伦:《于贝尔·罗贝尔肖像》

莱姆(法布里奇奥和菲亚梅塔)/《利维奥·奥代斯卡尔基王子》/莫诺(皮埃尔-艾蒂安)| Lemme(Fabrizio et Fiammetta)/*Le prince Livio Odescalchi*/Monnot(Pierre-Étienne)

(汝拉的奥尔尚瓦雷纳,1657——罗马,1733)

---

① Giovanni Battista Piranesi(1720—1778),意大利雕刻家和建筑师。——译注

椭圆形浮雕,大理石;德农馆一楼第 4 展厅

H. 0. 47;L. 0. 39;Pr. 0. 10;R. F. 4619

颈部 S. D. b. d. ;P. S. MONNOT. FCIT. 1695

在我们慷慨的捐赠人法布里奇奥和菲亚梅塔·莱姆的纪念仪式上,我没有选择他们首次捐赠的画作(共 20 幅,1997),而是选了这尊雕塑,大家一定会感到很奇怪吧。这尊椭圆形的大理石浮雕雕刻了英诺森十一世的侄子——利维奥·奥代斯卡尔基王子(1654—1713),作者是定居在罗马的法国雕刻家(准确来说是弗朗什孔泰人)皮埃尔–艾蒂安·莫诺,作品完成于 1695 年。

莫诺以朴素写实的手法表达了对王子的欣赏。

法布里奇奥·莱姆是罗马的一名律师(他在科尔索·迪·弗朗西亚工作或许是个偶然?),也是如今为数不多的亲法人士之一。我们希望他眼中的法国一直都很棒,因为他热爱法国就像热爱 18 世纪的罗马绘画(虽然很不出名)一样。他如饥似渴地收藏和研究罗马绘画,其收藏质量高、种类全,既有众所周知的名家作品也有默默无闻的小画家手稿。作为一名业余的收藏爱好者,他多年来一直热情慷慨地与别人一同分享他所热爱的收藏。他与妻子捐给卢浮宫的藏品如今摆放在德农馆二楼 19—22 展厅。

遗憾的是,法布里奇奥的贤妻菲亚梅塔于 2005 年突然离世。

参见词条:捐赠人

勒莫(弗朗索瓦–弗雷德里克)/《凯旋归来的拿破仑》 ｜ Lemot(François-Frédéric)/*Napoléon en triomphateur*

(里昂,1772——巴黎,1827)

镀金铅像;皮热中庭一楼(我编写词典时,此雕像借给了亚特兰大博物馆,借期为 3 年)

H. 2. 60(加底座 3. 20);L. 1. 70;M. R. 3458

勒莫一直怀才不遇。直到 1806 年,他才接到了一份来自德农

的大订单——为卡鲁塞勒的小凯旋门(位于杜伊勒里花园入口)雕刻一尊拿破仑赤脚站在由古代战马(来自于威尼斯的圣马可大教堂)牵引的马车上指挥战争的塑像。雕像于 1808 年 8 月 15 日正式安装到位,那天正是圣拿破仑日。

然而,拿破仑对这尊雕塑很不满意,他生气地说:"这太失礼了……快把它拿走! 我未曾想过、也从没有命令你们把我的塑像放在如此显眼的建筑上,我三生有幸才能指挥军队,但这样的雕像实在有损我们军队的形象……我希望把我的雕像撤下来,至于战车,要是实在没地方放,就让它空在那里吧。"当时,拿破仑就是这样对自己的建筑师封丹(他可没把德农放在眼里)说的。

后来,马车空了,来自君士坦丁堡的古希腊战马也于 1815 年还给了威尼斯。

1827—1828 年,鲍西奥雕刻的四马二轮战车被安置在凯旋门上,战车由象征着复辟的和平之神驾驶,周围环绕着勒莫雕刻的胜利女神与和平女神的镀金铅像。至于勒莫的拿破仑像,它被弃置在凡尔赛宫,后来又从吕埃宫搬到枫丹白露宫,最后才到达卢浮宫的皮热中庭(您可以等到 2009 年它从亚特兰大博物馆回来后再去参观)。

勒莫将拿破仑雕刻成罗马皇帝的形象,但也没忘记雕出拿破仑荣誉勋章的绶带。

参见词条:卡鲁塞勒凯旋门、德农、拿破仑一世、佩西耶、杜伊勒里官

勒南(路易)/《铁匠铺》| Le Nain(Louis)/*La Forge*

(拉昂,1600—1610——巴黎,1648)

布上油画;叙利馆三楼第 29 展厅

H. 0. 69;L. 0. 57;INV. 6838

19 世纪下半叶,勒南的作品再度流行,这主要应归功于尚弗

勒里（儒勒·羽松，早先被称为弗勒里，1821—1889）。人们或许会对普桑和克洛德·洛林的国籍（他们都在罗马定居）提出质疑，但勒南的画却毫无疑问从属于17世纪的法国流派。作为现实主义运动的领导者，尚弗勒里同时也是杜米埃和库尔贝的朋友。他再次推崇勒南兄弟（安托万、路易和马蒂欧）的作品，一方面是想给现实主义打上贵族的烙印，另一方面则是帮助巴黎画派（三兄弟在巴黎工作）对抗凡尔赛和罗马画派。

《铁匠铺》这幅画曾经在18世纪时两次易主（舒瓦瑟尔公爵和康蒂王子都曾拥有过这幅画），但其价格一直很昂贵。后来，昂吉维莱尔伯爵得到这幅画，但在大革命时期被没收。此后，这幅画被正式收入中央艺术博物馆。

和拉布吕耶尔不同，勒南笔下的农民并不神秘。如果只将勒南兄弟（特别是路易）看作是当时专画农民的画家，对他们来讲是不公平的。这幅画中的孩童们从头到脚都穿戴整齐。坐着的男人头戴帽子，手中拿着一杯红酒，似乎正陷入沉思。这个铁匠铺里总共有3个成人和3个孩子，他们的眼神平静，不紧张也不好奇。站立的女人双手交握，似乎正在观察我们。年轻的打铁匠正转身朝向我们，他长发且留着胡须，面容英俊却神情紧张。画面就定格在这一时刻，静得似乎只能听到炉火的噼里啪啦声。铺子中央是一个铁砧，火苗的红光照亮了整个画面，明暗交替的统一感带给人美的享受。因此，路易·勒南毫无疑问称得上是17世纪最伟大的画家之一。

参见词条：昂吉维莱尔伯爵、勒南（路易）：《农民家庭》、中央艺术博物馆

勒南/《农民家庭》｜ Le Nain/*La Famille de paysans*

布上油画；叙利馆三楼第29展厅

H. 1. 13；L. 1. 59；R. F. 2081

这幅画几乎征服了所有人，因为它是"卢浮宫最具法国特色且

最令人感动的一幅画"(批评家 A. 贝尔讷-若夫鲁瓦这样说道,他刚刚离开人世),"酒杯中的红色照亮了整个画面,只有路易·勒南才做得到这一点"(阿尔佩托·贾科梅蒂,摘自 P. 施奈德的《卢浮宫内的对话》,1991)。然而,这幅画其实是近代才发现的,其来源也十分神秘。

1914 年 3 月 14 日,这幅画出现在德鲁奥街拍卖行中,当时,商人德莫特以 13500 法郎的价格竞得了这件作品。第 2 年,他又将其转卖给卢浮宫。我们只知道住在上索恩城堡的马米耶侯爵曾经拥有过这幅画,但对于这个显赫的家族是何时得到此画的,我们不甚清楚。

这幅画是勒南兄弟所描绘的农民场景画中尺寸最大的一幅。包括我在内,应该有很多人希望将他们三兄弟的画一一归至个人名下,但遗憾的是,这幅画并没有签名。

这幅《农民家庭》没有任何技巧上的缺陷,是画家的杰出之作。画中的人物面容虔敬,一动不动地盯着我们。整个画面在几处特殊色彩的衬托下显得无比和谐,每一样物品都被刻画得精致而细腻(或许路易·勒南也是 17 世纪最伟大的静物画家吧)。炉中的火苗映照出跟前两个男孩儿和一个少女的侧影(这是整幅画的精华之处),所有的这些都令人印象深刻。

然而,我们对这幅画还有很多疑问:这是一个农民家庭的真实写照,还是画家想象中农民吃晚饭(这点很奇怪,因为没有饭桌)或进行祷告时(围绕面包和红酒)的场景? 不过,没人能回答这个问题,只有竖琴的曲调和火苗的劈啪声在远处回荡……

参见词条:德鲁奥街拍卖行、勒南(路易):《铁匠铺》

勒努瓦(亚历山大) | Lenoir(Alexandre)

(巴黎,1762——巴黎,1839)

亚历山大·勒努瓦是德农的死对头,其好友达维特为他绘制的多幅肖像画现在都存放在卢浮宫。作为法国古迹博物馆的创始人,他还主持修建了爱丽舍花园和先贤祠的外部建筑,所以勒努瓦理应得到我们的尊重。

1790年,许多修道院和教堂刚刚被收归国有,勒努瓦预计这些建筑里的艺术品一定会遭到破坏,便申请制宪议会通过一项保护法令。1795年,勒努瓦被任命为法国古迹博物馆馆长,专门负责抢救和保护那些大革命时期被破坏的古迹和艺术品。现在的巴黎国立高等美术学院就是当时的博物馆所在地。为了给自己费心抢救的古迹寻得一块合适的安置地点,勒努瓦决定将其中的一部分放在小奥古斯汀修道院从前的花园里展览(花园被布置成英式风格)。由于这里以前埋葬了许多伟人,所以他决定称它为爱丽舍花园。这里也曾是帝国时期巴黎人最喜欢的散步地点。

1800年以前,海洛薇兹和阿伯拉德①的坟墓一直在塞纳河畔诺让教堂中,因为这对情人曾经一起在教堂附近的圣灵修道院里生活过,而勒努瓦最大的功绩无疑就是将这对恋人的坟墓迁入巴黎。

幸运的是,大家可以在卢浮宫历史展厅(叙利馆一楼和二楼间的夹层)的第一个展室里欣赏到于贝尔·罗贝尔画的法国古迹博物馆中的某个展室,但他画过的花园景色并未收藏在卢浮宫。

1816年,博物馆由于政治原因被撤销了,因为路易十八和福尔班伯爵希望尽可能地将这些古迹送回原处(或是将敌人觊觎的古迹搬入卢浮宫)。不过,勒努瓦在保护古迹方面所做出的努力是不可忽视的,在他的影响下,哥特式浪漫主义建筑风格又再度风靡。米什莱②认为勒努瓦是一位真正的历史学家。

参见词条:维热-勒布伦:《于贝尔·罗贝尔肖像》

---

① 著名爱情故事主人公,后被拍成电影。——译注
② Jules Michelet (1798—1874),法国历史学家。——译注

朗斯 | Lens

将卢浮宫的藏品分散到外省以"普及文化"是个很不错的想法。卢浮宫正筹备着在朗斯建立分部,参观者们以后可以在卢浮宫的接待处预约朗斯分部的参观。不过,现在公布这个计划还为时尚早。朗斯属于加来海峡省,位于北方以前的矿床地区,拥有50万城镇人口和250万周边人口(方圆50千米)。2004年,朗斯战胜了亚眠、瓦朗谢讷、阿拉斯、加来和布洛涅,从候选的六个城市中脱颖而出,被选为卢浮宫分部所在地。

分部(我不想对这个词下定义)将选址在某个旧矿床上(20公顷),深坑编号为9和9乙号。首先,我们会派出120支志愿者队伍,随后,波尔多的安娜·拉卡东和让-菲利普·瓦萨勒、里尔青年协会的热罗姆·德·阿尔祖阿以及马赛的鲁迪·里乔蒂、扎哈·哈迪德、史蒂文·郝乐也会陆续到达。最后,来自日本的濑岛和代与西泽琉绘将会和法国风景设计师卡特琳娜·莫斯巴赫、美国博物馆学家伊姆雷·卡伯特一同前往朗斯。我们计划修建9幢三层楼房,楼面将以玻璃和抛光铝作为主材料,还包括镜面墙和玻璃屋顶(是否透明还不得而知)。这些楼将坐落在公园里,周围将建成玻璃建筑。整个工程预计将在2008年底完成,博物馆最早会在2009年春天开放。

工程预算大约为13000万欧元,大区承担60%,加来海峡省10%,朗斯-列万镇10%,剩下的20%由欧洲区域发展基金承担。预计建成后每年还需要1200万欧元来维持正常运转。

最后,我想借用亨利·卢瓦雷特的话作为总结:朗斯将成为一个"新颖的艺术博物馆",但同时也是"实验中的博物馆"。这里既不是"小卢浮宫",也不是卢浮宫的"远程分部",它将会成为"两个世纪以来前所未有的特殊机构"。这项计划既宏伟又新奇,但还未动工就事先预告就显得有些可笑了。

参见词条:阿布扎比、亚特兰大博物馆

雷奥纳多·达芬奇 ｜ Leonardo da Vinci

（佛罗伦萨附近的芬奇，1452——昂布瓦斯附近的克罗吕榭堡，1519）

雷奥纳多·达芬奇/《褶裥》 ｜ Leonardo da vinci/*Draperies*

灰色基调，突出白色的明亮部分，画布为灰色的亚麻布

H. 0. 206；L. 0. 281 & H. 0. 139；L. 0. 220；R. F. 41904 & 41905

1989 年，加奈兄弟决定卖掉一部分从姑姑贝阿格伯爵夫人那里继承的一大批艺术藏品，其中就包括（参见词条"《圣奥班全集》"和华托的"《六个女子和两个男孩的头像素描》"）好几幅达芬奇的《褶裥》。卢浮宫花费 2100 万法郎买到了第一幅《褶裥》，第二幅则是无偿赠送的。这两幅画并未展出，不过，只要向书画刻印艺术部（以前叫做素描陈列室，位于从狮门进入的花神翼楼尽头）提出申请也是可以参观的。

在这块精心准备的优质亚麻布上，雷奥纳多用画笔将褐色油墨、水粉颜料和凸显的亮白色有层次地融合在一起。他以自己独特的视角描绘了覆盖在蜡像或泥像上的湿布的褶皱，以精湛的技艺带给人强烈的美感。

这种展现褶皱的素描始于佛罗伦萨，曾经非常流行。18 世纪时，罗马法兰西艺术学院的艺术家们十分热衷这类素描，他们经常将某个同伴化装成主教，然后一起描绘其衣物上的褶裥。这种素描要求画家将织物的结构、边角和明暗交替处逼真地再现出来，在当时被看作是一项必不可少的练习。据说，安格尔在这方面的表现十分出色。

参见词条：罗马法兰西艺术学院、书画刻印艺术部、贝阿格伯爵夫人、花神翼楼和花神馆

雷奥纳多·达芬奇/《圣母、耶稣、小圣让和天使乌列》,又名《岩间圣母》 | Leonardo da Vinci/*La Vierge*,*l'Enfant*,*Jésus*,*le petit saint Jean et un Ange*,dite *La Vierge aux rochers*

木板油画(移至画布),上部为拱形;德农馆二楼大画廊第5展厅;H. 1.99;L. 1.22;INV. 777

卢浮宫能收藏到一系列雷奥纳多的佳作(特别是王后在温莎收藏的素描,更是精彩万分)实在是件非常幸运的事。不过,在《蒙娜丽莎》的光芒(虽然这个词有些苍白)下,人们很容易忽略达芬奇在卢浮宫中的其他作品。

现在,我们依然不知道这幅《岩间圣母》到达法国的具体时间,很有可能是路易十二统治时期。不过,据普桑的朋友(《杜普伊先生》)卡夏诺·达乐·波佐(Cassiano dal Pozzo)所言,这幅画早在1625年时就被收藏在枫丹白露宫了。

对于1880年伦敦国家美术馆得到的那个版本,大家众说纷纭。我认为那很有可能是出自雷奥纳多画室(安布罗焦·德·普雷迪斯和马可·德·奥焦诺)的一件复制品,但每次出现的新资料都有可能推翻以前的说法,对它的解读也因人而异。至于这个版本的创作时间,专家们的推测是1483—1507年间。

不过,有两点是肯定的:原版的《岩间圣母》是应一宗教团体之请而为米兰圣弗朗切斯科大教堂的一间礼拜堂所作的祭坛画;而且,与圣徒传的记载相反,伦纳德并未死在弗朗索瓦一世怀中。

画面上的圣母、耶稣和圣让身处山洞前方,明暗交界处岩石的形状酷似教堂的后殿。无论是金字塔形的构图,或是对这类题材的大胆创新,还是青蓝色的远景,尤其是对人物眼神和动作的精准刻画,画家的这一切巧思都令我们惊艳不已。圣母的右手扶在圣让的肩膀上,左手指着耶稣和天使,她正在告诉圣让,耶稣将会降福于他。"这幅画正是通过圣母玛利亚和先知来揭示和庆祝耶稣降生的,因为他们早已知晓耶稣的未来"(安德烈·沙泰尔)。

这幅画有许多新颖之处:例如采用完全自然的光线、弗拉芒式的绘画技巧和多层透景法。画家采取如此新颖的画法是因为他想要表达的东西很多,他是画家,但也是诗人和思想家。

参见词条:弗朗索瓦一世、雷奥纳多·达芬奇

雷奥纳多·达芬奇/《拉若孔德》|Leonardo da Vinci/*La Joconde*

木板(白杨木)油画;德农馆二楼拉若孔德厅

H. 0.77;L. 0.53;INV. 779

事实上,这幅画用一本字典也讲不完。如果您还想了解更多关于此画的信息,塞西尔·斯卡里耶瑞(Cécile Scailliérez)的专著(2003 年由卢浮宫和国家博物馆联合会联合出版)是个不错的选择(安德烈·沙泰尔 1988 年发表的《著名的未解之谜》也很棒)。读完这本 100 多页的书,您就什么都明白了。"这幅画直接画在白杨木的画板上,高 77 厘米,长 53 厘米"。本书还介绍了此画的创作时间、对画中人物身份的各种假设、被弗朗索瓦收藏的种种疑点、1797 年被收入卢浮宫和 1801—1802 年被安置在杜伊勒里宫约瑟芬皇后套房的过程、关于被盗(参见词条"文森佐·佩鲁贾")、它的背景(参见词条"贝阿格伯爵夫人")、屏蔽玻璃、它在各个博物馆间的展览和两次世界大战之间此画(应肯尼迪夫妇的邀请)在华盛顿和纽约的展览(1962 年 12 月 14 日—1963 年 3 月 12 日;当时马尔罗希望令这幅画"更具法国特色")以及 1974 年在东京和莫斯科的远行(我非常希望它以后就呆在卢浮宫吧)。

这本书还讲述了《蒙娜丽莎》的保存状况(极好)、褪色的漆层、实验室对它的研究、证明卢浮宫的收藏不是赝品(我们每个月都要发表声明)的各种证据、几个世纪以来的复制品、最以假乱真的临摹、最精妙的诠释,还有拉斐尔、马尔塞·杜尚等人对画作的评论,

以及与之相关的各类著作。最后,您一定会揭开关于蒙娜丽莎的许多秘密,包括那具有中国特色的山水背景、她的双手、微笑和荣耀(19世纪以来)等。

这幅画为什么叫《蒙娜丽莎》或《拉若孔德》呢?瓦萨里是这样解释的(并不一定属实):"雷奥纳多曾经负责为弗朗西斯科·戴尔·吉奥亢多的夫人丽莎绘制肖像。"这位夫人名叫丽莎·若孔德,生于1479年,1495年起成为弗朗西斯科·戴尔·吉奥亢多的第三任妻子。

"蒙娜丽莎"的爱好者和收藏者很多(形式多样,有的甚至十分荒谬,比方说有个书店名叫"Mona lisait"①,但最重要的肯定是在卢浮宫……还有,我在这本字典里也为"蒙娜丽莎"贡献了不少篇幅)。

最后,我想引用瓦萨里描述这幅画的文章(分别有1550年和1568年两个版本)作为总结:"艺术真的能够实现对自然的完美重现吗? 在这幅画面前,我们终于得到了肯定的答复。它虽没有过多的细节,但却处处精妙。画中主人公的眼睛清澈明亮,闪耀着生活的光辉;两只眼睛虽然有极细微的色调差别,但清晰可见的睫毛令眼睛逼真而精致。她的眉毛依据其或浓密或稀疏的状态被真实再现出来,精巧细腻的鼻孔令她的鼻子小巧可爱。她嘴唇丰满,唇色自然,如果您足够细心,甚至还能看到她咽喉处的血管。要知道,这幅画对于细节的处理令每位艺术家都为之震撼。丽莎夫人非常美丽,画家为了抹去她脸上的忧郁,描画出她开心的神情,还专程请来歌唱家、乐师和小丑,在间歇时为她表演。丽莎的笑容之所以诱人是因为她带给人一种神圣的感觉,比起人类,她似乎更像是一位女神。所以,我们视这幅画为一个奇迹,因为它同样也代表了生活本身。"

瓦萨里是这样解释蒙娜丽莎那"迷人的微笑"的:乐师们演奏乐曲来逗她开心,而她似乎认真在倾听。不过,一位K.基尔的诠

---

① 与蒙娜丽莎的法语原文Mona Lisa发音相似。——译注

释(1959)得到了 K. 克拉克的赞赏(1973),我也比较赞同,他认为这是一位怀孕母亲的微笑。

伦敦国家美术馆的前馆长尼尔·麦格雷戈(Neil MacGregor)曾这样对我感叹道:"要知道,我们没收藏《蒙娜丽莎》是件多幸运的事情啊!因为她,博物馆的入口总是脏兮兮的,那么多的杰出佳作也会因为她而被忽略,参观者们来参观就是为了她,为了'她的微笑',其他的一律都不看。"不过,我听得出来他话中还是夹杂着一点羡慕的……

参见词条:小雕像事件、贝阿格伯爵夫人、复制品、《达芬奇密码》、莱温斯基(莫妮卡)、L. H. O. O. Q、佩鲁贾、毕加索与卢浮宫、瓦萨里

雷奥纳多·达芬奇/《拉若孔德》被盗 ｜ Leonardo da Vinci/*La Joconde*(vol de)

参见词条:佩鲁贾(文森佐)

莱温斯基(莫妮卡) ｜ Lewinsky(Monica)

(其生卒时间与地点不详)

也许您对此人一无所知,不过,1999 年 2 月 8 日《纽约人》杂志的封面就是以莫妮卡的脸部为原型的《拉若孔德》。这个精巧的照片剪辑出自迪安·罗勒之手,当时杂志的主题是"年度女性"。我们犹记得封面上的莫妮卡正在与克林顿总统亲切握手,此照片还引起了巨大的丑闻(我们当时还担心美国总统会辞职)。虽然她的辉煌已经远去,但真正的《蒙娜丽莎》会一代代地流传下去。

参见词条:雷奥纳多·达芬奇;《拉若孔德》、L. H. O. O. Q

L.H.O.O.Q①（大声读）│L.H.O.O.Q(à prononcer à voix haute)

大约在 1919 年夏天，马尔塞·杜尚在里沃利大街买了一张《蒙娜丽莎》的明信片。他用铅笔为丽莎的唇边和下巴画上了胡须，然后在下方写了这 5 个十分不敬的大写字母。后来，他因为这个文字游戏而闻名于世。

参见词条：雷奥纳多·达芬奇：《拉若孔德》、莱温斯基（莫妮卡）

书店 │ Librairie

卢浮宫的书店（由国家博物馆联合会管理）位于玻璃金字塔下方，是全巴黎最好的艺术史书店（我强烈向您推荐）。书店的客人中既有很少参观博物馆的参观者，也有最近为达维特的作品编辑系统资料目录的专家（这里我并没有犯书写错误，因为当"œuvre"指代艺术家所有作品总和的时候用阳性形式；"系统资料目录"指的是将艺术家的所有作品按照年代、地理或主题进行分类介绍，这是每种语言通用的专业词汇）。

您还可以参观书店上方的礼品店、雕塑复制品店和铜雕版画店，卢浮宫所有的商店都是符合规范的。

在通往倒金字塔的路上，您还可以看到一间儿童书店和一间卖卡片的店（这家店在选择艺术品和复制品的质量上已经大有改善）。

参见词条：目录、铜版画陈列室、以原作为模型的雕塑复制品、广告、关于"金字塔"的争议、国家博物馆联合会

---

① 该缩略语按法语发音为"Elle a chaud au cul"，是一句粗话，意即"她的屁股发热/她发情了"。又译为《长胡子的蒙娜丽莎》。——译注

狮子入口 │ Lions(porte des)

参见词条:花神翼楼和花神馆

利奥塔尔(让-艾蒂安)/《穿着土耳其服装的莱维特先生和伊莲娜·格拉瓦尼小姐》│ Liotard(Jean-Etienne)/M . Levett et Mlle Hélène Glavany en costume turc

(日内瓦,1702——日内瓦,1789)

纸板油画;叙利馆三楼第40展厅

H. 0. 247;L. 0. 364;R. F. 1995 - 14

她双腿交迭地坐在扶手沙发上弹奏坦布尔,而他则一手拿土耳其长烟管,一手拨着珊瑚念珠。他们都穿着最新潮的土耳其贵族服装。伊莲娜·格拉瓦尼是前任驻克里米亚法国领事的女儿,旁边蓄着很大唇髭的男子是一位英国的大批发商,他是君士坦丁堡加拉塔地区某个国际组织的成员。

1738—1742年,瑞士画家(或者说色粉画家)利奥塔尔一直呆在君士坦丁堡。这次游历对他(他是个不知疲惫的"驴友")影响深远,因为他在这里为维伦纽夫总督(1728—1740年间驻伊斯坦堡省的路易十五的大使)所作的这幅画将他推上了创作的最高峰。

这幅画客观而真实地描绘了博斯普鲁斯海峡西部的风土人情,具有很强烈的异域风情。如果抛开那些文献资料的记载,不要过于执著细节的真实性,那么,善用色彩的画家以其完美的手法和独特的视角为我们营造出一个质朴纯真且梦幻诗意的画面。利奥塔尔也因此成为当时最具特色的画家之一。

最后,还想补充一点我的观察。在我看来,利奥塔尔与霍尔拜因[①]、

---

① Hans Holbein der Jüngere (1497—1543),德国画家,擅长油画和版画。——译注

瓦洛通①,还有霍德勒②和贾科梅蒂的画风很相似,都极具瑞士绘画的特点。

《莉薇娅》| Livie

希腊、伊特鲁里亚及罗马文物部;德农馆一楼第 23 展厅

罗马艺术品,朱里亚-克劳狄王朝;碧玄岩

H. 0. 32;N. III 1035(Ma. 1233)

莉薇娅是屋大维-奥古斯都的王后(公元前 38 年),于公元前 31 年去世。

这件雕像大约是马约尔三、四十年代的作品。

《圣奥班全集》| Livre des Saint-Aubin(Le)

古希腊;R. F. 52178 - 52465

这本书原是贝阿格伯爵夫人的收藏品,并由其后辈继承。2001 年,博物馆在卢浮宫之友协会和遗产基金的帮助下获得了这件藏品。

圣奥班家族的十位成员收集了 280 多幅画作并将其集结成册,所以这部画集名叫《圣奥班全集》。其中一些成员是很著名的人物,比如夏尔-日耳曼(Charles-Germain,1721—1786)、奥古斯丁(1736—1807),当然还有加布里埃尔·德·圣奥班(1724—1780),他是 18 世纪巴黎的见证者,也是我所了解的最才智横溢(我不喜欢这个词,但却最适合形容他)、讨人喜欢且最具娱乐性的画家。

我建议您去书画刻印艺术部的时候,一定别忘了申请参观《著名时尚界女商人—圣康坦小姐的店》、《索菲·阿尔努在大奥古斯

---

① Félix Vallotton(1865—1925),瑞士画家、雕塑家。——译注

② Ferdinand Hodler(1853—1918),19 世纪瑞士画家。——译注

丁街》和《王太子妃玛丽·安托瓦内特到达巴黎》。

参见词条: 耗资巨大的艺术品买进、卢浮宫之友协会、贝阿格伯爵夫人、遗产基金、圣奥班

配套住房 ｜ Logements de fonction

如今是谁住在卢浮宫呢？

众所周知,18 世纪时的方形中庭及其四周是专为艺术家们准备的住所,当时,能住进卢浮宫可是无上荣耀的事情。

那现在呢？卢浮宫其实只住着监察长（负责展馆突发事件）、维护设备的负责人（例如处理载着 9 位老挝参观者的电梯出现故障等事件）和负责卢浮宫周边安全的警卫长（处理金字塔周围水池的溺水事故等）。他们都住在花神馆,不过,馆长的房间视野最佳。

对了,还有里沃利大街 101 号的消防队员,他们呆在各展区的最底层。

参见词条: 消防员、卢浮宫管理委员会主席兼馆长、展区

隆吉（罗伯托） ｜ Longhi(Roberto)

（阿尔巴,1890——佛罗伦萨,1970）

他是意大利最杰出的艺术史学家,尤其精通皮埃罗·德拉·弗朗切斯卡和卡拉瓦乔时期的艺术史。同时,这位亲法人士的法语也非常厉害。他是卢浮宫的常客,了解许多内室。那些内室里一般都有火灾时使用的大管子,管子上写着“干燥剂”。罗伯托·隆吉觉得这几个字能带给他好运,所以他曾经还想要写一篇名为《干燥剂》的文章呢……

洛林（克洛德·热莱）/《克娄巴特拉登陆大数》| Lorrain（Claude Gellée dit le）/*Le débarquement de Cléopâtre à Tarse*

（孚日省香马涅镇（卢浮宫标注的"莫尔特-摩泽尔省"是错的），1604—1605——罗马，1682）

布上油画；黎塞留馆三楼第 15 展厅

H. 1. 19；L. 1. 68；INV. 4716

S. D. b. d. ：Claude. . . ［难以辨认］

克洛德·热莱又名洛林（对于英国人而言他就叫克洛德），是一位法国（洛林？罗马？）画家，但他在法国的知名度并不高。外省（包括他的故乡南希）的博物馆几乎都没有收藏他的作品。诚然，卢浮宫收藏了他的一系列优秀画作，但遗憾的是没能收藏到画家晚年时（1646 年末）描绘与圣经有关传说（黄金时代）的那幅作品。

反而是英国收藏了许多洛林的作品（也许画家是英国人吧！）。其中一幅作品很有名，它的名字（1782 年以后）充满了梦幻和诗意，叫做《迷人的城堡》（正确的名字应是《普塞克在丘比特的宫殿前》）。这幅画绘于 1664 年，据说随后被卖给一位名叫罗伊德的先生。于是，法国博物馆负责人邀请罗伊德先生共进午宴，勒罗伊德先生准时到了，但却不是那位拥有《迷人的城堡》的托马斯·罗伊德先生。仅一个字母之差令情势大为改变，法国从此与这幅画失之交臂。1981 年以后，参观者们已经可以在伦敦国家美术馆（他们已经拥有很多克洛德的画了）欣赏这幅作品了。

不过，幸好我们还有这幅《克娄巴特拉登陆大数》。1682 年，路易十四在画家去世 1 年后得到了这幅画。据说，画家去世时全欧洲都为之悼念，此外，他也非常富有。

克娄巴特拉是个骄傲且野心勃勃的王后，她想联合安托万以统治罗马。克洛德就是以这个故事作为背景描绘了一个太阳落山时的海港。画家的构图十分壮丽，阳光反射在水面上，那耀眼的光线令人眼花缭乱；但船、建筑物和前来迎接埃及艳后的达官贵人都处在逆光中。克洛德·洛林的这幅画通过对光线暖色调的处理，赞美了阳光的永恒和普照众生。

参见词条：窗户、路易十四、伦敦国家美术馆

洛托（洛伦佐）/《耶稣持十字架像》│ Lotto（Loren-zo）/ *Le Portement de croix*

（威尼斯，1480——洛雷特，1556）

布上油画；德农馆二楼拉若孔德厅

H. 0. 66；L. 0. 60；R. F. 1982 - 50

十字架两侧 S. D. b. d. ：Laur. Lotus. 1526

1981—1982 年冬季的某一天，大奥古斯丁码头一家画作修复店的老板拜托我过去看一幅画。因为他发现了一幅极美的《耶稣持十字架像》，但却不认识十字架上的签名。我很快就意识到这是意大利威尼斯的画家洛伦佐·洛托的作品。多亏了路易十四，卢浮宫也有幸收藏了几幅他的佳作，大家可以在万国大厅（即拉若孔德厅）欣赏到这几幅作品。

洛托曾在贝加莫呆了很长时间，1526 年才回到威尼斯。他当时住在圣若望及保禄大殿的修道院，也很赞同多明我会的教义。乔瓦尼·贝利尼去世 6 年后，洛托并未像提香那样名扬天下，能够随心所欲地画画，反而是北欧的画家——伦巴第·德·伦纳德和阿勒马涅·德·丢勒更吸引他，对他的创作也产生了较大的影响。

画中头戴荆棘的耶稣茫然地看着前方，十字架布满了整个画面。刽子手用手抓住耶稣的头发，耶稣手持十字架，画家着重强调的这几双手为这幅画增添了激烈的氛围。耶稣那染血的衣服和刽子手的动作将我们的注意力都吸引到了画面中央的耶稣身上，他

的面容悲怆动人,给人留下了深刻的印象。画家别出心裁地将自己的签名写在了十字架的两臂,这样就只有耶稣可以看得到了。

这幅画真的曾经属于威尼斯的圣洛可大会堂(1526 年时)吗?也许,那时的洛托临摹过许多这类题材(我们现在普遍认为是乔尔乔内的作品)的画吧。接着,这幅画消失了一段时间后又出现在勒皮的圣查理-博罗梅修会,随后又再次不知所终。

路易十三 | Louis XIII

(枫丹白露宫,1601——圣日耳曼昂莱宫,1643)

路易十三曾任命雅克·勒梅尔西耶建造钟表馆(叙利馆),并加长方形中庭的西翼楼。

与黎塞留不同,路易十三不是收藏家,但他很喜欢当代绘画作品(尤其喜欢教自己画画的乌埃)。他去世前不久,还曾将普桑接来巴黎,请他负责装饰大画廊。

菲利普·德·尚帕涅和鲁本斯为路易十三画的肖像现在收藏在卢浮宫(《梅迪奇画廊》;黎塞留馆三楼第 12 和 18 展厅)。

书画刻印艺术部新近(2006)获得了一件用来抵债的画作,是一幅描绘泰斯姆公爵勒内·波提埃(René Potier)的色粉画,据证实是出自路易十三之手。

参见词条:以画抵债、《梅迪奇画廊》、大画廊、亨利二世、色粉画、展馆、普桑、黎塞留主教

路易十四 | Louis XIV

(圣日耳曼昂莱宫,1638——凡尔赛宫,1715)

路易十三和安娜王后结婚 22 年都没有生育,直到国王某次在卢浮宫与王后过夜后才有了长子路易十四。关于其具体的情况,历史学家弗朗索瓦·布吕什(1986)是这样记载的:"1637 年 12 月 5 日,路易十三刚从凡尔赛回来就赶去圣安托万街的修道院与露

易丝·拉法耶特见面。她曾是路易的宠妃，如今是初学修女，在修道院为国王和王后祈福。不过，由于途中遇上了大雨，还碰上了警卫队长吉托先生，路易十三便打道回府到卢浮宫与王后共进晚餐，然后又在王后套房留宿了一宿。日子就这样过去了9个月，1638年9月5日星期天，安娜王后生下了路易十四。"

鉴于路易十四这样传奇的出生经历，所以他的小名儿叫"天赐"，描绘他诞生的画作有很多，例如卢浮宫1996年收藏的儒斯特·戴格蒙的《路易十三、奥地利的安娜和王子将法兰西敬献给圣母》（叙利馆三楼第25展厅）。为了表示对上帝的感谢，安娜王后当时就决定修建圣宠谷修道院。

很长时间以来，我们都会把路易十四与凡尔赛宫联系起来。这完全没有错。不过，路易十四还派人完成了杜伊勒里宫的建设，卢浮宫方形中庭南北两翼的建造也是因他才得以继续的。当时他请来罗马的贝尔尼尼设计翼楼的图纸，并交由克洛德·佩罗执行。然而，1682年法国宫廷搬至凡尔赛宫以后，卢浮宫就渐渐废弃了，只有一些艺术家、学院和各种行政部门留在这里。实际上，工程正式开始已经是1个世纪以后了。

路易十四是个大收藏家。在这里，我只想谈谈他收藏的画作，因为其数量着实可观（他登基时有200幅，1715年去世时已经达到2000幅了）。

其实只要去卢浮宫看一眼那些特别说明上的介绍就足以证明这一点了。因此，我们要感谢的人很多：要感谢雅巴赫、马扎兰和勒布朗为他献上了委罗内塞的《在西蒙家吃饭》（凡尔赛宫）；要感谢1693年时黎塞留公爵和勒诺特帮他将21幅重要作品纳入收藏；再加上一些贪婪的商人和收到的遗产（皇家收藏），路易十四才能最终拥有如此多的收藏品。其实，某些重要的画作还是他从市场里买到的呢。

路易十四的藏画以意大利画派（博洛尼亚：22幅阿尔巴尼）居多，其次是法国和北欧画派（只有一幅伦勃朗，但有17幅凡·戴克）。多亏了1683年勒布朗（据说是他）为其编写的藏品清单，我们才能了解这些细节。1683 年是个重要的转折,因为从那以后路易十四就再也没有买过艺术品了,或许是因为当时他觉得已经为凡尔赛宫买了"足够"(这可真不像收藏家的所做作为)的装饰品了吧。于是我们不禁要问:路易十四真的是像西班牙的菲利普二世、英国的查理一世、布鲁塞尔的利奥波德·纪尧姆和罗马的克里斯蒂娜女王一样的收藏家吗?

阿尔诺·布里容·德·拉威尔捏①和安东尼·斯切纳波尔的研究可以回答这个问题。毫无疑问,路易十四对绘画的热爱只是为了装饰凡尔赛宫,而不是建立自己的收藏室。虽然在最终搬往凡尔赛宫的前夜,国王在卢浮宫的藏画室已经占了阿波罗长廊旁边的 7 间房子,但他却会为了装潢而随意增大或减小画作的尺寸!1685 年 12 月,路易十四在藏画室接受了《文雅信使》的采访,记者斐利比安记载了访谈内容。

那么太阳王的"文化政策"到底评价如何呢? 近些年来,他的支持者和反对者的意见越来越相近了。人们已经渐渐不再提起路易十四压迫艺术家和剥夺他们自由的事,也逐渐承认勒布朗作为第一画师的重要地位,特别是对于勒布朗强调奢侈品工业和文学、艺术、语言对国家同样重要这一说法,人们的争议声也越来越小了。

目前争议最大的是路易十四的喜好,当然,他的品位可以自成一格,但谁知道那些奇闻轶事(更别提 1689 年融掉的银质家具)背后路易十四的个人品位到底如何呢? 贝尔尼尼 1665 年在巴黎时道出了当时的真实情况:"国王有大把的时间可以做各种各样的事情,因为他很年轻,而且他的王朝正值太平盛世。"

参见词条: 贝尔尼尼:《路易十四像》、柱廊、品位、藏品清单、雅巴赫、杜伊勒里公园、勒布朗、路易十三、马扎兰主教、黎塞留主教、里戈(亚森特):《着加冕装的路易十四》、逃亡的君主

---

① Arnauld Brejon de Lavergnée,里尔美术馆负责人。——译注

路易十五 ｜ Louis XV

（凡尔赛宫，1710——凡尔赛宫，1774）

路易十五是路易十四的曾孙，堂叔公奥尔良公爵菲利普二世（1674—1723）摄政期间，路易十五住在杜伊勒里宫，随后又搬去卢浮宫住了四年（1716—1722）。

摄政王非常喜欢藏画，他希望能振兴自勒布朗（1690）和皮埃尔·米尼亚尔①（1695）去世后便逐渐没落的法国绘画。于是，他从威尼斯请来了许多当红艺术家，其中包括佩列格里尼（1675—1741）和华托的好朋友罗萨尔巴·卡列拉（1675—1757）。卡列拉为我们留下了许多路易十五年轻时候的肖像（德累斯顿，波士顿）。

路易十五时期获得的藏品数量较少，所以我们并不知道他到底喜欢哪类绘画。与心爱的蓬帕杜尔夫人（1721—1764）不同，路易十五似乎对卢浮宫不怎么感兴趣。

工艺品部新近（2006）得到一件产自塞夫勒工场（1760）的素瓷，它是依据让-巴普蒂斯特·勒莫安（1704—1778）为路易十五雕刻的半身铜像（叙利馆二楼第54展厅）所造，此铜像原属巴里伯爵夫人所有。

参见词条：夏尔丹：《午餐前的祈祷》、卢浮宫的花园、拉图尔（莫里斯·康坦·德）：《蓬帕杜尔夫人》、杜伊勒里宫、凡·戴克

路易十六 ｜ Louis XVI

（凡尔赛宫，1754——巴黎，1793）

1789年10月6日，路易十六同家人从凡尔赛宫迁往杜伊勒里宫，并在那里一直居住到1792年8月10日。

---

① Pierre Mignard（1612—1695），法国画家、艺术家。——译注

路易十六统治期间,担任皇家建筑总管的昂吉维莱尔伯爵就在构思建立中央艺术博物馆了。他当时计划将大长廊作为皇家收藏室,并购买了许多弗拉芒和荷兰画中的上乘之作,这些画直到现在都是卢浮宫的骄傲。

参见词条: 昂吉维莱尔伯爵、玛丽·安托瓦内特、逃亡的君主、杜伊勒里宫

路易十八 | Louis XVIII

(凡尔赛宫,1755——巴黎,1824)

路易十八是路易十五的孙子,路易十六的弟弟。他是 1814 年的法国国王,百日王朝以后,他从 1815 年到去世一直都住在杜伊勒里宫。

路易十八继承王位时,卢浮宫已经失去了大部分藏品(归还了 2065 幅画作),一度濒临关闭。他肩负的重任就是在福尔班(德农的继任)的帮助下令卢浮宫重新恢复正常的运行。于是,他下令将收藏在卢森堡博物馆的鲁本斯、凡尔内和勒·叙厄尔的画迁至卢浮宫,还从亚历山大·勒努瓦的法国古迹博物馆搬来了一些中世纪和文艺复兴时期的雕塑。在古董收藏家夏尔·德·克拉拉克的辅佐下,路易十八在收藏古董方面采取了灵活的策略(帕台农神庙的墙面、《米罗的维纳斯》……)。福尔班则主要负责收藏古代(佩鲁吉诺①、格勒兹)和现代(达维特的《萨宾妇女》和《列奥尼达》,吉里柯的《梅杜萨之筏》,德拉克罗瓦的《但丁之舟》)的绘画作品。

不过,在博物馆展厅的布置方面,封丹可谓是劳苦功高(比佩西耶贡献更大)。他找来一批十分厉害的雕塑家和画家(梅尼埃②、勃朗德尔、安格尔的《荷马的礼赞》)负责卢浮宫楼梯和天花

---

① Perugino(约 1450—1523),意大利画家,擅长画柔软的彩色风景、人物和脸以及宗教题材。——译注

② Charles Meynier(1768—1832),法国新古典主义画家。——译注

板的装潢。因此,我们可以说真正的博物馆学实际上产生于路易十八时期。

黎塞留翼楼二层的新展厅展出的是复辟时期的装饰艺术,其中还包括复原的国王卧室。

雕塑家夏尔-奥古斯特·阿诺(Charles-Auguste Arnaud,1825—1883)为克拉拉克雕刻的半身像就摆放在"克拉拉克厅"(叙利馆二楼35号前展厅)。

参见词条:达维特:《萨宾妇女》、德农、福尔班伯爵、勒努瓦(亚历山大)、卢森堡博物馆、博物馆志、奥林匹亚、佩西耶和封丹、天顶画、《米罗的维纳斯》、杜伊勒里宫

路易-菲利普 | Louis-Philippe

(巴黎,1773——大不列颠的克莱尔蒙特,1850)

1831—1848年间,路易-菲利普一直住在杜伊勒里宫。他最大的功劳就是下令修复了凡尔赛宫和修建了"纪念法国荣耀"的长廊(他订了3000多幅画挂在这些长廊里!)。

但路易-菲利普并未忽视卢浮宫:七月革命以后,从路易十八和查理十世时期就开始的卢浮宫整修(由封丹主持)在他的许可下得以继续进行下去,路易-菲利普还在卢浮宫建立了"西班牙画廊"和"亚述馆"。我们知道他向外分散了一些当时的新画,不过我们对此毫无异议。

卢浮宫最近得到了一幅安格尔的肖像画,画的是路易-菲利普的长子奥尔良公爵费迪南。路易-菲利普的女儿玛丽-克里斯蒂娜·奥尔良(1813—1829)是符腾堡公爵夫人,也是一位有才华的雕刻师。2008年,卢浮宫专门为她举办了一场展览,陈列了公爵夫人曾经使用过的新哥特式家具,包括拉法耶(Prosper Lafaye,1806—1883)的画《玛丽·奥尔良公主在杜伊勒里宫的小沙龙》(共有两幅,均在黎塞留馆二楼第79展厅)中的陈设品。

参见词条：安格尔：《奥尔良公爵费迪南肖像》、"西班牙画廊"、工艺品部、1848 年革命、杜伊勒里宫、凡尔赛宫

放大镜 | Loupes

卢浮宫的展厅中禁止使用放大镜（根据 2005 年 12 月 1 日《卢浮宫参观者须知》第八条的规定，"盲人和视力不好的参观者经过卢浮宫公共博物馆馆长特批后可以使用放大镜"），为什么呢？因为放大镜有可能会引燃某些易燃的画作，尤其是那些纸质画作。

参见词条：盲人

卢浮宫 | Louvre

这一整本"字典"都在讲卢浮宫，不过，书中提到的博物馆的名称是大革命以后才确定的。实际上，"卢浮宫"这个词的来源颇有争议（因为它曾是皇家宫殿）。对于卢浮宫博物馆的曾用名，您可以参考卢浮宫历史展厅的说明，大致包括：艺术博物馆、国家艺术博物馆、中央艺术博物馆、拿破仑博物馆、皇家博物馆、卢浮宫国家博物馆、卢浮宫帝国博物馆、卢浮宫国家博物馆和卢浮宫公共博物馆。

古董商的卢浮宫 | Louvre des Antiquaires

1978 年起，大约有 250 个古董商开始在卢浮宫旁边的百货公司做生意。不过，我们常听他们说自己生意不好。

卢浮宫买下这间百货公司后解决了博物馆的不少问题，不仅 8 个藏品部门和行政部门的空间比以前更宽裕了，而且还有了更多可以自由发挥的地方。

参见词条：肖沙尔（阿尔弗雷德）

占领时期的卢浮宫 | Louvre sous l'Occupation(le)

1940 年 8 月 23 日,德国艺术品保护教授沃尔夫·梅特涅伯爵参观了卢浮宫;同年 9 月 5 日,他向法国当局(雅克·若雅尔)提出重开卢浮宫的申请;9 月 30 日,卢浮宫正式开放。

那时卢浮宫的展品是什么呢? 只有一些被抢救出来的考古发现(体积庞大)与中世纪和文艺复兴时期的雕塑和以原作为模型的雕塑复制品。当时,博物馆只在周二、周四和周六的 14—17 点开放。德国士兵可以免费参观,而法国人则需要支付一法郎(与战前相同),但不允许犹太籍的法国人参观(德国 1942 年 7 月 8 日发布政令禁止犹太人进入公共场所,而且只允许他们在每天的 15—16 点在商店购物)。

1944 年 10 月 5 日以后,历经占领时期的卢浮宫再次对外开放,并于 1945 年 7 月起开始向各国归还战时被抢救出来的存放在卢浮宫的艺术品。

当时的卢浮宫还印刷了参观指南(法语和德语两个版本),虽然没有插图(只有封面上的《圣母与圣子》,是 1510—1520 年间纪尧姆·勒尼奥画室的作品),但有开放展厅(一层)的平面图。

鲁格特(弗里茨) | Lugt(Frits)

(阿姆斯特丹,1884——巴黎,1970)

弗里茨(其正确拼写应该是 Frits,而不是我们常看到的 Fritz)·鲁格特是 20 世纪重要的绘画收藏家之一。他是里尔街荷兰文化中心的创始人,这个中心曾举办过许多高水准的展览,给巴黎人留下了深刻的印象。1922—1970 年间,弗里茨·鲁格特一直担任卢浮宫素描陈列室(当时还不叫书画刻印艺术部)的特派员,当时他还出版了不少介绍北欧重要画派的藏品名册。对于绘画爱好者来说,他最重要的两本著作分别是《素描与铜版画的标记、藏品的书写印记以及对于收藏家、买卖、商人和发行者的历史简介》（有 1921 年和 1956 年两版，最新版正在发行）和《关于绘画、素描、铜版画、以原作为模型的雕塑复制品、雕塑、珐琅、青铜和玻璃制品、挂毯、陶瓷、工艺品、家具、古董、货币、玉石浮雕、凹雕宝石、兵器、乐器、天然珍品等艺术品或古玩的公共买卖索引》（分别介绍了 1600—1900 和 1900—1925 两个阶段的情况），这两部书可谓是艺术史方面的经典之作。

弗里茨·鲁格特现在仍是学识渊博的收藏家典范。

参见词条：书画刻印艺术部、特派员

自然光线 | Lumière du jour

19 世纪卢浮宫阴暗的展厅里能看到什么呢？到底我们的祖先如何参观卢浮宫呢？那时的画作都排列成行悬挂在隔断上，大尺寸的作品不一定能被摆放在合适的地方。于是，于贝尔·罗贝尔和 19 世纪的建筑师们陆续为大画廊提出解决方案。

最终，卢浮宫开始供电。我并不知道世界上第一个装备齐全的博物馆是哪个，也不知道卢浮宫开始供电的具体日期，但在当时，电力被认为是灵丹妙药。因为灯光不仅可以照亮每幅作品（这也是最基本的），其热度和光线还可以调节和控制。不幸的是，它是单一且静止的。在灯光的照射下，我们再也看不出精妙的颜色和充满细节的画面，雕像也失去了其原本的味道。总而言之，这些都是人工的。

所以，我们不得不开始重新考虑让卢浮宫恢复使用自然光线。这也是"大卢浮宫规划"首先要解决的问题。实际上，没有什么能够比富有变化和活力的日光更能彰显画作的魅力了。当时，陈列法国 18 世纪绘画的展厅（叙利馆三楼 36—49 展厅）会在某些日子的特定时间停电，只使用自然的日光。不过，由于玻璃的问题，这项尝试不得不停止。或许最近就能继续实施这个计划了。

参见词条：隔断、电气化、于贝尔·罗贝尔大画廊、贝聿铭

卢森堡博物馆 ｜ Luxembourg(musée du)

实际上，卢浮宫的许多画作都是从卢森堡博物馆搬过去的。

大革命以前，玛丽·德·梅迪奇命建筑师萨洛蒙·德·布罗斯仿照佛罗伦萨的彼提宫重修卢森堡宫，令鲁本斯负责长廊（此后这个长廊便以鲁本斯的名字命名）的绘画。鲁本斯模仿了18世纪艺术家的绘画风格，比起线条（普桑式），这些艺术家更注重作品的色彩（鲁本斯的作品令我们立刻想到华托）。

1750—1780年，皇家收藏的117幅绘画都在隔壁的橘园美术馆展览，民众也可以入内参观。大革命期间，卢森堡宫曾是监狱（特别是囚禁达维特），1795年时作为都政府的所在地。1802年，卢森堡宫经过重新装潢（鲁本斯的画强制从沙尔格兰楼梯移走）后开始在二层的大长廊展出约瑟夫·凡尔内的《法国海港》系列和勒·叙厄尔的《圣布鲁诺的人生》。帝国灭亡以后，卢浮宫非常幸运地接收了这些画作。

1818年，卢森堡宫又被改建成皇家画廊，并在此成立了法国当代艺术家博物馆。自此，当代许多名家如达维特（1825年去世）、普吕东（1823）、德拉克罗瓦（1863）和安格尔（1867）的作品都收藏在卢森堡宫。

1879年，卢森堡宫再次成为参议院，其藏品都被转移至隔壁的橘园美术馆。1937年，东京港的国立现代艺术博物馆开幕以后，卢森堡宫的博物馆就正式关闭了。它最初展出的是法国的传统绘画，也就是我们今天讲的"学院派"，后来历经激烈的论战后才得以开始收藏印象派的作品，最困难的几次莫过于公共募捐购买马奈的《奥林匹亚》以及后来接收凯博特（1895）、莫罗-内拉东（1906）和卡蒙多（1911）的捐赠。

现在的卢森堡宫会不定期举办展览，这些展览深受巴黎人的喜爱。

参见词条:凯博特(古斯塔夫)、《加拿大女人》、塞尚、德拉克罗瓦:《自由引导人民》、《梅迪奇画廊》、路易十八、朗贝尔(府邸)、莫罗-内拉东(艾蒂安)

梅斯（尼古拉斯）/《沐浴》 | Maes（Nicolaes）/ *La Baignade*

（多德雷赫特，1634——阿姆斯特丹，1693）

布上油画；黎塞留馆三楼第 32 展厅

H. 0. 725；L. 0. 915；R. F. 2132

S. b. d. ：无法辨别

这是一幅内容奇特的稀世油画，笔触略显粗拙，自问世一段时间后才被公认是尼古拉斯·梅斯的作品。画面中赤裸的年轻人以小船为跳板跃入水中，奇特新颖，充满了欢快的生活气息。和其他荷兰画派黄金时代的画作一样，这幅画也带给人愉悦和惊喜的享受。

在这里特别要提到的是巴齐尔·德·施里希廷男爵（Basile de Schlichting，1857—1914），他于 1914 年向卢浮宫捐赠了这幅作品。

手/菲利普·德·尚帕涅/《男子肖像》 | Main/Philippe de Champaigne/ *Portrait d'homme*

（布鲁塞尔，1602——巴黎，1674）

布上油画；叙利馆三楼第 51 展厅

H. 0. 91；L. 0. 72；INV. 1145

S. D. b. g. ：PHI. CHAMPAIGNE. F. A° 1650

参观卢浮宫有很多种方式，例如，按主题浏览。要说卢浮宫里最漂亮的手在哪里，那肯定是菲利普·德·尚帕涅于 1650 年所画的无名氏之手。1806 年，时任拿破仑博物馆馆长的德农以 3780 法郎买下了这幅画。

一直以来，我们都误以为这幅画的人物原型是冉森教徒罗伯特·阿诺·德昂迪伊①，但现在可以肯定这双手的主人另有其人，尽管我们还不知道他的身份。罗伯特·阿诺·德昂迪伊的肖像展出在同一展厅的另一面墙上。

这幅画的画框顶部配有彩石饰物，画中人物身着深灰色西装，系着白色领结，他面容严肃，眼神清明，令人对他的身份更加好奇。

尚帕涅运用自然主义写实的手法精细地刻画出人物的手指、指甲、指节以及手腕，这种传神的处理手法与弗拉芒派画家的风格很相似，想必画家是在家乡弗兰德地区受到了他们的影响吧，但遗憾的是，尚帕涅的技艺还不够精湛。闭眼冥想一下，这双手的主人要是普桑、高乃依、帕斯卡或者笛卡尔该有多好啊！

参见词条: 尚帕涅（菲利普·德）:《1662 年的还愿画》、德农、肚脐、提香:《戴手套的男子》、眼睛

"奎蒂维画师"/《拉撒路复活》| 《Maître de Coëtivy》(le)/La Résurrection de Lazare

木板油画；黎塞留馆三楼第 6 展厅

H. 0.785；L. 1.40 和 0.35；R. F. 2501 & 1994-1

1964 年，卢浮宫修复《拉撒路复活》时发现，在木板右侧的耶稣使徒中间有一只单独的手，于是我们大胆猜测这幅画曾沿此处被切割过。

这一假设后来得到了证实：1972 年，卢浮宫偶然间发现了缺失的另一部分，即于 1994 年将其收藏并与原作拼凑完整。

"奎蒂维画师"是何许人也？专家们收集到的其名下的画作（以着色手稿为主）来源于为奥利维耶·德·奎蒂维（Olivier de Coëtivy）与其妻玛丽·德·瓦卢瓦所作的一本礼拜圣书（现存于

---

① Robert Arnauld d'Andilly(1589—1674)，法国参议员、金融问题的专家。——译注

维也纳的奥地利国家图书馆)。学界对于画师的真实身份有过诸多猜测,如今,学者们更倾向于科林·达米安。科林曾在1461—1488年间活跃于巴黎的绘画界,1495年去世,但他是否留下遗言我们不得而知。

这幅作品以中世纪的卢浮宫和蒙马特高地为背景,在展现其艺术价值的同时也帮助我们了解到当时卢浮宫与蒙马特高地的地貌。

参见词条:画师、约定代称

"圣巴托罗缪画师"/《耶稣降架图》|《Maître de saint-Barthélemy》(le)/*La Descente de croix*

(约1480—1510年间活跃于科隆)

木板油画;黎塞留馆三楼第7展厅

H. 2. 275 - 1. 525(各个部分不同);L. 2. 10;INV. 1445

这是德国绘画中的杰出之作。由于不能确定作者的身份,学界便以"圣巴托罗缪画师"为其约定代称。为何以此代称?因为这幅画原是画家为科隆的圣科隆布教堂所作的祭坛装饰屏画,如今收藏在慕尼黑美术馆。据考证,画家很有可能是荷兰籍人,1480年时才定居科隆。

这幅画的来源至今仍是个谜。它是大革命时期在巴黎圣宠谷教堂被查封的,据教堂1763年的说法,此画自17世纪以来一直都收藏在巴黎圣安东尼大街某位教会人士的家中。画框上的圣安东尼十字和小铃铛证实了我们的推测:此画必定来源于圣安东尼修会,此修会在中世纪时十分盛行,圣安东尼大街应该也是因此而得名的。

至于画作的时间,很有可能是16世纪初期。其主题"耶稣降架"则直接受到了罗希尔·范德·魏登同主题画作(曾在卢万,如今在普拉多博物馆)的影响。不过,罗希尔的作品中人物服装精致,细节和饰物的处理也十分精细,再加上画师精湛的绘画技艺,因而比"圣巴托罗缪画师"的《耶稣降架图》更具有艺术价值。

　　然而，业界普遍认为这幅作品更加灵动，其人物大小与真人无异，似乎会从画中走出来一般。中世纪时的许多画家都偏爱这种画风。

　　参见词条：画师、约定代称、魏登（罗希尔·范德）

画师 │ Maître

　　举个例子：《天使环绕圣母子》这幅三折画的作者是"穆兰画师"，这个代称因画作保存在穆兰大教堂而得名。经过考证，我们几乎可以断定这位画师就是让·海伊，他是荷兰画家，15世纪末期在法国工作（他的其他作品展出在黎塞留馆三楼第6展厅）。

　　还有一些画师的身份我们一直不能确定，他们的作品在卢浮宫也并不十分出名，如："蜡烛画师"（特罗菲姆·比格）、"刺绣叶饰画师"（其作品现存于里尔博物馆）、"亚眠山画师"（亚眠）、"法兰德斯画师"（罗伯特·康平，其作品分别藏于纽约的回廊博物馆，法兰克福的施泰德艺术馆和普罗旺斯埃克斯博物馆）、"圣女厄休拉传的画师"（卢浮宫）、"向牧民传递消息的画师"（普罗旺斯埃克斯）、"埃克斯天神报喜像的画师"、"维尔纳夫-莱-阿维尼翁圣母哀子图的画师"（昂格朗·卡尔东），巴泰勒米·艾克也被称为"勒内王画师"和"爱情画师"（这是多么美妙的名字啊）、"天使环绕的圣母像的画师"（希望我的继任能够购买他的作品，这位代尔夫特艺术家生活在15世纪末期，其作品扣人心弦，在阿姆斯特丹、利物浦、巴纳德堡和柏林都能欣赏到）、"巴贝里尼画板的画师"（纽约和波士顿）、"教规画师"（他是否存在？或者他就是萨塞达？）、"所罗门审判的画师"（最近才确定是里贝拉）、"纳博讷装饰画的画师"、"圣伊尔德丰索的画师"（这位西班牙画师生活在15世纪末期，卢浮宫收藏了他的一幅作品）以及瑞士的各位"纽扣画师"……

　　古希腊的陶瓷制品十分有名，卢浮宫也有幸收藏到其中的一些杰出之作（收藏在整个坎帕纳长廊——叙利馆二层）。所有的佚

名作品(无论是意大利文艺复兴时期还是卡拉瓦乔派)都拥有其约
定的代称。他们的分类标准包括绘画风格、细节处理和绘画产地：
如埃克塞基亚斯(雅赫摩斯,黑彩陶器)和欧花神尼奥斯(柏林,红
彩陶器)(根据约翰·戴维森·比兹利①和伯纳德·贝伦森②对希
腊陶器的分类)。卢浮宫有两个陶瓶尤其著名：欧花神尼奥斯双耳
爵(编号 G. 103)和尼俄柏双耳爵(编号 G. 103)。

参见词条：佚名作品、艺术品的归属、"奎蒂维画师"、"圣巴托
罗缪画师"、画家的花体缩写签名、约定代称、《纳博讷的装饰画》、
卡尔东(昂格朗)

马雷伯(弗朗索瓦·德) │ Malherbe(François de)

(卡昂,1555——巴黎,1628)

布瓦洛的诗句似乎仍回荡在耳边："最后,马雷伯来了……"

约 1598 年,马雷伯为他的朋友,时任埃克斯最高法院律师的
杜·佩瑞尔写了一首颂诗,名为《以此宽慰杜·佩瑞尔先生》,这首
诗写于佩瑞尔痛失爱女的第二天：

> 死亡对于每个人而言都是残酷的
> 即使祈祷也是无用
> 所谓的残酷不过是
> 对我们的哭泣充耳不闻
>
> 她所控制的不仅是
> 茅草屋下度日的穷人
> 卢浮宫前的栅栏
> 终究无法保护我们的国王

---

① John Davidson Beazley（1885—1970）,英国考古学家和艺术史学
家。——译注
② Bernard Berenson(1865—1959),美国艺术史学家。——译注

参见词条: 普桑:《阿尔卡迪亚的牧羊人》。

马尔罗(安德烈) | Malraux(André)

(巴黎,1910——克雷泰伊,1976)

1958—1969年,安德烈·马尔罗担任法国文化部部长(戴高乐将军为其特别设立的职位)。他年轻时曾在卢浮宫学院听过课,因此,这位文化部长对卢浮宫格外关注。

马尔罗曾经要求绘画部负责人米歇尔·拉克洛特重新思索藏品摆放位置的问题。当时,法国和意大利绘画都在大画廊展出。米歇尔·拉克洛特在《博物馆的历史:一位馆长的回忆》(巴黎,2003)中这样回忆道:"计划在实施过程中遇到了种种不便,也遭到了各方批评,这正说明在大画廊中将弗拉戈纳尔与契马布埃的画作分开展览的想法并不成熟。卢浮宫确实有许多法国绘画的库存,而支持马尔罗的一方也正是希望借此机会,令大画廊全部用于法国绘画的展览,以弘扬民族主义精神。不过,我认为这是不正确的,因为14—19世纪的法国绘画并不是卢浮宫最好和最具代表性的作品,这一点将会得到公众的认可。然而,一个国家总是希望能够展出本国各个时期的绘画杰作,这点也毋庸置疑。"1968年7月,大画廊经拉克洛特重新布置后正式落成开放。

马尔罗曾下令在卡鲁塞勒花园放置由马约尔雕刻的21尊塑像;1964年,他下令在柱廊前挖掘壕沟;他还分别于1963年9月4日和1965年9月27日在卢浮宫为布拉克和勒·柯布西耶宣读葬礼颂词。马尔罗自己的悼念仪式于1976年11月27日在方形中庭举行,那天,中庭中央特地摆放了古埃及的青铜猫像,因为他不仅非常热爱古埃及艺术,也很喜欢动物。

为了普及艺术,马尔罗不仅重新粉刷了巴黎的历史名迹(如具有纪念意义的展览地大皇宫博物馆),还修建了文化馆(他对此给予厚望),并且制作了相关的电视节目。他希望能够消除西方艺术间的隔阂,形象生动地展示出各个古老文明创造出的不朽之作。

不过,如今最出名的莫过于他的艺术著作了,虽然颇受争议,但有时也备受赞赏(贡布里希),如:《艺术心理学:想象中的博物馆》(1947)、《艺术心理学:艺术创作》(1948)、《萨杜恩:论戈雅》(1949)、《艺术心理学:绝对的货币》(1950)、《沉默的声音》(1951)、《神的化身》(1957)、《非现实》(1974)和《超越时间》(1976)。马尔罗的这些著作确实开拓了当代人的眼界,要知道,法国的高中可并不教授艺术史呢。

我曾多次担任马尔罗访问卢浮宫时的向导。他认为我的英语、德语和意大利语水平令我足以堪当一名优秀的翻译(我认为是谬赞)。由于他不懂外语,所以这些语言于他而言无疑如同噪声一般。我们总是希望用抑扬顿挫的语调和词句描绘出丰富的画面,以吸引他的注意力,可谁知马尔罗的心思早已飞至九霄云外了。

卢浮宫附近的法兰西喜剧院前的广场便是以他的名字命名的。

作为总结,《沉默的声音》中有一段话十分贴切:"一百多年的探索表明,各种雕塑艺术正在慢慢复兴。从第一批罗马和亚述雕像进入卢浮宫和大英博物馆,再到它们面向公众以来,我们一直期望这些所谓的蛮族艺术能够打破西方雕塑艺术形态的禁锢,而这些外来艺术似乎真的已经逐渐在这里站稳了脚跟。

"虽然德拉克罗瓦和马奈对这种结合颇有争论,但风格之争实际上始于塞尚。他希望能够重新弘扬普桑的风格,但后者的艺术风格缺少前瞻性,于是塞尚将哥特风格与多利安艺术结合起来。他的这一想法为 20 世纪建筑界的前沿潮流提供了参考:哪种风格(抑或塞尚的风格)才真正适合摩天大楼呢?对于塞尚而言,绘画与雕塑的结合必不可少。马奈的成功预示了雕塑的崛起,但后者却远不及马奈的影响力。画家的权威(运用画笔)和自由在罗丹和德加的作品中都有很好的体现,但若是现代艺术执意在那些缺乏想象力的大师中追溯其祖先的话,伦勃朗、戈雅以及众多古罗马大师的作品的自由性便无从谈起。雕塑艺术的风格间接地促进了写实绘画的产生,但后者对于雕塑的崛起也起到了不可忽略的作用,雕塑艺术也因此成为了一种重要的艺术形式。"

参见词条:布拉克、猫、柱廊、卢浮宫学院、与西班牙交换作品、壕沟、大画廊、卡鲁塞勒花园、拉克洛特(米歇尔)、官方访问

芒戈(皮埃尔)/《匣子》｜Mangot(Pierre)/*Coffret*

(弗朗索瓦一世的金银匠)

木制框架,江珧盒面,镶嵌有镀金、珐琅银饰和宝石

黎塞留馆二楼第 27 展厅

H. 0. 29;L. 0. 40;Pr. 0. 26;O. A. 11936

据说,这只匣子是一件 19 世纪极为罕见的金银器(产自巴黎),它逃过了 17、18 世纪的金银器熔解,也在大革命中幸免于难。

匣子大约可追溯至 1532—1533 年,由当时身为弗朗索瓦一世金银匠的皮埃尔·芒戈打造而成。它虽外表镀银,但盒面江珧的绿色深浅交互(江珧来自于印度西北的苏拉特),十分引人注目。2000 年,在一些慷慨捐助者的帮助下,卢浮宫工艺品部终于买到了这个匣子。

曼特尼亚(安德烈亚)/《耶稣受难像》｜Mantegna (Andrea)/*la Crucifixion*

(维琴察省的卡尔图罗岛,1430—1431——曼托瓦,1506)

木质;德农馆二楼大画廊第 5 展厅

H. 0. 76;L. 0. 96;INV. 368

2006 年,为了纪念曼特尼亚逝世 500 周年,维罗纳、曼托瓦和帕多瓦这 3 个城市分别举办了曼特尼亚的作品展。鉴于法国拥有不少这位艺术家的作品,卢浮宫接下来也会举办类似的展览。

1481 年,蒙庞西埃伯爵吉尔伯特·德·波旁与齐亚拉·贡扎加大婚之际,曼特尼亚绘制了一幅《圣塞巴斯蒂安》献给贡扎加家

族,这幅画当时保存在艾格佩斯教堂(如今的多姆山省),1910 年被卢浮宫纳入收藏;为了纪念 1495 年神圣联盟在福尔诺沃战役中战胜法国国王查理八世,贡扎加家族的吉安·弗朗切斯科二世特别向曼特尼亚预订了一幅《胜利圣母像》悬挂在曼托瓦的胜利圣母教堂,这幅画作于 1798 年进入卢浮宫;还有两幅曼特尼亚的画作曾被用来装饰曼托瓦公爵府内伊莎贝尔·埃斯特的画室,它们分别是《玛尔斯与维纳斯》和《弥涅耳瓦在德善花园驱赶恶习》,后来黎塞留将它们收藏在自己普瓦图的城堡中,大革命时期最终被纳入卢浮宫。以上 4 幅画作均可堪称曼特尼亚的上乘之作。

这幅装饰画《耶稣受难像》曾经摆放在维罗纳大教堂祭坛背后的正中央。曼特尼亚于 1456 年接到此画的订单,但画作在三、四年后才最终完成。1797 年,法国人得到了这幅画,但 18 年后,它被拆分为两部分:"耶稣钉在十字架"的部分仍保留在卢浮宫,而装饰画两侧的部分"耶稣在橄榄园"和"耶稣复活"则被用来与图尔美术馆交换《伊莎贝尔·埃斯特的画室》(大革命时期在黎塞留的城堡内发现,后藏于图尔美术馆)。

《耶稣受难像》描绘的是一个古老的故事:耶稣在耶路撒冷被钉在十字架上,远处的罗马军人佩戴头盔和铠甲骑在战马上。石阶前,一名罗马队长手拿长矛刺穿耶稣的右肋,画面右侧的士兵们将自己的祭服系在柱子上;左侧的玛利亚被一群圣妇搀住,圣让则独自一人站在角落,紧握双手。

曼特尼亚的这幅作品细节精致,空间构图精良,再加上他独特的没影点,可谓是一幅完美之作。他用色大胆强烈,画面明快,就连石柱上的雕刻也是模仿多那太罗[1]的手法所画,但气氛却纯粹得令人窒息。

曼特尼亚运用透视法描绘出不同的层次,以增加画面的深度和远度。近处的石阶增加了画面的冷感,符合宗教中"超脱自己"的意味。而画家的精湛技艺与画作的艺术美感交相呼应,让我们

---

[1] Donatello(1386—1466),意大利文艺复兴早期雕塑家。——译注

几乎忽略了这一沉重的主题。

1861 年，曼特尼亚曾照原作临摹了一幅复制品（图尔美术馆），后来，德加还专门就此画的几何构图做过深入研究。

参见词条：复制品、黎塞留主教、《伊莎贝尔·埃斯特的画室》

星期二 ┃ Mardi

1946 年以后，卢浮宫的闭馆日固定为每周二（奥塞博物馆周一闭馆，周二正常开放），但历史上的闭馆日并未固定在这一天，如 1911 年 8 月 21 日，《蒙娜丽莎》就是在当时的闭馆日（星期一）失窃的。

闭馆非常有必要：因为我们可以利用非参观时间来调整画作位置，布置展厅，筹备临时展览，清扫博物馆，为藏品拍照，为地板打蜡，为画框除尘等，这些工作或许不为参观者所知，却都是博物馆最真实的另一面。

更何况，周二也能在卢浮宫里散步又何尝不是一项特权，何乐而不为？

参见词条：临时展览、雷奥纳多·达芬奇：《拉若孔德》、奥塞博物馆

玛丽·安托瓦内特 ┃ Marie Antoinette

（维也纳，1755——巴黎，1793）

玛丽·安托瓦内特喜欢法国人吗？若是她活在现代，是否还会因为自己的轻佻、任性、虚荣以及对国王的恶劣影响而命丧断头台吗？

达维特（?）曾用一幅画描绘了共和国历二年葡月 25 日（1793 年 10 月 16 日）玛丽·安托瓦内特在断头台上的场景，这幅画如今收藏在书画刻印艺术部的爱德蒙·德·罗斯柴尔德陈列室。画中的玛丽坐在板车右侧，双手被缚在背后，为了方便行刑，她麻布软

帽下的头发早已剪短,王后也已为死亡做好了准备。然而,她嘴角的轻蔑也是显而易见的。

达维特后面的问号其实是我的些许疑问:这幅画真的是达维特最有名的作品吗? 它是否可能为德农所作? 不过,这简洁的笔触倒是比较贴近达维特的画风。

参见词条:书画刻印艺术部、爱德蒙·德·罗斯柴尔德陈列室、达维特、德农、路易十六

《玛丽·塞尔》│Marie Serre

亚森特·里戈

布上油画;叙利馆三楼第 35 展厅

H.0.83;L.1.03;INV.7522

安东尼·科瓦塞沃克斯

大理石半身像,白色大理石底座;黎塞留馆一楼和二楼间夹层的吉拉尔东厅第 20 展厅

H.0.835(主体:0.70);L.0.59;Pr.0.28;L.P.502

这两位当代艺术家亚森特·里戈(1659—1743,画家)与安东尼·科瓦塞沃克斯(1640—1720,雕塑家)的作品均以玛丽·塞尔为原型。一般来说,多数大博物馆的藏品分类标准是艺术形式或文明属性,如绘画、雕塑或埃及艺术等,因为博物馆在历史发展中向来如此。然而,现代艺术展览中若是将各个国家和各个时代的不同艺术形式混合展出,也算是一件难得之事,更何况其教育意义也是显而易见的。不过,这在大型博物馆中很难实施,例如,我希望能将两种艺术形式(如青铜像与铜版画)放在一起展览,却从未能实现。

不过凡事总有例外。1695 年,里戈以母亲为原型(在其母生活的地方佩皮尼昂)绘制了一幅画作;1706 年,科瓦塞沃克斯依据这幅画创作了她的雕塑。这两个作品在一起展出时形成了鲜明的对比:里戈在表现母亲时满怀敬意和温情,而科瓦塞沃克斯的雕塑

（后来被塞尚临摹过）则更加精致冰冷。在儿子里戈的笔下，玛丽·塞尔是位温柔的妇人，但科瓦塞沃克斯则着力于真实再现这位素未谋面的妇人的面部特点。

后来，里戈将这两件作品收集起来并一同捐给了皇家绘画与雕塑学院。虽然，它们如今在卢浮宫相隔几百米，但这奔走的过程也不失为一种乐趣。

参见词条：皇家绘画与雕塑学院、塞尚、库斯图（纪尧姆）、里戈（亚森特）

马里埃特（皮埃尔-让） | Mariette(Pierre-Jean)

（巴黎，1694——巴黎，1774）

路易十六刚刚即位时曾经非常想收购皮埃尔-让·马里埃特的所有藏品（其后人以为能得到 30 万镑，却不想只卖到 288500 镑），却遗憾地未能达成心愿。1775 年 11 月 15 日，马里埃特在巴黎逝世，他死后有 9000 多幅画作被拍卖，但国王的陈列室只得到了其中的 1061 幅。这个数字有待考证，因为现今卢浮宫标记有大写字母 M（马里埃特藏品的特殊标志）的画作多达 1873 幅。

马里埃特本人既是学者，也是艺术史学家，他关心每一幅画的品质和价值。他的藏品也是独一无二的，因为涵盖了 18 世纪后半叶以后所有流派的绘画作品。

马里埃特将他所有的藏画都粘贴在一张蓝色纸页上，因此，他的藏品直到现在都被称为"蓝色马里埃特"。画作均以金边装裱，旁边还有墨色轮廓线。若您去参观卢浮宫的书画刻印艺术部，别忘了仔细看看马里埃特藏品的边框，您会发现，这些墨色线条虽宽，却更凸显了画作的价值。

1756 年，夏尔-尼古拉·科升①为马里埃特绘制了一幅名

———————

①　Charles-Nicolas Cochin(1715—1790)，法国铜版雕刻画家、法兰西院士、国王藏画总管。——译注

为《收藏王子》的肖像画,现藏于巴黎的荷兰文化中心(Institut néerlandais),其前任馆长弗里茨·鲁格特视马里埃特为偶像。

参见词条: 书画刻印艺术部、鲁格特(弗里茨)

马里尼与美纳尔侯爵(阿贝尔-弗朗索瓦·普瓦松) | Marigny (Abel-François Poisson, marquis de Ménars et de)

(巴黎,1727——巴黎,1781)

参见词条: 昂吉维莱尔伯爵、凡·卢(路易-米歇尔)

海军博物馆 | Marine(Musée de la)

1827年年末,查理十世在卢浮宫建立了海军博物馆。为了表示对国王长子(当时的法国大元帅和昂古莱姆公爵)的敬意,当时的海军博物馆又叫"王储博物馆",但这一命名的政治意图也十分明显:早些时候(即1827年10月20日),法国、英国和俄国的海军联盟在纳瓦林战役中大胜突厥海军,被认为是继勒班陀战役后又一次新的胜利,这次胜利标志着法国和法国海军的振兴崛起。

海军博物馆最初位于方形中庭的二层,后来搬到三层,1937年最终迁至新夏乐宫的翼楼并一直开放至今。博物馆保存了著名的15幅《法国海港》系列中的13幅(是卢浮宫存放在此的藏品)。1753年,路易十五向约瑟夫·凡尔内预订了这个《法国海港》的系列画,画家于1754—1765年间完成了15幅风景组画。还有两幅《土伦港》和《马赛港的入口》现在在卢浮宫叙利馆三楼第47和48展厅展出。

参见词条: 路易十五、查理十世、凡尔内(约瑟夫)

马萨乔（托马索·迪·塞尔·乔瓦尼·卡塞）|

Masaccio(Tommaso di Ser Giovanni Cassai，dit)

（阿雷佐省的圣乔瓦尼·瓦尔达诺，1410——罗马，1428）

《被逐出天堂的夏娃与亚当》是马萨乔为佛罗伦萨卡尔米内圣母大殿所作的一幅壁画，画中的夏娃具有人类的面孔，她神情痛苦扭曲，给人留下了深刻的印象。

如今，卢浮宫未能收藏到马萨乔的任何一幅作品，或许以后也机会渺茫吧。画家最后一幅出售作品被波兰的兰科龙斯基家族买走了，而1426年马萨乔为比萨卡尔米内教堂所作的多折画屏《圣安德烈》则被分为几部分，分别收藏在伦敦、柏林和那不勒斯。卢浮宫原本也有机会参与展出，却因经费问题不得不放弃。如今，您在洛杉矶的盖蒂博物馆可以欣赏到这幅《圣安德烈》。

卢浮宫拥有的绘画（1848年以后）之全面在世界性的大博物馆中并不多见，其绘画藏品几乎囊括各个时期的画家。近几年，卢浮宫正在逐渐完善自己的收藏（如皮埃罗·德拉·弗朗切斯卡），但在某些领域却依旧是空白的。卢浮宫现在最大的缺憾就是没有委拉斯凯兹的作品（提及他我便会想到1906年时卢浮宫之友协会试图争取画家的《镜前的维纳斯》却未果的事，此画如今是伦敦国家美术馆的重要藏品之一）。此外，卢浮宫还缺少荷兰派画家谢哲斯[1]的风景画，苏巴朗的静物画以及贺加斯[2]（和其他英国画家）、阿尔特多费尔[3]和格吕内瓦尔德的画作。哎，这份清单可长着呢……

参见词条：耗资巨大的艺术品买进、卢浮宫之友协会、伦敦国家美术馆、皮埃罗·德拉·弗朗切斯卡；《西吉莫多·玛拉特斯塔

---

[1]　Hercules Seghers(1589—1638)，荷兰黄金时代画家和版画家。——译注

[2]　William Hogarth (1697—1764)，英国画家、版画家、讽刺画家、欧洲连环漫画先驱。——译注

[3]　Albrecht Altdorfer(约1485—1538)，德国画家、欧洲现代风景画奠基人之一。——译注

肖像》

圣巴托罗缪之夜 | Massacre de la Saint-Barthélemy

圣巴托罗缪屠杀发生在 1572 年 8 月的圣巴托罗缪节期间,从 23 日晚一直持续到 24 日晚。最初,屠杀只在卢浮宫周围进行,随后蔓延到整个巴黎乃至外省。

其实,卡特琳娜·德·梅迪奇最初的目的只是杀死新教的主要首领,其中包括反对西班牙联盟的科利尼①,但随后,懦弱的查理九世(她的儿子)下令展开全面屠杀。

科利尼在事件当晚被暗杀,卡特琳娜一得知他的死讯便毫无预警地下令敲响卢浮宫附近圣日耳曼·奥塞尔大教堂的大钟,随后,其他教堂的钟也纷纷鸣响呼应。据说,屠杀当晚共造成 3000 多人死亡,而国王当时就躲在卢浮宫的一扇窗后朝胡格诺派射击。另外,根据《法国历史词典》(阿兰·德戈②与安德烈·卡斯特洛③,巴黎,佩兰,1981)的记载,卡特琳娜·德·梅迪奇的随从们(被称为"偷盗大队")还在"堆满尸体的卢浮宫广场比较死尸男性生殖器的大小"。

法兰西帝国时期,卢浮宫附近的礼拜堂后部成为一座纪念科利尼的新教教堂。卢浮宫收藏的《圣巴托罗缪之夜:孔蒂王子的大臣布里翁被杀》再现了当晚的一幕情景,这幅画是约瑟夫-尼古拉斯·罗伯特-弗勒里④ 1833 年的作品(藏于叙利馆三楼第 66 展厅)。

参见词条:通向卢浮宫宫内的拱顶狭廊、卢浮宫的花园

---

① Gaspard de Coligny(1519—1572),法国军人、政治家、法国宗教战争时期胡格诺派代表人物。——译注

② Alain Decaux(1925—   ),法国作家、电视和广播节目制作人。——译注

③ André Castelot(1911—2004),法国作家、记者、编剧,出版了许多历史书籍。——译注

④ Joseph Nicolas Robert-Fleury (1797—1890),法国画家。——译注

《马斯塔巴》(阿可特戴普墓的祭堂) | Mastaba(chapelle de la tombe d'Akhethétep)

埃及文物部;叙利馆一楼第 4 展厅

公元前约 2453—2420 年(第 5 王朝)

H. 4.32;L. 4.83;Pr. 3.80;E. 10958A

"马斯塔巴"(阿拉伯语"长凳")指的是金字塔时期古埃及贵族墓葬的地上建筑。

这种祭堂是阳间与阴间取得联系的地方。卢浮宫的马斯塔巴来自于古埃及的塞加拉,可追溯至公元前约 2453—2420 年的第 5 王朝时期,其上装饰有大量描绘古埃及人日常生活的浮雕,极具教育意义。这座马斯塔巴是 1903 年法国向埃及购买的。

曾任埃及文物部研究员的让-路易·德·塞尼瓦勒这样解释道:"浮雕的内容不仅在于永久缅怀死者,其主要作用还是要为墓室中雕刻的文字和墓葬箴言(对死者最后的祝愿)提供解释并呼唤神灵赐予死者庇佑。这些文字不断地向我们重复讲述这样的内容:'仰承国王和阿努比斯垂顾,他的晚年受到神(或阿努比斯)的庇佑,并得到西面墓群中的美丽坟墓;无论节日与否,国王和奥里西斯会每天赐予他饭菜令其得到永生;在去往神界的道路上,国王和阿努比斯会保佑他平安顺遂。'"

后来,埃及文物部负责人克里斯蒂亚娜·齐格勒(最近退休)代表卢浮宫重新开始在塞加拉进行考古挖掘,并出版了许多介绍该景点的书籍。

参见词条:埃及文物部、卢浮宫的考古发掘

马扎兰主教(本名吉尤里奥·马扎里尼) | Mazarin (Giulio Mazarini,cardinal)

(阿布鲁佐区的佩希纳,1602——万塞讷,1661)

　　马扎兰的秘书洛梅尼·德·布里安曾在主教去世前一个月去看望过他。之后,他写过这样一段令人心碎的文字:"我听见他(马扎兰)走过来时裤子摩擦的声音,这个久病缠身的人正艰难地挪着步子。我躲在挂毯后,听到他说:'看来我要离开它们了。'由于虚弱,他每走一步都要停顿一会儿,环视一下四处。看着眼前的物件,他感叹道:'大概真得要离开了。'转过身,他又说:'还有这些,我当年费尽心思才得到的珍宝,现在却不得不离开它们,我以后再也看不到它们了!'他的话清晰地传入我的耳中,令我万分感慨,因为我不知道他对自己的身体状况是如此悲观,至少他不应该有忏悔的情绪。我不由得叹了口气,却不想被他听到了。'是谁?'他问,'谁在那儿?'是我,阁下。我刚刚收到一封德波尔多先生的重要来信,正等着向您汇报呢。''你过来,走近点儿,'他强忍着身体的不适招呼我过去。只见他穿着灰白色羽纱衣,戴着睡帽。他对我说:'快来扶我一把,我不舒服,走不动了。'随后,他又想起了刚才的事情,便对我说道:'你看啊,我的朋友,这幅是柯雷乔的,这是提香的《维纳斯》,还有安东尼·卡拉奇的《洪水》……我知道你喜欢也懂得这些画,可惜啊,我以后再也见不到它们了。我的上帝啊! 这些我花费良多才得到的珍宝,我是多么喜爱它们啊!'"(洛梅尼·德·布里安,1916—1919出版,第3章,第88—90页)这一幕就发生在马扎兰的宫殿里,即现在的国家图书馆。据布里安记载,1661年2月小画廊的一场火灾后,马扎兰在卢浮宫溘然长逝(就像他预料的那样)。

　　作为见证法国历史的政治家和主教,他可能会逐渐被人们遗忘,但我们不会忘记这位从1631年就开始为法国效力的热情洋溢的意大利人,也不会忘记他如饥似渴地收藏(以意大利藏品居多)了许多书籍(马扎兰图书馆)、古董(128尊雕塑、185尊半身像)、奢华工艺品(宝石、钻石)和画作(858幅)。据说,罗马内利除了在卢浮宫为奥地利的安娜服务外,也要为马扎兰工作。

　　如果您现在还对我们的宰相心存疑虑,大抵是受到了大仲马的影响吧。如今,大家普遍认为马扎兰是个贪婪的收藏家,但不可否认,他对艺术的鉴赏和认知是无人能及的。

马扎兰的陵墓由科瓦塞沃克斯主持建造并于 1693 年完成,它装点了四区学院(现在的法兰西研究院)的教堂,也与由吉拉尔东设计的黎塞留陵墓(位于索邦教堂,黎塞留是马扎兰的榜样)遥相呼应。

参见词条:贝哈姆(汉斯·塞巴德)、贝尔尼尼:《主教黎塞留肖像》《马克西米利安狩猎图》、柯尔贝尔、柯雷乔:《睡美神安提俄珀》、火灾、路易十四、皮加勒(让-巴蒂斯特):《伏尔泰裸像》、普桑、《桑西钻石》、拉斐尔:《巴尔达萨雷·卡斯蒂利奥奈伯爵像》、黎塞留主教、瓦伦汀(德·布伦)、泽里

艺术事业资助 ｜ Mécénat

2003—2005 年间,卢浮宫共获得 10900 万欧元资助。其中,45％用于购买藏品,31％用于展厅维护(只有 0.2％用于广告投入)。资助金中的 20％来源于波斯湾,13％来自北美(一部分来自于美国卢浮宫之友协会)。

参见词条:耗资巨大的艺术品买进、卢浮宫之友协会、预算、收藏家、捐赠人、遗赠(该词条无正文无目录)、艺术品修复、用益物权

梅多尔 ｜ Médor

1830 年 7 月 27—29 日,起义者在巴黎暴动,随后,查理十世被迫让位并被流放,历史上将其称为"光荣的三天"。在这期间,卢浮宫周围枪战不断,罹难者只能被匆忙埋葬在柱廊南面。据说,其中一位匿名死者的水猎狗曾伤心地在公墓边徘徊数月,由于它对主人的忠诚,被大家称为"梅多尔"。当时一位著名的诗人和戏剧作家卡西米尔·德拉维涅(Casimir Delavigne,1793—1843)还为它写过一首颂歌:

经过此地,你嗅到

勇士们长眠于此

大家为埋葬在卢浮宫旁的遇难者献上鲜花

你却为你的朋友带来面包

战斗那天

他在枪林弹雨中冲锋陷阵,死而后已

只有你活下来了

子弹降临的那一刻

你是否也为你的主人难过?

只有狗,它活下来了

此后,许多铜版画都以梅多尔为原型,其中有一幅还描绘了"国民自卫军正在喂食这只忠诚模范狗"的景象。

为了纪念1830年革命,死难者的骸骨被迁至巴士底狱的圆柱(建于1840年)下方。

参见词条:柱廊、查理十世、狗(该词条无正文无目录)、德拉克罗瓦:《自由引导人民》、1830年革命

梅索尼埃(埃内斯特)/《巷战》│Meissonier(Ernest)/ *La Barricade*

(里昂,1815——巴黎,1891)

布上油画

叙利馆三楼A展厅,卡洛斯·德·贝斯特吉的捐赠

H. 0. 29;L. 0. 22;M. b. g. ;EM;R. F. 1942 - 31

贝斯特吉毫无保留地捐出了梅索尼埃所有的画作,不过,其收

藏中的珍品《巷战》在画家在世时曾颇受争议。梅索尼埃是国民自卫军的炮兵队长，他亲眼目睹了 1848 年 6 月市政府旁莫尔特勒里大街上的革命枪战以及暴动者尸体堆满整条街的景象。波德莱尔认为"梅索尼埃先生最出色的画作"是《内战的回忆》，这幅画于 1850 年在沙龙展出，当时获得了巨大的成功。画面中恐怖悲惨的景象与画家沉着冷静的笔触形成了鲜明的对比，这也成为这幅画最触动人心的地方。

这幅水彩画是梅索尼埃 1848 年的作品，后来，画家将其送给了德拉克罗瓦（《自由引导人民》的作者）。1998 年，奥塞博物馆将此画纳入收藏。

参见词条：贝斯特吉（卡洛斯·德）、德拉克罗瓦：《自由引导人民》、奥塞博物馆

梅伦德斯（路易斯）/《自画像》│ Meléndez(Luis)/Autoportrait

（那不勒斯，1716—马德里，1780）

布上油画；德农馆二楼第 32 展厅

H. 0. 98；L. 0. 81；R. F. 2537

S. D. b. d. ：Luis Melendez fac[at]ano de 1746

梅伦德斯是一位静物画家，但他第一幅为大家所熟知的画作却是这幅有签名和日期的《自画像》。画中的梅伦德斯忠实地向我们呈现了一位男性的裸体，他笔触细腻，无一不在向世人透露他名留青史的雄心。然而，真正为其赢得荣耀的却是他的静物画，而且其中大部分都是画家去世后才闻名于世的。卢浮宫也收藏了一幅梅伦德斯的静物画，画中有一只编筐，一把刀，一个焦黄色土司，还有一盘绿色的无花果……（德农馆二楼第 32 展厅）

《自画像》中的梅伦德斯穿着高雅的法式服装，头上绑着艺术家常用的传统头巾（与夏尔丹色粉自画像中的头巾一样）。他右手拿着活动铅笔，目光中带着些许傲慢。

卢浮宫收藏了众多画家(如法国画家富凯、普桑、夏尔丹、朱利安·德·帕尔姆、达维特、德拉克罗瓦、柯罗等)的自画像,若能穿梭于博物馆的各个展厅,寻找并发现其中最闻名遐迩和最有趣的自画像也不失为一件乐事。

参见词条:自画像、夏尔丹、《有画架的自画像》、富凯(让)、朱利安·德·帕尔姆、梅塞施密特(弗朗茨·克萨韦尔)

墨尔波墨涅厅 │ Melpomène(salle de la)

1798—1799 年,建筑师让-阿尔诺·莱蒙(Jean-Arnaud Raymond)设计了墨尔波墨涅厅(叙利馆一楼第 16 展厅)的装饰摆设。后来,经过佩西耶和封丹的彻底翻修,此展厅于 1815 年开始展出墨尔波墨涅雕像,这个巨大的雕像是在罗马的战神广场挖掘出来的。雕像前曾经展出过一幅由贝罗尼制作的拼接画(以弗朗索瓦·杰拉尔的画作为素材,现存于黎塞留馆一楼第 31 展厅)。

子午线 │ Méridien

漫步在巴黎和卢浮宫内外,您是否会觉得那些刻着"Arago"和大写字母"N"(北)与"S"(南)的青铜圆雕(直径为 12.5 厘米)有些奇怪呢? 实际上,这些圆雕都镶嵌在一条假想的巴黎子午线上,1884 年后,此子午线被格林威治子午线所取代。

这些圆雕最初起源于荷兰艺术家简·第比兹[1]于 1989 年接到的一项秘密任务。当时,为了纪念大学者弗朗索瓦·阿拉戈[2],第比兹受命在巴黎设计安置 122 个青铜圆雕。就我所知,

---

[1] Jan Dibbets(1941—),德国概念艺术家。——译注
[2] François Arago (1786—1853),法国数学家、物理学家、天文学家、政治家。——译注

卢浮宫许多地方都有这样的圆雕饰物（黎塞留走廊、皮热中庭、萨莫色雷斯胜利女神楼梯、拿破仑庭等），您发现其他地方的圆雕了吗？

参见词条：拿破仑庭、楼梯

梅塞施密特（弗朗茨·克萨韦尔）/《表情各异的头像—自画像》，或《闷闷不乐的人》｜Messerschmidt(Franz Xaver)/*Tête de caractère-Autoportrait*，ou encore *L'Homme de mauvaise humeur*

（乌尔姆附近的维森斯泰格，1736——布拉迪斯拉法，1783）

1777—1783 年；德农馆一楼 E 展厅

铅像；从右肩处割开；18

H. 0. 387；L. 0. 21；Pr. 0. 21；R. F. 4724

卢浮宫收藏的法国雕塑可谓其一大亮点，但众所周知，卢浮宫的外国雕塑却寥寥可数。诚然，我们有艾哈特、米开朗基罗、卡诺瓦以及其他一些杰作，但这些并不足以详尽地展现中世纪到 1850 年欧洲雕塑的发展历史。

在卢浮宫之友协会和遗产基金的帮助下，卢浮宫于 2005 年在纽约的一次公开售卖中买到一件奥地利雕刻家梅塞施密特的铅像。这一举动为雕塑部赢得了一员"大将"，也稍稍弥补了卢浮宫外国雕塑稀缺的现状。

自 1793 年在维也纳展览后，这尊雕塑又获得了另外的名字："闷闷不乐的人"（德语为 der Missmutiger）。它属于 69 尊《表情各异的头像》系列中表现神情的头像之一，其作者梅塞施密特深受梅斯默尔①动物磁气理论的影响，再加上他本人也患有精神疾病，因此对描绘脸部的轮廓十分着迷。

---

① Franz Anton Mesmer（1734—1815），德国医生，提出动物磁气理论。——译注

这尊雕塑（虽然没有头发和衣服）表面平滑，面部线条柔和，突出了人物痛苦的神情，雕像不自觉紧闭的眼睛更是凸显出其内心的苦闷。

参见词条：卢浮宫之友协会、遗产基金、眼睛

地铁 ｜ Métro

若您乘地铁前往卢浮宫，最好在王宫—卢浮宫站下车（其中一个入口名叫"夜游亭"，位于柯莱特广场，是让-米歇尔·欧托尼耶[1]最近的作品）。

不过，若日后圣日耳曼·奥塞尔大教堂前的广场翻修，或是有一天参观者们从柱廊的拱顶狭廊进入卢浮宫（这是路易十四的期望），那时，也许卢浮宫-里沃利站（装饰以卢浮宫藏品的仿制品）会成为博物馆的主入口也未可知。

参见词条：柱廊、通向卢浮宫官内的拱顶狭廊

马塞斯（昆坦）/《放贷者与他的妻子》 ｜ Metsys (Quentin)/*Le Peseur d'or et sa femme*

（鲁汶，1465/1466——安特卫普，1530）

木板油画；黎塞留馆三楼第 9 展厅

H. 0.705；L. 0.67；INV. 1444；S. D. h. d.（在架子上的一个羊皮文件夹上）：Quentin Metsys /Schilder 1514

画中的放贷者正认真地称量自己的金币，他的妻子则（漫不经心地？）翻看一本彩色宗教书。她转过头看着自己的丈夫，后者正心无旁骛地做着自己的事。这幅著名的油画以其精致的细节而著称，珍珠、戒指乃至背景中放着水钟和油灯的架子均刻画得栩栩如生。

---

① Jean-Michel Othoniel(1964—   )，当代法国艺术家。——译注

　　一般来讲,对于这幅 1514 年才绘制的油画,我们会惊异于其古风的韵味。人物的服装、画面的色调、画家的风格与技巧均古香古色,甚至与扬·凡·埃克的作品极其相似。有时,在马塞斯的画中,我们甚至还能感受到比埃克更精良的构图风格。

　　其实,对于这幅画的含义,学界有诸多猜测:究竟是世俗画还是宗教画? 是绘画史上第一幅生活场景画抑或是一幅讽喻画(如同画中的天平寓意着正义和最后的审判)?

　　画中的凸面镜折射出一位在窗前读书的男人和窗外的景色,这实际上是对画面外部世界的艺术再创作。

　　最近,卢浮宫在遗产基金和法国不动产信贷银行的帮助下又得到了一幅马塞斯的作品,这幅名为《圣玛德莲娜》的油画如今与《放贷者与他的妻子》展出在同一面隔断上。

米开朗基罗/《奴隶》 | Michel-ange/*Les Esclaves*

(阿雷佐省附近的卡普雷塞,1475——罗马,1564)

大理石;德农馆一楼米开朗基罗长廊第 4 展厅

H. 2.29;2.13;M. R. 1589 & 1590

　　1505 年,朱理二世(1443—1513,1503 年时成为罗马教皇)下令让米开朗基罗设计装饰其坟墓,这两尊奴隶像便是艺术家当时的作品。19 世纪以后,两座奴隶像分别被称为《垂死的奴隶》(又名《睡着的奴隶》、《战败的奴隶》、《平静的奴隶》)和《被缚的奴隶》(又名《痛苦的奴隶》)。1546 年,米开朗基罗将这两尊雕像送给他的朋友罗伯托·斯特罗齐,后者被流放里昂前将雕像转送给弗朗索瓦一世。这位国王后来将其赏给王室总管安娜·德·蒙特默伦西,总管并未将雕像放在自己城堡(位于埃库昂)正门的中轴线上,而是有意地将其置于侧墙柱廊下的两个壁龛内(现在这里的雕像是复制品,1977 年以后城堡改为国家文艺复兴博物馆)。后来,总管的孙子亨利二世·德·蒙特默伦西因为参与加斯东(奥尔良公爵,路易十三的兄弟)的叛乱被判处死刑,他死前将奴隶像赠与黎塞留，宰相便将雕像收藏在自己城堡（普瓦图）中央的壁龛内。1792 年，亚历山大·勒努瓦买下这两座雕像并将其安置在圣奥古斯丁博物馆（后来成为法国古迹博物馆，位于现在的国立高等美术学院），果月 11 日（1794 年 8 月 28 日），雕像最终被收藏至卢浮宫。

作为卢浮宫最著名的雕像之一，这两尊大理石奴隶像大约可追溯至 1513—1516 年。虽然奴隶的面部雕刻并未完成，但却丝毫无损其风采。

到目前为止，人们对这两尊雕像的解释层出不穷：大家认为他们代表着反抗，是希望摆脱沉重肉体的脆弱心灵的真实写照；这两个雕塑本身也形成了鲜明的对比，一个在权势前奄奄一息（《垂死的奴隶》），另一个只能通过死亡来获得肉体的解放（《被缚的奴隶》）；理解的角度有新柏拉图学说，也有基督教义……总而言之，和卢浮宫许多名作一样，对这两尊奴隶像的诠释并没有唯一的标准答案。

最近这些年，我们一直致力于研究《被缚的奴隶》身后与《垂死的奴隶》左膝处（较好辨认）的两只小猴子。有人认为这是绘画和雕塑的拟人手法，其他人则认为，根据中世纪的传统，这是受到物质约束的下等灵魂的化身。米开朗基罗并未完成塑像的面部雕刻，却精心地刻画出他们结实的身体。经过对比，我们发现雕塑上有锯齿状刻刀与凿子的痕迹，而这带着挑衅意味的雕刻手法永远地留在了塑像之上。"米开朗基罗根本就不在乎所谓的美好或魔力……他对模仿一点儿兴趣也没有，因为他就是也愿意成为一个'造物主'；他想要创造出只存在于艺术领域的前无古人的东西。于他而言，这才是雕塑真正的功能和灵魂；若是失去灵魂，雕塑也就没有意义了……所以，米开朗基罗创造'人物'。"（安德烈·马尔罗）

参见词条：弗朗索瓦一世、勒努瓦（亚历山大）、黎塞留主教

米莱(让-弗朗索瓦) ｜ Millet(Jean-François)

(瑟堡,1814——巴比松,1875)

1975—1976 年,大皇宫博物馆成功地举办了"让-弗朗索瓦·米莱展",展出了以《耶稣被笞》为代表的一系列震撼人心的作品。这幅画的展品目录(编号 23,带插图)上是这样介绍的:"匿名捐赠予卢浮宫,1967。"不过,我们从未忽略这位慷慨又神秘的匿名捐赠者,因为她就是卡巴内尔夫人。

维多利亚·卡巴内尔夫人(又名托里亚,1907—2005)在塞纳街上开了一间画廊(若弗兰夫人沙龙)。近 20 多年以来,每个星期六下午都会有许多优秀的年轻艺术家在这里集会。他们在画廊里对艺术诸事展开热烈的讨论,以往艺术家们在博物馆里探讨艺术史的场景似乎又在这里重现了。

参见词条:捐赠人

米诺·达·费埃索勒(米诺·迪·乔瓦尼)/《迪耶提萨勒维·内罗尼像》 ｜ Mino da Fiesole(Mino di Giovanni, dit)/Portrait de Dietisalvi Neroni

(波皮,1431——佛罗伦萨,1484)

大理石;德农馆一楼和二楼间夹层的多纳泰罗长廊第 1 展厅

H. 0. 57;L. 0. 50;R. F. 1669

作品底部背面标有日期 1464 年

马基雅维利(1469—1527)曾在《佛罗伦萨史》一书中为迪耶提萨勒维·内罗尼(1406—1482)树立了良好的形象。最初,内罗尼在背叛梅迪奇家族前与他们关系紧密。1462 年,他在流放罗马的途中逝世,两年以后,费埃索勒为其雕刻了这尊塑像。

从费埃索勒这尊惟妙惟肖的雕像中我们不难看出,内罗尼是个聪明、有抱负却奸诈阴险的人。

1919 年，为了纪念心爱的丈夫，古斯塔夫·德雷福斯夫人和五个孩子将雕像捐赠给了卢浮宫。她唯一的儿子卡尔（Carle，1875—1952）曾是卢浮宫工艺品部的一位慷慨博学的研究员。

参见词条:捐赠人、工艺品部

密特朗（弗朗索瓦） | Mitterrand(François)

（雅纳克，1916——巴黎，1996）

"同样地，我决定让卢浮宫恢复其原本的职能，对此我无意冒犯任何人。因此，我下令让总理为财政部挑选建造另一处合适的办公地点"（弗朗索瓦·密特朗，爱丽舍宫的新闻发布会，1981 年 9 月 24 日）。1981 年 5 月，这位共和国的新总统正式上任。他后来的壮举我们也是知道的，包括选择贝聿铭为卢浮宫的设计师、"金字塔争议"、一系列的开幕、"大卢浮宫规划"以及执政 14 年期间对文化事业所作出的杰出贡献。

到底谁才是密特朗总统的玻璃金字塔这个天才计划背后的策划者呢？或许有一天我们终将得知，但现在可以肯定的是，这位策划者曾亲力亲为参与了计划并定期监督工程进度。他一定清楚地知道，1931 年以后的卢浮宫根本没有任何吸引密特朗注意的地方（这就不得不提到路易-加布里埃尔·克洛伊和杰克·朗，前者于 2007 年 7 月 22 日去世），更何况总统最擅长的是文学和历史。

1992 年，在法国绘画展厅（方形中庭三层）的落成仪式上，弗朗索瓦·密特朗曾久久地驻足在于贝尔·罗贝尔的 4 幅油画前。它们描绘的是古代的朗格多克，原是画家 1786 年时为枫丹白露城堡的一间会客厅所作的装饰画（黎塞留馆三楼第 48 展厅）。1822 年，画家的寡妻将留在丈夫画室中的这几幅作品捐赠给了卢浮宫。总统对作品产生的背景和选题原因十分感兴趣，而法国被认为是古罗马及其辉煌成就的直接继承者这一说法也令他兴致盎然。

2004 年以后，卢浮宫旁的码头改名为弗朗索瓦·密特朗码头。

参见词条：关于"金字塔"的争议、大卢浮宫、维热-勒布伦：《于贝尔·罗贝尔肖像》

国家博物馆与作品收回　｜　Musées Nationaux. Récupération

二战后，胜利方同盟国开始将注意力转移到被纳粹掠夺的大量艺术品上（21903 件工艺品，11000 幅画作，2500 件家具）。最初，艺术品归国看起来并不是一件难事。在维希政府时期积累的丰厚财力支持下，法国收回了大量被夺走（包括犹太民族）和购买的艺术品，并预备将它们物归原主或归还其后人。罗丝·瓦兰德①还曾不顾个人安危，秘密列出了经由国家影像美术馆运往德国的艺术品清单，在她的帮助下，我们以为一切都顺利解决了。

直到 1990 年，我们才发现寻找艺术品继承人这一行动的结果并不理想。因为我们突然意识到，那些德国博物馆和纳粹要人所谓在战争期间从法国购买的大多数艺术品，其实是通过哄骗掠夺的手段从一些不谨慎的法国商人手中得到的，以至于我们现在很难追寻其真正的旧主或其后人。

于是，国家为此成立了专门委员会（根据 1997 年 3 月 25 日和 1999 年 9 月 10 日的政府决议和法令相继创立了马泰奥利和德莱委员会），有争议时则由法庭裁断。许多至今仍无人认领的艺术品都暂时存放在法国的各大博物馆，包括卢浮宫。不过，博物馆从来不会将它们视为自己的财产，我们都真诚地希望有一天能够将这些藏品完璧归赵。这些艺术品上并未标记传统的 R. F. ，而是标有 M. N. R. 这个特殊编号。法国最近还出版了这些收回藏品的名录（2004）。卢浮宫也存放了一些这类艺术品，当然，直至今天，它们的主人仍有权来认领。

---

① 　Rose Valland（1898—1980），法国艺术史学家，曾参与法国抵抗运动。——译注

参见词条：国家影像美术馆、作品归还、占领时期的卢浮宫

博物馆的休息座椅 ｜ Mobilier du musée

我们经常会指责博物馆并没有真正为参观者考虑，有时，事实的确如此。比如说，哪里有供参观者坐下休息的地方呢？

1834 年，卢浮宫向高级木工贝朗日预定了 30 张扶手长椅（其中一些现在仍在使用）放置在新建的查理十世长廊。第二共和国时期，杜邦也在方形沙龙中央设计了一个墩状大软座。

再近一些，夏洛特·贝里安（Charlotte Perriand, 1903—1999）、皮埃尔·保林、理查德·佩杜奇、让-米歇尔·威尔莫特等人提议在卢浮宫内设置公众座椅，监察人员同样可以使用。

参见词条：查理十世长廊、博物馆工作人员、方形沙龙、休息厅

莫里哀 ｜ Molière

（巴黎，1622——巴黎，1673）

莫里哀原名让-巴普蒂斯特·波克兰。1658 年 10 月 24 日，他首次为路易十四在卢浮宫（最有可能是在卡娅第德厅）演出，当时他表演的《恋爱的医生》改编自《医生的爱情》。1659—1664 年，他的团队一直在小波旁剧院（后来这里因建柱廊而被拆毁）演出戏剧。1664 年 1 月 29 日，莫里哀在自己公寓（位于方形中庭南翼一层）的会客室为太后演出了《强迫的婚姻》，并在剧中扮演斯卡纳赖尔一角。路易十四还化妆成埃及人，在这部芭蕾化妆剧的第二幕中跳起了舞蹈。

莫里哀原本一直住在卢浮宫周围，但自《无病呻吟》第四次演出后，他由于身体不适，便搬至现在的黎塞留大街，并一直住到去世。拿破仑三世时期卢浮宫的建筑师路易·维斯孔蒂在莫里哀大街的拐角为他建造了一座喷泉，喷泉上刻着莫里哀的大名，以纪念这位伟大的喜剧大师。

参见词条:卡娅第德厅、柱廊、方形中庭、路易十四

莫里恩(尼古拉-弗朗索瓦;或弗朗索瓦-尼古拉) ｜ Mollien(Nicolas-François ou François-Nicolas)

(鲁昂,1758——巴黎,1850)

卢浮宫不仅有莫里恩翼楼、莫里恩馆,还有莫里恩楼梯,那么,这位在卢浮宫备受尊敬的莫里恩究竟是何许人也? 其实,他就是拿破仑时期正直能干的国库总管,也就是现在所说的财政部长。

莫里恩的儿子加斯帕尔-泰奥多尔曾在梅杜萨军舰上工作,根据《19世纪通用大辞典》的记载,他"历尽千辛万苦",仅凭一艘小船就占领了塞内加尔港。

参见词条:翼楼、切利尼:《枫丹白露的仙女》、夏多布里昂、楼梯、画廊、吉里柯:《梅杜萨之筏》

《蒙娜丽莎》 ｜ Mona Lisa

参见词条:雷奥纳多·达芬奇:《拉若孔德》

莫奈(克洛德-奥斯卡)/《翁弗勒尔港·雪》 ｜ Monet (Claude-Oscar)/*Environs de Honfleur. Neige.*

(巴黎,1840——吉维尼,1926)

布上油画;叙利馆三楼C展厅,伊莲娜与维克多·里昂捐赠

H. 0. 81;L. 1. 02;S. b. g. :Claude Monet;R. F. 1961 - 60

莫奈的这幅画存放在卢浮宫而不是奥塞博物馆。此画绘于1867年,画中盖满雪的小路一直通往翁弗勒尔港。为什么它会在卢浮宫呢? 这幅画原属于维克多·里昂的收藏(维克多·里昂:1878—1963,其妻伊莲娜:1883—1946),他们夫妻共收藏了65幅油画和3幅色粉画。1961年,这些画在保留用益物权的前提下在

卢浮宫展出;1977 年,里昂的儿子爱德华去世时,根据父母的遗嘱将它们全部捐赠给卢浮宫。里昂的收藏中不仅有许多威尼斯画派的作品,还有一些印象派的画作,其中就包括莫奈这幅并不出名的《翁弗勒尔港·雪》。

这幅雪景画面逼真,人迹罕至,虽有些大而化之,却丝毫不失宁静的意境。

参见词条:捐赠人、奥塞博物馆、用益物权

《蒙娜丽莎》│ Monna Lisa

注意:意大利语中的 Monna 是"猴子"的意思。

参见词条:雷奥纳多·达芬奇:《拉若孔德》

莫诺(皮埃尔-艾蒂安)│ Monnot(Pierre-Étienne)

参见词条:莱姆(法布里奇奥和菲亚梅塔)

画家的花体缩写签名 │ Monogrammistes

一些十分著名的缩写签名是由艺术家姓名的首字母组成的,如 A. D. 就代表阿尔布雷克特·丢勒(Albrecht Dürer)。不过,有时我们无法通过缩写签名确定艺术家的真实身份,如布伦瑞克博物馆收藏的一幅《待客宴会》,根据画上的缩写签名,我们无法得知作者的身份。卢浮宫也收藏了两幅这位画家的作品:《亚伯拉罕把以撒献为燔祭》和《耶稣受难像》(黎塞留馆三楼第 9 和 10 展厅)。画家生活在 16 世纪的安特卫普,很可能就是扬·凡·阿姆斯特,而不是扬·凡·汉梅森。

参见词条:佚名作品、安特卫普、艺术品的归属、约定代称

新院士入院作品 | Morceau de réception

若论拉吉利埃的《勒布朗像》(1686)、华托的《舟发西苔岛》(1717)、夏尔丹的《鳐鱼》和《冷餐台》(1728)、罗萨尔巴·卡列拉表现"阿波罗身后带着桂冠的仙女"的蜡笔画(作于 1720,1722 年提交)、佩列格里尼的《爱神学习绘画》(1733)、格勒兹的《塞普蒂米·塞维鲁谴责卡拉科拉》(1769)以及达维特的《安德洛玛刻悲悼死去的赫克托耳》(1783)这些作品的共同之处,其实它们都是艺术家们进入皇家绘画与雕塑学院的入院作品。一位艺术家要想真正进入学院,其作品必须得到认可方能入院(弗拉戈纳尔凭借一幅出色的《卡利罗厄和克雷苏斯》获得学院的认可,但遗憾的是画家却未提交他的入院作品)。艺术家需从学院院士们拟出的一个或多个题目(一般会考虑申请入院者的特长)中选择主题创作一到两件作品(画作、雕塑或雕刻),提交的作品得到接纳后方可入院。

最早的入院作品可追溯至 1648 年学院成立之时,是路易·泰斯特林一幅不知名的画作;第 399 件也是最后一件入院作品则是让-雅克·弗提于 1791 年提交的,现藏于明尼阿波利斯学院。

1792 年,皇家绘画与雕塑学院在达维特的压力下最终解散。

17 世纪后半叶到 18 世纪以来,几乎法国所有的大画家都是皇家绘画与雕塑学院的成员。他们的入院作品如今分散保存在卢浮宫、凡尔赛宫(特别是艺术家的肖像)、国立高等美术学院和一些外省博物馆(主要在图尔和蒙彼利埃)。有时还会不定期将它们放在一处(国立高等美术学院)展览。当代较著名的艺术家如布歇等有时也会提供他们的作品,但却少有佳作;剩下的就更不值得一提了。在卢浮宫保存的新院士入院作品中,我个人尤其钟爱让-巴普蒂斯特·桑泰尔的《沐浴的苏珊娜》(1704),诺埃尔·阿雷的《弥涅耳瓦和玛尔斯的争执》(1748,叙利馆三楼第 35 和 46 展厅)和让-巴普蒂斯特·勒尼奥的《人马喀戎教育阿喀琉斯》(1783,德农馆二楼第 75 展厅)。

参见词条: 皇家绘画与雕塑学院, 亚当(尼古拉-塞巴斯提安):
《被缚的普罗米修斯》, 夏尔丹:《鳐鱼》、方形沙龙、华托:《舟发西苔
岛》

莫罗-内拉东(艾蒂安) │ Moreau-Nélaton(Etienne)

(巴黎, 1859——巴黎, 1927)

几乎绘画部所有新上任的秘书都会犯同样的错误, 认为艾蒂
安的名字是因为"莫罗生于拉东"。随后, 他们还会在有经验的研
究员面前炫耀这一发现。

其实, 艾蒂安的祖父阿道夫·莫罗(1800—1859)和父亲(也名
叫阿道夫, 1827—1882)都是收藏家, 他姓氏中的内拉东是来源于
他的外祖父(外科医生奥古斯特·内拉东)。艾蒂安曾就读于高等
师范学校, 他不仅是一位画家、雕刻家、广告画师、陶瓷技师和著名
的艺术史学家(专攻法国 16 世纪), 还是一位高层次的收藏家。他
为柯罗、马奈、德拉克罗瓦、米莱等人撰写的专著至今仍影响深远。
1906 年, 他捐给卢浮宫的 100 幅画作中有 37 幅都是柯罗最著名
的传世之作。其中, 我尤其喜爱《维蒂达》(夏多布里昂《殉教者》的
女主角), 但《纳尔尼河上的桥》、《沙特尔大教堂》和《芒特桥》也属
上乘之作。随后, 艾蒂安于 1919 年和 1927 年又向博物馆捐赠了
3000 幅藏品, 其中包括 1500 幅德拉克罗瓦的画、琼康的水彩画、
100 本素描和一些艺术家的亲笔手稿。他捐赠的印象派画作(马
奈的《金发妇人的裸乳》和《草地上的午餐》——后者 1900 年时的
价格是 55000 法郎, 莫奈的《虞美人》)如今都在奥塞博物馆展出。

艾蒂安的妻子和母亲(陶瓷技师卡米耶·内拉东)在 1897 年
慈善市集的大火中去世时恰逢一战前夕, 彼时, 由于艾蒂安正肩负
着为国家收集艺术品的重任, 根本无暇顾及家人。

艾蒂安·莫罗-内拉东果真独具慧眼吗? 答案是肯定的, 他选
择收藏柯罗、德拉克罗瓦、米莱、皮维·德·夏凡纳和第一代印象
派画家作品的行为的确深受后人赞赏。他拥有的《毛利人的古代

祭祀》是高更所有水彩画集中最"现代"的一本。不过,遗憾的是,他的藏品中缺少德加、塞尚、修拉、雷诺阿、莫奈(后期)和梵高的作品。

由于受到时代的影响,艾蒂安·莫罗-内拉东独独钟爱印象派早期的作品,因而难以接受 19 世纪末到 20 世纪初印象派大胆的画风,但他毫无疑问称得上是卢浮宫最受欢迎的收藏家之一。

1991 年,巴黎大皇宫举办了一场纪念艾蒂安的展览。

参见词条:柯罗、捐赠人、奥塞博物馆

以原作为模型的雕塑复制品 | Moulage

除了美术学校以外,大部分博物馆在 19—20 世纪时都会展出一些以古代和意大利文艺复兴时期著名作品为模型的雕塑复制品。这些复制品在当时是具有一定教学意义的,卢浮宫的马奈热展厅就曾长期用来展览和销售这类作品。如今,这类复制品大多已被毁坏或丢弃,因而在博物馆已经很少见了。卢浮宫用来复制的模型也在逐渐减少(最后一件保存在东方文物部,叙利馆一楼第 16 展厅),未来或许会在凡尔赛宫的皇家马厩修建博物馆集中展出这些复制品吧。由于越来越多的博物馆更加倾向于原作,而参观者们也希望能看到唯一的那个"真品"(既然在雅典、罗马或佛罗伦萨就能欣赏到原作),它们存在的必要性也就大大减小了。

卢浮宫的雕塑复制工坊(现在在圣丹尼斯)成立于 1794 年,1921 年以后直接归入国家博物馆联合会管辖。这里拥有大约 6000 件以原作为模型的雕塑复制品。在卢浮宫的商店里,您可以买到《萨莫色雷斯的胜利女神》(树脂材料,高 10cm/59 欧,高 50cm/450 欧)和《皮翁比诺的阿波罗》(H. 128cm,1880 欧/内石膏＋外青铜,4980 欧/树脂)。

如果您对卢浮宫的雕塑复制工坊感兴趣,可以参考弗洛伦斯·里内特的著作《1794—1928 年间卢浮宫博物馆的雕塑复制工

坊》(1996)。

参见词条：《皮翁比诺的阿波罗》、书店、被占领时期的卢浮宫、雷尼耶(亨利·德)、国家博物馆联合会、《萨莫色雷斯的胜利女神》

牟利罗(巴托洛梅·埃斯特邦)/《伊尼戈梅尔乔·费尔南德斯·德·维拉斯科(马德里，1629—马德里，1696)像》，又名《塞维利亚绅士》｜Murillo(Bartolomé Esteban)/*Portrait d'Inigo Melchior Fernández de Velasco (Madrid，1629—Madrid，1696) dit Le Gentilhomme sévillan*

(塞维利亚，1618——塞维利亚，1682)

布上油画；德农馆二楼第 26 展厅

H. 2. 08；L. 1. 38；R. F. 1985 - 27

这是我在卢浮宫最不愉快的记忆(还有 1998 年 5 月 2 日，柯罗的《塞伏尔的小路》被盗，当时我是馆长)。1985—1988 年，我无辜被牵连进一桩诈骗遗产、违法出口的案件中，但最终我并未被起诉。在此，我想对那些曾经帮助过我的同事和让-丹尼斯·布雷丁表示深深的谢意，他们肯站出来为我作证，还带我面对媒体(特别是那些对我落井下石的报纸)……我一直在想，为什么这些人不调查就立刻下结论？为什么不先找找自己的错误？不过，胜利的时刻终会来到，我最终无罪释放。

牟利罗的肖像画并不多，这幅油画可谓是其中的经典之作。以前它悬挂在卢浮宫的梅迪奇画廊，现在被收入牟利罗展厅。这幅画的经典之处在于色彩的和谐运用：人物服装与旗帜的灰色和黑色自然融合，还有淡黄色的手套、腰带上的银环与装饰有黑色勋带的白袖子也给我们留下了深刻的印象。

参见词条：里贝拉(何塞·德)：《跛足孩子》、不愉快的记忆

博物馆 ｜ Musées

参见词条：装饰艺术博物馆、查理十世长廊、民族博物馆、国家影像美术馆、卢浮宫、卢森堡博物馆、海军博物馆、伦敦国家美术馆、橘园美术馆、奥塞博物馆、毕加索博物馆、君主博物馆、伦敦泰特美术馆

博物馆志和博物馆学 ｜ Muséographie, muséologie

博物馆志记录的是博物馆及其藏品的历史。不过，要想为卢浮宫书写馆志却是一件相当复杂的事情。以克里斯蒂亚娜·欧拉尼耶的著作为例：她在书中介绍了卢浮宫最负盛名的几间展厅并回顾了卢浮宫历史展厅（叙利馆一楼和二楼间的夹层，现正考虑搬迁）的产生，但遗憾的是，这本书并没有获得预想的成功（929 页有我在本书中所引用的书籍目录）。

博物馆学是一门涉及博物馆藏品保存和展示的学科。这是一个很宽泛的主题，就像儒尔丹先生说的，研究员们虽然每天都使用博物馆学的知识，却不一定真正了解这门学科。如果非要说这是一门科学的话，它追求的不过是保持藏品的真实，至少是其当下的原貌。近半个世纪以来，博物馆志和博物馆学的教学已经逐渐普及，因为这的确是一件很有意义的事。

参见词条：博物馆研究员、品位、卢浮宫历史展厅

中央艺术博物馆 ｜ Muséum

参见词条：卢浮宫、法国大革命

音乐 ｜ Musique

这个话题用一本书也讲不完。首先，皇家会在卢浮宫和杜伊

勒里公园举办音乐会,这个惯例一直持续到路易十四迁往凡尔赛宫。今天,许多世界著名的音乐会、独奏会和独唱会都在音乐厅举行。卢浮宫许多艺术品也与音乐有关,它们描绘了音乐家(安格尔的《凯鲁比尼》、德拉克罗瓦的《在土耳其的肖邦和保罗·巴洛伊特》、库尔贝的《柏辽兹》——这幅画藏于奥塞博物馆)、著名(夏尔-安东尼·夸佩尔的《嘉约特》)或不著名(维尼翁的《年轻的歌者》)的歌唱家、音乐会(提香)、音乐课(勒南、瓦伦汀)、稀有(坦布尔①、夏乐密②、短双颈鲁特琴、八音琴或古罗马号角)或普通(各种古提琴、长笛、竖琴以及琴鸟)的乐器;有以乐器为主题的静物画(夏尔丹、安妮·瓦莱尔-科斯特③、德拉波特),也有音乐寓意画;其他主题还包括缪斯女神(勒·叙厄尔的《埃拉托》《卡利欧碧》《波莉姆妮娅》和《欧特碧》)、神(阿波罗、奥菲斯④和可怜的尤丽狄丝)和圣人(特别是多米尼克的《圣塞西尔》)。

1982年,马可·明可夫斯基创立了一支演奏巴洛克音乐的乐队,名叫"卢浮宫的音乐家"。这个名字有何缘由呢?因为创始人明可夫斯基就住在卢浮宫对面。乐队的名字现在如此,以后或许也不会变。当然,这支乐队并不属于卢浮宫。

参见词条:演播厅、肖邦、《田园合奏》、朗贝尔(府邸)、利奥塔尔(让-艾蒂安)、瓦伦汀(德·布伦)、维尼翁(克洛德)

---

① Tanbur,中东、中亚的一种乐器。——译注
② 原文为 Chalemite,可能是 Chalemie 的笔误,即一种类似笛子的古乐器。——译注
③ Anne Vallayer-Coster(1744—1818),法国画家。——译注
④ 奥菲斯(Orpheus)是希腊神话中的乐神,其妻是美丽水神尤丽狄丝(Eurydice),两人时相唱和。——译注

拿破仑一世 | Napoléon Ier

（1821年5月5日在圣赫勒拿岛逝世）

参见"波拿巴（拿破仑）"

一直以来，拿破仑对卢浮宫的贡献都是无人能及的。他不仅用自己的名字为卢浮宫博物馆的前身（即1803年的拿破仑博物馆）命名，还希望将卢浮宫打造成"世界上最美的博物馆"。但几年以后（拿破仑失势前曾接待过著名艺术史学家瓦根，后者对拿破仑很是崇敬，撰文记载了拿破仑光辉的人生。从他的文章中我们了解到：拿破仑从易北河回到法国，经历滑铁卢之役战败后，反法联盟仍不愿离开法国），许多从前被拿破仑从欧洲各国掠夺进卢浮宫的艺术品都物归原主。除此以外，还有其他一些关于拿破仑的珍贵文献（参见词条"德农"），如威灵顿公爵写给卡斯尔雷的信，公爵在信中描述了法国向各国归还艺术品时拿破仑的精神状态。

拿破仑还委托佩西耶和封丹改造了卢浮宫的建筑（如方形中庭，1807年开始建造的拿破仑翼楼，卡鲁塞勒的凯旋门）和室内装潢（古董陈列室）。

他一直希望（在此处，我借用S.拉韦西埃在《拿破仑与卢浮宫》（巴黎，2004）一书中的说法）展示"帝国行动正义的一面，就像嗜血的玛尔斯在弥涅耳瓦和阿波罗面前定会黯然失色一样，《民法典》的发行也可以用来掩盖军事侵略的不正义性"。1812年2月，拿破仑放弃了在卢浮宫建造皇家居所的想法，并打算把它建成专门的博物馆。

他的确一直都在为卢浮宫添砖加瓦，却又不断地向卢浮宫索取，所以他对卢浮宫的所作所为其实是复杂而矛盾的。

下面这些事件或许能让您的想象更加真实：1800年11月7日，卢浮宫的古董陈列室正式成立（当时是波拿巴统治时期）；1810年4月2日，拿破仑和玛丽·露易丝在方形沙龙举办结婚仪式，婚礼队伍穿过了大画廊，新婚当晚，二人还参观了摆放《拉奥孔》雕塑的展室；1811年3月20日，未来的罗马国王在杜伊勒里宫出生。

虽然拿破仑与达维特关系暧昧，还宣扬拿破仑主义（卢浮宫就是很好的见证，或许我应该在格罗的《拿破仑视察雅法鼠疫病院》（德农馆二楼第77展厅）的说明牌上特别指出这一点），但他购买了波尔格塞的藏品，大大丰富了卢浮宫（1815年以前）的艺术品（如委罗内塞的《迦南的婚礼》）数量。不过，对于拿破仑、约瑟芬和玛丽·露易丝三人的个人品位，以及众所周知的拿破仑"帝国风格"式审美，我表示不敢苟同。

参见词条：卡鲁塞勒凯旋门、艺术家画室、波拿巴（拿破仑）、波尔格塞收藏、拉莎佩尔厅、拿破仑庭、达维特：《加冕礼》、德拉克罗什（保罗）、德农、大画廊、拿破仑厅、法兰西研究院、《拉奥孔》、勒莫（弗朗索瓦-弗雷德里克）、中央艺术博物馆、佩西耶和封丹、方形沙龙、杜伊勒里宫

拿破仑三世 ｜ Napoléon III

（巴黎，1808——英国契彻赫斯特，1873）

法兰西第二共和国成立以后，革命政府决定施行亨利四世的"大计划"。路易-拿破仑·波拿巴当选为共和国总统后，又顺理成章地成为第二帝国的总统。他推行新征购令后，卢浮宫与杜伊勒里宫之间的破旧房屋得以被拆除，为"大计划"的实施扫清了障碍。

路易·维斯孔蒂（1791—1853）被任命为"大计划"的总建筑师，实际执行计划的则是其继任埃克托耳·勒菲埃尔（1810—1880）。该计划包括扩建里沃利大街边始建于拿破仑时期的翼楼，连接卢浮宫与杜伊勒里宫，以及在两翼楼间方形中庭的基础上修建一个新的庭院。

这个伟大的建筑计划从1852年7月25日动工到1857年8月14日完工只用了短短5年左右的时间，创下了一项新的记录。拿破仑庭北面和南面的展馆分别以王朝大臣（黎塞留、柯尔贝尔、杜尔哥）和第一帝国主要官员（达鲁、德农、莫里恩）的名字命名，东

面的钟表馆则取名为叙利馆。

除此以外,勒菲埃尔还重修了大画廊西侧,抢救了濒临倒塌的花神馆,并分别在卢浮宫的里沃利大街和塞纳河畔修建了通向卢浮宫宫内的拱顶狭廊,新建了会议厅,最后还依照花神翼楼的样子修建和装饰了拿破仑翼楼,令二者遥相呼应。

重建计划完成后,拿破仑三世住在杜伊勒里宫,不同的行政部门则分布在卢浮宫里办公。帝国大臣们的居所位于黎塞留翼楼二层,其装潢可谓是当时的典范。当时,这种装修风格虽然一直都令拿破仑三世嗤之以鼻,但在今天却极为盛行。

拿破仑三世在位期间不仅得到了坎帕纳侯爵的藏品,还建立了"君主博物馆"。

这项"大计划"从提出到最终实现经历了两个半世纪的时间,其辉煌的成就却未能流芳百世。1871 年 5 月 23 日,杜伊勒里宫被一场大火烧毁了。

参见词条:拿破仑三世的套房、坎帕纳长廊、花神翼楼和花神馆、"大计划"、大画廊、通向卢浮宫宫内的拱顶狭廊、勒菲埃尔、展馆、黎塞留翼楼、会议厅、君主博物馆、杜伊勒里宫

伦敦国家美术馆 | National Gallery de Londres

这个问题或许无人讨论,但每个人应该都会有这样的疑问:在诸多世界一流的博物馆中,谁收藏的绘画最全面、最丰富、种类最多? 谁拥有的画作质量最高、最令参观者赞赏? 伦敦国家美术馆和卢浮宫谁才是博物馆之最(排第三位的博物馆争议较大)呢?

伦敦国家美术馆成立于 1842 年。大不列颠皇室的珍贵艺术品(至今仍属私人所有)大部分都收藏在温莎和汉普顿的宫廷里,所以位于伦敦的国家美术馆拥有的皇室藏品,或革命时期来自教堂、修道院和流亡贵族的查封品,抑或拿破仑没落后归还的战利品(远不及外界特别是意大利人想象得多)的数量并不多。

然而,伦敦国家美术馆在某些方面的馆藏确实比卢浮宫丰富,

如意大利文艺复兴时期的画作（弗拉芒画派的作品大多已返回柏林的博物馆）、荷兰画派黄金时代的作品以及西班牙画作（如委拉斯凯兹）等。诚然，18世纪时通过华莱士的捐助，卢浮宫将大部分法国绘画都纳入馆藏，但不可否认的是，卢浮宫所拥有的弗拉芒画派作品（《梅迪奇画廊》）的数量与伦敦国家美术馆相比并无太大优势，我们仅仅在17世纪意大利画作的（艺术史学家丹尼斯·马洪爵士也捐赠了其藏品）馆藏数量上超过了对手而已。

　　不过，我们也要为卢浮宫正名：卢浮宫既是皇宫又是博物馆。它不仅继承（让·古戎、罗马内利）和发展了（德拉克罗瓦、卡尔波、布拉克、安塞尔姆·基弗）以前的部分雕塑与绘画装饰，还带有浓厚的皇家印记（里奥纳多、16世纪的威尼斯画派、普桑），并且一直致力于全面收藏各个门类领域的艺术品（正如德农所期望的那样）。事实上，19—20世纪大部分时间里，由于缺乏信誉、野心和优秀的研究员（我们的理想人选是柏林博物馆的威廉·冯·博登），卢浮宫与许多收藏德国、美国画作的良机擦肩而过。不过，捐助者（拉·卡泽、莫罗-内拉东、汤米·锡莱、罗斯柴尔德、卡蒙多、大卫-韦尔、考夫曼和施拉格特等，我为每个人撰写了简介）的藏品和卓有成效的新立法（以画抵债，再成为国宝）却也弥补了一些缺失（皮埃罗·德拉·弗朗切斯卡、萨恩勒丹①、静物画，还有凯泽和马萨乔）和某些方面（19世纪国外的收藏）的不足。

　　卢浮宫在画作尺寸方面也超越了伦敦国家美术馆。一说到"大尺寸"绘画，我们马上就会想到勒布朗、达维特、吉里柯、德拉克罗瓦等，而卢浮宫同样还拥有许多意大利画家（如契马布埃、乔托、委罗内塞、卡拉瓦乔、皮亚泽塔，但遗憾的是没有提埃坡罗的画）和弗拉芒派画家（鲁本斯）的巨幅画作。

　　其实，这些都有些自吹自擂。参观伦敦国家美术馆是免费的，而朝着绘画博物馆方向发展的卢浮宫却是付费的。如此看来，二者中到底谁才能真正达到教育的目的呢？伦敦国家美术馆的画作

---

① Pieter Jansz Saenredam（1597—1665），德国黄金时代画家。——译注

数量不过只有 2000 幅,而卢浮宫共展出 3150 幅画作,这是否太多了呢? 伦敦国家美术馆的画作是按年代编排的,所有派别混杂展出,而卢浮宫由于展厅位置的限制则将各个派别(仅限于绘画作品)分别陈列。那么,如何解决画作在外省的储藏问题呢? 对于卢浮宫而言,到底应该搜集已有画家的其他作品还是尽力丰富画家的数量呢?

实际上,这两个博物馆存在类似的问题(卢浮宫的常客,空间扩充,当代作品展的角色与地位,资金自筹,藏品的丰富,对于科学和管理的需求),那么,它们今后该如何发展呢?

最后,我想谈谈伦敦国家美术馆的巨幅镇馆之作:塞巴斯蒂亚诺·德尔·皮翁博的《拉撒路复活》。这幅原本放置在纳博讷教堂祭坛背后的装饰画是摄政王(即奥尔良公爵)去世前购买的藏品。1791 年,包含这幅画在内的奥尔良公爵的收藏从法国流失出去。后来,这幅作品被约翰·朱利叶斯·安格斯坦收藏,最终于 1824 年进入伦敦国家美术馆。1799 年,卢浮宫得到了第一幅捐赠画作——杰拉尔·杜的《患水肿的女人》,它原是撒丁岛国王赐给克洛泽尔总督的奖励,而总督转手即赠给了卢浮宫。除了均为博物馆偶然之所得以外,这两幅画再无其他交集,但正是这样的偶然才构成了两个博物馆点点滴滴的历史。

参见词条:克洛泽尔(贝尔特朗)、雷奥纳多·达芬奇:《拉若孔德》、洛林

《娜芙蒂蒂》 | Néfertiti

埃及文物部;石英岩;叙利馆二楼第 25 展厅 3 号橱窗
H. 0. 29;E. 25409

虽然缺少一只手臂、一双手,也没有头部和双腿,可她(她一定是娜芙蒂蒂吗?)却是如此地令人着迷⋯⋯这尊红色石英质地的娜芙蒂蒂雕像可追溯至公元前 1365—1349 年的阿玛纳时期。娜芙蒂蒂是阿美诺菲斯四世(阿肯那顿)的妻子,为法老生育了 6 个女

儿。雕像中的她穿着轻薄光滑的贴身长裙,姣好的身材也因此显露无遗。她的胸部小巧可爱,腹部略微隆起,有力的大腿与纤弱的肩膀形成了鲜明的对比,就连肚脐也是那样的精致……

1956年卢浮宫购买这尊雕塑真是个明智的决定。

参见词条:《阿美诺菲斯四世》、肚脐

夜景画 ｜ Nocturnes

安特卫普的风格主义画家、北欧卡拉瓦乔画派画家、伦勃朗、乔治·德·拉图尔(别忘了《带烟斗的静物画》和叙利馆三楼第28展厅的路易·勒南的《警卫队》)以及其他许多画家都曾画过夜景画。这类画的背景一般都是壁炉里的火光、蜡烛的火焰或是烟花绚烂的天空。

如今,"夜景"这个词也被赋予了新的含义,那就是"卢浮宫的夜景"。由于某些限制,很长一段时间内画家们只能根据想象描绘卢浮宫夜晚通电时明亮的景象。后来,法国国家博物馆的负责人亨利·凡尔纳令这一想象成为现实。1936年3月8日以后,每逢人民阵线党选举胜利纪念日的前夜,卢浮宫都会整夜灯火通明。

夜景画很受年轻人的欢迎。每周三和周五,卢浮宫全部或部分的展厅会开放至夜晚22点,令画家们可以尽情绘制卢浮宫的夜景。卢浮宫每年还参加著名的"博物馆之夜"活动。

参见词条:安特卫普、电气化、凡尔纳

肚脐 ｜ Nombril

若问卢浮宫最美的肚脐在哪里?毫无疑问,马蒂欧·勒南(Mathieu Le Nain,1607—1677)精雕细刻的《胜利女神像》(叙利馆三楼第28展厅)一定当之无愧。这尊雕塑必会令您在卢浮宫的参观更加轻松有趣(此处参见词条"猫"、"马"、"手"、"眼睛")。不过,我并不完全赞同这种普雷韦尔清单式的参观方法——分别以

蜡烛、帽子、贝壳、地图、臀部、头部、胸部、颈背、狩猎、捕鱼、酒，或较为严肃的死亡、季节、笑容等内容进行主题式参观。

参见词条:《娜芙蒂蒂》

约定代称 │ Nom de commodité

当某些画作的作者身份不能确定时，我们会对比它与其他作品的共同点，根据细节(如耳朵等)、风格和手法将其归类。因此，在最终找到匿名画家真实姓名之前，我们便以其约定的代称(德语是 Notnamen)来称呼他。

大部分中世纪文艺复兴初期和卡拉瓦乔派(也可看作一个大的时期)画作的作者都有自己的约定代称。我记录了其中的一些画家(参见词条"画师")，但并不全面。

我个人非常喜欢"顽童画师"的绘画风格，他将幼年的耶稣描绘得活灵活现，现在我们大多认为这位画家应是来自佛罗伦萨的斯塔尔尼那(Starnina，坎帕纳侯爵收藏了一些他的作品，如今陈列在阿维尼翁的小宫博物馆)。

"蜡烛画师"的一部分作品应该是与特罗菲姆·比格①的画混淆了。我们最近才确定"所罗门审判画师"的作品实际上是里贝拉定居那不勒斯之前在罗马完成的画，但《萨拉切尼的寄宿生》的作者身份仍然是个谜。

参见词条:佚名作品、艺术品的归属、《手执酒杯的男人》、拉克洛特(米歇尔)、画师、画家的花体缩写签名、里贝拉

11 月 │ Novembre

1793 年 11 月 18 日，中央艺术博物馆正式向公众开放;1993年 11 月 18 日，黎塞留翼楼正式开放，当日，在玻璃金字塔下揭幕

---

① Trophime Bigot (1579—1649/50)，巴洛克时期的法国画家。——译注

的一块铜版雕刻画记录了当时的事件,板上刻着:"共和国总统弗朗索瓦·密特朗先生于1993年11月18日主持了黎塞留翼楼的开放仪式,翼楼将全部用于卢浮宫博物馆的藏品展出。"

实际上,中央艺术博物馆早于1793年8月10日就正式开放了,当时正值夺取杜伊勒里宫和推翻王权一周年之际,但由于彼时艺术品还未摆放到位,所以才在几个月后举行象征性的开幕仪式。

参见词条:密特朗、中央艺术博物馆、关于"金字塔"的争议、黎塞留翼楼

裸体画 | Nu

每个博物馆都有自己的"裸体女神",她们都是绘画中最完美的杰作(提香的《乌尔比诺的维纳斯》,藏于乌菲兹美术馆;乔尔乔内的《睡着的维纳斯》,藏于德累斯顿的历代大师美术馆;委拉斯凯兹的《镜前的维纳斯》,又名《维纳斯对镜梳妆》,藏于伦敦国家美术馆;戈雅的《裸体的马哈》,藏于普拉多博物馆;马奈的《奥林匹亚》,藏于奥塞博物馆;库尔贝的《睡女》,又名《沉睡》,藏于巴黎小宫博物馆;雷诺阿的《大浴女》,藏于费城艺术博物馆;凯博特的《长沙发上的裸女》,藏于明尼阿波利斯艺术博物馆)。而对于卢浮宫的"裸体女神"而言,我很难在伦勃朗和安格尔间作出选择,因为虽是相同的主题,他们诠释和表现的方式却是完全相反的。

P.S.思考过后,我决定选择柯雷乔的《睡美神安提俄珀》(德农馆二楼大画廊)。

参见词条:柯雷乔:《睡美神安提俄珀》、安格尔:《瓦尔班松浴女》、《土耳其浴女》、伦勃朗:《沐浴的贝莎蓓》

工艺品部，简称 O. A. | Objet d'art (département des) , dit usuellement O. A.

工艺品部的历史绝非三言两语即可说清，因为不同时期其藏品也截然不同。如今，工艺品部主要收藏象牙，珐琅制品，家具，小型青铜器，地毯，金银器，陶瓷，玻璃制品，彩釉陶器，鼻烟盒，手表，以及路易十四收藏的宝石和皇室王冠上的珠宝，以此显示其藏品的多样性。

一直以来，工艺品部都以收藏从中世纪到 1850 年左右所谓的"装饰艺术品"（或"二流艺术品"）为主，并不包括一般意义上的主流艺术，如建筑、绘画、雕塑等。

卢浮宫并不是一开始就有八个部门。最初，卢浮宫只有绘画部与古董部（实际上收集除油画和素描外的其他文物）两个部门，后来为了简化，便逐渐分出埃及文物部（1826），工艺品部（1855—1863），雕塑部（开始形成于 1848—1849 年，最终于 1871 年正式成立）和东方文物部（1881）。书画刻印艺术部独立于 1989 年，而伊斯兰艺术部成立的时间则更晚（2003）。

想要统一工艺品部这个藏品混杂的整体看起来似乎是件非常困难的事，不过历任部长的表现都非常出色。工艺品部的展厅集中在黎塞留翼楼（1993 年建成）的二层，展品均按照年代摆放，其中还包括拿破仑三世的套房。最近，阿波罗长廊重新开放，展出了王冠上的饰物和宝石。而就在我撰书的此刻，方形中庭二楼用于展出 18 世纪法国家具的展厅正在关闭等待修复（其资金大部分来源于亚特兰大展览），负责修复工作的有奥雷里奥·卡菲提、雅恩·柯若恩、劳伦斯·卡米纳提和卡尔罗·贝尔特利，我们将会耐心等待这些展厅重新开放。

我不会在本词典中介绍工艺品部的代表作，特别是 18 世纪法国家具和古代金银器。原因只有一个：若是这些杰作（如罗斯柴尔德捐赠的巴里·德·卡琳夫人的衣柜,安特诺·帕蒂诺捐的奥古斯特、巴尔扎克和奥迪欧曾用过的菜盆,让·杜克罗莱的咖啡磨)根本不会展出(就我所知,起码暂时如此),那也就没有炫耀的必要了。

参见词条:《叙热的鹰》《天使头像》、拿破仑三世的套房、亚特兰大、《马克西米利安狩猎图》富凯(让):《自画像》、阿波罗长廊、路易十四、芒戈(皮埃尔)、《蛇纹石圣盘》《摄政王钻石》《桑西钻石》《圣路加》、索瓦吉奥(亚历山大-夏尔)、挂毯、《带凹槽的椭圆形花瓶》《圣礼拜堂的圣母圣子图》

慧眼 │ Œil

卢浮宫研究员最可贵的品质就是能够具有一双识别珍宝的"慧眼",但这必定是日常训练(用各种各样的黑白照片、产品目录、杂志和工艺品练习鉴别,到各个卖场、跳蚤市场、教堂和展览会实地考察,拜访收藏家,特别是参观世界各地博物馆的开放展厅和贮藏室)积累的结果。

总之,想要独具"慧眼"就必须勤学苦练。

参见词条:博物馆研究员、眼睛

奥林匹亚/《奥林匹亚宙斯神庙西面起第三个排档间饰:赫拉克勒斯与斯廷法利斯湖怪鸟》│ Olympie/ Troisième métope ouest du temple de Zeus à Olympie: Héraclès et les oiseaux du lac Stymphale

希腊、伊特鲁里亚及罗马文物部;德农馆一楼第4展厅

约公元前460年;帕罗斯岛大理石

H. 1.57;Ma. 717 A. ,B. ,C.

奥林匹亚/《奥林匹亚宙斯神庙西面起第四个排档间饰：赫拉克勒斯与克里特公牛》│ *Olympie/Quatrième métope ouest du temple de Zeus à Olympie：Héraclès et le taureau de Crète*

约公元前 460 年；帕罗斯岛大理石；德农馆一楼第 4 展厅

H. 1. 14；L. 1. 52；INV. 716

1830 年，希腊刚刚独立时，希腊参议院将两块伯罗奔尼撒的奥林匹亚排档间饰送给卢浮宫以感谢法国对其的军事援助。这两块排档间饰发现于 1829 年，是 A. 布鲁埃在奥林匹亚宙斯神庙后殿的废墟中找到的。

两块大排档间饰上分别雕刻着赫拉克勒斯杀死斯廷法利斯湖怪鸟和克里特公牛的壮举，体积庞大但并不完整。

我非常喜欢雕像上的雅典娜，她留着短发，正准备奋力战胜没有被赫拉克勒斯杀死的斯廷法利斯湖怪鸟。她坐在面朝赫拉克勒斯的一块峭壁上，神情专注而凝重，严肃的面部线条（首先映入眼帘的是她的轮廓，右边就是她的头部了）被雕刻得栩栩如生。

橘园美术馆 │ Orangerie(musée de l')

顾名思义，橘园美术馆以前曾被用来在寒冷的冬天储存杜伊勒里宫的橘树。如今，橘园美术馆存放着巴黎的七大奇迹之一：克洛德·莫奈的《睡莲》。美术馆为莫奈修建了两个展室（落成仪式上还邀请了莫奈的拥护者乔治·克列孟梭[①]）用来展览其作品，但不幸的是画家在展室成立几个月后就去世了。

橘园美术馆与卢浮宫关系匪浅：普鲁斯特曾于 1921 年 5 月抱

---

①   Georges Clemenceau(1841—1929)，人称"法兰西之虎"，法国政治家和新闻工作者。——译注

病到橘园欣赏维米尔的《荷兰代夫特》；1934 年，橘园举办了著名的展览："17 世纪真实的法国绘画"，此次展览中，勒南的地位得到恢复，乔治·德·拉图尔的作品也首次面向公众。

如今，橘园美术馆刚刚重新布置了沃尔特-纪尧姆的收藏品，我个人尤其钟爱保罗·纪尧姆（1893—1934）收藏的毕加索的《大浴女》（1921，其遗孀让·沃尔特于 1966 年将这幅画捐赠给国家）。

参见词条：杜伊勒里花园、国家影像美术馆、莫奈、毕加索与卢浮宫、普鲁斯特

卢浮宫 2007 年组织机构 | Organigramme du Louvre (2007)

2007 年，卢浮宫博物馆的馆长兼任一个部门的主管和两个部门的副主管，他同时也是卢浮宫八个部门和欧仁·德拉克罗瓦博物馆的总负责人。简单地说，他主管的范围包括：建筑和博物馆志、展品交流、藏品管控、监督、财政与法律管理、人力资源、公众管理、演播厅和文化发展。除此以外，馆长还要负责卢浮宫和朗斯分部的安全装置和保险设备，管理内部交流和信息服务，以及我一直铭记于心的一项最基本的职责——维持博物馆每日的正常运作。会计部和火灾安全预防中心（消防员）也由馆长直接管辖。

如此看来，卢浮宫像不像是一个庞大的中小型企业呢？

参见词条：德拉克罗瓦博物馆、消防员、卢浮宫管理委员会主席兼馆长

奥塞伯爵（皮埃尔-玛丽-加斯帕尔） | Orsay（Pierre-Marie-Gaspard，comte d'）

（巴黎，1748——奥地利维也纳，1809）

卢浮宫中近千件素描藏品上都印着 O、R 和 S 这 3 个大写字母。

1841年，凡尔赛宫一位名叫克里斯蒂安·博雷的研究员在华莱士藏品（伦敦）中的一个厄泽纳书桌钥匙上认出了同样的花体缩写签名，这件家具是奥塞伯爵订制的，所以直到那时我们才知晓了这3个大写字母的由来。

奥塞伯爵（美食家雷涅尔[1]是他的表兄弟）出身于一个富裕的农场主家庭，自出生便拥有巨额财富。26岁时，伯爵在意大利得到了一部分纳托瓦尔收集的素描，后者曾是罗马法兰西艺术学院（位于科尔索大道曼奇尼宫殿）的院长。

后来，革命的打击使得伯爵财富尽失，最终在维也纳的一个公共医院去世，其医疗和丧葬费用都是由维也纳贵族联合会的成员为他支付的。

然而，奥塞伯爵与卢浮宫的联系不仅限于书画刻印艺术部。如今，我们可以在雕塑部欣赏到1772年伯爵在克洛狄翁那儿为妻子预订的陵墓雏形雕塑（黎塞留馆一楼第3展厅1号橱窗）。这是他的第一任妻子，但结婚不到两年，她为伯爵生下一个儿子后便去世了。陵墓雕塑背后的旧标签记录了当时的情况："1808年，中将奥塞伯爵（雕塑预订者的儿子）的叔父，布兰特伯爵偶然在一家老店里发现了这尊漂亮的小雕塑，而且看起来很眼熟，于是他马上通知了自己的侄子，后者立刻就将它买下了。"后来，卢浮宫于1982年在摩纳哥的一次公卖上买下了这个陵墓雕塑。

参见词条：罗马法兰西艺术学院、书画刻印艺术部、克洛狄翁（克洛德·米歇尔）、奥塞博物馆

奥塞博物馆 ｜ Orsay(musée de)

1708年，巴黎市长夏尔·布歇·奥塞在皇家桥以西修建了以自己姓氏命名的"奥塞码头"。因此，后来在此办公的法国外交部

---

[1] Alexandre Balthazar Laurent Grimod de La Reynière(1758—1837)，法国作家、律师、记者。——译注

便被称为"奥塞码头",而审计法院则被称为"奥塞宫"(由夏塞里奥设计建造,但在1871年巴黎公社时毁于一场大火)。

1900年巴黎举办世界博览会之际,巴黎—奥尔良铁路公司委托维克多·拉鲁(Victor Laloux,1850—1937)在审计法院的旧址上修建了一座火车站,但由于未能适应现代交通的需求,火车站从1939年以后逐渐废弃,1971年时几乎连车站的顶棚都消失了。

对于奥塞博物馆,米歇尔·拉克洛特这样写道(《博物馆的历史:一位馆长的回忆》,巴黎,2003):"1972年的某一天,我和皮埃尔·罗森伯格走过卡鲁塞勒桥时看到了濒临倒塌的奥塞火车站,那时我们突然灵光一现,觉得无论是印象派还是其他派别的画作都应该在这里展出。于是,我便拜访了负责法国国家博物馆的让·夏特兰先生。作为卢浮宫绘画部部长,我很清楚自己的职责。藏品的未来堪忧,但这不能靠一时兴起的念头来解决,而要有专业和周全的准备。让·夏特兰对我们的想法表示赞同,他承诺会说服政府在奥塞火车站(1971年时文化部长雅克·杜阿美尔已经下令抢修火车站)修建博物馆,主要用以收藏国家影像美术馆和现代艺术博物馆中19世纪的艺术品;他还同意我们就这一提议举行舆论宣传活动。"

"我们与一些同仁、学者和记者们进行了交流,希望计划能够得以施行。夏天的时候,议论的文章铺天盖地,其中属雅克·杜利耶用笔名在《费加罗报》上发表的文章影响最大。终于,雅克·杜阿美尔被说服了。1972年夏天,一次他巡视卢浮宫绘画部的装修进度时,在大画廊还谈到了奥塞火车站的改造计划。虽然已经意识到了这个问题,但当时他对另一个在法国外省修建博物馆的计划也很感兴趣,因为地方分权势在必行。我当时很高兴,便对他说:'部长先生,您总得在塞尚和干酪间做出选择呀。'最后,他选择了塞尚。"

奥塞博物馆的修建工程由米歇尔·拉克洛特全权负责。1987年,奥塞博物馆正式开放,米歇尔·拉克洛特和亨利·卢瓦雷特(继笔者之后任卢浮宫馆长)都出席了开幕仪式。

奥塞博物馆主要收藏 1848—1914 年间(因此其杂志名称为《48—14》)以及 1820 年以后出生的艺术家的作品(也有例外),《词典》中对它的评价也基本都是积极的。然而,对于 19 世纪的划分,我们不禁要问:既然杜米埃、米莱和库尔贝分别出生于 1808 年、1814 年和 1819 年,那么他们是不是在卢浮宫和奥塞博物馆都应该占有一席之地呢?

参见词条:审计法院、卢浮宫博物馆历任馆长、国家影像美术馆、拉克洛特(米歇尔)、奥塞伯爵

帕茹(奥古斯丁)/《被抛弃的普塞克》│ Pajou（Augustin）/*Psyché abandonnée*

（巴黎,1730—1809）

大理石;黎塞留馆一楼第 27 展厅

H:1.77;L:0.86;Pr:0.86;M. R. Sup. 62

前面勒脚写有:PSYCHE PERDIT L'AMOUR/EN VOULANT LE CONNOITRE;左侧:PAJOU SCULP.（DU ROY martelé)/ET CITOYEN DE PARIS/1790

该大理石雕像是 1783 年应时任王室建筑总监昂吉维莱尔伯爵的要求所作,曾在 1791 年的美术沙龙上展出。1785 年美术沙龙上展出的石膏模型(现已丢失)曾引起巨大丑闻。卢浮宫堂区圣日耳曼—奥塞尔教堂神甫因普塞克的全裸形象倍感不快。最终该雕塑不得不从美术展上撤出,放置到附近的帕茹工作室(位于卢浮宫内)。然而参观者却蜂拥至此:"有意回避倒起了反作用"。更有人批评作品矫揉造作、胯骨生硬、俗不可耐、远不能历久不衰……

相比卡诺瓦的《丘比特之吻使普塞克复活》,《被抛弃的普塞克》展现的是这样的场景:爱神丘比特要求普塞克在他们夜晚相会时不可偷看她的容颜,但出于好奇,普塞克违背诺言而爱神离去。帕茹向我们充分展现了那种遗弃、绝望……

相比卡诺瓦的作品,塞尚更倾向临摹帕茹的佳作(现存波伊曼·凡·布宁根博物馆①)。

参见词条:昂吉维莱尔伯爵、卡诺瓦(安东尼奥):《丘比特之吻使普塞克复活》

---

① Musée Boijmans Van Beuningen,荷兰著名博物馆,位于荷兰鹿特丹市。——译注

调色盘 ｜ Palettes

阿兰·若贝尔①执导的名为《调色盘》的系列电影，1990—
1997 年在阿尔特②电视台播出期间曾取得巨大成功。该电影有
相当一部分篇幅都在讲述卢浮宫的画作。其中涉及 20 幅作品（包
括画家凡·戴克、拉斐尔、鲁本斯、拉图尔、伦勃朗、普桑、维米尔、
华托、弗拉戈纳尔、安格尔）的文字材料于 1998 年由巴黎伽利玛出
版社出版。与之相反，电视却极少宣传卢浮宫，当然对艺术史也丝
毫不感兴趣。人们可以定期在博物馆的视听室或拿破仑厅观看相
关电影，还可以在卢浮宫内的书店买到光碟。

卢浮宫保存了很多艺术家的调色盘，然未曾展出，其中有德拉克
罗瓦、库尔贝、柯罗的，还有塞尚曾放在加歇医生③工作室的，雷诺
阿、修拉、高更的，另有加歇医生借给梵高去画《弹钢琴的玛格丽特·
加歇》所用的调色盘，琼康的水彩画等，雷诺阿的绘画盒也在其中。

参见词条：卡鲁塞勒商廊、肖沙尔、电影、书店

帕里斯（贝尔纳）｜ Palissy（Bernard）

（阿让，1510——巴黎 1590）

卢浮宫向我们展现了很多艺术家。数年前，我们对贝尔纳·
帕里斯有几分了解？他因坚守信仰，终惨死于巴士底狱。帕里斯
在 19 世纪曾引起法国人民和当时几位作家的缅怀：巴尔扎克、拉
马丁、米什莱……尽管 19 世纪查理·让·阿维束（Charles-Jean
Avisseau，1795—1861）及其姐夫约瑟夫·朗戴（Joseph Landais，

---

①　Alain Jaubert（1940—　），法国电视制片人、导演、作家及记者。——
译注

②　Arte，法德公共电视台，创办于 1992 年。——译注

③　Dr. Gachet（1828—1909），业余画家，梵高的监护医生。——译注

1829—1908)曾临摹他的作品,但试图引起人们对其再次关注的愿望却从未实现。

可以说卢浮宫及杜伊勒里花园的发掘工作以及后续的科学探索(《卢浮宫杂志》,1987 年第 78 期)为我们更好地了解贝尔纳·帕里斯倾注一生的理论研究和实践起到了巨大作用。

贝尔纳·帕里斯的作品仅有极少数尚存在卢浮宫叙利馆二楼第 30 展厅和位于叙利馆历史展厅的第 1 展室。

停车场 │ Parc de stationnement

如何去卢浮宫? 徒步(推荐),乘公交(21 路、27 路、39 路、48 路、68 路、69 路、72 路、81 路、95 路),坐地铁(皇宫—卢浮宫博物馆站),搭出租车(如果您可以叫到车),坐游船(若是夏天)或开车(停车场位于卡鲁塞勒花园地下,可从弗朗索瓦—密特朗河岸一侧入内或杜伊勒里花园,再或里沃利路进入。那里共有 620 个私家车位和 75 个大巴车位)。

参见词条:卡鲁塞勒花园、杜伊勒里花园、地铁

《纳博讷的装饰画》│ Parement de Narbonne(Le)

书画刻印艺术部;黎塞留馆三楼第 1 展厅

巴黎,1375—1378;粘在布框上的白绸墨画

H:0.775;L:2.860;M. I. 1121

该水墨画使用黑白相间的底布,用毛笔描绘而成。《纳博讷的装饰画》因纳博讷这座城市而得名:著名的路易-雷奥普德之子,画家儒勒·布瓦伊本会于 19 世纪初在此城购得该画。装饰物是一种用于放在祭坛前面或后面的圣物。暗沉的单色无疑表明它用于封斋期或置于亡灵室。卢浮宫的这幅画作从左至右向我们展示了《基督被捕》、《自笞》、《耶稣持十字架像》、《耶稣受难像》,旁边是查理五世和跪着的让·布封王后,教堂还有以色列先知、犹太教徒和

大卫王,《下葬》、《入狱》、《基督在玛德莱纳教堂的显现》。国王和王后以及画框上重复出现的代表女王"Karolus"的字母 K 表明这是皇室画作。约 1375 年,即国王逝世(1380 年)不久前,此画被认为可能是让·德·奥尔良所作。该画家在 1361 年到 1407 年小有名气,是约翰二世、查理五世和查理六世公认的优秀画家。然而,该画究竟为谁所绘?有没有可能像彼得罗和安布罗乔兄弟二人曾指出的那样:是让·普赛尔[1]家族的一位细密画家,或是一位本要去意大利旅行,用支架作画的画家?

该画作原从属于书画刻印艺术部,现和《法国国王好人让二世肖像》一并吸引游客步入法国绘画展厅(这些展厅展出的是早期绘画到柯罗及德拉克罗瓦时期的画作)。

参见词条:书画刻印艺术部、查理五世、查理四世、《法国国王好人让二世肖像》

巴特农 ｜ Parthénon

书画刻印艺术部
第 10 个排档间隙南:半人马和拉庇泰女人
公元前 447—前 440 年间;大理石
H:1.35;L:1.41;Pr:0.28;Ma.736

用于装饰檐壁的板雕残片是巴特农大理石:"巴拿特纳亚庆典仪仗队",又称"厄嘎斯婷娜少女板雕"
公元前 445—前 432 年间;大理石
H:0.96;L:2.07;Pr:0.12;Ma.738

三角楣上的巴特农女头像,称为"拉伯德头像"
公元前 442—前 432 年间;临时展于德农馆一楼第 6 展厅;大

---

[1]　Jean Pucelle(1300—1355),法国书籍装饰画家。——译注

理石；H：0.40；Ma.740

我倾向于作一个冒险的对比，即伦敦国家美术馆和卢浮宫画作的比较。然而，我尚不能把大英博物馆的画作拿来比较。事实上，前两个美术馆涵盖领域并不相同，但卢浮宫的五大馆（埃及文物部，希腊、伊特鲁利亚及罗马文物部，东方文物部，书画刻印艺术部，伊斯兰艺术部）可在伦敦找到它们的"姊妹"（"姊妹"？"敌手"？总之，可以说是"同僚"；至于工艺品和雕塑，那就要去维克多利亚和阿尔伯特博物馆①）。

大英博物馆正是因巴特农大理石而享有盛誉。而闻名遐迩的埃尔金大理石则取名于显赫的捐赠者埃尔金勋爵，该词源于"Elginisme"，在今天已被越来越多地使用。

不过，卢浮宫也有数块巴特农大理石残片，准确来讲有 3 块：一尊塑像头部的三角楣，一个排档间隙，特别是还有一块檐壁残片。据称，1687 年，一发威尼斯圆炮弹曾炸毁雅典卫城，卫城那时是用于放土耳其炸药的仓库。舒瓦瑟尔谷费尔伯爵于 1789 年买走了由弗维尔收回的最后两块残片。其中一块在大革命时期被收回；另一块则由路易十八在 1818 年购得。这两块的历史可上溯到公元前447—前 438 年。

南边第 10 个排档间隙展现的是一个半人马托起一个拉庇泰女人。半人马诱使受害者将衣物脱掉，让他看到露出的乳房。尤其值得一看的是中楣，我们称之为"厄嘎斯婷娜少女之板雕"。这使我们想起持续八天的巴拿特纳亚庆典这一国家节日。在那期间，雅典人民赠给雅典娜一个佩泼洛斯女装（原文中"peplos"本意为"羊毛裙"），并由一些为此而专门挑选的女孩献上。靠前的仪仗队则显得整齐而肃穆。若用一个词来形容该作品，会是什么呢？绝对完美，更确切地说，完美和谐。

大英博物馆是否将会在归还希腊大理石上略显窘态呢？在英

---

① 位于英国伦敦，建于 1852 年，是世界上最大的装饰艺术博物馆。——译注

国,诸如此事并非政府所能决定,而取决于少数社团理事。事实上,目前的真正问题并不在于听从谁的命令。那么年轻一代又如何看待呢? 近期的某些调查令人十分担忧。

参见词条:路易十八、伦敦国家美术馆、革命时期的作品扣押

卢浮宫广场 | Parvis du Louvre

1993年春天的一个早晨,我途经卢浮宫去拜访亨利·卡蒂埃·布列松①。他的住所像个鹰巢,在杜伊勒里公园高处,抬头看时,我大吃一惊,全新粉刷的黎塞留翼楼,泛着浅赭色,在阳光照耀下的雕像、女像柱、胜利品、花叶边饰、小天使像,当然,在二楼的平台上,还有那些名人,引人注目的姿态纷繁交错,每个姿势、衣服的褶皱、耳环,都和墙上装饰过的窗子显得极其和谐。我心想:"啊,我必须要为此作一幅水彩画了。"

几天之后,我带着我的折叠小凳,去了拿破仑庭。我坐在一个不会被水滴溅到的地方(因为那儿有贝聿铭设计的喷泉随时可能会溅出水花)。过了一刻钟,我看到一位先生径直向我走来,是个保安,他说:

"您要作画!"

"怎么了?"

"好极了!"

"怎么? 难道现在不能在外面作画吗?"

"对,画家和摄影师禁止在此地工作。请马上离开!"

再次看着他,我"闯下大祸",说:"您让我安静点!"可事实上,这种期待的安静却成了两人争执的导火索,我的语气不断升高。保安却站在我面前丝毫不动,遮挡了我的视线。最后,他终于发话了:"如果您现在仍然不走,我就把您的画板扔到水里。""您要这样做,我就喊人了。把你上司叫来。"过了一会儿,来了一位稍显平和

---

① Henri Cartier Bresson(1908—2004),法国著名摄影家。——译注

的先生,手里拿了一个寻呼机。"请把绘画部部长皮埃尔·罗森伯格请来,我和他有私交。""这不可能,今天周二,罗森伯格先生正在接受一个私人访问。"我那会儿正在想电话里传出的那个带鼻音的声音极有可能就是他。"在广场上作画的个人必须马上离开。"

行,没什么可做的了。整个卢浮宫都在和我作对。我收拾好东西,这时那个小保安对我说:"您可以去卢浮宫岸 36 号获得准许,此外其他任何地方都不能给予准许。"既然已经到如此地步,我还顾忌什么呢?我穿过方形中庭,来到岸边,迈入行政部大门。那儿有个门房,像位于主堡内一样黑暗,窗户上尽是钢筋,我看到一位年轻靓丽、令人欢愉又不失优雅的女人。我跟她解释我来此处的原因,她却告诉我她不能帮我。我自认为行政人员向来不够热心。她一边摇头,一边摆动手臂示意我走,而我仍然坚持。最终大失所望,我又回到河边小道上,才发现我走错了大门,原来那是 34号。随后又打开她那扇门,友好地说:"您看起来让人很舒服。""哦,谢谢,先生",她轻松地说道。

进入 36 号,在一个相似的地方我又会看到什么呢?两位优雅的女性!一位在接待桌那里,另一位坐在前面的椅子上:双腿交叠,正看着自己的指甲。"天啊",我说到,"我不知道她们是谁,但……"我的反应似乎使得他们对我产生了好感。很快我的申请得到通过。在楼上尽头处,我遇到了一位"正常"的法国女士,如果可以这样讲的话。"我认识皮埃尔·罗森伯格先生……""这无关紧要,先生,请上来。"一到她办公室,我试图进一步解释:"我之所以提到皮埃尔·罗森伯格先生,不是为了得到特殊照顾,而是这样做也许会更保险些……""先生,我想告诉您,这个不重要。我同意您的申请,其他的我就不知道了,以前我从没做过这个。"

我一想,此时就该默不作声才对,便一直等到她给了我一份证明,准许我在小广场工作三天。我谢过她,随后急速返回,来到拿破仑庭,重新作起我的水彩画。

下午一点半时分,我从远处看到"我的保安"出来,他刚吃完饭,还舔着嘴唇。他看到我,向我冲过来,就犹如一只鹭鸟冲向它的猎物，两眼充血。我没有停止作画，而是用左手拿出我的准许证。他拿起证件，我用余光看着他，他将证件从各个方向绕来绕去地看着，说："我从来没见过和这玩意儿这一样的。"不过，他确认证件完好无损，便还给我，龇牙咧嘴地笑着对我说："做得好，先生。"

那3天，我一直在贝聿铭的金字塔及我的"老对手"旁边工作。前任部长米歇尔·居一曾发起反金字塔运动，当时我一直也持反对态度，并给他寄送了一副名为《我们应用一切力量反对这一荒唐的规划》水彩画，画的好像是3个吉萨金字塔①前面有一个小的玻璃卢浮宫。

8月的最后一周我回到卢浮宫的小广场。全世界的人似乎都在那里！各个国家的人，同样的目光，心醉神迷地望着大堆赭色的石头。金字塔前排起了长长的队伍，我才意识到，这个金字塔如磁铁一般，吸引了世界各地的人。我也意识到，或说，我深深地感觉到，一旦它完工，卢浮宫将成为世界的中心、世界文化的中心。

最后一天，我在广场上看到一位职业摄影师，挎着相机和包，身边跟着一个漂亮的女孩，拿着三脚架，可能是他妻子、朋友，或是模特。摄影师立好相机，随后那位女孩在反射镜旁边，披上一件宽松的衣服，金黄色的头发垂在前面。我又看到，我的"好保安"目光坚定地朝他走去。这真是英雄史诗般的一刻。听说这位摄影师（在塞纳河另一岸的人们或许听说过他们）专程从昂热赶来。要知道，他可是达不成这个愿望的！唉！摄影师终究无能为力，模特便开始助阵，她欲抓住保安，但保安训练有素，丝毫不动。然后摄影师突然看到我，当时我正在平静地画柯尔贝尔宫。他吼道："他呢，他在干什么？"守卫说："他嘛，他有准许证！"

雷蒙·马松

　　这篇未出版的小故事文笔生动有趣，是英国大雕塑家雷蒙·马松给我的，写于1993年11月15日。如果您想了解他在巴黎的

---

①　埃及有很多金字塔，其中以吉萨地区的金字塔最为出名。——译注

作品,可以去杜伊勒里花园欣赏《人群》(1963—1968)。

参见词条:监管部门、博物馆工作人员、卢浮宫露天雕塑

艺术桥 | Passerelle des Arts

从卢浮宫的窗户望去,塞纳河与法兰西研究院美不胜收。它们吸引了众多的画家和摄影师。艺术桥建成于 1830 年 11 月 24 日,专用于人行。

该桥由波拿巴下令建造,现是或说那时曾是法国建造的第一座铁桥。1982 年重修加固,同时去掉了两个桥拱(由原来的 9 个变为 7 个),这样便于船只通行塞纳河。由米歇尔·西蒙[①]主演的、让·雷诺阿于 1932 年执导的最好的一部电影《布杜落水遇救记》,勾起了我们对老艺术桥的回忆。

参见词条:波拿巴(拿破仑)、圆屋顶、拿破仑庭、法兰西研究院、塞纳河

色粉画 | Pastels

色粉画展出在"小鸡通廊"和两个小展厅内(叙利馆三楼第41、42、43 展厅)。

色粉画借助彩色铅笔画于支撑板上,技巧要求十分精细。18世纪,色粉画像在欧洲倍受欢迎,而如今却不博人爱。

相比莫里斯·康坦·德·拉图尔,我更喜欢佩罗诺的色粉画,对罗萨尔巴·卡列拉(Rosalba Carriera,1675—1757)的画作也偏爱有加,他在 1720 年的巴黎美术展上大获成功。

卢浮宫收集的色粉画并不算多,然而近几年,尤其是 1982 年,购得一幅利奥塔尔的佳作,即《让·特宏珊夫人肖像》(编号为 R.F.38992。特宏珊夫人生于 1758 年,父姓为安娜·德·莫雷纳)。

---

① Michel Simon,法国演员。——译注

参见词条：皇家绘画和雕塑学院、书画刻印艺术部、夏尔丹：《有画架的自画像》、"小鸡通廊"、拉图尔（莫里斯·康坦·德）、利奥塔尔（让-艾蒂安）：《穿着土耳其服装的莱维特先生和伊莲娜·格拉瓦尼小姐》、佩罗诺（让-巴普斯特）

《蛇纹石圣盘》│ Patène de serpentine

工艺品部；黎塞留馆二楼第 1 展厅

蛇纹石或珍贵石材；圣盘：公元前或公元后 1 世纪；托座：9 世纪后半叶，查理二世中庭

直径：0.17；M. R. 415

圣盘为何物？用于放置圣餐和盖圣餐杯的小圣物。蛇纹石呢？一种暗绿色的岩石。蛇纹石圣盘出自圣德尼御库，正如现存于国家图书馆圣牌展柜中的著名托勒密盘，其圣盘和托座在 1791 年被收集到一起。圣盘的历史一般可上溯到公元前或公元后 1 世纪，托座则在查理二世时期，即 9 世纪后半叶。这一整体由加洛林王朝提供给圣德尼修道院。

8 条金鱼（很遗憾，其中 2 条被刮掉了）欢快地在置有蛇纹石的水中游来游去。他们欢快的嬉戏谁能阻挡？

展馆 │ Pavillons

根据《拉鲁斯词典》的解释，"pavillons"是在花园或公园里单独存在的小建筑；是某建筑物的一部分，或位于其一侧，或位于其中心，在排列、高度和建筑布局上区别于其他。显然，卢浮宫的 20 个 pavillons 对应第二层含义。

最早的此类建筑是钟表馆。它是 1624 年由雅克·勒梅尔西耶仿照杜伊勒里宫殿样式（它的建造应归功于菲利贝尔·德·洛梅，位于钟表馆对面，但因 1871 年火灾被毁）而建，最初被称作"大馆"，后因大革命时期在可能被磨掉的纹铭遗址上放置了这一器

物,从而在 1806 年改为"钟表馆",第二帝国时期则再度更名为"叙利馆"。在拿破仑三世时期,该馆成为建造卢浮宫其他馆的模本。馆内有小教堂,但顶部几层仍待修理。1794 年 9 月 1 日,议会在该馆穹顶(对于卢浮宫博物馆而言,我们不用"穹顶"一词,而用"cloche",即"钟"这个词①)上放置了夏普发明的电报机。1806 年被转移至教堂的塔楼上,直到 1852 年新型电报机的出现。如今,在叙利馆上方,飘扬着三色国旗。

在方形中庭周围,可以看到皇家馆(以前的国王住所)、艺术馆(塞纳河那侧,面向艺术桥)、埃及馆(从南侧和柱廊角度看)、圣日耳曼奥塞尔教堂(从柱廊一侧看)、亚述馆(从里沃利路看去)、马伦哥馆(在北翼中心)和博韦馆(从亨利四世高中的角度看)。

拿破仑三世时期,建造了一些通往馆内的拱顶狭廊,还有塞纳河一侧的特莫莱馆和莱迪基耶尔馆,里沃利路一侧的图书馆(面向皇宫广场);拿破仑庭周围有杜尔哥馆、黎塞留馆、柯尔贝尔馆、达鲁馆、德农馆和莫里恩馆,面向卡鲁塞勒花园,沿着"花廊",有会议厅。

最后还有塞纳河一侧建造于拿破仑三世时期的花神馆,后在第三共和国前期进行了修复。马尔桑馆(在里沃利路那侧,现改为装饰艺术博物馆)和之前的一样,在巴黎公社时期曾被烧毁,现已重建。二者均是杜伊勒里的遗迹。

在拿破仑庭,不要忘了抬眼看黎塞留馆的三角楣尽头上弗朗斯科·杜雷②刻下的文字:法国所有财富的象征中,我们挑中了蒸汽机车。

参见词条:拉莎佩尔厅、钟、柱廊、拿破仑庭、通向卢浮宫内的拱顶狭廊、拿破仑三世、会议厅、杜伊勒里宫

贝聿铭(1917 年生于中国) | Pei(leoh Ming)

此刻我正在写 I. M. Pei(读作"我爱贝")这一部分,以庆祝他

---

① 请参考词条"钟"。——译注
② Francisque Duret(1804—1865),法国雕塑家。——译注

的 90 大寿。作为美籍华人建筑师，贝聿铭因建造华盛顿国家画廊而声名大噪。新任博物馆馆长必须前来参观此建筑。

曾有多人向弗朗索瓦·密特朗推荐贝聿铭，因而 1983 年总统直接任命他为"大卢浮宫规划"的建筑师，而在此之前未执行任何竞选程序。我曾错误地担心一旦金字塔建成，"大卢浮宫"计划将会终止。

贝先生富有外交手腕，善于倾听，关注任何一个小细节（我们可以用这些词恭维当今很多法国建筑师），总是面带微笑，他在巴黎留下了深刻的印记。怎样形容他的风格呢？现代的古典风？

一次个人经历：在方形中庭三楼绘画室，阳光四溢。我邀请他去我的住所共进午餐。我为他倒上 1959 年拉菲酒庄的葡萄酒（贝先生是葡萄酒的爱好者）。他喝醉了（我确信，他用餐前就已经醉了）。

参见词条：自然光线、《梅迪奇画廊》、大卢浮宫、密特朗、金字塔

绘画部，简称 P. ｜ Peintures(département), dit usuellement P.

绘画部是卢浮宫历史最悠久的部门（希腊、伊特鲁利亚和罗马文物部及书画刻印艺术部的历史同样悠久），也是我最喜欢的（大家也许已经猜到）一个部门，我要在这里特别介绍，它在卢浮宫中所占面积最大，该部在卢浮宫的最顶层，为的是白天可以充分吸收大自然的阳光。

这些藏品能被集中在一起，应得益于不少大人物，如弗朗索瓦一世、玛丽·德·梅迪奇、黎塞留、马扎兰主教、路易十四、雅巴赫、昂吉维莱尔、拉·卡泽、卢浮宫之友协会、莫罗-内拉东、贝斯特吉，还有本书中提到的其他人（请原谅我的某些遗漏），这可能在世界各大博物馆中（包括伦敦国家美术馆）都是独一无二的，也是最齐

全的。

这些作品在几个世纪中，经历了巨大的变化。不仅展厅的装修因为偏好的变化和技术的进步而不断被调整（仍在进行中），尤其是所采取的构图成为热议的对象（讨论从未停止）。

在同一个展室中融入绘画、雕像、装饰用具、工艺品是否合适（这是一个无人支持的选择）？是否应该选择按年代编排的方式，将各个流派混合（伦敦的就是），还是将意大利和法国的分开，把荷兰从弗朗德和西班牙分开（纽约的便如此）……？

将法国绘画优先安排到博物馆最好位置，又不至于被指控带有沙文主义，难道就不是人之所愿吗？大画廊作何用？当代艺术又该分配在何位置？

我觉得有一点值得强调：一方面是理论上的争议，一方面是实际空间问题；卢浮宫是一座宫殿，建筑设计局限很大。它并不适应所有的规划，现今给出的解决方法让我觉得根本难以实施。或许未来的博物馆研究员会找到比现在更令人满意、更大胆的解决方案，而这种方案是我们现在却未曾考虑到的？

参见词条: 卢浮宫当代艺术、品位、大画廊、伦敦国家美术馆

佩列格里尼（乔瓦尼·安东尼）/《巴克斯和阿里阿涅》/《狄安娜和恩底弥翁》/《被风神掳走的雅典公主》| Pellegrini (Gian Antonio)/Bacchus et Ariane/Diane et Endymion/Borée enlevant Orithye

（威尼斯，1675——威尼斯，1741）

八边形油画；德农馆二楼第 14 展厅

H:3.03;L:1.88;R.F.1964 - 2、3、4

佩列格里尼 1720 年应银行家约翰·拉丝的要求来到巴黎，为他的密西西比酒店（位于现今黎塞留路国家图书馆遗址上）绘制一个巨大的天花板，但实施不久之后便被毁坏。约翰·罗的财务系统崩溃，但无论如何，我们应该忘记他的破产。

　　直到佩列格里尼回到威尼斯,他才进入皇家绘画和雕塑学院,其入院作品是《爱神学习绘画》(德农馆二楼第 24 展厅)。1964年,卢浮宫有幸收藏了这位艺术家 3 幅神秘而精彩的绘画作品。这些画约 3 米多高,主色为暖暖的玫瑰色和铬黄色,一系列的浅色调中满溢着艺术家的才华。这些画应该作于佩列格里尼居住巴黎期间。

　　尽管如此,这 3 幅华丽的作品却也没能阻止卢浮宫获得乔凡尼·巴蒂斯塔·提埃坡罗(G. B. Tiepolo,1696—1770)的一幅神秘或说富有宗教色彩的布画。然而这并非易事(它填补了一个使得博物馆研究员忧心已久的收藏空白)。

参见词条:皇家绘画和雕塑学院、新院士入院作品

佩西耶(夏尔)和封丹(皮埃尔-弗朗索瓦-雷奥那多)
Percier(Charles) et Fontaine (Pierre-Françoise-Léonard)

(巴黎 1764——巴黎,1838;蓬图瓦兹,1762—1853)

　　佩西耶和封丹的名字必定是会联系在一起的。试图将他们彼此的工作区别开来似乎是徒劳的。他们是“帝国主义”的代表,即考古学的新古典主义。它通常被认为是繁复而沉重的,但实际却是一种无懈可击的技术和惊人的完美艺术的融合。佩西耶和封丹曾是拿破仑的私人建筑师。

　　两人对卢浮宫的贡献是绝对不容忽视的:修整大画廊,为卢浮宫和杜伊勒里宫的整合做出了贡献,并在卡鲁塞勒凯旋门的建造中扮演了主要角色。但他们的杜伊勒里宫重建工作因巴黎公社的失败而中止。

　　封丹是查理十世长廊的主要负责人。事实上,佩西耶和封丹既是建筑师,也是令人仰慕的室内装潢师。他们在地毯、吊灯、画纸、挂毯、陶瓷、烛台上绘图,不会马虎处理任何一个细节。

佩西耶和封丹的风格非常丰富(有人用过"新贵"①的说法,实为影射帝国元帅)。在他们看来,建筑物的装饰和建设重在整体视觉感,而他们非常懂得如何使建筑风格得到统一。

参见词条:卡鲁塞勒凯旋门、查理十世长廊、拿破仑一世

佩罗诺(让-巴普斯特)/《索尔坎维尔夫人肖像》| Perronneau (Jean-Baptiste)/*Portrait dit de Madame de Sorquainville*

(巴黎 1715——阿姆斯特丹,1783)

布上油画;叙利馆三楼第 46 展厅

H:1.01;L:0.81;S. D. H. g. :Perronneau 1749;R. F. 1937 - 8

谁是索尔坎维尔夫人? 首先,我们确信画中人物就是她吗? 事实上,她的姓可以从画框上找到,但这一历时并不长的标记是否可信呢?

她坐在扶手椅上,戴一顶低调的软帽,微笑地看着我们。黑色的眼睛,裹在脖子上的黑色带子,胸前的大领结,蓝绿相间的长裙上稍微褪了色的带状花边颇引人注意。佩罗诺结合两种颜色,融入了一种和谐美。

我们无法忘记她消瘦的脸、玫瑰色的脸颊、象牙白的脸庞和熠熠的目光。她显然很智慧,无疑也很优雅,或许还带些妖艳(她芳龄几何?),外加才华横溢? 她的微笑又有何意味呢? 难道是 18 世纪的一种蒙娜丽莎式的法国人的微笑?

佩罗诺的这一杰作,于 1937 年由大卫-威尔家族赠与卢浮宫。它不单是一幅油画,同时在色粉画领域和拉图尔及利奥塔尔的画作平分秋色。

参见词条:大卫-威尔(家族)、拉图尔(莫里斯·康坦·德)、利

---

① 法语 riche 一词有丰富、富裕、富足等意,而 nouveau riche 则是"新贵"、"暴发户"之意。——译注

奥塔尔(让-艾蒂安)、色粉画

博物馆工作人员 | Personnels du musée

博物馆有画室、管理部门、行政人员、博物馆研究员,还有其他服务部门——演播厅、教育处、交流处等。我曾计算过,博物馆工作人员大概有 2200 位,尤其是有很多保安,某些老手称之为"看守员",这些保安经历了"风风雨雨"(包括他们的雇佣和罢工经历),而向来却凡事都束之高阁。他们大多数(1000 多人)在博物馆内部。在德农馆、帝国馆有 13 名,1812 年后,有 15 名保安和 2 名门房。他们身穿制服(卢浮宫不久前购得一幅佚名作品,名为《卢浮宫的守卫弗兹雷老头画像》(R. F. 2005 - 91)。该作品作于 19 世纪初,我们非常期待认识他的作者。

我眼前的这幅照片,是 1914 年前在勒菲埃尔馆(也叫马奈热馆)拍摄的,展示了大量戴着双角帽的保安。从那时起,保安的穿着经历了巨大的变化,而现在已经和游客无所区别了(但必须佩戴胸牌)。保安并不看守所有展厅,因为有传达员、检查岗职员、商店保安、存包职员……尤其重要的是还有夜间保安。

2002 年起,他们已经不需要必须通过竞争来选拔(实则有其别的竞争)。

如今的监管已经与过去大不相同了。事实上,一切都不尽完美,但现在我们在监管、接待、咨询(时有英语咨询)上都胜于从前。很多监管人员都很热爱他们的职业,他们靠博物馆而生,为博物馆而活。试图将他们和其他很多服务部门隔离开来的障碍已经不复存在。

然而,在纽约都市博物馆和华盛顿国家画廊,监管人员从不三三两两在各个展厅之间流动往来。这或许是一条可循之道呢?

参见词条:接待、卢浮宫画室,讲座人、博物馆研究员、文献、环境维护、拿破仑厅、博物馆的休息座椅、卢浮宫 2007 年组织机构、消防员、卢浮宫管理委员会主席兼馆长

佩鲁贾(文森佐) | Peruggia(Vincenzo)

(1911年8月12日—1914年1月4日)

这座意式建筑上写的,显然不是该画家的出生和逝世时间,而是《拉若孔德》这幅画的失窃和归还日期。

文森佐·佩鲁贾1881年出生于科莫省的瓦雷泽。曾引起巨大轰动的失窃事件中记载了关于他的所有信息。画家路易·贝鲁(Louis Béroud,1852—1930)在漫画方面颇有造诣。他在1911年8月22日周二(卢浮宫当时周一闭馆)早晨回到方形沙龙准备临摹《拉若孔德》之时,却发现这幅画不翼而飞。警察队长普帕丹拉响警报。特尔菲·欧莫勒,即时任国家博物馆馆长,被迫辞职。守卫领头吉特奈被调离。雷蒙·克什兰,卢浮宫之友协会会长,捐赠25000法郎才使得该画被找回。阿波利奈尔和毕加索被怀疑是偷盗者的同谋,并被警察质问。这位诗人还曾被监禁在桑特监狱数日。

文森佐·佩鲁贾在1913年11月11日供认,他曾建议佛罗伦萨古董商阿勒弗多·格日花500000里拉购买《拉若孔德》。

佩鲁贾在两年间将这幅画隐藏在位于门口和烟囱之间的床下面,一个自制的盒子中。他当时住在圣路易医院路5号的艾工城,那是一处丝毫不引人注意的住所。在佛罗伦萨诉讼中,他宣称自己偷盗该画是为了将拿破仑战争中从意大利抢走的东西还回来。

如果您想了解更多内容,尤其是我们没有提到的关于该事件的媒体报道,请参阅热罗姆·科拉那尔的著作:《〈拉若孔德〉失窃》(1990年由阿达姆·比罗出版社出版)。

一段个人记忆:几年前,我曾记下让·吉东[①]写的关于蒙娜丽

①　Jean Guitton(1901—1999),法国哲学家及作家、法兰西学院院士。——译注

莎被盗的生动描述(当时是 1911 年,他仅 10 岁)。他让我将他的感受记录下来,您可以在卢浮宫档案馆查到。

参见词条:小雕像事件、卢浮宫之友协会、语录、雷奥那多·达芬奇、星期二、方形中庭、失窃

佩鲁吉诺/《阿波罗和马西亚斯》｜Pérugin/Apollon et Marsyas

(皮耶韦城,1448—佩鲁贾省 1523)

木板油画(杨木);德农馆二楼七米厅第 4 展厅

H:0.39;L:0.29;R.F.370

这是关于某幅杰作的一段荒谬历史。我设法将它用几行字概括。如果您想了解细节,那请阅读英国艺术历史学家弗朗斯·哈斯科尔(Francis Haskell,1928—2000)出版于 1978 年《卢浮宫杂志》第 42 期的文章(《艺术品归属带来的折磨:莫里斯·莫尔和卢浮宫的〈阿波罗和马西亚斯〉》)。

英国艺术批评家莫里斯·莫尔(Morris Morre,1811—1885)1850 年购买了曼坦那名下的一幅画,他认为该画系拉斐尔所作。莫尔一生不畏风险,坚持认为该画作者是拉斐尔,甚至反对当时著名专家的意见,包括伦敦国家美术馆馆长查尔斯·伊斯特莱克,书写关于拉斐尔的划时代专著的作者约翰·大卫·帕萨文特和柏林美术馆馆长居斯塔夫·弗雷德里希·华更。莫尔在整个欧洲巡展该画,当然前提是该画属拉斐尔名下,1858 年巴黎的画展更是激起了德拉克罗瓦的兴趣:"这是一幅令人爱慕的作品……这无疑是一幅杰作,但这一艺术杰作仍未达到完美的极致。"

两位法国艺术史学家亨利·德拉博德和弗朗索瓦·阿那托尔·格鲁耶,一位是国家图书馆铜版画陈列室研究员,另一位是卢浮宫绘画部部长,力挺该画系拉斐尔所作,并在 1883 年以 20 万法郎说服莫里斯·莫尔将画作卖给卢浮宫。

在此期间,得益于 20 世纪最有名的艺术品归属认定人摩瑞利

的栽培,佩鲁吉诺名扬四海(即使在某些画作作者的认定方面,人们对他有过质疑,但却不曾撼动他的美名)。

"那些要卖和要买的人都已经消失了。唯独作品自己还在那里,这是最关键的。"1883年,格鲁耶这样写道。他还说,这是感动人心的一课,谦逊和智慧的一课:"《阿波罗和马西亚斯》使人心生爱恋,这是无人能否的。而且,就算退一万步说,设想我们搞错了,有一天我们发现这幅作品出自一位不曾被人提及的画家之手,那么除此仍然将再无任何一幅作品能使得卢浮宫变得更为丰富。

一个馆长是否有权力花费国家仅有的财产建议购买一幅他所认为的杰作,然而其归属并不明确? 当他认定一位艺术家并不知名或已被人遗忘(维米尔及离我们最近的乔治·德·拉图尔),但这位艺术家又将再度为人所知,随之而来的是大批涌入的人群,因而他的画贵得要命,此时又要设法得到其作品而不致耽搁,面对这样的问题,他该当如何?

谁又将会是明日的维米尔和乔治·德·拉图尔?

参见词条:艺术品归属、伦敦国家美术馆

佩隆(皮埃尔)/《夏甲和天使》 | Peyron (Pierre)/ *Agar et l'Ange*

(埃克斯—普罗旺斯,1744——巴黎,1814)

布上油画;展出于图尔美术馆

H:0.55;L:0.38;S. D. b. d.:P. Peyron ... ;R. F. 1985 - 71

谈起这幅画(它是卢浮宫在编作品,却在1985年收藏于图尔美术馆),便使我想起一位画家和博物馆的一位捐赠者阿勒贝尔·包莫·德·密西蒙德(Albert Pomme de Mirimonde,1897—1985,法语"pomme"一词在中文里是"苹果",音译为"包莫",我常感此名甚是奇怪)。他全部的工作生涯都在审计法院(1957年曾是总统公寓:审计法院和艺术界的联系由来已久)度过。阿勒贝尔·包莫的个人生活离不开博物馆、艺术史和收藏。那些博物馆——他尤

其喜欢外省的博物馆(格雷、图尔)——均受过他的慷慨恩泽。他的作品主要是在博物馆肖像学领域。他是最早解读黄金时代荷兰很多世俗画、风俗喜剧和独幕剧,换句话说就是色情剧的人物之一。

阿勒贝尔·包莫的藏品收集途径不多——相对于前任院长莫里斯·马涅(经常参观博物馆,第戎博物馆有他的提名)的收藏而言——如他所说,均来自德鲁奥街拍卖行,都是精挑细选的。阿勒贝尔·包莫在 1951 年 12 月他母亲去世之后不再收藏艺术品。

他于 1947 年 6 月 18 日在德鲁奥拍卖行 3 号展厅购买了皮埃尔·佩隆(和达维特同时代)的作品《夏甲和天使》,当时人们似乎认为佩龙更胜一筹。直到 1787 年的沙龙展(纽约大都会艺术博物馆和国民议会),两位艺术家的"苏格拉底"之争才告一段落,达维特最终获得了胜利。佩隆也因此放弃了绘画。达维特在佩隆的墓前大度宣称:"他使我大开眼界。"

参见词条:审计法院、达维特、捐赠者、德鲁奥街拍卖行、方形沙龙

菲利普·奥古斯特 | Philippe Auguste

(巴黎,1165——芒特,1223)

菲利普·奥古斯特 1880 年成为法国国王,直至去世。十字军东征出发不久前,他下令建造城墙以加强对巴黎的保护。城墙由一座坚固的城堡防御,这座城堡后在弗朗索瓦一世时期被拆毁。宽阔的地基构建于 1866 和 1984—1985 年的两次发掘期间,其中心建有坚固的主堡底座。

卢浮宫中世纪城壕很值得参观,我尤其推荐给年轻人。

在卢浮宫内拍照 | Photographier au Louvre

根据 2005 年 9 月 1 日起执行的最新卢浮宫参观条例第 6 条,

第 33 则关于"照相、录音、复制、采访调查"的条例,禁止在卢浮宫任何一个展厅内拍照或摄像的规定将逐步实行。

暂行条例规定,从 2005 年 9 月 14 日起,禁止在卢浮宫阿波罗长廊和德农馆二楼绘画展厅(意大利、西班牙及法国绘画展厅)拍照或摄像。

在这些展厅中,张贴有"注意该区域内禁止拍照和摄像"的标语。博物馆的 35000 个展品在其网站上(www. louvre. fr)均能找到对应图片。

P. S. 此书撰写较早,一切都已调整。从 2007 年 9 月 1 日起(事实上是从 8 月起),禁止拍照的规定已经取消。然而闪光灯仍禁止使用。

参见词条:照片上的卢浮宫

照片上的卢浮宫(不要将其与"在卢浮宫内拍照"混淆) | Photographies du Louvre

这是历史性的一刻(我将这归功于奥塞博物馆的摄影专家弗朗索瓦·勒布伦):1839 年 2 月 25 日,在一封写给德国画家卡鲁斯(Carus,1789—1869)的信中,学者亚历山大·冯·洪堡①想起他拜访路易·达盖尔之时的场景:我能从卢浮宫的内院看到,河岸上有麦秆。达盖尔给了我一个望远镜,于是从每个窗户,我都能看到很多段麦秆。然而,这种达盖尔照法并不为人所知,但我们知道就在同年,即 1839 年 9 月 14 日,达盖尔借奥塞博物馆的一次展览向我们展示了一幅卢浮宫和塞纳河风景照。现存有不少博物馆外景的达盖尔式照片,它们均拍摄于 1839—1840 年。

查理·马维耶在 1851 年拍了一张卡娅第德厅和狄安娜厅的照片,后赠与让·古戎。不久之后,爱德华·巴尔多斯翻印了米开

---

① Alexander von Humboldt(1769—1859),德国地理学家、自然学家和探险家。——译注

朗琪罗的《垂死的奴隶》《米罗的维纳斯》和《克罗顿的米隆》。正
是由于居斯塔·勒·格耶,《蒙娜丽莎》第一幅复制品在 1854—
1855 年价值攀升。继艾梅·米勒的素描画之后,"用湿胶棉玻璃
底片和盐渍纸冲印照片"的试验也相继成功。

自从这一让人着迷的新型拍照技术出现以后,画家们就对此
兴趣倍增。

如何获得卢浮宫一幅作品或一个展厅的照片(黑白照或是彩
色照)? 这需要联系国家博物馆联合会的主管服务部。关于复制
权这一复杂问题至今仍未解决。这涉及到被拍照作品作者的权利
问题,还有未面世作品(如贝聿铭的金字塔)的权利问题。另外还
有拍照人以及雇佣他的机构(国家博物馆联合会)的权利问题。这
些规定会阻碍如今的技术发展吗? 无论如何这不利于此类技术工
作的开展,因为后者难以承担相关的费用。最近有一个好消息:大
部分美国和德国博物馆不再对一些自然科学著作的复制权作要
求。那么卢浮宫(还有国家图书馆)何时取消这类书的复制权? 卢
浮宫又能在何时自主管理其作品的拍照事宜呢?

参见词条:卡娅第德厅、《倚着雄鹿的女猎神狄安娜》、在卢浮
宫内拍照、国家博物馆联合会

毕加索和卢浮宫 ｜ Picasso et le Louvre

(马拉加,1881——穆然,1973)

我们从罗兰特·潘罗斯①所著的《毕加索自传》(1996 年版)中
得知,"由于毕加索不同寻常的视觉记忆,加之与各种艺术形式的
长期接触,他很少去博物馆"。因此,1946 年,他应乔治·萨勒的
邀请参观卢浮宫,显得颇有意味。"毕加索赠给现代艺术博物馆
12 幅画作,我让人将这些画带到卢浮宫寻求大家的建议。我们将
其放置在卢浮宫最大的展厅——七壁炉厅,当时那里还是空的,但

---

① 　Roland Penrose(1900—1984),英国艺术家、历史学家、诗人。——译注

那些画却已完全接触到了 20 米高的天花板。应我的要求，毕加索前来指点，我建议他以自己的经验，将西班牙其他画师的作品与之对比，如苏巴朗、格列柯、牟利罗、里贝拉……这些画均悬挂在莫里恩画廊。"拿着这些画，我们开始"搬家"：所有这些名画都靠墙摆放。毕加索看了一眼喊道："您看，这些都是一样的！"他说得对，如果封面不同，结构则是相同的，画框和以前的一样牢固。唯独不一样的是外表以及细枝末节。但用来支撑的框架、构架以及塑料结构和先前的同样牢固。

毕加索在 1917 年临摹了勒南作品（长期以来，这幅画被称作《受洗礼归来》，1941 年受保罗·雅莫之赠收藏于卢浮宫）。安格尔从这幅画中受益良多（还记得 2004 年毕加索博物馆举行的宏大展览安格尔—毕加索吗？），但在 1940 年及后来的 1954 年 12 月 13 日和 1955 年 2 月 14 日之间，德拉克罗瓦和《公寓里的阿尔及尔女性》（德农馆二楼第 77 展厅）则引起了他的兴致。他所完成的各种各样的画作均是对德拉克罗瓦作品的有力解读。

事实上，毕加索在其绘画生涯中受到整个绘画界，如西班牙绘画，以及普桑、皮维·德·夏凡纳、马奈等人和各种艺术形式的启发。

想来，毕加索曾是西班牙共和国时期普拉多博物馆馆长。1971 年，为表示对毕加索的敬意，大画廊曾悬挂了他的八幅作品（而他却未能到场）。

参见词条：德拉克罗瓦、大画廊、格列柯、安格尔、雅莫、勒南、莫里恩、牟利罗、毕加索博物馆、里贝拉、萨勒、七壁炉厅、苏巴朗

毕加索博物馆 ｜ Picasso (musée)

我们时常忘记，毕加索的私人藏品（有塞尚和马蒂斯的佳作）在被放置到毕加索博物馆之前曾捐赠给卢浮宫（R. F. 1973 - 56 到 R. F. 1973 - 93），并在那里展出过一段时间。

马尔罗在其所著的《黑曜石之头》（巴黎，伽利玛尔出版社，

1974年)中,用他一贯的直觉对这些作品作出评价。他写道:"他的藏品并不像他。为什么不像塞尚的作品(除少数几个外),却像耐格尔的呢? 他有在寻找那些像他的吗? 雅克林娜说的很对。他在30年前曾告诉我说:'我所喜欢的和我希望收藏在家中的并非一样。我是一位画家;但我也是一位业余爱好者,如此身份会在我作画时给我一些启发。然而如果我试图从我所喜欢的作品里得到启发,那么这种启发往往是负面的。'或可说,有时这种启发是正面的,而有时却是负面的。"

参见词条:塞尚、马尔罗、毕加索和卢浮宫

皮埃罗·德拉·弗朗切斯卡/《西吉莫多·玛拉特斯塔肖像》| Piero della Francesca/*Portait de Sigismondo Mamatesta*

(圣塞波尔克罗,1416(?)——1492)

木板油画;德农馆二楼七米厅第4展厅

H:0.44;L:0.34;R.F.1978-1

这幅画于1978年以200万美元购进,应当归功于米歇尔·拉克洛特的坚持和时任总理雷蒙·巴尔的支持。这是法国绘画系列中唯一一幅皮埃罗·德拉·弗朗切斯卡的作品。

画作展示的是西吉莫多·玛拉特斯塔(Sigismondo Mamatesta,1417—1468)的侧面像。西吉莫多是里米尼一位专横的领主(和乌尔比诺公爵的劲敌)。该画大概要早于1451年里米尼马拉泰斯提亚诺庙的著名壁画(在马拉泰斯提亚诺庙,雇佣兵队长跪在圣神即圣西吉莫多面前)。

该画可能是皮埃罗于1449年入住费拉拉庭院的第二天创作的。那时他应该已经看过一些早期佛拉芒作品,尤其是罗希尔·范德·魏登的,并从中汲取了混合构图技术—蛋彩画法和油画技术。这种构图法从圣牌中汲取灵感,改变了以往的传统方式:从侧面看到的半身像突显在暗底色上。皮埃罗绘画的新意就表现在人物"似

柱子一样强有力"的脖颈,白色头巾所构成的横向线条和几何形凸显了脖颈的力度,而脸部所表现的"活的感觉"并未因此而消失。

这是西吉莫多·玛拉特斯塔和吉尔薇拉·特雷斯再婚的场景。我们很想看看皮萨内洛作的画像,完全不同于皮埃罗的画风。

参见词条:拉克洛特(米歇尔)、皮萨内洛、魏登(罗希尔·范德)

皮耶罗·迪·科西莫/《圣母、圣子与鸽子》| Piero di Cosimo/*La Vierge et l'Enfant à la colombe*

(佛罗伦萨,1461 或 1462——佛罗伦萨,1521)

木板油画(杨木);德农馆二楼大画廊

H:0.87;L:0.58;INV.817

人们一直以为画作右部近景中的白鸽是只普通的鸽子,而实际上(由头上的光环可看出)它是象征圣灵的白鸽。交叉在圣母胸前的纺织披巾常见于 15 世纪意大利中部(这幅画可能作于 15 世纪后 10 年),是画家特意加上的。画家以一种非理想化的容貌赋予圣母淳朴的平民形象:一个沉思中的严肃女人,在预测她的未来,以及耶稣的死去和复活。画作的多个细节都影射了这点。另外,鸽子停留的矮墙寓意墓碑。

人们尤其会注意到作品的投光部分和某种虚幻感,蓝色系则突出作品的神秘和新颖。

瓦萨里在《快》中说起他"着迷的精神和极其独特的想法"时,写到:"皮耶罗·迪·科西莫所做的一切都让我们看到了他的好奇心和独特的想法;他自身的敏锐使他能够抓住大自然中难以觉察的东西。他不算计时间和付出,只为取乐而工作,为大爱的艺术而工作。"瓦萨里坦言:"如果他未曾迷失在抽象派艺术中,如果他在生活中更多地考虑自我,他便会更好地展现它的才智,我们也因此会更喜欢他。尽管他终究无任何错误,其作品也为艺术做出了贡献,但由于他的狂野,我们更多的以为他是个疯子。"

参见词条：瓦萨里

《哀悼基督》，又名《小圆形哀悼基督像》｜Pietà, dite la Petite Pietà ronde

绘画部；黎塞留馆三楼第 2 展厅

巴黎或第戎，1400—1415；木板油画（胡桃木）

直径：0.23（包括被裁减成木块后的边缘）；0.17（绘画表面直径）；R. F. 2216

人们之所以这样称呼它，是为了防止和《大圆形哀悼基督像》混淆，后者在相邻的展柜可以看到，其作者很有可能是让·马鲁埃。

法国文艺复兴前期的艺术品保留得并不多。该作品 1918 年由收藏家、艺术事业资助者、罗丹爱好者莫里斯·弗纳伊（Maurice Fenaille，1855—1937）（罗德兹的一个博物馆就是以他命名的）赠予卢浮宫。他也曾为修复勒鲁的蒙塔尔城堡作出了贡献，一战时期那里收藏有很多卢浮宫的作品。

作品创作的年代几无争议，但 1400—1415 年间，关于该作品的来源是巴黎还是第戎的争论颇多。耶稣带着荆冠，偎依在圣母的双膝之上。他周围是亚里马太的约瑟和圣女。画板的背面可以看到，鲜红色底板上画着耶稣受难的 3 个钉子，并由荆冠环绕。

这幅精细而讲究的绘画唤起了我们的沉思。从耶稣胸前流经胯下的鲜血，影射割礼，这是他第一次洒下热血。

参见词条：疏散、卡尔东

皮加勒（让-巴蒂斯特）/《伏尔泰裸像》｜Pigalle (Jean-Baptiste)/Voltaire nu

（巴黎，1714——巴黎 1785）

大理石；黎塞留馆一楼第 24 展厅

H：1.50；L：0.89；Pr. 0.77；Ent. 1962.1（1962 年存放于法兰

西研究院）

在勒脚上写着：A Monsieur De Voltaire Par Les gens De Let-tres/Ses Compatriotes，et Ses Contemporains. 1776. Au revers，sur le pied de la lyre：Pigalle/f. 1776

伏尔泰（1694—1778）的大名享誉整个欧洲。他足以和 20 世纪的毕加索相提并论。1770 年 4 月 17 日，内克尔夫人家的一次晚餐（内克尔是金融界的中流砥柱和未来的国家领袖）聚集了"17 个令人敬仰的哲学家"。他们决定给皮加勒订做一个伟人雕像，并为此发起了一次捐助（后来捐助者颇多）。

自 1770 年 5 月 30 日起，皮加勒常去费内，即伏尔泰生活的地方。他想到这么一个主意：展示裸体的伏尔泰（当时已经 76 岁了！）……伏尔泰最初很担心，但随后考虑到艺术的无尚自由并未反对，而对这一想法连连称赞："应该让皮加勒先生成为雕像的绝对主宰。对天才的束缚事实上是艺术的罪过。"为何要作裸像？毫无疑问，受狄德罗的启发并参照古代艺术作品，尤其是波尔格塞收藏的杰出（被误认为是代表作）作品《垂死的塞内卡》（当时在罗马，现存于卢浮宫德农馆莫那日厅的 A 展厅）。

毫无疑问，这一裸像尤其是对衰老的身体赋予毫无保留的写实，引起了纷纷议论。然而，人们只是批评该作品的作者，却忽略了画作手法的精美及哲学家（指伏尔泰）唯美的头部。

从 1807 起，该作品归于法兰西研究院：在 1962 年，以《马扎兰库瓦塞沃克斯的坟墓》作为交换，它又被重新放回四区学院以前的小教堂（就在法兰西学院附近）中。

和皮加勒相差一代的乌东用一尊坐像赋予了伏尔泰一个更为传统的形象，但其作品却丝毫不乏感染力。谁会在弥漫着法国喜剧的展室内，用赞许的眼光，去看看这一上等佳作呢？

参见词条：波尔格塞收藏、圆屋顶、乌东、法兰西研究院、马扎兰主教、裸体画、《死于浴盆的西奈克》，现名《老渔夫》

皮隆(杰曼)/《痛苦圣母》| Pilon(Germain)/*La Vierge de Douleur*

（巴黎，1540 年成名——巴黎，1590 年）

彩绘陶俑；黎塞留馆一楼第 15a 展厅

H：1.68；L：1.19；Pr：0.78；R. F. 3147

2004—2005 年，卢浮宫举办了一场令人难忘的展览，名为帕利玛蒂斯。参展的杰出粉笔画作由枫丹白露第一学院的画师所作，我被这一宏大的彩陶作品所吸引。事实上，我对它很熟悉，因为自 1890 年起，它就被收藏于卢浮宫，并定期公开展出，特别是 1989 年修复之后。

《痛苦圣母》出自巴黎的圣教堂。作为杰曼·皮隆的创作，1586 年之后，曾用于圣德尼教堂中瓦罗小教堂的其中一个祭台。如今它展出于巴黎圣安托万路的圣保罗圣路易教堂（基本就在德拉克罗瓦的画作《橄榄园中的耶稣》下面）。

该作品简单朴素：圣母裹着宽大的布满褶皱的大衣，遮挡着她的身体。唯一能看到的只有她的脚和交叉在胸前的双手。垂在额前的面纱遮挡了她的面容，表情哀痛无比，对任何东西都不闻不看，似乎对自己的遭遇已然认命。

皮萨内洛/《艾斯特公主》| Pisanello(Antonio Puccio ou Pisano, dit)/*Une princesse d'Este*

（比萨(?)，1395 年之前——?，1450—1455 年间）

木板油画；德农馆二楼七米厅第 4 展厅

H：0.420；L：0.296；R. F. 766

讲到这幅画，就要再谈到皮埃罗·德拉·德拉弗朗切斯卡。1893 年，卢浮宫以 3 万法郎买下这幅画。据意大利艺术史学家阿道夫·文杜利，我们得知它出自皮萨内洛之手。它是如今这位著名艺术家的两幅自画像之一,另一幅则是《利奥奈洛·狄斯泰画像》(1441 年,贝加莫,卡拉拉学院)。同时我们也可从连衣裙上的图案看出他画的是一位艾斯特公主,画上还有插放菊科植物的花瓶及锁链固定的把手。

不幸的是,在利奥奈洛·狄斯泰(他于 1441—1450 年在位)的12 个姐妹和异母姊妹中间,在利奥奈洛的妻子马格丽塔·贡扎迦和 1434 年嫁给西吉尼斯蒙德·潘多尔夫·马拉太斯塔的吉内薇拉·艾斯特中间做出选择并不容易,更不必说,根据如今专家的考虑,还有露西亚即卡罗·贡扎迦的妻子,后者在他们婚礼几个月之后去世。

此像系订婚像还是结婚像,又或是死后遗像? 石竹、耧斗菜、3种蝴蝶(玉蝴蝶、海军蝴蝶、粉蝶)映衬突出公主的侧像,并给予人们不同的解读。正是它们造就了该画如今的盛誉。公主心不在焉的表情,精心描绘的耳朵,圆形头饰上的发带及顶上的头发,所有一切,甚至人物形象的凸显和空间的建构,都突出了该作品的精致和讲究。

参见词条:皮埃罗·德拉·弗朗切斯卡

天顶画 | Plafonds peints

天顶画是卢浮宫的一个特色之一,也是佛罗伦萨碧提画廊和罗马的主要画廊(巴里贝尼、多利亚·庞非力、科隆纳、波尔格塞……)的特色。那里有 17 世纪的装饰图案(奥地利安娜的套房、罗马内利、阿波罗长廊、勒·布朗),还有 18 世纪(用于补充阿波罗长廊作品)和 19 世纪的,大部分作品堪称上乘佳作,但很少能引起人们的注意。

除德拉克罗瓦为阿波罗长廊描绘的天顶画《阿波罗战胜巨蟒》之外,还需提及国家政法院(路易十八时期成立)以前大厅里的装饰图案,以及查理十世长廊和坎帕纳长廊中的图案。我们不会忘记阿波罗圆厅、佩西耶厅和封丹厅、莫里恩厅、博韦厅(卡罗勒斯·

杜兰所画的《玛丽·德·梅迪奇的胜利》》，书画刻印艺术部问询处（亚历山大·卡巴内尔），也不能忽略那些已被破坏（大画廊中普桑的，国家展厅中马勒的）或拆下的天顶画（安格尔的《荷马的礼赞》现是复制品）。最终在 20 世纪，只有乔治·布拉克成功绘制了一幅天顶画，安放在启蒙运动时期的细木护壁板上，位于亨利二世厅（1953 年）。毋庸置疑，21 世纪将会给这一伟大的事业带来无尚的机遇。

这些天顶画远不是我们原以为的那样平庸无奇。订购它们的政策条件对其自身有很大好处。

近年来卢浮宫希望购买这些天顶画的草图，无论是完好无损还是已被毁坏，并在卢浮宫历史展厅的第 2 个展厅展出。

装饰某些天顶画的灰墁不容小视，包括位于奥地利安娜的套房米歇尔·昂居尔[1]所作的，弗朗索瓦·吉拉东的，尼奥丹和马西斯兄弟在阿波罗画廊的，还有大画廊里阿尔伯特·卡里尔·贝勒尤斯的，也不能忘记七壁炉厅、方形中庭、德农馆及莫里恩台阶那里的。

参见词条：阿波罗长廊、奥地利安娜的套房、卢浮宫当代艺术、书画刻印艺术部、布拉克、坎帕纳长廊、查理十世长廊、万国大厅（通常称拉若孔德厅）、大画廊、卢浮宫历史展厅、普桑、七壁炉厅

导览图 ｜ Plan

如何在这个庞大的建筑物中，在这个迷宫中找到方向？我建议您在金字塔下面的信息中心拿一张导览图或信息图（免费的），有 9 种语言，清晰明了、非常实用。在本词典中，您可以找到一个样本。当然，接待处职员会接受您的咨询。同时您也可以访问网页（www. louvre. fr）。

参见词条：接待、互联网、金字塔

---

[1]　Michel Anguier(1612—1686)，法国雕塑家。——译注

消防员 | Pompiers

卢浮宫拥有一批精干的 14 人消防团队，24 小时随时待命。他们平常也帮助身体不适（通常由于时差所致，因为一下飞机，游客就直奔博物馆）的游客，同样也会预防火灾或检修漏水等。有时，他们会在博物馆的屋顶上。

我们试图不将卢浮宫的消防员和"消防员画家"混淆，卢浮宫被指责"造就"了后者的职业。这一称呼源于美术学院的学生，他们讥讽达维特及美术学院的一些画作，这些作品展示了一些带着头盔的裸体士兵。他们这样唱道：

> 头盔犹如发饰
> 扣在雕像上面
> 消防员头戴盔帽
> 看起来就像士兵

"'消防员画家'并不是指那些将自己的模特带上显眼头盔的人，而是那些善用夸张手法，做作而又虚妄的艺术家"（雅克·杜利耶，《我们可以称之为"消防员画家"吗？》，巴黎，大学出版社，1984）。

参见词条：火灾、卢浮宫 2007 年组织机构、博物馆工作人员、1999 年 12 月 31 日

吊桥 | Pont-levis

绕着残留的菲利普·奥古斯特城堡，一直到方形中庭那里，在距城墙几步之远的一旁有个石墩，经考证那是一座吊桥的桥墩，于 1985 年发掘时发现。1617 年 4 月 24 日，孔奇诺·孔奇尼在该桥上被谋害。这位意大利冒险者，在佛罗伦萨身败名裂，后跟从玛

丽·德·梅迪奇。玛丽来到法国,最终嫁给了亨利四世,而孔奇诺·孔奇尼与王后最宠爱的侍女莱奥诺拉·加利盖结婚,并买下昂科侯爵的爵位,成为法国的骑兵军官。他当时在王后身边势力非常强大。孔奇尼阴险狡猾,实权超越了当时仅 16 岁的年轻国王路易十三。他不顾廉耻,竭力想掌握大权,国王最终将其杀害。"谢谢!非常感谢您!此时,我就是国王,"路易十三在方形沙龙(当时还并不是方形沙龙)的窗边向前来为他喝彩的人群喊道。

第 2 天的葬礼上,一群人把孔奇尼的尸体找出来,悬挂在新桥的绞刑台上,随后绞死。

参见词条:路易十三

狮子入口 ｜ Porte des Lions

参见词条:花神翼楼和花神馆

卢浮宫的门 ｜ Portes

参见词条:德农馆和德农门、入口、花神翼楼和花神馆、火灾、若亚(雅克)、安全出口

《年轻妇人肖像》｜ Portrait de jeune femme

罗马和埃及文物部;德农馆一楼和二楼间的夹层罗马和埃及文物部 A 展厅

绘在雪松木上的镀金彩色蜡画;公元 120—130 年

H:0.45;L:0.24;M. N. D. 2047(P. 217)

珍珠在古代极为珍贵。这位金发美人耳朵上带有 4 个珍珠耳环。而原来带在颈部的珍珠项链由金箔替代。

该画作于涂蜡的雪松木板上(该画法在 18 世纪再度流行),由此推断它可能绘于公元 130 年后。美丽的年轻妇人,迷茫地看着

远处。这幅现实主义画像的作者(不知何人),完美地展现了模特纤秀的五官:鼻子、嘴巴、浓眉、睫毛、微垂的耳朵,以及严肃而矜持的表情。

纠正一下:我们经常误把画在裹尸布、纸莎纸或一块薄板上的画误称"法尤姆画像"。实际上它们是用于保存遗体的,常被置于死者面部包裹布上。

普布斯(弗朗斯)/《耶稣最后的晚餐》 | Pourbus (Frans II, dit Le jeune)/*La Cène*

(奥维尔,1569——巴黎,1622)
布上油画;黎塞留馆三楼第 15 展厅
H:2.87;L:3.70;INV. 1704
S. D. b. g. : F. POVRBUS IN. FAC. A°1618

在这个教堂中,唯有一样东西值得注意,那就是主祭坛的画作——普布斯最好的也是最后的一幅画,堪称巴黎的奇迹之一。事实上,关于这位画家,我们没有比它更完美或更为井井有条的作品了;该画试图戳穿嫉妒普布斯的人,那些人宣称不应将两个人物形象放在一起……1724 年巴黎历史学家亨利·索瓦尔[1]曾提到,在普桑看来,这幅画和奥古斯丹·德·迪布勒伊奥的作品是他见过的最好的作品。

此画是 1618 年他为圣列伊圣吉尔教堂而作。人物面部表情多变,构图严谨,它所表达出的真实感给年幼的普桑留下了深刻的印象——事实上,普桑看到该画的时候,并不"年幼",他生于 1594 年——由此他想去意大利的愿望变得更加强烈,普布斯对意大利曾是那么的敏感。普布斯所画的《耶稣最后的晚餐》不由使人想起贝弗瓦堡里城堡及爱丁堡国家画廊的《圣餐》(1994 年在大皇宫博物馆举办的普桑画作展览期间,我们有幸欣赏到这两幅画),尽管

---

[1] Henri Sauval(1623—1676),法国历史学家。——译注

二者有很多不同之处。

在《"不知名"的杰作》(1832)中,巴尔扎克提到了年轻的普桑和老画家法兰霍夫在普布斯画室的会面。

P. S. "迪布勒伊":图森·迪布勒伊(1561—1602)曾以巨人与神的战斗主题画装饰卢浮宫的小画廊(1661年因火灾被毁),即现今的阿波罗长廊。

参见词条: 阿波罗长廊、普桑

普桑(尼古拉) | Poussin(Nicolas)

(莱桑德利,厄尔,1594——罗马,1665)

普桑和卢浮宫联系颇多。普桑曾住在卢浮宫,或者准确地说,他从1640年12月17日到1642年9月21日曾定居在"杜伊勒里花园的中心"。普桑也曾在罗马生活,那是他的第二故乡。在那里,他声名鹊起。路易十三用尽所能请普桑来巴黎。普桑曾负责大皇宫博物馆的装潢,而这项任务这并不适合他,故终以失败告终。卢浮宫收藏有普桑60多幅原创素描和39幅画作,其中大部分取材于路易十四。

在1641年1月6日写给卡洛·安东尼·德勒·波佐(卡夏诺的兄弟,罗马著名的资助人)的信中(我修改了该信的文字,以使它更符合现代习惯),普桑提到了他在巴黎期间居住的房屋(因其屋顶的式样如钟,故称钟楼):"得这么说,这是一个位居杜伊勒里花园中心的小宫殿。有三层,九个房间,不包括底层独立的套房,也就是一间厨房,一间门房,一个马厩,用于冬天藏放茉莉花,还有其他三个存放必须物品的地方。另有一个非常漂亮的大花园,有很多果树、花和各种各样的蔬菜,三个小喷泉和一口井,还有一个漂亮的院子,那儿有其他的果树。园内视野开阔,可以看到所有地方。我觉得,夏天这里犹如天堂。来到这个地方,我看到一切都已备好:贵族式家具,储备好的所有必需品,甚至还有要烧的木炭和已存放两年的老酒。"

人们可在黎塞留馆一楼 29 展厅欣赏到皮埃尔·于连为普桑所刻的大理石雕像,展示的是普桑正在画《于达米德国王的遗言》(现存放于哥本哈根博物馆)的情景。它是昂吉维莱尔伯爵下令完成的"法国名人"系列中唯一一尊披着褶皱大衣的雕像。

安格尔的《荷马的礼赞》(是德农馆二楼 75 展厅的天顶画,叙利馆二楼 35 展厅有其复制品)和梅尼埃(Meynier)的《法国绘画的胜利》(位于佩西耶厅和封丹厅天花板,德农馆二楼第 2 展厅;叙利馆一楼和二楼间的夹层的卢浮宫历史展厅第 2 展厅有其草图)中均可看到普桑。卢浮宫另一个天花板上有让·阿尔克斯所画的《黎塞留向路易十三引荐抵达罗马的普桑》(叙利馆二楼第 47 展厅)。

1960 年在大画廊(想来,大画廊的装饰还归功于他)举办的普桑画展,再次推动了人们对这位艺术家的研究,也改变了普桑刻板拘谨的画家形象,取而代之的是法国大画家的形象。

自 1960 年起,我就开始关注普桑。我和路易-安东尼·普拉合作出版了普桑素描画目录,希望在去世前能编撰其版画目录。

到时人们会更好地理解他,我喜欢他,我是多么希望能遇见他!

参见词条:昂吉维莱尔伯爵、贝尔尼尼、大画廊、杜伊勒里花园、路易十三、路易十四、天顶画、普桑:《阿尔卡迪亚的牧羊人》、《埃利泽尔和利百伽》、《圣保罗升天》、《自画像》、《罗马的圣弗朗索瓦兹宣布罗马鼠疫结束》、《冬日》、普布斯(弗朗索瓦):《耶稣最后的晚餐》、普拉(路易-安东尼)

普桑/《阿尔卡迪亚的牧羊人》 | Poussin/Les Bergers d'Arcadie

布上油画;黎塞留馆三楼第 14 展厅

H:0.85;L:1.21;INV.7300

"即使在阿卡迪亚也有我。"普桑画的是在一个理想国度,几个牧羊人和亡灵的悲惨相遇。他注重表现每位牧羊人的表情,他们在研读碑文:其中一位在读碑文,却不理解它的意思(阴暗处的胳膊似镰刀形状),一位在沉思,一位带着疑惑询问另一位站在那里、胳膊搭在自己肩上的同伴。"我们看到",普桑最早的传记作者之一菲利比安[①]写到,"关于亡灵的思索使他们的脸上不再充满欢愉。"

该画在被图像学家(其中最有名的是埃尔温·帕诺夫斯基)拿走并剖析之前是很受欢迎的。尽管一些专家在画作日期(1638年左右)上存在争议,尤其是1685年以前其出处不明,但自路易十四购买此画后(他以6600磅买回该画和普桑的另外一幅画——《圣家》,展出于同一展厅),其保存情况虽算不上完好,但却一直备受欢迎。

这幅"死亡诗画"的寓意再明确不过了:死亡等待着我们每个人,这天抑或那天,它时刻都看着我们。

参见词条:马雷伯、普桑:《埃利泽尔和利百伽》、《圣保罗升天》、《自画像》、《罗马的圣弗朗索瓦兹宣布罗马鼠疫结束》、《冬日》

普桑/《埃利泽尔和利百伽》∣ Poussin/*Eliézer et Rébecca*

布上油画;黎塞留馆三楼第14展厅

H:1.18;L:1.99;INV.7270

我们回到1648年。普桑应朋友尚特鲁之请完成《圣事》的最后一笔,这幅画画得并不轻松。为了摆脱他因那些悲剧主题所遭受的痛苦,他选择画一幅"舒服而优美的画,画上有不少女孩,当中我们还可以看到不同的美人儿"。菲利比安继续说道,"普桑选择了经文中的这一处,即记载利百伽给他父亲的羊群提水时,亚伯拉罕的侍从是如何遇见利百伽的。普桑从《创世纪》(24章第15—27节)的故事中受到启发。亚伯拉罕决定把他的儿子以撒许配给当

[①]　André Félibien(1619—1695),法国建筑师、传记作者。——译注

地的一个女孩,这个女孩来自他们本土种族,但不是接待他的这个国家伽勒底。为此,他将自己最忠实的仆人埃利泽尔派遣到洛坤。埃利泽尔则请求上帝的暗示:如果有女孩给埃利泽尔(同时也给她的骆驼)饮水,那么这个女孩就是要嫁给以撒的人。普桑展现的正是这一刻,埃利泽尔辨认出了将成为以撒未婚妻的女孩,并以其主人的名义,拿出首饰向她求婚。"

由于普桑的画上没有骆驼,17 世纪曾引来众多争议。是普桑忘记了,还是因为这些动物太过"丑陋"(引自菲利普·德·尚帕涅)而被略去了呢?

该画无疑算得上是普桑最成功的画作之一:每个面孔,每个像群,都是一幅完美的杰作。利百伽的 12 个陪侍,面部表情各异:冷漠、羡慕、赞叹、惊讶,对于亚伯拉罕的这一决定,每个人反应不一。埃利泽尔的舞步(构图中唯一一个男士,献出饰物)、利百伽的身姿(手放在心房以惊讶和感激,略显矜持)以及引人沉思的微笑,都体现了画家多重的构思。即便没有突出这一石质建筑的严谨布置和构图,我们依然会赞叹各式各样的(不少于 10 个)器皿那完美衔接的曲线和直线、考究的颜色搭配(如并置的明快的麦黄色和薰衣草蓝)、人物的神情以及联系两个人物的优雅姿态。

我承认自己不喜欢利百伽的陪伴,她两只手放在头部,是画面上唯一一个面向我们的人物,看着我们好似她并未参与这场宏大而又壮观的会面。

我们可将普桑的画和安托尼·夸佩尔同主题画作(叙利馆三楼第 55 展厅)进行比较。该作品 1701 年被凡尔赛宫买走。在 18 世纪的作品中,它显得高雅而又亲切。普桑的画,是带有纯诗意的。

参见词条:普桑:《阿尔卡迪亚的牧羊人》、《圣保罗升天》、《自画像》、《罗马的圣弗朗索瓦兹宣布罗马鼠疫结束》、《冬日》

普桑/《圣保罗升天》 | Poussin/*Le Ravissement de saint Paul*

布上油画;黎塞留馆三楼第 14 展厅

H:1.28;L:0.96;INV.7288

该画主题并不陌生。它取材于《圣保罗在科林斯的使徒书信》（12章第2节）。因撞到壁柱和凿有洞穴的墙，保尔便升天了，3位天使抬着他。我们不知该从何欣赏此画：构图的平衡、精确的几何图形、微妙的光线效果、色彩的搭配、明朗的空气、优美的芭蕾舞、第一个构图中的静物、随意放在那里的长剑和书籍、远处即是塞尚式的风景。

该画是1650年普桑为保罗·斯卡隆①所作，保罗·斯卡隆是曼特农夫人②的第一任丈夫。他将此画卖给爱德华·雅帕，后者又将其卖给了黎塞留公爵。这幅画是黎塞留和路易十四打网球时丢失的13幅普桑画作之一，1665年归于路易十四。

1671年1月10日夏尔·勒布朗专门为该画举办了一次讲座。我们注意到两点："画家不仅仅是用手来作画，其作品也并非只为视觉的享受，他们还可以满足和感化我们的精神世界，普桑在其所有作品中均渗入了这一美好的'精神特质'；当一幅画作从各方面讲都很好的情况下，如能赋予其'精神特质'，那么这幅作品将会有质的飞跃，且变得完美无缺。"

1962年，我被任命到绘画部工作后，便可以给我的办公室选一些我个人喜欢的画作。我选择了《圣保罗升天》这幅画，当时该画未被展出，而幸运的是，如今已和公众见面。

参见词条：雅巴赫（埃弗拉德）、勒布朗（夏尔）、路易十四、普桑：《阿尔卡迪亚的牧羊人》、《埃利泽尔和利百伽》、《自画像》、《罗马的圣弗朗索瓦兹宣布罗马鼠疫结束》、《冬日》、黎塞留主教

普桑/《自画像》| Poussin/Autoportrait

布上油画；黎塞留馆三楼第14展厅

----

① Paul Scarron(1610—1660)，法国诗人、戏剧家、小说家。——译注
② Madame de Maintenon(1635—1719)，路易十四的第二任妻子。——译注

H:0.98;L:0.74;INV.7302

金色大写字体或系普桑所写:EFFIGIES NICOLAS POVSSI-NI ANDEL.;/YENSIS PICTORIS. ANNO ETATIS. 56/ ROME ANNO IVBILEI /1650

《自画像》是1650年普桑在罗马为尚特鲁所作,尚特鲁是普桑最亲近的巴黎友人之一,也是其最主要的资助者之一。该画于1979年被卢浮宫收藏(以荷兰画家凡·德尔·韦夫的一幅画交换而来,该画家在17—18世纪极受欢迎)。

普桑只展示过两次自画像(在柏林展出第二幅自画像,在此之前卢浮宫是第一次)。他在自己的画室中,身着黑灰色长袍,仰起头,面向我们。面部表情非常严肃,眼睑透着红色,额头布满皱纹。他的右手放在一个系着红色带子的文件夹上。在一块尚未用过的画布上,留有著名的拉丁文题字,标明画中人物的身份及出生日期,作画的日期和地点。玻璃窗、门和抽象的几何背景突出普桑。而从侧面看,细节处给我们展示的却是一个头戴圆锥形冠的半身女像:这就是绘画。她的胳膊就是连接友谊的纽带,这种友谊是对绘画的友谊,更是普桑与尚特鲁的友谊。画家右手小指上的钻石戒指和金字塔形底盘象征坚定和忠贞。而阴影部分让我们觉得绘画就如同是一种幻觉。

这不仅是普桑和尚特鲁的对话、普桑和观众、普桑和自我对话的载体,展现在我们面前的更是一个高尚有为的形象,如凝结的青铜一般坚固持久,它是对自我的掌控,是一种强有力的精神力量,亦如蒙田勤勉的读者,高乃依和笛卡尔精神的平等一般。

毫无修饰又谦卑温和以及红肿的眼皮,使我想引用马尔罗《反回忆录》中的话来总结:"你注意到从正面看他很像普桑吗?"巴尔丢斯对我说,"'他'? 有人认出他是戴高乐吗?"

参见词条:中央艺术博物馆、普桑:《阿尔卡迪亚的牧羊人》、《埃利泽尔和利百伽》、《圣保罗升天》、《罗马的圣弗朗索瓦兹宣布罗马鼠疫结束》、《冬日》

普桑/《罗马的圣·弗朗索瓦兹宣布罗马鼠疫结束》｜Poussin/*Sainte Françoise Romaine annonçant à Rome la fin de la peste*

布上油画；黎塞留馆三楼第 14 展厅

H：1. 30；L：1. 02；R. F. 1999 – 1

卢浮宫的普桑画作都应归功于路易十四。1685 年之后，几乎没有比普桑更伟大的法国画家作品被收藏至卢浮宫。幸由卢浮宫友人协会和其总监马克·弗玛罗利在 1997 年发现并于 1999 年购买了这幅画——《罗马的圣弗朗索瓦兹宣布罗马鼠疫结束》。事先发现它的一件复制品，人们才意识到它的存在，但其原画却遗失已久（被瓦尔省一位买主收藏），但这一发现仍是一件值得庆祝的大事。该画是 1657 年为红衣主教罗斯皮利奥西即克莱蒙十世未来的教皇而绘的。

圣弗朗索瓦兹(1384—1440)站在云端，拿着断裂的弓箭，宣告鼠疫的结束。这位圣人曾受罗马人敬仰。在他脚下，可以看到安娜·科隆纳·巴贝尼。画面右部，一位拿着长剑和盾牌的天使驱走了美杜莎鼠疫，美杜莎落荒而逃，肩上背着一位小孩的尸体。她的腿上还拖着另一具尸体。

普桑强调细微的色彩变化，从灰蓝到薰衣草的蓝色系，从红色、珊瑚红到浅玫瑰色。他尤其懂得在圣人和哀求者无声的对话中赋予强烈的情感，那位哀求者在圣人脚下，双臂张开，其情感之强烈压倒一切。当我们凝视这幅杰作之时，自身的情感已经无以言表。

参见词条：卢浮宫之友协会、普桑：《阿尔卡迪亚的牧羊人》、《埃利泽尔和利百伽》、《圣保罗升天》、《自画像》、《冬日》

普桑/《冬日》，又名《挪亚时代大洪水》｜Poussin/*L'Hiver*，dit aussi *le Déluge*

布上油画；黎塞留馆三楼第 16 展厅

H：1. 18；L：1. 60；INV. 7306

"普桑借用《圣经》中的四个事件来象征四个季节。《冬日》是四幅中最著名的一个,画得便是挪亚时代的大洪水。任何一幅画所表现出的冰冷无情、恐惧和灾难都不及这幅画强烈。画中,暴雨和不断上涨的洪水交融混杂,仅有的几个习水者绝望地爬在即将淹没的顶峰。除此简单的方式,再无法制造出更好的效果来。"泰奥菲尔·戈蒂埃在《卢浮宫爱好者参观指南》(1867年)一书中说道。

"四季"是普桑最著名的组画,我们常常能够从中感受到其"精神特质"。

我们知道,幸得菲利比安,普桑才能够在1660到1664年为黎塞留(1629—1715)作此四幅画作。但似乎没有一个人能够说出普桑所作的这四幅画的顺序。他是根据四季的顺序而作还是根据其别什么呢?究竟是什么呢?

我们知道,黎塞留和路易十四打网球时输了13幅普桑画作及其收藏的其他作品。但路易十四很大方地用5万磅抵偿了这一损失。我们还知道该事件发生在1665年10月13日之后,那天恰是贝尔尼尼和尚特鲁拜访黎塞留的日子,但黎塞留为此画付了多少钱我们不得而知。更重要的是,我们从不知道这些主题的选择源自于谁,每幅画作都引自圣经故事,分别象征一个季节,这又是谁的决定。当普桑着手画这些画的时候,红衣主教的小侄子,年幼的黎塞留还不到30岁;1665年11月15日普桑去世后,这些画就被皇室收藏(5万磅的赔付单始于1665年12月16日)。

"四季"引起了形形色色的评论和释义,各式各样的解读,然而无论哪种都不能解开其中"所有的秘密"。这4幅画曾给予并仍会给予众多画家和音乐家灵感。自从在巴黎展出之后,它们就成为焦点。我们不能不带着感动来读洛梅尼·德·布里安①的文章:"我们在黎塞留家可以找到巴黎绘画中所有新奇的作品。这场

---

① Loménie de Brienne(1727—1794),法国政治家、教士。——译注

学术性的会议持续时间很久。乌东和勒布朗的发言给予其积极评价。我也发言并就《挪亚时代的大洪水》发表观点。帕萨先生和我有同感。勒布朗先生不看好《春日》和《秋日》，但却大赞《夏日》。不过，乌东很欣赏《地上的天堂》，而且十分坚持自己的观点。自布里安之后，讨论就在热烈进行，每个人都表达自己对这幅抑或那幅画的偏爱。在18世纪，人们对这些画的评价从未停止过。然而，从卢梭开始（是的，事实上，我并不喜欢这些画，唯——幅打动我的就是普桑的《挪亚时代的大洪水》），尤其是大革命以后，佩隆和席里柯临摹该画，达维特拥有它的复制品，吉罗代也从中受到启发，还有夏多布里昂。《冬日》，更多地被叫作《挪亚时代的大洪水》，似乎获得了所有人的一致好评。

对于我们而言，如今"四季"组画如此熟悉以致不再令我们惊叹。它似乎应该称得上是当代画作中极为大胆的作品。单画四季实际上并不新奇，但用一些场景来象征四季，并且从《圣经》历史故事中引入一些情节却非常巧妙（菲利比安言）。我们很快就发现每幅作品都描写的是生命中的一个阶段，但同时也是一天中的某个时间段。因此，《冬日》便让我们大吃一惊。实际上普桑画的是一幅夜景画，对此，他已举过很多例子，更重要的是他"没有借助雪"来描述这个季节（1694年4月3日学院会议如此说道）。

如米开朗琪罗一样，《冬日》这幅画通过泛滥的洪水来影射世界的末日。就像以前的评论家所强调的那样，人们虽从洪水中逃脱，而悲惨的命运依然等待着他们，他们知道这些，然而仍未放弃所有的希望，相反每个人都设法为逃命而抗争。左上方象征希望的诺亚方舟值得注意。

近年来对此画的讨论，对其深层意义及普桑或多或少所承认的作画意图的讨论，不一而同。

有人认为是天主教试图展示每个场景和整个阶段的圣经和宗教意义，与之对立的是万有神论的看法；而斯多葛派哲学艺术家认为：人类命运是悲惨的，多处出现的蛇（洪水中、树干上爬行以及画中心的蛇）象征人类赎罪，该画是"关于人类生命意义和死亡的思考"。以上每一种分析各有其理。

然而，在我看来，他们完全忽略了无与伦比的美丽景色、完美的和谐、独到有力的发现，而这些发现丝毫不影响整体的视觉，还有与每个季节匹配的颜色，比如洪水中日夜不停的雨用的是冷灰色。尽管下笔很难，但普桑时刻记得他是一名画家，也从不忘记何为绘画。绘画就是对视觉的调动和享受。他知道该如何制造至上的愉悦，也从未忘记它的重要性。

我引用夏多布里昂的话作总结："这幅画使我们想起一些东西，比如逝去的时光、老人的手。不得不感叹时间流逝之快！通常，天才般的人都以杰作宣告结束：这是他们的灵魂在飞翔。"（《朗诗的生活》，1832 年）

参见词条：皇家绘画和雕塑学院、贝尔尼尼和卢浮宫、马扎兰主教、普桑：《阿尔卡迪亚的牧羊人》、《埃利泽尔和利百伽》、《圣保罗升天》、《自画像》、《罗马的圣弗朗索瓦兹宣布罗马鼠疫结束》、黎塞留主教、圆厅。

普拉（路易-安东尼）｜Prat(Louis-Antoine)

（1944 年生于尼斯）

1965 年的一个晚上，一场赌局结束后，我呆在卢浮宫中。那时我 18 岁，我说服一个女孩和我一起藏在那里。在鲁邦大厅中，我们藏在一扇朝着一个破旧小屋的矮门后面。距闭馆、傍晚巡逻、夜幕降临，还有很长一段时间。为了打发时间，我们静静地拥吻。到了八点，我把门微微拉开。木地板上映照着一束月光，与我的期待相反，一切正常。离开后，那些人物并没有像天堂里的灵魂一样从画中走出来到长廊中散步，两两闲聊，比如乔治·拉图尔陪伴着温柔的圣弗朗索瓦·德·乔托，或是大臣西格尔和勒·吉尔·德·华托挽着胳膊。

这便是路易-安东尼·普拉的小说之一《绝对的业余爱好者》

的开头部分。我曾发誓不在我的词典中介绍活着的人。路易-安东尼·普拉还健在。我们共同编撰普桑、华托及达维特画作目录。他继承马里埃特的传统,是一位非常讲究的法国绘画收藏家。他和妻子贝罗尼克的收藏品很有可能在未来的某一天使得素描陈列室丰富起来,因为那里是他最热爱的地方。

参见词条:书画刻印艺术部、目录、达维特、马里埃特、普桑、华托

优先购买权 │ Préemption

优先购买权指可以优先获得某物的权利。在公开拍卖中,国家可以替代最后一位竞拍人。卢浮宫经常在某些情况下幸运地,有时甚至会在参会者的喝彩声中,优先够买,而不被法院起诉(普桑的《奥林普斯和马西亚斯》便是如此)。

有些人试图取消优先购买权,在大不列颠王国就不承认这一王权。而在大不列颠领土边上,英格兰以自己的方式,通过代替外国竞拍者来执行优先够买权。卢浮宫为够买帕尔莫桑的两幅画,曾因此成为受害者。

参见词条:德鲁奥街拍卖行

预制(木板房)│ Préfabriqués

参见词条:简易板房

卢浮宫管理委员会主席兼馆长 │ Président-direct-eurs

卢浮宫自多米尼克-维旺·德农以来已经有 26 位馆长(1945年 1 月 1 日,乔治·萨勒是第一位获此头衔的人),其中女馆长两名,即最新的两位馆长。其中有两名在任时间很短,画家菲利普-

奥古斯特·让隆(Philippe-Auguste Jeanron,1848—1849)因政治事件而卸任,皮埃尔-欧仁-路易·普亚莱(Pierre-Eugène-Louis Pujalet,1912—1913)即泰奥菲勒·奥莫勒的临时继承人,因《拉若孔德》失窃而被解雇。伯爵路易-奥古斯特于1816—1841年在任。

一直以来,国家博物馆馆长在卢浮宫均有自己的办公室。然而卢浮宫在很长一段时期(直到1968年)没有馆长。昂德烈·帕洛是第一位执行此职务的,但他的职权依然受到很大的限制。卢浮宫自1992年12月成为公立博物馆,由此便获得了自治权,且这一自治权日益变得稳固,尤其是对于国家博物馆联合会和法国博物馆的管理部而言。自那以后,卢浮宫馆长(已有3位)才掌握了真正的实权。他们实际上带有主席和馆长的双重头衔,这就使得职权分化时不可避免的冲突得以解决。

卢浮宫管理委员会主席兼馆长由共和国总统任命,任期3年。直到1993年,它才从国家博物馆研究员中按条例选拔产生。不久前,开始从科学界名人中选拔(但选拔标准非常含糊)。主席兼馆长指定行政主管及博物馆日常工作中的关键岗位负责人。他们住在卢浮宫花神馆中(从那儿可以看到漂亮的巴黎),还可使用里夏·贝杜奇装饰的餐厅。其办公室位于朝向塞纳河的莫里恩馆,是1865—1866年由埃克托耳·勒菲埃尔为拿破仑三世建造的。在旁边的走廊,可以看到卡鲁塞勒凯旋门,走廊里放置着捐赠者的半身像(拉·卡泽、索瓦热、蒂埃里)和博物馆的大雕像(巴尔贝·德·儒伊,库哈热),本词典中有关于他们的介绍。

参见词条:"鸭子"、德农、法国博物馆管理局(D. M. F.)、卢浮宫博物馆自治机构、花神馆、福尔班伯爵、若亚(雅克)、拉克洛特(米歇尔)、勒菲埃尔、雷奥那多·达芬奇:《蒙娜丽莎》、配套住房、莫里恩翼楼、2007年卢浮宫组织机构、佩鲁贾、国家博物馆联合会、萨勒、凡尔纳

普鲁斯特（让娜）｜ Proust (Jeanne)

（里列尔，厄尔卢瓦尔省，1849——巴黎，1905）

在卢浮宫看了华托和雷纳尔多·哈恩[①]的作品，我随后去看达芬奇和提香的（其余的，还有其余的！）。这个季节，尤其是早上，展厅几乎空无一人。大都是带着眼镜的残弱妇女，尽管她们蹬着老高的后跟，想近距离地欣赏画作，却还是看不着。

还能看到几个英国人连连点头对作品赞叹不绝。

"我很担心，随后便看到一群英国人，先生们和女士们各个斜跨双筒望远镜（此时望远镜的挂带奇异地把女士们的薄衬衫分成了'东半球'和'西半球'），紧跟导游的步伐，这位导游脾气粗暴。游客们边听边小跑，只怕掉队。在离开方形中庭进入长廊时，导游漫不经心地伸出指头，没有转身，说道：'这个嘛……据凡·戴克言，查理大帝应排第一。'那语气似乎想说：这个是第二位。而女士们和先生们刚抬起头，说道：'英国国王，我们那里多得是'，就以最快的速度追上导游，然而导游早已跨入下一个长廊"（让娜·普鲁斯特 1895 年 8 月 25 日写给他儿子马塞尔的信"通感"，巴黎，1970—1993 年，第 242 页）。

参见词条：临摹者、大画廊、普鲁斯特、方形沙龙、凡·戴克：《查理一世狩猎图》

普鲁斯特（马塞尔）｜ Proust(Marcel)

（巴黎，1871——巴黎 1922）

"为了今早去拜访维米尔和安格尔，我昨夜未眠。您想让我死掉，然后躺在您的胳膊上吗？"摘自马塞尔·普鲁斯特（可能是 1921

[①]　Reynaldo Hahn(1875—1947)，法籍委内瑞拉人，作曲家、音乐批评家。——译注

年 5 月 24 日,正是拜访 2 位艺术家那天)写给让·路易·沃德瓦耶(Jean-Louis Vaudoyerlet,1883—1963,他曾是巴黎卡那瓦雷博物馆的馆长)的信,沃德瓦耶也曾写过一系列关于维米尔的文章。

他记不起来"鹿特丹城门"(我们可以在拉阿博物馆中《德尔夫特风光》的最右边看到),那是《女囚》中极受欢迎的一页,也是这次拜访的收获。就在这幅画前面普鲁斯特设计了贝尔高特的死亡。作者第一次注意到一些蓝色的人物、玫瑰色的沙子:"这些我本应该写到的",他说道,"我最后的几本书太过枯燥,本该再加润色,就像这"鹿特丹城门"一样。对普鲁斯特来说,这幅画是世界上最好的;盖尔芒特公爵说:"如果这可以看,那么我看到了。"

不过,为什么他在给让·路易·沃德瓦耶的信中提到安格尔呢? 因为 1921 年 5 月 8 日到 6 月 5 日在(勒维克路 18 号)美术商会馆举办了一场安格尔作品展览。他有时间去吗? 我觉得没有。

普鲁斯特常去参观卢浮宫:从 1895 年起,他就很喜欢用彩色粉笔描绘夏尔丹的其中一幅自画像。

参见词条:夏尔丹:《自画像》,也叫《有画架的自画像》、夏塞里奥、安格尔、橘园美术馆、维米尔

普吕东(皮埃尔-保尔)/《"正义之神"与"复仇之神"追逐"罪神"》| Prud'hon (Pierre-Paul)/*La justice et la Vengeance divine poursuivant le Crime*

(克吕尼,1758——巴黎,1823)

布上油画;德农馆二楼第 75 展厅

H:2.44;L:2.49;S. D. b. g. ;P. P. Prud'hon. 1808;INV. 7340

该画在 1804 年(或 1805 年)由巴黎法院订购,展出于 1808 年的沙龙展,1818—1823 年展出于卢森堡博物馆,最后收藏于卢浮宫。

在画像右部高处,是"正义之神"和"复仇之神";在"罪神"的左边,一直延伸到地上的是其受害者。动态的月光强化了画像的悲

剧效果,象征人类的正义。

在我们对面的是达维特的作品,还有浪漫主义初期作品。

参见词条:达维特、卢森堡博物馆、方形中庭

普吕东/《多米尼克-维旺·德农肖像》｜Prud'hon/ *Portrait de Dominique-Vivant Denon*

布上油画;叙利馆三楼第 56 展厅

H:0.615;L:0.515;M. I. 723

《多米尼克-维旺·德农肖像》是关于卢浮宫(时为拿破仑博物馆)第一任馆长最好的一幅画像。它实际上是立像的一部分。该画是普吕东在 1812 年所作,德农(1747—1825)当时已有 65 岁。他手里拿着 1809 年收到的俄国圣安娜十字架。

所有该画的评论者都强调该画中人物的"精神寓意"和这位18 世纪人物的"微笑"。他是一位平庸的雕刻工,也是《没有明天》一书的作者。然而,人们很难注意到他是一位不倦的旅行者、收藏家、出色的管理者、博物馆的设计者,时至今日,此处也只不过是人们茶余饭后的消遣之地。

参见词条:德农、拿破仑一世、卢浮宫管理委员会主席兼馆长

出版物 ｜ Publications

国家博物馆联合会几乎拥有卢浮宫所有出版物(详细或粗略的指南、简明或详细的目录、展览目录、大众出版物或科学专著,还有《卢浮宫杂志》,海报和明信片)。它管理卢浮宫书店及馆内的其他销售点。

卢浮宫试图成为自己的出版商,并自主决定该领域内的政策。这并非不可实现。借助一些热销书籍和投资科学出版物(博物馆的形象依赖于此)的想法,在我看来很是不错。

广告 | Publicité

为了吸引塞纳河岸的行人，1797 年，阿波罗最南边的阳台上安插了一面旗子，我们在西尔万·拉维西埃尔①的著作《拿破仑和卢浮宫》中得知此事。

如今，一切都未改变，那面旗子仍随风飘扬。

参见词条：阿波罗长廊

科里尼昂库尔跳蚤市场 | Puces de Clignancourt

我经常光顾这个跳蚤市场，尤其是周六早上。虽然我不再去那里，但我还是建议卢浮宫的年轻馆长去。那里会给我们一些惊喜，无论对卢浮宫（如博然的静物画（1612—1663），来自雷恩博物馆）还是对自己：馆长一定要会收藏。我很清楚这种收获也许是微不足道的，但收藏需要慧眼（我特意选择了一个过时的词）。

参见词条：博然（卢宾）、博物馆研究员、慧眼、薪资

普杰（皮埃尔）/《克罗东的米洛》 | Puget (Pierre) / *Milon de Crotone*

（马赛，1620—1694）

由两块卡拉勒大理石组成

黎塞留馆一楼和二楼间的夹层普杰展厅

H：2.70；L：1.40；Pr：0.80；M. R. 2075

S. D. sous le pied droit：P. PUGET. SCVLP. MAR/SSI-LIENCIS F ANNO. D. 1682

---

① Sylvain Laveissière，法国传记作者。——译注

1670年,柯尔贝尔赠给普杰3块未曾用过的大理石,让他随意使用。普杰用了12年的时间完成《克罗东的米洛》。他最初在杜伦工作,随后在马赛完成该雕像。从马赛把这组庞大的雕像群通过杜伦和勒阿弗尔一直转运到凡尔赛花园的"绿地毯"(1683年夏天转到此处)可不是一件易事。

克罗东的米洛因其力大无穷而出名。他虽然渐渐变老,但还想练力气。他将手插入一个橡树的缝隙,缝隙那儿有楔子支撑。楔子折断,于是他就被困在那里。几只狼便把他吞了(普杰觉得用狮子更好)。

因其寓意为老者与力量的战斗,该作品受到极大的欢迎。主人公饱受痛苦,却依然用自己的右臂搏斗,在死亡面前不屈不挠。普杰用写实主义手法刻画被束缚的身体表现出的痛苦以及战败者脸上那种悲伤的表情。

尤金·德韦拉(Eugène Devéria,1805—1865)为卢浮宫所绘的一个天花板向我们展示了《普杰在凡尔赛花园向路易十四展示他的"克罗东的米洛"》(叙利馆二楼坎帕纳长廊第45展厅,卢浮宫历史展厅第2展厅有草图)。

塞尚喜欢在卢浮宫临摹雕塑,除了临摹普杰的作品,他还留下了7部作品。

参见词条:塞尚、柯尔贝尔、路易十四、天顶画

金字塔之争 ｜ Pyramide (La bataille de la)

谁还记得那场争论?谁现在又能将它完整的记录下来?谁还记得,一周又一周,那些所作的意见调查,大众态度的转变,后续的进展,雷鸣般的宣言和阴险的行为?毫无疑问,金字塔自那以后成为巴黎景观之一,并与埃菲尔铁塔齐名,不再是争议的话题。

1981年,新上任的弗朗索瓦·密特朗决定重修财政部,即如今卢浮宫的黎塞留馆。1983年,未经竞选,他采纳了路易·加布里埃尔·克拉耶和艾米利·比亚斯尼(这两人将负责大卢浮宫的

重修)的建议,指定华裔美国建筑师贝聿铭完成该方案的设计。

那么贝聿铭是在何时产生建造一个金字塔,(如今的)"金字塔"这一想法呢?我不得而知。不过,有一件事是确定的:这一想法当时只是那项宏伟蓝图(博物馆的重新规划)的一部分。加之卢浮宫没有足够的空间放置其收藏品,也没有足够空间接待其参观者,因而转变迫在眉睫。

鉴于此,对金字塔方案持坚决反对态度的三个人毫不犹豫地接受了该方案(《神秘的巴黎》,1985 年),最终密特朗总统因卢浮宫重新规划案的成功实施赢得了人们的赞誉。

论战非常之激烈,一些协会纷纷成立,尤其是在 1985 年,直到 1989 年 5 月 30 号金字塔面向公众开放。左派和右派也因金字塔而对立。时任巴黎市长雅克·希拉克是最早也是最积极的维护者之一,但文化部长(同时也是 200 周年纪念规划部部长)及一些议员却在杰克·朗的工作室里低声谈论他们的保守意见。

一个重 200 吨,高 21 米,由 673 块菱形玻璃组成的纯钢铁构造,这就是现今卢浮宫的入口。不过,1700 平方米的大厅,有存包处、售票处、书店、餐厅、咖啡馆,还有团体接待和个人接待处("卡蒙伯尔"已经达到饱和,它如今显得太小而不能接待足够多的游客,2006 年游客数量达 830 万次)。除此之外,那里也"太过嘈杂"(贝聿铭在 2006 年 6 月 27 日的《世界报》中谈到)。

一个有履带的机器和载人起重机按时清洁金字塔,透明的金字塔在夜间"映照着天空"(引自贝先生的原话)非常漂亮。如今只有那 3 个"方尖锥"仍遭遇些许贬斥。

有很长一段时间,我害怕金字塔这一壮观的建筑会使人们忘记博物馆曾经的重修计划。我想那时我是错了。

P. S. 1. 不要忽略了倒金字塔,它吸引着商业步行街的游客和卡鲁塞勒花园下的停车场使用者。

　　2. 在"金字塔"之前,有好几个"金字塔"立在其原位上。那经常是为一些活动(如厄罗为庆祝大革命一百周年而建的)而临时立下的。如:1792年8月为悼念大革命时期的民众而建的金字塔和1793年8月2日为纪念被害的让·保尔·马拉①而设计的金字塔。

参见词条:接待处、拿破仑庭、拿破仑厅、电影、鹤、密特朗、卢浮宫广场、贝聿铭、凡尔纳、参观者

———————

① Jean Paul Marat(1743—1793),法国政治家、内科医生、记者。——译注

卡尔东(昂格朗)/《维尔纳夫-莱-阿维尼翁的圣母哀子图》| Quarton (Enguerrand)/*La Pietà de Villeneuve-lès-Avignon*

（出生于拉昂教区，1444—1446 成名于普罗旺斯—艾克斯地区和阿维尼翁）

木板油画；黎塞留馆三楼第 4 展厅

H:1.630;L:2.185;R.F.1569

《维尔纳夫-莱-阿维尼翁的圣母哀子图》，或称《阿维尼翁的哀悼基督图》，无疑是法国最美丽的一幅原始作品。人们一直以来对这幅画的法国国籍存在怀疑。《卡门》的作者、致力于"保护法国国家遗产"的先锋者之一的普罗斯佩·梅里美，于 1834 年在维尔纳夫-莱-阿维尼翁教堂的祭台深处发现了这幅画，他认为该画是"让·贝兰"的作品。直到普罗旺斯的猜想被证实之前，这幅作品的国籍曾接连被认为是意大利、法国、德国、西班牙和葡萄牙。

著名的艺术史学家夏尔·斯德林认为这幅画出自昂格朗·卡尔东之手，该猜想如今被一致认可。人们发现原本出生于拉昂教区的卡尔东于 1444—1466 年生活在普罗旺斯—艾克斯地区，两个世纪以后，勒南兄弟也在此居住。

1905 年，卢浮宫之友协会在经过多次冗长而棘手的协商后购入了《维尔纳夫-莱-阿维尼翁的圣母哀子图》，维尔纳夫-莱-阿维尼翁镇获得了 10 万法郎和一幅复制品（由卢浮宫付费）。

人们常常忽略这幅画（约 1455 年）原本的位置，也不去过问画面中左膝跪地的议事司铎究竟是谁。

画中人物着装严格，神态仿佛陷入沉思，玛德莱娜的身体倾向躺在圣母双膝上的耶稣。每张紧张的面孔都再现出《耶利米哀歌》中圣母所说的话，这句话在作品的金色底部用拉丁文写着："噢！走过这条路每个人啊，请来看看你是否也经历过我所经历的痛苦。"

皮特·蒙德里安①被这幅画的不朽和原始所吸引,于1913年复制了这幅作品,人们对此毫不感到惊讶。

参见词条:卢浮宫之友协会、勒南(路易)

────────

① Piet Mondrian(1872—1944),荷兰画家。——译注

拉客 | Racolage

2005年9月1日版《卢浮宫参观规章制度》中第23条规定：卢浮宫禁止从事"拉客服务"。那些少数只想在博物馆里"勾三搭四"的年轻人，博物馆不欢迎你。另外，"光脚参观"在这里也是不被允许的。

参见词条：规章制度

拉斐尔（又名拉斐尔·桑西或圣齐奥）/《巴尔达萨雷·卡斯蒂利奥奈伯爵像》| Raphaël (Raffaello Santi ou Sanzio，dit)/*Portrait of Balthazar Castiglione*

（乌尔比诺，1483——罗马，1520）

布上油画；德农馆二楼大画廊

H：0.82；L：0.67；INV.611

1508年，巴尔达萨雷·卡斯蒂利奥奈被任命为乌尔比诺公爵大使，并被急遣至罗马，辅佐罗马教皇里昂十世。仅仅数年之后，大约在1514—1515年间，拉斐尔为他画了这幅肖像。

卡斯蒂利奥奈与拉斐尔相识已久，他们对美与和谐有着相同的标准。1528年，《侍臣论》的问世令卡斯蒂利奥奈名声大噪。

画像中的卡斯蒂利奥奈坐在椅子上，戴着蓝黑色的丝绒大软帽目视前方。他身着暖和的紧身外衣，宽大的毛皮袖子①向外鼓起。画面前端，他双手合掌，姿势像是秘密地对《拉若孔德》致敬。

这幅画于1639年被卖到阿姆斯特丹，路易十四世以3500盾②的价格买下后将它赠与马扎兰的继承人。

此画一直以来广受好评，曾被多位画家复制（鲁本斯，伦勃

---

① "小灰鼠"，西伯利亚的一种松鼠毛。——原注
② 荷兰银币名。——译注

朗——他的素描作品存放在维也纳阿尔贝蒂娜博物馆,马蒂斯等等)。

人物简明的形象跃然于画布,协调排布的灰与黑如"灰烬的颜色和木头燃烧后的颜色"(西尔维·贝甘[1]),画作的完好保存使它成为油画历史上最杰出的肖像画之一,观赏者甚至可以从画中看到模特蓝色的眼珠。

拉斐尔在卢浮宫中共展出 11 幅画,表现出色。在达芬奇出现之前,人们一直认为拉斐尔是"有史以来最伟大的画家"。卢浮宫曾为费德里克·泽里拍摄过纪录片,在片中我问过他这个问题,他斩钉截铁地说:佩得上这个称号的人是鲁本斯。

我记得当时好像把这幅画借给了亚特兰大(现在已归还给卢浮宫,位于大画廊)。如果要列出一张卢浮宫隔断内无价之宝的名单,我会毫不迟疑地将《巴尔达萨雷·卡斯蒂利奥奈伯爵像》列在名单之内。

参见词条:亚特兰大、隔断、大画廊、雷奥纳多·达芬奇、路易十四、马扎兰主教、卢浮宫专题论坛、泽里

《朱利埃特·雷卡米埃》| Récamier(Juliette)

达维特(雅克-路易)

油布油画;德农馆二楼第 75 展厅

H:1.174;L:2.24;INV.3708

珍妮·弗朗索瓦·朱莉·阿德莱德·伯纳德(Jeanne-Françoise-Julie-Adélaïde Bernard,1777—1849),又名朱利埃特,1793 年嫁给银行家里昂人雅克·雷卡米埃。雅克当时 43 岁,朱利埃特仅 16 岁。夫妇俩过了几年奢华的生活后,1806 年雅克破产,但这并没有影响两人无限的激情。我不想再讲述她那些多少有些柏拉图式的情史。一言以蔽之,她是个充满魅力的

---

[1]　Sylvie Béguin(1919—2010),法国艺术史学家。——译注

女人。

朱利埃特·雷卡米埃的肖像在卢浮宫多个部门出现过：首先是在绘画部展出的出自达维特之手的作品。画中的朱利埃特·雷卡米埃身着古典连衣长裙，优雅地斜坐在古式靠椅上，仪态端庄大方，面向前方。这幅画尺寸很大，视点较远，画家与模特之间有一段距离。

从画面背景的赭石颜料的印迹可以看出这幅画并未完成，不知道这是达维特故意留下的未完之笔，还是因为他与模特于 1800 年发生了一系列争执后对此画置之不理的结果。

杰拉尔[①]笔下的朱利埃特·雷卡米埃的肖像在卡那瓦雷博物馆展出，不过他的画与达维特所绘的肖像相比还是略逊一筹。

勒都·勒巴德博士致力于研究雷卡米埃夫人的家具（这个家具同样吸引了马格里特[②]）。经过研究，他最终发现达维特画中的长椅其实是达维特画室中一件家具，是"雅各兄弟"家具商向达维特定制的。勒都·勒巴德提出应当在卢浮宫复原雷卡米埃夫人的客厅和卧室（巴黎塞夫尔街 16 号布瓦修道院；黎世留馆二楼第 68 和 69 展厅），这项提议于 1993 年在维克多·帕斯多尔夫妇的捐助下得以落实。

最后一个细节是这幅画左侧的三脚架油灯，它是（或许是传说中希望是）年轻的安格尔在他的师傅达维特的画室工作时所画的。

参见词条：达维特的画室、达维特、捐赠人、安格尔

《摄政王钻石》│ Le Régent

装饰艺术品部；德农馆二楼阿波罗长廊钻石展柜

L：31.58mm；l.：28.89mm；厚度：20.86mm；140.64 克拉；M.

---

① François Gérard(1770—1837)，法国新古典主义画家。——译注

② René François Ghislain Magritte(1898—1967)，比利时的超现实主义画家。——译注

V.1017

摄政王钻石于 1698 年在印度前首都戈尔康达被发现,拥有极高的纯度,因其无与伦比的价值而世界闻名。马德拉斯①的总督托马斯·皮特买下了这枚钻石并带回英国。随后,他向多位君主展示了这枚钻石,1714 年 11 月,钻石高昂的价格使法国国王路易十四都望而却步。

路易十五时期的摄政王奥尔良的菲利普(Philippe d'Orléans,1674—1723)于 1717 年 6 月买下这颗钻石。这是约翰·劳经济体系②的胜利:这笔买卖令人们对法国经济拥有信心,摄政王也因此感到万分荣耀,他将这枚美丽绝伦的宝石命名为"摄政王"。

圣西蒙(Saint-Simon,1675—1755)在《回忆录》中讲述了他去英国时听闻的关于这颗钻石的轶事,但很可能大部分是虚构的。"这是一个概率极小的事件,一位大莫高尔帝国③的矿工将一颗极其贵重的钻石藏入肛门,躲开了检查,这种检查是老板防止有人吞下钻石或将钻石藏入体内私带出去而进行的催泄和灌肠。这位工人避开检查之后,顺利上了船。他看上去十分淡定,没有人怀疑他的身份,也看不出他要做什么宝石生意。为了挣一笔大钱,他带着这颗钻石来到了欧洲。"还是在这篇文章里,圣西蒙将这笔买卖中决定性的角色归功于自己,他说:"劳让我把这件事情告诉奥尔良公爵。在这颗钻石被卖出之前我寸步不离。"

自 1721 年年轻的路易十五起,"摄政王钻石"就分别装饰着路易十六世(1775)和查理十世(1825)的加冕王冠(1722 年;"摄政王钻石"和"桑西钻石"在国王加冕礼之后被仿制品替代——如今王冠在阿波罗长廊展出)。波拿巴·拿破仑先后将它镶在执政官宝剑(1801)和皇家双刃剑(1804)上。最终,这颗钻石镶嵌在王后

---

① Madras,金奈(泰米尔语:"Chennai")曾称马德拉斯(英文"Madras"),南印度东岸城市。——译注

② Le système de Law(1716—1720),在法国实施的由苏格兰经济学家约翰·劳提出的经济体系,提倡纸币替代硬币。——译注

③ Grand Moghol,印度大莫高尔帝国(1526—1857)。——译注

欧仁妮的王冠"在希腊"上。

1792年9月,保存着"摄政王钻石"和皇室珠宝的皇室家具保管处被盗,该地现今位于协和广场的海军部。这次失窃是历史上最严重、最耸人听闻的案件之一。1793年4月,人们在一条黑暗的缝隙里发现了"摄政王钻石"。令人庆幸的是在1887年王冠钻石公开拍卖会上,它和其他几件卢浮宫的珍宝未被列入拍卖清单中。

尽管如今南非出产了大量尺寸超过"摄政王"的钻石,但是凭借其极大的尺寸和超高的纯度,它依然被誉为世界上最美丽的钻石之一。不凡的经历又为它增光添彩。"摄政王钻石"是卢浮宫最吸引游客的极具魅力的展品之一。

参见词条:阿波罗长廊、《桑西钻石》、盗窃

展区 │ Régions

卢浮宫共分为5个展区,分别与总监控室相连接:其中3个展区向公众开放:德农馆(南区),黎塞留馆(北区),叙利馆(中区),还有两位卢浮宫工作人员:"拿破仑"(金字塔下面的大厅)和"勒莫尼埃"(地下室、实验室、画室、花神翼楼等等)。

参见词条:博物馆工作人员

规章制度 │ Règlement

在卢浮宫,您可以轻松获得《卢浮宫参观规章制度》,2005年9月1日发行的为最新版本。

踏板车不允许进入卢浮宫(条文8)。寄存人在实名表上签字后,可以将真皮衣物寄存在特定衣物存放处(不知道这一条现在还有没有)(条文18)。最后(条文25),火灾发生时请务必保持镇定。

参见词条:动物、拉客

雷诺(让)/《圣哥达的胜利》│ Regnault(Jean)/*La Victoire du Saint-Gothard*

（著名雕塑家,1685—1687）

带有棕色铜锈的青铜奖章;黎塞留馆皮热中庭一楼和二楼间的夹层(笔者落笔之日并未展出)

直径:0.775;R. F. 4751

菲拉德元帅想借 1679 年奈梅亨[1]平定之际为路易十四建造一个命名为"胜利者"的广场。这个出自建筑师孟沙尔[2]之手的广场于 1687 年落成。

直到法国大革命时期,这个广场中心还伫立着一尊国王的青铜镀金立像,是原籍为荷兰的雕塑家德雅尔丹的作品。底座上四个巨大的奴隶象征着国王所战胜的四个国家(近年人们依然可以在索园[3]里看见它们),雕塑底座在大革命中幸免于难,如今位于皮热中庭,对于通过这里的黎塞留走廊我们再熟悉不过了,它连接了拿破仑广场和里沃利大街。

此外,点缀在椭圆广场上的四根圆柱照亮了夜空,它们曾是巴黎城市化进程中的创举。每个碧玉色的大理石圆柱都装饰着青铜奖章,24 个奖章由两队人马分别制作。1717 年,这些柱子却被拆掉了,因为"夜间的光线反而使公共秩序变差",青铜奖章于 19 世纪初被运到了英国。1914 年,乔治五世国王以极高的姿态赠与法国五枚。如今,卢浮宫正在不断地努力,希望将流失在外的奖章全部收回。

最后一枚纳入国家藏品的是由雕塑家让·雷诺制作的奖章。

---

① Nimègue,荷兰城市,1679 年法荷签署《奈梅亨条约》,巩固了法国对阿尔萨斯地区的控制权。——译注

② Jules Hardouin-Mansart(1646—1708),法国建筑师。——译注

③ Le parc du château de Sceaux,索园,又名国玺公园,位于法国巴黎。——译注

这枚奖章以皮埃尔·米娜德的素描为基础,由皮埃尔·勒奈进行铸造,描绘了圣罗马帝国与威胁到奥地利的土耳其作战中圣高达的胜利(1665)这一篇章。路易十四曾派遣了 6000 人支援罗马皇帝。

这些奖章各个都是精品。卢浮宫博物馆没有展出最后一枚奖章,是否是因为该奖章的主题出现了"政治偏差"——奥斯曼帝国的战败?

最后我还想说的是,如今的"胜利者"广场虽然有一些碍眼的残砖碎瓦,但它依然十分壮观美丽。重要的德国艺术史研究中心位于该广场 10 号。

参见词条:路易十四

雷尼耶(亨利·德) | Régier(Henri de)

(翁弗勒,1864——巴黎,1936)

"——我们去卢浮宫吧,你看怎么样?

汽车停在了柱廊前。

拱门下方左右两边一层大厅的大门都开着。埃及人和亚述人在这儿整齐地排列着他们古老的石块。石柱对面是石碑,黑色花岗岩制的斯芬克斯以预言者的姿态蹲在底部,另一端长着双翅、头戴主教王冠、野兽般的人首飞牛也立在那里。

维克多利亚撇了撇嘴说:

——我想去哥伦布利·德·珍妮之前去过的古代雕塑区看看。

——请从竞技场进来,克雷勒小姐说。

克雷勒小姐经常独自一人来博物馆参观。他们穿过大而肃穆的方形中庭。几个小孩儿在这里玩着陀螺。女象柱的钟楼敲响了下午 3 点的钟声。年轻姑娘们走过通向卢浮宫内的拱顶狭廊,两个巨型斑石柱装裱在两侧,几只鸽子飞过,向导在前面服务。

她们来到大画廊,大理石和青铜神像排列在各自的底座上。

《拉奥孔》与蛇缠绕在一起。《半人马》鼓起他肌肉发达的上半身。她们经过长长的《忒修斯之棺》，死去的人面容依然鲜活。《望楼的阿波罗》与《女猎神狄安娜》以恒久不变的姿态伫立在拱廊两侧。在高大的梯台上，《萨莫色雷斯的胜利女神》用她静止而残缺的双翅在空气中搏斗……克雷勒小姐给维克多利亚指了指。船头仿佛在神明的脚下晃动，无首的雕塑表现出大理石的可塑性和不朽之躯的战胜之喜。

　　——她真美！克雷勒小姐说，维克多利亚继续向前走，克雷勒跟在她后面。

　　安静的古代雕塑展厅又冷又湿，铺路的石板之间寸草不生令人惊奇，这种阴冷与粉刷成金色的天花板形成鲜明对比。年轻女孩们缓缓走着。《古代奴隶》在斑岩制的喷泉承水盘中，用镶嵌的玛瑙眼睛注视着她们。一位裸身的智者也住在这个萧瑟的地方，进行着某种安静的活动。每尊雕塑都保持着它最初的姿态，雕像中的神明或是英雄正在执行着他们的任务：密涅瓦手握长矛与盾牌，维纳斯拿着象征着爱的苹果，玛斯手拿双刃剑，尼普顿挥舞着他的三叉戟，农牧之神笑着，古代投掷者掷出铁饼，放肆的马西亚斯被剥去皮，悬吊在树杈上。剩下的是一些的头像或半身像，还有些少了胳膊或少了腿的，但大部分雕塑都未受损，它们完美地展示了人类的特征。维克多利亚好奇地看着，看守人用一种嘲弄的眼光打量着她们。两人出来后，维克多利亚放声大笑起来。"(《午夜婚礼》，1914)

　　如今，亨利·德·雷尼耶的作品备受冷落，只有喜爱威尼斯的人还会读一读，但他在书中对卢浮宫的描写依然引人入胜。从这篇文章中我们还了解到了卢浮宫在 1898—1928 年间展出过的雕塑复制品，如《拉奥孔》、《望楼的阿波罗》等。1797 年，法国革命军根据《托伦蒂诺条约》①得到了原版雕塑，1815 年，法国又将这批原

---

　　①　Le traité de Tolentino：1797 年 2 月 19 日，拿破仑与意大利教皇庇护六世签订了托伦蒂诺条约，划定教皇国的疆界。——译注

版雕塑归还给了罗马教皇。

参见词条:《拉奥孔》、以原作为模型的雕塑复制品、《死于浴盆的西奈克》,现名《老渔夫》、《萨莫色雷斯的胜利女神》

伦勃朗/《沐浴的贝莎蓓》| Rembrandt/*Bethsabée au bain*

(莱顿,1606—阿姆斯特丹,1669)

布上油画;黎塞留馆三楼第 31 展厅

H:1.42;L:1.42;M.I. 957

S. D. b. g. : Rembrandt. ft / 1654.

《沐浴的贝莎蓓》这幅杰作绘于 1654 年,出自伦勃朗之手,是拉·卡泽的藏品中最具传奇色彩的一幅,也是绘画部 1869 年最重要的获赠之一。如今关于这幅画的主题还有些争议:觊觎贝莎蓓的国王大卫从她的宫殿高处偷窥贝莎蓓沐浴(《撒母耳第二部》,11,2—27)。如何解释画面中贝莎蓓略显忧伤的表情? 画家给出了第二种鲜为人知的主题的解释:贝莎蓓在信中得知丈夫乌利亚去世的消息,十分悲伤,而害死他的人正是其情夫大卫,她忧伤的表情表现出懊悔之情。有一点是可以肯定的:通过识别画面中人物的面貌,我们可以轻松辨认出画中人物的模特正是伦勃朗的"女仆兼情妇"——亨德里克耶·斯托菲尔斯。

参见词条:拉·卡泽

伦勃朗/《被解剖的公牛》| Rembrandt/*Le bœuf écorché*

弧形木油画;黎塞留三楼第 31 展厅

H:0.94;L:0.69;M. I. 169

S. D. b. g:Rembrandt f. 1655

《被解剖的公牛》的所有者是路易·维亚多①,他是艺术评论家、歌剧导演波莉娜·加西亚②之夫,后者为著名歌唱家玛丽·布朗③的妹妹。1857 年,他以 5000 法郎的价格将此画转卖给卢浮宫。

这幅画不仅是伦勃朗独一无二的作品,也是 17 世纪欧洲油画作品中绝无仅有的一幅。19 世纪法国最杰出的画家们都临摹过这幅画,包括德拉克罗瓦等等。该画启发了从苏丁到培根等为数众多的当代艺术家。

人们对这幅画的评价分为两派,一派认为此画是现实主义油画的杰作,手法大胆,是一首"造型交响曲";相反的评价认为这幅画是"祭奠死神"④、空洞、寓意着死亡。两种说法至今没有一个定论。

有人说:"伦勃朗在泥潭中发现了金子"。这块"死肉"和血色的骨骼除了传达出令人心碎的情感之外,还表现出一种令人生畏的能量。

伦勃朗/《有画架的自画像》 | Rembrandt/*Portrait de l'artiste au chevalet*

布上油画;黎塞留三楼第 31 展厅

H:1.11;L:0.90;S.D.b.d.:Rem … F.1660;INV.1747

《有画架的自画像》是路易十四的藏品中唯一一幅伦勃朗的作品。1976 年,路易十四花费 3000 里弗⑤从一位名叫拉·弗耶的画商处购买的 34 幅画,其中就有这一幅。此画一度曾属于收藏家雅巴赫。

54 岁的老伦勃朗的目视着前方,眼睛里是不安和疑问。经过

---

① Louis Viardot(1800—1883),法国作家、评论家、翻译家。——译注
② Pauline Garcia(1821—1910),法国女中、高音歌唱家、作曲家。——译注
③ Maria Malibran(1808—1836),法国歌唱家。——译注
④ 原文为拉丁文:*Momento mori*。——译注
⑤ Livre,法国古货币单位。——译注

时间的打磨，岁月留下了痕迹，画中的他神情威严、庄重、令人敬畏。

值得一提的是参观者常常被画中的内容所吸引：首先，画家头戴一顶漂亮的普通白色软帽，坐在画室的水粉画架前（画架由老夏尔丹制作）；其次是画中画家威严、谨慎的表情。伦勃朗与过去的大画家们一样出色，他深谙绘画的力量，画中的伦勃朗仿佛在问自己，也在问我们。

参见词条：夏尔丹、雅巴赫（埃弗拉德）、路易十四、伦勃朗：《沐浴的贝莎蓓》《被解剖的公牛》、玻璃展柜

绘画的修改 | Rependir

"修改就是对原始想法的改动。"（《19世纪百科大字典》，皮埃尔·拉鲁斯编，1866—1877）原则上讲，画家对作品细节或总体的修改应当是无形的，只有通过实验室的器材（X光照相术）才能检测出被修改的部分。但有时裸眼也能看得出修改的痕迹，如马蒂尤·勒南的作品《胜利的寓意画》中（叙利馆三楼第28展厅），这幅画的下层隐约可见另一幅画；还有吉里柯的作品《轻骑兵军官的冲锋》（德农馆二楼第77展厅）中马腿的不同，以及鲁本斯的《海伦·芙尔曼》的改动。

参见词条：实验室，肚脐，鲁本斯：《海伦·芙尔曼和她的两个孩子》

休息厅 | Repos(salle de)

休息厅不太好找，它位于17世纪西班牙油画大厅的尽头（德农馆二楼第26展厅）。您一定会对这里感到失望：在尤金·安德烈·乌第讷①雕刻的穆里略的半身像下方，只有一张简单的长椅。

---

① Eugène André Oudine(1810—1881)，法国雕刻家。——译注

P. S. 1. 如果您对圣像感兴趣,您可以穿过大厅,在休息厅对面可以参观博物馆收藏的一部分圣像,这些大多是博物馆近期收集的(会议厅二楼第31展厅)。

2."我希望在卢浮宫修建一些休息室,供游客休息,让人们忘记博物馆的前身是个宫殿。"(乔治·萨勒,《目光》,1939)

参见词条:科撒巴德庭

公众代表 │ Représentant du public

"游客们可以在拿破仑大厅、狮子入口和杜伊勒里花园的问询处拿到建议表。"(《2005年9月1日版《卢浮宫参观规章制度》)

只发放建议表是远远不够的,卢浮宫还应采取更多措施。卢浮宫是否该设立一个"公众代表"的职务? 如果设立该职务,那么其职责是什么? 公众代表应当每天游走在卢浮宫的各个展厅,汇总游客们的意见并报告给卢浮宫的负责人,并确保意见已被听取,如果可能的话还应当继续追踪后续结果。

我知道参观者反映的几条意见,这些问题的确令人烦扰而且不易改善。例如,作品名和作者姓名卡上的说明文字应更大些便于阅读,供游客休息的地方不足而且不够舒适。

卢浮宫应当重视参观者所反映的意见。是否应该考虑将作品名和作者姓名卡设为双语的呢?

参见词条:接待、拿破仑大厅

储藏室的藏品 │ Réserves

卢浮宫的每个部门(除了书画刻印艺术部)都有储藏室,里面储藏着重要藏品(希腊、伊特鲁里亚及罗马文物部的藏品极其珍贵),这些藏品信息明确并且有序地陈列在储藏室中,游览者通过申请即可参观。

一些储藏室的藏品曾被保存在地下,后来因为担心塞纳河河水涌入而将他们撤出。令人苦恼的是卢浮宫常常因为空间不足而没有办法搬进来更多文物。

虽然这些藏品,尤其是考古部门的藏品,对学者和专家们来说是无可比拟的研究工具,但事实上,它们并不是新闻界不断谈论的传奇之物或是政界以不要让卢浮宫独占精品的名义所声称的好东西。其实,这个"卢浮宫的储藏室里还存着精品"的传说也没什么坏处,我们也无权剥夺他人做梦的权力啊。

参见词条:希腊、伊特鲁里亚及罗马文物部

艺术品修复 | Restauration des œuvres

艺术品修复师这个职业可以追溯到艺术品修复的开始(请看后面的说明)。一直到几年前,还有一些著名画家从事这个行业。为了保护皇家藏品,自 18 世纪起便出现了职业的艺术品修复师。艺术品的转移,即作品托架的变化更像是 18 世纪巴黎人民的一项创造。昂吉维莱尔觉得应该给修复师一个独特的头衔,并为他们建立永久编制(卢浮宫的修复师工作属于自由职业)。

直到 1966 年,卢浮宫的绘画修复师还归属绘画部所管辖。如今,虽然法国博物馆修复与研究中心(简称 C. 2R. M. F.)在艺术品修复方面有较高的权威,但是国家博物馆的绘画修复工作依然由法国博物馆管理局(简称 D. M. F)负责,至今未变。

长期设在在卢浮宫中的修复室已于 2001 年从方形中庭三楼(此处未来将被英国绘画厅所取代)搬入花神翼楼(一部分工作室位于凡尔赛的皇家"小马厩"处)。

绘画部定期启用 20 多位修复师,2006 年,修复师们经手了 43 幅作品。另外,来法国访问的贵宾享有参观艺术品修复室的特权。绘画部在作品修复方面实施了十分严格的政策,有时这些政策甚至被认为有些极端,但是在大型博物馆里发生的多起犯罪案件让博物馆不得不采取这样的方式来保护藏品(我真想让您了解一些作品被修改失败的事例)。

　　P. S. 1. 这里我只谈到了绘画部,而博物馆其他部门的修复工作也是值得一提的。

　　　　2. 此外,人们也有权过问博物馆的展厅以及博物馆本身的修复问题,这些事总会定期引起一番大讨论。

参见词条:法国博物馆管理局、花神翼楼和花神馆、实验室、绘画部、凡尔赛宫

参观者的餐饮 ｜ Restauration des visiteurs

　　倒置金字塔下方和金字塔旁有许多餐馆,博物馆内有莫里恩咖啡馆、德农咖啡馆、马尔利咖啡馆和黎塞留咖啡馆(后 3 家是我的最爱)。此外,当然不能忘了大卢浮宫的餐厅,大厨伊夫·皮纳喜欢绘画和卢浮宫的作品,他还能够烹饪出的其中几幅他喜欢的画呢(如夏尔丹的《鳐鱼》)。

参见词条:德农咖啡馆、马尔利咖啡馆、黎塞留咖啡馆

作品归还 ｜ Restitution

　　说到"作品归还",必然会令人想起 1815 年卢浮宫被毁坏时,政府将拿破仑革命时期扣押的藏品归还给藏品所属国的这件事。它还会令我们想到国家博物馆与作品归还(M. N. R)以及 1941 年与西班牙不平等交换中没有归还的物品。

　　"作品归还"这个词还会让我们想起 1664 年威尼斯共和国赠送给路易十四的不朽巨作,如今位于凡尔赛宫的委罗内塞的作品《西蒙家宴》,以及由欧本和里瑟奈尔制作的路易十五的写字台,如今位于布尔日著名的教堂祭廊,此外还有卢浮宫在 1968 年公开拍卖会上收回了本属于自己的普桑的《奥林匹斯与马西亚斯》。

　　如今,这个词依然出现在时事新闻中:希腊要求大英博物馆归还巴特农神庙的大理石,洛杉矶盖蒂博物馆和大都会艺术博物馆已经将所属地疑似为意大利的考古文物归还给了意大利,不知这

是否意味着大规模归还文物时代的开端。

参见词条:德农、收藏、德鲁奥街拍卖行、与西班牙交换作品、国家博物馆与作品归还、巴特农、优先购买权、革命时期的扣押、委罗内塞、凡尔赛宫

法国大革命 │ Révolution française

卢浮宫是法国大革命的结果。其实,路易十六世和昂吉维莱尔伯爵早就已经有了建造卢浮宫博物馆的主意,但是卢浮宫真正实现从王宫向博物馆的转变还得从法国大革命说起。

我们应当记住两个历史性的重要日期:一个是 1793 年 8 月 10 日,君主政体第一次土崩瓦解的纪念日,博物馆开幕(这是预计开幕时间)。另一个是 1793 年 11 月 18 日,卢浮宫真正面向公众开放,被命名为"艺术品博物馆"。1791 年 5 月 26 日制定的法律和 1971 年 7 月 26 日的法令规定"卢浮宫与杜伊勒里宫合并为国王居住的国家王宫,所有科学艺术建筑领域的文物都汇集于此。"卢浮宫的开幕仪式由 1792 年 11 月 1 日成立的博物馆委员会负责,该委员会于法兰西共和历二年雪月 27 日(即 1794 年 1 月 16 日)解散。

11 月 17 日,内政部部长罗兰给达维特的信中写道:"这座博物馆应当囊括整个国家素描、绘画、雕塑和其他艺术文物中的珍品,成为艺术发展的见证。我想这里不仅应当吸引外国人,抓住他们的心,还应为提高公众艺术鉴赏力、培养艺术兴趣以及建设艺术院校作出贡献;这里应向所有人开放,每个人都有权利将他们的画架摆在博物馆内的画或雕塑前,按照自己的意愿素描、绘画或制作模型。这座建筑将为国家所有,决不允许个人独享。希腊就是凭借这样的博物馆在众多国家中脱颖而出。高雅的品位能够通过各种方式影响一个国家的创造性。法国应当时刻向所有民众展示自己的荣耀;国家博物馆将成为最博学的地方,并享誉世界……

我认为,若博物馆的用途如上,那么这里所有的空间都应当派

上用场。所有长廊应供博物馆使用,所有房间应分给博物馆研究员或者那些曾经或将要为卢浮宫的壮大和美化而作出贡献的人。

"如此一来,为卢浮宫作出贡献的就不只是有素描家、画家和雕塑家,还应当有金银匠、珠宝工、钟表匠、数学仪器制造商、光学仪器制造商、艺术家、学者等,他们虽然对卢浮宫的修建没有起到帮助,但是在其他领域却贡献颇多,他们应当获得相应的补偿。

"先生(达维特·雅克-路易,画家,国会议员),您向我打听卢浮宫将会如何安置金银匠。您作为一位有名望的画家,为博物馆的成长作出了贡献,国家应当赞美您,我们希望所有公民都能够像您一样用才华为国家奉献出自己的一份力量。因此,我向您许诺,金银匠梅尼埃先生将会被安置在长廊的房间中……"

从1797年1月22日到1802年11月22日,在行政部门主管官员和中央艺术博物馆顶级艺术顾问的主持下,艺术学院取代了自然科学博物馆委员会。与此同时,德农被任命为1803年的拿破仑博物馆总监。卢浮宫从国家博物馆变为皇家博物馆。

了解该时期繁冗的委员会和重要的文化界、政界人士并不是一件易事,比方说达维特、于贝尔·罗贝尔和弗拉戈纳尔——人们常常提起他们两人,但却没有了解他们交往的细节。还有一件重要的事是整理革命时期扣押的藏品,第一批来自比利时,第二批是来自意大利的皇家藏品(根据1797年2月19日《托伦蒂诺条约》,罗马教皇24日批准),最后是对这些藏品的补充(如普桑的《自画像》),经过选择、规划、修复、盘点、分类后公开展出。

博物馆的开放时间、盗版情况、安全性、薪金、安保人员也是需要解决的问题。

每一项工作都与画家有着密切的关系,包括如今有些名气、能力并且有积极性的画家,还有生活在政治动荡、兵荒马乱时代的画家。

年复一年,日复一日,卢浮宫孜孜不倦地描写着跌宕起伏的情节和激动人心故事,带着故事中的英雄和叛徒,还在续写着篇章。

有一件事一直困扰着我:在法国共和国军的威胁之下,佛罗伦萨和该城的大公爵希望减少伤亡，因此保持中立，想等待契机再进行反攻。双方调解的焦点在于公爵大量的藏品和正在修建的卢浮宫。于是，交换两国的藏品便提上了议程。如今，法国和佛罗伦萨各自所持的意见依然对立。卢浮宫是不是一个百科博物馆？所包含的展品是否应当面面俱到？究竟应不应该用法兰西的艺术品与卢浮宫缺少的佛罗伦萨的艺术品交换以完善卢浮宫的展品？或者，相反地，应当优先考虑两地的地方学院？卢浮宫里少了勒·叙厄尔或普桑，多了巴托罗米奥①或利比父子②更好，还是反之建立一个展示画家风格和艺术概念发展的完整系列更好？

最终这次交换并没有实施，我们应当对此感到庆幸还是遗憾呢？

人们这样歌唱博物馆：

> 公民们不用担心，
> 博物馆的艺术不会日渐衰败，
> 难以忍受的无趣
> 会从您悄悄的脚步下离去，
> 怀着对杰作的尊敬之情，
> 在画前永驻，
> 时间在画之外流逝，
> 在画之内停滞。

《国家博物馆之诗》
创作人：皮斯
演唱于杜伊勒里庭，牧月 30 日
曲出自歌舞剧《女人们的小岛》

---

① Fra Bartolomeo(1472—1517)，意大利画家。——译注
② Fra Filippo Lippi(1406—1469)，意大利画家。——译注

1830 年革命 ｜ Révolution de 1830

在 1830 年革命期间,加入国家近卫军的艺术家们决心保护卢浮宫以避免可能发生的抢掠。雕塑家安东尼·艾戴克斯(Antonie Étex,1808—1888)在《艺术家回忆录》(1877)中写道:"我将欧仁·德维里亚和欧仁·德拉克洛瓦安排在埃及馆中站岗,安格尔在意大利画派的开间看守拉斐尔的作品;保兰·格林在鲁本斯的作品对面守岗……凌晨两点,方形大沙龙的门开了……突然从水边画廊传来一声巨响……我们探讨了拉斐尔作品的安置之后,很快找到了安格尔和保兰·格林,他们两人狂怒到了极点……我忘记接替欧仁·德维里亚和欧仁·德拉克洛瓦的哨岗,当我去接下一班时,寒冷的夜晚已是蓝绿色的了。两位年轻的法国色彩艺术大师安静地在那里一动不动保持着看守的姿势。当我去下达命令重新集合时,德维里亚正沉沉地睡在木乃伊旁。"

德拉克洛瓦在给他的侄子查尔斯·德·维尔尼纳克的信中更直接地写道:"为了守卫卢浮宫,我只能睡在兵营的床上。大革命爆发的第三天时,我就已经生了两天的病了。"

参见词条:德拉克洛瓦:《自由引导人民》、大画廊、安格尔、梅多尔、逃亡的君主

1848 年革命 ｜ Révolution de 1848

如 1830 年一样,卢浮宫在库尔贝等艺术家的保护之下没有受到损害,但杜伊勒里宫却遭到了抢掠。

"是民众。他们奔向楼梯,向前冲着,光秃秃的脑袋、头盔、红帽、钢刀和手臂淹没在涌动的人流中。冲到楼上后散开,歌声也停止了。

"此时传来的是无数个脚步声和鼎沸的人声。看热闹的人在一旁围观。不过,因为太过拥挤,时不时玻璃窗被挤碎,或是一个

花瓶、一座雕像掉到地板上摔碎。被踩踏的地板发出清脆的响声。人人面露红光，汗流浃背。于索内说道：

"'勇敢者的味道也不怎么好闻！'

"'您可真讨厌！'弗雷德里克说道。

"他们随着人流来到了一间大厅。大厅的天棚上的红丝绒帷帘铺展开来。地上的宝座坐着一位蓄黑色胡子的无产者，衬衫半敞着，看着像一只短尾猴，又滑稽，又愚蠢；还有人爬到阳台上打算坐一坐他的座位。

"'太荒唐了！'于索内说，'这就是尊敬的人民！'

"人们把宝座举起来抬到窗口，摇摇晃晃地走过大厅。

"'真见鬼！像一艘船！国家就是这样，在暴风雨中摇摆不定！叫吧！叫吧！'

"人们把宝座抬到窗边，在欢呼中把它抛了出去。

"'可怜的老鬼！'于索内看着掉入花园的宝座说道。人们还会抬着它游行，直至巴士底狱，然后烧掉它。

"接着传来一片欢呼声，人们为去除了这个宝座和幸福的未来而欢呼。人民这样的复仇是为了夺取他们的所有权。他们打碎了穿衣镜，撕毁了帷帘，毁掉了壁灯、柱台、桌椅以及全部家具，连画册和布篮子也在劫难逃。有了今日的胜利，就要痛快个够！一些下层人用花边和羊毛织品打扮自己。金色的穗带拴在袖口，鸵鸟毛插在铁匠头上，绶带绑在妓女腰间。人们为所欲为；有的跳舞、有的喝酒。在王后的房间里，一个女人用油膏把头发擦得发亮；屏风后面，两个牌迷在玩着牌；于索内给弗雷德里克指了指倚在阳台抽烟到的人；人们越发兴奋，喧闹声越来越大，从未间断，破碎的瓷器和水晶玻璃碎片撞击，从地上弹起，发出口琴弹片的声音。

"人们的怒气慢慢消散。利欲熏心之下，人们开始搜查每一个房间，每一个角落，甚至是每一个抽屉。一些囚徒把胳膊伸进公主的被子里以慰藉他们不能满足的淫欲。还有一些阴险的人，悄悄徘徊着，想偷点东西，但是在众目睽睽之下没有得逞。一排排房间的门口，满布灰尘的空气中，黑压压的人群围着镀金的饰品；人们止不住地喘气，空气变得越来越稀薄。两个伙伴担心憋死在这儿，赶紧溜了出去。

前厅的地上有一堆衣物，有个妓女站在上面模仿着自由女神的神态，一动不动，瞪着眼睛，十分恐怖。"（居斯塔夫·福楼拜，《情感教育》①，1689）

参见词条：路易-菲利普、梅索尼埃，逃亡的君主，杜伊勒里宫

《卢浮宫杂志》│ La Revue du Louvre

《卢浮宫杂志》，准确地说是《法国博物馆卢浮宫杂志》，创刊于1951年，起初名为《艺术杂志》。订户和卢浮宫之友协会的慈善人士可以从这本杂志中从免费了解到法国博物馆的主要藏品，并在刊物上发表关于国家藏品的科技类文章，但是令人痛心的是它时不时面临着停刊的问题。

长期以来，德国的各个博物馆都有自己的年报（*Jahrbuch*），该年报里有大量关于作品或作品集的深度研究（如文物挖掘结果、清晰的著名艺术家一览表等等），我很遗憾卢浮宫没有一份这样的刊物。

参见词条：大画廊

里贝拉（何塞·德）/《跛足孩子》│ Ribera（Jusepe de）/*Le pied-bot*

（哈提瓦，1591——那不勒斯，1652）

布上油画；德农馆二楼第 26 展厅

S. D. b. d.：Jusepe de Rivera español f. 1642，孩子手中的纸上

---

① 　此处译文参照了译著《情感教育》（魏小芳译，中国致公出版社，2003）。——译注

文字：Da Mihi Elimosinaam propter amorem Dei；M. I. 893

牟利罗（巴托洛梅·埃斯特邦）/《小乞丐》｜ Murillo (Bartolomé Estebán)/*Le Jeune Mendiant*

（塞维利亚，1618——塞维利亚，1682）

布上油画；德农馆二楼第 26 展厅

H：1. 34，L：1. 10；INV. 933

里贝拉的《跛足孩子》和牟利罗《小乞丐》是 17 世纪西班牙油画的代表作，两幅画的主题相近，但传达的感情却不同。

前一幅画是拉·卡泽的藏品，后一幅于 1782 年被维热夫人的丈夫——商人勒布伦以 4200 里弗尔的价格购买并献给国王。

1642 年，里贝拉在其居住地纳普勒斯绘制了这幅画，牟利罗于不久后的十年里在塞维利亚创作出自己的作品。在看起来愉悦但充满讽刺的画面中，来自纳普勒斯的跛足孩子露出的傻笑有些凄楚，令人心酸，他与西班牙那位更可怜的孩子遥相呼应，唤起了人们爱心和同情心。

牟利罗和里贝拉，两位描绘现实生活的画家，用了两种对立的态度来反映现实。

这里我引用施莱格尔①描写牟利罗这幅画的一篇美文，作于 1803 年："在同一所博物馆里（指卢浮宫），我们可以看看同一类型的画家（指牟利罗）的作品《小乞丐》。画面充满了哀伤和苦难的气氛，画中饥饿的孩子身上长着寄生虫，衣衫褴褛，地上只有一点食物，一切都散发出悲伤的死亡气息，而一切又是如此真实地令人心悸。大部分参观者都认为这幅画十分出色，但有许多见不得丑陋的完美主义者认为这幅画的主题令人厌恶。唉，这是多么肤浅的看法啊！就好像一幅画的主题就只能是一个主题，至于主题的表

---

① Friedrich Schlegel（1772—1829），德国文学理论家、作家、语言学家。——译注

现方式却毫不重要。虽然这两幅画的主题都是小乞丐,但是画家们可以通过成千上百种方法来诠释这个主题。这不,另一位画家就通过轻松的手法描绘出打动人心且充满趣味的情景,他的画通过表现孩子愉悦的一面,从而最好地呈现出了孩子面对苦难依然轻松微笑的天真和满足。经过比列奥纳多·达芬奇和丢勒更深入的思考,画家为我们呈现出这份残酷的真相以及苦难对人类的肉体和灵魂所带来的毁灭性影响。他惊人的观察力令观者震撼不已。可怜的西班牙小孩深受苦难令人动容,他神气十足而认真的面孔表现出了这幅画鲜明的特色,让观者感受到人类的苦难与需求。"(2001 年版)

参见词条:拉·卡泽、车利罗:《伊尼戈梅尔乔·费尔南德斯·贝拉斯科肖像(马德里,1629——马德里,1696)》、维热-勒布伦

黎塞留翼楼 ｜ Richelieu(aile)

法国财政(和经济)部曾设立在黎塞留翼楼。1852—1857 年间,建筑师勒菲埃尔负责在这里建造第二帝国各个种类的行政服务机构。黎塞留翼楼到 1871 年才成为财政部。

后来,卢浮宫成功地将财政部所在地变成了自己的展厅,但这场艰难的"占领事件"引发了一场"游击战",它挑起了大权在握的爱德华·巴拉杜尔部长(右派)与共和国总统佛朗索瓦·密特朗(左派)及时任文化部长弗朗索瓦·列昂塔德(右翼)的矛盾,当时就有这么一个"密特朗-列昂塔德轴心"之说。大卢浮宫建设管理机构会长艾米利·比亚斯尼在这件事中起到了决定性的作用(将卢浮宫与里沃利街和皇宫相连的黎塞留通道在当时被叫做"旦泽走廊",虽然它曾经是问题的焦点,但如今却也被人们冷落了)。

参见词条:拿破仑三世的套间、黎塞留咖啡馆、大卢浮宫监督机构、大卢浮宫、勒菲埃尔,密特朗

黎塞留主教(阿尔曼-让·杜·普勒斯) | Richelieu (Armand-Jean du Plessis, cardinal de)

(巴黎,1585——巴黎,1642)

从近期公开的黎塞留主教去世后的藏品清单中,我们对他所敛聚的万贯财产的细节有所了解,他的财产分布在多个住所,包括主教宫殿(今皇家宫殿)、吕埃尔和黎塞留堡。卢浮宫中有他的多件藏品,其中包括《伊莎贝拉·埃斯特的画室》和米开朗基罗的《奴隶》。

他喜欢让菲利普·德·尚帕涅为他画肖像,贝尔尼尼为他雕刻半身像,尽管这尊半身像刚到巴黎时并不太受欢迎,但它的精致依然令人赞叹。

黎塞留的品位或风格并不易评判,但他十分捍卫法国当代绘画(他拥有乔治·德·拉图尔的作品《忏悔的圣杰罗姆》,在斯德哥尔摩博物馆被称作《红衣主教帽旁》),或者说至少使法国从意大利首席主教那里得到了最好的作品。

本书多次提及他的小侄子——黎塞留公爵(1629—1715),他非常痴迷于画家普桑的作品。1661年,他在与路易十四打老式网球时败下阵来,输掉了他13幅普桑的画,如今这些画收藏于卢浮宫。后来他又重新收集了唯一的一整套鲁本斯的作品(其中一部分成为慕尼黑老绘画陈列馆的镇馆之宝)。

参见词条:贝尔尼尼:《黎塞留》、曼特尼亚(安德烈亚):《耶稣受难像》、米开朗基罗:《奴隶》、普桑、《伊莎贝尔·埃斯特的画室》

里戈(亚森特)/《着加冕装的路易十四》 | Rigaud (Hyacinthe)/Louis XIV en coustume de sacre

(彼尔比尼扬,1659——巴黎,1743)

布上油画;叙利馆三楼第34展厅

H:2.77;L:1.94;INV.7492

S. D. mi-h. g. ：Peint par Hyacinthe Rigaud，1701

画中的路易十四63岁(里戈比他年轻21岁)。国王戴着高高的假发站着，注视前方。他身披绣有百合花图案的内镶貂皮的皇袍，佩戴着查理曼大帝的佩剑"愉悦"(藏于工艺品部，黎塞留馆二楼第2展厅)，摆出圣神、高贵的姿态。他倚着波旁王朝的奠基人亨利四世的权杖，左侧丝绒坐垫上的权杖和王冠是王室的标志。

这幅肖像画中所有象征高贵的形象都是为了体现了国王的权力、奢华和威信。

请仔细观察路易十四的头部，您可以发现这里是由另外一张后来嵌入的小画布固定上的。国王没有时间一直摆着姿势，唯有他的面部是画家在现场按照国王鲜活、自然的表情而绘的(此画可能在凡尔赛宫绘制的)。

如今我们再也看不到这幅曾经多次被印在历史书上的著名肖像画了。两个世纪以来，这幅画鼓舞了无数宫廷肖像画师，但是现在人们却忘记了它的重要影响。享誉那个时代的大肖像画家里戈和拉日利埃也同样被人们冷落了。

参见词条:贝尔尼尼、画框、路易十四、《玛丽·塞尔》、凡尔赛宫

国家博物馆联合会 ｜ R. M. N. (Réunion des Musées Nationaux)

国家博物馆联合会(R. M. N.)历史悠久，它创立于1895年，建立该组织的首要目的在于为国家博物馆购买艺术品筹集必要的资金。第二次世界大战之后，为了更好地满足人们的需求，它逐渐扩大了发展领域，尤其致力于出版物和展览会领域的发展。

大皇宫是战后展览会的典范，其内部展览都归国家博物馆联合会负责，一直以来都是巴黎高端的国际会展场所。国家博物馆联合会原属法国博物馆管理局(D. M. F.)管理，1991年起，国家博物馆联合会从法国博物馆管理处脱离出来，成为了独立的工商类

公共机构(É.P.I.C)。

原先的国家博物馆联合会如今还剩下些什么？未来的它是否会受到的损害？这个机构的性质是什么？它是否要按照法国文化部严厉的要求发展？这里是致力于帮助资金不足的机构、支持出版物、展览会和采购的公共服务部门，还是以盈利为首要目的的商业集团？是应当勇于在大皇宫组织门可罗雀的"尖端"高科技展览，还是不冒任何赤字的风险定期展出埃及文物和印象派作品？

如今国家博物馆联合会与卢浮宫的关系有些紧张。卢浮宫一直希望从联合会中独立出来。尽管法国对博物馆的管理要比美国纽约的管理严格得多，卢浮宫依然希望能够像大都会艺术博物馆一样拥有自主权，卢浮宫希望自己出版书籍、杂志和明信片，并且管理商店、组织展览（虽然空间常常不足）。让我想想自己还知道些什么……卢浮宫希望未来成为一个兼有文化和商业气息的服务机构，能够拥有国家博物馆联合会曾经的那种辉煌，不知道卢浮宫是否还有变成那样的可能。

参见词条：法国博物馆管理局

罗伯蒂(埃尔科勒·德)/《大天使圣米歇尔》/《圣阿波利娜》| Roberti(Ercole de') / Saint Michel archange / Sainte Apolline

（费拉拉，约 1450—1456——费拉拉，1496）

木胶画；德农馆二楼七米厅第 4 展厅

H：0.265，L：0.11（每幅）；R.F. 1271 A & R.F. 1271 B

《大天使圣米歇尔》和《圣阿波利娜》这两幅画之中哪一幅更受欢迎？是一只手称重灵魂、另一只手用长矛威慑着看守者的"大天使圣米歇尔"，还是手握拔牙钳子的"圣阿波利娜"？1899 年纳撒尼尔·罗斯柴尔德女爵将这两幅小巧的油画赠送给卢浮宫，原作是 1473 年弗朗西斯柯·科萨为博洛尼亚的圣贝托尼尔教堂所作的大折扇画屏的一部分。

与"圣阿波利娜"的安详相反,"圣米歇尔"的动作传达出一种躁动和紧张。这两幅画尽管尺寸小巧,但丝毫不影响他们的经典和不朽。

参见词条: 罗斯柴尔德家族、苏巴朗

罗萨(萨尔瓦多)/《英雄之战》 | Rosa(Salvatore)/ *Bataille héroïque*

(那不勒斯,1615——罗马,1673)

布上油画;德农馆二楼第13展厅

H:2.17,L:3.52;INV.585

S. b. d:*Salvator Rosa* ; *et monogramme sur la cuisse du cheval au centre*:*S. R.*

1652年,路易十四新任命的教皇特使奈里·科尔西尼命萨尔瓦多·罗萨绘制了这幅美丽的战图献给国王。这幅画的故事并未结束,1661年,亚历山大七世教皇的近卫队杀害了由路易十四任命的驻罗马使者克雷基公爵,教皇的侄子红衣主教基吉奉教皇之命前来致歉。1664年8月3日,基吉在枫丹白露举行的仪式上将4幅画献给路易十四,其中罗萨的这幅早在12年前就已经准备献给国王了。

画中这场不知名的英雄之战充满了激情和能量。这份卢浮宫引以为傲的精美的外交之礼,描绘的是17世纪油画作品中最壮观的战争画面之一。

关于这次路易十四和基吉会晤,卢浮宫的一条名为"国王事迹"的挂毯对此事进行了描绘了,该挂毯由当时的戈博兰工坊管事、著名画家夏尔·勒布朗所作,在叙利馆二楼第62展厅的国家家具存放处中展出。

参见词条: 大草图、路易十四、挂毯

罗索·菲奥伦蒂诺(又名乔瓦尼·巴蒂斯塔·迪·雅各布)/《圣母哀子图》 | Rosso Fiorentino (Fiovanni Battista di Jacopo，dit)/*Pièta*

(佛罗伦萨，1494——枫丹白露，1540)

德农馆二楼大画廊

H：1.27；L：1.63；INV.594

《圣母哀子图》的作者乔瓦尼·巴蒂斯塔·迪·雅各布因头发颜色为红棕色又名罗索，因出生于佛罗伦萨而取名菲奥伦蒂诺。1530年，弗朗索瓦一世先后担任巴黎圣沙佩尔教堂和巴黎圣母院的议事司铎，他十分热爱米开朗基罗的作品，作为枫丹白露弗朗索瓦一世长廊的负责人，他邀请罗索来到法国领导装饰枫丹白露王宫。

在陆军统帅安尼·德·蒙莫朗西①的命令下，这幅为埃古恩堡而作的《圣母哀子图》绘于1530—1535年间。画中圣母在玛德莱纳和让的环绕中，抱着离世的耶稣哭泣。

画中主体的人物形象十分紧凑，画面色调耀眼，不同寻常。耶稣红棕色的胡须和卷发如同雕刻的金属，他表情悲怆，这幅画所表现的悲壮和惨烈直撼人心。

罗索是众多自缢的艺术家之一。

参见词条：《圣母哀子图》、卡尔东

罗斯柴尔德家族 | Rothschild(les)

罗斯柴尔德是一个神秘的名字。卢浮宫几乎所有部门都拥有罗斯柴尔德家族的物品，这些物品大多通过捐赠，有些通过以画抵债，还有些经过购买。《卢浮宫捐赠人字典》(1989)用了15个词条

---

① 　Anne de Montmorency(1493—1567)，法国军人、政治家。——译注

来介绍这个家族:从阿道夫男爵(那不勒斯,1823——巴黎,1900;阿戈斯蒂诺·迪·杜乔[1]的浅浮雕,弗洛雷夫修道院的多折画屏),到萨洛蒙女爵(美茵河畔法兰克福,1843——巴黎,1922)——附带提一句,贝里耶大街上以萨洛蒙为名的府邸(位于巴尔扎克住所)的使用权已上交给国家,但遗憾的是这里并没有被很好地使用。

我在前文中提到的《博斯科雷亚莱的珍宝》、彼得·德·霍赫的《喝酒的女人》、埃尔科勒·德·罗伯蒂的《大天使圣米歇尔》和《圣阿波利娜》都是罗斯柴尔德家族捐赠给卢浮宫的作品。

说实话,罗斯柴尔德家族的品位很难定性,因为直到如今,家族中每个成员都以其独特的收藏、偏好和选择著称(如玛丽·安托瓦内特,喜好收藏英国当代油画、犹太宗教艺术品或中东考古文物、葡萄酒以及科学领域不计其数的慈善作品)。

罗夫柴尔德家族的收藏家和其他非收藏家的家族成员共同肩负着保护法国犹太群体利益的责任,他们超越了绝对自由主义的兼收并蓄,将对公共财产的重视和鲜明艺术品位结合起来。

盖伊·德·罗斯柴尔德伯爵(Guy de Rothschild,1909—2007)刚刚过世,安格尔于 1848 年为他的曾祖母,即法国支系的奠基人詹姆斯伯爵的妻子绘制了一幅肖像画,名为《伯爵夫人贝蒂·德·罗斯柴尔德肖像》。这幅画曾在盖伊伯爵的居所兰伯特府邸展出,每天都有人献上鲜花。

参见词条:爱德蒙·德·罗斯柴尔德陈列室、朗贝尔(府邸)

圆厅 | Rotondes

为了给阿波罗长廊配上相称的入口,勒沃在长廊的最北边建了一个半圆形建筑,楼上的阿波罗圆厅便成了长廊入口,一层的

---

[1] Agostino di Duccio(1418—1481),意大利文艺复兴初期的雕刻家。——译注

玛斯圆厅成为了奥地利安娜套房的前厅。

与之对称的黎塞留翼楼那里,拿破仑为了安置圣拿破仑拱顶而下令修建了相似的圆厅。圆厅内特别布置了普桑的系列画《四季》(其中的《冬日》)。我得承认这幅画的展出效果并不尽人意,四幅画作被隔得太开,卢浮宫必须得换一个更合理的展示方式。

参见词条:阿波罗长廊、奥地利安娜套房、拱(厅)、拿破仑一世、普桑:《冬日》

卢费博士与夫人 | Rouffet(Dr et Mme)

卢费博士和的妻子安妮博士(父姓富尼埃)于 2005 年 11 月 7 日去世。两人是卢浮宫之友协会的成员,他们在遗嘱中指定卢浮宫之友协会为他们所有财产的受赠者。

于贝尔·罗贝尔的作品《回马厩的路上》(R. F. 2006 - 3)已成为绘画部的藏品之一。

这比上百万欧元的遗产对卢浮宫来说十分重要,如今这比财富的价值已不可估量。

虽然卢费夫妇已经不幸去世,但是我还是想借这本书感谢他们对卢浮宫的慷慨。

参见词条:卢浮宫之友协会、遗赠(该词条无正文无目录)

鲁本斯(彼得-保罗)/《乡村节日》 | Rubens(Petrus-Paulus)/*La Kermesse*, ou *La Noce de village*

(西根,威斯特法里,1577——安特卫普,1640)

木板油画;黎塞留馆三楼第 21 展厅

H:1. 49;L:2. 61;INV. 1797

这幅传奇般的画为何能够吸引着从波德莱尔到左拉、从华托到德拉克罗瓦如此多的艺术家? 保尔·克洛岱尔认为这幅画"静中有动,动中有静"(《以目代耳》,巴黎,1937)。

　　画面左侧如同一场狂欢的风暴,村民们结伴跳舞,酗酒纵欲。而在画中右侧,呈现在我们眼前的是静止、安宁的乡村,几对离去的村民漫步在黄昏中的原野:鲁本斯有意营造出重心偏移的不平衡感,使这幅画在描绘乡村之景的基础上,表现出生命的狂热和大自然的复苏。

　　参见词条:《梅迪奇画廊》、路易十四、鲁本斯:《海伦·芙尔曼与四轮马车》、《海伦·芙尔曼和她的两个孩子》

鲁本斯/《海伦·芙尔曼与四轮马车》 | Rubens/ *Hélène Fourment au carrosse*

木板油画;黎塞留馆三楼第 21 展厅
H:1.95;L:1.32;R.F.1977 - 13

鲁本斯/《海伦·芙尔曼和她的两个孩子》 | Rubens/ *Hélène Fourment et deux de ses enfants*

木板油画;黎塞留馆三楼第 21 展厅
H:1.15;L:0.65;INV.1795

　　卢浮宫收藏了两幅令人赞赏的海伦·芙尔曼(1614—1673)的肖像画。两幅画皆出自鲁本斯之手。海伦·芙尔曼是鲁本斯的第二任妻子,两人于 1630 年结婚(海伦 17 岁,鲁本斯 53 岁,有 3 个孩子)。

　　卢浮宫于 1977 年通过以画抵债得到第一幅画。画中海伦·芙尔曼正在步行,一袭黑衣(象征着财富而非丧事)是当时流行的西班牙风格。陪在她身边的是 1633 年出生的儿子弗朗索瓦(弗朗斯)。通过作品名和作者姓名卡可以得知,画中海伦的发型和发饰在当时的荷兰和德国十分流行。两匹马的马车象征着美满和谐的夫妻关系和鲁本斯的社会成就(还有一幅与这幅画相对应的作品,绘于木板上，纽约大都会艺术博物馆在查里斯·威思文夫妇的帮助下获得了该画）。

第二幅画中，克莱尔·让娜（克拉拉·乔安娜）和弗朗索瓦陪伴在海伦·芙尔曼身边。从画面左侧的修饰痕迹可以看到这对夫妇的第 3 个孩子伊莎贝尔的胳膊，她出生于 1635 年。不知这幅画为何没有画完。1783 年，路易十六和昂吉维莱尔伯爵为卢浮宫的开幕购买了这幅作品。

我为您摘抄一段关于这幅画的优美描写，选自 1764 年"朱里的生活"拍卖会的物品介绍（这幅画以 20000 里弗尔的价格成功卖出）："本画是这位大师花费比平时更多精力而作的少数作品之一，画中色彩明亮，迸发出耀眼的光辉震撼人心，这是给人第一眼的感觉。尽管人们认为这幅画并未完成，但它依然产生了巨大的影响，它使同画派的作品变得更加美丽、更加细腻。画家所表现出母亲对孩子的温柔和关心是最真切的事实。这幅画中母亲的头像可以与位于巴黎的卢森堡长廊中同样著名的玛丽·德·梅迪奇的头像相媲美。"

参见词条：以画抵债、《梅迪奇画廊》、路易十六、艺术品修复、鲁本斯：《乡村节日》

吕德（弗朗索瓦）/《国家守护神》，又名《马赛曲》│ Rude(François)/*Le Génie de la Patrie*, dit aussi *La Marseillaise*

（第戎，1784—巴黎，1855）
头部，浅色石膏，有裂痕；黎塞留馆一楼第 33 展厅第 1 展柜
H：0.41；L：0.29；Pr：0.293；R. F. 2199
签名在小坐台前：F. Rude
《马赛曲》的头部由画室的石膏雕刻，根据凯旋门著名的群像浮雕《共和国日历第二年①志愿军出征》而作。吕德于 1833 年受

———

① 对应公历 1793 和 1794 年。——译注

命负责该群像的雕塑，用来装饰凯旋门的东面。

雕塑"充满光辉"的眼睛和高呼着愤怒的嘴巴，令维克多·雨果在《惩罚》中写下这样的诗句："致被迫的服从"，"啊！第二年的士兵们！啊！战争！史诗！……"

《萨比娜》| *Sabine*

希腊、伊特鲁里亚及罗马文物部;德农馆一楼第 25 展厅

约 126—127 年;迦太基;萨索斯岛大理石

H:1.875;M. N. E. 1014(脸,Ma. 第 1756 号乙),M. N. B. 957(身子,Ma. 1683,头饰,Ma. 1756)

这是一个有趣又意外的收获:1874 年 12 月 6 日,埃瓦里斯特·普里科·德·圣-玛丽在迦太基(今天的突尼斯境内)神牛墓的考古发掘中发现了一尊由萨索斯岛大理石雕成的大雕像。人们很快就辨认出雕像原型是哈德良皇帝(Hadrien,117—138)的妻子萨比娜。

这尊雕像在马真塔①被装船运走,1875 年 10 月 31 日晚到 11 月 1 日早间,那艘船因失火而在土伦沉没。法兰西研究院将雕像打捞、修复并送至卢浮宫,但当时的雕像没有头。

1995 年,一只研究队伍开始寻找那艘遇难船只的残骸,5 月 5 日,航海考古研究团队的一位潜水员发现了雕像的头部。然而,萨比娜美丽又严肃的面容不再如初,被船只爆出的粉末染成了黑色。

《萨比娜》的头已被修复并被重新接在身体上,但暗沉的脸色总让人觉得怪怪的。如希腊、伊特鲁里亚及罗马文物部的前部长阿兰·帕基埃注意到了这一点,1995 年 12 月 18 日她在法兰西研究院讲道:"法语这种交际力很强的语言使我们能够流利地说:失去理智,恢复理智,保持理智。"②

圣奥班(加布里埃尔·德)/《1779 年的美术沙龙》| Saint-Aubin (Gabriel de)/*Le Salon de* 1779

(巴黎,1724——巴黎,1780)

---

① Magenta,意大利市镇名。——译注

② 法语 tête 为多义词,兼有"头"和"理智"、"冷静"之意。这句话影射《萨比娜》雕像的头部丢失、被找回、再被修复一事。——译注

纸上油画；叙利馆三楼第 49 展厅 13 展柜

H：0.193；L：0.44；R.F. 1993 - 9

《1779 年的美术沙龙》在枫丹白露公开出售的第 5 年，也就是 1993 年，卢浮宫得到了它，这是一幅非常精小的纸画，被贴在画布上，它描绘了《1779 年的美术沙龙》。过去，美术沙龙通常在卢浮宫的方形沙龙举行。那一年，沙龙照例于 8 月 25 日——圣路易日，纪念这位国王的节日——开幕，10 月 3 号闭幕。夏尔丹已经病了（闭幕前一天，也就是 10 月 2 日，他已不能出席法兰西学院的会议），他有作品在沙龙展出，但他去得了吗？我不知道。那些年里，他为一届届美术沙龙忙碌，而这次展览会结束后不久，12 月 6 日，他就在卢浮宫的住所里去世了。

1779 年的沙龙说明书中共有 293 条解说（关于 46 位画家，12 为雕塑家和 12 位雕刻家），销量达 16820 册。方形沙龙接待了大约 45000 名参观者。

圣奥班是一位沙龙专家。他以沙龙作为雕刻和水彩画（素描陈列室就珍藏了一幅——备受称赞的《1765 年美术沙龙》）素材，还有一些说明书中未提到但出现在沙龙的作品画素描。圣奥班知识渊博，好学乐知，放荡不羁，是一个非典型艺术家，他大概是那个世纪最伟大、想法最独到的雕刻家，他就像一位有趣的编年史作者，记录那个年代巴黎生活的各个方面。他画自己看到的一切：剧场，街道，官方访问，在建建筑，节日，时装店，大人物，女演员，收藏家们的展览（"画画能让他的阴茎异常勃起"，格勒兹这样风趣地评论他）。

在圣奥班描绘的沙龙全景图上，我们能够辨认出一些广受称赞的作品，特别是一些历史画（由梅纳乔，贝泰勒米，狄拉莫，博福尔，雷皮西埃，布勒奈，苏韦等作），尤其清楚的是弗朗索瓦-安德烈·樊尚（François André Vincent，1746—1816）的《投石党运动中，最高法院院长莫莱被叛乱者擒拿》，这幅画现存放在国民议会。我们还能看到方形沙龙中心的展台上的参展雕塑。

沙龙闭幕几月后，顽固坚持独身的加布里埃尔·德·圣奥班在其兄弟家中(普鲁韦尔街 29 号,两埃居街对面,离卢浮宫只几步)去世。负责清点房屋遗产的公证人(我们知道他的名字)看到又脏又乱的住所便退缩了。在房屋被整理整齐以前,他拒绝履行职责。

圣奥班在他那最脏最乱的房子里留下了成千上万幅画。

参见词条:书画刻印艺术部、《圣奥班全集》、方形沙龙

《圣路加》 | *Saint Luc*

工艺品部;黎塞留馆二楼第 2 展厅 3 展柜

默兹,12 世纪中叶;海象牙

H:0.055;L:0.049;Pr:0.09;O. A. 10964

1984 年,卢浮宫之友将《圣路加》和与之对应的作品《圣马可》捐献给了卢浮宫。我能记住《圣路加》当然是因为它很精美,也因为画上牛脚的姿势很有趣(牛是《路加福音》的象征),还因为作品栩栩如生。我选择把它写进词典也与它的来源有关:希特勒上台后,达姆施塔特①的黑森州立博物馆曾欲将馆内藏品"日耳曼化"。它卖掉了 18 世纪最美的法国绘画(这些绘画如今是阿姆斯特丹国家博物馆的骄傲)以及一些象牙雕塑。对于一个博物馆来说,卖掉藏品在任何时候都是严重的错误。

毫无疑问,卢浮宫收藏的海象牙雕塑之多是名列世界前茅的。

参见词条:卢浮宫之友协会、国有财产不可转让规定

《圣米歇尔降龙》 | *Saint Michel terrassant le dragon*

雕塑;黎塞留馆一楼第 2 展厅

勃艮第;1115—1130 年;石质,彩色条纹

H:0.85;L:0.79;Pr:0.25;编号:R. F. 1427

---

① Darmstadt,德国城市名。——译注

该作品原存放在从属于讷韦尔圣母院的圣米歇尔教堂中，1906 年被卢浮宫购买。

大天使的长矛斜穿这件单线条勾勒的写实作品。我喜欢作者对圣米歇尔的翅膀及巨龙的刻画，有力又鲜明，与大天使面庞的朴素线条形成了鲜明对比。

革命时期的作品扣押 │ Saisies révolutionnaires

这个词条包含许多意义。它既指波拿巴的军队在意大利的扣押，也指拿破仑和他的军官们在德国和西班牙的扣押。它既指合法条约（如 1797 年的托伦蒂诺条约）中规定的扣押，有时也指交流协商（当然，强权政治经常占上风）后达成的扣押。大部分扣押作品在 1815 年物归原主了。

被扣押的包括移民、教堂和宗教团体的财产。正是大革命时期的第一批扣押作品使中央艺术博物馆得以建立。1815 年，被索要的作品只有极少数被归还了。

参见词条：波拿巴（拿破仑）、德农、与西班牙交换作品、中央艺术博物馆、拿破仑一世、法国大革命

薪金 │ Salaires

纽约现代艺术博物馆馆长格伦·劳里的年薪为 841000 欧，大英博物馆的尼尔·麦格雷戈年薪为 120000 英镑（约合 172000欧），纽约都市博物馆的菲利普·德·蒙特贝洛年薪为 533462 美元（约合 378568 欧），既我之后担任卢浮宫馆长的亨利·卢瓦雷特年薪不超过 80000 欧，而佛罗伦萨乌菲齐博物馆的安东尼奥·纳塔利年薪低于 21450 欧也是事实。这正常吗？

我不知道别国的监管人员年薪多少，反正卢浮宫监管人员的年薪约为 18000 欧。

《浴室装饰画》｜ *Salle de bains dans la maison de François-Parfait Robert à Mantes（décor d'une）*

柯罗(让-巴普蒂斯特-卡米耶)

移到布上的壁画；叙利馆三楼第 68 展厅；R. F. 2605 A. -F

——《热那亚海湾的回忆》；H：1.98；L：0.92

——《蒂罗尔的峡谷》；H：1.98；L：0.78

——《内米湖》；H：1.98；L：1.84

——《威尼斯大运河》；H：1.99；L：0.315

——《那不勒斯乡村的回忆》；H：1.99；L：0.315

——《罗马》；H：1.985；L：0.680

卢浮宫有一间浴室？约 1845 年，柯罗(1796—1875)给他的法官朋友弗朗索瓦·帕尔费·罗伯特位于芒特的宅中浴室画上了壁画。这 6 幅画是对意大利的追忆，尤其是对科罗无比珍视的威尼斯和大运河的怀念("属于我们俩的意大利！"当他拿着画笔的时候，也许这样喊过)。科罗大概用了 8 天来完成这些壁画。

科罗装饰的浴室被按原样(无浴缸)复制到了卢浮宫，20 世纪60 年代被安置在原绘画部研究与文献处——只占用了极小的空间，那块地方原本是当时的绘画部部长西尔维·贝甘的办公室。

参见词条：克洛狄翁(克洛德·米歇尔)、柯罗、文献、壁画

卢浮宫展厅｜ Salles du Louvre

我不可能列出一个详尽的按名称归类的卢浮宫展厅清单，无论按字母还是按"地理位置"排序。实际上，卢浮宫的展厅都被根据展区和楼层编了号。

博物馆研究员和监管人员通常会给展厅取个名，当领导集体换代的时候，这个名字也可能被更换("红色展厅"、马奈热厅、"鲁

本斯厅"……)。一些名字很古老,另一些是近来才取的(如圣路易厅)。

有个传统一直被完整的保留着:即以捐赠人的名字命名陈列其所赠作品的展厅(拉·卡泽收藏,莱姆厅,考夫曼和施拉若德厅)。

参见词条:奥地利安娜的套房、拿破仑三世的套房、坎帕纳画廊、卡娅第德厅、拉莎佩尔厅、查理十世画廊、万国大厅(通常称拉若孔德厅)、阿波罗画廊、大画廊、卢浮宫历史展厅、墨尔波墨涅厅、博物馆工作人员、休息厅、方形沙龙、七壁炉厅、会议厅

萨勒(乔治) ｜ Salles(Georges)

(德塞夫勒,1889——慕尼黑附近,1966)

乔治·萨勒,1941年担任吉美博物馆馆长,1945—1961年间为法国博物馆管理局(不是国家博物馆联合会)第一任局长。

乔治·萨勒是一名很有修养的考古学家,毕加索(曾为他画过肖像)、布拉克以及那个年代的大多数大画家都是他的朋友,他对博物馆尤其是二战后的卢浮宫的改组起到了至关重要的作用。

他在《卢浮宫博物馆的生活场景》(1950)中提到了自己的愿望,他希望"有一天博物馆边上的某座建筑被划归卢浮宫所有,比如卢浮宫商场楼——更确切地说……是被财政部占用的皇宫翼楼,我们曾有过得到它的机会"。如今他如愿以偿了。

参见词条:布拉克、肖沙尔、吉美博物馆、毕加索与卢浮宫、卢浮宫管理委员会主席兼馆长

美术沙龙 ｜ Salon(le)

参见词条:方形沙龙

方形沙龙 | Salon carée

方形沙龙并不是正方形的：它长 24 米，宽 15.7 米，高 18 米：谁给它取了这个名字？

1661 年 2 月小画廊发生火灾后，建筑师路易·勒沃（louis Le Vau，1612—1670）改变了大画廊前段的开间，方形沙龙形成。自 1692 年起，它被划归皇家绘画与雕塑学院使用，1725 年，该学院在方形沙龙里举办了学院成员作品展览会，展览会于 8 月 25 日——路易日，纪念这位国王的节日——开幕。起初，展览会一年举办一次，1748—1791 年间，变为两年一次（1792 年，学院解散），人们称其为"沙龙"（无论何种性质的博览会此后都被称作沙龙）。此后直至 1848 年，美术沙龙都在卢浮宫举行。

加布里埃尔·德·圣奥班和他的《1779 年的美术沙龙》使我们能够想象悬挂作品的场景，当时这项工作是由学会的一位成员来做。1755 和 1761 年，夏尔丹分别被非官方和官方委以"主持被展画作的布局和悬挂"的重任（人们称其为"沙龙里的安装工"）。

路易·塞巴斯蒂安·梅西耶在《巴黎影像》（1781）中对沙龙进行了绘声绘色的描述："欧洲宫殿里再没有比这更宽敞的大厅……，诗歌和音乐都没有如此多的爱好者；人们蜂拥而至，整整 6 个星期，从早到晚，人流未断；有时候参观者被挤得喘不过气来。"

"人们能在宽阔的拱顶上看到 18 尺长的画卷，可以在齐肘高的地方看到拇指般大小的细密画。宗教的、世俗的、悲怆的、滑稽的、一切历史或传奇的主题都被涉及并被乱糟糟地摆放着；一片混乱。参观者也不比他们所观看的物品杂乱。"

参观者的数量持续增多，他们通常会得到一份展品目录（又称"说明书"），沙龙成为了巴黎（以及欧洲）的年度艺术盛会。天才评论家狄德罗在 1759、1761 和 1763 年写的《沙龙》中对其进行了评论。梅西耶接着写道："嫉妒者、无知者和艺术爱好者相继写了一批小册子来评论展品。每个人都想显示出自己对绘画很在行,文人们通常并不了解绘画,但他们现在也假装在自己的文章中运用许多绘画方面的术语。小册子的泛滥并不能阻止人群涌向一些被批评的画作;在生动的画作前微笑的孩子推翻了那些或持有偏见或难缠的作家们的所有异议。"

进入沙龙是免费的。1763 年,10057 份展品目录被售出,1810 年,销售量达到了 32459 份。18 世纪的沙龙研究专家 U. 凡·德·桑特认为,要想知道沙龙参观者的数量,只需将售出说明书的数量乘以 3。而我们可以想想,18 世纪末的巴黎一共只有 60 万居民。

拿破仑和玛丽-露易丝曾于 1810 年 4 月 2 日在方形沙龙举行婚礼。1849 至 1851 年间,建筑师菲利克斯·杜邦对该厅进行了修复,他委托皮埃尔-夏尔·西马特用仿大理石装饰它,并在拱顶边上写下艺术家的名字,以表对他们的敬意,这些艺术家包括建筑师皮埃尔·雷斯科、雕塑家让·古戎、画家尼古拉·普桑、雕刻家让·潘斯涅等。1851 年,路易-拿破仑·波拿巴为方形沙龙举行了落成仪式后,它才成为了博物馆的一部分。

1947 年,原装饰的下端被清除。窗户被打开了(唉,可惜塞纳河的风景被遮蔽了)。又一次翻新(1997 年)以后,方形沙龙专用来展示 15 世纪中叶的意大利绘画(契马布埃,乔托,弗拉·安吉利科……)。

参见词条:皇家绘画与雕塑学院、弗拉·安吉利科、阿波罗画廊、夏尔丹、契马布埃、狄德罗、大卢浮宫、大画廊、拿破仑一世、圣奥班(加布里埃尔·德):《1779 年的美术沙龙》、七壁炉厅

《桑西钻石》│ *Sancy* (Le)

工艺品部;德农馆二楼阿波罗画廊钻石展柜

55.232 克拉;O. A. 10630

比起奥尔良公爵曾购买的王冠钻石,这颗 55 克拉的钻石实在微不足道,但关于后者的故事却跌宕起伏,毫不逊色于前者。《桑

西钻石》曾属于亨利四世的财政总监、叙利的前任尼古拉·德·阿尔莱，即德·桑西先生，其名便来源于此。1584 年，德·桑西获得这颗钻石，后于 1604 年将其卖给了英国国王雅克一世。被流放的英国皇后、亨利四世的女儿昂里埃特-玛丽又将它带回了法国，并当给了埃佩农公爵，1657 年，马扎兰主教用 427566 里佛尔将它买下，又于 1661 年将其遗赠给了路易十四。这颗钻石曾装饰了路易十五和路易十六的王冠。1792 年，它和国王的其他珠宝遭到洗劫，虽然后来被找回，但没有再被利用。随后它又被西班牙有权势的大臣、玛丽-露易丝王后的情人戈多伊收藏，再后来被德米多夫王族收藏。1976 年，在当时的共和国总统瓦莱里·吉斯卡尔·德斯坦为博物馆划拨的经费支持下，卢浮宫买下了这颗钻石。

参见词条:阿波罗画廊、马扎兰主教、摄政王钻石

《塞尔维特立夫妇棺》 | *Sarcophage des époux de Cerveteri（Le）*

希腊、伊特鲁里亚及罗马文物部；德农馆一楼第 18 展厅

公元前 530 至 510 年；彩陶

H：1.11；L：1.94；Pr：0.69；Cp.5194

1845—1846 年间，《塞尔维特立夫妇棺》发现于卡厄瑞（如今罗马附近的塞尔维特立）。1863 年，它和坎帕纳侯爵的收藏品一起进入了卢浮宫。这件作品约作于公元前 530—前 510 年，当时是伊特鲁里亚时代。我们只知道罗马的朱丽亚别墅国立博物馆里有一副相似的棺材，并且也出土于塞尔维特立。

这件由粘土制成的作品为我们展现了这样一个场景：一对夫妇半躺在床上，正在吃喝作乐。

其创作灵感来源于希腊文化，但女人参加盛宴又不符合小亚细亚和希腊的习俗。男人把胳膊搭在伴侣的肩上，后者正准备往他的手心里滴几滴芳香油。

人们记住的是那对夫妇的微笑，那在既定命运面前、在死亡面

前从容又泰然的微笑。

德加的著名铜版画《玛丽·卡萨特在卢浮宫》(1876)向我们展示了这位美国艺术家的背影,她正注视着《塞尔维特立夫妇棺》。

参见词条:坎帕纳侯爵、坎帕纳画廊

萨塞达(又名斯特法罗·迪·焦尼瓦)/《奇泰尔纳守财奴的灵魂下地狱》| Sassetta (Stefano di Giovanni, dit)/*La Damnation de l'âme de l'avare de Citerna*

(1426 年成名于锡耶纳—锡耶纳,1450)

木板油画;德农馆二楼七米厅(第 4 展厅)

H:0.453;L:0.587;R.F. 1988 - 9

萨塞达是 15 世纪上半叶锡耶纳①最伟大的画家,但以前卢浮宫并没有他的作品。1956 年,好运降临博物馆。卢浮宫从圣塞波尔克罗镇买到了他的 3 幅祭坛装饰画——《天使围绕的圣母与圣子》,《帕多瓦的圣安东尼》和《传福音的圣约翰》;1965 和 1988 年,卢浮宫又买到了同一块祭坛装饰屏上的两幅画(《受祝福的拉涅里·拉西尼让穷人从佛罗伦萨监狱逃生》和《奇泰尔纳守财奴的灵魂下地狱》)——这两幅画曾被拿破仑的舅舅、狂热的收藏家、红衣主教斐许收藏。那面巨大的多折画屏于 1437 年被订制,1444 年完工,用以装饰圣弗朗西斯教堂的主祭坛,该教堂位于阿雷佐②附近的圣塞波尔克罗镇。

一些世界著名的博物馆收藏了这面装饰屏上的其他画作,但其中最精美的无疑是《圣方济各与"贫穷"女士的婚礼》,那幅画现存于巴黎附近的尚蒂伊孔德博物馆。

这些装饰画里,我个人尤其偏爱最后买来的那幅,不仅由于它色彩精纯(覆盆子色,乳白,金黄……),也由于线性透视和朦胧透

---

① Sienne,意大利城市名。——译注

② Arezzo,意大利城市名。——译注

视法使其富有立体感。一些有趣的细节格外吸引我:画面右边,两个年轻修士正看着装饰画,我们还能看到尖形拱门、读经台和烛台,其他修士的头都朝着真福者拉涅里和门口被魔鬼带走的守财奴的灵魂。

参见词条:七米厅

索瓦吉奥(亚历山大-夏尔) | Sauvageot (Alexandre-Charles)

(巴黎,1781——巴黎,1860)

亚历山大-夏尔·索瓦吉奥曾是巴黎歌剧院的第二和第一小提琴手以及海关总署的职员,他还是一个爱淘旧货的人。巴尔扎克的《邦斯舅舅》使人们永远记住了索瓦吉奥这个名字。巴尔扎克本人很欣赏他:"在邦斯和索瓦吉奥先生之间,确有某些相似之处。索瓦吉奥先生跟邦斯一样,都是音乐家,都没有多少财产,收藏的方式、方法如出一辙;他们同样热爱艺术,也同样痛恨那些名声显赫的有钱人一大橱一大橱地搜罗古董,跟商人们展开狡诈的竞争。"①(巴尔扎克,"巴黎生活场景",《穷亲戚》,1847)

1856年,索瓦吉奥将他的收藏献给了卢浮宫,他把毕生精力都奉献给了那1424件作品。他也因此成为了卢浮宫的名誉馆长,并在博物馆住下。工艺品部的许多中世纪和文艺复兴时期的作品、尤其是象牙雕塑和相传"出自贝尔纳·帕里斯②之手"的陶瓷品都是当年索瓦吉奥捐赠的。

亚瑟·亨利·罗贝尔在索瓦吉奥捐献收藏品前不久为其画了

① 此处译文参照了译著《邦斯舅舅》(许钧译,华夏出版社,2008)。——译注
② Bernard Palissy(1510—1589/1590),陶器制造者、上釉工人、画家、玻璃工匠、作家及学者。——译注

幅画(1856),画中的他还住在富布尔-普瓦索尼耶尔街的公寓里,这幅画现被展览在刻有索瓦吉奥名字的展厅里(黎塞留馆二楼第18展厅)。此外,路易·奥夫雷(Louis Auvray,1810—1890)为他画的半身像现在是博物馆管理处前的走廊装饰画。

参见词条:捐赠人、帕里斯(贝尔纳)

雕塑部,简称 S. | Sculptures(département des)

实际上,雕塑部1871年才成立,这似乎很奇怪,但事实就是如此。在此之前,现在雕塑部里的作品属于"古代艺术部"或工艺品部。因此,在相当长的时间里,米开朗琪罗的《奴隶》都是"古代艺术部"的藏品。此外,1824年落成的包含5个展厅的"昂古莱姆画廊"也曾属于这个"古代艺术部"管辖,该画廊是为庆贺查理十世的长子昂古莱姆在西班牙取得胜利而建,位于钟表馆和博韦馆之间。这5个展厅当年展览着94件16—18世纪的作品,其中一部分来自法国古迹博物馆。

莱昂·德·拉博德侯爵、约瑟夫-亨利·巴尔贝·德·汝伊以及路易·库拉若对雕塑部的创立起到了至关重要的作用。

雕塑部的组建工作完成了。它拥有45个展厅,展出近千件作品(黎塞留翼楼和德农翼楼分别展示法国雕塑和意大利、北欧的作品)。部内法国雕塑藏品非常齐全。但文艺复兴时期以及17、18世纪的北欧、英国、德国和意大利雕塑收藏则明显不足,直到最近,该部门才开始大力弥补这一缺陷。

参见词条:巴尔贝·德·汝伊(约瑟夫-亨利)、库拉若(路易)、梅塞施密特:《表情各异的头像—自画像》或《闷闷不乐的人》、展馆、赛格尔(约翰·托比亚斯):《半人马纠缠女祭司》

安全保障 | Sécurité

卢浮宫的安全保障包括人力保障(日夜坚守的监督员、消防员)和物质保障(防护栏、较为清晰的摄像，作品上安装的越来越尖端的传感报警装置……)，也包括藏品安全保障和参观者安全保障(行凶、或仅仅因地板打蜡过多导致的走路打滑以及人流的冲撞和阻塞都需预防)。

应付这一切绝不是容易的事，需要一支始终沉着冷静、纪律严明的工作团队。

参见词条: 残疾人、博物馆工作人员、消防员、参观者

塞纳河 | Seine

塞纳河对于巴黎的影响要比台伯河之于罗马或泰晤士河之于伦敦的影响显著的多。卢浮宫就在河边，从博物馆的展厅望去，河上的景色美丽丰富，不过有时垂下的毫无益处的窗帘会挡住观赏者的视线。美丽的景色能让参观者在行走时感到愉快惬意。

任何事物都有利有弊:塞纳河对卢浮宫来说也是一个潜在的危险。1910年，那场洪水还历历在目。当时存放在地下仓库的藏品面临着危险，不得不被疏散。

参见词条: 窗户、艺术桥、储藏室的藏品

《死于浴盆的西奈克》，现名《老渔夫》 | *Sénèque mourant dans son bain*，dit aujourd'hui *Le Vieux Pêcheur*

希腊、伊特鲁里亚及罗马文物部;黑色大理石主体，紫色角砾岩浅口盆;彩釉

希腊化时代①的罗马共和国，2世纪;德农馆一楼A展厅(马奈热厅)

---

① 起始点通常被视为公元前323年，结束时间为公元前146或前31/30年。——译注

H:1.83;M. R. 34（Ma. 1354）

这尊雕像发现于 1954 年，不久被阿尔滕公爵（枢机主教冯·霍恩埃姆斯的侄子，其名被译为阿尔塔·恩普斯或阿尔滕）收藏。1599 年，阿尔滕公爵给雕像加上了一个浅口盆，1601 年，他又给主人公加上了一根大理石腰带和一双彩釉慧眼。这只浅口盆（上饰有狂野的人形半身像和羱羊——家族纹章的图案）1896 年脱落并丢失了（1981 年，阿斯凯尔①和彭尼仿制了这座无法复原的"西奈克"）。后来亏得菲马拉克集团及其首席执行官兼董事长马克·拉德雷·德·拉夏里埃的资助，1599 年增加的那只浅口盆失而复得。1610—1613 年间，这尊雕像被枢机主教波尔格塞收藏，后于法兰西帝国时期连同波尔格塞的其他收藏品一起被卢浮宫获得。

鲁本斯以这座雕塑为原型创作了一幅很美的画，画中，西奈克将身体浸在一个更为朴素的铜盆里，这幅画现存于慕尼黑美术馆（斯德哥尔摩和圣彼得堡存有草图）。

是谁第一个认为这位西奈克曾是尼禄的家庭教师，又在后者逼迫下割破血管，热水加速了他的死亡？此鉴定好像在该作品被波尔格塞收藏的时候就已经被提出了。18 世纪末以后，从温克尔曼②开始，人们更喜欢将他看作一个奴隶或渔夫，而非一位斯多葛派哲人。

这件由不同大理石雕刻而成的生动作品曾广受喜爱。它是否会重获当年荣光？

卢卡·焦尔达诺（德农馆二楼第 13 展厅）和克洛德·维尼翁曾在卢浮宫创作了《塞内克之死》（R. F. 1554；当前未展出；这幅画明显是受那件古老的波尔格塞藏品启发而作）。

参见词条：波尔格塞收藏、《波尔格塞的斗士》或《作战的勇士》、维尼翁

---

① Francis Haskell（1928—2000），艺术史学家。——译注
② Johann Joachim Winckelmann（1717—1768），德国考古学家、艺术学家。——译注

七壁炉厅 | Sept Cheminées(salle de)

这间厅曾是王室成员的套房,其名由当年给套房供暖的七座大壁炉而来。1637 年 12 月 5 日夜里,路易十四的母亲就是在这里受孕。复辟期间,这间厅的装饰,或者说当时尚存的装饰被转移到了柱廊翼楼的同一层(叙利馆二楼第 26 展厅,今属埃及文物部)。在重新布置埃及文物部时,需要在两种意见中做出取舍:一些博物馆研究员反对在布局紧凑协调的展厅里插入 17 世纪的装饰,另一些则赞成这种不恰当的行为。

七壁炉厅位于叙利翼楼中(二楼第 74 展厅),曾经受多次重大整修,最近的一次于 1851 年 6 月 5 日开始进行,由建筑师菲利克斯·杜邦主持。它的拱顶上饰有弗朗斯科·杜雷的雕塑,但如今还有谁会抬眼看上面?

该厅曾于 1699 年供法兰西科学院使用,后又于 1796—1806 年间供法兰西研究院使用。此外,1822—1827 年间的美术沙龙曾在该厅举行。现在它经常被用来举办各种“临时展览”。我不知道它将来的命运如何。

参见词条:大革命前的卢浮宫学院、路易十四、方形沙龙

七米厅 | Sept Mètres(salle des)

特奥菲尔·戈蒂埃在万能的《卢浮宫爱好者参观指南》中高兴地称这间厅为“七大师厅”。其实,这条位于达鲁楼梯(又名萨莫色雷斯的胜利女神楼梯)和大画廊之间的大厅是因其宽度而得名(德农馆二楼第 4 展厅)。

如今,该厅被用来展出文艺复兴前期的小件意大利作品。

我不知道为什么有人经过的时候,它的地板就会发出格啦格啦的声音。

参见词条:戈蒂埃、佩鲁吉诺:《阿波罗和马西亚斯》、皮埃罗·

德拉·弗朗切斯卡:《西吉莫多·玛拉特斯塔肖像》,皮萨内洛:《艾斯特公主》,罗伯蒂(埃尔科勒·德):《大天使圣米歇尔》,《圣阿波利娜》、萨塞达(又名斯特法诺·迪·焦尼瓦):《奇泰尔纳守财奴的灵魂下地狱》

赛格尔(约翰·托比亚斯)/《半人马纠缠女祭司》|
Sergel(Johan Tobias)/*Centaure enlaçant une bacchante*

(斯德哥尔摩,1740——斯德哥尔摩,1814)

陶瓷;德农馆一楼 E 展厅

H:0.365;L:0.395;Pr:0.175;R. F. 4632

展览在卢浮宫的法国雕塑是相当可观并令人称羡的。从中世纪早期(5—10 世纪)的雕塑到吕德、巴里、雕塑家达维特的作品,可以说是应有尽有。人们能在卢浮宫回顾几乎"无漏洞"、无重大损失的法国雕塑发展史。

外国雕塑的收藏情况却不同。与伦敦维多利亚和阿尔伯特博物馆的藏品对比结果便是证明,唉。导致这个结果的一个原因是:雕塑部的研究员们在很长一段时间里——我尚经历了这个时期——都认为卢浮宫只应(而非优先)致力于收藏本国艺术品。当人们意识到收藏欧洲其他地区的作品——意大利、德国、弗拉芒、荷兰、西班牙、丹麦、英国等地的雕塑——同样必要时,为时已晚。一些尚在市场流动的重要作品已经踏上了通往英国或美国的道路。价格已经飞涨……

1998 年,卢浮宫获得了瑞典雕塑家赛格尔的这件能给人带来感官快感的陶瓷艺术品《半人马纠缠女祭司》,作品栩栩如生,在法国广受称赞,卢浮宫的这一做法标志着其发展方向的根本性改变。真的太晚了吗?

参见词条:梅塞施密特

文化处（也称教育处） | Service culturel, dit aussi service éducatif

文化处是博物馆里必不可少的部门，它主要负责组织一系列面向小孩、成人、残疾人和博物馆的首次参观者的活动。很难完整地总结出该部门的职能，因为它负责的事务太多了，从博物馆的参观到会议的举办，从教育刊物的出版到夜景画的顺利制作，都归它管。它于 1987 年仿效美国博物馆里相同的部门而设立，20 年来，蓬勃发展，常被视为典范。

P. S. 比起近年来被用于各种场合的"文化"，我更喜欢"教育"一词。

参见词条：儿童活动室、残疾人、夜景画

研究与文献处，简称 S.E.D. | Service d'étude et de documentation, dit S.E.D.

参见词条：文献

会议厅 | Sessions(pavillon des)

第一间皇家展厅（"万国大厅"，现展览着《拉若孔德》和《迦南的婚礼》）修建于拿破仑三世在位期间，四面被其他厅团团围住。孤立于杜伊勒里宫的大厅仿佛成了绘画部正中间的一座小岛，用来举行官方仪式和"皇帝主持的庄重的议会会议，它是一座宏伟的大厅，又叫王权厅"（Ch. 奥拉尼埃，1952）。

为了改善这一状况，拿破仑三世决定再修一间独立于博物馆的大厅，然而新大厅的主体工程刚刚顺利完成帝国就突然被推翻了。这座新建的大厅即会议厅，曾被用于立法机构的恢复仪式和特殊会议的举行，以及对外国领导人的正式接待。

容纳该厅的建筑凸向卡鲁塞勒花园,本计划沿装饰艺术博物馆的侧翼建一座与之对应的建筑供剧院使用,但一直未能实现。

1871年,市政厅被巴黎公社烧毁以后,市政府搬入了这间大厅,直至1883年。此外,自1887年5月12日起,令人不快的王冠钻石拍卖也在这间大厅中进行。

听闻要将殖民地事务办公厅设立在其中,博物馆的领导人(阿尔弗雷德·卡昂芬,1887至1904年间任馆长)赶紧采取行动,于1890年10月14日"占用了"闲置空间。她决定将鲁本斯的作品从《梅迪奇画廊》转移到该厅。加斯东·雷东(奥迪隆①的兄弟)负责布置展厅,工作于1900年5月21日完成。

那种丰富的装饰被保持到了二战后。1953年,让-夏尔·穆罗(Jean-Charles Moreux,1889—1956)用更为朴素的装饰代替了它,他还决定为鲁本斯的画(现存于黎塞留翼楼)镶上大理石画框。

会议厅现用来展出17、18世纪的意大利和西班牙绘画(15个小陈列室环绕着一个大厅)。

底层原本计划用来举办展览会,但实际上却成为了(暂时的?)原始艺术品的分展馆。

参见词条:原始艺术品、万国大厅、《梅迪奇画廊》、拿破仑三世、杜伊勒里宫

波斯国王 ｜ Shah de Perse

1873年,波斯国王纳赛尔丁·沙阿·卡扎尔出访欧洲。他在一本《旅行日记》(在波斯出版)中详细叙述了自己的经历并表达了自己的惊讶。

被迎接到卢浮宫后,他欣赏了"一些美神维纳斯的雕塑,其中有一尊尤其美丽,但女神的两只胳膊被折断了"。他回过头来描述卢浮宫博物馆:"这是一座绝对伟大的纪念性建筑物,在雕塑、绘画

---

① Odilon Redon(1840—1916),法国版画家。——译注

和其他艺术藏品的品质上举世无双。我们参观了一条富丽堂皇的画廊，叫'阿波罗画廊'，意思是属于美之神、诗歌之神和音乐之神的画廊。展柜里展览着大量工艺品：带镶嵌饰物的碧玉器皿、大水晶器皿、出土的金器以及其他来自全世界的奇珍异品。曾统治欧洲的查理大帝的一块手臂骨被珍藏在小匣子里。那是一个古老的金匣子，是一件极其精美的金器，曾属于路易十四的母亲安娜（奥地利的）。……每幅画都需要我们花一整天时间坐在跟前欣赏，方能感悟其精妙，但我时间有限，不可能领会一些细节。"（辛巴达译自波斯语——Actes Sud 出版社，阿尔，1999）。

参见词条：阿波罗画廊

卢浮宫的特别说明 ┃ Signalétique

如何在博物馆内轻松地辨明方向？这是个问题。我已经暗示了金字塔接待处分发的地图（这本"词典"中插入了一些）的质量，在此提醒大家，卢浮宫分为 3 个展区（东边是围绕着方形中庭的叙利馆；北边是黎塞留馆和里沃利街；南边是沿塞纳河而建的德农馆）。

我作此简介是为了让大家注意一种旧做法和一样新东西。

博物馆的大多数展厅里都有一些小架子，上面放有卡片，卡片上是关于展厅内主要作品的评论，用不同语言写成，比作品名和作者姓名卡的内容更详尽。

此外，卢浮宫主要展厅的挂物线上固定着银灰色的牌子。牌子上不仅标注了每个展厅的展览内容，还讲述了展厅的历史和过去。

参见词条：接待、作品名和作者姓名卡、展区

安全出口 ┃ Sorties(ou issues) de secours

谁都记得那些被照亮的绿色长方形小牌子，上面是一个拼命逃跑之人的侧影。这些指示牌实在不好看，总是被设置在边边角

角处,但它们是必不可少的。

　　参见词条:入口

不愉快的记忆 ｜ Souvenirs(mauvais)

　　(若要问)我在任卢浮宫管理委员会主席兼馆长期间最不愉快的记忆是什么? 那便是柯罗的一幅小尺寸画——《塞夫勒的路》(R. F. 1352)的失窃,那是 1998 年 5 月 2 日,一个星期天(当月的第一个星期日,参观者可免费进入,因而卢浮宫内人潮涌动),那幅画当时被展览在叙利馆三楼的一个展厅里。《塞夫勒的路》就此消失,窃贼至今未被抓获。

　　参见词条:免费开放、雷奥纳多·达芬奇:《拉若孔德》、安全保障、失窃、华托:《淡漠者》失窃

逃亡的君主 ｜ Souverains en fuite

　　在历史长河中,作为权力中心的卢浮宫和杜伊勒里宫经常遭到闹事者的袭击,于是统治者们不得不短暂或永久地逃亡。

　　亨利三世和路易十四分别在壁垒日(1588 年 5 月 12 日)和投石党运动期间(1649 年 1 月 5 日)逃离卢浮宫。路易十四这次痛苦的逃亡倒让凡尔赛宫受益颇多。

　　路易十六曾两次离开杜伊勒里宫:一次是主动逃往瓦雷讷(1791 年 6 月 20 日夜至 6 月 21 日),另一次是在袭击中被迫离开(1792 年 8 月 10 日)。1814 年 3 月 29 日,玛丽-露易丝①和罗马国王逃离杜伊勒里宫。1815 年 3 月 19 日,拿破仑从厄尔巴岛回到巴黎,路易十八于是逃往今天的比利时,这使他有了一个绰号“我们的根特老爹②”。后来的两次革命分别于 1830 年 7 月 29 日和

---

　　①　Marie-Louise(1791—1874),拿破仑一世的第二位妻子。——译注
　　②　路易十八逃到了比利时的根特市。——译注

1848 年 2 月 24 日赶走了查理十世和路易-菲利普。最后一位法国封建统治者欧仁妮①于 1870 年 9 月 4 日离开了杜伊勒里宫,她从大画廊逃跑,在圣日耳曼奥塞尔教堂前被救走后前往英国。1920 年,帝国垮台半世纪之际,她在马德里去世。

参见词条:查理十世、大画廊、路易十四、路易十六、路易十八、路易-菲利普、法国大革命、1830 年革命、1848 年革命、杜伊勒里宫

君主博物馆 | Souverains(musée des)

君主博物馆于 1852 年遵路易-拿破仑·波拿巴的命令成立,后随第二帝国的垮台而被撤除。它当时被设置在柱廊翼楼二层的几个展厅里,展品由法国国王和皇帝们的收藏品构成。君主博物馆(被撤除后),其藏品分散到了其他国家收藏机构。

参见词条:拿破仑三世

卢浮宫露天雕塑 | Statuaire extérieure du musée

我只蜻蜓点水般地提一下这个宽泛的主题(但我希望它能促使你们在走进卢浮宫前抬眼看看上方):宫殿外部的雕塑本身就组成了一个露天博物馆,(展出)16—19 世纪的作品,从亨利二世厅正门上让·古戎的雕塑到卡尔波在花神馆留下的雕塑,应有尽有。

无论是拿破仑庭周边翼楼上的文学或艺术巨匠,还是里沃利街或花神翼楼的壁龛里的德鲁奥、迪罗克、奥什②、凯勒曼、奈伊、马尔索③或米拉,我国历史中有许多杰出人物获此殊荣——在卢浮宫中有一座雕像。

---

① Eugénie de Montijo(1826—1920),拿破仑三世的妻子。——译注
② Louis Lazare Hoche(1768—1797),法国革命时期将领。——译注
③ François-Séverin Desgraviers-Marceau(1769—1796),法国革命时期的将军。——译注

不幸的是,尽管近来这些雕像得到了修复,但风化是不可避免的。

参见词条:方形中庭、拿破仑庭、花神翼楼和花神馆

《法尔萨莉亚的石碑》,又名《对花朵的赞颂》│ Stèle de Pharsale(La), dite《de l'exaltation de la fleur》

希腊、伊特鲁里亚及罗马文物部;约公元前470—前460年

帕罗斯大理石;德农馆一楼和二楼间的夹层第3展厅

H:0.56;L:0.67;Pr.:0.15;Ma.701

"您知道,卢浮宫是一座珍藏着美丽和古老物品的博物馆:这么说是有道理的,因为古老和美丽是两样令人敬仰的东西。而《法尔萨莉亚的石碑》便是卢浮宫博物馆中最触动人心的文物之一,它是一块许多地方都已被磨损或折断的大理石,但人们仍能在上面清楚地辨认出两位手持花朵的年轻姑娘。这是两个美人:她们是生活在希腊新兴时期的年轻人。据说那是个完美的时代。雕刻家从侧面描绘了两位姑娘,并细致地刻画了传说中非常神圣的忘忧花。人们仿佛能从蓝色的花萼中获得宽慰,忘记生活中的不幸。学者们对这两位年轻姑娘很感兴趣,忙着研究她们。他们查阅了大量相关书籍——羊皮纸的、牛皮纸的,还有许多猪皮纸的;但至今也没弄清楚这两个年轻貌美的姑娘为何手中举花"(阿纳托尔·法朗士,"苏珊",《姑娘和小伙:城市和乡村的场景》,无日期)。

"学者们"给出了各种各样的答案:这块大理石很可能是一块墓碑,而不是用来表达心愿的浮雕,其中一个女人可能就要死去,她的伙伴(她的姐妹? 女儿?)手中的罂粟花和那袋种子(或小骨?)暗示新生和未来(?)。

两个女人身穿长外衣,肩部扣着衿针,面对着面。作品中间是她们优雅的手势。

阿纳托尔·法朗士作品的女主人公苏珊对石碑图案做出了如

下解释："她们的节日是同一天，她们是两个相同的人，手中拿的是同样的花"，这个解释似乎没有考虑这"神圣会话"的寓意以及作品蕴含的忧伤与神秘。

司汤达（又名亨利·贝尔） | Stendhal（Henri Beyle，dit）

（格勒诺布尔，1783—巴黎，1842）

拿破仑清单是卢浮宫最早的藏品清单，如今仍被使用。1810年，达鲁公爵委托德农编制一份藏品清单。同年10月16日，达鲁任命表兄弟亨利·贝尔（某些情况下为亨利·德·贝尔）"核对"该清单。司汤达（1817年他还未使用笔名）和德农1806年相识，互相敬重。1809年，他们一起在维也纳参加了海顿的葬礼。贝尔不仅核对了"清单"，还对它的设计和文字方面做了一些改进。

有一点是确定的：司汤达待在"和蔼可亲"的德农身边的日子里，他把所有时间都用来熟悉拿破仑博物馆的藏品。他写的《意大利绘画史》（1817）便是证明。

所以司汤达是一位艺术史学家？他是一位多产的小说家，常模仿、有时甚至直接抄袭兰兹的笔调和风格；其实，让人感兴趣的是他作品里的细枝末节，而非他对别人的优秀作品的分析和概括。

下面两段话摘自《罗马漫步》，写于1828年11月27日，它把司汤达和卡诺瓦联系在了一起："我们曾在卡诺瓦工作室的那些模型和雕塑中度过了一个上午。卡诺瓦来过巴黎三次；最后一次是作为"打包工人"前来。他来带回罗马依照托伦蒂诺条约转让给我们的雕塑，如果没有此条约，当年在阿尔科尔和里沃利获胜的军队早就占领了罗马。他们抢走了我们通过条约赢得的东西。卡诺瓦并不懂得这道理。他在旧制度统治下的威尼斯成长，只相信权力和暴力；条约对他而言似乎只是个形式。"

"他跟我们讲道，1803年第一次来巴黎的时候，他有幸在维莱见到了自己创作雕像《丘比特之吻使普塞克复活》（现存于卢浮宫昂古莱姆博物馆——1824 年由封丹设立的雕塑长廊,位于钟表馆和博韦馆之间)。他补充说,'衣褶雕得及其糟糕,完全没形状。创作这组雕像时我错误地以为不整齐的衣褶可以突出人物身体的裸露部分;我借来双头锤和凿子,一连 8 天,每天早上我都乘一辆出租轻便马车到维莱,在那里尽力修改那糟糕的衣褶。'"

参见词条:卡诺瓦(安东尼奥):《丘比特之吻使普塞克复活》、达鲁伯爵、德农、藏品清单

《伊莎贝尔·埃斯特的画室》│ *Studiolo d'Isabelle d'Este(Le)*

伊莎贝尔·埃斯特(Isabelle d'Este,1474—1539)与贡萨格家族的弗朗索瓦二世结婚后便成为了曼托瓦①的公爵夫人,她很有名,因为她热爱艺术,也因为她有一帮人文学者朋友(巴尔达萨雷·卡斯蒂利奥奈②便是其中之一)。她的画室里的作品曾被枢机主教黎塞留收藏,大革命席卷黎塞留城堡之时,作品被扣押。

5 幅寓意画(曼特尼亚的《玛尔斯与维纳斯》和《弥涅耳瓦在德善花园驱赶恶习》,佩鲁吉诺的《爱与贞洁的战斗》,曼特尼亚和科斯塔的《克穆斯的统治》,科斯塔的《伊莎贝尔·埃斯特戴冠》,德农馆二楼大画廊)都是杰作,引发了许多具有学术价值的阐释。而画作本身(尤其是曼特尼亚和佩鲁吉诺的画)的造型美却常常被忽略。

在这些创作完成之后的数十年间(1497—1506?),柯雷乔的《美德寓意画》和《恶习寓意画》(也存于大画廊)对画室的初期装饰进行了补充。这两幅画曾被马扎兰主教、路易十四及英国的查理一世收藏。

卢浮宫书画刻印艺术部保存着一幅伊莎贝尔·埃斯特的大幅

---

① Mantoue,意大利城市名。——译注
② Balthazar Castiglione(1478—1529),意大利作家。——译注

侧身肖像画(1485)，由雷奥纳多·达芬奇用黑色和血色石料搭配彩色笔触而作。这幅画使阿里丹(Arétin，1492—1556)对伊莎贝尔的苛责有些站不住脚，他的确在1534年左右评价过伊莎贝尔，说她是"一个没有道德的丑妇，还用更多不正当的行为伪装自己"。

参见词条：柯雷乔、雷奥纳多·达芬奇、路易十四、曼特尼亚(安德烈亚)、马扎兰主教、佩鲁吉诺、拉斐尔：《巴尔达萨雷·卡斯蒂利奥奈伯爵像》、黎塞留主教

苏贝利亚斯(皮埃尔) ｜ Subleyras(Pierre)

(圣吉尔，加尔，1699—罗马，1749 米)

皮埃尔·苏贝利亚斯是我所说的"1700 一代"中最杰出的代表之一(布歇、夏尔丹、卡尔·凡·卢、特雷莫里艾、布夏东、路易-加布里埃尔·布朗歇特、纳托瓦尔等著名人物都出生于 1700 年前后)。和同时期的大多数画家一样，他也曾去意大利旅行，但不同的是，他在罗马定居了下来。他曾有光辉的职业生涯。他的法语作品曾长期被意大利艺术史学家忽视，意大利语作品又被法国人遗忘。直至 1987 年的专题博览会举办以后，这位艺术家才恢复其应有的地位。

苏贝利亚斯擅长创作构图严谨、风格朴素的宗教画和富有感染力的肖像画，他常使用白、黑和淡玫瑰色，对这三种颜色的搭配十分考究。

曾有一件令我烦恼的事是因他而起。那时我还是一个年轻的馆长，路过纽约时，我去拜访了万能的拉扎德银行老板安德烈·梅耶，他当年住在皮埃尔公馆。安德烈·梅耶收藏了许多珍贵的作品。突然，我看到一幅精美的人物肖像画，我激动地喊了一声："苏贝利亚斯。"我很快意识到我不该说出这个名字。事实上，这幅画被当作布歇的作品由皮埃尔·大卫-威尔(老板的老板)送给他作为结婚礼物……安德烈·梅耶很不高兴，埋怨了我们这些自以为是的年轻馆长……不过故事的结局是好的：1981 年，这幅《久斯

浦·巴莱提的简笔肖像画》被慷慨赠予卢浮宫（叙利馆三楼第 40 展厅）。

参见词条：大卫-威尔（家族）、苏贝利亚斯：《妓女之爱》

苏贝利亚斯/《妓女之爱》｜Subleyras/*La Courtisane amoureuse*

布上油画

H：0.30；L：0.23；R. F. 1985 – 80

我写这篇介绍时还未展出

1985 年，锡矿大王安特诺尔·帕蒂尼奥的继承人们将这幅画献给了卢浮宫。2006 年，安特诺尔的妻子放弃了对这幅画的用益物权，从此，它便被一直挂在卢浮宫的墙上。

需要介绍一下这幅画的主题。罗马的漂亮妓女康斯坦斯爱上了卡米耶。她在嫁给后者前为其付出了忘我、忠诚的爱……

> 多情的康斯坦斯
> 如今甘愿做您的奴隶；
> ……年轻男人同意了。
> 她走近他，帮他解开衣扣……
> 还给他脱了鞋。
>
> 　　　　　　　　　拉·封丹，《故事集》

苏贝利亚斯含蓄有度地描绘了这一有关风化的场景。他渲染出了拉封丹故事里动人的氛围：康斯坦斯甘当仆人，乐意服侍卡米耶；后者被她的爱所感动，确信了她的忠诚，准备接受她。

色彩的搭配恰到好处：金发卡米耶的覆盆子色和赭色便袍，康斯坦斯的棕色头发和蓝色连衣裙，以及金色和白色完美地融合在一起。

参见词条：苏贝利亚斯、用益物权

"南—南" | 《Sud-Sud》

"南—南"特指方形中庭南边、叙利馆三楼、艺术桥和法兰西研究院对面的区域,那里设置着一些办公室(我在绘画部工作时的办公室就在那里)和国家博物馆图书馆(是时候将它并入位于黎塞留街的国家艺术史研究院了!)。从这块区域的房间里可望见塞纳河美不胜收的景色。

有必要充分利用这块好地方(1000平方米)。展出的法国18世纪绘画还不够。当然,杰出作品够多了,但缺少那个时代的一些普通画家的画,它们通常很吸引人。

我早已不抱有希望。这是不对的。相关工作(多亏了阿布·扎比?)应该会不断展开。

参见词条:艺术桥、名称有误的卢浮宫图书馆、方形中庭、法兰西研究院、国家艺术史研究院(该词条无正文无目录)

叙利翼楼 | Sully(aile)

叙利翼楼是卢浮宫三大展区之一,环绕着方形中庭。位于西面翼楼中部的叙利馆(或钟表馆)顶部需要修缮。二楼的拉莎佩尔厅常用来举办临时展览;三楼用于展览贝斯特吉的收藏品。

参见词条:贝斯特吉、拉莎佩尔厅、展馆、展区、储藏室的藏品

史维特斯(迈克尔)/《拉皮条的女人》 | Sweerts(Michel)/L'Entremetteuse

(布鲁塞尔,1624——果阿,印度,1664)

铜版油画;黎塞留馆三层第33号乙展厅,展柜

H:0.19;L:0.27;R. F. 1967—11

布鲁塞尔、罗马、荷兰、巴黎、果阿:史维特斯的生活总是充满

新意。他是一个虔诚的教徒，一个素食主义者，他以杂务修士的身份离开马赛，前往印度会见果阿的基督会会士。

他的作品也不同寻常。画中，一个女掮客似乎正在和一位优雅的军人谈条件。她一只手搭在男人肩上（这个动作引发了不同的猜测）。不过，史维特斯拒绝使用一切花哨的技巧和暗示。画面呈现的场景狭小，一位戴着绣花软帽的老妇人和一个年轻男人在进行一场无声的对话，后者敏锐的眼神令人不安。两张脸一明一暗，皆体现出作者精湛的技艺，为这忧伤又迷惘的场景增加了神秘感。

"每月一画" | 《Tableau du mois》

"每月一画"活动的目的很简单:给博物馆的参观者和常客提供一种可能性,即让他们对某个系列作品有更多的了解。通常该作品是独一无二的,是卢浮宫最新购买("每月一画"首幅作品——加布里埃尔·德·圣奥班于1779年所作的《客厅景色》便是如此)或修复的画作,由一位专家提供画作归属证明,指明其作者并对作品主题给予一个新的解读。每幅画作的展出从来都是经过博物馆研究员的精挑细选,即便那是一幅人人都熟视无睹的画作,一旦展出,研究员们会非常得意地和博物馆的爱好者分享他们的经验和所知。

每月的第1个周三起,卢浮宫会展出一幅新的画作(在黎塞留馆二楼第18展厅),同时附带一张简介,可在接待处免费取用。至2007年7月,卢浮宫共计展出143幅此类画作。

卢浮宫的其他分馆也按照临时展览的规定定期举办"每月一画"活动(如《季节工艺品》,《希腊、伊特鲁里亚、罗马文物部时事》)。

P. S. "每月一画"并非"我的画"(在法语中,"月(mois)"和重读人称代词"我(moi)"在书写上只差一个末尾的 s),我曾听到过此类错误的说法。

参见词条:接待、艺术品的归属、修复、圣奥班

挂毯/《法厄同坠海》/《花园》 | Tapisseries/ *La Chute de Phaéton/Les Jardins*

工艺品部;黎塞留馆二楼第26展厅
羊毛和丝绸(国家不动产保管处)
H;4.75;L;4.95;H;4.90;L;6.85;Gob. 124 & 125
谈到16世纪的挂毯,我们很快就想到了布鲁塞尔,那个时期

布鲁塞尔的挂毯享有盛名。1545 年前后,汉斯·凯驰应海克力斯二世·埃斯特公爵的要求,根据巴蒂斯特·多西和卡米耶·菲利普的草图,在费拉拉绘制了两幅挂毯。我尤其喜欢这两幅挂毯。

借鉴于奥维德的《隐喻》,作品展示了法厄同因想接近太阳,被电神朱庇特击倒,最终跌入大海这一场景。

两幅挂毯在 1946 年存放于国家不动产处。最近法国皇家挂毯厂挂毯博物馆的重新开放展示了 17 世纪至今法国在这一领域的显著成就。

参见词条: 大草图、艺术品的归属、《马克西米利安狩猎图》、卢浮宫博物馆自治机构

规定 | Tarification

在此,我想重复卢浮宫"季度计划"2007 年 9 月 1 日提供的信息(可在接待处获取)。

卢浮宫常设展览和临时展览(含德拉克罗瓦博物馆)当日单次参观票价:

全票:9 欧

折票:6 欧(每周三和周五晚 6 点起)

特殊票价:

拿破仑厅展览:9.5 欧

联票:含常设展览和拿破仑厅展览

全票:13 欧

折票:11 欧,每周三和周五晚 6 点起

免票:

以下人群可免费进入卢浮宫博物馆和欧仁·德拉克罗瓦博物馆(验票时需出示证件)

——18 岁以下的青年

——26 岁以下的青年(每周五晚 6 点起夜间参观且不包括拿

破仑厅)

　　——失业者、最低社会保障受益人

　　——残疾参观者及其陪同

　　——艺术史、应用艺术教师(需出示该学科教师证件)

　　——艺术家及艺术评论家……

　　——所有参观者每月第一个周日可全天免费参观

　　另外,以下人员可免费参观常设展览:持有卢浮宫青年卡或职业卡的会员、卢浮宫之友协会会员、教师证持证人员及合作学生、艺术系学生。

　　补充:博物馆票价以及以上所有信息可能会有所调整。

　　参见词条:接待处、展览、免费开放、拿破仑厅、残疾人员、时间表

伦敦泰特美术馆 ｜ Tate Gallery de Londres

　　试想,如果巴黎有一个只展出法国绘画(或法国艺术)的博物馆,那么我们一定会立刻被叩上民族主义、沙文主义、孤立主义(我能想到的还有什么呢?)的帽子。

　　米勒班克路上令人向往的泰特美术馆在精修之后,展出了早期绘画至今最好的英国绘画。这便是一个很好的"英国特例"。

　　泰特美术馆,也称"英国的波布尔",位于泰晤士河畔以前的电子中心。不久前整修过。该馆想用主题展代替编年展,这似乎退后了一步,又重新按艺术流派来分类:立体派、未来派、达达主义……

　　参见词条:伦敦国家美术馆

特尔·博赫(赫拉德)/《圣经阅读课》｜ Ter Borch (Gerard)/*La leçon de lecture*

　　(兹沃勒,1617—迪温特,1618)

木板油画;椅子靠背上的交织字母:GT;黎塞留馆三楼第 36 展厅;H:0.27;L:0.253;INV.1900

该画仍是拉·卡泽所赠,也是最感人至深的画作之一。人们一致认为画上的小男孩应是莫资·特尔·博赫,即赫拉德·特尔·博赫约 7 岁的异母兄弟,画上还有他的异母维艾艮·马蒂斯。孩子集中注意力阅读的是《圣经》吗?而他心不在焉的母亲却看着别处,似幻想着什么。这是因年龄而疏远的两代人,但却同样显得宁静柔和;恐没有比这更确切的解读了。

参见词条:吉罗代·德·路吉-特里奥松(安·路易):《读书的孩子》或《看书的伯努瓦-阿涅斯·特里奥松》、拉·卡泽

《古代马首》│ *Tête de cheval antique*

希腊、伊特鲁里亚及罗马文物部

约公元前 510—前 500 年间;雅典;大理石;我写书时此作品尚未陈列;H:0.525;L:0.62;Ma.5143

这是近年来卢浮宫购买的最好的作品之一:这尊惊人的大理石马首(可能是派洛斯大理石),极具古典风格。据专家推断,是公元前 500 年前后所作。它应系某个骑马塑像的遗迹,我们也见过其他几个类似的。此时,人们立即会想到塞勒涅的马头(收藏在大英博物馆),其三角楣是巴特农大理石,但该塑像的风格相对写实主义略胜一筹。马的眼睛、鼻子,尤其是耳边的马鬃,刻画得非常简洁,并赋予此马一种高贵之感。

我们看不到缰绳和马衔的痕迹,因此很难知道这匹马是单独存在,还是有人牵着或骑着。马具应当是青铜所制,可能丢失或已被回收熔化。

哪天我们会再找到那匹马和他的骑兵?并确认作品的作画地点及其作者呢?

参见词条:马

《基克拉迪妇女头像》｜ *Tête de figure féminine cy-cladique*

希腊、伊特鲁里亚及罗马文物部;德农馆一楼和二楼间的夹层第1展厅;公元前3000—前2700年间;出自凯洛斯;斯比多思类型;大理石

Ma. 2709

柯德斯向卢浮宫捐赠(1997年)的基克拉迪系列头像非同寻常,但其中并不包括这一女像。该雕像出自希腊纳克索斯南部的凯洛斯。奥利维埃·拉耶在1883年将其赠予卢浮宫。

从竖琴形的头像和紧贴在锥形颅骨上的耳朵来看,这应是一个女残像,其身高约为1.5米。

该头像体现的立体派风格深深吸引了我们这代人,因为我们渴望欣赏文明的作品。基于此,我们能做的只有狂赞这位艺术家,因为其作品动人心弦的几何框架及简约之风可谓炉火纯青。

蒂埃里(乔治·托米)｜ Thiéry(George Thomy)

(莫里斯岛,1823——巴黎1902)

卢浮宫有幸收藏的20世纪三大系列作品(肖沙尔、莫罗-内拉东)当中,唯有乔治·托米·蒂埃里的作品未被转移到奥塞博物馆,保存依然完整。该系列集中展出于方形中庭三楼。

乔治·托米·蒂埃里本是英国国籍,最初他只是一名种植甘蔗的园主,1876年定居巴黎,1880—1895年间收藏各类作品,直至去世。他留给卢浮宫共计121幅画作(巴里青铜塑像数量更多),主要是巴比松派作品,如:柯罗、杜雷、卢梭、多比尼、特鲁瓦雍、米勒和德拉克罗瓦。

查理·让·克莱奥法斯(Charles-Jean-Cléophas,1860—1928)为其所作的半身像现用于装饰卢浮宫的走廊。

P. S. 1. 托米是蒂埃里名字的一部分。

2. 我对亚历山大-加百利·德康(Alexandre-Gabriel De-camps,1803—1860)的《狗窝,狗奴才》(叙利馆三楼第 72 展厅)情有独钟。

参见词条:肖沙尔、方形中庭、莫罗-内拉东(艾蒂安)、奥塞博物馆

《塞塔法纳斯金冠》│ *Tiare de Saitapharnès*

希腊、伊特鲁里亚及罗马文物部;铸金;我写书时此作品尚未陈列

H:0. 175;L:0. 18;Bj 2357

《塞塔法纳斯金冠》是卢浮宫"最有名"的赝品? 毫无疑问,该金冠因斯基泰的一个小国王勒索克里米的奥尔比亚城而得名。1896 年,卢浮宫以 20 万法郎购得此冠,它曾是公元前 3 世纪古希腊斯基泰金银制品中的杰出作品。1903 年,蒙马特一位名叫美因茨·艾莉娜的金银匠,自称是其制造者。而该冠真正的铸造者,敖德萨的一位金银首饰雕刻工伊斯哈埃尔·卢乔蒙斯基,不堪忍受作品被窃,揭发了这一欺骗行径。是他用 8 个月的时间在巴黎的"钱币"工作室完成该作,一展奇才。

不要试图寻找这一名冠:它一直都珍藏于卢浮宫,但很遗憾,并未展出。

参见词条:古希腊、伊特鲁利亚和罗马文物部、复制品、赝品

提香/《戴手套的男子》│ *Titien/L'Homme au gant*

(皮耶韦·迪卡多雷,1488—1490 年间——威尼斯,1576)

布上油画;德农馆二楼蒙娜丽莎展厅

H:1. 00;L:0. 89;S. b. d. : TICIANUS F. ;INV. 757

该作品近年来名声大振。画像模特的浪漫之美、难以捉摸的

表情和沉静中的雍容高雅便是最有力的证明。

路易十四1671年购买了该作品。其出处备受争议，画上男子的身份、年龄也争论不一，人们提供的姓名没有一个得到一致认同。尽管在石块右下方有提香的签名，但其作者直至20世纪初才真正得以确认。作画日期，约在1520年，如今亦无异议。

提香的智慧在于，他结合了乔尔乔内凝神庄重的画风和拉斐尔画像严格讲究的布局。男子的手放在第一个构图中，右手青筋暴出（路易·乌蒂克，1919年），左手戴着折皱的灰皮手套，翻转过来，呼应了画作名称，这都使得提香刻画出他复杂的个性特征：虽年轻稚嫩但不乏男子气概，和蔼可亲而富有力量（让·赫伯特，1993年）。

参见词条：《田园合奏》：乔尔乔内和（或）提香、手

1999 年 12 月 31 日午夜 | Trente et un décembre 1999，à minuite

那是一个难以忘怀的夜晚：午夜，我和卢浮宫的消防员以及夜间监控人员，共饮香槟，庆贺2000年的到来。

参见词条：卢浮宫工作人员、消防员

"国宝" | 《Trésor nationaux》

如何保护和丰富法兰西文化遗产，又不妨碍到艺术作品自由流通这一神圣原则？这一想法已在逐步落实。

1993年设立的第一个委员会负责核查艺术品输出证书的拒绝签署。如果卢浮宫各部门希望拒绝某些作品的输出证书，均可（如果他们愿意）收集他们认为有利的作品资料。假如授权委员会获准拒绝输出，各部门就有30个月的时间来筹集购买相关艺术品的所需资金。1993—2006年间，共计157幅作品未能成功输出。

2002年起（根据1月4日法规），授权委员会权力扩大。这意

味着艺术品自由流通(我个人持积极意见)受到了制约。此后,若有人申请作品输出证书,委员会可宣称所涉作品均是"国宝"。2003年8月1日,该委员会的权力得到进一步扩大:在国外的私人收藏作品从艺术或考古的角度看,若有价值,无论它的收藏地,原始出处(如日本、非洲),时代或作品类型(如板画、素描、工艺品、雕塑、凡尔赛宫的家具、沙特尔教堂柱头、日本屏风(若欧洲系列中无同等作品)、印象派画作(奥塞博物馆没有同等佳作))是什么,均可享有重要文化遗产资格认定证书。

这一政策有何好处呢?事实上益处甚多。国宝或国家重要遗产的认定可以使赞助企业享受90％的减税优惠。再重复一次:90％。

因这一优惠税而进入卢浮宫的作品当中,我列举乌东的《贞女立像》(900万欧元:安盛[1]集团赞助)、安格尔的《奥尔良公爵费迪南肖像》(1100万:同样是安盛集团)、维多利亚广场的圆形画像之一:《圣哥达的胜利》(将近300万:艾里昂斯公司)、《古代马首》(近300万:卢浮宫、卢浮宫友好协会和遗产基金会)。就在最近,卢浮宫购得了普桑的《逃往埃及》(1700万,由几家公司共同出资)。该画将展出于里昂博物馆。书画刻印艺术部同时也获得一些贝斯特吉收藏的意大利画作(360万欧元:家乐福),作为回报,其中某些作品会放置在外省多个博物馆。

补充两点:读者们,请帮助我们宣传这个对文化遗产的未来起决定性作用的税法;立法者,请帮助我们让更多的人了解这一法规!

参见词条:耗资巨大的艺术品买进、贝斯特吉(卡洛斯·德)、以画抵债、捐赠人、乌东:《贞女立像》、安格尔:《奥尔良公爵费迪南肖像》、禁止艺术品输出、普桑、雷诺(让):《圣哥达的胜利》、《古代马首》

---

① AXA,法国公司,全球最大的保险集团。——译注

卢浮宫专题论坛 | Tribune du Louvre

《观点报》面向一些艺术家、作家和艺术爱好者征求一个画作名录,我公开其中一段内容:"卢浮宫博物馆刚刚决定就一些杰出的意大利绘画组织一个专题论坛。我们可以设想在博物馆再建立一个论坛,您意下如何? 第二个论坛将针对法国艺术。您可否愿意提供给我们一个含有 8 幅法国绘画的名录? 它们均选自卢浮宫,不限年代,且在您看来,可以在这个理想的论坛中占有一席之地?"

以下是马塞尔·普鲁斯特 1920 年 2 月 28 日的回信:"原则上,我不大赞同艺术应该为爱好它的人行便,倒是应该让我们主动走向艺术"。随后他给出了所选的 8 幅画作名录:《夏尔丹肖像》(夏尔丹所画);《夏尔丹夫人肖像》(夏尔丹所画);夏尔丹的《静物画》(详情未知);米莱的《春天》(奥塞博物馆);马奈的《奥林匹亚》(奥塞博物馆);雷诺阿的一幅作品或德拉克罗瓦的《但丁之小舟》,或者柯罗的《沙特尔大教堂》;华托的《淡漠者》或《登船》。

如今卢浮宫的专题论坛设立在大画廊的中心位置,全部是关于拉斐尔的。

参见词条:夏尔丹、普鲁斯特、拉斐尔、华托

杜伊勒里宫 | Tuileries(les)

卢浮宫一词的出处不甚明确。然杜伊勒里以前是一个制造瓦片的地方。1564 年,建造杜伊勒里宫殿事宜落在了菲利贝尔·德·洛梅和让·比朗①的肩上,后来到 17 世纪,路易·勒沃接手该工程。

宫殿的中心是一个穹形建筑,两座翼楼环绕其边。由于 1871

---

① Jean Bullant(1515—1578),法国文艺复兴时期建筑师和雕塑家。——译注

年倒霉的火灾和 1882 年杜伊勒里宫的损毁，残留的花神馆和百里叶馆最终划入卢浮宫。

1659 年，维卡哈尼①为杜伊勒里宫设计了一个剧院，叫马西内剧院。

除一些三角楣残片外，卢浮宫保存并在近年来购买了数幅来自杜伊勒里宫的装饰画。如今在杜伊勒里花园、美术学院还可看到其余画作，在投卡德候的乔治·凯恩广场，佩耶那路 9 号，拉斯巴大道 254 到 266 号以及圣父路 28 号也都可以看到。这些巍然壮观的遗迹使得波拿巴家族的劲敌科西嘉的波佐·迪·博尔戈得以在阿雅克修建立旁达城堡②。

是否应该重新修建杜伊勒里宫呢？持续已久的争论仍将继续。支持者和反对者针锋相对。如果说杜伊勒里宫的毁坏令人痛心（这是第三共和国为使人们忘记第二帝国和君主专制所做的政治行为），那么宫殿的重建（被毁之后，我们就已谈及此事），在我看来，似乎并未得到优先考虑。法国的文化遗产（如古老的大教堂、老区）往往就在人们的冷漠当中销声匿迹。杜伊勒里宫也将落如此下场。这是一个老生常谈的话题。

我向各位重申国民教育部部长及美术学院院长儒勒·费里 1882 年 6 月 28 日在参议院的发言："各位先生，对于这件事情，政府认为促进重建，责无旁贷，真正的办法是向反对者说明重修的紧急和必要，是让杜伊勒里的废墟消失。因此，唯有这样，所有人才会认识到它需要被某些东西所替代。如若不向你们设想的那样安置完好，公众谩骂四起，政府将不复存在。因而，先生们，我再重复一遍，真正支持重建的人应该从投票支持清理废墟做起。这是最可靠、最迅捷的路径。这同样也是对重修刻不容缓这一事实最有力的宣示（非常好！非常好！左边传来呼声）"（《公报》，"议会论

----

① Carlo Vigarani(1637—1713)，法国皇家工程师。——译注

② Château de la Punta，旁达城堡系波佐·迪·博尔戈在科西嘉所建，他使用了 1871 年被拆毁的杜伊勒里宫石材。——译注

战",参议院,1882年6月28日)。

参见词条:卢浮宫卡鲁塞勒商廊、查理十世、"庭院一侧"、"花园一侧"、花神翼楼和花神馆、卢浮宫历史展厅、杜伊勒里花园、拿破仑一世、拿破仑三世、逃亡的君主

泰纳(约瑟夫·马洛德·威廉)/《风景》│Turner(Joseph Mallord William)/*Paysage*

(伦敦,1775——伦敦,1851)

布上油画;叙利馆七壁炉厅第74展厅

H:0.94;L:1.23;R. F. 1967 – 2

《风景》是卢浮宫收藏的泰纳唯一的一幅画作。作品题名为《风景和远处的河流港湾》,创作于画家艺术生涯的最后几年。该画于1967年从卡米耶·格鲁特(Camille Groult,1837—1908)那里购得,卡米耶在1900年前后,收集了一系列重要的英国画作(他还喜欢收藏华托的绘画,是华托作品的主要收藏家之一)。

"我在格鲁特收藏的画作前度过了一下午,在那些画中,有一幅是泰纳的:天蓝色的湖泊,无边无际,遥远的湖泊,映着明亮的天空,延伸到大地的尽头。它简直会使你忘记莫奈画作的明亮多彩以及其他同类作品"(爱德蒙·德·龚古尔,《公报》,1890年1月18日)。

参见词条:贝里奥(皮埃尔和露易丝)、格鲁特(卡米耶)、七壁炉厅、华托:《六个女子和两个男孩的头像素描》

乌切洛/《圣罗马诺之战》 | Uccello/*La bataille de San Romano*

(佛罗伦萨,1397——佛伦伦萨,1475)

木板胶画;德农馆二楼方形沙龙第 3 展厅

H:1.82;L:3.71;M. I. 469

圣罗马诺位于佛罗伦萨和比萨之间。1432 年 6 月 1 日的周日,两位统帅尼科洛和米凯莱托带领佛罗伦萨军队,打败了聚集在米兰和锡耶纳的军队,赢得了圣罗马诺之战的胜利。如今的 3 幅巨作就因该战役的胜利而诞生,并分别收藏在伦敦国家美术馆、乌菲奇美术馆和卢浮宫(卢浮宫的那一幅在坎帕纳长廊)。画上展现的是佛罗伦萨军队领头的尼科洛、落马的锡耶纳军队队长贝尔纳奇诺·巴蒂利以及米凯莱托的反击。与之前人们所认为的恰恰相反,前不久我们得知,这些画是应雷奥那多·巴托利尼·萨兰佩尼(Lionardo Bartolini Salimbeni,1404—1479)而作,直到 1484 年人们才从雷奥那多的儿子达米阿托和安德里亚·巴托利尼·萨兰佩尼兄弟在圣玛利亚坎托①的乡间别墅发现这些画。那天,洛朗·勒·马尼菲科全力抢回该画,并途经拉戈②将它们转移到佛罗伦萨梅迪奇宫。

每幅画作的日期和作画遵循的顺序都有待查定(专家就 1438 年的日期尚未达成一致,卢浮宫的那一幅显然是 3 幅画中的最后一幅,但争议依旧不断)。

卢浮宫的《圣罗马诺之战》在 1484 年和其他两幅(指收藏于佛罗伦萨和伦敦的两幅作品)画作在尺寸上都做了重大调整。那么您是否更喜欢卢浮宫的《圣罗马诺之战》呢？如若试图将这 3 幅画展出并加以比较,那只能是徒劳,哪怕只是临时参展,因为它们极

---

① Santa Maria a Qinto,巴西地名。——译注

② Larga,美国佛罗里达州地名。——译注

易损坏。这是一场没有主角的战役。作品构图严格,用色格调诱人,突出长矛和无名战士,以及抽象的空间分解,形式上的立体风格(这正是此作能在 20 世纪先锋画作中取得成功的原因所在)和复杂的透视效果。

我个人最喜欢构图的中心位置——战争中,英雄深邃的眼睛下英俊而又痛苦的脸庞。

P. S. 你们可曾对这位佛罗伦萨画家的名字乌切洛(意大利语 Uccello 是一种鸟)产生疑问吗?答案很简单:他喜欢鸟儿。

参见词条:坎帕纳长廊、伦敦国家美术馆

用益物权[①] | Usufruit(sous réserve d')

您可将鲁本斯的作品或您祖母的伊特鲁利亚花瓶捐赠给卢浮宫,也可把它们挂在墙上或放在壁炉柱顶上直到您去世(或您同伴去世,如果您已向对方表明您的意愿)。

参见词条:捐赠人

---

① 物权的一种。指非物品所有者对物品的所有权和使用权。——译注

瓦伦西内（皮埃尔-亨利·德） | Valenciennes（Pierre-Henri de）

（图卢兹,1750——巴黎,1819）

·卢浮宫收藏了大约 150 幅瓦伦西内的风景写实油画,大部分都作于罗马附近。1930 年,路易·德·克华公主将这些画赠给卢浮宫。它们均是对大自然的描写。画家敏锐的视觉和大胆的构图堪称绝佳。

诚然,风景写实系列作品,长久以来不为人知,它们虽让我们这一辈为之着迷,但相比之下,瓦伦西内的理论著作对 20 世纪的风景画家产生了决定性的影响（《艺术家透视实践原理,后附对一位学生关于绘画尤其是风景类型的建议,巴黎,共和国历 8 年①）。没有瓦伦西内,就没有柯罗,就没有巴比松派……

参见词条:巴比松派、柯罗、品位、霍格斯特拉坦（萨穆尔·范）

瓦伦汀（德·布伦）/《"音乐会"浮雕》 | Valentin（de Boulogne）/*Le concert au bas-relief*

（库洛米耶,1591——罗马,1632）

布上油画;黎塞留馆三楼第 11 展厅

H:1.73;L:2.41;INV.8253

艺术家会伤心吗? 卡拉瓦乔派画家实则如乐天派一般快活。该画派诞生于罗马,他们来自弗兰德、荷兰、法国、德国、整个意大利,为了研习卡拉瓦乔的杰作,并从中寻找灵感,这些敢于冒险、胸怀大志的画家描述游戏、红酒、佳肴、战士的休憩、爱情、解雇、士兵、弄虚作假的人、算命者。

---

① 1792—1806 年,法国使用大革命期间创立的共和国历,该历 8 年为 1792 年 9 月 23 日—1806 年 9 月 22 日。——译注

瓦伦汀的这幅画上,有3位音乐家、琴师、吉他手、小提琴手,他们演奏着各自的乐器,戴着羽毛帽子的人翻着乐谱,一位军人在斟酒,另外一位拿着大肚瓶在喝酒,一个愚笨的小孩在倾听……这是一个沉闷的世界,没有欢乐,音乐师心不在焉,每个人都为自己而奏乐,气氛十分沉重……

乐谱、圆面包、刀放在刻有浮雕的古旧祭坛上,以讥讽的方式刻画了佩雷和蒂提的婚礼。

薇兰(罗斯)｜Valland(Rose)

参见词条:疏散、国家影像美术馆、被占领时期的浮宫、国家博物馆与作品收回

瓦莱尔-科斯特(安妮)/《斑彩石、石生植物、贝壳》｜ Vallayer-Coster(Anne)/*Panaches de mer*，*lithophytes et coquilles*

(巴黎,1744——巴黎1818)

布上油画;叙利馆三楼第52展厅

H:1.30;L:0.97;S.D.b.d.:par Melle. Vallayer,/en 1769;R.F.1992—410

她是一位女画家……1770年进入皇家绘画与雕塑学院,比伊丽莎白·维热·勒布伦稍早一些。瓦莱尔并非是第一个进入该学院的女画家,在她之前还有两位画家,即维恩和罗斯林的妻子。1782年,瓦莱尔结婚,改姓科斯特。

《斑彩石,石生植物,贝壳》是她的杰作之一。石桌上,各种各样的贝壳摆放讲究,其中一个大江珧是这些赭色物品中最美的一个。

当然,我们对这位年轻画家精湛完美的画技和敏锐的洞察力赞不绝口,画作生动逼真值得赞赏,但作品的科学价值也不容忽

视。贝类学当时风靡一时。它旨在激发艺术家的好奇，对画家而言也同样是一个天然的历史陈列室。绘画为科学服务并促使其向前发展。

参见词条：皇家绘画与雕塑学院、卢浮宫杂志

凡·戴克（安东尼）/《查理一世狩猎图》 | Van Dyck (Antoon) / *Charles Ier à la chasse*

（奥维尔，1599——伦敦附近的布莱克弗瑞，1641）

布上油画；黎塞留馆三楼第 24 展厅

H：2.6；6L：2.07；S. b. d.：A. VAN DIICK. F.；INV. 1236

英国艺术史学家弗朗西斯·哈斯科尔说过，应英国国王查理一世（1600—1649）要求所作的《查理一世狩猎图》"给我们一种诗意的、美妙的想象"。起初它被认定为韦努亚公爵夫人（comtesse de Verrue，1670—1736）所有。我不禁想在此引用她的墓志铭：

> 这位博爱的夫人
> 长眠于和平当中
> 人间的天堂当中
> 拥抱更大的幸福

后来，《查理一世狩猎图》又归在了杜·巴利公爵夫人（la comtesse du Barry，1743—1794）名下。她声名显赫，但并不受人欢迎。是什么原因促使她购买该画呢？与蓬帕杜尔侯爵夫人不同，她的喜好多变。为了她的卢韦谢纳宫，她还不是拒绝了弗拉戈纳尔的系列画作——《爱的进步》？该画如今收藏在纽约弗利克博物馆。关于《查理一世肖像》，她只不过保存了一小段时间，1775年便将它卖给了路易十六。此前，乔治三世（1738—1820）借口自己已经收藏了足够多的"查理一世肖像"，拒绝购买该画。杜·巴利公爵夫人当初之所以购买此画，似乎是因为画上国王的马本会

被叫作 Du Barry（和公爵夫人同名）或 Barrymore（有人这样说，至少特奥菲尔·戈蒂埃和亚历山大·仲马曾说过）！

国王穿着优雅，正在"狩猎"，居高临下地看着我们，然则无蔑视之感。在传统皇家画像（提香、鲁本斯、委拉斯凯兹、里戈……）中，凡·戴克的作品享有重要地位：他懂得将简约、自如、权威、高贵、自然和高雅融合一体。回想起"凡·戴克所画的这些帝王人物"，马塞尔·普鲁斯特在写给他朋友维利·赫尔斯的信中说道："事实上，他们的高雅更多地存在于他们的身体里面而非衣着上面，而身体本身似乎已经接收并继续不断地从灵魂中接收这种高雅：这是一种精神层面的高雅。"

关于此画，特奥菲尔·戈蒂埃曾这样评价道："他的花边大翻领遮挡了红润的脸部。这似乎暗含他命中注定要断送于断头台。"路易十六从杜·巴利那里购得此画，并将它展出在凡尔赛宫王后的寝宫中。查理一世和所有的君王可能都会经历如此悲哀的命运。

参见词条：戈蒂埃、路易十六

梵高和卢浮宫 ｜ Van Gogh et le Louvre

（荷兰的赫仑桑得，1853——瓦兹河畔的奥维尔，1890）

亲爱的提奥，我突然来此，不要怨我。思考了很多，觉得还是这样的方式可以节约时间。中午过后，我会在卢浮宫，如果你愿意，我可以更早些去。请回复我你何时可到方形小中庭。我想说，费用不是问题。剩下的钱，花任何一分之前，我都会告知你。放心吧，一切都会好的。所以，尽早来吧。祝好。

樊尚致提奥

这张用铅笔写的便条是 1886 年 3 月 1 日梵高写给弟弟提奥的，提奥当时在巴黎工作。梵高恰巧来到了奥维尔。他一生渴望巴黎，追求绘画。他的绘画生涯经历了闪电般的转折，也将影响整个绘画历史。

我们知道,梵高非常欣赏让-弗朗索瓦·米莱的作品,因此,他时常去卢浮宫欣赏其画作。

参见词条:米莱、方形沙龙

凡·卢(路易-米歇尔)/《马里尼侯爵与夫人肖像》|
Van Loo(Louis-Michel)/Portrait du marquis de Marigny et de sa femme

(土伦,1707——巴黎,1771)

布上油画;叙利馆三楼第 46 展厅

H:1. 296;L:0. 975;S. D. b. d. : L. M. Van Loo 1769;R. F. 1994‐17

幸得卢浮宫之友协会相助,1994 年卢浮宫在英国购得《马里尼侯爵(1727—1781)与夫人(原名为玛丽·弗朗索瓦·科唐斯·朱莉·菲耶尔,1751—1822)肖像》。它的作者路易-米歇尔·凡·卢更多地因《丹尼斯·狄德罗》而出名,人们常把该画和弗拉戈纳尔的那幅(藏于叙利馆三楼 47 和 48 展厅)作比较。

马里尼是蓬帕杜尔的哥哥。在 20 多年间(1751—1773),他担任王宫建筑总监。那个时期,庞培的发掘激发着欧洲文人的热情。而马里尼的意大利之旅(1749—1751),为其获得建筑总监一职起到了至关重要的作用。路易十四统治后期,他在组织艺术生活方面扮演了不容忽视的角色。他支持格勒兹、于贝尔·罗贝尔、凡尔纳、维恩(作品有《法国的港口》),也精心收集艺术品(如华托的《菲内塔》和《淡漠者》)。

国王曾封他为旺蒂埃尔侯爵,被戏称为"昨夜侯爵"。1754 年起,他成为马里尼侯爵。在路易-米歇尔·凡·卢这幅画上,他佩戴着新近所获的勋章和蓝色饰带。我们又讥讽他是"一条小鱼",因为他叫阿贝勒·弗朗索瓦·普瓦松①。

---

① 法语词 poisson(普瓦松)意即"鱼"。——译注

画中这对夫妇看起来并不高兴。马里尼侯爵夫人比他小 24 岁。两人于 1777 年曾因侯爵夫人和红衣主教罗昂的丑闻而离婚。该画作于 1769 年，那时他们已结婚两年。那么，画中的"不高兴"是作者所为还是他们自身关系不和而引起的呢？根据当时最新的说法，在该画中，我们似乎可看到从别人那里"拿来"的东西。

参见词条:卢浮宫之友协会、狄德罗、拉图尔(莫里斯·康坦·德)《蓬帕杜尔夫人》、路易十五、华托《淡漠者》和《菲乃特》、凡尔纳《那不勒斯海湾风景》，《那不勒斯的风景和维苏威火山》

瓦萨里(乔治) ｜ Vasari(Giorgio)

(阿雷佐,1511——佛罗伦萨,1574)

如果说乔治·瓦萨里是画家、建筑师、漫画家，那么他同时也是艺术史学家，甚至可称之为"艺术史学科之父"。他的《快》(1550 年出版,1568 年再版)或说，他的《著名建筑师、画家和雕塑家的生活》一书，即意大利主要艺术家的传记，给我们提供了大量信息：从契马布埃直到天才米开朗琪罗。该书介绍了很多作品，其中几件现藏于卢浮宫：布龙齐诺的《不要触摸我》、洛伦佐·迪·克雷迪的《神圣对话》、鲁斯蒂奇的《战骑俑》、契马布埃的《天使围绕着的圣母与圣子》和弗拉·安吉利科的《圣母的皇冠》以及《蒙娜丽莎》。

1563 年，卡西摩·德·梅迪奇在佛罗伦萨创建了美术学院，瓦萨里是该学院的奠基人之一。该学院此后成为其他学院的典范。此外，他还是素描画的收藏爱好者。他把这些画用画框展出，画框都是用他自己的方式描绘的，并且不断修饰润色。现今，瓦萨里的作品约有 526 幅，卢浮宫收藏了其中的 161 幅。

作为建筑师，他曾给连接佛罗伦萨乌菲奇美术馆和皮蒂宫的长廊题名。而连接卢浮宫和杜伊勒里花园的大画廊，正借鉴于此。

参见词条:弗拉·安吉利科、书画刻印艺术部、契马布埃、大画廊、雷奥纳多·达芬奇:《蒙娜丽莎》

《带凹槽的椭圆形花瓶》│ *Vase ovale cannelé*

工艺品部;意大利;约 16 世纪后半叶

鸡血石,金釉托座;德农馆二楼阿波罗长廊 66 号展厅

H:0.124;L:0.92;Pr.0.06;M. R. 177

我曾对一个鸡血石所制带凹槽的椭圆形花瓶"一见钟情"。它的托座是金釉的,产自意大利,其历史可追溯到 16 世纪后半期。我喜欢它的简约、外形的纯净、浅绿色和金色精致的搭配。在此,我请您到阿波罗长廊细细地欣赏它。

路易十四收藏了一系列石质(包括玛瑙、玉石、青金石)和水晶花瓶,它是其中之一。1723 年,这些藏品(共计 417 件石头制品和 532 件石英制品)"历经磨难"。某些石制品被摔坏、损毁和偷窃(1792 年 9 月及 1830 年革命期间),甚至被出售(1752 年和 1796 年),其托座也经多次修补……这些藏品先后展出于凡尔赛宫和皇家宝藏库(即现位于协和广场的海事部),直到 1796 年才进入卢浮宫,1861 年被置于阿波罗长廊。近来,我们刚对这些藏品进行了一次全面的重修。

参见词条:阿波罗长廊、路易十四

内部专用通道 │ V. D. I.

内部专用通道是指一种高宽均四米的环形通道,它在地下绕博物馆一圈。借助一种叫作"云雀"的电瓶车,该通道可连通整个博物馆。自从有了这个通道,消防员可直接进入各个展厅。在通道周围,安置有不用的人员(大理石工、细木工、画家),并存储用于修葺展厅各种性质的材料,如展览所需材料。同时,该通道供应各种服务的日常所需,有书店、各式餐馆等。

参见词条:卢浮宫技术服务室、临时展览、书店、消防员、艺术品修复

出售? | Vendre?

博物馆可以出售其作品吗?

参见词条:国有财产不可转让规定

《阿尔勒的维纳斯》| *Vénus D'Arles*

希腊、伊特鲁里亚及罗马文物部;约公元 1 世纪晚期(据普拉克西特列斯于公元前 370 年所作真品推断)

希梅特大理石(希梅特山位于雅典地区);我写作该书时此作品尚未陈列

H:2.08(含底座);1.94(不含底座);M. R. 365,Ma. 439

1651 年在阿尔勒古剧院遗址的 3 块残片中发现该雕塑,30 年后阿尔勒市将它献给了路易十四,用于装饰凡尔赛宫镜廊。弗朗索瓦·吉拉尔东(François Girardon,1628—1715)对《阿尔勒的维纳斯》进行了修复,这位大雕塑家给其添加了缺失的胳膊,并在爱神右手上放置了一个苹果,左手上有一个镜柄。

该雕塑是否于公元前 1 世纪末所作? 它根据阿尔勒雕塑家普拉克西特列斯在公元前约 370 年的作品复制而来,其作者又系何人? 这些都是争论的焦点。而且,我们无从得知女神原本的姿势是什么:她是否戴有头饰? 她曾被塑造成战士的形象吗?

相反,如今我们一致认为吉拉尔登的后期介入并不像我们以前所想的那样不受欢迎。维纳斯迷人的裸胸呈现于世人面前,她性感的背部、坚挺的胸部、搭在胯部的衣褶垂在腹部下方,这些正是该作品深受欢迎的原因所在:外表纯洁,实则性感。

参见词条:《克尼德的阿弗洛狄忒》、卢浮宫里的"爱"、路易十四、《米罗的维纳斯》、凡尔赛宫

《米罗的维纳斯》| *Vénus de Milo*

希腊、伊特鲁里亚及罗马文物部;叙利馆底层第 7 展厅(帕特农厅)

约公元前 130—前 100 年;派洛斯大理石

H:2.02(不含底座),2.11(含底座);L:0.44;Ma.399

1820 年,人们于米罗岛发现《米罗的维纳斯》。米罗岛即希腊基克拉迪群岛弗里乌岛西南部的一个岛屿(当时隶属于土耳其)。这一发现所引发的故事有多个版本,但都大同小异,其中主要的 3 个人物是:海军部的奥利维埃·沃蒂埃(他和拜伦是朋友)、马塞勒斯公爵(其名字是夏多布里昂一个亲戚的名字)和迪蒙·迪维尔,即后来奥克兰群岛的探险者。每一个版本都给予探险者一个极好的角色。

从希腊贫民欧格斯用铁铲撞击到一堆古文物,到布雷斯特前领事馆长和德·里维埃侯爵(法国驻土耳其大使)购得该作品,并将它迅速装上"信使号"双舰船,再到 1821 年路易十八将其捐给卢浮宫,这一雕塑到巴黎的历程曲曲折折。将其安置于卢浮宫展厅的过程同样如此,正如封丹 1822 年 4 月 23 日在《公报》中叙述的那样:"应该给他起个名字。被咨询的古董家意见不一。报纸上关于该话题的激烈讨论也非常多。一些人认为残留的碎片是一组雕像群的一部分,其他人则认为这应是《胜利女神像》,最终行政部负责人将其定名为《米罗的维纳斯》。正因此名,人们得给它寻找一块和它的美丽相匹配的地方。起初它被放置在狄安娜厅中部的拱廊,但我们发现那里光照不足;又将其转移到新的阿波罗展厅二楼,但福宾馆长曾想将其放回底层尼罗河展厅中部。

令我们意外的是这一雕塑展出后即刻吸引众人慕名前往。事实上,卢浮宫不久前将《梅迪奇的维纳斯像》归还给了佛罗伦萨,某种程度上来说,《米罗的维纳斯》是用来平衡这一巨大损失的。随后这一作品持续不断地引起巨大反响。

该雕像胯部的两块大理石是派洛斯大理石。人们曾多次质疑其胳膊的姿势，对此争论不休，始终未达成一致。维纳斯靠在阿尔勒的肩膀上？她拿的是一个苹果（现场找到的碎片），一张弓（阿尔忒弥斯），三叉戟（安菲特里忒），双耳尖底瓮（达内德）还是一面镜子？正如我们如今所想的那样，我们面对的是爱与美的女神阿佛洛狄忒。

维纳斯匀称的上身、丰满的胸部、投入的目光使我们的这一假设显得可笑不堪。

然而，作品的日期（公元前 130—前 100 年）是否确定？作者又系何人（梅尼德斯的儿子亚历山德罗斯）？

即使这些杰作长期以来给予了艺术家（大英博物馆杜米埃的作品，达利的《带抽屉的维纳斯》）一些启发，但它们的秘密仍未完全为人所知。

作品近来的挪动多少令人感到不安。

参见词条：卢浮宫里的"爱"、《克尼德的阿弗洛狄忒》、《阿尔勒的维纳斯》

维米尔（约翰内斯）/《花边女工》｜ Vermeer（Johannes）/*La Dentellière*

（德尔夫特，1632——德尔夫特，1675）

油画裱贴于木板上；黎塞留馆三楼第 38 展厅

H：0.24；L：0.21；S. h. d. ：I Meer（I et M entrelacés）；M. I. 1448

在 18 和 19 世纪，维米尔的大部分画作被中转到法国。作为维米尔的"发现者"，文艺批评家蒂奥菲尔·杜尔（Théophile Thoré，1807—1869），在其中起到了重大作用。然而，维米尔约 35（这一数据并不确定）幅作品中仅有 2 幅保留在我们国家。罗斯柴尔德收藏的《天文学家》，还有著名的《花边女工》，于 1983 年抵债给卢浮宫。

这幅画可以说是维米尔最小的一幅作品,高不到 24 厘米,宽仅有 20 多厘米。这位年轻的花边女工俯身投入她的工作中。她注意力全部集中在纺锤和大头针上,全神贯注于自己的针线活儿。从右面射入的一丝光线,照亮她的手和额头。该画构图十分严谨,红色和白色的丝线及左边蓝色的坐垫映衬浅灰色背景。得益于彩色小点这一画技的运用,该画作色彩搭配极具美感。

维米尔曾遭非议。然而他却对此毫不在乎。他是一位沉静从容的画家。他注重细节,模特英式的头饰以及袖珍书(《圣经》?),丝毫不会遮掩人们的视线,相反却使我们凝神沉思。

参见词条:肖沙尔、以画抵债、普鲁斯特

凡尔纳(亨利) | Verne(Henri)

(戛纳,1880——?,1949)

亨利·凡尔纳于 1925—1939 年任国家博物馆馆长,是现今"大卢浮宫规划"的真正先驱(1926 年提出"凡尔纳计划")。他重新组织规划了绘画部和一些古代展馆,实现了博物馆电气化,并将亚洲系列藏品组织转移到吉美博物馆,也曾计划把印象派画作转移到国家影像美术馆。

另外,亨利·凡尔纳曾建议打通财政部和现今的黎塞留馆,并将法国绘画作品转移放置于方形中庭的三楼。

参见词条:方形中庭、电气化、吉美博物馆、国家影像美术馆、黎塞留馆

凡尔内(约瑟夫)/《那不勒斯海湾风景》/《那不勒斯的风景和维苏威火山》 | Vernet(Joseph)/*Vue du golfe de Naples*/*Vue de Naples avec le Vésuve*

(亚维农,1714——巴黎,1789)

布上油画;叙利馆三楼第 46 展厅

H：1.00；L：1.98；S. D. b. d. : Joseph Vernet f. / Romae 1748（指《那不勒斯海湾风景》）

H：0.99；L：1.97；R. F. 1949－8 & R. F. 1976－21

《那不勒斯的风景和维苏威火山》是一幅摄影复制品。1976年，在滨海博利厄市的一次公开拍卖中，它吸引了我的注意。画作展现的是那不勒斯的风景和维苏威火山。当时特别吸引我的是画布右下角的 209 这个号码。那年之前，我在《卢浮宫杂志》上发表了一篇关于佩雷捐赠会（1949 年）的文章。这次捐赠中有一幅是《那不勒斯海湾风景》，是约瑟夫·凡尔内在 1742 年应修道院长卡尼拉克的要求所作。我记得，佩雷捐赠会的那幅画作和拍卖会上的尺寸完全一样，且左下角的编号 210 字体也是一样的，它是 19 世纪俄国式的编号。自此，收藏这两幅画对我而言刻不容缓。

完美的光线将作品永恒的美展现得淋漓尽致。这也正是约瑟夫·凡尔内天才的写照。

3 年后，约瑟夫·凡尔内画了一幅小型的《圣天使城堡和桥》和《罗马的断桥》。这两幅画均藏于卢浮宫，是描绘"永恒之城"的作品中最深刻、最吸引人的作品之一。

遗憾的是，卢浮宫只保存了《法国港口》系列中的两幅作品（《马赛港入口》和《土伦城和其停泊场》），这是约瑟夫·凡尔内（和马里尼）作品的一个重要主题。其他 13 幅作品已被卢浮宫放置于海军博物馆。否则，其所有作品需占用卢浮宫的一整个展厅。

参见词条：海军博物馆、《卢浮宫杂志》

委罗内塞/《迦南的婚礼》｜ Véronèse/Les Noces de Cana

（维罗纳，1528——威尼斯，1588）

油画；德农馆二楼拉若孔德厅

H：6.66；L：9.90；INV. 142

哪一位去过威尼斯的法国人不会因拿破仑盗走《迦南的婚礼》而受指责？事实上，事情并不像我们想让大家相信的那样明了。

此画在 1562—1563 年为威尼斯圣·乔治马吉奥雷岛修道院（帕拉第奥设计规划）而作，（据说）巨大的画布上展示了 132 个形象。其中，我们可以看到提香（拿着一把低音提琴）、丁托莱托（拿着小提琴）、巴桑（在吹笛子）和委罗内塞本人（带着面纱）。

该画于 1797 年被法国委员会选入卢浮宫，并在 1801 年的美术展上展出。1815 年，维也纳美术馆馆长罗莎（威尼斯 1797 年已归属于奥地利）要求收回该画。由此产生了一笔交易：德农、拉沃耶、博物馆秘书长、维斯康提、皇家博物馆馆长称这一巨作转移起来，即便谈不上不可操作，但也太过困难，奥地利国王准许罗莎留下该画，但需以另外一幅名画作为交换，即勒布伦的《在法利赛人家的马德莱娜》。该画现存于威尼斯学院。

在 1989—1992 年修复画作期间，一方面，曾发生过一次意外：脚手架倒塌，差点造成"灾难性"的后果；另一方面，关于（左边第一个构图中）管家大衣的主要颜色，争论重重：正如我们那时看到的，似乎是红色，但起初似乎又是绿色。

在最多彩、最惊人、最漂亮的威尼斯绘画中，该画是最受赞赏的作品之一，其多重角度的演绎使得该画达到完美统一且寓意深刻。

这一巨幅画作作为卢浮宫的特色之一，吸引了众多 19 世纪的色彩画家。

布罗斯总统在 1739 年 8 月末写给德·康坦的信中，用了整整一页谈论该画："总之，在圣乔治餐厅后面，委罗内塞的《迦南的婚礼》不仅是上等佳作，也是这一系列画中最好的作品之一。无论从作品的尺寸，还是从数不清的画中形象，亦是其展现出的气势来讲，此画都可与《反对暴君马克桑斯的孔斯唐坦战役》（该画是拉斐尔和儒勒·罗曼在梵蒂冈所作）相媲美。当然，在后一幅画中，蔓延的战火、丰富的构图、多样的技巧以及服饰的搭配更贴合孔斯唐坦战役；然而，《迦南的婚礼》又是那么的丰富！色彩多么的协调！服饰多么的逼真！多么地整齐有序！整幅构图的布景是多么的惊人！二者当中，一幅是真实的生活场景，而另一幅就是一个盛会。"

P. S. 该画复制品已于 2007 年 9 月 11 日重新放回威尼斯圣·乔治马吉奥雷岛修道院。

参见词条：德农、艺术品修复

委罗内塞/《耶稣受难像》 | Veronèse/*La Crucifixion*

布上油画；德农馆二楼拉若孔德厅

H：1.02；L：1.02；INV. 145

首先吸引我们目光的是该画中心偏移的特点。巴尔奈特·纽曼（Barnett Newman，1905—1970）曾这样写道："该画的中心偏移，似乎就像是某位画家的所作的'快镜照片'——比如德加"（施耐德引自 1991 年的《卢浮宫对话》）。

路易十四于 1662 年从雅各那里购得该画，其日期尚不确定（专家称，应在 1568 年到委罗内塞画家生涯的最后几年之间）。

委罗内塞以斜向方式重新组织了画中左部的人物。画家打破平衡的大胆想法和恰到好处的拿捏，意在突出强烈的悲剧感。广阔的天空，阴云密布，毫无遮拦的空旷景象，加上远景中的耶路撒冷，显得和谐统一。但委罗内塞的一个主要创造是构图中心裹着面纱的圣女，身着黄色衣服，痛哭流涕，难以自拔。

参见词条：雅巴赫、路易十四、委罗内塞：《迦南的婚礼》

《门闩》 | *Verrou*（*Le*），见弗拉戈纳尔（让-奥诺雷）

凡尔赛宫 | Versailles

卢浮宫和凡尔赛宫之间的竞争由来已久。两大机构之间的嫉妒无法消除。

1797年,内务部部长贝内兹想将凡尔赛宫变成一个"法国专属博物馆"(拥有352幅作品)。该博物馆在帝国之后没能继续存在。博物馆的拯救者路易·菲利普1833年起决定,本着公平的原则,将其"献给法国历代名人"。如今,凡尔赛宫不只有艺术作品,更多的是历史作品和肖像作品:相比作者(如里戈、大卫),作品模特(如路易十四、拿破仑)更引人注目。对于凡尔赛宫和卢浮宫的这种互补,我们只能表以称赞。

凡尔赛宫致力于修复工程,尤其是对展厅和藏品装饰的重修:其展品琳琅满目,带给人们连连惊喜(即使有太多的作品不对外开放:17和18世纪的作品对外开放,而帝国时期的却不开放,希望日后会开放)。

凡尔赛宫的很多画作在卢浮宫作品清单中均可找到。反之,卢浮宫很多布画,尤其是路易十四时期的,都曾展出于凡尔赛宫中。我们是否该将它们系统地归置原位呢?

曾在凡尔赛宫展出(此时或彼时)的室内用具,一定要一一找回吗?优先权又该归于哪个?通常,遇到交易、修复、购买或归还事宜,争论便再度四起,更不必说遇上这样那样的欺诈和恶意。

我倾向于卢浮宫,还需要解释吗?人们完全不记得,卢浮宫和凡尔赛宫一样,是法国以前的国王宫殿。贝尔尼尼的路易十四雕像,以前曾被搁置在瑞士湖后边(现归属于橘园美术馆),现位于金字塔入口的右边,迎接卢浮宫的参观者。

人们常谈及这件趣事。有一次,国家博物馆主要的研究员被召集到卢浮宫,参加古典作品的拍卖会。当时的凡尔赛宫主管人和卢浮宫工艺品部研究员讨论异常热烈。方方面面截然对立:他们不仅脾气秉性相去甚远,在凡尔赛宫重修问题上更是想法各异。要知道,凡尔赛宫的室内装潢随着人们喜好的改变,经历了一代又一代的巨大变化。简单来讲,对凡尔赛宫主管人来说,重要的是用凡尔赛宫的室内用具来装修宫殿,无论是什么风格的,哪个时代的……相反,工艺品部研究员希望新的装潢可以和谐统一,不再仿制某一系列装饰用具(譬如英国皇家系列），而且希望日后这一风格的用具也不会再有机会重回凡尔赛宫。

二人声调渐扬。突然，卢浮宫的人跳上桌子，理直气壮地一步步穿过去，停留在他们的对手——凡尔赛宫主管人面前，正对着他大叫："我受够你了。"

P. S. 凡尔赛宫还有很多需要完善……那里会是总统的下一个大工地吗？

参见词条：贝尔尼尼；《路易十四像》、路易十四、路易-菲利普、作品归还

《萨莫色雷斯的胜利女神》 | *Victoire de Samothrace*

希腊、伊特鲁里亚及罗马文物部；约公元前190年

（雕像是）派洛斯大理石，（基座是）拉托斯灰色大理石；德农馆二楼达鲁楼梯尽头

H：5.57，雕塑净高：2.70；Ma. 2369

法国驻（土耳其）埃迪尔内领事查理·善佛瓦索于1863年在萨莫色雷斯岛（位于爱琴海东北部）发现《萨莫色雷斯的胜利女神》，20年后该雕像被置于达鲁楼梯尽头处。

事实上，经历了数次发掘（但仍未找到胳膊和头部）之后，找回的那些碎块（雕像的底座是舰首形状）才得以重新组成这尊雕像。

在萨莫色雷斯岛，胜利女神雕像矗立在加彼勒斯神庙位置。正如它的基座舰首所示，它寓意一次海战的胜利（具体哪次并无定论）。

通常人们认为该雕塑创作于公元前190年左右。尽管一些保守的纯粹主义者一直认为它过于修饰，大众对它的爱慕却从未减退，慕名而来的参观者络绎不绝。迎着海风，被风吹拂的衣裙贴着身体，展翅欲飞，豪迈壮丽，迎接轻轻跨过达鲁楼梯59级台阶而来的游客。

P. S. 1. **尼 凯**

我心神不宁,梦中听到

在闪现之城,我的狂喜中

人群中充斥着嘈杂的声音

似黑夜中远处海上的巨浪

突然,我看到你激情迸发

啊,胜利女神你的血在流淌

瞬间托起基座展翅翱翔

如同宇宙中的天体轨道

在城市上空,你的羽翼留下的踪迹中

随着你,尼凯,萨莫色雷斯岛的光线

我高傲的梦燃起、幻灭

灵魂在歌唱欧里庇德斯

庄严的圣诗:

令人敬仰的尼凯,伴着我的生命

疾驰前行! 勿再犹豫,给他加冕!

加布里埃尔·邓南遮①

《内阿尔卑斯的十四行诗》,1896 年 12 月

2.“我们宣称世界的光彩通过一种新的美得以丰富;速度之美。一辆赛车的外壳上装饰着粗壮的管子,像恶狠狠地张嘴哈气的蛇……一辆汽车吼叫着,就像踏在机关枪上奔跑,它比“萨莫色雷斯的胜利女神”更美”(菲利普·马里内蒂②——《未来主义宣言》,发表于 1909 年 2 月 20 日的《费加罗报》)。

---

① Gabriele d'Annunzio (1863—1938),意大利著名作家、诗人、剧作家。——译注

② Filippo Marinetti (1876—1944),意大利法西斯主义诗人、作家,主张未来主义文学艺术。——译注

3. 在 1962 年欧文·潘诺夫斯基①("劳斯莱斯散热器以前的图像",摘自"关于风格的三篇随笔",《散步者》,1996 年)的一次著名演说之后,我们常常将《萨莫色雷斯胜利女神》和劳斯莱斯散热器上的图像作比较。

圣礼拜堂的《圣母圣子图》│ *Vierge à L'Enfant de la Sainte-Chapelle*

工艺品部;黎塞留馆二楼第 3 展厅

象牙制品,彩色装饰;巴黎,约 1250—1260 年

H:0.41;L:0.124;O. A. 57

《圣母圣子图》的历史可上溯到 1250—1260 年间。巴黎当时是象牙制品生产地,象牙均来自非洲。圣母的形象被塑造得生动而逼真。她身着长裙,递给圣子耶稣一个苹果。虽说该作品原始的彩色装饰存留的不多,但它可以称得上是 13 世纪下半叶体现巴黎艺术"温暖"主题最生动、最完美的作品之一。

该作品曾用于装饰巴黎圣礼拜堂。我们可从作品以前的照片上看到一个皇冠(是 1850 年前后添加的),只是几年前被去掉了。

维热-勒布伦(伊丽莎白-露易丝)/《于贝尔·罗贝尔肖像》│ *Vigée-Lebrun (Elisabeth-Louise)/Portrait d'Hubert Robert*

(巴黎,1755—巴黎,1842)

木板油画;叙利馆三楼第 48 展厅

H:1. 05;L:0. 84;INV. 3055

S. h. d. ：Louise Vigée Le Brun I. (incisé dans la peinture)

---

① Erwin Panofsky (1892—1968),美国德裔犹太学者、艺术史家,在图像学领域颇有研究。——译注

　　维热·勒布伦和于贝尔·罗贝尔两位大艺术家都因大革命而受到影响:前者于 1789 年 10 月 5 日流亡,据 1835 年出版的《回忆录》所记,那天正是路易十六和玛丽·安托瓦内特"从凡尔赛宫被带到巴黎,走上断头台"之日。友好的罗贝尔一直陪伴维热·勒布伦直到御座广场(即今天的民族广场)。她旅行途中受到欧洲主要国家(意大利、维也纳、圣彼得堡)的盛情款待。1802 年,她又回到法国,但并未结束旅行(英国、瑞士……)。她是路易十六时期最有名的女画家。

　　于贝尔·罗贝尔(1733—1808)比维热·勒布伦大 20 岁。除了在罗马那次幸福的长时旅居(1754—1765)之外,他极少旅行。罗马之旅旨在绘制四幅杰作《郎格多克的古物》(叙利馆三楼第 48 展厅)。尽管他支持大革命,但仍于 1793 年到 1794 年被捕入帕拉奇狱,后转到圣拉扎尔监狱,但他并未停止绘画。

　　两人均是多产画家:维热·勒布伦作有很多画像,最好的木版画如《于贝尔·罗贝尔画像》,而于贝尔则描绘各种形式的损毁,或是假想的,或是关于罗马和巴黎的古迹,其作品瑕瑜互见:有的让人生厌,因为只有重复,却无灵感;然有的作品则无人能比,极具创意。于贝尔·罗贝尔时常幽默风趣,当然,他的个性本就奔放开朗,据维热·勒布伦所言,他是"所有乐趣的爱好者"(无论何时,他都不是在工作,而是在取乐)。

　　《于贝尔·罗贝尔画像》是维热·勒布伦于 1788 年绘制的,并在 1789 年的沙龙展上展出(可参看卢浮宫中,帕茹所作的《于贝尔·罗贝尔半身像》,它和维热·勒布伦的画作在同一展厅中),并将其卖给拉伯德侯爵,但后者未能全价支付。拉伯德公爵丧命于断头台之后,该画归还他的妻子,但后又回到维热·勒布伦手中。

　　维热·勒布伦有意在那里完成其杰作,是为了在她死后,该作品能够进入卢浮宫。为博流芳千古,她别无二选。

　　于贝尔·罗贝尔转向右边。他胳膊支在扶手上,身着平常的套装——白色的大领带、黄色的衬衣、淡紫色的大衣、红色翻领,手里拿着调色盘和画笔。我们可以感觉到两位艺术家的亲近之情，以及维热·勒布伦对这位长者的敬佩。

参见词条：卢浮宫博物馆历任馆长、大画廊、于贝尔·罗贝尔大画廊、方形沙龙

维尼翁（克洛德）/《年轻歌手》│ Vignon Claude/Jeune chanteur

（土伦，1593——巴黎 1670）

布上油画；黎塞留馆三楼第 11 展厅

H：0.95；L：0.90；R. F. 1966 - 6

一位少年手里拿着乐谱。他身着华贵的西装、白色绉领和宽大的黄色衣袖。他奇特的羽毛帽子颇引人注目。年轻人脸色沉重，嘴巴略张，看着我们，似乎迟疑不定。

这是一位年轻歌手的肖像还是画家创造出的人物？受卡拉瓦乔影响，很多艺术家、意大利人或外国人，在塑造模棱两可的形象方面很在行。

画风自由，笔触粗犷刚劲，明了清晰，这解释了发现维尼翁之前，人们误认此画出自弗拉戈纳尔之手的原因。

该画由卢浮宫之友协会于 1996 年赠予卢浮宫。

参见词条：卢浮宫之友协会、《死于浴盆的西奈克》，现名《老渔夫》

梅迪奇别墅 │ Villa Médicis

参见词条：罗马法兰西艺术学院

官方访问 │ Visites officielles

官方访问多被安排在周二，值得庆幸的是，如今访问没有以前

那么频繁；有些人认为应加强安全防卫，可以说，官方访问因此而被禁止。

对卢浮宫的官方访问不胜枚举：法拉笛芭（在她嫁给伊朗沙赫①之前）、马尔罗尼②和阿登纳③（当时我是他们的翻译，真是件苦差事！）、日本天皇（吸着烟，一个周日的早晨，在开门之前，根据外交礼节，我走在日本天皇前面）、普京和他的夫人、意大利国家元首（非常高兴地说，管理员用地道的意大利语给他们讲解藏品）、英国女王（则给人感觉她对你所讲的比她见到的任何东西都感兴趣……但我们的民族主义情结不能过重……）等。

克林顿和希拉里来访……那是 1994 年 6 月 8 日的午夜。爱丽舍宫国宴之后，他们要参观卢浮宫。根据外交礼节，密特朗总统应该接待他们，而这两人想利用自由时间随意地逛逛巴黎，故晚些时候才到。密特朗总统有些焦急。然而，他们却丝毫没有困意。两人手挽手，如同埃及的《一对夫妇》，只不过丈夫身边的人是希拉里。任何一个细节都已考虑到，美国的安全服务是最难应付的……。突然，克林顿有了一个想法（不在计划之内），他想看《汉谟拉比法典》（他没学过法律？）。由此，安全服务陷入慌乱中，我们试图打消他的这个念头，但一切都无用。《汉谟拉比法典》在一片黑暗中，电源开关找不到。密特朗总统花费了很长时间，一切才步入正轨……。

参见词条：《汉谟拉比法典》、《一对夫妇》、星期二

参观者 ┃ Visiteurs

据每年数据显示："卢浮宫参观人数不断增加"。2006 年参观人数已达 830 万。参观者中，有的认真严肃，有的赞口不绝，但也

---

① 伊朗国王称号。——译注
② Marlaux，1984—1993 年任加拿大总理。——译注
③ Konrard Adenauer，二战后，联邦德国总理。——译注

有的令人生厌……

　　为了"告状",参观者们经常写信,他们这样做是有其道理的。回复他们的信是卢浮宫的职责所在,因为他们指出了一些拼写错误及挂钟框(太小,且上面只有法语)上的差错;他们对不加通知就闭馆的行为表示抗议……

　　如何能使得卢浮宫更受欢迎,更具吸引力?如何满足不同年龄段、文化层次及地区的公众需求?为吸引新的访客参观卢浮宫,临时展览又该扮演什么样的角色?如何吸引年轻人持续参观卢浮宫?问题颇多。不过,首要的问题是谁会关心卢浮宫未来的工作。

　　参见词条:卢浮宫未来的工作、高中艺术史课程、临时展览、卢浮宫的常客、免费开放、卢浮宫工作人员、文化处(也称教育处)

玻璃展柜 | Vitres

　　卢浮宫一些作品密封在玻璃中,其中有些因反光而看不到。为此,有一天,"精益求精"(当时的一家报社)办公室的一位男生(他宽大的外套下面遮盖着一张折叠桌)随我一起去卢浮宫。我披上外衣,在伦勃朗画像前面,开始静静地刮胡子:展柜变成了一面深暗的镜子。很快,看热闹的人簇拥而来,尤其是那些英国老头,目瞪口呆,随后保安过来了,大发雷霆。

　　"请安静,朋友们",我回答道,"美术馆管理方之所以放置这些玻璃,显然是为了大家能够充分利用它。因此,我决定每天早上都来这里刮胡子……"

　　"看着吧!都看我!"

　　"看好了!剪了!"我即刻拿起剃须刀。

　　此时,一位摄影师开始拍照,人们隐约明白了到底怎么回事。

　　"请停下,先生,"他以更礼貌的口吻说,"大家都在看你!"

　　"这正是我希望的!"

　　此刻,已有50个人拥堵在长廊那里,保安快速赶来。这时,我已用肥皂清洗干净,在深暗的玻璃下面,我似乎看到伦勃朗在微笑。

"请站到我这个位置来，"我说到，"在我家洗手间，我什么也看不到，总是会弄伤自己，而在这儿更好……"

保安不知所措，只好让我停下，随后把我一直带到出口，而我对此却毫无顾虑。第二天，我发表的文章很受欢迎，只是某些管理人员认为这样做很无趣。不过，如今让我欣慰的是，我再次来到卢浮宫时，年老的伦勃朗已经不在玻璃"棺材"中。也许是我的笑话解救了他……（罗朗·多热莱斯（Roland Dorgelès），1886—1973，《波西米亚的树丛》，巴黎，1974 年版）。

那些玻璃旨在阻止破坏艺术的人和那些禁不住想要触摸作品的游客。然而，自那以后，伦勃朗的《自画像》（指《有画架的自画像》）不再被封在玻璃内。

不少博物馆试图去掉作品的外封玻璃，但真正实施的却少之又少。尽管安全系统越来越尖端，监控越来越精准，但鉴于参观人数持续增长，将画作封在玻璃内显得刻不容缓。这如何是好呢？

参见词条：小雕像事件、语录、多热莱斯（罗朗·勒卡弗雷）、伦勃朗：《有画架的自画像》

失窃 ｜ Vols

幸运的是，近年来作品失窃案少有发生，而新闻媒体对这类事件总是乐此不疲。

参见词条：小雕像事件、雷奥纳多·达芬奇：《拉若孔德》、卢浮宫工作人员、佩鲁贾、安全保障、不愉快的记忆、华托：《淡漠者》失窃

华托（让-安东尼）/《两个表姐妹》| Watteau（Jean-Antoine）/*Les deux cousines*

（瓦朗谢讷，1684——马恩河畔诺让，1721）

布上油画；叙利馆三楼第37展厅

H.：0.305；L.：0.360；R.F.1990-8

《两个表姐妹》：这幅画的名字是谁取的呢？是华托还是画作已知的首个主人贝尔纳男爵（1729—1731年间，他还亲手雕刻了这幅画的铜版画复制品）？这个问题的答案并不重要。但从18世纪开始，我们就一直存有疑问：华托的画有主题吗？如果没有的话，那这些画是否只是他心血来潮时的"创造"呢？我个人认为，现代人总是在过度诠释，华托之所以呈现这样的模棱两可，是为了增加我们想象的空间。

老实讲，对这幅《两个表姐妹》主题的理解公众并无很大争议：一位头发蓬乱的年轻人正将一束玫瑰献给年轻的女子，其中一支正好滑落到女子的胸口。在18世纪对花语的解读中，赠予和接收玫瑰代表了相恋。另一位年轻女子——被"忽略"的表妹——正背对着这对情侣，望着远处的池塘沉思。池塘边有雕塑环绕，而这对情人正在悠闲地聊天。

专家们普遍认为这幅画的创作时间是1716年，当时的华托加入皇家绘画与雕塑学院已经一年了，最难能可贵的是，此画依然保存良好。卢浮宫收藏的大部分华托的作品都是来自于拉·卡泽的捐赠（1869），而这幅《两个表姐妹》占据了较为重要的地位。作为20世纪贝阿格伯爵夫人（1870—1939）最有名的收藏品之一，该画作由格朗岱-普莱塞特尔于1990年遗赠给卢浮宫。我记得，卢浮宫收藏的18世纪法国大师作品的数量在世界上排行第2或第3，仅次于柏林的夏洛特堡和伦敦的华莱士收藏馆。

从画作中不难看出，作者善用光线，尤其是冷色调的灰色光线；整幅画精致细腻，笔法精良；特别是大胆的构图，更是让人赞不绝口。若是垂直将此画一分为二来看的话,画面右部是3位主角,而左边则是景色。画中的情侣和谐融洽,旁边却突兀地出现了一个落寞的女子。女子身着淡灰而宽大的衣裙,配以红色蝴蝶结和白羽毛装饰,修长的脖子、精致的发型、苗条的身材无一不散发着高傲的气息,却始终无法掩饰内心的苦闷。她,或许被抛弃了,因而成了孤独的象征。

　　然而,华托不仅让我们陷入了对于情侣及表妹内心不同感受的揣测,更开画家之先河,将哀伤和忧郁的情愫、被接受和被拒绝的鲜明情感对比植入画作。这并不是意味着华托以前的画家无法表现忧郁,只不过他们选用传统的形象和符号来诠释,而华托则选用了日常生活场景(他甚至让我们忘记了主角的服装)。华托以局外人的视野,创造出这样一个没有任何动作、表情和活动的世界,这是一个梦幻的世界,却触动了我们心中最脆弱的地方。

　　毫无疑问,"表妹"拥有绘画史上最美丽的脖颈。

　　参见词条:皇家绘画与雕塑学院、贝阿格伯爵夫人、格朗岱-普莱塞特尔(索朗日)、拉·卡泽、肚脐、华托:《六个女子和两个男孩的素描头像》、《淡漠者》、《菲乃特》、《舟发西苔岛》

华托/《六个女子和两个男孩的素描头像》│ Watteau/Etudes de six têtes de femmes et deux d'un jeune garçon

　　使用不同色调的三色笔,微量红色水彩,白色水粉颜料和擦笔;画纸为浅黄色

　　H.:0.225;L.:0.348;R.F.51760

　　1894年,拍卖家欧仁·费哈勒(Eugène Féral)这样写道:"应该没有比这幅画更美的素描了。"该画作原本为贝阿格伯爵夫人收藏,1997年,卢浮宫友人协会从其继承人那里买到了这幅画。

　　这幅素描大约绘于1717年(与《舟发西苔岛》同年),作者在同一张纸上描绘了六个女子和两个男孩的头像。华托习惯于使用不

同色调的三色笔:黑色铅笔,白色水粉颜料,红色水彩和擦笔,这幅画也不例外。顾名思义,所谓的"三色笔"技术就是使用三种颜色的画法。华托依据模特原型,大胆描绘了他们的发式、耳轮和绑在脖子上的饰带。画面上每个人都低垂着眼睛,似乎正沉浸在自己的幻想中(但我们永远都不知道他们在想什么)……

华托和修拉,谁才是法国最伟大的素描画家? 您觉得呢?

参见词条:卢浮宫之友协会、贝阿格伯爵夫人、华托:《两个表姐妹》《淡漠者》《菲乃特》《舟发西苕岛》

华托/《淡漠者》/《菲乃特》│ Watteau/L'Indifférent/ La Finette

橡木油画;M. I. 1122,1123;叙利馆三楼第 37 展室

《淡漠者》:H:0.25;L:0.187(上方增 8 毫米,左右各增 11、13 毫米)

《菲乃特》:H:0.325;L:0.189(上下各增 8 毫米,左右各增 8、20 毫米)

《淡漠者》和《菲乃特》是华托最著名的作品:这是理所应当的。不过,它们也给我们出了一些难题。

我们很清楚这两幅小木版画自何而来。1729 年它们被创作之后,便归画家让-巴蒂斯特·马塞所有。1767 年该画家去世后,这两幅画先后被蓬帕杜尔夫人的兄弟马里尼侯爵和海军财政大臣、夏尔丹名画《小孩和陀螺》(叙利馆三楼第 39 展室)的模特奥古斯特-加布里埃尔·戈德弗鲁瓦收藏。最终,它们被维热夫人的丈夫、商人兼艺术评论家勒布伦先生获得。

马里尼拍卖会(1782)举办之际,有人提及将这两幅画卖给国王一事:夏尔-尼古拉·科升(1715—1790)把提议为王室购买两幅画作的报告递交给了建筑总监马里尼的继任者昂吉维莱尔:画"很小,每幅只刻画了一个人物,应该不会太贵,那位被称赞的大师是一位色彩画家,他的作品如今难得一见;同时,我们也可期待从它

们之中领悟到更重要的东西。"国王的首席画师皮埃尔（Pierre，1714—1789）为该报告作了评注：这两幅画"被擦光粉擦得过亮，贴近看便有些不清楚，很遗憾。"路易十六并未购买这两件作品。直到1869年，拉·卡泽才将它们遗赠给卢浮宫。

这两幅画的名字有何意义（不知道谁取的）？法语finette（菲乃特）一词是fin的指小词①，意即顽皮、诡计、机灵、灵活……。该画的主人公头戴帽子。连衣裙的袖子格外宽大，裙摆温柔地搭在腿上。《淡漠者》则表明了主人公对生命和尘世利益的漠然，我有必要讲一下，1738年，法兰西喜剧院的萨莱小姐创建了一个怪诞的社团，名叫"淡漠者协会"。协会成员有男有女，他们发誓要抵制爱情、摆脱爱情对人的控制。协会标志是一个水晶制的冷若冰霜之人。

给两幅画取这样的名字是为了激起人们的好奇心，但也不能排除另一种可能：《菲乃特》（可能）和《淡漠者》（一定）带有性涵义，后者还有男同性恋或手淫的涵义。

人们曾探讨菲乃特斜拷在肩上的是什么乐器：马里埃特曾认为是一把"吉他"，后又在1782和1785年的拍卖会上分别说它是"mandeline②"和曼陀林。勒布伦（1806）和特奥菲尔·戈蒂埃（1867）又回到了原点，认为那是把吉他，而路易·吉莱（1929）则想到了诗琴。密西蒙德最终证实它是意大利式短双颈鲁特琴。

如今，人们一致认为从《菲乃特》中能听到音乐，从《淡漠者》中可看到舞蹈（是那幅没有响板，没有细绳，也没有空竹的画）。《淡漠者》的主人公被刻画得非常细致，他单足着地，保持着身体的平衡，准备开始舞蹈。他的脚明显呈"第四式③"，手臂呈"第二式"，看上去他就要起舞了。

---

①　指小词也有叫做缩小词的，是一种词缀，作用类似于汉语的"小"和"点"，缩小或者减轻词根所表达的意义，常常起到缓和语气，表达亲切感和好感的作用。——译注

②　作者引用的原话如此，仍指"曼陀林"（mandoline）。——译注

③　舞蹈体位。——译注

化妆舞会上常常会有人模仿"淡漠者",这幅画给戏剧界、画家（如庚斯博罗，勒努瓦，马奈……）和作家都带来了灵感。普鲁斯特认为，这幅作品应成为卢浮宫专题论坛的法国入选作品。正是这个"迷人的舞者"（萨默赛特·毛姆，《作家笔记》，1949 年版，第 85 页）使保尔·克洛岱尔 1939 年 12 月 18 日写下了这段经典的文字：

"不，不，这位身穿珍珠色①服装的舞者、这位曙光女神遣来的先行使者并非无动于衷，不如说他是在翩翩飞舞和步行之间犹豫不定，他还没有开始跳舞，一只手臂伸向前方，另一只则优雅地伸向侧面，保持着平衡，身体仿佛没有了重量。他在倾听、在等待起舞的刹那，画面很好地展现了其等待的情态。因为手臂伸得很长，他的指尖微微颤抖，仿佛在用手指计算时间。另一只搭着宽大披肩的手臂正要去扶膝盖，看上去就像鸟的翅膀。他的身体一侧像小鹿，一侧像鸟，既能看出他在感知，也能看出他在叙述，既能感受到静态，又能感受到轻盈曼妙！他像精灵、像魔术师、像准备恣意书写的轻盈的羽毛笔！琴弓已拉响了长音，画中人物理性地克制着冲动，让它不得泛滥。这位舞者像诗人吟诗一样犹豫不决，在他抬起脚、在他打开翅膀时，我们无法看出他究竟是想向水、火、气、土这宇宙四行的哪一行飞行或走去！"（《以目代耳》，巴黎，1946）。

华托/《淡漠者》失窃 │ Watteau/Le vol de L'Indifférent

1939 年 6 月 11 日，周日，约 15 时 15 分，卢浮宫的发言人科莱特·蒂西埃小姐证实这幅曾展于花神馆（当时以一位捐赠者的名字命名，为施利希廷馆）的画不见了。她通知保管员夏尔·切萨里立刻向上级报告。这桩失窃案经曝光后引起了轩然大波。8 月 14 日，一个随母亲来法的 24 岁俄裔素描画家、皮埃尔·普杰的曾孙

---

① 最初为浅蓝色，后经涂改、损坏变为珍珠色。——译注

塞尔日·克洛德·博古斯拉夫斯基把这幅画还给了司法机关。他烧毁了画框并声称自己清洗过了这件作品，"他抹掉了画上的空竹，还断言华托根本没画它。"8月15日的《巴黎快讯》刊登了照片，事情发生在圣奥诺雷203号7楼的房间里，四个律师围着偷窃者，该报纸还复印了博古斯拉夫斯基的手稿，他写道："以前华托被侮辱了，我只是还原他的真实面目。"随后他又表明(《时报》，1939年8月16日)："我认为……卢浮宫博物馆各部门总是对绘画作品做手脚，从而使作品偏离了艺术家的原意。我确定《淡漠者》已经被卢浮宫无耻地修改过了……因此决定把《淡漠者》占为己有并还原它的原始面貌。"事件在广告和商业效应下迅速传开了，在一个阴谋的推动下复杂化。博古斯拉夫斯基的妻子德尼兹·努西亚是演员理查德·德普雷的情妇，后者希望通过出售偷窃者的"回忆录"来赚取利益。此外，博古斯拉夫斯基还表明自己已"用以陈白兰地为原料的清漆处理过了这幅画……"卢浮宫修缮室的负责人J.-G.古利纳声称："这幅名画已经被车用清漆严重地损坏了。"事实上，这件作品几乎未被"修复"，与一直珍藏在卢浮宫的《菲乃特》对比一下就可确定。

1939年10月10日，即二战打响几周以后，博古斯拉夫斯基被判处有期徒刑两年，罚款300法郎，5年内不可在法国逗留。

《淡漠者》失窃后，博物馆国际事务办公室发了一个公告，还配发了该画的画面、边框(至少是《菲乃特》的画框)和背面的照片，很像今天国际刑警组织的做法。后来，科莱特在《不定期报》中提到了这次失窃(《在知名的国度》，1795年版，第184—188页)："画中人物着蓝色和玫瑰色衣袜，肩上搭着薄披肩，个子不高，纤细的脚尖转向外侧。偷窃者……钟情于他。"

盖尔芒特(Guermantes，1888—1967)[1]也为该画的失窃写过文章，登在《费加罗报》上："画中人物迷人、冷静、淡漠的态度让人有些恼火，我年轻时之所以被他吸引，并不因他的蓝色上衣和玫瑰

---

①　法国评论作家、批评家。——译注

色长袜，而是因为他对什么都无所谓的态度。我觉得他在另一个世界行进着，那里没有痛苦，人们听不到自己的心跳声；没人有梦想，也没什么事能让人沉沦。在我眼中，他是幸福的召唤、是对一切事物的忽略、是毫无内疚的不忠、是不带伤感的离开。是的，我羡慕他优雅的步态，仿佛在无情的风景中起舞。他的冷漠并非源自内心的自私，而是源于他对优雅和天性的无动于衷、对温情和责备的藐视。

从他优雅的姿态中我们能看到些微犬儒主义。我们不喜欢他，也知道他不可能喜欢我们，但我们希望知道这个不知疲倦的舞者一直在那，且始终像画家最初所画的那样，画家在'他纤细的指尖'上倾注了感情。

"他不在了。被带走了。谁带走了他？想在房间深处独自向他学习淡漠姿态的爱慕者？疯子？以盗窃为乐的小偷？爱他的女子？无论是谁，他不在了。也许应该看到某种象征意义。这是否意味着淡漠已不能拥有一席之地了？在人们创造的这个世界里，这个面无表情的年轻人对我们来说已毫无益处了？"

参见词条：小雕像事件、昂吉维莱尔伯爵、审计法院、安格尔：《土耳其浴室》、拉·卡泽、拉图尔（莫里斯·康坦·德）：《蓬帕杜尔夫人》、佩鲁贾、卢浮宫专题论坛、维热-勒布伦、失窃、华托：《六个女子和两个男孩的素描头像》、《两个表姐妹》、《舟发西苔岛》、眼睛

华托/《舟发西苔岛》| Watteau/*Le Pèlerinage à l'île de Cythère*

布上油画；叙利馆三楼第26展厅

H.：1.29；L.：1.94；INV.8325

《舟发西苔岛》这幅画的由来很简单：1712年7月30日，皇家绘画与雕塑学院同意接收华托为成员，但按学院的规定，他必须提交一幅入院作品。比较特别的是，华托可以"自由选择"这幅画的主题，但他并未在规定的截止日期内提交作品，学院催促了数次

（1714 年 1 月 5 日，1715 年 1 月 5 日，1716 年 1 月 25 日）也没有下文。最终，1717 年 1 月 9 日，"对于各位预备成员迟交作品的事情，学院向他们发出了最后通牒，华托先生还有 6 个月时间。"1717年 8 月 28 日星期六，学院开会正式接收华托。根据美术学院的手稿，这幅《舟发西苔岛》的名称被划掉并替换为《上流欢宴》。

1717 年起，这幅画开始在皇家绘画与雕塑学院（其实就是卢浮宫）的会议厅展览；1775 年，夏尔丹清点藏品时将其命名为《发舟西苔岛》；1795 年，它正式被纳入卢浮宫馆藏。

这幅画一直以来都很有名气，只在大革命时期没落过一阵。关于它的小故事也有不少。1848 年，皮埃尔-诺拉斯科·贝尔热雷[1]这样写道："大约三四十年以前，华托的画曾经大幅贬值，因为大革命时期弘扬的是古希腊和古罗马的艺术。我记得现存卢浮宫的《舟发西苔岛》以前曾被放在皇家绘画与雕塑学院的画室，但一些素描画家和雕塑家们经常把这幅画当靶子扔橡皮擦和粘土，这使得学院的画作保管员菲利博先生十分生气，他总是大声说道：'先生们，这样太过分了，我非常荣幸认识华托先生，他人很好，而且，如果他把处境跟你们对调一下的话，他是绝对不会往你们的画上扔这些东西的。'"贝尔热雷还这样写道："一个原始画派的学生十分厌恶华托的画，有一天，为了让这幅画永远消失，这个学生狠狠地朝它挥了一拳，这使得菲利博先生不得不把这幅画拿走放在阁楼里了。"不过，这幅《舟发西苔岛》很快就成了卢浮宫收藏的唯一一幅华托的画作，直到 1869 年，拉·卡泽的捐赠才为卢浮宫带来了更多华托的作品。

从 19 世纪开始，对于所有评论家而言，这幅画的名称就是《发舟西苔岛》。1961 年以前，也从未有人质疑或是想过质疑这幅画的标题和主题。

1961 年，伦敦国家美术馆前任馆长迈克尔·利维的一篇文章曾引起了强烈的反响。他在该文中提到，画中的朝圣者们并不是

---

[1]　Pierre-Nolasque Bergeret（1782—1863），法国画家、石印工人。——译注

前往西苔岛，而是准备坐船离开；也就是说这个出发不是"去往"（潜台词是"愉快"）西苔岛，而是"离开"（潜台词是"忧郁"），应该从右向左来解读这幅画。利维的论证简单明了，引起了巨大的轰动，因此，专家们不得不开始重新研究华托最初想表达的意思。

通过总结有关文章的观点，概括地讲，我们可以说西苔岛是一个象征，它象征的与其说是爱情，倒不如说是爱情诗的伟大力量。某位作者指出这幅入院作品题目的法语表达(à l'ile de Cythère)有两种理解方式，可以是我们"正要去往西苔岛"，也可以是"正要离开西苔岛"。还有一位专家着重强调了华托在绘画时采取的方法，画家并未先画出整体的轮廓，而是分成各个部分先后绘制的。他还指出这幅画被皇家绘画与雕塑学院接收时的最终名称是《上流欢宴》，这个名字恰恰反映出了院士们的举棋不定，然而却贴切地表达了画作的内容。

于我而言，"出发"既可以是去往，也可以是离开；而西苔岛既是圣地，也是象征。它既是静止的，也是运动的，可以是一瞬间的事情，也可以是超越时间的永恒。

我想，这正是华托想要表达的东西。虽然他只用了短短八个月就完成了，但却是酝酿已久的结果。正是此画的模糊性才能让后人得出不同的理解，这两种诠释看似矛盾，实则互补。同样地，这幅画对其他画家（透纳、莫奈）、诗人（魏尔伦）、音乐家（德彪西）、作家（普鲁斯特），甚至是普通民众的巨大影响力就更显而易见了。

这幅画比较像是画在扇子上。大树将远处蓝色的山和背景中的小丘连在一起，断臂维纳斯的雕塑下，3对朝圣的男女正准备登上小舟。画中的每个人都有自己的故事和回忆，时间和动作既对立又统一。皇家绘画与雕塑学院在路易十四去世两年后大胆地吸纳华托为成员，并接收了他的这幅作品，这是不是因为学院也明白这正是华托以自己独特的方式在描绘"神话历史"故事呢？

这也是时任拿破仑博物馆馆长的德农的看法，他当时的藏品中还包括华托的《皮埃罗》（叙利馆三楼第36展厅）。德农曾在一篇文章中指出："开往西苔岛的小舟就要出发了，那里是爱情的国度，每个人都有权享受爱情；那里没有虚伪卖弄的女人，每个女人都独具风情；就连空气中也弥漫着爱情的味道，这些空气扬起小舟的帆，引领情人们来到这个美好的国度。优美的风景加上令人愉悦的大自然，这幅画的主题似乎只有恩泽和轻快，但无限的想象空间才真正造就了这幅画的深度和哲学，这与普桑笔下的构图很相似。"

　　华托曾经依据以此画另绘了一幅复制品，现在收藏于柏林的夏洛特堡。比起复制品，我更喜欢最初的《舟发西苔岛》。

　　参见词条：皇家绘画与雕塑学院、德农、拉·卡泽、华托：《两个表姐妹》《六个女子和两个男孩的素描头像》《淡漠者》《菲乃特》

洗手间 │ W. C.

　　一直以来，这都是卢浮宫的耻辱（对此，我不想再提及什么细节了）。不过，现在的洗手间条件已经大为改观了。

　　参见词条：环境维护

魏登（罗希尔·范德）/《布拉克家族的三折画》│ Weyden(Rogier van der)/ *Triptyque de la famille Braque*

（图尔奈，1399/1400——布鲁塞尔，1464）

木板油画；黎塞留馆三楼第 4 展厅；R. F. 2063

中间部分：圣母、福音传教者圣让与中间的救世主耶稣；H. : 0. 41；L. :0. 68

　　左部分：圣约翰；背面：布拉克的头骨和纹章

　　右部分：圣玛德莲娜；背面：布拉克-布拉班特的十字架和纹章

　　（每个部分）H. :0. 41；L. :0. 34

　　这幅三折画是以其出资人让·布拉克和他妻子卡特琳娜·德·布拉班特的姓氏命名的。他们夫妇一起住在图尔奈，那里是罗希尔·范德·魏登（他的名字也被翻译成罗杰·德拉·巴斯图尔）的故乡（这里说法语，而凡·埃克居住的布鲁日说荷兰语）。

此画大约创作于这对夫妻的结婚纪念日之际,此前,让·布拉克于1452年去世。左右两部分折画背后的句子可以证明这一点:"纪念你的去世。"布拉克的妻子一直将这幅画保存到1497年,两年以后,她也去世了。卢浮宫最终于1913年以800000法郎的价格竞得此画。

我们认为这幅三折画的中间部分最具虔诚的意味。神圣的救世主耶稣头顶彩虹光环,一手拿着拯救世人的圆球,另一只手作赐福祈祷状。圣让和圣母围绕在他周围,他们身后则是一片开阔的景色。背景一直延伸到折画的左右两部分,这两部分分别绘有玛德莲娜和圣让-巴普蒂斯特,他们的神情专注而威严。

这幅三折画保存状况良好,随着时间的推移而愈发珍贵,当属卢浮宫保存的众多弗拉芒画派作品中的上乘之作。

参见词条:埃克(扬·凡)

德比的怀特(约瑟夫)｜Wright of Derby(Joseph)

(德比,1734——德比,1797)

近年来(1970和1985年),卢浮宫很幸运地收藏到了这位画家的两幅作品,一幅是描绘罗马周边景色的《夕阳下的内米湖》(叙利馆二楼七壁炉厅第74展室),另一幅是《男人肖像》(他或许是约翰·米尔尼斯)。

1990年,大皇宫举办了一场盛大的怀特作品回顾展,但遭到了媒体的尖刻批评。然而,法国人也因此错失了了解这位英国画家的良机。怀特画风雅致,勇于创新,也善用日光,他是英国首批描绘工业领域和各类科技的画家之一。

维特维尔(若阿香)/《朱庇特和达娜尔》｜Wtewael (Joachim)/*Jupiter et Danaé*

(乌得勒支,1556——乌得勒支,1638)

铜版油画;黎塞留馆三楼第 14 展厅

H. :0.205;L. :0.155;R. F. 1979 - 23

维特维尔/《柏修斯拯救安德罗梅达》 | Wtewael/ *Persée secourant Andromède*

布上油画;黎塞留馆三楼第 13 展厅

H. :1.80;L. :1.50;R. F. 1982 - 51

S. D. g. （在一块岩石中央）:Joachim Wte/wael fecit/ Anno 1611

　　1979 和 1982 年,卢浮宫非常幸运地得到了这两幅北欧风格主义派的杰作,其作者是乌得勒支画派（与其相较的是哈勒姆派）最负盛名的画家维特维尔（与他齐名的是亚伯拉罕·布隆梅特）。哈勒姆是荷兰的第二大艺术城市,其最著名的人物莫过于科利内斯·凡·哈勒姆（Cornelis van Haarlem,1562—1638）了。1983 年,卢浮宫又收到了一份捐赠——哈勒姆《耶稣的洗礼》的两个版本。

　　在法国这样"古典"的国度,北欧风格主义派对第二代枫丹白露画派产生了深远的影响。

　　这幅《朱庇特和达娜尔》曾是奥尔良公爵的收藏品（其藏品是继国王藏品外最重要的收藏）,于 1793 年在伦敦丢失。这幅画绘于 1595—1600 年间,其讲述的故事影响了包括提香在内的众多画家:美丽的达娜尔被父亲阿尔戈斯国王关在一座青铜塔内,因为国王听信先知的话,说有一天会被自己的外孙杀死。朱庇特幻化成金雨与达娜尔私会,因而生下了柏修斯。后来,柏修斯无意中杀死了自己的外祖父。

　　第二幅画的主角也是柏修斯。此画绘于 1611 年,展现了柏修斯拯救安德罗梅达的场景,是作者大篇幅的画作之一。据说,安德罗梅达曾经妄议海中仙女的美貌,为了报复,后者将安德罗梅达锁在岩礁上,并要求海神波塞冬把安德罗梅达献给一只海怪,波塞冬还毁坏了安德罗梅达的国家。后来,柏修斯骑着飞马将她解救出来,并与她结为夫妻。除了美丽的风景和安德罗梅达珍珠般的胴体(从她的脚到怪物吃剩的人头和枯骨)以外,画中各式各样的贝壳也非常引人注目。

返回意大利之前,年轻的维特维尔(仅 22 岁)曾在圣马洛住了四年。或许,在那个时期布列塔尼的某位画家身上也能找到他的影子吧……

参见词条:夏塞里奥、枫丹白露画派

本词典必须设这个"X",否则以 X 开头的词条就成了缺项。

那就让我们回顾一下《圣经》中的《以斯帖记》①。这本书是用希伯来语写的,成书于公元前 5 世纪。一般被认为,亚哈随鲁②与大流士③大帝的儿子薛西斯④一世是同一人(我们也持这个观点),他抛弃了自己的妻子,选择了姓波斯姓以斯帖的犹太孤女艾迪萨(myrthe⑤)为王后。国王薛西斯向宠臣阿曼下达了一条敕令:杀死所有犹太人。但当薛西斯得知以斯帖的叔父末底改曾救过他的命,他并不知情,也未曾奖赏过他时,他即命令阿曼将末底改高高举起欢呼着送到苏萨。阿曼感到自己蒙受了耻辱,伺机报复。就在这个时候,以斯帖冒着生命危险向薛西斯求情,叔父末底改和以斯帖的人民均得到拯救。

我们搞不清,较之拉辛⑥的悲剧,画家让-弗朗索瓦·德·特洛瓦(1679—1752)是否更在意《圣经》的故事(见其陈列在"七壁炉"厅的巨幅佳作《以斯帖昏厥》)。

参见词条: 罗马法兰西艺术学院、路易十五、七壁炉厅

卢浮宫示图(见扫描件)

---

① 一译《艾斯德尔传》,见《圣经·旧约》。——译注
② Assurérus,波斯王薛西斯一世在《圣经》中的名字,见《以斯帖记》。——译注
③ Darius,公元前 521—485 年波斯阿契美尼德帝国君主。一译"大利乌"。——译注
④ Xerxès,波斯帝国国王,公元前 485—前 465 年在位。又译泽克西斯一世或泽尔士一世。基督教会认为他可能是圣经中提到的波斯国王亚哈随鲁,但无以证实。——译注
⑤ 原文中该词即在括号中,但查无出处,或是 mythe(神话)的误写。——译注
⑥ Racine(1639—1699),法国古典主义悲剧家,著有悲剧《以斯帖》。——译注

眼睛 | Yeux

请不要将"眼睛"一词的复数和单数形式混淆[1]，表示"吸引人眼球"和"用眼睛参观卢浮宫"的意义时，应用单数形式。保尔·克洛岱尔说"眼睛会听"，它能听到什么？安德烈·马尔罗的回答是"沉寂之声"。

卢浮宫里的眼睛不计其数，有素描的眼睛、油画的眼睛、雕塑的眼睛……这些或者圆睁、或者半睁、或者紧闭的眼睛，表现着死亡、微笑或忧伤，有些眼睛就看不到，有些则格外锐利，还有一些透着色眯眯的贪婪，有些又颓丧无生气。有些眼睛一动不动地盯着你看，有些则在镜中满意地望着自己。这些眼睛五颜六色，甚至还有湖蓝色的。有女人的眼睛，有男人的眼睛；有诸神的眼睛，也有上帝及其圣徒的眼睛；还有狗、猫、马、老鼠等动物的眼睛。有盲人的眼睛（彼得·布鲁盖尔《盲人的预言》。这幅作品是画家照其父藏于那不勒斯卡波迪蒙特博物馆的一幅画创作的。黎塞留馆三楼第 11 展厅还有普桑的《杰里科城的盲人》中的眼睛（黎塞留馆三楼第 14 展厅）。有独眼者，如法国 16 世纪佚名画作《独眼吹笛者像》（黎塞留馆三楼第 17 展厅）。有神话中只在额头中间长有一只眼的独眼巨人，如弗朗索瓦·佩里埃的《妒忌恋人阿西斯和该拉忒亚的独眼巨人波吕斐摩斯》（叙利馆三楼第 25 展厅）、高乃依·樊·克莱弗的大理石雕塑《独眼巨人》。后者陈列在黎塞留馆一楼吉拉尔东地下厅第 20 展厅。再就是神话中的百眼巨人阿尔戈斯，被主神朱庇特变成小母牛的伊娥就是交给他监视的[2]。被墨丘利砍头之后，阿尔戈斯的眼睛被用于装饰朱诺的孔雀尾巴，因为孔雀

---

① 法语"眼睛"一词的单数形式为 oeil，复数形式为 yeux。——译注

② 原文所引用故事或有误。据《希腊罗马神话和〈圣经〉小词典》（梁德润，外语教学与研究出版社，北京，1982 年），宙斯（即朱庇特）爱上了天生丽质的伊娥，赫拉（即朱诺）出于嫉妒将她变成了小母牛，交给百眼巨人阿尔戈斯监视。宙斯又使她恢复人形。——译注

是朱诺的象征(参见扬·樊·诺尔特的画作《朱诺将伊娥交给阿尔戈斯》,黎塞留馆三楼第 32 展厅)。

当然还有《拉若孔德》的眼睛,无论你站在什么角度,她的目光都会追随着你。这一点每每引起观众的赞叹和惊奇。实际上,这一眼神特点许多作品都具备。

参观卢浮宫的眼睛所看到的是一部多么美丽的书籍!快去欣赏这部书的美丽插图吧!

参见词条:《盲人》、雷奥纳多·达芬奇:《拉若孔德》、手、马尔罗、肚脐、慧眼

泽里(费德里克) | Zeri (Federico)

(罗马,1921——蒙塔纳,1998)

　　如同对所有已经离世的 20 世纪伟大艺术史学家,诸如夏尔·斯德林、安德烈·沙泰尔、弗朗西斯·阿斯凯尔、理查德·克劳泰美尔一样,卢浮宫也为费德里克·泽里拍摄了一部题为《眼光》(意大利语为 L'Occhio)的电影。这部电影是在他位于蒙塔纳那座迷人房子里拍摄的,距他居住的罗马不远。费德里克·泽里是一位伟大的"确认作品归属权"专家。他面色红润,充满好奇心且富于冷幽默,具有尖锐的批评精神和彻底的独立精神,说话直言不讳(他甚至为此失去了洛杉矶 J. Paul 盖蒂中心博物馆顾问的位置)。

　　我经常与他交谈,目睹了他是如何投身于自己所喜爱的工作、如何借助黑白照片一眼便能识别出艺术品的作者是谁。他拥有自己的照片档案资料集,内容极其丰富(现藏博洛尼亚大学[①]并向公众展出)。费德里克·泽里的视觉记忆在当时可谓非凡惊人。他把目光集中在意大利绘画,尤其是文艺复兴前的绘画上,但这并不妨碍他将鲁本斯视为"整个历史上最伟大的画家"。

　　虽然费德里克·泽里没有太多谈到过卢浮宫,但他非常隐晦地暗示过《拉若孔德》。他写过一部书,名为《我承认出过差错》(巴黎,1995),该著用了他的一张肖像照片作封面。照片上的他坐在自己的工作台前。在封面四分之一的位置,是泽里的一只手按在工作台上,在他的手上,现出了一只女人的手,那是拉若孔德的手,只不过稍有改动而已。

　　作为巴黎美术学院的院士,费德里克·泽里给了法兰西学院一尊罗马胸像,这尊胸像原是马扎兰主教收藏的。我曾经常在巴

---

　　① Université de Bologne,西方最古老的大学,坐落于意大利艾米利亚-罗马涅区-罗马涅大区首府博洛尼亚。1088 年由依内里奥创办。——译注

黎或罗马见到泽里。他是令我想念的人。

参见词条:雷奥纳多·达芬奇:《拉若孔德》、马扎兰主教、慧眼、拉斐尔

苏巴朗(弗朗西斯科·德)/《圣阿波利娜》| Zurbaran (Fracisco de)/*Sainte Apolline*

(丰特德坎托斯,1598——马德里,1664)

紧缩布上油画;德农馆二楼第 26 展厅

H:1,34;L:0,67;M. I. 205

苏尔特元帅(1769—1851)洗劫了西班牙,他是在塞维利亚王宫的储藏室掠得了这幅精致而美妙的《圣阿波利娜》的? 这幅画原来在圣约瑟修道院教堂的主祭坛上。1852 年首次拍卖苏尔特元帅的收藏时,这件作品并未被卖出。15 年后,卢浮宫花了 6000 法郎才将其买进。

画上的圣阿波利娜右手执着一把钳子,她的牙齿正是被这把钳子拔掉的;左手则拿着一只殉教者的棕榈奖章。打着裥褶的蓬松长裙上的金黄色、玫瑰色和绿色十分协调,凸显了她掩于花冠下的鸭蛋形脸庞。

如果你喜欢苏巴朗的作品,如果你对法国外省收藏有兴趣,那你就到沙尔特①去。在 1852 年的苏尔特藏品拍卖会上,当时的馆长、大收藏家卡米耶·马尔西勒(1816—1875,主要收藏夏尔丹的作品,也有其他作品)买下了一对作品,其中一幅是《圣露西亚》,在这幅画上,圣露西亚手执着一个托盘,上面放着殉教者的眼睛。沙尔特博物馆是在 1876 年以 510 法郎买下这幅画作的。

参见词条:罗伯蒂(埃尔科勒·德)、眼睛

---

① Chartre,法国中部城市。——译注

左拉(爱弥尔) │ Zola(Emile)

(巴黎,1840——巴黎,1902)

"大家相互对望,想知道别人怎么想。的确,绮尔维丝没去过,福克尼太太、博歇还有其他人也都没参观过卢浮宫。古波隐约记得某个星期日好像去过一次,但也记不清了。正当大家拿不定主意的时候,罗利欧太太说话了,她赞成这个提议,说它贴切又适当。她这也许是出于对马迪尼耶先生身份的器重。既然大家豁出了一天时间,又穿戴整齐,何不看点儿什么长长见识呢? 于是,众人都同意前去。……

"走下'小农田十字'街,卢浮宫博物馆终于到了。

"马迪尼耶先生自愿为大家引路,态度很是礼貌。卢浮宫太大了,很可能迷路,而他知道哪里最值得一看,因为他常跟一位艺术家一起参观,那是一个聪慧的年轻人,有家纸箱店买了他的素描画贴在纸箱上招揽顾客。来到位于底层的亚述展馆,大伙儿不由得打了个寒战,哟! 这儿可一点也不暖和,跟地窖一样! 他们成双结对地向前移动着,时而仰起脑袋,不停眨动眼睛,审视着那些巨大的雕塑;一声不响的黑色大理石神像看上去庄严呆板;还有凶煞恶气的兽类呈半猫半人样,脸若死人一般,鼻子细长,嘴唇厚阔。他们觉得这太不好看了。现在的石工活儿可比这好多了。当看到一块刻有腓尼基文的石碑时,众人很是吃惊,他们从来没有见过这种艰涩的文字,真是难以想象。此时,马迪尼耶先生和罗利欧太太已经上到二楼平台。马迪尼耶在拱门下向众人喊道:

"'都上来吧。这算不了什么,这些石头人。……来二楼看看吧。'

"没有什么装饰的楼梯透着几分庄严,这令他们也不由地严肃了起来。一位长相标致的接待员身穿红色的背心,佩有金色的袖章,似乎正在楼台上等待他们的到来。这让众人感到兴奋。当他们走进法国厅时心中带上了几分崇敬,步子尽可能地缓慢下来。

"在这里让他们感到满目金辉,一间又一间小展厅里都是绘画展品,他们目不暇接地凝视着掠眼而过的作品。要想真正看个名堂,得在每幅画前琢磨一个小时!多么壮观的画呀!一眼望不到头!真是价值连城。到了展厅尽头,马迪尼耶先生突然叫众人止步,停在《梅杜萨之筏》前,他讲解了画的寓意主题。所有的人都被深深吸引,一动不动,沉默无语。当大家重新前行时,博歇说了一句:这画真是棒极了。

"阿波罗长廊镜面一样光洁的地板使众人赞叹不已,凳子脚都被反射得真真切切。洛蒙茹小姐竟闭上眼睛前行,因为她感到好似在水中漫游。大家朝戈德隆太太嚷着要她站稳脚,因为她有身孕。马迪尼耶先生指给众人看天花板上的绘画和描金花饰。可这些人仰酸了脖颈也看不出奥妙所在。进方厅之前,马迪尼耶先生指着一个窗子说:

"'这就是查理九世向人民开枪的那个阳台。'

"马迪尼耶走在参观队伍的最后,招呼着大家,他挥着手,引导大家来到方形沙龙的中央。他像在教堂里一样压低了声音说,这里的画作可都是传世佳作。大家绕着大厅逐一观看这里的作品。绮尔维丝问了《迦南的婚礼》的主题是什么。画作没有标题真是不应该。古波在《拉若孔德》前停下了脚步。他觉得画中的拉若孔德与她的一位姑母有些相像。博歇和"烤肉"盯着画中的那些裸体美人,相视而笑,尤其是打着瞌睡的安提俄珀的两条大腿,让他们看得心旌摇曳。走在最后的戈德隆夫妇被牟利罗的《圣母像》深深打动,他们定睛凝望着,一个嘴巴大张,一个则双手紧捧在胸前。

"看完这个展厅,马迪尼耶先生想让大家再看一遍,他认为值得这么做。他对罗利欧太太格外照应,也许是由于她穿一件丝裙的缘故。每当她提出问题,他都非常认真地回答她。罗利欧太太对提香的《情妇》颇感兴趣,她觉得那女人的金黄色发型与自己的十分相像。马迪尼耶说这女人就是亨利四世的情妇、美女费罗尼,并说安比丘剧院还把她编进了戏里。

"接着,他们走进一条很长的画廊,这里陈列的是意大利派和

佛兰德学院派的作品。又是油画,到处都是油画。画上有圣人,有
男人,有女人,个个表情都让人看不明白。画上的风景总是那么黑
乎乎的,而动物又变成了黄色,混杂的人物、零乱的颜色……,他们
开始感到头昏脑胀了。马迪尼耶先生也不再说话了,引着参观的
队伍缓缓前行,紧随其后的众人,时而左顾右盼,时而抬眼向上望。
数世纪的艺术珍品在这一双双没有见识的、圆睁的双目前掠过:古
典派的呆板、威尼斯派辉煌绚丽的色调,荷兰人灯火辉煌的奢华而
美丽的生活场景,好似烟云过眼。突然,那些正在临摹古画的画匠
引起了众人的兴趣。虽然被人群围定,身旁放着画架的画匠却能
旁若无人地画他们的画。一位老妇登在一架高梯上,手里挥舞着
一把排笔,在一大块画布上涂抹着。众人对此颇感新奇。到这时,
已经有人知道他们是一群参加婚礼的人,这会儿来参观卢浮宫了,
人们开始议论起来。于是,有些画匠咧着笑嘴围了过来。也有些
好事的人坐在凳子上等着看热闹,他们看上去很惬意。守卫人员
则咬住嘴唇,一面脱口说出什么不敬的话来。参加婚礼的人群似
乎已经疲惫,没有了恭敬的仪态,带有鞋钉的皮鞋拖沓起来,使地
板发出咚咚的响声,他们已经顾不上大厅里的肃穆气氛了。

“马迪尼耶先生还在不声不响地指挥着参观。他径直走到鲁
本斯的《乡村节日》前没有言声,指了指那画,只在眼角显出一丝窃
笑。女人们看到那幅画之后不禁叫出了声。她们调转身去,满脸
赤红。男人们却拽住她们。众人开始取笑,并研究那些猥亵的
细节。

“‘你们瞧!’博歇说,‘这可真是值钱,这个在呕吐,那个在撒
尿,还有那个,嗨! 就是那个……嘿! 这里还算干净!’

“‘我们可以走了。’马迪尼耶先生满意地说到:‘这里已经没什
么好看的了。’”①

(爱弥尔·左拉,《小酒馆》(1877),巴黎,Gallimard 出版社

---

① 小说译文参考了孙立坚所译《小酒店》(新世纪出版社,1999 年版),但有
大量改译。——译注

(1961),《卢贡-马卡尔家族》,第 2 卷,第 441—446 页)

　　参加婚礼的人群参观卢浮宫一事发生在 1850 年 7 月的一个星期六,那天下着雨。当时参观卢浮宫是免费的。

　　在阅读左拉这部小说时,你会读到《梅杜萨之筏》《迦南的婚礼》《拉若孔德》、柯雷乔的《睡美神安提俄珀》赝品[1]、鲁本斯的《乡村节日》等。所有这些画作都在本词典中有过评价。在左拉所选用的这些绘画作品中,我们看到的是被浓缩了的绮尔维丝(小说的女主人翁,勒内·克雷芒 1956 年曾拍摄了电影《绮尔维丝》)的一生。

　　客观地说,我们注意到,在描写那些参加婚礼的人们的无知和愚昧时,左拉是苛刻、悲观而严酷的,这表明在他眼里人民大众是缺乏教养的。

　　P.S. 我还是坚持以《小酒馆》中参加婚礼的众人参观卢浮宫一事作为本词典的最后一个词条,而不是苏巴朗的《圣阿波利娜》,按照字母顺序,本应该是前者在先的。从"阿布扎比"到"左拉",从卢浮宫的前途到对于一个毫无希望可言的阶级的丝毫不留余地的描写,我们走过了多少路程! 参观卢浮宫对于绮尔维丝及参加她的婚礼的客人来说,没有任何乐趣可言。至于"阿布扎比"的参观者,他们能否在卢浮宫分馆[2]体验到卢浮宫曾无数次慷慨给予过我的那些快乐吗? 我希望答案是肯定的。一切取决于教育。

　　参见词条:阿布扎比、临摹者、柯雷乔、阿波罗长廊、吉里柯、免费开放、雷奥纳多·达芬奇:《拉若孔德》、博物馆工作人员、方形沙龙、委罗内塞

参考数据(选)

　　关于卢浮宫的资料多不胜数。卢浮宫书店可以为您提供很多

---

[1]　原文用了"赝品"一词,其故不明。——译注
[2]　即阿布扎比卢浮宫分馆。2009 年开工建设,计划 2015 年开馆。——译注

关于卢浮宫皇宫、卢浮宫博物馆及其收藏的著作。我仅在此罗列
我本人每天都会用到的著作：

奥拉尼埃（克里斯蒂娜），《卢浮宫皇宫与卢浮宫博物馆史》，巴
黎，1950—1964，共 10 卷。

巴布隆（让-皮埃尔），"卢浮宫，国王御宅，艺术的殿堂"，《记忆
之地》，皮埃尔·诺拉，巴黎，Gallimmard，1984—1992，第 2 册，卷
2，1986，第 169—216 页。

巴布隆（让-皮埃尔），"从一到壕沟到另一道壕沟，对卢浮宫的
20 年研究"，《艺术杂志》，巴黎，78，1989，第 5—25 页。

《卢浮宫回忆录》，巴黎，Gallimmard，1989（1993、2000、2003、
2005 年再版）。

《卢浮宫与杜伊勒里宫：8 个世纪的历史》，巴黎，2004。

《卢浮宫词典》，巴黎，1997。

《卢浮宫的 1，2，3，4 ……》，巴黎，Flammarion，2001。

《卢浮皇宫》，巴黎，Nathan，1988。

卢浮宫大事年表

1190 年

十字军动身东征前夕,菲利普·奥古斯特(1165—1223)下令环绕巴黎建一个围墙,并在围墙外建一座堡垒,以保护巴黎市。

1202 年

这座长 78 米、宽 72 米的长方形城堡有 10 个塔楼,一个主塔,占地有今天方形中庭的四分之一那么大。1984—1985 年的挖掘工作使其壮观的墙基得以现世。

1346—1369 年

查理五世命其建筑师雷蒙·迪·汤普勒将堡垒改建成皇家驻地:打开城墙内的窗户(中世纪卢浮宫的壕沟内有一个模型展示)。他也负责城墙的改建,这座墙现在以他的名字命名,在卡鲁塞勒花园的下方、卢浮宫最西边,可以看到城墙的残段。

1528 年

弗朗索瓦一世(1515—1547)下令拆除主塔,建成一座新城堡。

1546 年

国王钦定皮埃尔·雷斯科为建筑师。他主持了今日翼楼的建造(该翼楼以他的名字命名),这个翼楼就建在现在的方形中庭内。卢浮宫能够得到《拉若孔德》也应归功于他。

1549 年

亨利二世(1547—1559)决定将梯子(即现在的亨利二世梯)设在北边,而不是设在新翼楼(现在的方形中庭)中央。

1550—1554 年

该翼楼大厅的女像柱以及大厅正面的雕塑均由让·古戎负责实施。

1560—1565 年

查理九世执政（1560—1574），未来方形中庭的南翼楼建设工程开工。

1566 年

塞纳河一侧，小画廊和后来的大画廊工地开工，这两个画廊将卢浮宫与杜伊勒里宫连接起来（杜伊勒里宫是为亨利二世的遗孀卡特里娜·梅迪奇所建，始建于 1564 年）。

1572 年

圣巴托罗缪大屠杀。

1595—1610 年

亨利四世决定将方形中庭扩大四倍并继续修建大画廊，该决定被称作"宏伟计划"。

1608 年

画家艺术家入住大画廊一楼和二楼之间的楼间层。

1610 年

亨利四世遇刺，死于卢浮宫。刺客为拉瓦亚克。

1617 年

路易十三（1610—1643）指使人将孔奇诺·孔奇尼①刺死于卢浮宫。

1624 年

路易十三命雅克·勒梅尔西耶②修建钟表馆（或称叙利馆）以及一个与皮埃尔·雷斯科所建的厅十分相像、并与之并列而置的翼楼。

1640—1642 年

普桑在巴黎，负责大画廊的装修设计。他的住处就在今天卡鲁塞勒凯旋门的位置。

1661 年

路易十四的建筑设计师勒沃（Le Vau，1643—1715）建造了南

---

① Concino Concini（1575—1617），玛丽·德·梅迪奇的宠臣。——译注
② Jacques Lemercier（1585—1654），法国古典主义建筑师。——译注

翼楼、重建了毁于火灾的小画廊(即后来由勒布朗在1662—1664年装修的阿波罗长廊)的第二层,并环绕方形中庭修建了翼楼。

1665年

为完成方形中庭东边建筑正面的建设,贝尔尼尼通过设计资格考试被召到巴黎,负责建设工程,但他的方案很快被放弃。

1667年

"佩罗"柱廊工程以及与塞纳河一侧南翼楼的并列部分动工。

11月,路易十四离开卢浮宫,迁至杜伊勒里宫。

1672年

柱廊的主体工程完工。

1678年

卢浮宫工程为凡尔赛宫工程让路,进入休眠状态,宫殿被彻底舍弃。

1682年

5月6日,路易十四彻底离开杜伊勒里宫,迁至凡尔赛宫。他把为数不少的画作留给了卢浮宫。

1692年

皇家绘画与雕塑学院集中于卢浮宫。

1699年

学院首次在大画廊举办展览。当方形沙龙里开始举办展览后,美术展览便有了"沙龙"之名。

1715—1723年

路易十五(1715—1774)住杜伊勒里宫,并在那里度过童年。

1722年

路易十五的未婚妻、西班牙公主入住卢浮宫。"公主花园"即因此得名。

1756年

塞满了房间和建筑的柱廊得到清理。这项工程持续了好几年。

1757—1758年

在方形中庭一侧修建柱廊翼楼的第二层。

1768 年

国王建筑大臣马里尼侯爵提议设立一个卢浮宫中央艺术博物馆计划。

1774—1789 年

国王新任建筑大臣昂吉维莱尔伯爵重提并发展了马里尼计划。皇家收藏品在大画廊的陈列事宜在筹划之中。于贝尔·罗贝尔承担起这项使命。卢浮宫现有荷兰画作中的许多作品都是路易十六购买的。

1789 年

法国大革命。路易十六住杜伊勒里宫。

1792 年

君主制度解体。制宪会议（1792—1795），接着是督政府（1795—1799）设于杜伊勒里宫。

1793 年

中央艺术博物馆在大画廊正式开幕（10 月 10 日，君主制解体一周年；9 月 30 日，展览因组织困难关闭；11 月 18 日最终开放）。明确规定，每 10 天的前 6 天中央艺术博物馆免费向艺术家和外国人开放，后 3 天向全体公众开放，第 7 天留作内部调整。

中央艺术博物馆汇集全部皇家收藏、侨居国外者的收藏、皇家绘画与雕塑学院的收藏以及巴黎各教堂的大量绘画作品。

1795 年

卢浮宫设立法兰西学院，取代原来的皇家学院。

1798 年

共和国军队获胜以及庇护六世①与波拿巴签订托伦蒂诺②协

---

① Pape Pie VI（原名 Giovanni Angelo Braschi，1717—1799），梵蒂冈第 246 任教皇，1775—1799 在位。拿破仑任第一执政时攻打意大利，庇护六世下令将拿破仑革除教门。1798 年 2 月法军逮捕庇护六世并将其押回法国囚禁，1799 年 8 月庇护六世在法国逝世。——译注

② Tolentino，意大利城市。——译注

约之后,被扣押的意大利古文物和绘画作品运抵卢浮宫。

1800 年

设在奥地利的安娜套房里的古文物展览馆开幕。

1802 年

多米尼克-维旺·德农男爵被任命为中央艺术博物馆馆长,该博物馆 1803 年更名为拿破仑博物馆。他想让自己的博物馆成为一部百科全书,并且具有教育功能,为此他希望汇集最大量的古代艺术杰作。

1804 年

皮埃尔-弗朗索瓦-雷奥纳尔·封丹和夏尔·佩西耶被任命为卢浮宫建筑设计师。前者一直任职至 1848 年。

1806 年

建造卡鲁塞勒凯旋门,即拿破仑居住的杜伊勒里宫入口。完成方形中庭的建设。学院及艺术家被彻底逐出卢浮宫。

购买意大利艺术史学家、绘画爱好者菲利波·巴勒迪努西(Filippo Baldinucci,1625—1696)的素描收藏。

1807 年

购买波尔格塞收藏品。

1810 年

拿破仑与玛丽-露易丝在由方形大厅改建的小教堂举行婚礼。

1810—1824 年

沿里沃利大街修建翼楼(现在为装饰艺术博物馆)。

1815 年

大革命和帝国时期所得艺术品中的主要部分(2065 幅画作、280 件雕像、289 件青铜器、1199 件珐琅制品)归还战胜国。

1821 年

路易十八将《米罗的维纳斯》赠与卢浮宫。

1824 年

新规定出台,明确博物馆须在每周日和所有节日向全体公众开放,其他时间向艺术家和外国人开放,每周一为闭馆日。

1826 年

设立埃及古文物部,任命商博良为部长。

1827 年

埃及文物展在"查理十世"厅举行开展典礼。

1837 年

路易-菲利普的私人收藏、足有超过五百幅西班牙绘画作品,在"西班牙廊"的柱廊翼楼举行揭幕典礼。这些作品在路易-菲利普被流放后归还给他,并于 1853 年在伦敦被拍卖。

1847 年

首批亚述古文物进入卢浮宫。

1848—1852 年

第二共和国决定结束卢浮宫的建设工程。

1848 年

卢浮宫的最后一次"沙龙"。

1850 年

德拉克罗瓦为"阿波罗长廊"天顶中央绘制《阿波罗战巨蟒》(1852 年完成)。

1852 年

建筑师维斯孔蒂(卒于 1853 年)建议将里沃利大街一侧的卢浮宫与杜伊勒里宫连接起来。

1853—1857 年

勒菲埃尔完善了维斯孔蒂的计划。由他负责黎塞留翼楼的建造。

1855 年

博物馆实现除每周一外,每天向公众开放。

1861 年

瓦莱斯基①伯爵在黎塞留翼楼为国务大臣官邸(即现在的拿

---

①　Alexandre Florian Joseph Graf von Colonna-Walewski (1810—1868),波兰籍法国政治家。——译注

破仑三世套房）揭幕。

收购坎帕纳藏品（其藏品 1863 年入卢浮宫）。

1861—1864 年

完成会议厅（其一层现为原始艺术展厅）建设，此举将大画廊缩短了 172 米。

1861—1870 年

拆除并重建可能坍塌的花神翼楼和花神馆。

1868—1870 年

在靠塞纳河一侧建通向卢浮宫宫内的拱顶狭廊。

1869 年

拉·卡泽将其私人绘画收藏遗赠卢浮宫。

1871 年

巴黎公社时期，杜伊勒里宫以及多幢公共建筑发生火灾，其中包括财政部（当时位于里沃利街附近的蒙-塔波尔街），财政部决定迁入黎塞留翼楼。

1874—1880 年

重建马尔桑馆（现在的装饰艺术博物馆）。

1882 年

出于政治原因，拆除杜伊勒里宫废墟，创建卢浮宫学院。

1890 年

卢浮宫获得在第二帝国灭亡时尚未竣工的会议厅。

1897 年

"卢浮宫之友协会"成立。

1900 年

梅迪奇画廊会议厅二层展厅开展（即现在的德农馆皮亚泽塔第 14 展厅和牟利罗第 26 展厅）。

1905 年

装饰艺术博物馆落足马尔桑馆。

1911 年

8 月 21 日星期一卢浮宫闭馆日，《拉若孔德》被盗。1913 年在佛罗伦萨找到,1914年1月重新向公众展出。

1914年

二次大战打响,卢浮宫珍宝被转移到图卢兹。

1922年

卢浮宫开始售门票,星期天免票。

1926—1938年

国家博物馆管理局局长亨利·凡尔纳计划重新布置卢浮宫,包括当时被财政部占用的黎塞留翼楼。

1939年

第二次世界大战打响后,卢浮宫艺术品被转移:6000个箱子发往法国南部多个存放点,卢浮宫所遭受的损失微不足道。

1945—1958年

亨利·凡尔纳计划缓慢进行。

1946年

每周二成为闭馆日。

1947年

国家影像美术馆开馆典礼,展出印象派作品。

1961年

花神馆回归卢浮宫,1968年开馆。

1964年

在柱廊厅前挖掘壕沟,时任国家文化部部长安德烈·马尔罗全权指挥。

1981年

时任法国总统弗朗索瓦·密特朗发起"大卢浮宫规划"。

1983年

贝聿铭被选定为卢浮宫设计师。

创建"大卢浮宫建设管理机构"(简称É. P. G. L.,现已废除。卢浮宫建筑工程的实施从此有了保障)。

1983—1989年

施工前,先对方形中庭和拿破仑庭进行了重大考古挖掘。中世纪卢浮宫得以显现。始建金字塔及其地下部分。

1986 年

奥塞博物馆开馆,主要展出 1848—1814 年间的作品。

1989 年

财政部迁至贝尔西①,方便了黎塞留翼楼的布置。

贝聿铭设计的金字塔和拿破仑庭以及 12 个法国绘画展厅(J. A. 莫特)启用。

1990 年

在卡鲁塞勒区域进行的考古挖掘使查理五世时期的城墙遗址重见天日。

1992 年

位于方形中庭三楼的 39 个法国绘画展厅(伊塔洛・罗塔②)举行开展典礼。卢浮宫获得自治博物馆身份。

1993 年

黎塞留翼楼及其三个带顶的庭院(见"大卢浮宫规划"中的全部工程)举行开馆仪式。

1994 年

外国雕塑展厅揭幕。

1995 年

举行藏匿在卡鲁塞勒花园地下的法兰西博物馆实验室新址启用仪式。

1997 年

用于陈列东方古文物的萨克雷尔翼楼以及完全转移到埃及古文物馆的柱廊翼楼的两层陈列举行揭幕仪式;意大利绘画与素描厅及希腊、伊特鲁利亚及罗马古文物厅对外开展。

1998 年

卢浮宫学院在花神翼楼漂亮的新址落足。

---

① Bercy.巴黎东部街区。——译注
② Italo Rota(1953—　),意大利建筑师。——译注

坎帕纳画廊及两个意大利壁画厅对外开放。

1999 年

5 月 21 日:位于花神翼楼会议厅里的意大利和西班牙 17、18 世纪绘画厅(皮亚泽塔厅和牟利罗厅;Y·利翁、A·勒维特设计)对外开放;狮子入口启用。波旁复辟时期的工艺品以及十九世纪初的外国各流派绘画作品被陈列在沿里沃利街的其他展厅。

2000 年

东地中海展厅不再开放(设计师:F·潘);4 月 19 日,"原始艺术分部"在会议厅一楼开展(J.-M.维尔莫特及凯布朗利博物馆设计)。

2001 年

7 月 5 日:18、19 世纪北方绘画各展厅及罗昂翼楼的十九世纪工艺品厅开馆(伊勒工作室及 J.-M.维尔莫特设计)。

2003 年

11 月,《汉谟拉比法典》厅重新开放(J.-M.维尔莫特设计)。

2004 年

6 月,马奈热厅重新开放,展品包括希腊、伊特鲁利亚及罗马雕塑和古文物(资助人菲玛拉克公司[1]马克·拉德雷·德拉夏里埃);11 月 27 日,阿波罗长廊修复后重新开放(道达尔公司赞助;设计师古塔尔;艺术品修复师克兰齐亚·帕斯卡利、韦罗尼克·斯特德曼、加布里拉·戴尔·蒙特)。

2005 年

4 月 6 日,《拉若孔德》和《迦南的婚礼》在修缮一新的万国大厅全新亮相(全日电视赞助;设计师劳伦佐·匹克拉斯)。

---

[1]　Fimalac,法国跨国金融集团,创立人马克·拉德雷·德拉夏里埃。——译注

答 谢 辞

我要向布吕诺·费尔雷表达我最诚挚的谢意,感谢他以极大的耐心辨读我写下的东西,感谢他在这部词典所必须的繁琐、有时甚至是极其艰难的研究中所付出的细心,我还要感谢他日复一日给予我的协助以及他不知疲倦的毅力,正是这一切使我得以顺利完成这一艰巨的工作。

在我几乎失去勇气的时候,克罗蒂娜·勒布朗-汝弗出现了,她出色地完成了一系列棘手的研究,使该词典获得整合,并最终得以完成。

没有布吕诺·费尔雷,没有克罗蒂娜·勒布朗-汝弗,没有众多朋友的帮助,这部词典是不可能面世的。

让-克洛德·西莫埃纳想要这部词典,他得到了。他因此也应该得到答谢!

感谢下列每一个人

贝阿特丽丝·安德烈-萨勒维尼	吉约姆·冯科奈尔
吉约梅特·安德勒-拉诺埃	艾丽萨贝特·丰坦
让-皮埃尔·巴伯隆	雅克·福卡尔
让-皮埃尔·巴迪	艾丽萨贝特·福卡尔-瓦尔特
洛尔·巴泰尔米-拉勃	玛利亚娜·弗朗索瓦
马克·巴斯库	让·加拉尔
伊冯娜·贝尔-甘巴尔	热纳维耶夫·加洛
卡罗勒·布吕芒费尔德	卡特琳娜·吉罗东

热纳维耶夫·布莱斯克

卡特琳娜·布利多诺
雷米·卡里埃勒
玛丽-约瑟·卡斯托尔
阿尼·科贝
卡郎·沙塔尼奥尔
多米尼克·德·舍威利
多米尼克·科尔戴利耶
让-皮埃尔·居赞
法比耶纳·德拉热
赛琳娜·德罗特勒
马尔蒂娜·德努瓦耶尔
卡特琳娜·德洛西耶-普舒
莫尼克·德沃
安娜·迪斯泰尔
玛丽-马尔蒂娜·迪布勒伊
若埃勒·迪克雷
塞西尔·蒂克洛
雷米·杜福尔
玛丽-安娜·迪皮伊-瓦谢
菲利普·杜莱
本杰明·费尔德曼

皮埃尔-伊夫·勒·波甘
阿吉·勒洛尔
劳朗斯·里纳莱斯
斯特法纳·卢瓦尔
克里斯蒂娜·洛尔
亨利·卢瓦雷特

伊娜·吉斯卡尔·德斯坦

托马斯·格勒农
卡特琳娜·吉尤
让·阿贝尔
斯特法纳·多西
弗朗索瓦丝·埃布兰
劳朗斯·伊罗洛
维奥莱娜·亚麦
科琳娜·汝伊-巴尔贝林
帕特里西亚·卡兰斯基
科里奥·卡拉乔治斯
吉尤姆·卡泽鲁尼
达尼埃尔·克里泽
米歇尔·拉克劳特
阿拉斯泰尔·莱郢
索菲·拉纳
鲁道维克·洛吉耶
艾丽萨贝特·洛朗
西尔凡·拉韦西埃
奥利维耶·勒弗弗勒
塞尔热·勒姆瓦讷
玛丽-弗朗斯·勒姆瓦讷-莫里马尔
玛丽-埃莱娜·德·里布
吉尔特鲁德·罗森伯格
玛丽-卡特琳娜·萨于
贝内迪克特·萨瓦
塞西尔·斯卡里耶雷
苏珊娜·谢尔巴科夫

弗朗索瓦丝·马尔德卢斯

弗朗西娜·马里亚尼-迪克莱

让-吕克·马尔蒂乃

雷蒙·马松

奥利维耶·麦思雷

克里斯提阿娜·纳法

安娜·奥塔尼·卡维纳

多米尼克·帕伊尼

阿兰·帕斯吉耶

帕特里克·培兰

本杰明·佩罗奈

莫尼克·普拉斯罗

吉尔·普瓦扎

樊尚·波马雷德

热纳维耶夫·蓬热

玛农·波樊

路易-安东尼·普拉

帕斯卡尔·莱诺

阿涅斯·谢雷

皮埃尔·德·塞古尔

狄迪耶·赛尔

阿尔莱特·赛吕拉

布里吉特·塔里耶

让-马克·特拉斯

多米尼克·提耶博

雅克·迪里耶

帕斯卡尔·托雷斯-加利
　迪奥拉

西尔维·瓦里

弗朗索瓦丝·维亚特

伊莎贝尔·维耶维尔

安娜·樊尚

娜塔莉·沃勒

安娜·德·瓦伦斯

萨拉·雅尔塔

布鲁诺·泽耶图恩

克里斯提阿娜·齐格勒

我也不会忘记卢浮宫贮藏室和相关管理部门给予我的特殊
关照。

缩 略 语

（作品尺寸以米为单位）

b. : 下方

BnF : 法国国家图书馆

D. : 日期

d. : 右边

D. M. F. : 法国博物馆管理局

éd. : 出版

env. : 大约

est. : 版画

g. : 左边

H. : 高度

h. : 高

id. : 同前

ibid. : 出处同上

L. : 宽度

M. : 有花体缩写签名

m. : 米

M. N. R. : 国家博物馆与作品归还处

mi. : 中间

n°. : 编号

Pr. : 厚度

Rééd. : 再版

R. M. N. : 国家博物馆联合会

S. : 有标记，有签名

S. D. : 签名及日期

s. d. :没有日期

t. :册

trad. :翻译

vol. :卷

8 个展部首字母缩写名称

A. E. :埃及古文物部

A. G. :书画刻印艺术部

A. G. E. R. :希腊、伊特鲁利亚及罗马古文物部

A. O. :东方古文物部

I. :伊斯兰（文物）部

O. A. :工艺品部

P. :绘画部

S. :雕塑部

该词典对所涉作品均做了说明，每个说明都附加有精确的信息，包括：

—　艺术家姓名（如果有姓名的话）

—　艺术家生卒时间及地点

—　作品名

—　如果为佚名作品，则说明作品所隶属的展部的首字母缩写名（若为雕塑作品，则给出全拼展馆名，以免与"signe"的缩写"S."混淆），或者说明其器材或材料

—　作品尺寸

—　作品的题词或签名情况

—　作品编号

—　作品在博物馆的位置

作品在清单上的编码包括作品所在展馆及其被卢浮宫收藏的时间等内容。

以下是本词典所涉及作品的编码缩略语：

A. O. : 东方古文物部

Bj. : 希腊、伊特鲁利亚及罗马部首饰

Br. : 希腊、伊特鲁利亚及罗马部青铜器

Ca. : 希腊、伊特鲁利亚及罗马部古瓷器

Cp. : 希腊、伊特鲁利亚及罗马部坎帕纳厅

D. : 各类纪念性建筑（埃及文物部，埃玛纽埃尔·德·鲁热类，1852 年）

D. A. O. : 存放于东方古文物部

E. : 埃及文物

Ent. : 入库（雕塑：存放作品）

Gob. : 戈布兰①壁毯

INV. : 藏品清单

L. P. : 路易-菲利普厅

Ma. : 希腊、伊特鲁利亚及罗马部大理石作品

M. I. : 帝国（第二帝国）博物馆

M. N. : 国家博物馆

M. N. A. , M. N. B. , M. N. C. , etc. : 国家博物馆 A. ，国家博物馆 B. ，国家博物馆 C. ，以此类推（希腊、伊特鲁利亚及罗马古文物部的系列清单簿）

M. P. : 路易-菲利普厅

M. R. : 王室博物馆

M. V. : 马尔凯·德·瓦瑟洛②（1914 年，皇冠钻石专用清单编码）

N. : 拿破仑清单编码

N. III : 拿破仑三世

O. A. : 工艺品

---

① Gobelins，法国皇家壁毯厂，位于巴黎。——译注

② Jean-Jacques Marquet-Vasselot（1871—1946），法国考古学家、卢浮宫博物馆前馆长。——译注

R. F. :法兰西共和国

S. b. :S. 为东方古文物中来自苏萨①的工艺品；b 为次分类

---

① 　Suse,古代埃兰王国,大流士在此建立波斯帝国,位于今底格里斯河以东 240 公里处。——译注

译 后 记

　　自 2012 年 3 月正式签下翻译合同,历时 15 个月,当凌晨两三点睡觉成为译者的新生物钟时,约 40 多万字的汉译《卢浮宫私人词典》终得脱手。然而,译稿"发送"键点击之轻松却让人有些难以接受,因为这结束的轻松与翻译过程的沉重悬殊实在太大了。《卢浮宫私人词典》原著 954 页,词条 840 左右,涉及专有名词保守估算约有 7500 个,关涉围绕卢浮宫的法国及相关国家的历史、艺术、社会、经济、政治、战争、文学等领域。翻译如此浩繁的内容,除了语言能力和艺术知识水平,译者的耐力、韧性和细心程度均受到了巨大的考验。

　　罗森伯格先生编著的《卢浮宫私人词典》是法国蒲隆(Plon)出版社发行的"我之所爱"大型系列百科词典之一。其每部词典涉及一个主题,有葡萄酒、猫、美食、语言、医学、国别、历史、法律、电影等。该系列词典的突出特点是编者从自己的视角出发,依据个人爱好、愿望等决定词条的取舍。《卢浮宫私人词典》的词条并不局限于卢浮宫藏品,而是广泛涉及与卢浮宫相关、牵动着编者情感的一切。从词条释语的字里行间,我们无不一再感受到编者对于浩瀚"卢浮宫海洋"的熟悉和对于古典艺术近乎偏执的热爱。这部浸透着编者私人情感的词典就是一片古典艺术的海洋,读者或可从中获得对于某一艺术问题的答案,或可徜徉其中,体验古典艺术荡漾的暖流或惊涛骇浪;而那些对于一般读者而言高不可及的名字

"达维特"、"蒙娜丽萨"、"毕加索"等等,当词典将它们不为人知的一面展现出来时,"艺术"的神秘面纱便被揭开了一角。这恐怕正是罗森伯格先生编书的初衷,也是我们翻译该书的目的。法国,这个艺术之邦,普通人与艺术的距离较之我们要近得多,我们但求这部汉译《卢浮宫私人词典》能够为缩短中国读者与古典艺术之间的距离起一点作用。

该词典的翻译由杨洁率领其硕士研究生董赛金、赵佳妮、廖菁、马学慧集体完成,经过了初步翻译、专有名词统一、交换校对、书名翻译及目录形式讨论、问题答疑、最终校对及定稿等过程,就翻译问题开过多次讨论会。值得提及的是,为了不影响教学工作并保证全员参加讨论,我们把讨论会安排在周末,远在重庆工商大学国际商学院任教的董赛金专程来到西安参加讨论;翻译过程中恰值在读硕士赵佳妮在巴黎做汉语助教,佳妮多次出入卢浮宫,解决了不少问题;杨洁还在巴黎登门拜访了原书编者、卢浮宫原馆长、法兰西学术院院士罗森伯格先生,先生对该词典的翻译表示了极大的兴趣和热情的支持。

该词典翻译的分工情况是:杨洁负责"序言"等正文前内容以及 AXYZ 和部分其他词条的翻译、译文校读、"译后记"撰写;董赛金负责 BPTUV 词条的翻译;赵佳妮负责 BCLMNOW 词条的翻译;廖菁负责 BDEFS 词条的翻译;马学慧负责 BGHIJKRQ 词条的翻译。

该词典的翻译对于几位研究生来说是"初尝螃蟹",不足之处在所难免,敬请读者海涵并批评指正。

该词典的翻译得到了译者家人的有力支持,在此深表谢意;借此机会也特别感谢华东师范大学出版社六点分社一直以来给予我们的信任。

译　者

2013 年 6 月 20 日于西安交通大学逸夫外文楼

图书在版编目(CIP)数据

卢浮宫私人词典/（法）皮埃尔·罗森伯格著；杨洁等译.
--上海：华东师范大学出版社，2014.8
ISBN 978-7-5675-1359-4

Ⅰ.①卢… Ⅱ.①罗… ②杨… Ⅲ.①博物馆—介绍—法国
Ⅳ.①G269.565

中国版本图书馆 CIP 数据核字(2013)第 257040 号

华东师范大学出版社六点分社
企划人 倪为国

卢浮宫私人词典

著　　者	（法）皮埃尔·罗森伯格
译　　者	杨洁等
责任编辑	徐海晴
封面设计	达　醴

出版发行　华东师范大学出版社
社　　址　上海市中山北路 3663 号　邮编　200062
网　　址　www.ecnupress.com.cn
电　　话　021-60821666　行政传真　021-62572105
客服电话　021-62865537　门市(邮购)电话　021-62869887
地　　址　上海市中山北路 3663 号华东师范大学校内先锋路口
网　　店　http://hdsdcbs.tmall.com

印　刷　者	上海中华商务联合印刷有限公司
开　　本	890×1240　1/32
插　　页	5
印　　张	23
字　　数	430 千字
版　　次	2014 年 8 月第 1 版
印　　次	2015 年 4 月第 2 次
书　　号	ISBN 978-7-5675-1359-4/G·6948
定　　价	98.00 元

出　版　人　王　焰

（如发现本版图书有印订质量问题，请寄回本社客服中心调换或电话 021-62865537 联系）

DICTIONNAIRE AMOUREUX DU LOUVRE

By Pierre Rosenberg

Copyright © PLON 2007

Published by arrangement with PLON, Société Anonyme through Madam Feng CHEN

Simplified Chinese Translation Copyright © 2014 by East China Normal University Press Ltd.

ALL RIGHTS RESERVED

上海市版权局著作权合同登记　图字：09 - 2011 - 063 号